中国石油和化工行业
碳达峰碳中和高峰论坛
论文集

中国石油和化学工业联合会　编

中国石化出版社

图书在版编目(CIP)数据

中国石油和化工行业碳达峰碳中和高峰论坛论文集 / 中国石油和化学工业联合会编. — 北京 ：中国石化出版社，2023.5
ISBN 978-7-5114-6942-7

Ⅰ.①中… Ⅱ.①中… Ⅲ.①石油企业-二氧化碳-节能减排-中国-文集②石油化工企业-二氧化碳-节能减排-中国-文集 Ⅳ.①F426.22-53②X511-53

中国版本图书馆CIP数据核字(2023)第068315号

中国石化出版社出版发行
地址：北京市东城区安定门外大街58号
邮编：100011 电话：(010)57512500
发行部电话：(010)57512575
http://www.sinopec-press.com
E-mail:press@sinopec.com
北京艾普海德印刷有限公司印刷
全国各地新华书店经销
*
880×1230毫米16开本26.5印张646千字
2023年5月第1版 2023年5月第1次印刷
定价：280.00元

《中国石油和化工行业碳达峰碳中和高峰论坛论文集》
编　委　会

前　言

实现碳达峰碳中和，是以习近平同志为核心的党中央统筹国内国际两个大局作出的重大战略决策，是立足新发展阶段、贯彻新发展理念、构建新发展格局、推动高质量发展的内在要求。党中央、国务院印发《关于完整准确全面贯彻新发展理念做好碳达峰碳中和工作的意见》，国务院印发《2030年前碳达峰行动方案》，随着各分领域分行业实施方案和支撑保障方案不断完善，已构建起碳达峰碳中和“1+N”政策体系，为实现“双碳”目标提供重要保障。

推进碳达峰碳中和，具有重大的现实意义和深远的历史意义。党的十八大以来，我国深入贯彻新发展理念，坚定不移走生态优先、绿色低碳的高质量发展道路，经济社会绿色转型取得显著成效。但我国发展不平衡不充分的问题仍然突出，产业发展尚未跨越高能耗、高排放阶段，以化石能源为主的能源结构难以在短期内根本改变，生产和生活体系向绿色低碳转型压力很大。2020年石化和化工行业碳排放总量为13.8亿吨二氧化碳，其中直接排放9.2亿吨二氧化碳，电力排放4.60亿吨二氧化碳；油气开采、原油加工、烯烃、对二甲苯、煤制烯烃等主要子行业碳排放量合计约10亿吨二氧化碳，占全行业碳排放总量的72.12%。推进碳达峰碳中和工作是破解资源环境约束突出问题、实现可持续发展的迫切需要。必须以“双碳”工作为重要抓手，加快建设绿色低碳循环发展经济体系，大力推进能源绿色低碳发展，推动形成绿色生产和生活方式，切实维护能源安全，产业链供应链安全、粮食安全，为更高质量、更可持续发展提供坚实保障。

“十四五”以来，中国石油、中国石化、中国海油、国家管网、国家能源、中国中化、延长石油等一批行业企业在“双碳”发展方面投入了大量的人力、物力、财力，大胆探索在“碳达峰、碳中和”背景下能源转型的创新发展新路径，开创了低碳转型、绿色发展的崭新局面，取得了一批前景广阔的科研成果，传统产业与新兴产业协同创新、融合发展的步伐明显加快，面向行业绿色低碳转型的“政产学研用”创新体系进一步完善，为推动产业链向中高端迈进，增强行业综合竞争优势奠定了坚实基础。

“中国石油和化工行业碳达峰碳中和高峰论坛”是围绕锚定“双碳”目标加快石油化工绿色低碳高质量发展而搭建的共享交流平台。来自政府机构、科研院所、能源企业的专家学者共聚一堂，共同解读“双碳”的最新政策要求、发展趋势和技术前沿，深入分析石油和化工行业绿色低碳发展形势与要求，重点研讨“碳减排、碳零排、碳负排”的CCUS、氢能、地热和余热等实现“双碳”目标关键路径的科学问题，聚焦领域内“卡脖子”关键技术产品，分享最新进展情况。

本届会议得到了中国石油、中国石化、中国海油、国家管网、国家能源、中国中化等集团企业的大力支持。行业内各企事业单位、科研院所踊跃授稿，大会共征集论文240余篇，经专家评审择优收录69篇，内容涵盖石油和化工行业绿色低碳发展、清洁地热开发与综合利用、生产用能清洁替代、碳捕集、利用与封存(CCUS)技术创新、“双碳”目标牵引的氢能全链条创新、中国石油和化工行业碳达峰碳中和新技术与成果展示等，总体反映了我国石油和化工行业“双碳”领域最新成果及科技支撑低碳转型引领绿色发展的愿景。我们将此次征集的优秀论文集结成册，为探索石油和化工行业助力“双碳”目标实现和高质量发展提供宝贵经验，为我们制定和完善产业发展政策提供参考借鉴。

实现碳达峰碳中和是一场广泛而深刻的经济社会系统性变革，涉及产业链各环节各领域。我们希望此次大会能够为协同推进行业绿色低碳创新贡献绵薄之力，我们也将继续努力改进提升，争取为行业做出更大贡献。

本书编委会

2023年5月

目　　录

节能减碳创新与实践

清洁、低碳能源发展与创新

稠油油藏 CO_2 降混剂性能及机理研究

杨子浩

［中国石油大学(北京)非常规油气科学技术研究院］

摘　要　针对 CO_2 驱油过程中，稠油体系与 CO_2 难混相，最小混相压力高于地层破裂压力的问题，通过分子模拟和 PVT 相态实验进行了降混增效剂的优选及体系降混机理研究。使用 Materials Studio 模拟软件对不同降混剂分子进行了分子模拟，通过分析各体系径向分布函数得知，柠檬酸三甲酯的降混效果最为显著，可有效增大 CO_2 分子间的聚集程度，降低沥青分子间的聚集程度，同时通过控制温度与压力变量。分析得知，在高压低温的条件下，降混剂更能发挥其作用。通过高温高压 PVT 相态实验，考察了不同降混剂体系的增溶与增膨效果，结果表明，3%质量浓度的柠檬酸三甲酯增溶与增膨作用最佳。通过降混剂复配实验，筛选出最优配方：80%柠檬酸三甲酯+20%苯甲酸乙酯。通过细管实验对其降混性能进行了评价，结果表明该体系降低混相压力的比例可达 20.47%，在 CO_2 提高原油采收率上有广阔的应用前景，对于实现碳达峰及碳中和的目标具有极大的促进作用。

关键词　CO_2 驱；最小混相压力；降混增效剂；分子模拟；PVT 实验

近年来，全球工业发展迅速，化石燃料大量燃烧使用，由此导致的全球气温升高，气候变暖问题已经成为人类生存的一大严重威胁。IPCC 联合国政府间气候变化专门委员会认为，全球气温升高的主要原因之一是人类大量排放以 CO_2 为主的温室气体。CO_2 就像一层保温膜，将大气中地面反射出来的太阳辐射吸收，然后再次将辐射热量散发出来，因此地球积累了更多的热量。随着全球经济的快速发展，CO_2 总排放量已经达到非常高的水平，并且每年还在增加。其中，我国 CO_2 总排放量是世界各国中最大的，控制并减少 CO_2 总排放量迫在眉睫。为了在处理封存温室气体的同时最大化利用它，实现碳达峰碳中和的目的，人们提出了使用 CO_2 驱油的方法，变废为宝，是一种经济高效且有很大潜力的“绿色驱油技术”。

我国油藏经过了多年的开采，相当一部分已经进入了三次采油的阶段。目前，我国很多稠油油藏开采难度较大，其沥青质和胶质等级性组分含量较高，黏度大，难混相，导致最小混相压力高于地层破裂压力，使得 CO_2 驱油受到很大的限制。因此，如何降低与 CO_2 的最小混相压力，增大 CO_2 在油藏中的溶解度，成为 CO_2 驱油的主要研究方向。

本文通过 Materials Studio 模拟软件对不同 CO_2 降混剂体系进行了分子模拟，得到不同条件下，CO_2 分子在模拟油(甲苯)分子中的分散状况，由径向分布函数得到分子的聚集程度。在此基础上，开展 PVT 相态实验，分别测定不同温度、压力及浓度条件下，二氧化碳与原油混合体系中添加不同的降混增效剂的体积膨胀率和溶解度参数，得到了最优的降混配方，并通过细管实验确定了加入该降混剂后的最小混相压力。

1　实验部分

1.1　降混剂分子模拟实验

在模拟时，使用 Material Studio 软件构建了仿真所需的 6 个分子模型，其中沥青分子和甲苯分子共同模拟原油，见图 1。通过 Forcite 模块，采用 COMPASS 力场，分析不同降混剂分子作用下，CO_2 分子在模拟油(甲苯)分子中的分散状况，通过径向分布函数得到分子的聚集程度。

径向分布函数(RDF) $g(r)$ 是另一个粒子在给定粒子周围距离 r 处出现的概率与随机分布的比值。因此，径向分布函数曲线可以反映粒子聚集体的大小，表征粒子的聚集程度和分散状态，进一步反映分子间作用力的大小，从而表明极性组分聚集体是否被拆散、是否更易达到混相。

1.2　PVT 相态实验

1.2.1　材料与仪器

CO_2，纯度≥99.95%(体积分数)，北京京高气体有限公司；石油醚，分析纯，北京化工厂；原油，王庄油田；柠檬酸三甲酯，分析纯，上海麦克林；苯甲酸乙酯，分析纯，上海阿拉丁；苯甲醇，分析纯，99.94%，上海皓鸿生物。

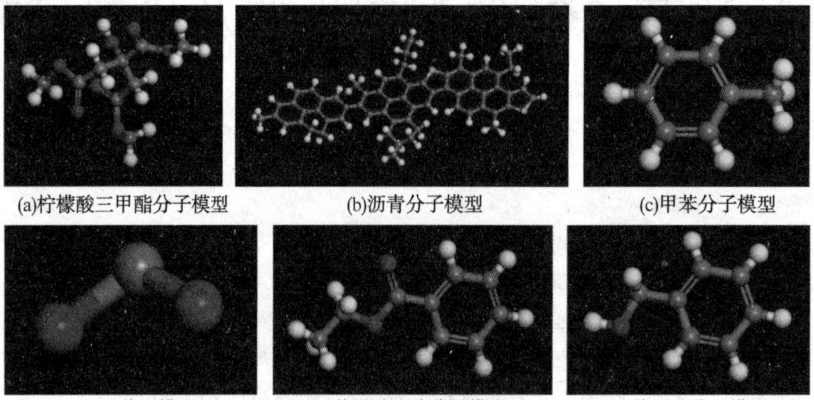

(a)柠檬酸三甲酯分子模型　(b)沥青分子模型　(c)甲苯分子模型

(d)CO_2分子模型　(e)苯甲酸乙酯分子模型　(f)苯甲醇分子模型

图 1　各分子球棍模型

PVT CELL 240/1500 仪器，法国 ST 公司；微型耐温耐压钢瓶，江苏省南通市海安石油化工有限公司；Pumpvpssv300/1000 恒速恒流泵，法国 ST 公司；电子天平，梅特勒-托利多仪器(上海)有限公司；压力传感器，法国 ST 公司；真空泵，北京中兴伟业有限公司；气体中间容器，浙江杭州天龙钢瓶有限公司。

1.2.2　实验方法

(1) 设备气密性检查。打开 N_2 钢瓶，向反应釜中通入 N_2，等压力上升至 15 MPa 时，停止通气，观察釜内的压力值变化，确保压力值稳定。

(2) 进样以及稳定平衡。通过抽真空后釜内的真空度，将一定体积的待测样品倒吸进釜的内部，通过 CCD 相机进行测量液体高度，并计算体积(V_0)，注入 CO_2 气体，等釜内达到目标压力时，开启搅拌，多次补充 CO_2 直到达到目标压力，稳定 30min，当釜内的压力几乎保持不变时，记为气液平衡，通过 CCD 相机进行测量液体高度，计算此时的体积(V_1)。

(3) 取样及溶解度测定。取样开始前，记录小钢瓶质量为 m_0。在取样过程中，保持体系的稳定状态，从而使样品在保持实验条件下，缓慢注入小钢瓶中。取样结束后，称取取样后的小钢瓶质量，记录为 m。

将取样后的小钢瓶放置于冷水浴中，静止 30min，使其快速降温，达到气液分离。然后开启小钢瓶阀门，排出 CO_2，再称量此时的小钢瓶质量，记为 m_1，通过对小钢瓶排气前后质量的计算，可以测定到溶解于样品中的 CO_2 的溶解度。

(4) 体积膨胀系数计算。式(1)是计算该体积的计算公式。在计算机窗口中，可以观察到相态釜的横截面，如图 2 所示，液相和气相的界面和横截面圆心的距离为 h，横截面的半径是 R，通过计算该液相在横截面的面积(S)，再乘以相态釜的长度(相态釜整体是圆柱形)，从而计算出液相的体积。

$$S=\frac{R^2}{2}\cos{-1}\frac{2h^2-R^2}{R^2}-h\sqrt{R^2-h^2} \qquad (1)$$

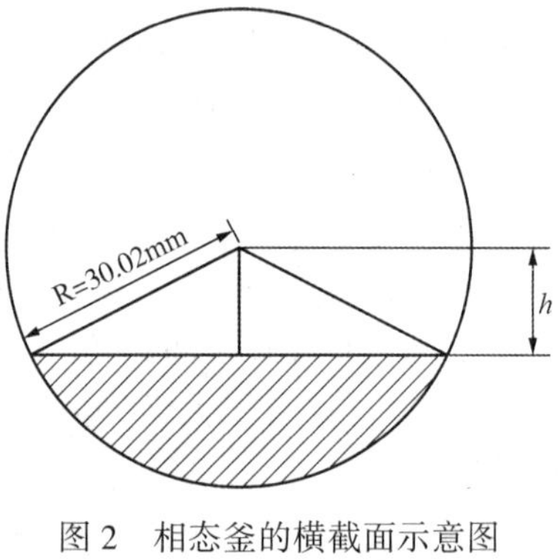

图 2　相态釜的横截面示意图

2　结果与讨论

2.1　降混剂分子模拟

2.1.1　降混增效剂种类的影响

控制温度为 318.15K，压力为 6.90MPa。模拟原油，沥青分子和甲苯分子比例为 1∶50，设置沥青分子 6 个，甲苯分子 300 个，降混增效剂分子 10 个。在该环境条件下，CO_2 溶解在甲苯中的比例为 0.9，设置 CO_2 分子 270 个，通过 Forcite 模块 COMPASS 力场分析，得到了沥青分子和 CO_2 分子间的径向分布函数图，结果如图 3 所示。

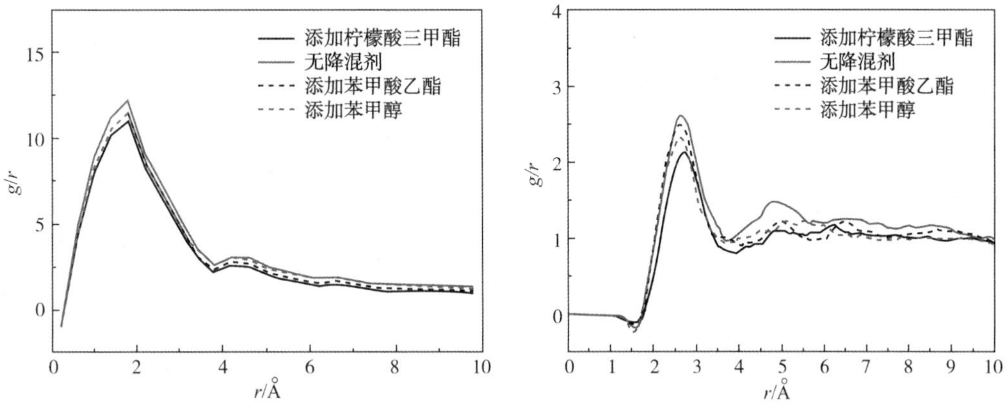

(a)不同降混剂体系中沥青分子间的径向函数分布图　(b)不同降混剂体系中 CO_2 分子间的径向函数分布图

图 3　沥青分子和 CO_2 分子间的径向分布函数图 1

由图 3(a)可知，四种体系中的沥青分子径向分布函数先增大再减小，在 1.9Å 处达到峰值，且峰值大于 1，这说明沥青分子本身具有相互作用，体系中形成了沥青-沥青分子聚集体。未添加降混增效剂时沥青分子间的径向分布函数峰值大于添加降混增效剂的体系，表明降混增效剂减弱了沥青分子间的相互作用力，使沥青分子聚集程度变低，更易发生混相，其中柠檬酸甲酯的拆散效果最好。但是四种体系的峰值始终大于 1，说明沥青分子聚集体仍然是存在的。同时如图 3(b)所示，四种体系中 CO_2 分子的径向分布函数峰值都大于 1，表明 CO_2 分子之间形成了聚集体。其中，添加了降混增效剂的体系径向分布函数峰值更大，这说明降混增效剂可以增大 CO_2 分子之间的引力，增大 CO_2 分子的聚集程度，使得原油与 CO_2 更易发生混相。其中添加了柠檬酸三甲酯的体系 CO_2 分子聚集程度最大。

通过沥青分子聚集和 CO_2 分子聚集两方面初步筛选出柠檬酸三甲酯是三种降混增效剂中效果最好的，在增大 CO_2 分子间作用力和减小沥青分子间作用力方面表现良好，可使得原油与 CO_2 更易发生混相。

2.1.2　降混增效剂浓度的影响

控制温度为 318.15K，压力为 6.90MPa。沥青分子设置为 6 个，甲苯分子 300 个，CO_2 分子 270 个，柠檬酸三甲酯分子分别设置为 20 个、60 个、120 个和 180 个，得到了沥青分子和 CO_2 分子间的径向分布函数图(见图 4)。

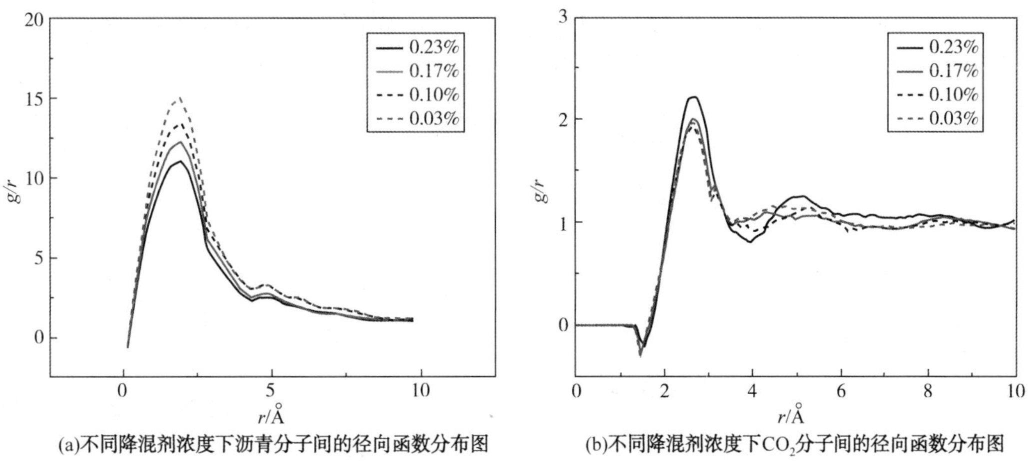

(a)不同降混剂浓度下沥青分子间的径向函数分布图　(b)不同降混剂浓度下 CO_2 分子间的径向函数分布图

图 4　沥青分子和 CO_2 分子间的径向分布函数图 2

由图 4(a)可知，随降混增效剂浓度的增加，沥青分子径向分布函数峰值明显减小，说明沥青分子的聚集程度和降混增效剂浓度成反比，降混增效剂分子越多，拆散沥青聚集体程度越大，沥青分子之间的作用力越小。图 4(b)表明，当降混增效剂浓度大于 0.17%时，CO_2分子的径向分布函数峰值大幅度增大，说明当降混增效剂浓度大于 0.17%时，CO_2分子之间的相互作用力明显增强，体系中形成了更多的 CO_2分子聚集体，聚集程度增大。上述结果表明，添加降混增效剂可以有效地促进混相，且作用效果与浓度成正比。

2.1.3　温度的影响

控制压力为 6.90MPa，沥青分子设置为 6 个，甲苯分子 300 个，降混增效剂分子 10 个，CO_2 分子 270 个。温度分别设置为 308.15K、318.45K、333.15K、343.15K，得到了沥青分子和 CO_2分子间的径向分布函数图(见图 5)。

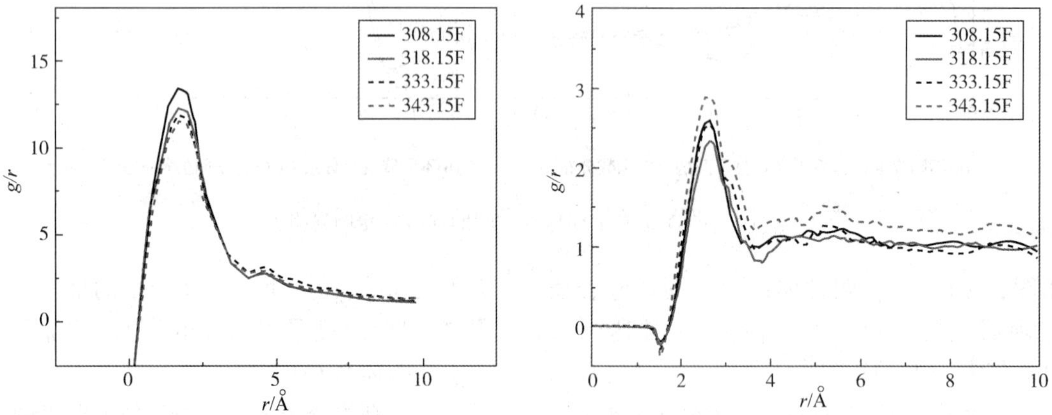

(a)不同温度下沥青分子间的径向函数分布图　　(b)不同温度下CO_2分子间的径向函数分布图

图 5　沥青分子和 CO_2 分子间的径向分布函数图 3

由图 5(a)可知，在不同的温度环境中，沥青分子的径向分布函数都在 2.3Å 处达到峰值，且峰值都大于 1，沥青分子会形成不同程度的聚集体。升高温度时，峰值会明显减小。这说明沥青分子的聚集程度和温度成反比，温度升高会拆散沥青聚集体，减弱其分子之间的作用力，且温度越高作用力越小。图 5(b)是压力为 6.90MPa，不同温度下 CO_2分子间的径向函数分布图。由图可知，温度越大峰值也会越大，说明 CO_2分子的聚集程度和温度成正比，温度升高可以增强 CO_2分子之间的相互作用，使其发生聚集，且温度越高作用越明显。所以，体系在高温环境下更易达到 CO_2与原油的混相。

2.1.4　压力的影响

控制温度为 318.15K，沥青分子设置为 6 个，甲苯分子 300 个，降混增效剂分子 10 个，CO_2分子 270 个。压力分别设置为 3.21MPa、5.45MPa、6.90MPa，得到了沥青分子和 CO_2分子间的径向分布函数图(见图 6)。

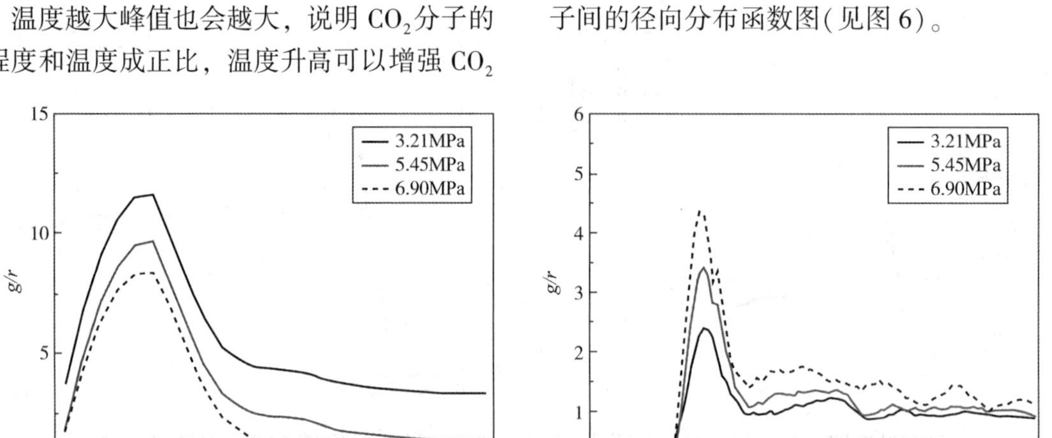

(a)不同压力下沥青分子间的径向函数分布图　　(b)不同压力CO_2分子间的径向函数分布图

图 6　沥青分子和 CO_2 分子间的径向分布函数图 4

图6(a)是温度为343.15K，不同压力下沥青分子间的径向函数分布图。由图可知，压力越高，沥青分子的径向分布函数峰值越小，表明高压环境可以减弱沥青质分子间的作用力，使其聚集程度减小，且压强越大作用力越小。由图6(b)可知，CO_2径向分布函数峰值随压力的增大而增加，且在6.90MPa时几乎为3.21MPa时两倍，表明高压有助于CO_2分子聚集体形成，且压力越大，CO_2分子间的引力越大，聚集程度越大，表明降混增效剂在高压环境下更能发挥其作用。

2.2 PVT相态实验

2.2.1 降混增效剂的研究及筛选

在分子模拟结果的基础上，对筛选的三种降混增效剂进行了实验验证：在333.15K下，分别测定了3MPa、5MPa、7MPa、9MPa、13MPa压力下，二氧化碳与原油混合体系中添加柠檬酸三甲酯、苯甲醇、苯甲酸乙酯三种增溶剂的溶解度和体积膨胀系数。三种试剂的质量浓度都分别设置了0.5%、1.5%、3%，图7和图8分别是343.15K、6.90MPa条件下，CO_2在原油中的溶解度效果图和体积膨胀系数效果图。

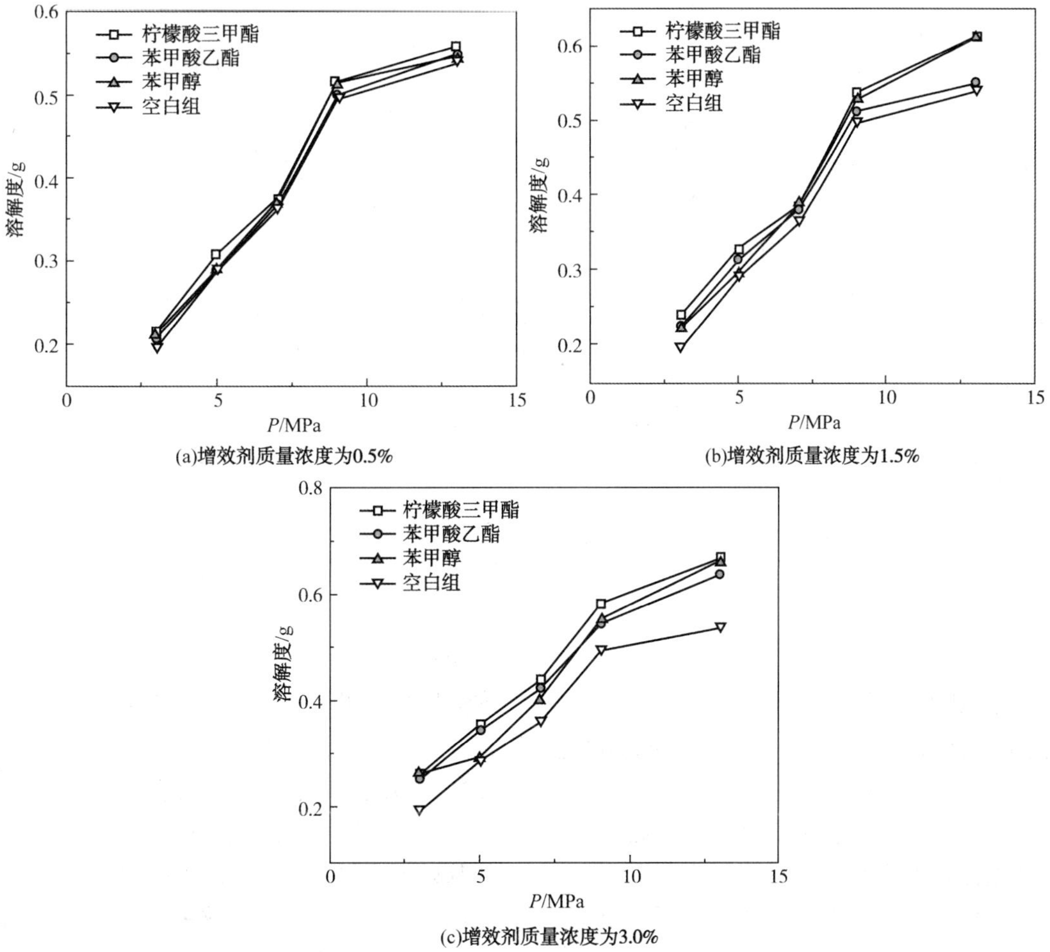

图7　343.15K、6.90MPa条件下CO_2在原油中的溶解效果图

由图7(a)可知，当增效剂质量浓度为0.5%时，四种体系中CO_2的溶解度都随压强的增大而增大，当压强到达9MPa时，增大幅度开始减小。因为添加增效剂的质量浓度较小，四种体系的溶解度比较接近，在13MPa时都接近0.55g。图7(b)是增效剂质量浓度为1.5%时，CO_2在原油中的溶解度效果图，从图中可以看出，四种体系的溶解度变化趋势同增效剂浓度为0.5%时的一致。不同的是，在压强为13MPa时，添加柠檬酸三甲酯和苯甲醇体系的溶解度要明显高于添加苯甲酸乙酯和空白体系的溶解度，最高可达0.61g，增溶效果良好。当增效剂质量浓度为3.0%时，见图7(c)，三种增效剂的增溶效果更加明显，其中柠檬酸三甲酯的效果最优，最大溶解度可达0.67g。

综上可知，三种增效剂都有很好的增溶效

果，且质量浓度越大时越明显，其中表现最好的是柠檬酸三甲酯。同时，高压环境更有利用增效剂发挥作用。

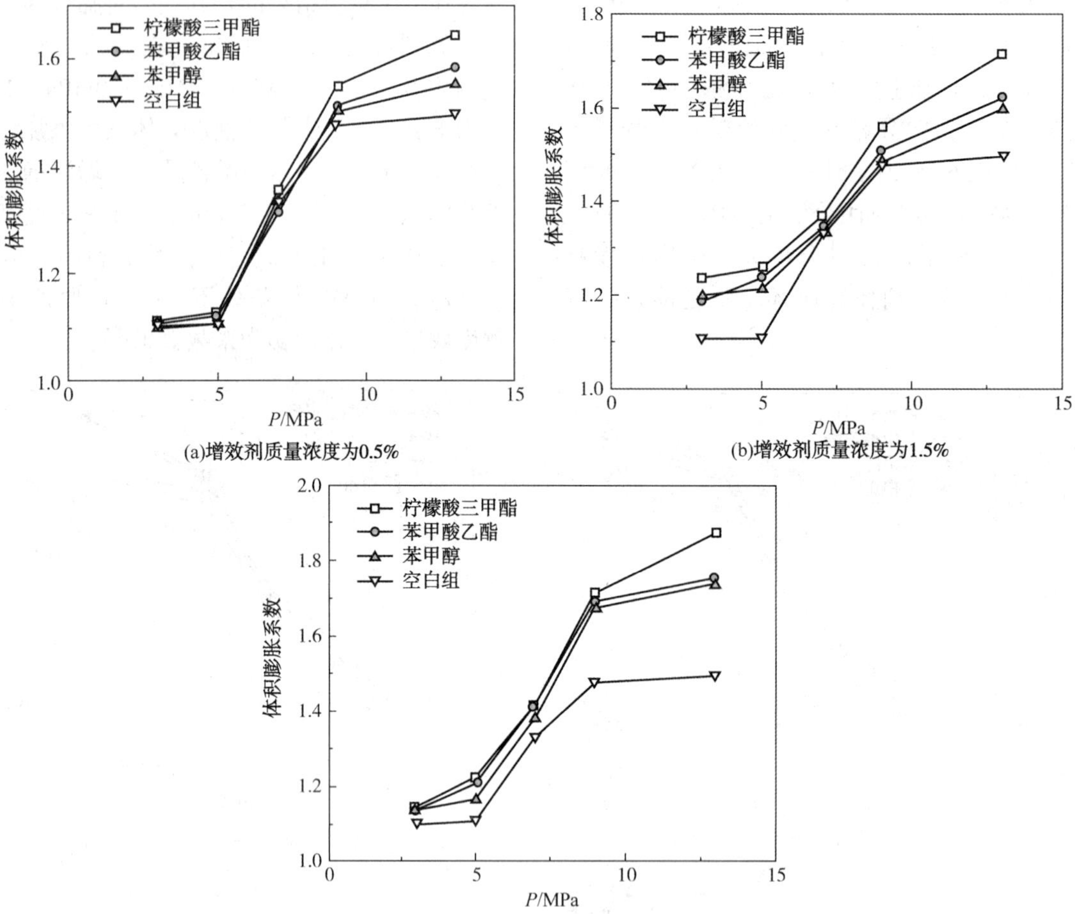

(a)增效剂质量浓度为0.5%

(b)增效剂质量浓度为1.5%

(c)增效剂质量浓度为3.0%

图 8　343.15K、6.90MPa 条件下 CO_2 在原油中的体积膨胀系数效果图

图 8(a)是增效剂质量浓度为 0.5%时，CO_2 在原油中的体积膨胀系数图。由图可知，在 9MPa 之前，四种体系中 CO_2 的体积膨胀系数比较接近，都随着压强的增大而增大。当压强超过 9MPa 后，体积膨胀系数的增大幅度开始减小，且四种体系体积膨胀系数的差距也开始增大，其中添加柠檬酸三甲酯体系的体积膨胀系数最大，在 13MPa 时达到 1.65。当增效剂质量浓度为 1.5%时，见图 8(b)，四种体系的体积膨胀系数变化趋势同增效剂浓度为 0.5%时的一致，在 13MPa 时添加增效剂体系的体积膨胀系数已远大于空白组，添加柠檬酸三甲酯体系的体积膨胀系数为 1.72。如图 8(c)所示，当增效剂质量浓度为 3.0%时，苯甲醇和苯甲酸乙酯的作用效果接近，柠檬酸三甲酯的效果最优，最大体积膨胀系数可达 1.87。

通过 PVT 可视化相态实验测得的溶解度和体积膨胀系数结果可知，三种增效剂都有较好的增溶增膨效果，其中柠檬酸三甲酯是最好的增效剂，且环境压强越大，其效果越好。

2.2.2　降混增效剂的复配优化

在已经筛选出最优最优降混剂柠檬酸三甲酯的基础上，将其与其他两种降混增效剂进行不同比例的复配，优化降混效果。降复配的各降混剂加入到原油和 CO_2 体系中，在相同温度压力条件下，通过 PVT 实验测得了不同配方体系的溶解度和体积膨胀率，柠檬酸三甲酯+苯甲醇体系如图 9 所示，柠檬酸三甲酯+苯甲酸乙酯体系如图 10 所示。

由图 9 可知，当复配配方为柠檬酸三甲酯+苯甲醇体系时，复配配方的增溶性和增膨性都要比单一的柠檬酸三甲酯更好，且柠檬酸三甲酯浓度为 60%时效果最佳，此时溶解度提高率达到 33.60%。

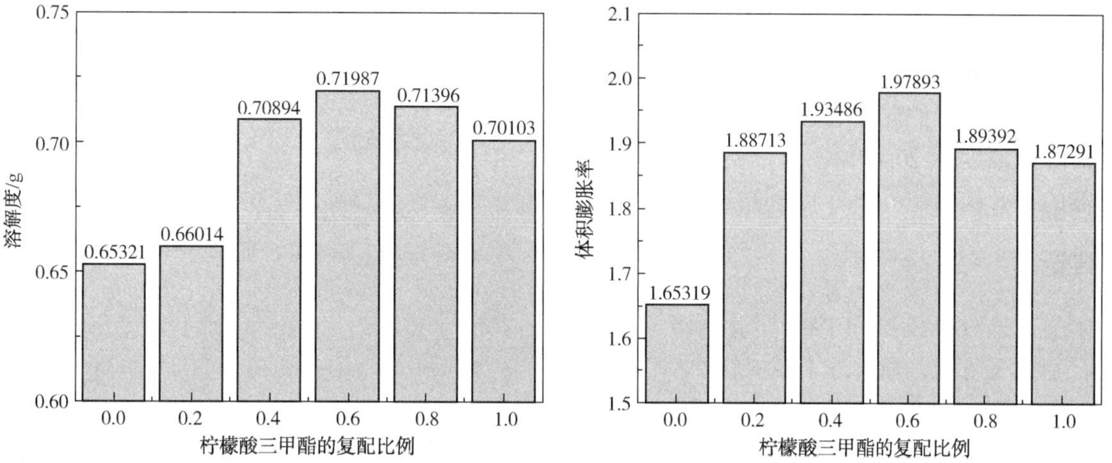

(a)柠檬酸三甲酯+苯甲醇体系中的溶解度　　(b)柠檬酸三甲酯+苯甲醇体系中的体积膨胀率

图 9　柠檬酸三甲酯+苯甲醇体系

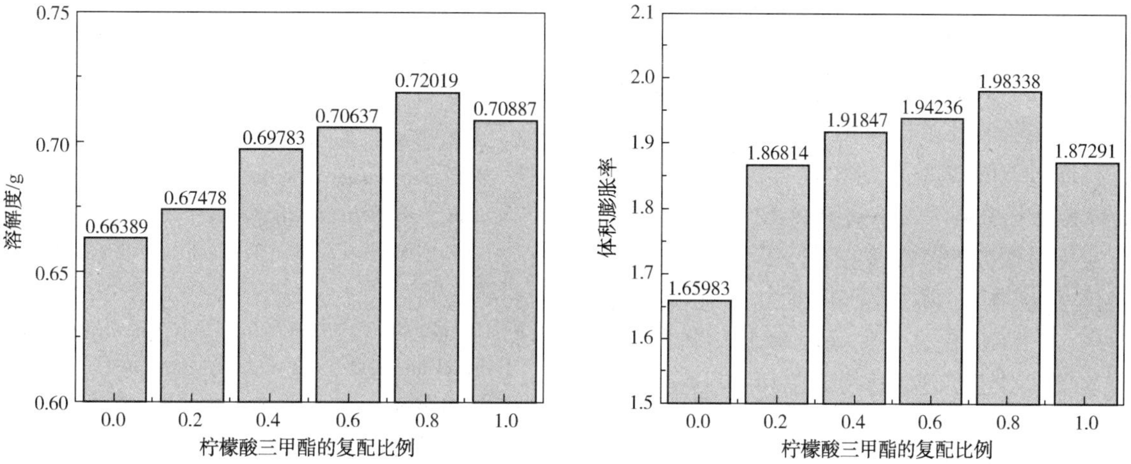

(a)柠檬酸三甲酯+苯甲酸乙酯体系中的溶解度　　(b)柠檬酸三甲酯+苯甲酸乙酯体系中的体积膨胀率

图 10　柠檬酸三甲酯+苯甲酸乙酯体系

由图 10 可知，当复配配方为柠檬酸三甲酯+苯甲酸乙酯体系时，复配配方的增溶性和增膨性都要比单一的柠檬酸三甲酯更好，且柠檬酸三甲酯浓度为 80%时效果最佳，此时溶解度提高率达到 33.82%。所以综合来看，降混增效剂的最优配方为 80%柠檬酸三甲酯+20%苯甲酸乙酯。

为了进一步验证复配配方的降混增效作用，通过细管实验进行了配方的提高采收率评价，结果如图 11 所示。

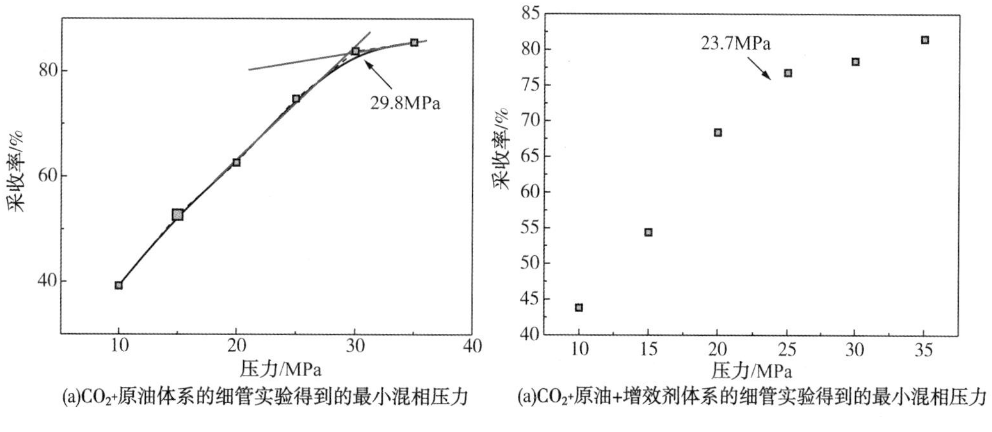

(a) CO_2+原油体系的细管实验得到的最小混相压力　　(a) CO_2+原油+增效剂体系的细管实验得到的最小混相压力

图 11　配方的提高采收率评价

由图 11(a)可知，原油－CO_2体系在压力为 29. 8MPa 时达到混相，采收率为 84%。当加入配方为 80%柠檬酸三甲酯+20%苯甲酸乙酯的降混增效剂时，体系的混相压力减小 23. 7MPa，混相压力降低幅度为 20. 47%，充分验证了配方降混功能的有效性。

3 结论

本文通过分子模拟和 PVT 实验对降混增效剂进行筛选及复配。通过分子模拟软件构建了所需的分子模型，考察了不同体系、不同浓度、不同温度压力等因素的影响。径向分布函数图，表明了柠檬酸三甲酯是效果最好的降混增效剂，且在 3%质量浓度、高温高压环境中有更好的表现，在增大 CO_2 分子间作用力和减小沥青分子间作用力效果明显，使沥青分子聚集程度变低，更易发生混相。在分子模拟的基础上，通过 PVT 高温高压实验验证了柠檬酸三甲酯的增溶增膨效果，且通过复配实验确定了最佳的降混配方为 80%柠檬酸三甲酯+20%苯甲酸乙酯，最后通过细管实验对配方的降混性能进行了评价。结果表明，该复配配方降低混相压力的比例可达 20. 47%，在 CO_2提高原油采收率上有非常好的应用前景，对于实现碳达峰碳中和的目标具有极大的促进作用。

参 考 文 献

[1] 张德平 . CO_2驱采油技术研究与应用现状[J]. 科技导报，2011，29(13)：75-79.

[2] Li A, Ren X, Fu S, et al. The Experimental study on the flooding regularities of various CO_2 flooding modes implemented on ultralow permeability cores[J]. Journal of Energy Resources Technology, 2018, 140 (7): 072902.

[3] Wang X, Gu Y. Oil recovery and permeability reduction of a tight sandstone reservoir in immiscible and miscible CO_2 flooding processes [J]. Industrial & Engineering Chemistry Research, 2011, 50(4): 2388-2399.

[4] 高慧梅，何应付，周锡生 . 注二氧化碳提高原油采收率技术研究进展[J]. 特种油气藏，2009，16(1)：6-12.

[5] 苏畅，孙雷，李士伦 . CO_2混相驱多级接触过程机理研究[J]. 西南石油学院学报，2001(02)：33-36.

[6] Peck W D, Azzolina N A, Ge J, et al. Quantifying CO_2 storage efficiency factors in hydrocarbon reservoirs: A detailed look at CO_2 enhanced oil recovery[J]. International Journal of Greenhouse Gas Control, 2018, 69: 41-51.

[7] Sun L, Hao X, Dou H, et al. Co-optimization of oil recovery and CO_2 storage for cyclic CO_2 flooding in ultralow permeability reservoirs[J]. Oil & Gas Science and Technology – Revue D IFP Energies nouvelles, 2018, 73: 42.

[8] Li P, Liu X, Lu J, et al. Potential evaluation of CO_2 EOR and storage in oilfields of the Pearl River Mouth Basin, northern South China Sea [J]. Greenhouse Gases: Science and Technology, 2018, 8 (5): 954-977.

[9] Cao M, Gu Y. Physicochemical characterization of produced oils and gases in immiscible and miscible CO_2 flooding processes[J]. Energy & Fuels, 2012, 27(1): 440-453.

[10] 杨小震 . 分子模拟与高分子材料[M]. 北京：科学出版社，2002.

[11] 王宝山，侯华 . 分子模拟实验[M]. 北京：高等教育出版社，2010.

[12] 胡英 . 流体的分子热力学[M]. 北京：高等教育出版社，1983：.

[13] Zhang N, Wei M, Bai B. Statistical and analytical review of worldwide CO_2 immiscible field applications [J]. Fuel, 2018, 220: 89-100.

基于卫星遥感数据的典型煤层气产区甲烷排放研究

宋莎莎[1,2]　安　伟[1,2]　李建伟[1,2]　靳卫卫[1,2]　张庆范[1,2]　赵建平[1,2]

（1. 中海油能源发展股份有限公司安全环保分公司；2. 海上油田低碳环保重点实验室）

摘　要　提出一种基于多源卫星遥感数据的典型煤层气产区甲烷排放研究方法。利用哨兵五号先锋SENTINEL-5P卫星对流层观测仪的甲烷柱浓度数据、哨兵二号SENTINEL-2遥感影像以及可见光红外成像辐射仪VIIRS主动火点数据，开展山西典型煤层气产区的甲烷监测研究，分析甲烷浓度分布特征，识别伴生气燃烧火炬，并估算甲烷排放速率。研究表明：山西典型煤层气产区呈现东南部甲烷浓度高、西北部浓度低的分布特点；根据识别的典型燃烧火炬，估算的甲烷排放速率为20~23T/H。本方法将为掌握局部区域的甲烷浓度分布与排放源估算提供技术支持。

关键词　多源遥感数据；甲烷；排放；燃烧火炬；煤层气产区

煤层气是储存在煤层中，以甲烷为主要成分的非常规天然气，俗称“瓦斯”。在当前我国经济结构和能源结构转型的关键期，煤层气等非常规能源行业面临着巨大的发展机遇。但煤层气开发过程中如发生甲烷的逸散或泄漏，由于甲烷较高的温室效应，会对生态环境造成影响。研究表明，化石燃料生产活动造成的甲烷排放占全球人为排放的35%左右，甲烷排放主要来自油气生产设施，如生产井、集气站、压缩站、储罐、管线、处理工厂及火炬等，煤矿也是主要的甲烷源之一。无组织甲烷排放的监测与控制是降低大气温室气体浓度的重要措施。

卫星遥感监测具备甲烷排放的全球监测能力，是开展甲烷监测的重要技术手段。国外在油气行业甲烷逸散排放卫星遥感监测方面开展了相关工作。2015年，国外研究应用HYPERION成像光谱仪成功监测到亚里索峡谷所在区域三个不同方向的甲烷泄漏。2018年全球首次利用卫星数据对美国俄亥俄州油气井爆炸甲烷泄漏情况进行量化计算。2020年基于卫星观测和大气反演模型，分析全球石油产量最大的二叠纪盆地的甲烷排放，开展油气产区的常规监测。2021年，基于卫星遥感估算了俄罗斯萨哈共和国两处油气产区的甲烷排放情况。2022年，基于基于欧空局哨兵五号先驱者（SENTINEL- 5P）卫星对流层观测仪（TROPOMI）获取中等分辨率（5.5KM×7KM）的全球甲烷柱摩尔分数数据，统计全球油气生产活动的超级甲烷排放源。国内对甲烷等温室气体的卫星遥感、现场监测方法进行了研究，并基于哨兵-5P卫星开展了NO_2、CO等大气污染监测的初步应用，同时开展了油气田区域温室气体排放特征和甲烷释放的研究。总体来说，国内基于卫星遥感技术进行油气区域甲烷监测研究较少，薛明等比较国内外油气行业逃逸甲烷排放核算方法，总结当前国内外油气田现场开展的甲烷排放检测研究，指出大部分研究主要集中在油气生产的单个环节如煤层气井口的现场检测，无法代表整个区域的甲烷排放水平。

本文基于SENTINEL-5P卫星对流层观测仪（TROPOMI）的甲烷柱摩尔分数数据、SENTINEL-2遥感影像以及VIIRS主动火点数据，开展山西煤层气区域甲烷监测研究，为动态掌握局部区域的整体甲烷浓度分布与变化提供技术支持，助力绿色低碳发展和双碳战略目标实现。

1　研究区域

本文选取我国煤层气主要产区山西为主要研究区域，重点覆盖山西晋城、吕梁、临汾等地的煤层气开采区域(见图1)。图中标注出山西省煤层气主要产区，包括吕梁、晋中、临汾、长治和晋城。作为我国主要的煤层气产区之一，官方数据显示，截至目前，山西省已探明地质储量$1.06\times10^{12}m^3$，约占全国的89.83%。2020年全省煤层气产量$81.46\times10^8m^3$，占全国煤层气总产量的85%。其中，晋城位于国家大力推进建设的沁水盆地煤层气产业化基地的核心区域，是全国最大的无烟煤和煤层气生产基地，煤层气储量占全国的1/3、产量占全国的2/3，是国内勘探程度最高、开发潜力最好、商业利用最成熟的煤层气产业基地。除晋城外，吕梁、临汾和晋中也是我省煤层气资源集聚的重要基地。

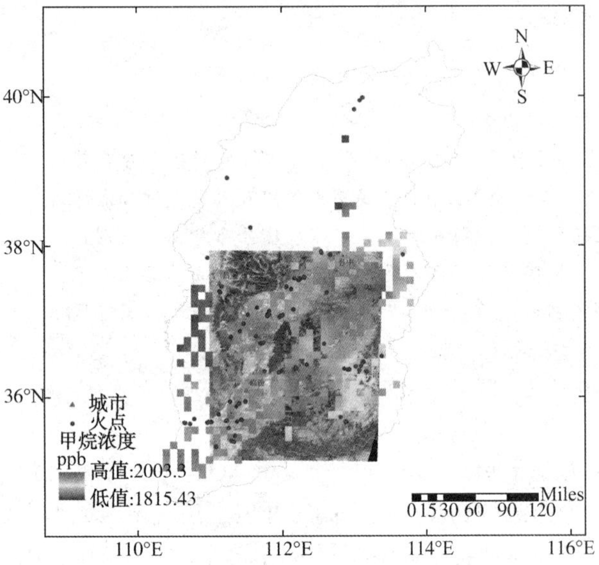

图1　研究区域

2　研究数据与研究方法

2.1　研究数据

2.1.1　TROPOMI 甲烷数据

基于欧空局 SENTINEL-5P 卫星 TROPOMI 传感器的甲烷柱平均干空气摩尔分数研究上述区域的甲烷浓度总体分布情况。欧空局哨兵 S5P 卫星发射于 2017 年 10 月 13 日，是近极地太阳同步轨道卫星，其搭载的 TROPOMI 是基于被动遥感方式的高光谱天底观测传感器。TROPOMI 测量波段包括紫外-可见光、近红外和短波红外波段。起初红外波段的近星下点空间分辨率为 7 ×7km^2，2019 年 8 月后分辨率提升为 7×5.5km^2。TROPOMI 甲烷数据质量经与 GOAST 地基观测网络 TCCON 比对得到证明。本文基于 2018 年 6 月 5 日甲烷数据选取覆盖研究区域的数据进行分析。数据获取时间为北京时间 12：00～14：00 的某个时刻。

2.1.2　SENTINEL-2 影像数据

为将甲烷浓度数据与可能的煤层气产区匹配，使用 SENTINEL-2 伪彩色影像数据。SENTINEL-2 是宽幅多光谱监测卫星星座，由太阳同步轨道的 2 颗相同的卫星组成，可提供可见光和红外 13 个波段的高分辨率影像数据，不同波段的分辨率包括 10m、20m 和 60m，重访周期 5 天。SENTINEL-2 影像数据常用于陆地覆盖监测及土地使用变化监测、植被及森林火灾监测等。采用其波段 12、11 和 4 组合伪彩色影像，其中植被为绿色，城市及厂区等建筑区域为白色或灰色，水体为黑色或蓝色，森林火灾、油气开发火炬等温度较高区域为红色或黄色。本文选取 2018 年 6 月 5 日山西区域的 6 景 SENTINEL-2 遥感影像拼接后进行分析，影像时间为北京时间 11：15，与甲烷数据时空匹配较好。

2.1.3　VIIRS 主动火点数据

采用美国宇航局 SUOMI-NPP 卫星搭载的可见光红外成像辐射仪(VIIRS)获取的主动火点数据识别火炬，其分辨率为 375M。VIIRS 火点检测基于中红外和热红外图像数据，且主动火点数据包含火点类型，具体分为植被火点、主动火山、固定陆地源火点和海上火点四类。每年 50 天以上检测到火点信息的，则分类为固定陆地源火点。固定陆地源火点主要对应能源开采活动。除 375M 分辨率的主动火点数据，VIIRS 短波红外波段还提供 750M 分辨率的夜间火点数据。

2.2　研究方法

本文甲烷排放监测研究技术路线包括 3 个步骤。第一步，基于 VIIRS 主动火点数据，获取固定陆地源火点位置；第二步，基于固定陆地源火点位置，结合 SENTINEL-2 遥感影像特征，识别伴生气燃烧炬位置，判别可能的甲烷排放源；第三步，与 SENTINEL-5P 甲烷浓度数据匹配，分析甲烷浓度分布，并基于截面通量方法估算排放量。具体研究技术路线如图 2 所示。

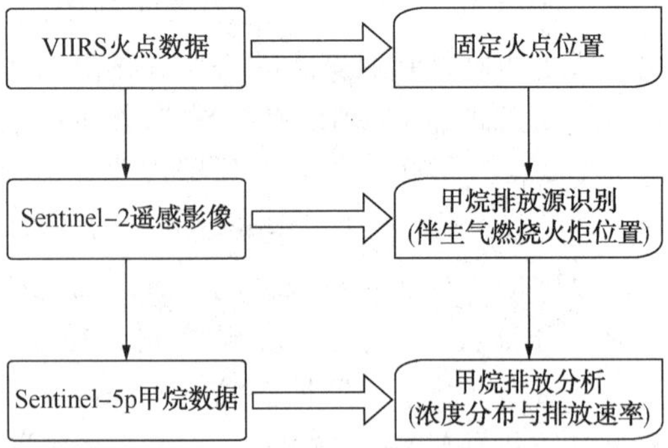

图2　研究技术路线图

3　结果与分析

以 2018 年 6 月 5 日为例，获取了当日该区域的 SENTINEL－2 遥感影像，并从 2018 年 VIIRS 375M 分辨率火点数据中提取当日的火点信息，同时获取了当日的 SENTINEL-5P 甲烷浓度数据，开展综合分析。

3.1 固定陆地源火点分布

从 2018 年 VIIRS 主动火点数据中筛选出山西省范围的固定陆地源火点，固定陆地源火点如图 1 圆点所示。图中固定陆地源火点主要分布山西省中南部，与主要煤层气产区较为吻合，特别是长治、临汾、吕梁周边固定陆地源火点分布较为集中。

3.2 甲烷排放源识别

本研究甲烷排放源主要关注伴生气火炬。根据 VIIRS 主动火点数据的固定陆地源火点、甲烷浓度分布和 SENTINEL-2 影像特征，综合判别可能的排放源。利用 SNAP 软件读取 SENTINEL-2 影像数据，重采样至 10M 分辨率，并生成 12、11 和 4 波段伪彩色影像。VIIRS 主动火点数据中每年 50 天以上检测到火点信息的，则分类为固定陆地源火点，其主要对应能源开采活动。为排除城市区域的干扰，研究中重点关注山地区域分布的固定陆地源火点。根据 SENTINEL-2 卫星遥感数据 12、11 和 4 波段伪彩色影像中油气开发火炬等温度较高区域为红色或黄色，结合影像中火点位置处的人工构筑物分布，判断是否为伴生气火炬。

本文重点关注甲烷浓度较高的长治、晋城周边区域。首先分析长治周边区域，如图 3 所示，将固定陆地源火点与 SENTINENL-2 伪彩色影像叠加，可见固定陆地源火点主要分布在长治北部靠近山脉区域。SENTINENL-2 伪彩色影像中白色或灰色区域为建筑物集中的城镇区域，考虑城镇中可能存在工业设施固定陆地源火点，因此本文分析不考虑城镇区域，重点关注山区的固定陆地源火点（森林火点已排除）。选定该区域山地附近一处典型火点 A，见放大图。放大图中浅色高温区域伴有深色高温边缘，为典型的燃烧火炬特征。同时通过与甲烷浓度数据比对，该火点附近甲烷浓度超过 1900PPB，结合互联网检索该区域煤层气公司分布，可推断该火点主要对应煤层气开采活动，为伴生气燃烧火炬概率较高。

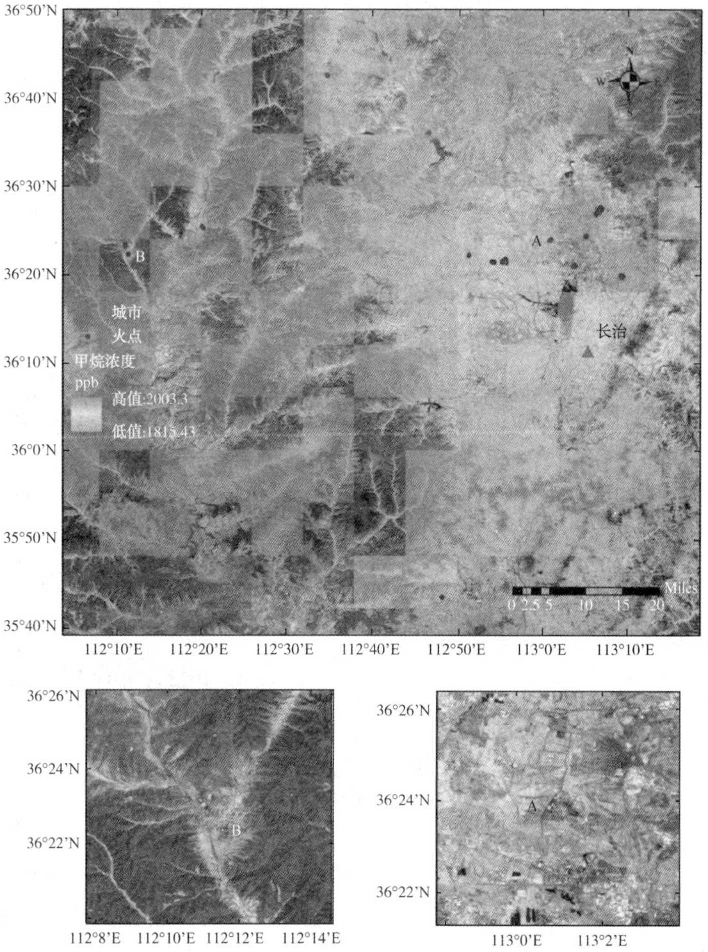

图 3 2018 年 6 月 5 日伴生气燃烧火炬识别

长治市西部80KM处的山脉区域亦有固定陆源火点分布，选取典型火点B，其在SENTINENL-2伪彩色影像局部放大图中可清晰看到浅色高温区域伴有深色高温边缘，判别为伴生气火炬。值得注意的是，该固定陆地源火点由于地处山区，背景甲烷浓度较低，甲烷浓度数据中未表现出明显偏高的情况。

3.3　甲烷排放分析

3.3.1　甲烷平均浓度分布

选取研究区域2018年6月5日TROPOMI甲烷柱平均干空气摩尔分数，对其按经纬度重新整理成网格数据并重采样至1KM分辨率，计算各网格内甲烷浓度值，并通过逐日甲烷浓度数据估计甲烷浓度均值，见图1甲烷浓度分布。总体来说，山西省东南部的长治、晋城周边甲烷浓度较其他煤层气产区偏高，超过1900PPB，最高达到2000PPB。

对主动火点数据与甲烷浓度数据进行关联分析，比较2018年6月5日的主动火点数据与甲烷浓度数据。总体来说，二者具有较好的一致性，部分火点位置由于甲烷浓度数据缺失没有比对。图1中三角形标注主要涉及煤层气产业的城市，圆形为2018年6月5日的陆地固定源火点，已排除森林火点。当日甲烷柱浓度范围为1815~2003PPB。山西省东南部的晋城、长治周边区域甲烷浓度最高，达到或接近2000PPB。

3.3.2　甲烷排放速率估算

采用截面通量方法估算甲烷排放量，通过一个或多个垂直于羽流轴的羽流截面来计算甲烷排放速率。该方法最早用于机载现场监测，后来扩展到遥感监测。基于质量平衡原理，排放速率等于风速与垂直于风向的羽流截面的乘积，即：

$$Q = \int_{-\infty}^{+\infty} U(x,\ y)\Delta\Omega(x,\ y)\mathrm{d}y \tag{1}$$

实际观测中该积分可近似于$U(x,\ y)\Delta\Omega(x,\ y)$沿着可探测的甲烷羽流宽度的加和。

其中，$\Delta\Omega$质量增强与甲烷浓度增强ΔX的关系为：$\Delta\Omega = \frac{M_{CH4}}{Ma}\Omega_a\Delta X$，其中$M_{CH4}$、$Ma$分别为甲烷和干空气的摩尔质量分数16g/mol、28.9634g/mol，Ω_a为海平面标准状态下一平方米空气柱的重量，1.033×104kg/m^2。

通过估计有效风速，排放速率可以表示为：

$$Q = CU_{\mathrm{eff}} \tag{2}$$

其中，$C = \int_{-\infty}^{+\infty} \Delta\Omega(x,\ y)\mathrm{d}y$，$U_{\mathrm{eff}} = 1.44U_{10}$

以2018年6月5日为例开展甲烷排放速率估算。图3中A点所示的燃烧火炬处，甲烷浓度超过1900PPB，采用上述截面通量方法估算排放速率。风速风向数据通过查询美国国家环境预报中心的GFS（全球预报系统）获得。GFS系统每天发布4次全球范围的气象数据，分辨率最高可达到0.25°×0.25°。2018年6月5日14点，图3中A点处风速为3.6M/S，风向为223°西南风（见图中所示风向），风速较低不利于气体扩散。根据上风向处甲烷浓度确定背景值约为1860PPB，A处火炬附近甲烷浓度增强范围为20~70PPB。由于该火炬周边有其他固定源火点分布，故仅选择沿着距离其较近的垂直于风向的4个截面估算排放速率，见图4。四个截面估算的排放速率分别为23t/h、20t/h、22t/h、20t/h。由于甲烷浓度数据的部分缺失，以及该点位附近其他可能排放源的干扰，估算结果可能存在一定偏差。但总体来说，本研究的估算结果与国外对山西煤产区甲烷排放估算的结果较为接近，其估算的最大值为13.4T/H。这也表明了本研究提出的甲烷排放监测与排放量估算方法的可行性。

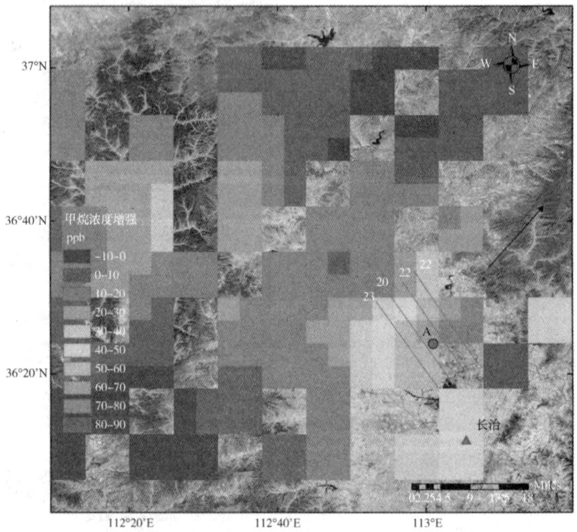

图4　2018年6月5日燃烧火炬甲烷排放估算

4　总结与讨论

本文利用SENTINEL-5P卫星对流层观测仪的甲烷柱浓度数据、SENTINEL-2遥感影像以及VIIRS主动火点数据，开展山西典型煤层气产区的甲烷监测研究，分析甲烷浓度分布特征，识别伴生气火炬，并估算甲烷排放速率。通过研究证明该方法的可行性，后续可通过搜集更多的遥感数据及现场数据，进一步完善相关内容。搜集更多遥感数据，研究自动识别算法对区域燃烧火炬开展普查；搜集甲烷排放数据资料或现场观测数据，对截面通量方法估算的速率进行比对；获取更高分辨率的甲烷浓度遥感数据，从区域甲烷监测到定点的排放源监测；研究卫星遥感、无人机载监测、移动车辆监测等多种监测方式的优势互补，结合大气扩散数值模式，为甲烷监测与漏点排查提供支持。

参 考 文 献

[1] Franco, G, Peischl, Et Al. Methane Emissions From The 2015 Aliso Canyon Blowout In Los Angeles, Ca [J]. Science, 2016.

[2] Pandey S , Gautam R , Houweling S , Et Al. Satellite Observations Reveal Extreme Methane Leakage From A Natural Gas Well Blowout [J]. Proceedings Of The National Academy Of Sciences, 2019, 116(52): 201908712.

[3] Zhang Y , Gautam R , Pandey S , Et Al. Quantifying Methane Emissions From The Largest Oil - Producing Basin In The United States From Space[J]. Science Advances, 2020, 6(17): Eaaz5120.

[4] Gouw J A D , Veefkind J P , Roosenbrand E , Et Al. Daily Satellite Observations Of Methane From Oil And Gas Production Regions In The United States[J]. Scientific Reports, 2020, 10(1).

[5] Ii A , Nsb C , Jh A , Et Al. Satellite-Based Estimates Of Nitrogen Oxide And Methane Emissions From Gas Flaring And Oil Production Activities In Sakha Republic, Russia[J]. Atmospheric Environment: X.

[6] Lauvaux T , Giron C , Mazzolini M , Et Al. Global Assessment Of Oil And Gas Methane Ultra - Emitters [J]. 2021.

[7] Hu H , Landgraf J , Detmers R , Et Al. Toward Global Mapping Of Methane With Tropomi: First Results And Intersatellite Comparison To Gosat[J]. Geophysical Research Letters, 2018.

[8] 刘双慧, 李小英, 曹西凤, 等. 大气甲烷探测进展与全球甲烷分布分析[J]. 遥感技术与应用, 2022, 37(2): 436-450.

[9] 侯姗姗, 雷莉萍, 关贤华, 等. 温室气体观测卫星GOAST及产品[J]. 遥感技术与应用, 2013, 28(2): 269-275.

[10] 刘毅, 吕达仁, 陈洪滨, 等. 卫星遥感大气CO_2的技术与方法进展综述[J]. 遥感技术与应用, 2011, 26(2): 8.

[11] 车轲, 刘毅, 蔡兆男, 等. 便携式傅里叶变换红外光谱仪在大气温室气体观测中的应用进展[J]. 遥感技术与应用, 2021, 36(1): 44-54.

[12] 胡海涛, 周黎, 王晓峰. 利用哨兵5P卫星数据初探攀枝花市域大气遥感监测[J]. 环保科技, 2022, 28(02): 40-44.

[13] 李旭文, 张悦, 姜晟, 等. "哨兵-5P"卫星TROPOMI传感器在江苏省域大气污染监测中的初步应用[J]. 环境监控与预警, 2019(2): 7.

[14] 杨爽，陈国俊，杨巍，等. 胜坨油田原油温室气体排放特征及其影响因素 [J]. 环境科学研究，2016, 29 (7): 978-984.

[15] 仲佳爱, 陈国俊, 张中宁, 等. 四川盆地气矿天然气开发过程中温室气体的排放特征 [J]. 环境科学研究, 2015, 28(3): 355-360.

[16] 许跃, 唐俊红, 王国建, 等. 含油气盆地地质甲烷释放研究综述[J]. 地质学报 , 2016, 90 (3): 553-558.

[17] Monitoring And Investigating Methane Leakage In Coal Gas Production. Pol. J. Xiaohua Ge, Jianchao Ma, Liping Chang. Environ. Stud. Vol. 25, No. 3 (2016), 1005-1014.

[18] 薛明, 翁艺斌, 刘光全, 等. 石油与天然气生产过程甲烷逃逸排放检测与核算研究现状及建议简[J]. 气候变化研究进展, 2019(2): 9.

[19] 薛明, 范俊欣, 李兴春, 等. 油气生产过程中放空燃烧气的检测与回收利用现状[J]. 化工环保, 2020, 40(3): 7.

[20] Lorente A , Borsdorff T , Butz A , Et Al. Methane Retrieved From Tropomi: Improvement Of The Data Product And Validation Of The First 2 Years Of Measurements[J]. Atmospheric Measurement Techniques, 2021, 14(1): 665-684.

[21] Varon D J , Jacob D J , Mckeever J , Et Al. Quantifying Methane Point Sources From Fine-Scale Satellite Observations Of Atmospheric Methane Plumes[J]. Atmospheric Measurement Techniques, 2018, 11(10): 5673-5686.

炼化企业能效提升及降碳方案研究

刘春柳　简建超　齐本东　方华龙

（中国石化青岛炼油化工有限责任公司）

摘　要　某炼化公司“十三五”期间，通过能效提升各类技术措施，炼油综合能耗完成55.71kg标油/t，较“十二五”下降了1.34个单位，节能约29×10^4t标煤，累计减少碳排放83×10^4t；2020年单因能耗完成6.49kg标油/t·因数，较2015年下降了0.29个单位。为进一步提升公司能效与水效水平，持续保持“行业领跑”态势，为实现“双碳”目标持续发力。从加热炉余热回收利用、低温余热利用、机电设备能效提升等方面提出了节能降碳提效的方案。通过构建“三小”管理，能够及时发现设备缺陷和隐患，以及危及生产运行安全、环保、平稳、优化的问题和隐患，及早采取有效控制措施，保障设备安全运转和系统稳定运行，保证企业安全稳定、清洁环保、能效先进等诸多关键生产经营要素。

关键词　双碳目标；综合能耗；能效提升；三小管理；能效；水效

不同炼化企业因产品结构定位、原油资源定位和产能规模存在差异，加工过程中的单位能耗也存在差别。某原油加工能力为1000×10^4t/a的典型流程炼厂，二氧化碳排放量约为250×10^4t/a，相当于每加工1t原油排放0.25t二氧化碳。据此估算，2019年中国炼油行业因加工原油而排放二氧化碳约1.7×10^8t，占总排放量的约1.65%。石油炼制过程能耗较高，通常能耗成本占生产总成本的40%0~60%。因此，炼油过程节能降耗是提高炼油厂经济效益的关键。目前，在“碳达峰、碳中和”目标的影响下，炼油工业CO_2减排行动的实施也迫在眉睫。为了应对炼油工业升级发展与CO_2减排的双重挑战，炼化企业应持续进行能效提升行动，提高资源利用率降低工业过程中的碳排放，为现阶段节能减排及“双碳”目标的实现提供经验。

1　某炼化“十三五”期间能效现状

“十三五”期间，由于油品质量升级步伐加快、安全环保标准不断提高、油品市场竞争加剧、新冠肺炎疫情影响市场低迷，面临着诸多不利于节能工作的因素，中国石化青岛炼油化工有限责任公司（下文简称某炼化公司）仍然实现了各项节能指标稳步下降，其中炼油综合能耗完成55.71kg标油/t，较“十二五”下降了1.34个单位，节能约29×10^4t标煤，累计减少碳排放83×10^4t；2020年单因能耗完成6.49kg标油/t·因数，较2015年下降了0.29个单位。2011年至2020年某炼化公司炼油能耗指标如图1所示。

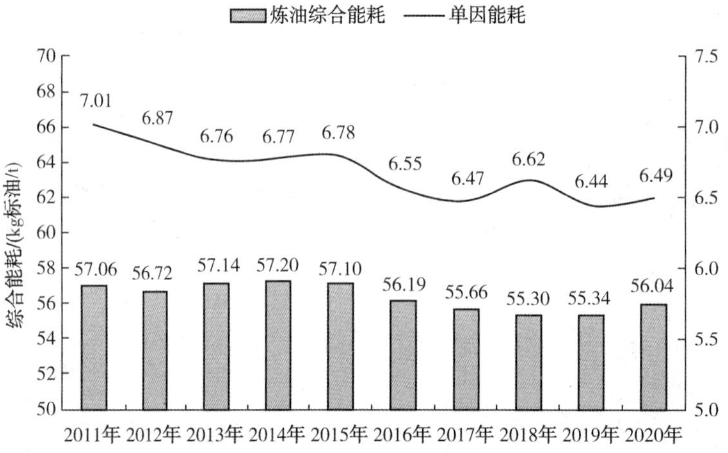

图1　公司近10年炼油能耗指标变化情况

通过一系列持续能效提升措施，公司连续10年蝉联“能效领跑者标杆企业”榜首，首次获评“水效领跑者标杆企业”，实现“能效”“水效”双领跑；荣获了全国“‘十三五’石油和化工行业节能先进单位”、全国“重点用能行业能效领跑者”、中国石化“安全生产先进单位”、“节能环保先进单位”等荣誉称号。为公司在实现“碳达峰、碳中和”道路上的持续贡献。“十三五”期间，节能减排工作主要是从三个方面进行。

1.1 能源管理系统化

一是在策划环节制定目标。高度重视节能低碳管理，成立了以一把手为组长的节能工作领导小组、碳资产管理领导小组。每年组织能源管理评审，全面分析总结前一年的能源管理状况，制定年度能源目标、能源绩效参数和能源管理实施方案，指导全年能源管理工作。

二是在实施环节压实措施。按月动态跟踪能源目标、能源绩效和实施方案的执行情况，及时发现问题并制定相应的改进措施。利用能源管理信息系统，实时监控和动态优化蒸汽、氮气、水、燃料、氢气等能源系统的运行。制定工艺指标优化控制值，提高装置平稳、高效运行水平。

三是在检查环节查摆短板。借助内外审核和专业检查，强化节水、节汽、节氮的现场检查与考核力度，提升检查效果。定期开展加热炉、锅炉、大机组等耗能设备的能效检测，不断挖掘节能潜力。

四是在改进环节持续提升。对标先进企业，定期分析装置运行状况，查找能效提升途径。通过专业例会全面分析查找问题的深层次原因，以精细化管理严控日常操作、优化生产运行，持续提高公司的能效管理水平。

1.2 强化管理创新化

在管理方面提出了一系列关于能效提升及降低碳排放的相关措施，从管理角度入手规范化管理，与技术措施双管齐下确保“双碳”目标的实现。

一是创新并实践“渐进追赶能源管理模式”。实时收集先进企业的指标资料，及时跟进、对标分析，制定动态追赶目标，通过渐进式跟踪学习，促进了能源绩效管理水平螺旋式的上升。

二是坚持递进式动态节能考核。及时跟踪行业最优的装置运行水平，结合装置运行的历史最好情况及前一季度的实际运行状况，制定动态滚动的考核指标，实行“确保”“力争”和“奋斗”三档进行递进的考核方式，实现节能递进式的动态管理。

1.3 能效提升常态化

一是实施“能效提升”计划，持续推进技术创新和新技术应用。“十三五”期间，公司先后实施了催化烟机出口烟道采用新型保温材料、部分机泵增加永磁等调速装置、催化烟机节能改造、重整四合一炉增加余热回收系统、苯乙烯循环水场节能改造等39项节能技改项目，累计投资8500万元，可实现 2.3×10^4t 标煤/年的节能效果。

二是实行多项举措，提高水资源利用率。例如，将高含盐污水回用到动力中心烟气脱硫和焦化装置除焦池中，节约新鲜水40t/h；2017年开始使用市政中水替代部分新鲜水，替代率超过50%，化学水站周期制水量增加15倍，酸碱消耗减少93%，外排污水减少90%，制水成本降低1元/t；加强地管查漏工作。

三是开展区域优化，实现企业效益最大化。通过提中压、降低压，降低发电机组的蒸汽消耗，优化蒸汽系统，实现蒸汽的外供创效；通过采取调整吸收稳定操作、用含氢尾气替代天然气作为制氢原料等多项措施，对瓦斯和氢气系统进行大优化；通过加强管理，优化火炬系统，实现气柜瓦斯100%回收。

四是注重装置间联合优化，提升企业经济效益。细化日常调度管理，全面提升装置的直供料水平，降低装置运行能耗；2019年仅通过实施降低常三线95%点、优化催化柴油流向等多项装置间联合优化措施，实现经济效益3000万元/年。

五是加强信息化建设，引领能效管理智慧化。公司注重信息化建设，以能流可视化、能效最大化、在线可优化为目标，建设了能源管理信息系统，形成了能源日报、节能台账，实现了装置运行的动态监控。

2 持续能效提升研究方案

为全力支持“双碳”目标的实现，以习近平生态文明思想和能源安全新战略为指导，全面贯彻落实党的十九大、十九届历次全会和中央经济工作会议精神，全面贯彻习近平总书记视察胜利油田重要指示精神。某炼化公司研究制氢碳达峰行动方案，大力推进能效提升计划和节水减排行动，进一步提升公司能效与水效水平，持续保持“行业领跑”态势，促进节能降碳工作再上新台阶、再立新功绩，为实现“双碳”目标持续发力。“十四五”“十五五”期间，某炼化公司将从余热利用回收、胺液系统优化、装置热联合优化等方面入手，继续研究提升装置能效、降低碳排放。

2.1 烟气余热回收利用

目前全厂加热炉显示加权热效率平均值为92.8%，但以实测空预器后氧含量和排烟温度计算，全厂加权热效率仅为90.26%，各加热炉占全厂热负荷权重如图2所示。

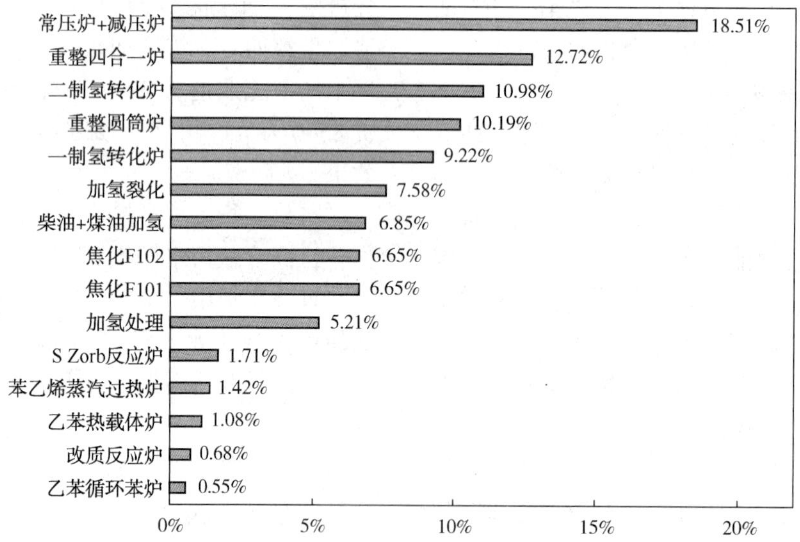

图2　加热炉热负荷占全厂比重图

2.1.1　加热炉运行问题

（1）部分加热炉排烟温度偏高。部分加热炉排烟温度见表1所示。

表1　部分加热炉排烟温度表

序号	名称	排烟温度/℃	热效率/%	备注
1	重整圆筒炉	175	90	
2	一制氢转化炉	165	89	
3	二制氢转化炉	165	89	
4	苯乙烯 F301	>200	88	
5	煤、柴油加氢加热炉	180	88	煤、柴油加氢共用预热器

（2）部分空预器存在漏风。部分加热炉预热器前后氧含量偏差见表2。

表2　部分加热炉预热器前后氧含量偏差表

序号	名称	预热器前后氧含量偏差	备注
1	常减压 F101、F102	2%	
2	焦化 F101	2.30%	
3	重整圆筒炉	2.70%	
4	S Zorb 反应炉	4%	
5	煤、柴油加氢加热炉	1.80%	煤、柴油加氢共用预热器

（3）部分加热炉对流段漏风。部分加热炉预热器前后氧含量偏差见表3。

表3　部分加热炉预热器前后氧含量偏差表

序号	名称	辐射室与对流段氧含量偏差	备注
1	常减压 F101	0.90%	
2	焦化 F102	>1.5 %	机械清焦后对部分对流段部分部位进行封堵
3	重整圆筒炉	0.80%	
4	苯乙烯 F301	0.60%	
5	S Zorb 反应炉	0.60%	
6	加裂 F201	1%	
7	航煤加氢反应炉	1.60%	

2.1.2　改进措施

（1）技措项目。计划通过对目前加热炉进行改造降低加热炉排烟温度、提高加热炉热效率，加热炉改造项目见表4。

表 4　加热炉改造项目表

序号	项目名称	改造内容	改造效果
1	重整圆筒炉余热回收系统改造	更换为高、低温段铸铁板式预热器	排烟温度 < 110℃、热效率 >93.5%
2	柴油加氢 F201 余热回收系统改造	更换为金属板+铸铁板式预热器	排烟温度 < 110℃、热效率 >93.5%
3	一制氢转化炉余热回收系统改造	将原空预器更换为板式预热器，增加高温相变换热器	排烟温度 < 115℃、热效率 >92.5%
4	乙苯苯乙烯装置加热炉低氮火嘴改造	该项目包含苯乙烯 F301 余热回收系统改造内容，拟增加板式预热器	排烟温度 < 90℃、热效率 >93.5%

通过实施上述 4 个项目，可提高全厂热效率 0.95 个百分点，提高全厂加热炉运行效率及水平。

（2）检维修项目。2023 年大检修拟开展检维修内容见表 5。

表 5　加热炉检维修项目表

序号	名称	检维修内容
1	常压炉	热管式预热器整体拉出检修，漏风部位采取封堵，解决漏风问题。
2	焦化炉	预热器清洗，漏风部位采取封堵，解决漏风问题
3	S Zorb 反应炉	空预器整体拉出检修，解决漏风问题
4	二制氢转化炉	现场检修空预器热管
5	苯乙烯炉 F301	对流段化学清洗
6	炉外壁超温点处理	对加热炉超温点做好日常登记，日常利用高温贴片外加陶瓷微粒水性保温涂料的方式实现不停炉进行炉外壁超温点处理，2023 年大修整体消除
7	加热炉接口漏风问题整改	整改部分加热炉存在接口漏风问题，其中重整圆筒炉、加氢处理加热炉漏风点治理已纳入技措改造项目里

通过采取上述措施，预计能够提高全厂加热炉加权平均热效率至 93.5%。除此之外，加热炉还通过源头设计管控，提升加热炉能效。对于顺酐项目尾气焚烧炉的排烟温度，要求按照不高于露点温度 20℃ 的目标进行设计。利用信息化手段，助力加热炉精细化运行管理，组织实施“能源绩效参数及重点用能设备实时监控”可视化工作，从装置和公司两个维度将节能相关的运行参数在 DCS 画面上集中展示，进一步提升节能精细化管理水平。

2.2　低温余热高效利用

目前，全厂有催化换热水系统（回收热量 33MW 左右）、二级除盐水换热系统（回收热量 72MW 左右）2 套回收装置低温余热的系统。进一步开展热媒水匹配全厂热源、热阱等措施，深化余热余压冷能综合利用。

2.2.1　利用现状

对全厂低温余热热源、热阱全面梳理，各生产装置 80℃ 以上低温余热有 31.9MW，其中 120℃ 以上的热量为 6.3MW，部分余热介质受临氢、高压、高浓度 H_2S 环境或现场改造空间受限等因素影响，不适宜回收，通过研究可回收余热的装置为一制氢、二制氢、柴油加氢、加氢裂化、乙苯装置，其中 80℃ 以上可利用的低温余热约 11.02MW。

全厂中、低压凝结水约 140℃、450t/h，温位较高，现有换热流程不优化，先与低温二级冷除盐水换热，换热效率低，同时除盐水被换热至 65℃，影响去各装置更多的换取低温余热。

2.2.2　低温余热利用措施

（1）除盐水回收装置低温余热。采用“制冷+换热”组合的方式回收凝结水余热，增设制冷机组与换热器，夏季以制冷为主，冬季全部用来与二级热除盐水换热，操作弹性大，既高效回收了凝结水高温位的余热，又可以解决了夏季装置局部冷却负荷不足的瓶颈问题。

（2）动力中心循环水余热利用。某炼化公司研究动力中心循环水余热用于供暖，拟回收利用动力中心约20000t/h、进出水温度24.4/35.7℃的循环水余热约262MW，送至厂外的中石化青岛新能源公司换热站用于地方供暖。

（3）重整进料/产物换热器E201更新改造。重整进料换热器(E-201)是连续重整装置核心设备之一，该换热器原设计采用一台引进的立式焊接板式换热器。扩能至180×10^4t/a后，重整进料换热器利旧，热端温差36℃(计算值)。目前，由于内部结垢及现场条件变化，实际操作的热端温差已达55.5℃。至2023年大检修时，将连续运行15年，且运行期间经历了多次计划或非计划停工，下一周期若继续运行故障风险将大幅增加。为保证该设备安全平稳运行，实现节能降耗，拟在检修期间将重整进料/产物换热器E201更换为缠绕管换热器。

改造后，可实现双侧压降≤125kPa、热端温差≤33.5℃，装置能耗降低2.55 kg标油/t重整进料，每年节能约0.46×10^4t标准油，减少CO_2排放约1.84×10^4。

（4）新罐区与火炬区域凝结水回收利用。通过罐区凝结水回收利用设施扩能改造、火炬区域新增凝结水回收利用设施，预计每年回收凝结水约3×10^4t，解决了凝结水管网末端不能有效回收的难题，消除了末端凝结水现场排放的现象。

（5）推进凝结水伴热局部替代。目前，双脱、苯乙烯、加氢裂化等装置实施了局部管线、部分机泵以及具备条件的仪表用凝结水替代1.0MPa蒸汽进行伴热，既减少了蒸汽消耗，又降低了凝结水带汽风险，下一步将继续推进各运行部利用凝结水伴热局部替代蒸汽工作。例如，储运罐区可分区域利用凝结水就近替代机泵、自动脱水器、脱水线等部位的伴热蒸汽。

2.3　燃煤电厂供电煤耗指标提升

近期达到310g标准煤/kW·h以下的主要措施：

（1）动力中心2台机组均已完成通流改造。从2021年5月份2#机组的标定结果来看，机组热耗率降低约10%，缸效率提高约11%。1#机组近期择机标定。2022年持续做好2台CFB锅炉和机组的长周期运行，坚决贯彻“锅炉多产汽、机组多发电”的生产要求。

（2）继续高效投用以下项目：1#高加汽源优化、疏水箱疏水加热优化、二级热除盐水加热运行优化、乏汽余热利用改造、2#炉一次风机液耦改造项目等。

（3）择机实施1#炉一次风机液力耦合器改造项目。

2025年达到300g标准煤/kW·h以下的主要措施：

（4）按照供电标煤耗降至300g标准煤/kW·h以下的国家政策要求，结合动力中心运行实际情况，对现役机组开展系统性节能诊断，推广煤电机组冷端优化(包括凝汽器改造、换热管更换、真空系统改造、凉水塔填料改造和循环水管路改造)等技术，改善冷端系统运行状况，提高机组真空，降低机组供电标煤耗。

2.4　胺液系统优化

公司采取临氢、非临氢系列胺液集中再生方式，设计胺液循环量为：A列359t/h、B列594t/h。近几年通过优化胺液再生与脱硫系统运行条件、压减操作裕量等措施，在原油加工量增加、硫含量上升的情况下，胺液实际循环量较原设计有明显下降，其中A列降低5%，B列降低20%，取得了明显节能效果。

随着加热炉外排烟气在线监测等环保监控要求与力度提高，为进一步降低胺液系统运行能耗及保障加热炉烟气稳定达标排放要求，拟在大修期间实施“A列溶剂再生系统运行可靠性改造”“脱硫燃料气增设在线硫分析仪”等措施，在满足加热炉烟气稳定达标排放基础上，减少胺液系统能源消耗。

2.5　优化装置间直供料与热联合

通过根据生产计划科学统筹上下游装置负荷匹配、合理控制中间原料库存、强化生产调度指挥与监督职能、建立直供料指标监控与统计体系等一系列措施，保障了装置间直供料与热联合系统高效运行，公司直供料率指标保持在82%以上，处于中国石化先进水平。

2.6　机电设备能效提升

2.6.1　淘汰高耗能落后机电设备

按照工信部《高耗能机电设备(产品)淘汰目录》(第1~4批)的时间节点要求，2016~2019年期间，对全厂高耗能电动机和变压器进行了淘汰更新。每年组织对全厂高耗能机电设备的台账及现场运行进行复查。目前，全厂无在用的高耗能机电设备。

2.6.2　动力中心、区变三变压器能效提升

该项目拟将动力中心8台干式变、区变三2台主变更新为满足中国石化《关于落实国家变压器能效提升计划(2021—2023年)要求的通知》中要求的2级能效变压器。改造后，能够满足到2023年符合《电力变压器能效限定值及能效等级》中1级、2级能效标准的高效节能变压器在网运行比例提高10%的要求。预计年节能量约438t标煤，减少CO_2排放约1200t。

2.6.3　推广机泵密封替代改造

焦化装置顶循环泵P-108A/B密封故障率高，成功实施了密封改造，由单端面密封改为弹簧外置型双端面密封，避免结焦影响弹簧浮动性；密封O形圈由普通氟橡胶升级为KALREZ6375，提升耐高温及耐腐蚀能力；密封冲洗方案由PLAN21+62改为PLAN11+53B。预计改造后，密封使用寿命从0.5年延长到3年以上，节约了蒸汽消耗，治理了现场异味，每年可节约成本约12.39万元。

2.7　二氧化碳回收利用

公司CO_2排放优先考虑回收利用的资源现状：1#制氢装置约为15×10^4t/a，2#制氢约为25×10^4t/a，催化裂化装置烟气约为60×10^4t/a。上述装置的CO_2回收利用可以采用吸收法、吸附法、低温分离等技术。

2.7.1　CO_2提纯制甲醇技术

近期与中科院上海高等研究所对二氧化碳制甲醇技术开展了技术交流，目前中科院上海所与中海油富岛(海南)公司合作建成了全球最大的5000t/a的二氧化碳制甲醇工业示范装置，完成了10×10^4t/a的工艺包开发。该技术以天然气分离提取的纯度99.9%的CO_2为原料，在催化剂作用下与氢气反应生成甲醇和水，反应温度230~250℃，常压。催化剂由中科院上海所自主开发，寿命2~3年。

2.7.2　催化烟气CO_2制拟薄水铝石技术

石科院开发的FCC烟气制备拟薄水铝石技术，以FCC烟气中低浓度CO_2作为碳源，与偏铝酸钠反应生成拟薄水铝石。该技术可实现对FCC烟气中低浓度CO_2直接捕集利用同时获得具有较高经济价值的拟薄水铝石产品。

公司催化裂化装置设计规模290×10^4t/a，实际运行负荷120%，焦炭产率5.2%，年排放CO_2约60×10^4t。拟立项建设一套CO_2捕集能力10×10^4t/a的工业示范项目，制备拟薄水铝石约20×10^4t/a。

3　加强“三小”管理，保证节能增效

炼化企业生产运行过程中，小偏差影响优化运行、小波动影响平稳运行、小异常影响正常运行，小偏差、小波动、小异常产生的影响程度逐步升级，间接或直接影响公司的安全绿色可持续发展(见图3、图4)，造成各类节能优化设备及工艺无法满足相关技术要求，对过程能效水平产生不利影响。

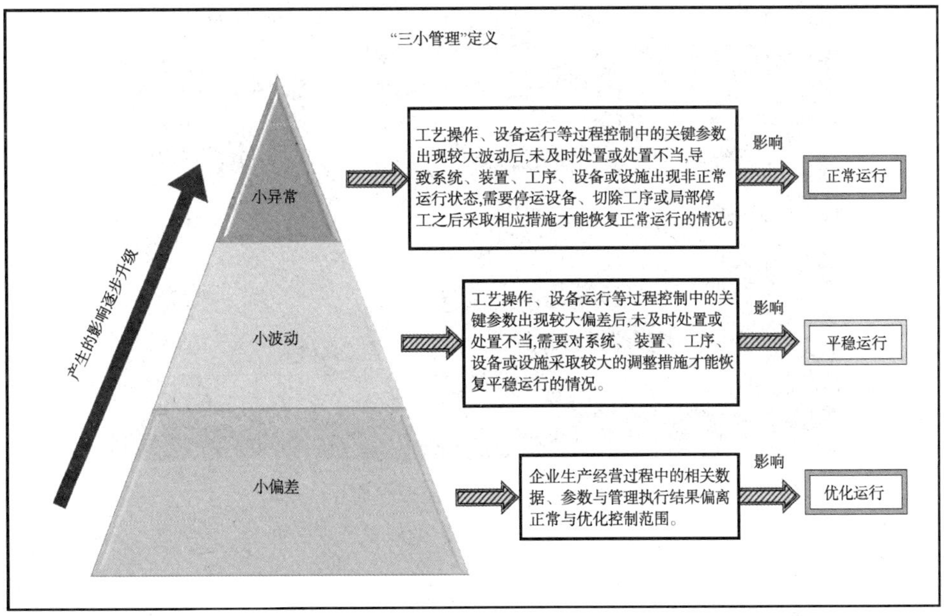

图3　“三小管理”定义

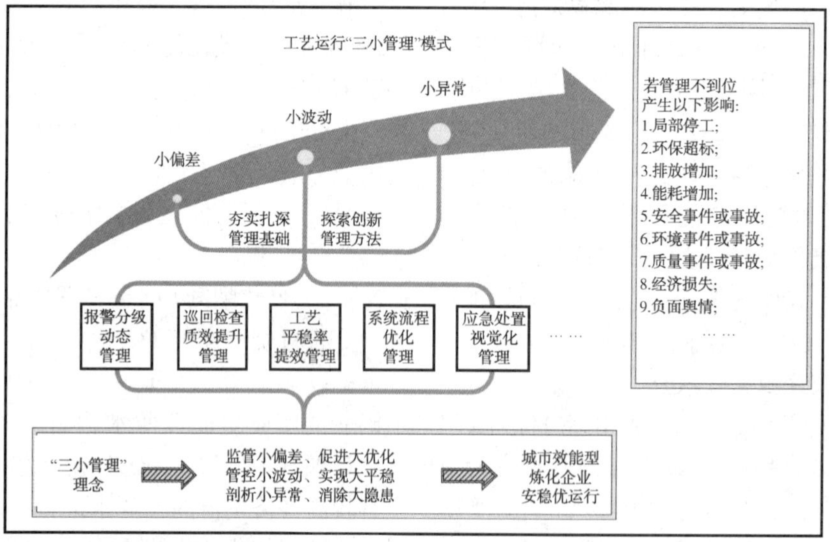

图 4　工艺运行"三小管理"模式内涵

3.1　报警分级动态管理

某炼化公司为了强化"小偏差、小异常、小波动"管理，在《中国石化炼油工艺报警管理办法》的各项要求基础上提高管理标准，以工艺平稳性体系建设为抓手，利用信息化手段实现装置偏离正常值与优化值控制区间的预发现、预报警，确保小异常及小波动始终处于受控状态。

一是开发"装置报警监视系统"。首先按照分类分级的管理原则，结合装置实际以及参数的重要程度，对 22 套装置报警的合理规范设置进行梳理，共设置红色报警参数 4098 个、黄色报警参数 20604 个。然后将 DCS 中发生的所有报警信息及操作记录实时抓取、存储，并进行分类、分层统计，为实现报警管理的信息化、智能化夯实基础。

二是深化报警系统功能，实现异常判断。首先，建立"多参数组合预警模块"，梳理出装置关键参数进行实时监控、实现报警预判，包括安全环保指标的异常监控、高压串低压的异常监控、自动设备非正常启动的异常监控、关键部位放空阀异常动作监控、仪表故障异常监控、关键质量指标偏差异常监控等(见图 5)；同时通过数据集成实现同类型关键设备参数集中展示，便于对生产异常的快速分析、判断；最后，开发报警推送平台(见图 6)，关键参数异常信息通过数字平台进行共享、通过手机数采进行即时传递。

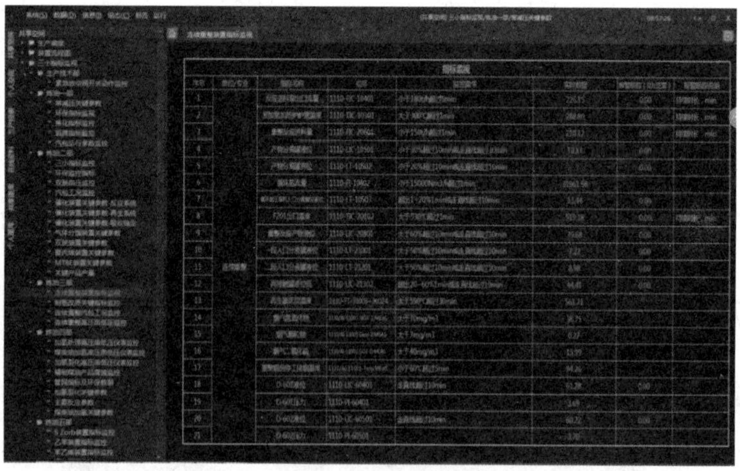

图 5　三小指标监控画面

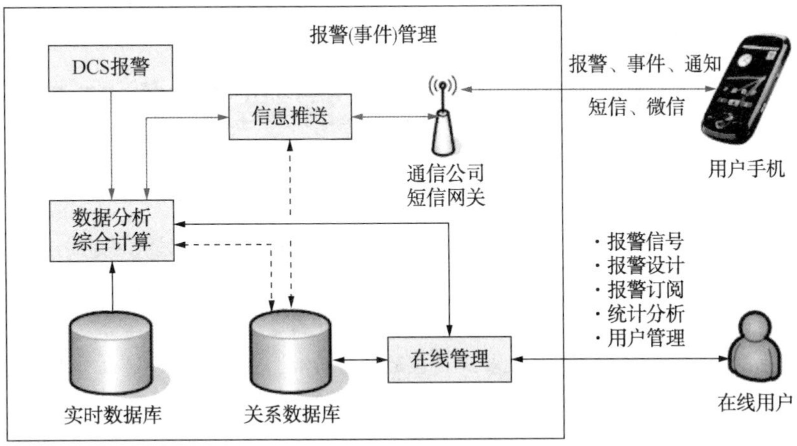

图 6　报警管理信息传递流程

3.2　推动巡回检查质效提升

巡回检查管理是外操将生产现场信息和中控室内操调控进行联通的纽带，目的是让操作人员全天候、全方位地掌握设备运行情况及周边环境的变化，能够及时发现设备缺陷和隐患，以及危及生产运行安全、环保、平稳、优化的问题和隐患，及早采取有效控制措施，保障设备安全运转和系统稳定运行。

为了进一步强化巡检管理、有效提升巡检质量和巡检效果(见图 7)，及时发现异常问题或隐患，确保管控关口前移，保障装置本质安全、平稳运行，公司根据“三小管理”内涵，创新思路、拓展策略，专题开展了“巡回检查质效提升”工作，利用信息化、智能化手段，实现生产现场“小偏差、小波动、小异常”问题的早发现、早汇报、早处理。

图 7　装置巡检数据模型

4　结论

(1) “十三五”期间，通过能效提升各类技术措施，炼油综合能耗完成 55.71kg 标油/t，较“十二五”下降了 1.34 个单位，节能约 29×10^4t 标煤，累计减少碳排放 83×10^4t；2020 年单因能耗完成 6.49kg 标油/t · 因数，较 2015 年下降了 0.29 个单位。

(2) 为进一步提升公司能效与水效水平，持续保持“行业领跑”态势，促进节能降碳工作再上新台阶、再立新功绩，为实现“双碳”目标持续发力，从加热炉余热回收利用、低温余热利用、减温减压器替代、机电设备能效提升等方面提出了节能降碳提效的方案。

(3) 通过构建“三小”管理，能够及时发现设备缺陷和隐患，以及危及生产运行安全、环保、平稳、优化的问题和隐患，及早采取有效控制措施，保障设备安全运转和系统稳定运行，保证企业安全稳定、清洁环保、能效先进、经济效益等诸多关键生产经营要素。

参 考 文 献

[1] 常林杉，王园园. 炼油过程节能降耗措施[J]. 炼油与化工，2022，33(01)：34-36.

油气田绿色矿山建设管理要求与实践

丁海玲[1]　黄山红[2]　熊运实[1]

（1. 中国石油集团安全环保技术研究院有限公司；2. 中国石油天然气股份有限公司勘探与生产分公司）

摘　要　针对目前国家对绿色矿山建设的要求和环境保护面临的新形势，结合国内油气勘探与生产业务绿色发展的相关要求，阐述了油气田绿色矿山建设的发展历程、重点内容、建设标准；总结了绿色矿山建设形成的具体成果和经验。这些经验主要包括注重依法合规、提升绿色理念、科技创新、责任落实、多部门协作等，为下一步建设指导方向，进而提升国内油气勘探与生产业务整体绿色发展水平。

关键词　绿色矿山建设；依法合规；标准；经验

绿色矿山是落实生态文明建设的重要举措，是指矿产资源开发全过程，既要严格实施科学有序的开采，又要将矿区及周边环境的扰动控制在环境可控制的范围内；对于必须破坏扰动的部分，应当通过科学合理的措施，确保矿山的存在、发展直至终结，始终与周边环境相协调，并融合于社会可持续发展轨道中崭新的矿业形象。

发展和建设绿色矿山，既是提高能源资源保障能力的现实选择，也是加快生态文明体制改革、建设新时代中国特色社会主义的必然要求。

1　绿色矿山建设的意义

开展绿色矿山创建工作既是国家生态文明建设的总体要求，也是树立企业形象的重要举措，更是油气田企业实现绿色可持续发展的必由之路。

国内油气勘探与生产业务为持续夯实油气田企业安全环保基础，将矿权和油气行业的环保管理有机结合起来，把绿色矿山创建和职责措施结合起来，坚守“在保护中开发、在开发中保护、环保优先”的工作理念，坚持“奉献能源、创造和谐”的企业宗旨，以绿色矿山建设为抓手，持续推进清洁生产，大力发展清洁能源，系统深化节能减排与污染治理，通过绿色矿山创建，将绿色发展理念贯穿于油气勘探开发全过程，全力推动油气田企业绿色、低碳、可持续发展。

2　绿色矿山建设的形成与发展

2008 年 12 月 31 日，国务院正式批复并同意由国土资源部组织实施《全国矿产资源规划（2008—2015 年）》（以下简称《规划》），指出要全面贯彻党的十七大精神，深入落实科学发展观，切实落实节约资源和保护环境的基本国策，促进我国矿业持续健康发展，提高矿产资源对经济社会可持续发展的保障能力，实现全面建设小康社会宏伟目标。《规划》中对发展“绿色矿业”提出了明确要求，并确定了“2020 年基本建立绿色矿山格局”的战略目标。

2010 年，原国土资源部发布了《发展绿色矿业、建设绿色矿山的指导意见》，并提出《国家级绿色矿山基本条件》，从依法办矿、规范管理、资源综合利用、技术创新、节能减排、环境保护、土地复垦、社区和谐、企业文化 9 方面提出明确要求。

2017 年 3 月，原国土资源部、环境保护部等六部委联合印发了《关于加快建设绿色矿山的实施意见》（国土资规〔2017〕4 号），要求加快绿色矿山建设进程，力争到 2020 年形成符合生态文明建设的矿业发展新模式。

3　油气田绿色矿山建设历程

3.1　探索阶段

2010 年起，油气田参与国土资源部开展的国家绿色矿山创建试点工作，大庆喇萨杏油田、长庆安塞油田、西峰油田、玉门老君庙油田、新疆风城作业区、新疆呼图壁气田 6 家单位被列为国家绿色矿山试点单位，并且在 2017 年之前，均通过了各省地矿厅组织的绿色矿山考核和验收工作。在创建的同时，也形成了崭新的绿色发展模式，开创了绿色发展新方法，积累了绿色发展的有效经验。

3.2 准备阶段

随着绿色矿山建设工作的不断推进，涉及的业务领域和环节不断延伸，建设过程中遇到的个性化问题不断增多，迫切需要建立完善的标准体系，强化创建的政策指导，加强创建成果的应用，建立起长效机制，更好地推进绿色矿山建设达成目标。

2017 年 3 月，国内油气勘探与生产业务充分分析绿色矿山创建形势，以“借势发力，将绿色发展理念贯穿于油气田开发各环节”为出发点，结合油气田业务特点，融合 HSE 体系推进、基层站队 HSE 标准化建设、生态保护行动纲要等重点工作和环境保护、节能降耗、土地管理、企业文化、信息化管理等方面内容，对建设要求进行有效转化和细化，并补充依据，做到既满足国家要求，又立足于国内油气勘探与生产业务环保管理现状，既考虑当前面临的困难和管理短板，又有针对性地设置了管理提升项。最终做到符合国家行业标准要求，契合油气田企业的实际情况，提升创建实效，形成一套符合油气勘探开发特点、可复制可持续的绿色矿山建设标准体系。中国石油天然气股份有限公司勘探与生产分公司(以下简称中国石油勘探与生产分公司)制订了《油气田企业绿色矿山创建标准》(2017 版)(以下简称《标准》)，《标准》涵盖矿容矿貌和环境优美、环保高效开采、资源节约与综合利用、建设现代数字化油田、保持企业良好形象 5 个验收主题，21 个验收项，43 项考核指标，满分 1 000 分，及格分数 850 分。

3.3 创建阶段

2017 年 8 月，中国石油勘探与生产分公司全面启动油气田企业绿色矿山建设工作，制订了油气田企业绿色矿山创建工作实施方案，发布了《关于开展油气田企业绿色矿山创建工作的通知》(石油勘〔2017〕211 号)，成立了绿色矿山创建领导小组和工作小组，对绿色矿山创建工作进行全面指导、统筹协调与决策，明确了中国石油勘探与生产分公司油气田企业绿色矿山创建的总体思路、工作目标、创建标准、达标验收等内容，将绿色矿山创建工作纳入年度考核，各业务部门各司其责，联合助推油气田企业绿色矿山创建工作。

4 绿色矿山建设成效

4.1 结合实际建设情况适时修订《标准》

2019 年，以国家《关于加快建设绿色矿山的实施意见》为总纲，结合自然资源部发布的《陆上石油天然气开采业绿色矿山建设规范》(DZ/T 0317—2018)、《石油天然气开采行业绿色工厂评价导则》(HG/T 5678—2020)等最新要求，对《标准》进行修订，形成《油气田企业绿色矿山创建验收量化评分表》(2019 版)，梳理原评分表中个别评分项设置不细致、评分过于粗放等问题，通过细化评分内容、调整计分方式，提高验收量化标准的客观性、适用性、可操作性。

4.2 宣贯绿色矿山建设相关要求，构建良好的绿色矿山创建氛围

开展绿色矿山建设交流与培训，举办国内油气勘探与生产业务绿色矿山建设专题会议，总结、交流安全环保节能的典型经验，对绿色矿山创建工作进行安排部署；开展绿色矿山专题培训，分层级开展针对性培训，先后举办 4 期绿色矿山专题培训班，邀请国家自然资源部、生态环境部、中国石油集团安全环保技术研究院有限公司等单位的专家，重点讲解了国家政策、中国石油天然气集团有限公司环保总体要求、国内油气勘探与生产业务清洁生产技术、绿色油气田建设、HSE 风险管控、绿色矿山创建标准等方面内容。16 家油气田企业共计 300 余人(次)的绿色矿山创建骨干人员参加了培训，构建了良好的绿色矿山创建氛围，增强了绿色矿山创建人力资源保障，进一步明确了绿色矿山的创建方向及重点。

4.3 组织指导、验收，16 家单位或示范项目通过绿色矿山建设验收

组织开展绿色矿山建设现场指导与验收，对辽河油田公司、长庆油田公司、塔里木油田公司等 12 家油气田企业所属的 38 家单位进行绿色矿山创建指导，指出后续绿色矿山创建工作的重点，为正式验收提供了有力保障；组织对冀东油田南堡作业区、华北油田江苏储气库分公司，吉林油田新民采油厂、二氧化碳驱示范项目，长庆油田第一采油厂、第三采油厂、第九采油厂、第十一采油厂、第十二采油厂、第二采气厂、第三采气厂、第四采气厂、第五采气厂、苏南作业分

公司、长北作业分公司、第三输油处共15家单位或示范项目绿色矿山创建工作验收，有效提升绿色矿山创建实效。

4.4 积极创建，多家单位进入绿色矿山名录

2017年至今，油气田企业共计167个矿权进入绿色矿山名录，占矿权总数的41%，大庆油田公司、辽河油田公司、长庆油田公司等16家油气田企业均位列其中。

4.5 示范引领，形成绿色矿山建设新模式

国内油气勘探与生产业务共有20个绿色矿山示范单位，分布在我国东部地区9个、中部地区1个、西部地区10个。从地貌上看，分属于平原、山地-丘陵(黄土)、戈壁-沙漠等类型，地面情况有很大不同；从生态环境来看，受自然环境客观因素影响植被的发育程度差异很大，施工作业面临的环境有很大不同；从地下地质条件看，分属不同地质板块，其构造演化和沉积背景、资源开采条件和技术需求有很大不同。在建设实施过程中，示范单位均有经过多年摸索形成和建立起来适合自己资源和地域特点的高效管理模式，均具有“组织结构扁平化、工程施工市场化、服务保障社会化、生产运行集约化、作业装置自动化、经营管理流程化、基础管理信息化”等现代油公司的共同特点。

4.5.1 湖泡地貌区——“喇萨杏模式”

该模式是指在季节性有植被发育的湿地-沼泽(湖泡密布)区进行油气资源开发，需适应该类地区生态环境的需要和地下资源特点的生产组织模式。该模式典型案例是地处松辽盆地腹部的喇萨杏油田。

松辽盆地是我国东北地区最大的含油气盆地，1959年9月发现大庆油田，经过60多年的开发建设，创建了我国油气开发生产的“新纪录”，喇萨杏油田主体位于湿地沼泽地貌区，油田开发建设所处的地面环境湖-泡相间。过去相当长的一段时期内，为满足国家经济建设的能源需求做出了巨大贡献。要实现“百年油田”目标，大庆油田有限责任公司于21世纪初就谋划必须走绿色可持续发展道路，打造生态治理示范区，在喇萨杏油田矿区确定生态治理示范区，占地面积30.15 km^2，目前已基本建成，其充分考虑了油气开发、产能建设、矿区发展、生态环境等诸多因素，制定并采取了一系列科学采油措施，运用三元复合体系驱油、泡沫复合驱油、微生物驱油、凝胶体系地层深部流体转向技术，使高含水资源实现高效开发；通过采用回收池预处理工艺技术、洗井水就地回注技术、干线冲洗污水回收工艺，实现采油废水综合利用，效果明显。

4.5.2 黄土塬区——“安塞模式”

该模式是指在季节性有植被发育的黄土丘陵-塬墚峁区进行油气资源开发，需适应该类地区生态环境需要和地下资源特点的生产组织模式。该模式典型案例是地处鄂尔多斯盆地的安塞油田。

安塞油田是中国石油长庆油田分公司第一采油厂最早主力采油区块，在延安市安塞县境内，因发展出著名的“安塞模式”因而又被称为安塞油田，是我国陆上最早开发的特低渗亿吨级整装油田，地面环境是典型的黄土地貌区。安塞油田管理面积 $2.9\times10^4 km^2$，共动用储量 $4.5\times10^8 t$，日产油9 000 t。安塞油田技术创新十分突出，1994年被确立为“安塞模式”“三大技术系列、八项配套技术”，开创了中国特低渗透开发的历史先河。多举措保持油田开发良性循环，水驱储量控制程度为90%，水驱储量动用程度为86%，地层压力保持水平为101%，保持在Ⅰ类水平之上。依托信息化数字化技术，完成老油田工艺流程优化简化及数字化改造，变革了传统劳动组织架构，有效提升了系统运行效率。

4.5.3 沙漠-戈壁区——“风城模式”

该模式是指在我国西部基本无植被发育的沙漠-戈壁区进行油气资源开发，需适应该类地区生态环境和地下资源特点的生产组织模式，该模式典型案例是地处国家4A级风景区“世界魔鬼城”腹部的风城油田作业区。

新疆油田分公司风城油田作业区成立于2007年12月6日，管辖着准噶尔盆地西北缘的风城油田、乌尔禾油田和夏子街油田，是一个“稠油为主、稠稀兼备、油气并举”的综合性油气生产单位，其中超稠油开发采取“全生命周期项目管理”模式。风景区周边工艺管网、电力系统埋地铺设，实现工业生产、自然环境、人文旅游的和谐统一。为更好保护旅游资源，开发建设采用丛式井布井，所有配套设施埋地处理，做到地面无管线，空中无架线，成为践行环保设计理念的示范点。将油田融于景区之中，形成了“地上旅游，地下采油”的和谐景观。

5　绿色矿山建设经验

5.1　领导重视、多部门协作是绿色矿山建设按期完成的关键

中国石油勘探与生产分公司成立了绿色矿山建设领导小组，负责对绿色矿山创建工作的组织和领导，依据创建标准要求，制定创建工作具体安排，协调解决重大问题；同时绿色矿山建设是一项系统工程，涉及勘探、钻井、井下作业、工程建设、油气生产、HSE 体系建设、节能减排、数字化建设、科研、企业文化等诸多内容，必须做好科学部署、统筹规划、分步实施，做到专业部门分工合作、各司其职，才能共同推动。

5.2　依法合规建产是绿色矿山建设的基础

以依法合规为前提，践行“在保护中开发、在开发中保护、环保优先”理念。严格遵守《中华人民共和国矿产资源法》等法律法规，依法办理探矿权、采矿权，确保油气开发符合规划要求；严格执行建设项目“三同时”要求；严守生态保护红线，严格执行国家新出台的生态保护红线分区管控等相关制度，杜绝环境污染事件发生。

5.3　绿色理念和主动升级是绿色矿山建设大势所趋

把绿色发展理念贯穿到资源开发全过程，建设“生态型、环保型、安全型、数字化”绿色矿山，是一开始就瞄准的目标。将各项建设指标和生产管理进行统筹规划，打破传统的思想理念，将环境效益和社会效益融合到生产过程中，进入高质量发展阶段，要金山银山，更要绿水青山。必须认清发展形势，认识到绿色矿山建设的重要性和必要性，主动升级，确保绿色矿山建设工作顺利实施。

5.4　科技创新是绿色矿山建设智慧助力

因地制宜优选新的开发技术，积极开展绿色矿山新技术课题的立项研究及新技术的推广应用。清洁生产新工艺新技术的应用是从源头提高资源利用效率、减少或避免污染物产生的有效措施，实施传统产业清洁化改造，是促进工业企业绿色转型升级，实现绿色发展的重要内容和抓手，也是协调推进经济发展和环境保护的根本途径。研发推广“钻井泥浆不落地”“清洁生产作业平台”“井口在线清洗技术”等多项技术，取缔陈旧处理方式，杜绝了落地油土的产生，有效控制了作业过程环境污染风险。

5.5　责任落实是绿色矿山建设落实落地的保障

建立全员管理目标考核，落实管理责任，完善奖惩机制，培育节约、绿色、环保的企业文化，夯实油气开采基础管理，坚持同步实施复垦绿化工作，建立常态化的生态恢复机制，保障绿色矿山建设工作落到实处。

参　考　文　献

［1］中华人民共和国第九届全国人民代表大会常务委员会．中华人民共和国清洁生产促进法：中华人民共和国主席令第七十二号［EB/OL］.（2002-06-29）［2021 - 11 - 06］. http://www.gov.cn/gongbao/content/2002/content_ 61640. htm.

［2］中华人民共和国第十三届全国人民代表大会常务委员会．中华人民共和国环境影响评价法：中华人民共和国主席令第二十四号［EB/OL］.（2018-12-29）［2021 - 11 - 06］. http://www.gov.cn/gongbao/content/2002/content_ 61822. htm.

［3］环境保护部办公厅，国家发展和改革委员会办公厅．生态保护红线划定指南：环办生态〔2017〕48 号［R/OL］.（2017-07-20）［2021-11-06］. https://www.mee.gov.cn/gkml/hbb/bgt/201707/t20170728_ 418679. htm.

［4］国土资源部，财政部，环境保护部，等．关于加快建设绿色矿山的实施意见：国土资规〔2017〕4 号［EB/OL］.（2017-03-01）［2021-11-06］. http://www.gov.cn/xinwen/2017-05/12/content_5192926. htm.

［5］中国石油天然气股份有限公司勘探与生产分公司．关于开展油气田企业绿色矿山创建工作的通知：石油勘〔2017〕211 号［A］. 2017.

空气悬浮风机对污水处理系统节能降碳的作用

臧志伟

（中国石油化工股份有限公司天津分公司）

摘　要　随着国家降碳工作的要求，污水处理环保装置的节能降碳工作势在必行。本文针对污水处理系统中耗电量占比最高的生化单元中主要耗能设备鼓风机进行节能新技术提升改造，通过引入空气悬浮轴承、高速永磁电机和回转轴与叶轮直连等新技术，将传统离心式鼓风机设备进行节能改造，节电量高达40%。并且由于其具备变频功能，为生化单元随运行负荷变化随时调整风量，避免了通过出口管路放空控制风机出口压力和风量的方式，实现节电同时避免了现场放空的噪声污染。空气悬浮风机，其节能高效、噪声低，可以在污水处理系统替代传统鼓风机方面得到广泛应用。

关键词　节能；空气悬浮；永磁高速电机；污水处理；风机

污水处理系统电耗主要分步在污水提升、生化曝气、推流搅拌、加药系统以及污泥处理、废气处理几个部分。因为大部分污水处理都为好氧工艺，需要进行空气曝气，不考虑污泥及废气处理部分，空气曝气电耗在污水处理电耗中占比较高。因此，对各类好氧单元中主要耗能设备鼓风机进行节能新技术提升改造意义重大。

1　现状

某企业含油污水处理装置 A/O 池溶解氧控制指标是 2～4mg/L，采用离心式鼓风机向池内提供曝气，共三台（流量 4200m^3/h），设计两开一备。近几年由于环保源头治理有效，进入污水处理装置的废水浓度越来越低，污水生化单元经常处于低负荷运行。当运行负荷偏低时，为了保证生产需求，只能通过出口管路放空的方式来控制风机出口压力和风量，该措施不仅浪费电能，也对放空点周边一定范围内造成噪声污染。另外，传统风机不具备变频调速功能，不能满足鼓风量需要针对来水波动随时调整风压及风量的需求变化。同时，该传统风机技术落后，结构复杂，故障率高，维修困难，能耗高，既是生产运行能耗点，又是稳定运行的潜在隐患。

2　应用比对

通过调研和技术交流，比对空气悬浮和磁悬浮两种新型节能技术，最终在 AO 池鼓风机房内更新 1 台空气悬浮风机（流量 4500m^3/h）。该技术有“高速永磁电机”“航空特殊叶轮设计”及“空气悬浮轴承”三个创新点，原本在航空领域应用，目前在污水处理行业也开始展开应用。最核心的技术为“空气悬浮轴承”为实现高速旋转创造条件。空气悬浮离心风机运行风量可在 40%～100%范围内进行自由调节，同时保证设备的高效率运行，满足 A/O 池低负荷风量需求。其具有节能、噪声小、无须润滑、设备维护简单等多个优点。

3　设备特点

3.1　永磁高速电机

采用永磁电机；超高速旋转 20000～67000r/min，超高速调频电机（见图 1）。

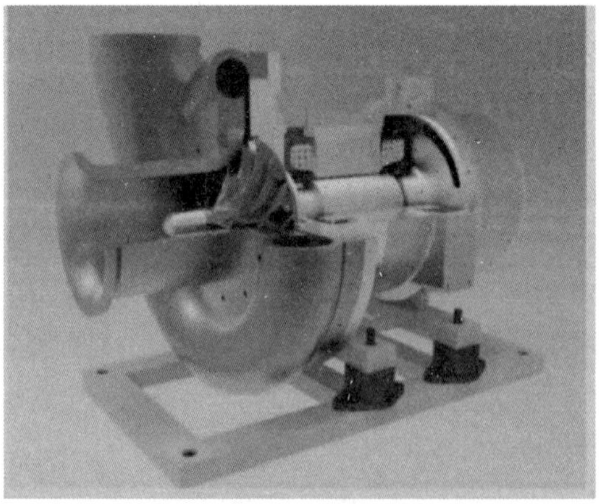

图 1　永磁同步电机与叶轮

3.2　叶轮独特设计

叶轮采用了铝合金材质经过精密的 5 轴加工

设备制作而成(见图2)，所以具有极高的精确度；回转轴与叶轮直连(见图3)，传导效率高达97%，回转轴制作平衡精度高。采用空气悬浮轴承及叶轮与电机直连技术，无振动产生，运行噪声小。

图2　叶轮构造

图3　回转轴与叶轮直连

3.3　气悬浮轴承

动压空气轴承通过轴与轴承相互运动，将气体带入滑动副表面之间收敛的区域而形成压力气膜。在压力气膜的形成过程中，随着速度的提高，轴承承载区依次出现边界摩擦、混合摩擦和流体摩擦。当达到一定的回转速度时，空气压力场使得轴承悬浮，并起到润滑作用。由于气体年度小，空气轴承几乎没有摩擦与能量损失，大大提高系统效率与寿命。由于空气悬浮轴承是通过高速旋转来实现自我悬浮，因此结构简单，无须配套注油装置。

3.4　柜机构成

风机整体柜机(见图4)分为电气部和机械部。机械部(见图5)生成压缩空气，电气部为机械部供电并由控制装置和保护装置组成。

4　新技术风机优势

(1) 单级离心叶轮，其构造好，叶轮与电机直连，动力传递效率97%高。

(2) 空气悬浮轴承，基本无能量损耗，效率高。

图4　空气悬浮一体柜图

图5　机械部分主要设备

(3) 超高速调频电机，不同厂家制造的空气悬浮鼓风机会采样不同的调频手段，本次应用的电机主要依靠永磁。

(4) 无油冷却，维护便捷。

(5) 其运行风量可在40%～100%范围内进行自由调节，同时保证设备的高效率运行。

5　新技术风机与传统风机性能比对

磁悬浮与空气悬浮风机均为节能新技术，明显优于传统多级离心风机，具体见表1。两种新型风机整体比对，认为空气悬浮更具优势。磁悬浮风机易受失电影响造成主轴损害，空气悬浮风机因其不受事故停电影响，压力气膜逐步变小，事故停电状态下相当于正常关机。另外，通过调研了解2家企业使用的的空气悬浮风机，经计算能效节约30%左右；1家企业使用的磁悬浮，能效计算在15%左右。

表1　新技术风机与传统风机性能比对

性能比对	空气悬浮单级离心风机	磁悬浮单级离心风机	多级离心风机
轴承类型及寿命	动压空气轴承，半永久型	磁悬浮轴承，半永久型	滚珠轴承，2~3年
电机类型	高速永磁电机	高速永磁电机	低速异步电动机
传动形式	直连	直连	联轴器
电机效率	0.97	0.97	0.86
调速类型	调节转速，调节幅度大	调节转速，调节幅度大	没有调速系统，除非增加变频电机和增加变频控制器
叶轮形式及寿命	铝合金三元流，20年	铝合金三元流，20年	焊接碳钢或铸铝，10年
整机效率	效率最高，能耗低	效率较高，能耗低	效率低
噪音	低	低	高
振动	低	低	高
安装	不需吊具和基础	不需吊具和基础	需吊具和基础
控制柜	不需配备控制柜	不需配备控制柜	需另配备控制柜
难受事故停电性能	不受事故停电影响，事故停电相当于正常关机	不能经受断电事故，对供电系统的可靠性要求高	受事故停电影响较大，容易损坏机械部件
日常维护	更换空气过滤棉，不需润滑油，维护工作量少	更换空气过滤棉，不需润滑油，维护工作量少	润滑油定期补充，费用中等低
易损件	无	突然断电，轴承易损(一套轴承10万元)	轴承、密封
整机价格	高	高	低
运行费用	极低	低	高

6　实施效果

6.1　风机参数

空气悬浮风机设计参数见表2。

表2　空气悬浮风机设计参数

规格型号	工作参数						原动机	
	介质	流量/(m^3/h)	电机温度/℃	电流/A	工作压差/Pa	扬程/m	型号	采用功率kW
HT125-0.8	空气	4500	-20~40	170	≤1200	7.5	—	94

6.2　试运期间运行参数

空气悬浮风机运行参数见表3。

表3　空气悬浮风机运行参数

电机温度			
控制指标/℃	实际值 2月23日	实际值 2月24日	实际值 2月25日
-20~40	27.6	27.5	27.4
运行电流			
控制标准/A	实际值 2月23日	实际值 2月24日	实际值 2月25日
≤170	123.3	124.5	125.1

续表

工作压差			
控制标准/Pa	实际值 2月23日	实际值 2月24日	实际值 2月25日
≤1200	408	410	409

空气悬浮风机其他运行参数见控制面板(见图6)，日常运行流量3750~4700m^3/h(额定4500m^3/h)，功率73~78kW，转速2.81×10^4r/min(设计20000~67000r/min)；鼓风机房噪声根据职业卫生监测站实测为83dB。运行流量4200m^3/h，电流125A。

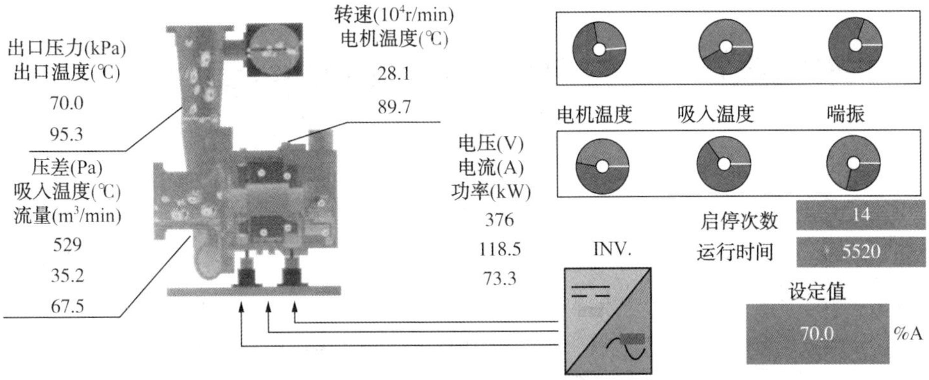

图 6　空气悬浮鼓风机控制面板

传统离心鼓风机运行参数，日常运行流量 4000～6000m³/h(单台额定流量 4200m³/h)，开 2 台时池上需要大量放空，功率 132kW，转速 2980r/min；鼓风机房噪声根据职业卫生监测站实测为 90dB(85 指标)。运行流量 4200m³/h，电流 210A。

6.3　运行效果

2021 年 12 月完成了 AO 池风机的安装并于 3 月完成性能考核。按同等 4200 m³/h 供出风量时，原离心鼓风机电流为 210A，现空气悬浮风机电流为 125A；按照 $P=1.732\times I\times U\times\cos\psi$ 公式，计算各自功率分别为 117kW 和 70kW，电率达 40%；按目前工况预计年节约电费可达 29 万元。

7　结论

相比传统鼓风机，空气悬浮鼓风机效率更高，节电率可达 40%，噪声更低，节能效果和经济效益明显，在污水处理曝气鼓风机提升改造上有着广泛的应用前景。

参　考　文　献

[1] 沈建、吴悦岚. 浅谈空气悬浮风机在污水厂节能降耗中的应用[J]. 中国科技纵横，2018(15).

[2] 谢荣焕，梁文逵，刘爱辉，等. 空气悬浮风机在污水厂节能降耗中的应用[J]. 中国给水排水，2014，30(15)：108-110.

涪陵页岩气田节能减碳探索之路

蒋兴海

（中石化重庆涪陵页岩气勘探开发有限公司）

摘　要　中石化重庆涪陵页岩气勘探开发有限公司从钻井、压裂到生产，从设计到电气设备布局把握节能减碳要点，生产中不断探索，“油”改“电”、设计选型注重节能，生产中采用“背压阀”进站求产一体化测试技术、区域增压、选购绿电，削峰填谷，加强管理，建设气藏能管平台、进行节能试验，探索节能良方，打造绿色发展高地，走出了一条页岩气开采的节能减碳探索之路。

关键词　“油”改“电”；背压阀；绿电；削峰填谷；能管平台

涪陵页岩气田位于重庆市涪陵等区县境内，现已是我国累计产量最高的页岩气田。中石化重庆涪陵页岩气勘探开发有限公司（以下简称“涪陵页岩气公司”）坚持以习近平新时代中国特色社会主义思想为指导，秉承“创新、协调、绿色、开放、共享”五大发展理念，践行“为中华民族争气、为中国石化争先、为江汉油田争效”的气田精神，引领带动了中国页岩气产业发展。

涪陵页岩气公司既是产能企业，又是能源消耗大户，实现科学化节能降耗管理，是油田绿色低碳开采战略的有力体现。在节能减碳探索方面，涪陵页岩气公司根据钻井、压裂作业和生产用能侧重点变化采取不同的节能减碳策略。开发初期，钻井、压裂用能占比大，节能降碳的重心是动力驱动的创新改革；中期开采难度增加，采用功率高的压缩机，节能降碳的重心是生产过程的节能减碳；对未来的节能也提前规划，充分利用数字化、网络化、节能实验，以大数据分析来指导减少单耗达到节能减碳的目标。

1　页岩气开发初期，钻井、压裂节能减碳，进行“油”改“电”

1.1　借“东风”，“油”改“电”

涪陵页岩气田分布在重庆山地地区，钻井、压裂现场远离供电网络，而页岩气钻井、压裂又都毫无例外地要有充足的动力供应。开发初期，山区虽然有民用电网，但电力系统供电能力薄弱，柴油发电设备便是能迅速满足页岩气钻井、压裂的最好选择，它建成快，可自成网络供电，页岩气开采初期大量采用柴油发电机。后来，随着规模化开发的深入、地方经济发展、地方电力系统不断完善，柴油驱动改电力驱动可以借地方经济和电网发展的“东风”来完成。

1.1.1　动力驱动更新换代

随着社会对环境的保护要求提高，涪陵页岩气公司有践行社会主义现代化国家的社会责任感，践行绿水青山就是金山银山的理念，尊重自然、保护自然，站在人与自然和谐共生的高度求发展，将钻井、压裂的动力驱动纳入更新换代改造中。

1.1.2　柴油对土壤和对大气的危害

柴油的环境污染主要是对土壤和对大气的污染。柴油的燃烧产生的气体，其含硫化合物造成植物的伤害，燃烧后会产生的 $PM_{2.5}$ 及含硫化合物，不充分燃烧的柴油会产生大量黑烟、炭粒，并产生少量的致癌化合物3，4-苯并芘，柴油的环境污染不容轻视。

1.1.3　柴油发电机的噪声污染

柴油发动机组噪声是由多种声源构成的复杂声源。按照噪声辐射方式，它可分为空气动力噪声、表面辐射噪声和电磁噪声。空气动力噪声是由气体的扰动以及气体与物体的相互作用而产生的。发动机的燃烧激振力和机械激振力通过各个结构零件传递到发动机的外表面上，形成表面的振动响应，发动机表面的振动又激发相邻空气介质质点的振动，形成声波向外辐射，即发动机的表面辐射噪声。电磁噪声是由发电机转子在电磁场中高速旋转产生的。

虽然对柴油发电机组采取隔声、吸声和消声的综合治理。响度大大下降，极大地改善了噪声环境，但远没达到消除噪声污染的目的。

“油”驱改“电”驱（“油”改“电”），减污降碳，可一箭双雕！

1.2 钻井作业节能降碳

技术专家不断革新钻井机电设备，经过摸索和技术改造，除少量偏远地区无电网采用柴油钻机，大部分均为采用网钻电机。

通过改革钻井设备，将钻井作业“油”改“电”，从施工作业直接环节减少了碳排放量，同时降低噪音污染。

1.3 压裂环节节能降碳

进行压裂作业初期，仅能采取柴驱压裂，经过不断地摸索，现在压裂分为柴驱压裂和电驱压裂或二者相结合，目前采取“电”驱压裂替代“柴”驱压裂，个别偏远地区无电力线路的地方才采用柴驱压裂。“油”改“电”有效地完成节能减排。

现已实施网电钻井、电驱压裂，累计减少柴油消耗 21.12×10^4t，“油”改“电”后，节约能源 20.73×10^4 t 标煤，减少碳排放量 15.64×10^4tCO_2。

2 页岩气开采中期从设计到生产把握节能要点、注重减污降碳

随着页岩气开采规模的形成，近年来，钻井、压裂用能占总用能比例越来越小，增压开采用能占比越来越大。页岩气开采难度增加，增压开采设备占用能的主要部分，生产阶段的用能变成页岩气勘探开发用能重点，虽然钻井、压裂“油”改“电”也在实施中，但节能降碳的重心转移到生产上。

从设备选型、设计、采购、安装等环节，充分考虑设备的先进性、节能性，其综合性能必须位居国内领先水平。电气设备从高压、低压电力线路到电机、泵等都采用节能型设备。

设计上的节能理念犹显重要；生产中也践行了减污降碳的理念。

2.1 设备设施选型采用新型型号

设计上充分考虑节能因素，根据中国石化的相关规定和现场实际，主要把握以下因素。

2.1.1 淘汰产品不得进入生产现场

建成投运后生产，主要用电设备为压缩机、变压器、电容器等。页岩气田产能建设配套能耗设施的选型，选用节能高效机电设备，高耗能落后淘汰产品不允许进入生产现场。

2.1.2 合理选取设备及电力电线

合理选取设备功率，防止出现“车大马小”“车小马大”等问题，避免浪费电能，造成机械设备的使用寿命缩短；选用低能耗电动机，避免电动机轻载、空载；采用转速符合规定的电动机，以免造成机械设备损坏。

2.1.2.1 合理布局无功补偿

提高电网的功率因数，降低输送线路的损耗，提高供电效率，改善供电环境。最大限度地减少网络的损耗，使电网质量提高。

功率因数是电网运行的重要指标，电网提高功率因数，主要是安装无功补偿电容器，安装后一是可提高电网功率因数，满足国家电网功率因数考核指标达到 0.9 的要求；二是功率因数提高，减少线损；三是减少无功电流，降低变电站主变负载率，节省主变容量；四是在线路末端安装无功补偿可改善线路电压。

10kV 焦气一线、二线、宏中线、宏石线因设计未考虑安装电容补偿，导致功率因数偏低，经重新设计改造，改造后功率因数达到 0.95，效果显著。

2.1.2.2 合理选择线径

选择合理的电力线路线径，降低运行成本，避免可能带来安全隐患。选择线径根据环境温度、允许温升、敷设方式等，计算好经济电流密度、负载电流、短路电流等，选择长期安全载流的电缆。

尽量采用铜芯电缆，降低导体电阻率，减少线路损耗。

2.1.2.3 采用新型号变压器

工业和信息化部、市场监管总局、国家能源局联合发布《关于印发〈变压器能效提升计划(2021—2023 年)〉的通知》：推动淘汰低效变压器，组织开展国家重大工业节能监察，对钢铁、石化、化工、有色、建材等重点行业开展变压器专项监察，到 2023 年高效节能变压器符合新修订《电力变压器能效限定值及能效等级》(GB 20052—2020)中 1 级、2 级能效标准的电力变压器。

设计时采用当时最新型的节能变压器，后来淘汰了一批正在使用中的高耗能变压器，减少了变损。

从 2021 年开始，涪陵电网在设计、采购上，配电变压器开始采用 S20 型以上变压器，年降低

变损 22×10^4kW·h。

2.1.3 减少变电级数

供电系统要求尽可能简单，以减少变电损耗。气田钻井、压裂时采用 35kV 电力线路供电，正常生产时使用 0.4kV 供电，此条件下直接采用 35/0.4kV 变压器，减少变电级数，降低损耗。

从 2021 年开始，涪陵电网在设计、采购上，配电变压器开始采用 S20 型以上变压器 11 台，年减少变损 22×10^4kW·h。

2.1.4 照明设备采用 LED 灯

在照明设备的选取上，选用安装使用方便、照明效率高、能耗低的 LED 灯具，并结合实际具体选用。照明时间要求合理，有必要的选用声感、光感等控制系统。

2.2 生产中践行减污降碳的理念

2.2.1 “背压阀”进站求产一体化测试技术

通过技术改造，使试气放空的天然气能够利用集气流程形成商品气，完全避免天然气放空燃烧，节约能源，加强流程安全，从而实现页岩气开发降耗目的。

将采气管线从集气站接至采气井口位置处暂时不搭头，用封头将靠近井口一端用采气管线封堵，避免天然气从此泄漏。在试气分离器后测试管线上接支线与采气管线搭头，放空测试管线安装背压阀(设置背压阀的起跳压力，背压阀安装在测试管线上，前端进输气站，后端进燃烧池，当超过调试的输气压力时，背压阀进行卸压，多余的天然气通过背压阀放空燃烧)，避免采气流程超压，形成试气采气一体化流程，使试气放空的天然气能够进入采气流程成为商品气。

技术应用前，放喷测试期间所有气体均是放空燃烧，产生大量二氧化碳，既造成天然气资源浪费，也不利于环境保护。选取了焦页 13-3HF 井开展“背压阀”一体化进站测试现场试验，测试期间共进站 16h，累计减少天然气放空燃烧 $12.1\times10^4m^3$ 天然气，取得了较好的效果，气田推广使用。此技术获得国家实用新型专利授权。

截至目前，共在 51 口井进行了应用，累计节约天然气 $763.6\times10^4m^3$。

2.2.2 采取区域增压开采方式

(1) 为降低气井废弃压力，提高气井采收率，并改善井筒积液状况，增压开采按照“单站先行，支线跟进，整体增压”的模式开展，页岩气田实施单站增压以来，已建成增压站多座。压缩机处理能力较宽泛(4×10^4~$20\times10^4m^3/d$)均能稳定运行，但是效率不一。

随着涪陵页岩气田部分增压气井产能降低，集气站产气量不能满足压缩机处理需求，压缩机陆续进入间开状态。对于这部分站点进行筛选，优选出 2 条支线进行区域增压，即一条集输支线上的集气站统一在支线末点集气站进行集中增压开采，停运支线上游其他站点压缩机。

(2) 为缓解气井产能降低与压缩机运行不匹配之间的矛盾；摸索增压开采技术的节能降耗潜力；落实管损与支线距离之间的对应关系，为气田进一步推广支线压缩机的增压整合提供技术支撑和指导。通过优选支线上集气站生产压力相当、存在压缩机不适应、采气半径合适的区域开展试验；保持压缩机现状，关停支线末端压缩机，仅改造部分集输流程；综合考虑其他因素。选取通过支线增压方案，181#-182# 支线和 183#-186#-108#支线先导试验，取得良好效果。

涪陵工区 62#-63#-64#、181#-182#-183#集气站采取区域增压开采方式，每月减少用电 33.5×10^4kW·h。

2.2.3 充分利用当地用电政策，选购绿电，削峰填谷

2.2.3.1 优先外购绿电

涪陵页岩气公司发出“直购电征询报价通知”，要求水电(风电、光电)占比不少于 30%的供电能力的企业参加直购电征询报价，选取基准电价上下浮动比例最低的报价公司。

根据对 6 家公司调研，并对相关资质、供电能力进行审核后，邀请满足涪陵页岩气公司需求的三家单位参与竞价，通过直接购电竞价，最终确定一家公司为涪陵页岩气公司直购电供应商。此供应商绿电占比大，水电、风电、光伏等新能占比约 70%。

《渝经信电力〔2022〕2 号》文件中有“将水力发电在满足居民、农业、线损等电量以外的富裕优发电量可平均分配给参与市场化交易电力用户”的规定，涪陵页岩气公司与直购电供应商磋商，共同向重庆市经信委提交了水电利益均享申请报告，每月由重庆市结算中心核算，进行退费。

涪陵页岩气公司消费绿色电力，电价得到了优惠，还得到重庆市绿电共享退费。

2.2.3.2 实施“削峰填谷”

研究重庆市用电政策，对峰谷负荷运行进行调节，实施“削峰填谷”。

重庆市分时电价机制规定，用电高峰时段、平段和谷段分别各8h，具体如下：

高峰时段：11：00～17：00时、20：00～22：00时。其中，夏季7月、8月以及冬季12月、1月的12：00～14：00时为尖峰时段。

平段：08：00～11：00时、17：00～20：00时、22：00～24：00时。

低谷时段：00：00～08：00时。

根据《重庆市发展和改革委员会关于进一步完善我市分时电价机制有关事项的通知》，采用峰谷电价机制。峰谷电价价差为4.2：1，高峰电价在平段电价基础上上浮60%，低谷电价在平段电价基础上下浮62%，尖峰电价在高峰电价基础上上浮20%。涪陵页岩气公司加强政策宣传引导，降低高峰时段用电负荷，增加低谷用电量，降低用电成本。

根据重庆政策涪陵页岩气公司“削峰填谷”措施如下。

（1）压缩机轴流风机管理。根据现场生产运行情况及外界环境温度变化，冬季生产时，停用压缩机轴流风机，该措施可以避开尖峰用电时段，每年减少用电量118×10^4kW·h。

（2）分子筛运行管理。将11个集气站分子筛再生系统启用控制在低谷时段，减少尖峰时段用电量，低谷时段电量增加192×10^4kW·h。峰谷价差0.6837kW·h/元，减少了电费131.27万元。

（3）泵站运行管理。对泵站电费结算采用“削峰填谷”模式，白涛泵站日常2台功率为400kW的电机运行，按低谷增加2h运行，尖峰减少2h计划，低谷增加电量29.2×10^4kW·h，峰谷价差0.6837元/kW·h，减少了电费19.96万元。

2.2.4 完善节能措施，下达合理用能指标，促进各用能单位自觉节能降耗

（1）建立节能管理机制，加强生产用能管理，有效遏制浪费，确保节能降耗。

（2）对各用能单位核算、编制用能考核指标，并严格进行执行。

（3）加强办公、生活用电管理，杜绝长明灯；办公空调、电脑、打印机、食堂用电、场站照明等用电都有明确时间规定。

（4）强化设备保养工作，降低设备运行单耗。

3 后期展望

由于页岩气开采管理上趋于精细化，后期节能降碳的重心是减少采气单耗和降低设备单耗，对节能的探索注重“内外兼修”。“内修”上，正在建设气藏能管平台，此平台可以在生产调度与优化、电能设备运行与管理等方面发挥着重要的作用，对能源管理体系中所规定的能源因子进行主次区分，识别和监测重要能耗区域，通过策划、实施、检查和改进的循环过程，不断提升能源绩效和能源效率。“外修”上，与高校和科研机构合作，进行交流试验，探索节能良方。

3.1 以实现电能的精细化管理为突破口，建立起科学、有效的能源管理体系，提高能源利用效率

（1）即将建成的电能管理系统可以获取电能消耗监控点能耗数据，对电能供应、分配和消耗进行监测，实时掌握电能消耗状况，了解电能结构，计算和分析各种设备能耗标准，评估各项节能设备和措施的相关影响，并通过“WEB”把各种能耗报表、各种能耗数据曲线等展示给相关管理和运营人员，完成对企业能源系统的监控及负荷耗能状态的监测和管理，为节能提升提供坚实的数据支撑。

（2）主要功能如下。

① 能耗指标和现状：展示运行指标；运行监测，可选择监测点、日期范围及所关心的运行数据(电流、电压、产能等，线路余荷)。

② 能耗评价：选择监测点，可以根据日期选择，展示用电量、总电费、综合平均电价、产能量、压力值、负荷率等信息，并多维分析电量电费、产能、设备单耗等波动数据。

③ 趋势分析：电源点、线路电量超预算、电压异常、负荷异常、设备单耗异常告警，变电站、线路配网开关、集气站压缩机断路器跳闸告警。

④ 节能潜力：用电量趋势、产能趋势、电费趋势、自动计算对比，计算需要节能的负荷，以便采取节能措施。

（3）根据用电情况，对照采气项目进行分析与评价、规范、用能方案、设备选型。在满足相

关标准规范的规定条件下，电气设备的选择应满足相关标准规范及要求；并按照相关标准规范的规定采取适用的节能产品和工艺。

根据用电情况，对照电源点能耗包括总电量、各电源点电量、综合能耗，进行能耗的评价。

（4）开发趋势：实现用电规律及指标自动运算、自动识别与预测、参数综合分析与对比、生产过程分析与控制等功能，以快速掌握用电规律、快速预测未来变化，助力提升节能认识，提高能耗管理水平。

（5）围绕节能综合管理：通过日报、数据监控实现压缩机采气单耗日查询，合理调配电网资源；加强节能管理，实现绿色碳排放。

为确保工期目标的实现，做好了施工措施，强化施工组织，加大设备投入，选用高素质人员，保质保量供应材料，确保年内完成软、硬件的安装投运。

3.2　节能改造交流试验

如何进一步进采取节能降碳，涪陵页岩气公司正在多方探索，进性实验，取得良好效果后将推广。

（1）与节能公司合作，编制了《压缩机系统数智化全流程低碳改造技术方案》，对压缩机设备不做大规模改造的情况下，通过调节转速与压比，降低压缩机有功功率，采用“控制模糊匹配智能优化技术”，通过矢量控制模块对电机转速、转矩和电压进行调节，使流量、压力等工况与压缩机高效区动态匹配，匹配出轴功率最低的运行模式，试验效果较好。

（2）与压缩机厂商签订“压缩机效率优化现场试验服务合同”，对 187# 集气站压缩机主电机变频改造及程序调试。改造后，可根据现场进气压力、排量变化调整主电机运行速度，降低主电机输出功率，提升主电机负载率。避免场站排量低时，主电机一直运行在工频（50Hz）状态，出现“大马拉小车”、机组运行效率低的现象。试验正在取值中。

（3）与武汉某高校探讨压缩机余隙无级调节技术，因新冠肺炎疫情而没有开展试验。

（4）与华中某高校的研究院面对面进行节能交流，以部分企业的核心装备节能改造应用案例分析页岩气公司的节能前景。

4　结论

涪陵页岩气公司通过逐步实践、节能降碳、深化生态文明建设、打造绿色发展高地，力求人与自然和谐共生，走出了一条页岩气开采的节能降碳之路，为当地经济高质量发展贡献了涪陵力量。

参　考　文　献

[1] 许乃强，蔡行荣，庄衍平．柴油发电机组新技术及应用[M]．北京：机械工业出版社，2018.

[2] 崔元春．配电设计手册[M]．北京：中国电力出版社，2015.

[3] 赵远扬．往复压缩机及流量调控技术[M]．北京：科学出版社，2020.

[4] 张胜．网络安全监测数据可视化分析关键技术与应用[M]．北京：电子工业出版社，2018.

百万吨级煤化工尾气 CO_2 捕集与 VOCs 治理耦合工艺与经济性研究

高 阳 刘焕焕 梁士锋 程 洋 王 炜

（中国寰球工程有限公司北京分公司）

摘 要 采用一种独创性的低温精馏工艺流程，对煤化工低温甲醇洗装置百万吨排放废气中高浓度 CO_2 进行低温捕集纯化，生产 99.9%(mol%) 工业级和 99.995%(mol%) 食品级 CO_2，同时对尾气中的烃类等杂质进行分离回收作为副产品燃料气利用。改技术关键设备采用大型低温精馏塔和板翅式换热器，分级制冷，精准控制换热温差，采用安全、环保的常用冷剂，仪表、电气等重要设备均不需要防爆，具有操作压力低、工艺流程简单、能耗水平先进、碳减排效果明显、环保效益显著、投资成本较低、经济效益较好等优点，具有较强的竞争力。

关键词 高浓度 CO_2 捕集；VOCs 治理；耦合工艺；竞争力

二氧化碳捕集与利用技术作为一种大规模的温室气体减排技术将成为我国实现碳达峰碳中和目标不可或缺的关键性技术之一。碳中和目标下，大力发展二氧化碳捕集利用技术是未来我国减少二氧化碳排放、保障能源安全的战略选择，而且是构建生态文明和实现可持续发展的重要手段。2022 年 8 月 18 日，科技部、国家发展改革委、国家能源局等九部门联合印发《科技支撑碳达峰碳中和实施方案(2022—2030 年)》，指出要研发低能耗的百万吨级二氧化碳捕集利用与封存全流程成套工艺和关键技术。

煤化工低温甲醇洗挥发性有机化合物尾气(VOCs)是以冷甲醇为吸收溶剂，利用甲醇在低温下对酸性气体溶解度极大的优良特性，脱除原料气中的酸性气体，达到循环利用甲醇的目的。但排放气含有大流量较高浓度 VOCs 和难降解型 VOCs，作为行业难题难以治理。通过一种低温精馏洗工艺，可消除净化装置低温甲醇洗尾气中含有的低硫 VOCs，满足环保排放要求，同时可纯化捕集达到年产 $85\times10^4 tCO_2$ 产品。该技术走出了行业内大流量高浓度废气长期无法有效治理的困境，实现了项目环保效益和经济效益双丰收。

1 高浓度 CO_2 捕集工艺概况

煤化工低温甲醇洗尾气处理提纯 CO_2 工艺，国内主要工艺为吸附法、全精馏法。

吸附法是利用固体吸附剂对酸性气体 CO_2 的选择性和可逆性，将含有 CO_2 的原料气通入吸附塔中，在一定条件下 CO_2 被选择性吸附，然后通过改变条件将 CO_2 进行脱附，从而达到分离 CO_2 的目的。吸附法常用的吸附剂包括活性炭、沸石、分子筛、硅胶等。吸附法按吸附原理不同可分为变压吸附法(PSA)、变温吸附法(TSA)、变温变压吸附法(PT-SA)以及真空变压吸附法(VSA)等。工业上普遍采用变压吸附法，但目前吸附剂存在吸附容量低、吸附解吸操作频繁、CO_2 回收率较低(60%左右)以及对 CO_2 吸附选择性差等缺陷，导致运行能耗较大、捕集成本过高，受到较大的限制。

全精馏法先将原料气脱杂、高压节流至浅低压，然后利用低温制冷工质制冷液化，将沸点与二氧化碳相近的低沸点杂质分离的生产方法。精馏法实现了食品级二氧化碳生产工艺的重大技术进步，淘汰了传统的干法精脱硫工艺和催化氧化脱烃工艺，不再使用和更换脱硫剂和催化剂，使得生产运行成本大大降低。同时因不需要吸附剂加温再生，节省了加温气体和加热电耗，提高了气体的回收率及能耗大幅降低。精馏分离的效果远远好于吸附效果，产品质量得到明显提高，均符合现有的食品二氧化碳国标标准。

此方法生产的二氧化碳产品纯度高，可以达到高纯级等级，经过改进，有低能耗、产量大、产品质量稳定、运行成本低等特点。

2　低温精馏洗 CO_2 捕集纯化与 VOCs 治理耦合工艺流程

根据某煤化工厂实测数据，高浓度 CO_2 原料气组分实际组分如表 1 所示：

表 1　原料气组成

低温甲醇洗尾气组分/mol%									
组分	CO_2	C_2H_6	CO	H_2	N_2	CH_4	CH_3OH (ppm)	SO_2 (ppm)	H_2S (ppm)	总硫 (ppm)
平均值	83.91	0.75	0.04	0.25	13.83	0.77	550	1.4	7	9

由于原料气中含有醇胺、水、烃、有机硫、硫化氢、一氧化碳和氮气等组分，为满足最终产品对杂质的要求，需经净化处理以除去杂质，然后液化。产品纯度达到 99.%（mol%）甚至 99.995%（mol%）要求，液化后气液分离。

工艺流程框图如图 1 所示。

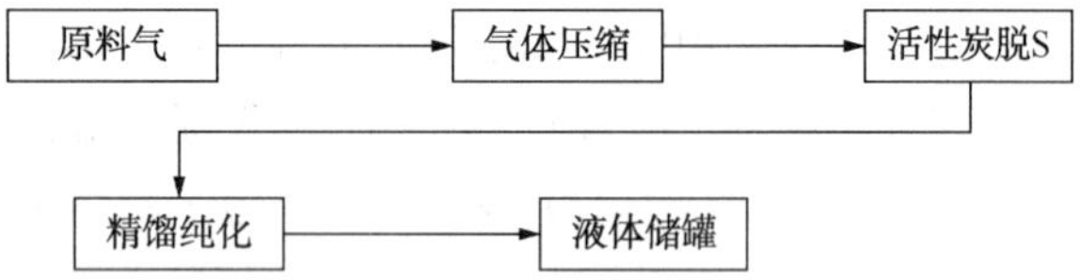

图 1　低温精馏洗工艺流程框图

工艺流程简述如下：

（1）原料气压缩。进入界区的二氧化碳气体由二氧化碳压缩机压缩升压至 3.0MPa（G）然后水冷降温。

（2）脱硫除杂。二氧化碳压缩机增压后的气体去活性炭过滤塔，将其中粉尘、油类、硫化氢，羟基硫、异味等杂质过滤脱除。

（3）低温精馏塔液化提纯。脱硫除杂后的气体进入低温精馏塔一塔，脱除其中的醇胺、重烃、H_2O 和异味；低温精馏塔一塔液体进入二塔的进一步提纯液化分离。食品级 CO_2 产品和工业级 CO_2 产品分别从二塔的不同塔板抽出，它们分别通过液体二氧化碳调节阀组控制，进入各自产品储罐。不凝气及部分挥发的二氧化碳气体减压后去换热器冷量回收利用进入锅炉系统，烃类等通过锅炉系统燃烧排放。

3　优势分析

低温精馏洗工艺流程简单，技术成熟、可靠，可将高于二氧化碳沸点的醇、醛、醚和水脱除。免除了水洗、钾洗、活性炭吸附、分子筛干燥等装置，这是本技术的一大亮点。独特的热量及冷量利用措施，关键换热设备冷箱技术，使冷热温差精准控制在 1℃ 以内，有效降低产品消耗；利用热泵精馏和分级制冷技术；采取环保、安全的常用制冷剂，电机、电器、仪表选型不用防爆，安全环保投资大为降低；二氧化碳压缩机和制冷氟压缩机可在同一厂房内布置，节约用地。采用国内最先进的二氧化碳压缩机，提高了系统操作稳定性；并采用国内最先进的工业软件控制系统，做到远程遥控，现场无人操作。

3.1　运行成本比较

吸附法、全精馏法这两种工艺运行成本比较见表 2，可以看出，全精馏法较吸附法降低了运行成本。

表 2　运行成本对照表

序号	名称	吸附法		全精馏法	
		均耗	成本/元	均耗	成本/元
1	电/(kW·h/t)	248	133.9	156	84.2
2	水/(t/t)	26	47.3	24	43.7
3	其余消耗		6.4		3.90
	合计		187.6		131.8

注：以上仅为动力成本比较。

按照全项目成本测算，百万吨级 CO_2 捕集纯化装置 CO_2 单吨成本约为 195.9 元/tCO_2（含动力、工资福利、制造费用等，见表 3）。

表 3　高浓度百万吨级 CO_2 捕集装置单位成本表

序号	成本项目	单位成本数额/(元/t)	占比/%
1	原材料	2.1	1.09
2	燃料及动力	131.8	67.28
3	工资及福利	8.3	4.23
4	制造费用	45.1	23.03
5	财务费用	6.6	3.38
6	管理费用	1.9	0.99
	合计	195.9	100

3.2 制冷工质的比较

选取两种具有代表性的冷剂进行比较，一个是适用于非防爆场合的制冷剂 R507，另外一个是适用于防爆场合的 R717(氨)。R507 是一种不含氯的共沸混合制冷剂，其 ODP 为 0，R507 是不破坏大气臭氧层的环保制冷剂。R717 氨(NH3)被认为是一种效率最高的天然制冷剂。制冷量为 6000kW，针对 R507 和 R717 氨(NH3)工艺方案，需要 3 台制冷压缩机组。详细参数比较见表 4。可以看出，R507 制冷剂压缩机组轴功率 1451kW 比 R717(氨)的 1261kW 运行能耗要大，其他方面几乎没有差别。

但是经过计算氨填充量超过 10t，根据《危险化学品重大危险源辨识》(GB 18218—2018)属于重大危险源，所有设备均需要考虑防爆要求，此类制冷剂具有可燃性，有毒，具有刺激性气味，一次性投资费用和占地面积都非常大，建议选择 R507 作为制冷工质。

表 4　R507 和 R717 氨(NH_3)工艺方案比较表

	R507	R717 氨(NH_3)	
机组	设计工况/℃	-30~40	-30~40
	制冷量/kW	2094	2115
	轴功率/kW	1451	1261
	能量调节方式	自动/手动	自动/手动
	能量调节范围/%	10~100 无级调节	10~100 无级调节
	外形尺寸/mm	9920×3480×3550	9920×3480×3550
	机组自重/kg	~37063	~37063
压缩机	型号	XX-01	XX-02
	首次加油量/L	~1800	~1800
	油泵理论排油量/(L/min)	800	800
	油泵数量/台	1	1
	油分效率/ppm	≤5	≤5
	油分效率/ppm	≤5	≤5
主电机	类型	高压电机	高压电机
	启动方式	直接启动	直接启动
	电机功率/kW	1600	1400
	额定转速/(r/min)	2960	2960
	使用电制	10kV/3Ph/50Hz	10kV/3Ph/50Hz
	防爆等级	非防爆	防爆
	防护等级	IP55	IP55
	绝缘等级	F	F
	温升	B	B
油泵电机	油泵	ZZB800P6	XXX
	电机功率/kW	15	15
	使用电制	380V/3Ph/50Hz	380V/3Ph/50Hz
	防爆等级	非防爆	防爆
	防护等级	IP55	IP55
	绝缘等级	F	F
油冷却器	冷却型式	制冷剂冷却	制冷剂冷却
	进液管径/mm	DN125	DN125
	出气管径/mm	DN150	DN150

续表

	R507	R717 氨(NH_3)	
水冷式冷凝器	形式	水冷壳管式	水冷壳管式
	进出水温度/℃	32/37	32/37
	循环量/(m^3/h)	约 700	约 700
	进出水管径/mm	DN300	DN300
	水侧设计压力/MPaG	1.0	1.0
	水侧压降/MPa	≤0.1	≤0.1
公用条件	冷却水污垢系数/(m^2·℃/kW)	0.086	0.086

3.3 制冷系统冷却方式的比较

按照冷却介质的不同，制冷的冷却方式可分为水冷系统、风冷系统和蒸发式系统。对于水源短缺地区而言，风冷是比较合适的选择，但由于风冷式冷凝器的冷凝温度高，占地面积大，导致制冷系统的总体效率较低。两种制冷系统冷却介质对比如表 5 所示。

表 5　两种制冷系统冷却方式对比表

制冷系统	优点	缺点
水冷系统	(1)使制冷机组的冷凝温度低，提高制冷效率； (2)初期投入成本比风冷、蒸发冷低； (3)冷却效果好，适用于中大型制冷系统	(1)消耗水资源； (2)喷水，对周围环境有些影响； (3)需要安装水路系统、供水系统
蒸发冷系统	(1)无须大量水资源，运行成本较低； (2)不污染环境； (3)适用于严重缺水或供水困难的地区	(1)成本投入较高； (2)冷凝温度较高，使制冷机组的运行效率降低

通过初始投入、运行费用，环境影响等方面综合比较，建议采用蒸发冷系统冷却方式。

3.4 能耗分析

利用多级冷箱综合能量利用和分级制冷技术方案可大大降低能耗。按全精馏法 CO_2 提纯液化工艺技术，节约了公用工程用量，经过计算，吨 CO_2 能耗为 36.9kg 标油/t，达到较为先进的水平(见表 6)。

表 6　百万吨级高浓度 CO_2 捕集装置能耗表

序号	项目	单耗(/吨产品)	折算系数/kg 标油	能耗/kg 标油/吨产品
1	循环水/m^3	24	0.06	1.4
2	电/kW·h	156	0.22	34.3
3	低压氮气/m^3(N)	1.8	0.15	0.3
4	脱盐水/t	0.9	1	0.9
合计				36.9

3.5 碳减排效果明显

项目年捕集利用 CO_2 为 85×10^4t，不含电力热力隐含碳排放时，项目 CO_2 的年净减排量为 84.2×10^4t；包含净购入电力和热力隐含碳排放时，项目 CO_2 的年净减排量为 39×10^4t。

3.6 项目经济效益较好

食品级液体 CO_2 和工业级液体 CO_2 产品量分别按 75×10^4t/a 和 10×10^4t/a 考虑，产品价格按 2017 年至 2021 年华北地区均价进行测算，其中液体 CO_2(食品级)不含税价格为 346 元/t，液体 CO_2(工业级)不含税价均价为 252 元/t，回收烃类燃料气 1.04×10^4t/a 按 4000 元/t 测算，测算结果为项目年均利润总额 5492 万元，年均所得税 1373 万元，年均净利润 4119 万元。本项目所得税后内部收益率为 14.62%，税后财务净现值 11694 万元，具有较好的经济效益(见表 7)。

表 7　综合经济指标表

序号	项目	数额	备注
1	总投资/万元	49688	含增值税
1.1	建设投资/万元	48328	含增值税
1.2	建设期利息/万元	841	
1.3	流动资金/万元	519	

续表

序号	项目	数额	备注
2	资本金/万元	14797	
3	销售收入/万元	22414	年均
4	税金及附加/万元	1875	年均
4.1	增值税/万元	1674	年均
4.2	消费税/万元		年均
4.3	城市维护建设税/万元	117	年均
4.4	教育费附加/万元	84	年均
5	总成本/万元	16721	年均
6	利润总额/万元	5492	年均
7	所得税/万元	1373	年均
8	税后利润/万元	4119	年均
9	息税前利润/万元	6186	年均
10	投资收益率/%	12.45	年均
11	资本金净利润率/%	27.84	年均
12	资本金内部收益率/%	30.16	
13	项目投资回收期Ⅰ(税前)/年	5.91	自建设之日起
14	项目投资财务内部收益率Ⅰ(税前)/%	18.47	
15	项目投资投资净现值Ⅰ(税前)/万元	22220	基准折现率=10%
16	项目投资回收期Ⅱ(税后)/年	6.88	自建设之日起
17	项目投资财务内部收益率Ⅱ(税后)/%	14.62	
18	项目投资财务净现值Ⅱ(税后)/万元	11694	基准折现率=10%
19	盈亏平衡点(生产能力)/%	59.67	正常年份

4　结论

采用独创性的低温精馏工艺流程，将高浓度 CO_2 捕集工艺与 VOCs 治理进行耦合，可处理百万吨级煤化工装置排放废气，在满足环评许可的同时，纯化捕集生产大量工业级甚至食品级 CO_2 产品，可加以推广应用。

此方法生产的二氧化碳产品纯度高，关键设备采用大型低温精馏塔和板翅式换热器，分级制冷，精准控制换热温差，采用安全、环保的常用冷剂，仪表、电气等重要设备均不需要防爆，具有操作压力低、工艺流程简单、能耗水平先进、碳减排效果明显、环保效益显著、投资成本较低、经济效益较好等优点，具有较强的竞争力。

1.8Mt/a 加氢裂化装置降耗分析及节能措施

张　飞

(中国石油化工集团有限公司天津分公司)

摘　要　通过对天津公司 1.8 Mt/a 加氢裂化装置第三生产生产周期的能耗对比分析，介绍了该装置的综合能耗组成，对装置能耗组成进行了分析，并介绍了车间在降低装置能耗方面采取的措施。装置在第二运行周期的开工初期(2020 年全年累计)能耗较高达到 22.66kg 标油/t，通过生产优化调整及采取了节能降耗措施，对占能耗比例较大的单项指标进行攻关，目前(2021 年全年累计)装置能耗已降至 19.08kg 标油/t，达到了降低装置能耗的目的，从而对国内其他加氢裂化装置提供了节能经验。

关键词　加氢裂化；节能降耗；优化

1　装置概况

天津炼油乙烯项目 1.8Mt/a 加氢裂化装置(以下简称 2#加氢裂化装置)，是以 3#常减压装置减压蜡油为原料，以生产尾油方案进行生产操作。主要产品轻石脑油作为汽油调和组分，重石脑油为催化重整装置提供原料，航空煤油作为优质喷气燃料出厂，柴油为优质低硫产品，加氢裂化尾油为乙烯装置提供原料。同时，副产一部分液化气及酸性气送脱硫制硫装置。

该装置主要由反应单元、分馏单元、吸收稳定单元、压缩机单元、公用工程以及辅助系统等单元组成。其中，反应单元可以分为原料预处理系统、原料升压系统、原料加热系统、反应器分离系统和循环氢脱硫系统等。

2　装置能耗

2.1　装置能耗分析

2020 年 2#加氢裂化装置能耗中各项单耗及所占比例，见表 1。

表 1　装置能耗占比表

项目	能耗/(kg 标油/t)	所占比例
循环水	2.06	9.09%
软化水	0.18	0.79%
除氧水	0.27	1.19%
电	11.72	51.12%
燃料气	8.8	38.83%
蒸汽	0.96	4.22%
热出料	-1.33	-5.87%
能耗	22.66	100%

从表 1 可以看出，2020 年装置全年累计能耗 22.66kg 标油/t，在中国石化总部的达标排名中处于中部水平(最好水平为 17.76kg 标油/t)。因为装置很多参数与设计数据上存在较大差距，造成了一些工艺、质量指标过剩的问题，例如：精制油氮含量一般在 5ppm 左右，比工艺卡片要求的 20ppm 低很多，氢油比控制在 1000Nm^3/m^3 左右，比设计 750Nm^3/m^3 要高出将近四分之一，装置产品出装置温度过低等。并且由于部分操作参数制定不合理、装置热量利用率低，导致装置综合能耗较高。

针对装置能耗较高的问题，车间通过对装置能耗的分解，寻找影响装置能耗的原因。通过分析发现，通过对参数合理的卡边和优化装置换热流程等手段，不但可以降低压缩机耗电、耗汽，还可以降低冷换设备的循环水消耗，减少加热炉燃料气，效果十分明显。

从表 1 可以看出，装置能耗组成中，电耗和燃料气单耗在装置总能耗中所占比例较高，电耗占 51.12%。燃料气占 38.83%。可见，降低装置总能耗的重点在于降低这两项指标。

电力消耗占装置能耗的最大比重，本装置精制反应器设计入口压力 16.5MPa，高压加氢裂化特点决定了需要大量的电力来提高原料系统、胺液系统、氢气及循环系统的压力，对于原料系统包括反应进料泵、注水泵等大型机泵，氢气系统包括新氢压缩机大型机组。原料系统反应进料泵设置液力透平来回收能量，从而降低电耗，新氢机设置无极气量调节系统降低电耗。

2.2 装置降低能耗所采取的措施

2.2.1 燃料气

燃料气主要为装置三台加热炉所消耗，燃料气的单耗能指标可以通过增加热进料比例、提高原料温度、提高原料换热终温、优化加热炉操作、提高加热炉热效率等措施来降低。

(1) 提高进料温度：进料来自 3#常减压装置和罐区蜡油，提高进料温度，从而降低反应加热炉负荷。

(2) 通过对操作参数调整，降低反应加热炉负荷。

加氢精制、加氢裂化是放热反应，因此利用好反应热不但能够提高被加热物料的温度，降低反应炉的燃料气消耗，还能够降低高压空冷入口温度，节约电耗，换热流程见图 1。因此，车间依靠加氢精制反应本身所释放的热量来实现整个反应器的反应温度需求，大大降低精制反应器入口温度，降低了反应炉的燃料气消耗，同时冷氢的减少也降低了循环氢压缩机的负荷。

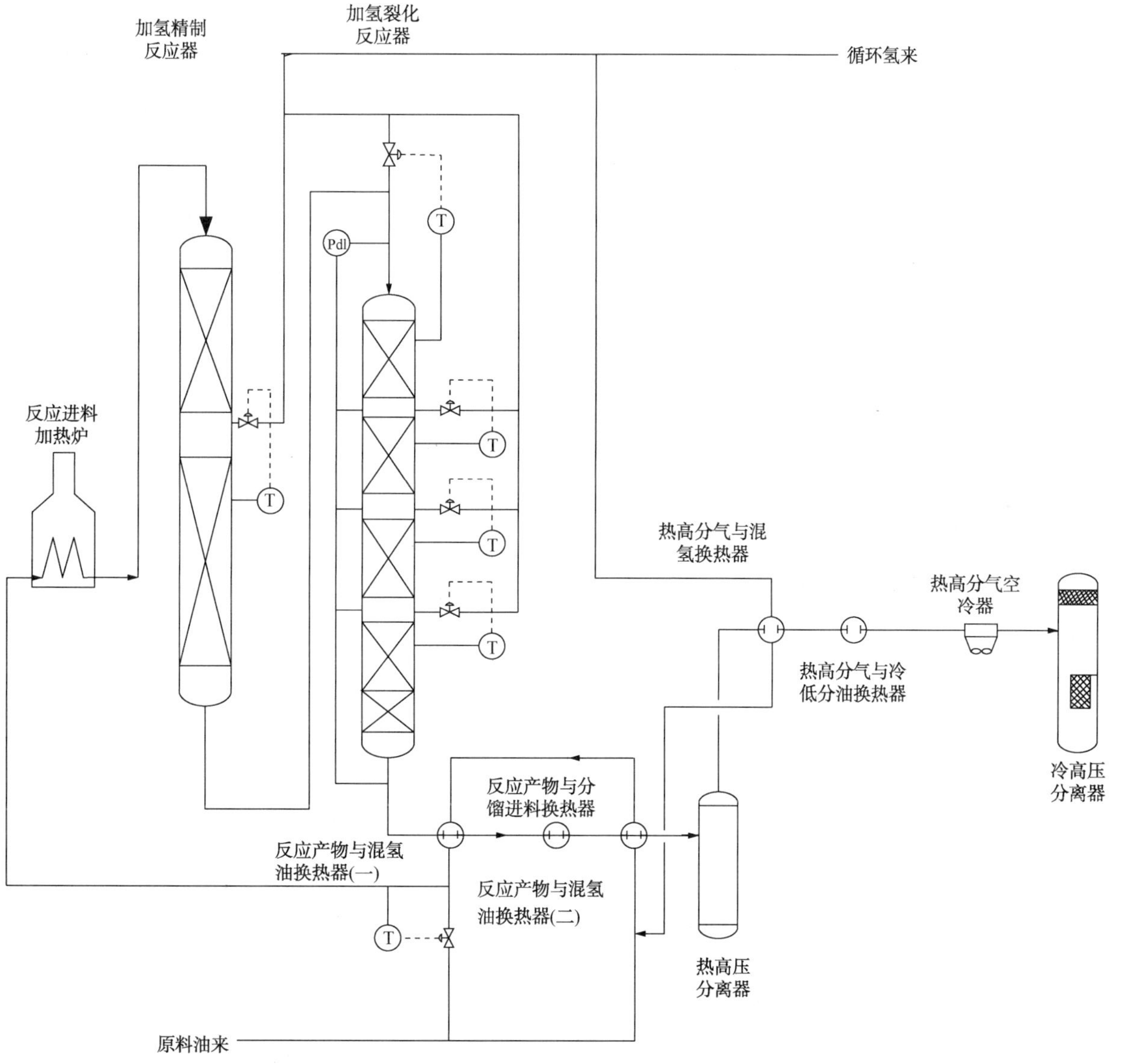

图 1　2#加氢裂化装置反应部分换热流程图

反应流出物主要与混氢油和分馏进料加热炉进料换热后进入热高分，因此合理地降低热高分温度不但可以将热量更多的提供给反应炉进料换热器，从而提高反应炉的入口温度，还可以降低热高分器空冷器的入口温度和需冷却的物料流量。热高分温度设计温度 245℃，车间控制温度 240℃±1℃，并根据气温以及加热炉的负荷进行优化调节。

（3）优化装置氢油比，降低循环氢取热，从而降低反应炉燃料气消耗。氢油比同样是影响加氢裂化工艺的重要参数，它影响加氢裂化的反应过程，影响催化剂的寿命，但过高的氢油比将增加装置的操作费用。装置氢油比设计 750Nm³/m³，因此车间根据处理量的变化及时调整循环氢压缩机转速，将装置氢油比控制在 750～800 Nm³/m³。通过对精制反应器的入口氢油比的卡边操作，一方面可以降低循环氢压缩机负荷，从而降低循环氢压缩机驱动装置汽轮机的转速，减少汽轮机动力中压蒸汽的消耗；另一方面可以通过循环氢量的降低减少混氢油的流量，在精制反应器入口温度不变的前提下，降低反应炉的负荷，减少燃料气消耗。

（4）调整分馏塔中段回流，优化取热流程。本装置分馏塔设计有两个中段回流，用来回收热量，降低装置能耗，换热流程见图 2。

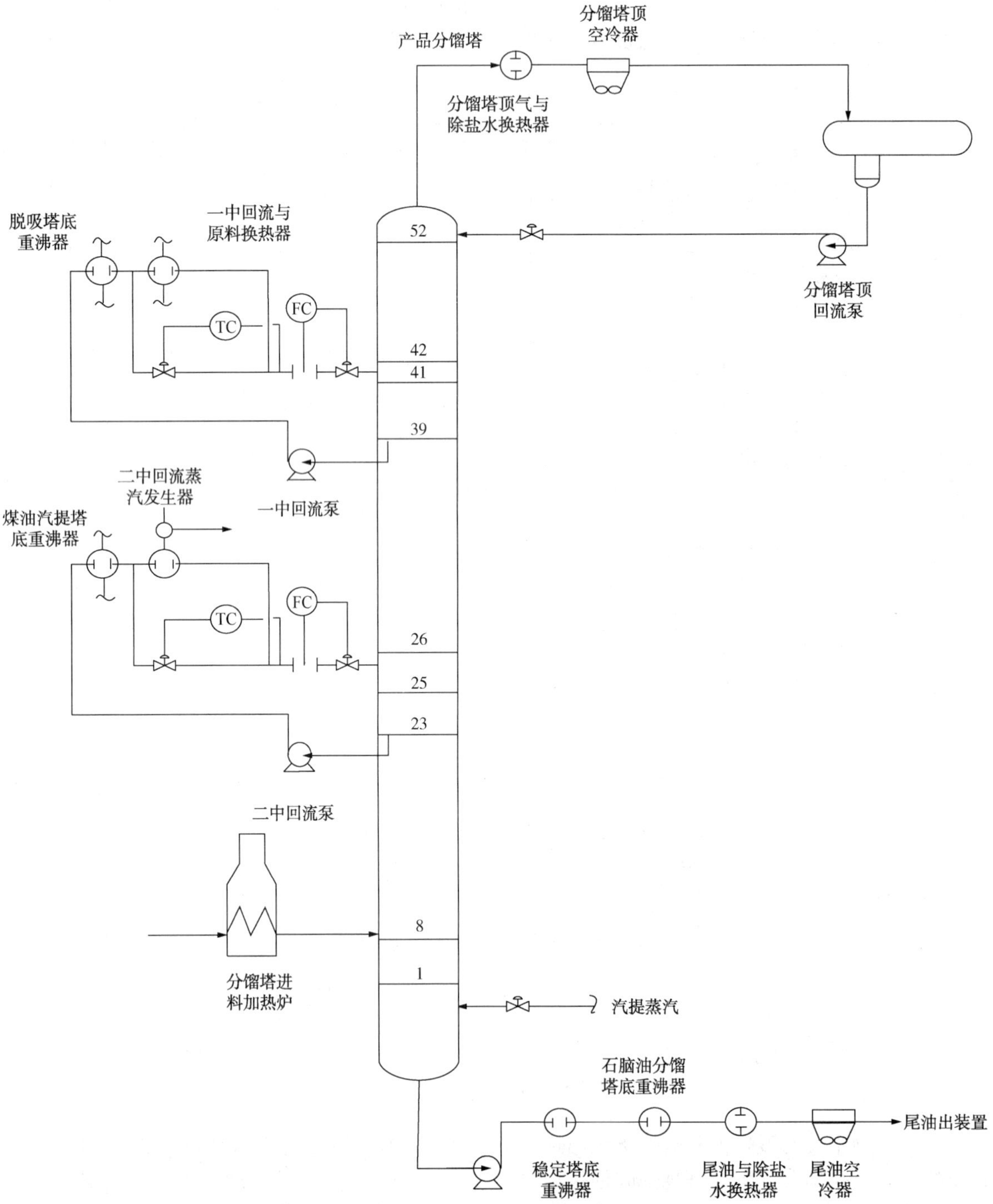

图 2　分馏塔回流换热流程及尾油换热流程图

通过调整中段回流可以降低分馏塔顶回流量，从而降低分流塔顶空冷的冷却负荷。在保证分馏塔回流比满足塔顶产品质量的基础上，将塔内热量平衡到塔中段回流为换热介质提供热量。

一中回流分别与吸收脱吸塔塔底重沸器和原料换热，因此可以合理控制吸收脱吸塔塔底温度，即将此温度控制在出现过度吸收温度以上1℃左右，这样一来不但有利于吸收的进行，还可以减少热量的损失。这样就可以将多余的热量留给原料加热，一定程度上降低了反应加热炉燃料气的消耗。

（5）调整尾油、柴油分割点，降低分馏塔加热炉负荷。由于目前装置柴油和尾油是合并到一条线送至乙烯作为原料，因此柴油和尾油可以不用分割的过于清晰，在保证整个分馏塔气液平衡的基础上，可以适当降低分馏塔进料加热炉的负荷，节约燃料气。

（6）提高加热炉热效率。调整加热炉的燃烧效果，车间技术人员每天检查加热炉火嘴的燃烧状况，发现燃烧不好及时联系检修队进行清理。同时，车间根据机研所测得加热炉的热效率及烟气的各项指标，调节加热炉的排烟温度，目前加热炉排烟温度控制在110℃左右，尽量回收加热炉烟气余热。

2.2.2　电能

（1）加强变频空冷的巡检，保证其正常运行，夜晚温度较低时尽量停用部分空冷电机；

（2）加强对新氢机及其气量无级调节系统的巡检，以保证其正常运行，从而达到减少装置电耗的目的。

（3）对部分机泵叶轮进行切割：在实际生产中，发现部分机泵余量较大，因而对有余量的泵进行了叶轮切割，机泵运转正常，使得泵的电流下降，进而达到节电的目的。

（4）优化尾油出装置前的热利用，减少电耗。

尾油出装置前分别与稳定塔底重沸器、石脑油分馏塔塔底重沸器、高温热媒水换热器和尾油空冷换热后付乙烯，因此合理利用尾油的热量不但可以给重沸器、换热器提供更多的热量，还可以降低空冷的冷却负荷。

通过对高温热媒水的入口温度和流量，尽量使热媒水多取热，合理利用低温热，降低尾油空冷负荷。通过对尾油出装置温度的控制，使尾油出装置温度尽量靠近工艺卡片要求的上限控制，从而降低尾油空冷的负荷，节约电耗。

2.2.3　蒸汽

3.5MPa 蒸汽主要用于驱动汽轮机带动循环氢压缩机。在确保氢油比和循环氢压缩机本体正常运转的情况下，降低循环氢压缩机转速可减少3.5MPa 蒸汽消耗 。

（1）保证抚研院提供的氢油比控制在下限操作，调节循氢机转速，从而使中压蒸汽耗量降低；

（2）气温回升，装置停掉部分伴热，只保留燃料气及事故蜡油线的伴热，低压蒸汽耗量明显降低。

（3）尾油首先给稳定塔塔底重沸器提供热量，稳定塔塔底有两个重沸器，另一个重沸器靠中压蒸汽提供热量，因此掌握好反应转化率，保证尾油量满足需求的情况下，只要能够满足石脑油分馏塔塔底热量需要，可以将热量多提供给稳定塔，这样这可以停用中压蒸汽。

2.2.4　工业水

（1）循环水：在满足工艺操作参数及产品出装置温度的情况下，关小水冷器循环水回水手阀；停用备用机组、备用机泵的冷却水。

（2）除盐水：严格按照加工量的8%控制反应注水量，并控制净化水与除盐水比例，根据加工量的变化及时督促班组人员调节注水量。

2.2.5　减少加工损失

2#加氢裂化 SR-101 为原料油自动反冲洗过滤器，反冲洗介质为经过过滤的原料油，冲洗后产生的污油通过重污油线送出装置。过滤器的操作形式有手动和自动两种，两种情况下都是对过滤器进行连续冲洗，无法对单组过滤器的气动阀门进行控制，在蒸汽吹扫时也带来不变。为此，通过厂家联系，对操作系统进行更改，更改后实现了气动阀门单独操作，这样可在压差高时针对个别压差高的组进行单独冲洗或加强冲洗。通过调节每次冲洗的时间和单组强制冲洗相配合，在保证过滤器使用效果和不影响进料稳定的的基础上停用了一组过滤器，这样减少了每次冲洗污油量的产生。

装置其他节能降耗措施：通过停用备用冷换设备、调节在用水冷器用水量，减少循环水消耗；优化调节汽提塔汽提蒸汽耗量，减少1.0MPa 蒸汽消耗等。

2.3 取得的效果

2.3.1 装置能耗对比

$2^{\#}$加氢裂化装置通过上述优化操作以来，2021年全年累计能耗已降至19.08kg标油/t，装置能耗一直处于逐渐下降的趋势。

2.3.2 各项单耗对比情况

经过上述节能措施，2021年全年装置能耗降至19.08kg标油/t，具体各单耗变化如表2所示。

表2　各单耗情况对比表

项目/(kg标油/t)		2020年全年	2021年全年
工业水	循环水	2.06	1.75
	除盐水	0.18	0.14
	除氧水	0.27	0.26
电		11.72	11.28
燃料气		8.8	6.02
1.0MPa蒸汽		-11.33	-10.1
3.5MPa蒸汽		12.29	10.65
热出料		-1.33	-0.9
能耗		22.66	19.08

从表2进行对比可以看出，各单项指标均有所降低。

（1）电耗降低明显，由11.72kW·h/t降至10.28kW·h/t。

（2）燃料气单耗由8.8t/t降至6.02t/t。

经过优化措施，装置能耗排名装置已达到上游水平，天津公司采取的节能措施在中国石化同类装置(同样加工流程)中具有较强的借鉴意义。

3 装置下一步节能计划

装置节能降耗效果明显。下一步车间将加强精细化管理，对操作参数进行优化，以及通过一些检修或小动改项目来实现节能工作的新突破。

（1）严格控制氢油比，高于指标(750~800)时，按指标要求降低循氢机转速，从而达到降低3.5MPa蒸汽用量的目的。

（2）部分扫线蒸汽(或服务点)与伴热蒸汽自同一主管引出，冬季生产时，这部分扫线蒸汽(或服务点)需常过汽以防冻凝，造成了蒸汽大量浪费。计划将这部分扫线蒸汽(或服务点)自引出点加装根部阀，冬季切除停用，节省低压蒸汽用量。

（3）夏季生产时，高压空冷冷后温度已达到62℃，已经严重影响装置的正常生产，装置迫不得已只能采取降量处理，由于加工量较低，导致能耗较高。目前已增设水喷淋设施，并同步增加水喷淋水回收措施，解决高压空冷负荷不够的问题，从而确保装置加工量。

（4）为避免压缩机填料及气缸冷却水系统的堵塞，准备对该系统进行加入化学药剂的办法，目前正在同行业进行交流，从而降低除盐水的消耗。

4 结论

本文通过对天津公司$2^{\#}$加氢裂化装置能耗进行分析，对占能耗比重较大的单项指标——燃料气、电等项目进行节能优化，并提出了相对应的节能措施。通过对换热流程进行优化，分馏系统操作优化、提高加热炉效率、保证大型机组气量无级调节系统的正常运行以及其他节能措施，节能降耗工作取得了较明显的成绩，能耗由2020年的22.66kg标油/t，降至2021年的19.08kg标油/t，节能措施可在全国同类装置中借鉴实施。

参 考 文 献

[1] 韩崇仁．加氢裂化工艺与工程[M]．北京：中国石化出版社，2004.

[2] 李立权．加氢裂化装置操作指南[M]．北京：中国石化出版社，2005.

[3] 孙建怀．加氢裂化装置技术问答[M].2版．北京：中国石化出版社，2014.

[4] 章湘武，姚志东．空冷器技术问答[M]．北京：中国石化出版社，2007.

[5] 李大东．加氢处理工艺与工程[M]．北京：中国石化出版社，2004.

[6] 黄希贤，曹占友．泵操作与维修技术问答[M]．北京：中国石化出版社，2006.

"碳中和"目标下我国油气行业甲烷管控的挑战与应对

崔翔宇　刘光全　薛　明　翁艺斌　徐文佳

（中国石油集团安全环保技术研究院有限公司）

摘　要　甲烷对全球变暖的贡献率约为四分之一，其中化石能源活动甲烷排放占比较高，因此控制甲烷排放成为世界能源行业当前及未来应对气候变化的重大举措之一。本文分析了我国油气行业在甲烷管控方面存在的主要问题，包括排放强度较高、数据不准确、减排路线欠明晰等问题，并提出了应对措施：在甲烷排放检测核算、重点排放源控制、工艺设备开发研制等方面需加大投入力度；在检测技术方面，验证与推广快速大范围检测手段；对重点源项如伴生气、冷热放空、试采或临时排放等加强控制；着力开发安全适用、橇装模块化的回收设备等。

关键词　碳中和；油气行业；甲烷；管控对策

习近平总书记于2020年9月向全世界庄严承诺中国2060年前实现"碳中和"目标，这一具有划时代里程碑意义的宣示，彰显了负责任大国的担当和决心，对我国国计民生各行各业必定产生广泛而深刻的影响。一方面，我国"碳中和"的实现可极大提升科技创新实力与水平，摆脱能源安全的束缚，推动并完成经济由高速发展向高质量发展的转变；另一方面，我国是温室气体排放第一大国，且碳排放量还将继续上升，由"顶峰"降到"中和"只有30年或略多点的时间，而我国的科研水平在许多领域还欠发达，难度和挑战不言而喻。目前，油气是我国仅次于煤炭的重要能源，即使在为实现"碳中和"目标严控化石燃料使用的情况下，未来天然气作为低碳过渡能源，达峰前其消费量仍将快速攀升。天然气主要成分甲烷是全球第二大温室气体，因其与油气行业的紧密联系，成为当今世界油气行业最大的"政治"。在全球众多国家及多个石油公司宣布"碳中和"目标后，甲烷排放控制的意义越发彰显。

1　油气行业甲烷管控的压力与挑战

1.1　面临的压力与挑战

甲烷对全球变暖的贡献率约为四分之一，据《中华人民共和国气候变化第二次两年更新报告》显示，2014年我国甲烷排放量为5529.2×10^4t，其中化石能源活动甲烷排放占比为44.8%。因此，控制甲烷排放成为世界能源行业当前及未来应对气候变化的重大举措之一，也是企业竞争、政府监管、投资者质询、公众热议的焦点。

在全球能源转型的背景及对可再生能源发展的预判下，国际石油巨头已经确立或正在调整公司战略，以期取得未来低碳发展的主动权。石油公司均将天然气作为面向未来能源转型的重要过渡，天然气将长期占据能源转型的主导地位。近年来，我国能源转型明显加快，煤炭占一次能源消费比例已低于60%，非化石能源和天然气消费量明显提升，其中天然气比重同比快速攀升。甲烷因其既是燃料资源又是温室气体的双重属性，对其管理与控制，无疑成为行业热点和必然选择。

鉴于此，多国政府、石油巨头、国际联盟均发布了雄心勃勃的减排目标，如，油气行业气候倡议组织（OGCI）提出2025年组织内整体将上游天然气和石油运营的甲烷平均排放强度由0.32%降至0.25%以下，并努力达到0.2%；美国、加拿大、墨西哥三国共同协议2025年前将削减45%油气行业甲烷排放；道达尔公司计划到2030年将可再生能源业务占比提高到总业务的20%。中国石油天然气集团有限公司发布《甲烷排放管控方案》，争取到2025年甲烷排放强度较2019年降低50%。

2019年5月，香港联交所发布关于修订《环境、社会及管治报告指引》的咨询文件，此新规给环境、社会及管治报告的编制工作带来的挑战主要集中在温室气体数据披露方面。同年9月，纽约联合国气候变化峰会上，为全面支持《巴黎协定》的实施，130家国际银行签署《负责任银行原则》并声明，未来几年将减少对油气行业的支持和投资，迫使油气生产商减少对气候和环境的影响，将气候变化和其他环境挑战的相关风险纳入考量。

1.2 存在的主要问题

在全球一体化的趋势下，公开化、透明化、合规化是迈向国际化的必备要素，在内外各方压力下，我国石油公司需着力解决以下三个主要问题：

（1）强度偏高。相较于国际主要石油公司，国内公司排放强度显著较高。这固然有单井产量低、井数多、边远零散井密闭流程难度大等客观因素，但公司管理、技术创新等主体责任和因素更受关注。

（2）数据欠准。由于油气行业流程长、装置多样及地域地质差异大等原因，长期以来甲烷排放量的准确快速核算一直是未解的难题。石油公司温室气体排放清单的最大不确定度来自甲烷，而管控的先决条件是全面详细的数据。排放数据源项区分不够详尽细致，不能满足来自国内和国际日益增长的不同目的、不同方法、及时快速报告的要求。

（3）路径不明。甲烷管控工作涉及面广，各下属企业情况各异，且生产条件时有变化，需要资金、人力、物资等通力配合，没有简单明了的解决路径可循，减排路线、时序、机制等亟待明晰。

2 油气行业甲烷管控的举措

据国际能源署估计，由于甲烷具有回收利用价值，40%~50%的甲烷排放可在净零成本情况下减少。因此油气行业应主动适应气候变化的要求，构建甲烷质量管理体系，提升信息化和智能化管理水平，对公司发展及国内大气整治、国家低碳战略都有着重大意义。

2.1 排放检测核算与报告

国家发展和改革委员会于2015年发布的《中国石油天然气生产企业温室气体排放核算方法与报告指南（试行）》中规定："甲烷逸散排放因子应优先采用企业实测值，无实测条件的企业可从附录二表2.2中选用缺省值。"附录缺省值属场站级排放因子，年代较久，已经越来越不适用于油气行业现状。因此，甲烷排放清单急需由当前的场站级细化至设备（施）级，部分具备条件的可细化至组件级，并且需扩展覆盖更广泛的排放源范围，使清单保持与国际接轨的完整性。甲烷的排放部位及成因主要有：放空、火炬、泄漏、气动仪表设备、压缩机、储罐、伴生气、排液过程、脱水装置及废水油泥处置处理等。生产（销售）企业应自行或者委托第三方开展广泛的多频次的实地检测，收集并上报本企业设备（或组件）活动水平数据，统计计算排放因子。

建议对现有温室气体管理系统进行升级优化，提高包括甲烷在内的统计数据的准确度、细致度、透明度，提升系统的功能性、易用性与安全性，满足不同监管要求和不同组织对标分析对数据报告的需求。

2.2 减排措施

2.2.1 方案评估与设计

生产（销售）企业，联合各级设计院、研究院，开展全面系统的甲烷减排措施评估与设计。全面评价本企业各类源项减排方案的技术和经济可行性，分析减排潜力。对于减排潜力较大、经济性排序靠前且具有共性现场条件的，逐一项目开展可行性研究和初步设计。随着各企业现场实测及其他相关工作的推进，数据、信息和经验日益丰富的情况下，持续滚动开展。

2.2.2 泄漏检测与修复

借鉴炼化企业泄漏检测与修复的经验和成果，在油气田与销售企业全流程开展甲烷、挥发性有机物泄漏检测试点，协同控制甲烷与VOCs排放。

我国发布《石化企业泄漏检测与修复工作指南》（环办〔2015〕104号），但目前上游油气行业甲烷检测标准仍为空白。各石油公司应开展上游甲烷逸散排放检测与控制技术研究及示范应用，并参与国家有关技术标准的制修订，促进行业甲烷排放管控能力提升。

2.2.3 储罐与伴生气

固定顶烃类储罐因大小呼吸特别是压力变化引起的闪蒸，将向大气中排放包括甲烷在内的轻质烃类气体，建议合理采用拱顶罐改造为浮顶罐、氮封、原油稳定等技术手段有效减少排放；此外，鼓励采用适宜的挥发气回收新技术和新手段。

边远井场的零散低压井口套管气，严格杜绝冷放空，更应依据现场条件，通过压缩、分离、发电、收集、回注等方式加以回收利用。

2.2.4 放空与火炬

加强放空与火炬管理，推进常规火炬熄灭计划，提高安全应急火炬效率，降低放空频次和时长；开发适用于试采放空和管道临时放空气体回收工艺和装备。

2.2.5 其他

加强气动仪表设备、压缩机、排液过程、脱水装置及废水油泥处理等环节的排放控制，推广绿色完井、柱塞举升、天然气回注、压裂返排液携气控制等技术应用，攻关稠油蒸汽开采、非常规油气开发等特殊过程管控。

2.3 工艺开发与设备研制

针对排放量大且现阶段回收难度大的重点排放源，加大攻关力度，研制既安全适用又经济高效，满足多种规模条件的橇装模块化的回收工艺和设备；开发太阳能、风能、地热等新能源利用的工艺和设备，降低现有部分排放甲烷生产设备和工艺的使用率，进而完成替换。

3 结论与建议

我国油气行业甲烷管控承载着保障能源安全与能源低碳化的重任，对比国际石油巨头的先进水平，目前仍存在排放强度较高、数据不准确、减排路线欠明晰等问题。面向2060年"碳中和"目标，更需加大投入和攻关，形成明确的路径并扩大成熟技术的推广。

在甲烷排放检测核算方面，建议开发、验证与推广快速大范围的检测方法和手段；抓紧对重点源项如伴生气、冷热放空、试采或临时排放等气体的收集；大力攻关安全适用、橇装模块化、经济高效的回收工艺和设备等。

参 考 文 献

[1] Etminan M, Myhre G, Highwood E J, et al. Radiative forcing of carbon dioxide, methane, and nitrousoxide: a significant revision of the methane radiative forcing[J]. Geophys. Res. Lett. 2016, 43(24): 12614-12623.

[2] 薛华，宋磊．国际石油公司应对气候变化的最新目标及启示[J]．石油规划设计，2021，32(1)：25-28.

[3] Oil and gas climate initiative at https://oilandgas-climateinitiative.com/wp-content/uploads/2018/09/OGCI_Report_2018.pdf.

[4] World Energy Outlook 2017[R/OL].(2017-11-30)[2021-03-19].https://webstore.iea.org/down-load/summary/196? fileName = English - WEO - 2017 -ES.pdf.

[5] 李兴春．基于技术进步的石油公司低碳与清洁发展[J]．环境保护，2018，46(2)：20-23.

[6] 薛明，翁艺斌，刘光全，等．石油与天然气生产过程甲烷逃逸排放检测与核算研究现状及建议[J]．气候变化研究进展，2019，15(2)：187-195.

“双碳”背景下污水处理场实现碳减排的途径及展望

代蓓蓓　纪　轩

（中国石油化工股份有限公司天津分公司）

摘　要　本文通过间接排放环节的控制，对污水处理场存在的碳减排控制点进行了分析，并通过理论分析和运行实践进行了摸索，在能耗和药耗两个方面实现了污水处理场的碳减排，其中耗电量降低了417×10^4kW·h/年，PAC和乙酸钠的使用量分别降低了636t和350.4t。同时通过新技术的研究开放应用，对污水处理场下一步碳减排工作指明了方向。

关键词　碳减排；间接排放；能耗；药耗

全球气候变化是目前人类面临的严峻挑战之一。《巴黎协定》确立了将全球平均气温控制在较工业化前升温低于2℃的目标，并为实现升温低于1.5℃的目标而努力，以减少气候变化的风险与影响。二氧化碳（CO_2）是大气中的首要温室气体，贡献了约66%的全球暖化效应。2020年，全球平均CO_2浓度已达到413.2 ppm的新高，且仍在继续上升。根据众多模型预测，在大气CO_2倍增的情景下，全球气温将升高2~5℃。因此全球协同控制人为碳排放，实施“双碳”行动是人类社会应对全球气候变化的必然选择。2020年9月22日，中国国家主席习近平在第七十五届联合国大会一般性辩论上宣布：“中国将提高国家自主贡献力度，采取更加有力的政策和措施，二氧化碳排放力争于2030年前达到峰值，努力争取2060年前实现碳中和。”中国碳达峰、碳中和目标（以下简称“双碳”目标）的提出，在国内国际社会引发关注。实现“双碳”目标不是要完全禁止二氧化碳排放，而是在降低二氧化碳排放的同时，促进二氧化碳吸收，用吸收抵消排放，促使能源结构逐步由高碳向低碳甚至无碳转变。实现“双碳”目标。

污水处理是重要的碳排放行业。总体上，污水处理行业的碳排放量占到全社会排放量的1%~2%。因此为了降低碳排放量，就需要全面而又系统地开展碳减排工作。目前，污水处理厂碳排放主要包括直接排放和间接排放两种形式。直接排放是指甲烷（CH_4）、一氧化二氮（N_2O）的排放。甲烷的排放主要发生在管道淤积、污水直接排放环节；一氧化二氮的排放主要发生在好氧处理单元及受纳水体。间接排放是指污水处理厂运行过程中电耗及药剂消耗等。由于直接排放环节受到污水处理装置工艺选型的影响，因此实现碳减排主要从间接排放环节入手。

某石化企业污水处理场主要由化工污水处理场、炼油污水处理场两部分组成。炼油污水处理场包括含油污水处理装置、含盐污水处理装置、碱渣处理装置、1#催化燃烧装置、2#催化燃烧装置、炼油污水生物除臭装置、污泥处理装置、炼油污水回用装置等。化工污水处理场包括3套厌氧AF装置、2套纯氧曝气装置2套化工污水回用装置及2套污水提标装置组成。

1　污水处理场碳排放间接环节现状

污水处理场间接排放环节主要包括处理能耗、药耗两个方面。

1.1　能耗方面使用现状

污水处理场的动力使用方面主要包括电能、蒸汽使用量、新鲜水使用量、仪表风等四个方面，具体使用情况见表1。

表1　污水处理场能耗使用表

项目名称	使用量
电量/（10^4kW·h/月）	238.64
蒸汽/（10^4Nm³/月）	0.56
新鲜水/（10^4t/月）	0.21
仪表风/（10^4Nm³/月）	13.05

污水处理场电耗主要用于提升泵、风机等，蒸汽用于污泥干化装置及冬季的日常伴热，新鲜水用于日常的管线清洗以及配药，仪表风用于管

线吹扫等。在污水处理场能耗使用中，电耗的成本占到总动力消耗成本的 70.6%，其余三部分占到了 29.4%。因此动力消耗部分实现碳减排需要从耗电量入手。经过计算，在污水处理场运行中，二氧化碳排放量最大的三个环节分别是污水提升，生化处理以及提标装置。由于污水提升受到装置分布的影响，因此主要碳减排点从生化处理和提标装置入手。在这两个单元中，耗电量最大的分别为风机和臭氧氧化单元。

1.2　药耗方面使用现状

污水处理场污水处理装置使用的药剂主要包括预处理单元，生化处理单元、污水提标装置，具体使用药剂见表 2。

表 2　污水处理场药耗使用表

药剂名称	使用量
PAC/(t/月)	450
PAM/(t/月)	6
乙酸钠/(t/月)	128
铁盐/(t/月)	10
次氯酸钠/(t/月)	34

污水处理场主要使用的药剂包括 PAC、PAM、乙酸钠、铁盐、次氯酸钠等 5 种药剂。其中 PAC、PAM 用于涡凹气浮、溶气气浮、高密度澄清池及污泥脱水单元。乙酸钠用于提标装置反硝化单元，次氯酸钠用于污水处理末端。通过表 2 可以看出，PAC 和乙酸钠的使用量占到了总药剂使用量的 92.04%，因此通过药剂方面进行碳减排需要从 PAC 和乙酸钠的使用量入手。

2　实现碳减排的措施

2.1　在能耗方面实现碳减排

2.1.1　含油 A/O 单元更换悬浮风机

污水处理场含油污水处理装置 A/O 池溶解氧控制指标是 2~4mg/L，采用离心式鼓风机向池内提供曝气，共三台，设计两开一备。近几年由于工艺的优化，生产运行过程中，根据污水处理负荷变化的需求，对风压及风量的需求变化大，已经超出了风机的正常调整范围。当运行负荷偏低时，为了保证生产需求，只能通过出口管路放空的方式来控制风机出口压力和风量，造成耗电量的浪费。因此采用空气悬浮离心风机替代现有多级鼓风机。将原有的三台多级离心鼓风机更换为两台空气悬浮离心风机。根据空气悬浮风机设计，配备功率较传统多级离心鼓风机保守估算可降低 20% 左右。运行过程中通过电机变频自动匹配工况进行调整，综合节能效果不低于 35%。效益测算约年节电量 81 万度，年可减少二氧化碳排放量 1009260kg。

2.1.2　根据水质情况将厌氧装置部分停运

PTA 装置停车后，针对高浓度废水水量和 COD 总量负荷均明显降低，而低浓度废水水量明显增加的状况，停运 2 座厌氧反应器，并将氧Ⅰ和氧Ⅱ 2 套装置由纯氧曝气形式改为空气曝气形式，每日可节约电量超过 4300kW · h，每日可减少二氧化碳排放量 5357kg。由于厌氧装置停运及纯氧曝气改为空气曝气的措施，有效降低纯碱使用费用 13.1 万元/月，氧气费用 27.3 万元/月。

2.1.3　更换变频设备，加强工艺调控

根据水泵风机的实际使用情况，对污水处理场的水泵及电机进行了效能测试。根据效能测试结果，将污水处理场长期负荷较低的水泵及电机进行了相应更换，由定频改为变频。同时，将空气曝气池曝气风机由定频风机改为变频风机。

根据实际运行水量及污染物负荷情况，将 A/O 池及空曝池污泥回流量由 100% 降低至 50%，同时在满足出水水质的情况下，控制 A/O 池及空曝池溶解氧由前期的高限控制变为维持在 3mg/L 左右。通过以上调整方式，每日可节约电量达到 1360kW · h，减少二氧化碳排放量 2339.2kg。

2.1.4　提高离心脱水污泥含固率，降低干化装置处理能耗

污泥干化装置采用蒸汽将含固率为 15% 的活性污泥处理为含固率为 60% 的干泥。污泥含水率高导致污泥量较大，进而影响干化装置的处理效率及所消耗的蒸汽和电能。因此提高离心机脱水污泥含固率可有效降低污泥干化装置所消耗。在实际运行中，通过合理排泥控制将浓缩罐脱水时间由 4h 增加至 8h。同时根据污泥性能投加 PAM 药剂，将 PAM 溶液配比浓度控制在 3%~3.5%，有效将离心脱水污泥的含固率由 15% 提升至 18%，污泥体积减少了 17%。污泥干化蒸汽使用量减少了 200kg/h，耗电量每日减少了 1388kW · h，每小时可减少二氧化碳排放量约 2387.4kg。

2.2 在药剂使用方面实现碳减排

2.2.1 降低 PAC 使用量

在溶气气浮单元加强精细化管理，实现药剂的准确投加。通过烧杯试验将 PAC 的投加量控制在 60~80mg/L 的范围内。同时根据水质调整刮渣时间和频次、根据渣的颜色变化调整加药量、加强溶气罐液位和压力控制出水水质对比及混凝试验管控等措施，将气浮出水油含量控制在 20mg/L 以内。

在高密度澄清池中，絮凝剂絮凝沉淀不仅是药剂中的铝离子与可溶性磷酸盐反应形成磷酸铝沉淀，同时絮凝剂通过双电层原理，使废水中的胶体离子和悬浮微粒失去稳定性，不断凝聚使微粒增大，形成絮体并沉淀。但是聚合氯化铝投加量过多会因为水解离子与废水中胶体离子排斥力增加从而影响絮体沉淀。通过烧杯试验，将两套提标装置的 PAC 的投加量控制在 220~240L/h 的范围内，同时充分发挥 PAM 的助凝作用，将 PAM 的投加量控制在 100L/h 以内。通过计算，年可节约 PAC 使用量约 636t/a，约合费用 31.5 万元。

2.2.2 降低乙酸钠的使用量

优化反硝化装置的碳氮比，提高反硝化装置的脱氮率，从而降低药剂消耗。根据进水 TN 的数据，及时调整乙酸钠投加量，并调整合适的 BOD_5：TN 的比值。经过计算，前期乙酸钠按照 BOD_5：TN 的比值为 5~6 进行投加。因此造成乙酸钠投加量偏大。根据理论计算及经验摸索，乙酸钠投加量按照 BOD_5：TN 的比值为 4 进行投加。并根据反硝化滤池出水 COD 数据进行微调。将乙酸钠投加量由 110~130L/h 减少至 70~90L/h 在满足出水总氮要求的前提下，既降低了乙酸钠的消耗量，也降低了后续处理装置的处理压力。通过计算，乙酸钠年可减少 350.4t，费用约合 70.1 万元。

2.2.3 根据水质情况调整臭氧使用量

根据提标装置 DNF 出水水质情况以及经验摸索，将提标装置臭氧投加量控制在 40mg/L，臭氧与 COD 的去除比例控制在 2.3~2.5。臭氧投加量较设计值减少了 20mg/L，去除比例减少了 0.5~0.7，臭氧产生量降低了 10kg/h。臭氧制备量减少，导致臭氧发生器耗电量减少，每日可节约电量 2160kW·h，每日可减少二氧化碳排放量约 2691kg。氧气使用量每日可减少 1999Nm^3。氧气年可节约费用约 21 万元，电耗可节约 16.8 万元。年可节约费用为 37.8 万元。

3 污水处理场碳减排的展望

3.1 水源热泵技术的应用

由于工业废水的温度较高且相对稳定，因此用于污水源热泵空调系统具有明显优势。污水源热泵空调系统是利用污水、借助制冷循环水系统，通过消耗少量的电耗，在冬季将水资源中的低品质能量汲取出来，经管网供给室内空调、采暖系统、生活热水系统；在夏季通过将室内的热量带走，释放到水中，以达到夏季空调制冷的效果。污水源热泵系统 70%以上的能量来自废水，能源利用率为传统方式的 3~4 倍，运行费用节省 1/3~1/2。同时该技术作为清洁能源利用技术，对防治空气污染、实现环境保护和生态平衡具有重要作用。

3.2 污水仿真技术的应用

基于污水处理的数学模型和流程模拟技术形成的污水处理过程模拟软件是以污水处理过程的机理模型为基础，采用数学方法来描述污水处理过程，通过应用计算机辅助计算手段，进行过程物料衡算、热量衡算、设备尺寸估算和能量分析，产品预测，做出环境和经济评价。污水处理过程模拟软件可建立污水系统全流程的模型，使设计最优化，提高设计效率和运行优化效果；能寻找故障，消除“瓶颈”，优化生产条件和操作参数而进行旧厂改进。应用流程模拟技术可以节省过去由试验小试与中试探索污水系统最佳工艺工况条件所消耗的大量资金、时间和人力，该技术能够使我们从整个系统的角度来认识、分析、预测污水系统中深层次的问题，进行装置调优、流程剖析和过程综合，达到优化生产、节约资源、环境友好、提高经济效益的目的。

3.3 新型碳源的应用

对污水深度脱氮需要外加碳源，目前常用的碳源主要是传统的甲醇、乙醇和乙酸钠等，然而其存在成本高、运行要求高等特点。因此开发新型固体碳源成为研究热点。固体缓释碳源主要分为三类，以纤维素为主的天然材料、人工合成的可生物降解的高分子材料和对天然材料进行改性所得的新型材料。其中以纤维素为主的天然材料由于来源广泛、取材方便、经济安全等优点得到广泛关注。

3.4 光伏发电停车场的应用

光伏发电作为21世纪新能源的重要组成部分，是目前世界上最有发展前景的新能源技术。在污水处理场反应池等大型构筑物上铺设太阳能组件，既可利用太阳能发电为水泵、风机等用电设备就近负荷供电，又可解决传统污水处理场构筑物占地空间大、利用率低的问题。同时由于电池组件的吸热性，有效解决了夏季温度过高的问题。该系统中，光伏板将光能转化为电能，通过直流变换器进行光伏最大功率跟踪及直流升压后电能储存在蓄电池组中。在有用电需求时由电池组提供电能并经过逆变器将直流电变成市用交流电以供负载使用。该技术可有效减少标煤使用量已达到降低二氧化碳排放的目的。

4 结语

污水处理场实现碳减排主要通过直接环节和间接环节两个方面，但是由于受工艺选型限制，污水处理场实现碳减排主要从间接排放环节入手。本文主要针对电耗及药剂使用两个方面进行了相应的问题分析并制定了解决措施；通过更换大功率风机，根据水质变化调整工艺流程，提高用电设备能效，精细工艺调整实现电耗的减少并根据水质情况合理药剂投加从而达到减少二氧化碳排放的目的。在污水处理场实现碳减排的展望中，主要通过污水源热泵的技术的应用，污水仿真技术的应用、新型碳源的应用以及光伏发电技术的应用等方面实现。

高含水油藏 CO_2 气顶驱油-封存一体化技术研究与应用

王　军

（中国石化华东油气分公司勘探开发研究院）

摘　要　水驱油藏开发进入高含水阶段后，剩余油常富集在构造高部位井网控制不到的部位或厚油层顶部，若能利用油藏自身特点注 CO_2 形成气顶驱，可有效改善开发效果。本文分析了气顶驱形成条件及气油界面移动规律，以提高采收率幅度、换油率、到达极限气油比时间等为主要评价标准，研究地层倾角、原油密度、黏度、油藏封闭性、水动力强弱等相关参数的对气顶驱效果的敏感性。通过剖析典型高含水油藏 CO_2 气顶驱见效特征，结合数值模拟、物理模拟优化气顶驱参数设计，综合考虑油藏高含水特征，优化注气方式、注气量、注气速度等参数，改善注气效果的同时提高存气率，实现高含水油藏 CO_2 气顶驱油-封存一体化。

关键词　高含水；人工气顶；敏感性因素；水动力强弱；防气窜；存气率

中高渗油藏进入高含水阶段后，剩余油分散程度更高，多数背斜构造、潜山构造、断鼻构造油藏在长期水驱开发后会在油藏顶部滞留“阁楼油”，或厚油层顶部富集“水上漂”剩余油，这类储量在我国的油气能源结构中占有较大比重。然而在天然能量开发或水驱开发结束后，水淹严重的油层几乎无法动用。此类油藏大多难以达到混相条件，常规注气开发气驱前缘突破较快，容易气窜，导致波系数不高，提高采收率程度有限。

中国石化华东油气分公司是国内较早开展 CO_2 驱的单位，针对低渗油藏混相驱已形成完整的技术流程，近年又开展了高含水油藏非混相驱提高采收率与封存一体化研究，针对开发过程中常规注气波及系数较低的问题提出了人工气顶驱的方式。此方式是通过向含油气构造注气形成人工气顶，利用重力分异和气顶膨胀作用保持或部分保持压力的开发模式，即依靠人工注 CO_2 形成“重力稳定+气顶”复合驱，即便气体未与原油混相接触也能大大提高最终采收率，开发效果优于其他类型的非混相驱，效果较好时采收率比水驱多出一倍，国外已经有许多油田区块实施并获得成功，同时能利用开发末期的油藏实现 CO_2 封存，因而被认为是 CCUS-EOR 发展的新方向。

1　CO_2 人工气顶驱适宜条件研究

1.1　CO_2 人工气顶驱替机理

CO_2 人工气顶驱即重力稳定气顶驱的驱替机理主要包括气体辅助重力分异驱动和气顶膨胀驱动两个方面。气体辅助重力驱是以重力为主要动力，以重力分异方式进行生产的气驱方式，主要原理是倾斜或垂向渗透率较高的地层，注入的 CO_2 气与原油之间油气密度差比油水密度差大得多，可促进油水重力分异，顶部“阁楼油”聚集成新的前缘富集油带。随注入气增加，逐渐形成次生气顶，气顶在不断膨胀过程中推动油气界面下移，进而推动油水界面下移，原油进入生产井而被采出。同时 CO_2 溶于原油具有膨胀增能、降黏改善原油流动能力的作用，而且由于油气间界面张力小于油水间界面张力，使得注入气能进入到水相无法进入的更小级别孔喉，驱替其中的原油，进一步降低水驱后细小孔喉中的残余油饱和度。

1.2　影响 CO_2 人工气顶驱效果的因素

通过调研国内外文献，人工气顶驱油及封存效果主要取决于两点：一是能否形成人工气顶；二是如何采用合理的注采方式及注入参数，保持气驱前缘的稳定性，尽量扩大 CO_2 的波及体积。通过对人工气顶驱动过程特征分析，可将影响气顶驱效果的因素归结为地质和开发两类。地质因素的构造条件（油藏封闭性、地层倾角）、地层系数（K_h）、储层非均质性（储层韵律性、隔夹层发育程度、裂缝发育程度），水动力强弱主要影响气顶的形成；开发因素方面的注气量、注气速度、注气方式等是影响油气界面稳定性关键因素。

根据人工气顶驱开发机理，建立理论模型，

模型设计参数见表 1。

表 1　气顶驱数值模型参数设计

序号	项目	表征参数	取值	孔隙度/%	渗透率/mD	方法
1	油藏倾角	地层倾角/(°)	0、5、10、15、20、25、30	0.2	10	穷举法
2	封闭性	断层夹角/(°)	60°、90°、120°、180°	0.2	100	穷举法
3	油层厚度	油层厚度/m	1、3、5、15、20、30	0-0.2	100	单因素分析
4	渗透率	渗透率/mD	1、10、50、100、500、1000	0.2		单因素分析
5	原油密度	原油密度/(g/cm^3)	0.68、0.76、0.81、0.9	0.2	100	单因素分析
6	原油黏度	原油黏度/mPa·s	1、4、8、12、50	0.2	100	单因素分析
7	非均质性	韵律和级差	正韵律(渗透率极差 2、15、50)、反韵律(渗透率极差 2、15、50)	0.2	2-100	单因素分析
8	水动力强弱	边水水体倍数	0、1、2、3、4，20，100	0.2	100	单因素分析
9	压力保持水平	地层压力系数	0.6、0.8、1.0、1.2、1.4	0.2	100	单因素分析
10	剩余油饱和度	含油饱和度	0.3、0.4、0.5	0.2	100	单因素分析

数值模拟结果显示：对气顶驱油-封存效果敏感性较高的因素依次为油藏封闭性、原油黏度、地层倾角、渗透率、油层厚度、原油密度、剩余油饱和度，油藏非均质性对气驱-封存效果次敏感，地层压力和水动力强弱则不敏感(见图 1)。

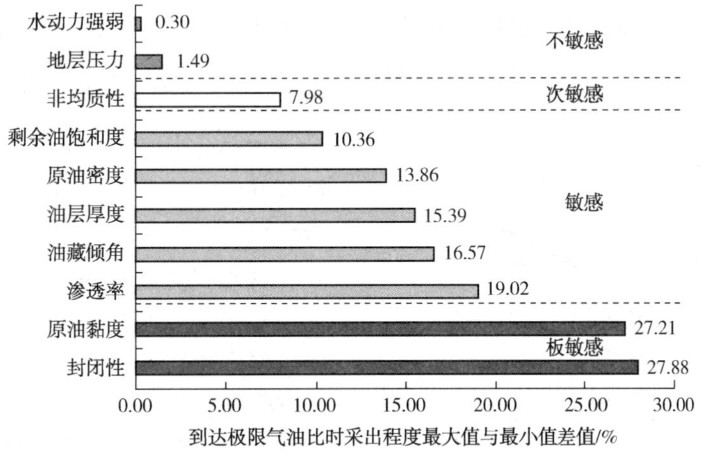

图 1　不同因素敏感性统计结果

油藏封闭性是对气驱-封存效果影响最大的因素，上覆盖层分布连续且具有一定厚度，能承受注气后储层压力上升而不出现气体穿透泄漏是基本要求。在断层能起到封闭作用的前提下，通常采用断层夹角大小及含油带长宽比来表征油藏封闭性。断层夹角越小，CO_2 气顶形成越快，波及体积越大，换油率越高；断层夹角越大，气窜越严重，达到极限气油比时间越早，波及体积也越小，存气率越低。相同断层夹角下油藏含油带越宽，气驱波及范围比例越小，最终采收率越低。

地下原油黏度对气顶的形成及分布影响较小，但对油水的运移将产生较大的影响。油水黏度比越大，油水流动差异越大，将造成水相波及体积的降低，更容易造成平面上水窜和垂向上的水体锥进。原油地下黏度在 0~15mPa·s 时，采出程度和存气率随原油黏度增加而急剧下降；黏度大于 15mPa·s 后，采出程度和存气率下降趋势变缓(见图 2、图 3)。苏北原油地下黏度多集中在 3~15mPa·s，处于敏感区间。原油地下密度影响气顶驱效果主要体现在油水密度差越大，重力分异作用越明显，即原油地下密度越小越好。但原油密度大于 0.8g/cm^3 以上，密度继续增大对采出程度及期末存气率的影响均不明显。

地层倾角越大，重力分异作用越明显，CO_2气顶形成所需时间短且稳定，气油比上升越慢，突破时间越晚，突破后采油期也越长，最终采收率越高；地层倾角从5°增加到30°时，气油比突破1000需要的时间从300d延长到1070d。倾角大于20°后，随着倾角增加，采出程度增加趋势变缓。

渗透率越小越不利于气顶的形成，但是可以有效地在垂向上抑制气窜，吸气剖面比较均匀。当渗透率大于50mD时，随着渗透率增大，存气率升高，渗透率大于800mD以后，提高采收率幅度趋于一致，但气窜会加剧。从图2可知，地层倾角大+渗透率高的组合气驱效果最好，即地层倾角越大，对气窜的抑制越明显，越能发挥高渗透率的优势。因此在油藏筛选过程中应该结合其他参数综合考虑渗透率的影响。

油层厚度过小，重力分异难以发挥作用，厚度适中时将形成重力稳定驱替，气体指进现象可以得到很好的抑制，有利于气驱的效果。受纵向非均质性影响，储层越厚CO_2超覆现象越显著，纵向波及系数越低，有效厚度大于15m后气窜较早，采出程度低。因此认为油层厚度在5～15m为最佳区间。

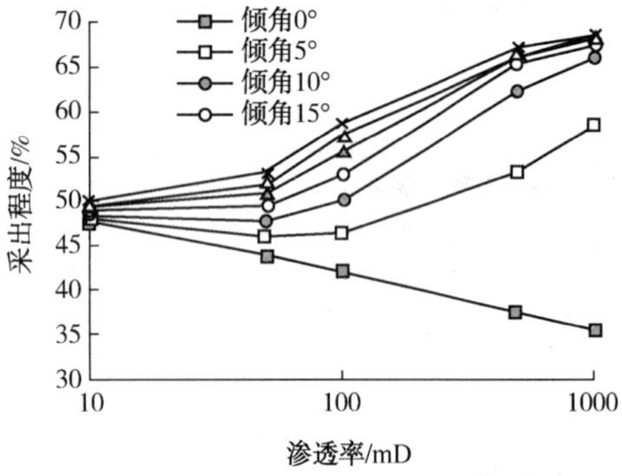

图2　渗透率、地层倾角-采出程度关系曲线

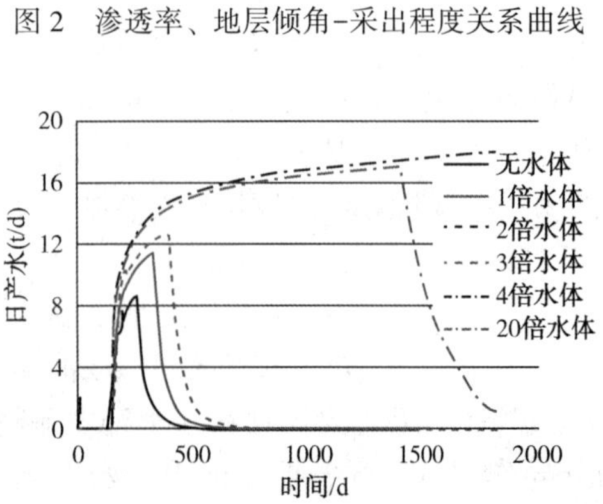

图3　不同水体倍数模型日产水曲线

正韵律储层比反韵律储层更适合人工气顶驱，在正韵律储层中，中等级差能更好利用CO_2重力超覆作用，易于保持油气界面均匀推进，气油比上升较缓慢，可有效提高上部CO_2波及范围，比反韵律驱替更均匀，级差为15时波及系数最大，累产油最高。反韵律时气沿着顶部突破严重，气油比上升较快。数值模拟显示正韵律和反韵律储层对层间渗透率级差敏感性不同，层间渗透率级差从2增加到30，正韵律累增油相差500m^3，反韵律相差4000m^3。

水动力强弱对最终增油影响不大，但水动力过强的油藏难以形成气顶。以水体倍数表征水动力强弱，水动力越强，气顶形成越慢，换油率越低，但气顶更稳定，CO_2封存效果更好；水体倍数大于20倍后，形成气顶所需时间会非常长，控水效果很久才会显现，水体倍数大于100倍(模拟无限大水体)后，在模拟期内见不到含水下降，未能形成气顶驱(见图3)。水体倍数小于20倍时，不同水体大小下采出程度差距很小，因此水动力弱-中等的油藏更适宜开展气顶驱。

2　CO_2气顶驱参数优化设计研究

影响气顶驱效果的开发技术政策主要包括注气的井网井距、注气方式、注气部位、注入量、注气速度、注气时机(转注气时油藏压力保持水平、含水)等因素(见表2)。苏北高含水油藏受复杂小断块地质特征影响，大多采用不规则井网，经多轮次调整后井距已加密到100～200m，调整余地很小，因此在论证苏北高含水油藏气顶驱参数设计时可不再论证这两个参数。采用理论模型研究注气方式、注气部位、注入量、注气速度、注气时机(转注气时油藏压力保持水平、含水)对油藏人工气顶驱的开发效果影响。

分析注气-开采过程中气顶形成及运移可知，高部位注气低部采油可以保持油藏的本来压力，达到节约能源的目的。由于气油密度差较大，顶部注气形成气顶后油井开井，逐渐补充气体过程中油气界面往下推进较为均匀，气油比上升较缓慢，不易发生气窜，存气率更高，注入气利用率高。低部位注气生成气顶需要更大的注气量及更长的焖井时间，让气体在重力分异的作用下逐渐往顶部移动。高部位注气增油效果明显优于低部位注气，理论模型阶段采出程度相差11.5%。高部位注气+低部位注水可保持油藏压力，对维持油气界面稳定有利，油井有较长稳产期，气窜时间较晚；气窜后递减率也相对较小，油藏可支持更高采液速度，获得更高采收率。

表 2　气顶驱数值模型注入参数设计表

参数	设置值	参数	设置值
地层倾角/(°)	15	原油密度/(g/cm³)	0.85
断层夹角/(°)	90	原油黏度/(mP·s)	8
油层厚度/m	10	韵律	正韵律
渗透率/mD	100	层内级差	5
地层压力系数	1.0	边水水体倍数	4
注气时机	含水 70%、80%、90%		
注气位置	高注低采；低注高采		
注气方式	连续驱、周期驱、高部位注气+低部位注水		
注气速度/(t/d)	20、50、80		
注入量/HCPV	0.1、0.2、0.3、0.4、0.5、0.8		

在注入量相同的条件下周期注气采出程度与连续气驱基本相同但气油比变化比较剧烈，不利于稳定生产（见图 4）。高部位注气+低部位注水增油效果明显优于其他注气方式，连续气驱模拟期末采出程度 35%，周期注气采出程度 36%，高部位注气低部位注水连续驱采出程度 54%。连续注气波及系数 53.8%，高部位注气+低部位注水波及系数 83.0%。

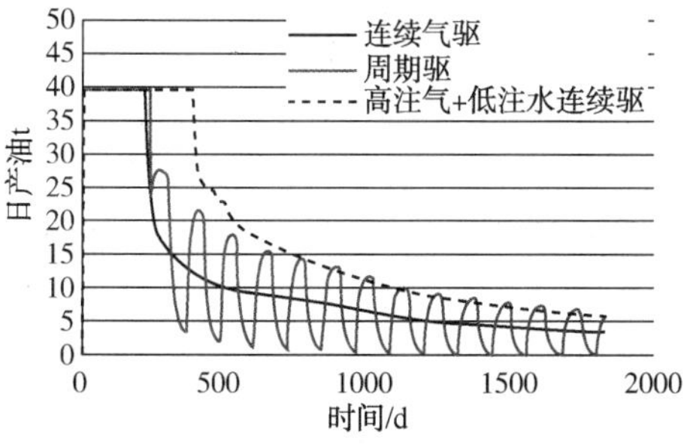

图 4　不同注气方式下日产油曲线

对于高含水油藏，含水 70%、80%、90%时开始注气，采收率分别为 41.8%，41.4%，39.5%，最大差值为 2.3%，说明最终采收率对含水不敏感。注气前三年，低含水比高含水下累产油多 10000t，说明注气初期增油效果对含水敏感，含水越低，气顶驱效果越早显现；但达到极限气油比时间也越早，但后期生产气油比基本一致。这与 CO_2 在水中的溶解有关，含水越高，需要消耗的 CO_2 量越大，气顶形成时间越晚。通过 CO_2 在水中的溶解分配实验结果知 CO_2 在油中的溶解速度大于在水中的溶解速度，故含水越低，溶于油中的 CO_2 比例越高，气油比上升越早；当油、水中 CO_2 浓度达到饱和后，含水对生产的影响则不再明显。

注气量和注气速度在不同阶段对驱油效果的影响不同，注气初期气体首先沿低压区或高渗通道运移，达到一定数量后才能逐步向顶部聚集形成气顶，注气量过小无法形成人工气顶，此时需要大排量快速注气，尽快形成气顶。气顶形成后开井生产，油藏顶部的剩余油仍有残留，需要补充气量使油气界面由不均匀移动转变为均匀突进，此时应采用低速缓注防止气窜。数值模拟显示注气速度越大，开井初期产量越高，但气窜越快，注气速度越小油气界越稳定，后期递减率小（见图 5），注气速度为 20t/d 时达到极限气油比需要 1780d，注气速度增加到 80t/d 时，达到极限气油比只需要 553d。注气量越大累产油量越高，但气窜越剧烈，超过一定值后累产油增加幅度较小，注气量在 0.2~0.3HCPV 时换油率最高。与水驱水窜之后类似，气窜之后，继续补充气量不能扩大波及体积，此阶段继续注气属于无效注气，换油率会下降，此时应关井利用重力分异恢复油水界面连续稳定状态。

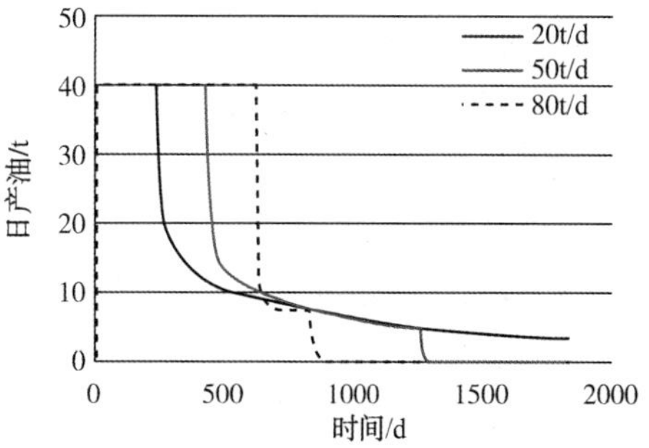

图 5　不同注气速度下日产油曲线

3　典型区块实施效果

CS 油田戴一段油藏是一个中孔中高渗复杂断块砂岩油藏，地质储量 90×10^4t，地层倾角约 15°，油层厚度 25m，原始地层压力 21.9MPa，平均孔隙度 23.9%，渗透率主要分布在 $420.45\times10^{-3}\sim803.39\times10^{-3}\mu m^2$ 范围内，原始气油比 4，饱和压力 1.06MPa，原油地下黏度 5.41 mPa·s，地下密度 $0.816g/cm^3$。天然能量充足，已进入“双高”阶段，油水界面已经推至构造高部位油井，构造顶部无井网控制造成部分储量失控，同时地层埋深较浅，地层压力低，CO_2无法实现混相驱，常规手段挖潜断块高部位剩余油成本高、效益差。2012 年 1 月含水已达 99%，所有油井全部关停，油藏处于近废弃状态。

该油藏注气可划分为三个阶段。

3.1　低部位注气先导试验阶段

利用位于油藏低部位的 QK24 井注入 CO_2 气，此后该断块中部的 C20 井复产，含水由 99% 下降到 51%，日产油由 0.15t 上升至 3.4，证明油水界面已降至油藏中部 C20 井射孔层位，但由于井况问题注气未能连续。停注后高部位 CP6 井仍产大量 CO_2气，证实气顶已在构造顶部形成，此前该井已因高含水关停，复产后初期日产油 20t，含水 25%，含水稳定生产时间达 400 天，前后含水低于 50%生产时间总计达 800 天，CO_2 气顶稳油控水效果显著，此阶段共增油 0.33×10^4t。

3.2　腰部温和注气试验阶段

由于油藏顶部没有井况合适的井可以作为注入井，选择腰部的 C40 井于 2019 年 9 月开始注气，日注气 15～20t，9 个月后高部位的 CP7 见效，日油量由 1.3t 增加到 4t，含水由 99%下降到 59%。注气 6 个月、15 个月后分别在断块高部位各钻一口新井，钻进过程中均见大量 CO_2 气，钻遇油层底深为分别为 2282.4m，2290.5m，而同一断块 C14 井 2001 年钻遇油水界面深度为 2263.7m，三口井属于同一油水系统，油水界面在开采近 20 年后发生下降主要原因是大量 CO_2在储层顶部聚集形成气顶，推动油水界面下移。该阶段油井均未停产，2021 年 10 月气窜停注，此阶段 5 口老井见效，2 口新井投产均不含水。此阶段末综合含水 76%，阶段增油 1.3×10^4t，停注后由于气顶影响，部分油井持续受效。

3.3　注采耦合控气窜开采阶段

2022 年 5 月 C40 井恢复注气，为控制气窜，构造高部位的两口水平井停止生产。由于高部位气顶依然存在，注气后气顶缓慢下移，次月油井开始见效，区块日产油由 13.6t 上升到 14.9t，目前部分油井尚在关井中。

CS 油田戴一段油藏前期采用天然能量开发，注气前油井全部高含水关停，累计产油 30.6×10^4t，采出程度 34%，注气后油井重开，到 2022 年 10 月开井数 7 口，区块日产油量 21t，含水 80.7%，累积产油量 32.89×10^4t，采出程度 36.5%，阶段增油 2.29×10^4t，阶段提高采收率 2.54%。

除 CS 油田戴一段外，华东油气分公司 2020 年以来在 XNZ、BHZ 等 5 个高含水区块开始试验不同类型、不同注气方式非混相驱。累计注入 CO_2 10.87×10^4t，阶段增油 2.9×10^4t，阶段换油率 0.27(部分区块尚未开井生产)，采出 CO_2气 2.45×10^4t，阶段存气率 80.7%。试验结果证实，地层倾角大、封闭性好的油藏能充分利用重力分异作用，稳油控水效果显著。

4　结论

（1）只要能注气利用重力分异件形成人工气顶，不论油藏的渗透率、非均质性、含水高低，均能见到增油效果，且效果优于一般非混相驱。这一类油藏分布极广，具有极高的推广应用潜力。

（2）对 CO_2人工气顶驱效果影响最大的地质因素依次是油藏封闭性、原油黏度、地层倾角、渗透率、油层厚度。

（3）水动力强弱对能否形成气顶有影响，水动力越强，形成气顶所需时间越长，所需 CO_2量越大，水动力作用很强的油藏难以形成人工气顶。

（4）高含水油藏 CO_2驱可在驱油同时实现 CO_2封存，但同时会增加 CO_2气的消耗量，因此在设计注气量时需要考虑溶于水消耗的气量。

（5）注气效果对注气速度较敏感，存在一个最优化的注气速度，应结合临界注气速度计算公式确定注气速度。油井见气后存气率下降，应保持低速缓注，尽量延缓气窜。

参　考　文　献

[1] 喻秋兰．改善特高含水期断块油藏开发效果的注采方式优化研究[D]．成都：西南石油大学，2012.
[2] 常元昊，姜汉桥，李俊健，等．高倾角低渗断块油藏顶部注气规律研究[J]．科学技术与工程．2016，33(16)：179–182.
[3] 任韶然，刘延民，张亮，等．重力稳定气驱判别模型和试验[J]．中国石油大学学报，2018，42(4)：59–65.
[4] 张艳玉，王康月，李洪君，等．气顶油藏顶部注氮气重力驱数值模拟研究[J]. 2006，30(4)：58–62.

苏北盆地不同类型油藏 CO_2 提高采收率典型实例及推广应用

王海妹

(中国石化华东油气分公司勘探开发研究院)

摘　要　中国石化华东油气分公司苏北盆地是国内开展 CO_2 驱或吞吐涉及油藏类型较多的油区。针对苏北盆地开展的低渗透油藏、中高渗复杂断块油藏和稠油油藏注 CO_2 驱或吞吐先导试验总结了开发效果，分析了适用条件。实践分析表明，CO_2 驱技术适用于各种类型的油藏，对于低渗透油藏，注 CO_2 可以解决因储层物性差注水难的问题；对于中高渗油藏，在开发中后期选用 CO_2 复合驱技术可以进一步提高采收率；对于稠油油藏，可以利用 CO_2 的膨胀降黏作用使得油藏得到有效动用。试验成果推广到 14 个区块，已经见效区块 11 个，其中低渗透油藏 8 个，阶段换油率 1.79~5.78 tCO_2/t 油，中高渗油藏 3 个，阶段换油率 2.7~3.4 tCO_2/t 油。实践表明，无论油藏能不能达到混相驱，注 CO_2 均有增油效果，同时，CO_2 驱与表活剂、降黏剂等组合形成复合驱技术具有较好潜力。该研究成果可为国内油藏 CO_2 驱推广提供借鉴。

关键词　苏北盆地；二氧化碳驱；混相驱；吞吐；实例；开发效果

目前，CO_2 驱油技术在国内外已经是一项比较成熟的技术，且有上百个 CO_2 驱油试验或者商业项目正在实施中。1952 年美国大西洋炼油公司申请 CO_2 驱油专利，1972 年在美国得州 Kelly-Snyder 油田商业化实施，2015 年美国有超过 200 个 CO_2-EOR 项目，但主要在低渗透油藏实施(渗透率一般为 10~50mD)，提高采收率幅度一般在 8%~25%，换油率为 0.28~0.72m^3 油/吨 CO_2。

国内从 20 世纪 60 年代开始探索 CO_2 驱油技术，1963 年大庆油田率先开展了注 CO_2 提高采收率先导试验，随后，大庆、新疆、长庆、华东局、江苏、胜利、中原、东北、延长等油田陆续开展 CO_2 驱油技术研究。据统计，国内 CO_2 驱技术也主要应用于低渗透油藏，占 CO_2 驱项目的 90%，提高采收率 6%~20%；剩余 10%的 CO_2 驱项目为中高渗油藏三采试验项目。

华东油气分公司具有 CO_2 气源的优势，从 1997 年开始开展 CO_2 单井吞吐试验，先后在储家楼、草舍戴南组、祝庄等油田开展了二十几口井的 CO_2 单井吞吐。2005 年草舍泰州组油藏实施 CO_2 混相驱先导试验，随后在其他区块进行技术推广，截止到 2020 年底推广区块 14 个，涉及不同油藏类型的各个开发阶段。

华东苏北盆地是国内开展 CO_2 驱涉及油藏类型较多的地区。本文就苏北盆地开展的不同油藏类型 CO_2 驱油/吞吐现场实例进行分析，总结开发效果，分析适用条件，可为 CO_2 驱技术的进一步推广提供借鉴。

1　苏北盆地油藏开发现状及存在问题

苏北盆地的含油层系较多，主要包含下构造层的泰州组、阜一段、阜三段，和上构造层的戴一段、戴二段、垛一段和垛二段。综合储层、构造、原油性质等特征，将苏北开发单元划分为三种油藏类型：低渗透油藏、中高渗复杂断块油藏和稠油油藏。低渗透油藏均分布在下构造层，是目前华东动用储量最大的油藏类型(占总动用储量的 53.9%)；中高渗复杂断块油藏主要分布在戴一段和带二段，少部分不在埋深比较浅的阜三段，动用储量占总动用储量的 41.5%，是华东产量的主力贡献者；稠油油藏分布在垛一段和垛二段，动用储量占比小(占总动用储量的 4.6%)，且含油面积小、分布分散。经过多年的开发，各类型油藏均暴露出各自的开发难点。

1.1　苏北盆地主要油藏开发难点分析

1.1.1　低渗油藏储层物性差，采出程度低

低渗油藏属于下构造层阜宁组和泰州组的低品位储量，油藏埋藏深大(2700~3300m)，单层厚度薄(3~5m)、物性差(孔隙度 12%~17%、渗

透率 $10\times10^{-3}\sim30\times10^{-3}\mu m^2$)，储层五敏现象严重。低渗油藏主要表现为"三低"的开发特征：标定采收率低(15.6%)，采油速度低(0.48%)，平均单井日产油低(1.4t)。

1.1.2　高渗透复杂小断块处于"双高"阶段，稳油控水难度大

中高渗复杂断块油藏具有埋藏浅(1600~2300m)、单层厚度大(20~60m)、物性好(孔隙度25%以上)、构造复杂、含油宽度窄、边底水活跃的特点。目前多处于"双高"开发阶段，即采出程度高(31.3%)，综合含水高(93%)，稳油控水难度大，剩余油高度分散。

1.1.3　稠油油藏原油黏度高、递减快

稠油油藏具有埋藏浅(1250~2300m)、物性好(孔隙度13.3%~25.7%，渗透率 $183.2\times10^{-3}\sim1259\times10^{-3}\mu m^2$)、构造破碎、含油面积小、原油黏度高(1274~6248mPa·s)的特点。主要采用水平井开采，开发特征主要表现为初期产量高，但递减很快，且目前采出程度低(7.6%)。

1.2　不同类型油藏注CO_2开发适应性分析

低渗透油藏物性差、储层五敏现象严重的特征决定了该类型油藏注水效果差，而注CO_2刚好可以解决这一矛盾，且低渗透油藏埋深大是有利于CO_2混相；中高渗复杂小断块处于"双高阶段"，可以利用CO_2驱技术稳油控水，且该类型油藏由于油层厚度大在注CO_2的过程中容易形成气顶驱，有利于提高原油采收率；稠油油藏由于地层破碎、含油面积小很难采用热采技术，而CO_2的降黏作用可以提高稠油油藏的最终采收率。所以苏北油区的所有油藏类型均可以通过CO_2驱技术来提高原油采油率。

2　CO_2驱/吞吐典型实例分析

2.1　低渗透油藏CO_2混相驱

低渗透油藏典型实例如草舍阜三段油藏。埋藏深大，地层压力高(大于最小混相压力)，以CO_2混相驱为主。

草舍阜三段油藏含油面积1.8km²，动用储量134×10⁴t，油层有效厚度17.5m；储层平均孔隙度13.5%，平均渗透率10.6 mD，且水敏性强；油藏中部埋深3000m，地层压力29.89MPa大于混相压力26.6MPa，地层温度104.45℃。

该油藏为低渗透油藏，物性差，常规试油日产量低，弹性驱动产量：苏50井为1.7~2.0t/d；草2井为0.7~1.0t/d。弹性开发效果差，储层水敏强，不适合注水，选用CO_2驱一次采油(见图1)。

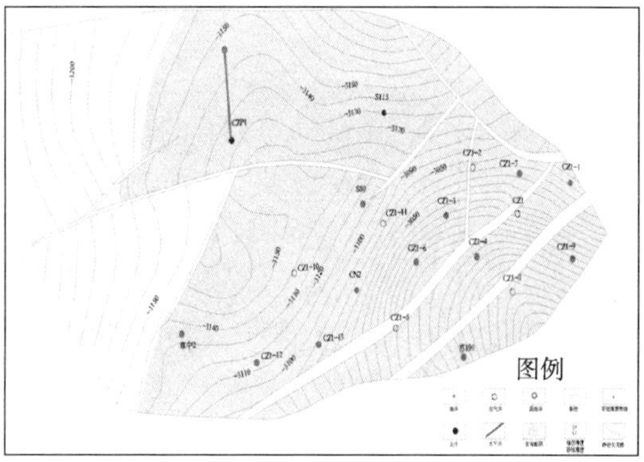

图1　草中阜三段注CO_2一次采油井网图

2012年该区块部署注气井网6注13采，井距200~500m。注气前区块日产油20.4t，注气5个月后油井见效，见效后区块日产油36.5t，日增油效果明显，且保持低含水生产。2020年底累注气22.4×10⁴t，累计增油4.8×10⁴t，换油率0.21吨油/吨CO_2，阶段提高采收率3.6%(见图2)。

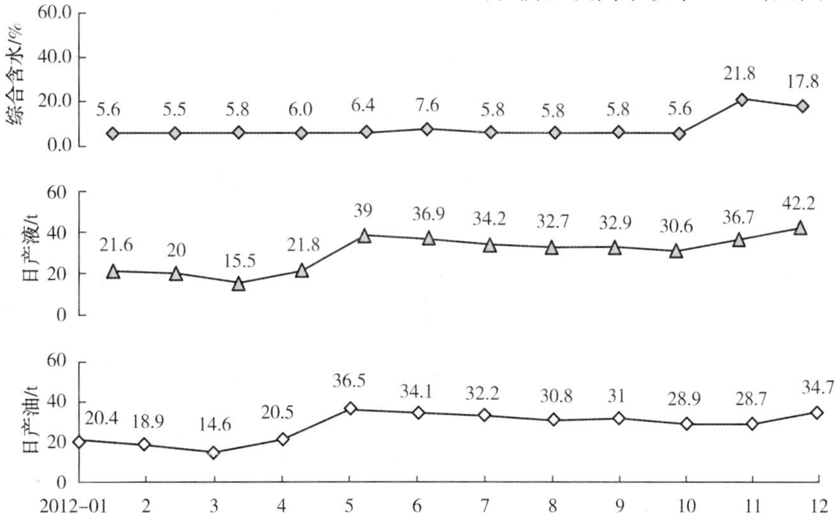

图2　草中阜三段注气后月度日产油曲线

2.2 中高渗油藏 CO_2+洗油剂复合驱

中高渗复杂断块油藏主要是在开发后期，油藏处于“双高”（采出程度高、综合含水高）开发阶段时，采用 CO_2 驱技术提高油藏采收率。典型油藏为：洲城油田洲 IV 断块。

洲城油田洲 IV 断块为典型的中高渗复杂断块油藏，构造破碎，含油面积仅 0.5km^2（被 8 条小断层切割成 10 个断块），地质储量 178×10^{4}t，储层平均孔隙度 27.12%，平均渗透率 1394mD。注气前共有油水井 23 口（7 注 16 采），开井数 17 口（6 注 11 采），累积产油 65.23×10^{4}t，采出程度 36.65%，采油速度 0.6%，综合含水 88.4%，处于开发后期，表现出明显的“双高”开发特征。

为了提高洲 IV 断块采收率，选用 CO_2+洗油剂的复合驱替技术开展先导试验，2018 年该区块实施 CO_2 复合驱开发方案，方案设计开发井网由缘外注水调整为内部注入，开发井网为 3 注 7 采，注入介质为 CO_2 和洗油剂；注入方式为 CO_2 与洗油剂交替注入；低速注气（10～20t/d）、高速注液（80～100t/d）；高频小段塞（注入段塞比为2∶3）；注入前先对大孔道进行深部调剖处理。该区块地层压力 15.74MPa 低于最小混相压力，为非混相驱（见图 3）。

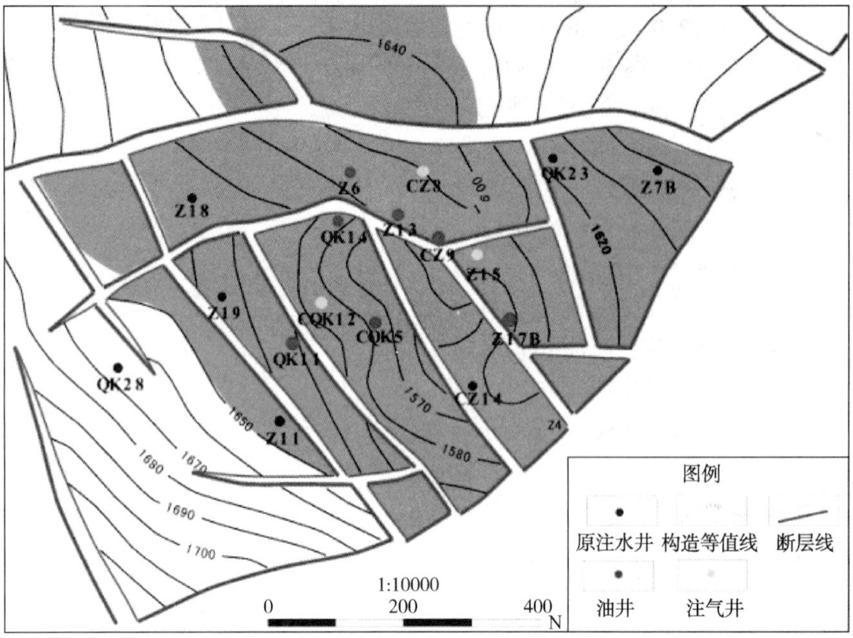

图 3　洲 IV 断块 CO_2 驱方案井网部署图

CO_2 复合驱先导试验实施后，日产油由 6.9t 上升至最高 33.9t，综合含水率从 98.5%下降至 91.7%，试验结束累计增油 1×10^{4}t，阶段换油率 2.7tCO_2/吨油，阶段提高采收率 2.5%（见图 4）。

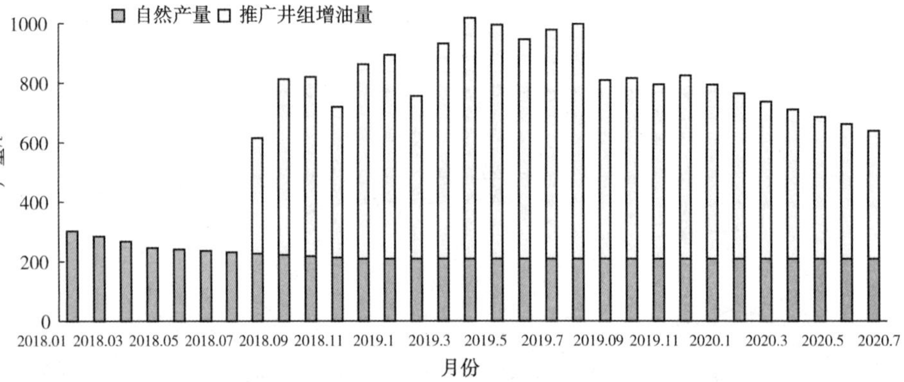

图 4　洲 IV 断块 CO_2+洗油剂复合驱替增油效果图

2.3　稠油油藏复合降黏剂辅助水平井 CO_2 吞吐

苏北稠油油藏由于地层破碎、含油面积小很难采用热采技术，而选用 CO_2 驱油技术降低原油黏度，使稠油油藏得到有效动用。典型稠油油藏为兴北垛一段。

兴北垛一段油藏含油面积 0.66km^2，动用储量 124.53×10^{4}t，油藏中部埋深 1948m，平均孔隙度 28.4%，地面原油密度 0.953g/cm^3，地面原油黏度为 3000mPa・s，属于重质稠油。2012 年采用水平井开发，单井初期产能高，日产油 2.5~10.7t，但含水上升快，很快因水淹关停。在 CO_2 吞吐前，油井处于关停状态。

兴北原油为普通稠油，实验测的最小混相压力大（35.9MPa），而兴北垛一段原始地层压力 19.4MPa，小于最小混相压力，所以该区块注 CO_2 驱油不能混相。CO_2 吞吐时以膨胀降黏作用为主。实验数据显示：当注入的 CO_2 浓度达到 50mol%后体积膨胀能力明显增强；当注入 CO_2 浓度为 20mol%时，目标原油降黏幅度 40%，70mol%时，降黏幅度可以达到 90%（见图 5、图 6）。

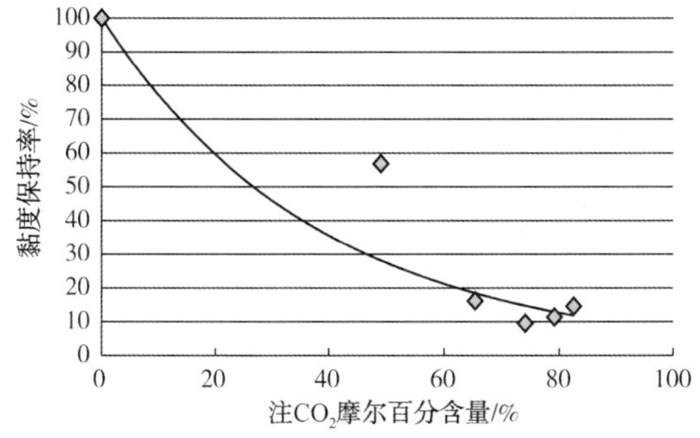

图 5　兴北原油注 CO_2 后原油黏度变化曲线

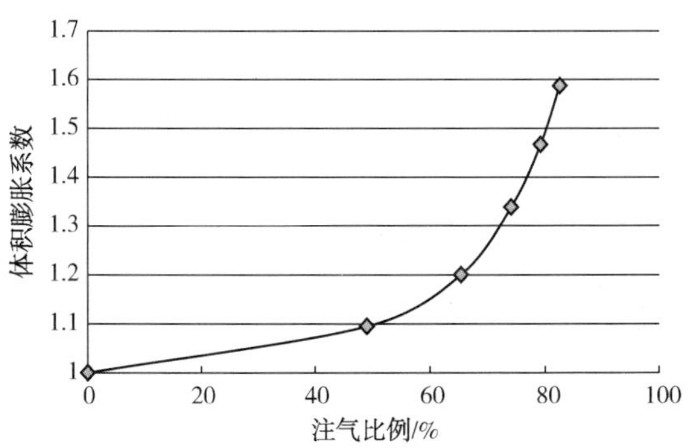

图 6　兴北原油注 CO_2 后体积膨胀系数曲线

兴北区块原有采油井均为水平井，因此在开展 CO_2 吞吐先导试验时选用的是 HDC 采油技术，该技术主要利用油溶性复合降黏剂增强 CO_2 的降黏作用，改善原油流动性，提高水平井产能。

2016 年兴北垛一段组开始“HDC”技术试验，先后实施水平井 4 口，XB1P1 效果最佳，含水由 99%下降至 6%，日增油 9t。截至 2021 年底，4 口水平井累计实施 11 次 2C 吞吐，累计注气 9527.6t，累增油 4500t，换油率 0.47 吨油/吨 CO_2，阶段提高采收率 0.3%（见图 7）。

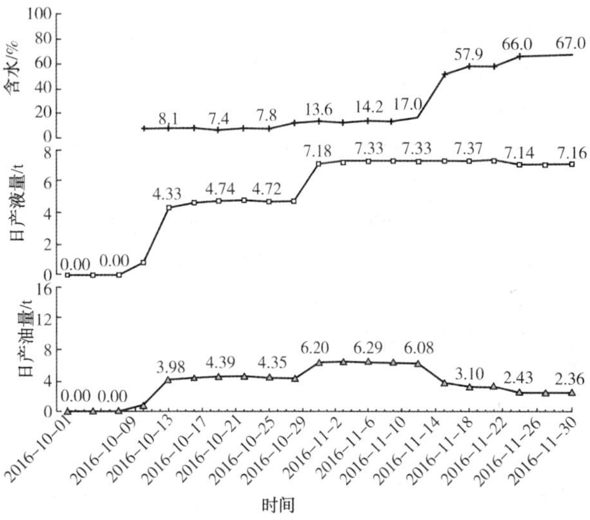

图 7　兴北 1 平 1 井 CO_2 吞吐后生产曲线

3　CO_2 驱技术推广应用及开发效果

华东苏北油区在先导试验成功的基础上，逐步开展推广应用，目前已建立 14 个 CO_2 驱开发单元（其中低渗透油藏 10 个、中高渗油藏 4 个），覆盖地质储量 1549×10^{4}t。利用注气效果评价软件开展注 CO_2 开发效果评价，11 个已见效区块的评价结果均为“好”。目前日注水平 566t，累计注入 CO_2 110×10^{4}t，见效 11 个开发单元，累计增油 29×10^{4}t，平均换油率 0.26 吨油/吨.CO_2。

4　结论

（1）CO_2 驱技术在苏北盆地的实践表明，CO_2 驱适用于低渗、中高渗开发后期及稠油油藏提高采收率，平均换油率 0.26 吨油/吨 CO_2。

（2）CO_2 对于低渗透油藏，可以解决注水难的困难，补充能量实现混相或非混相驱；对于中高渗油藏在开发中后期选用 CO_2 复合驱技术提高采收率；对于稠油油藏可以利用 CO_2 的膨胀降黏作用使得油藏得到有效动用。

（3）基于现有 CO_2驱技术的实践，下一步计划采用体积压裂+CO_2驱的组合模式在致密油或者页岩油油藏开展 CO_2驱先导试验。

参考文献

[1] Whorton L P, Brownscombe E R, Dyes A B. Method for producing oil by means of carbon dioxide: US, 2623596[P]. 1952-12-30.

[2] Langston M V, Hoadley S F, Young D N. Definitive CO_2 flooding response in the SACROC unit[R]. SPE 17321, 1988.

[3] Verma, M. K. Fundamentals of Carbon Dioxide-Enhanced Oil Recovery (CO_2-EOR)-A Supporting Document of the Assessment Methodology for Hydrocarbon Recovery UsingCO_2-EOR Associated with Carbon Sequestration [J]. Open-File Report, 2015.

[4] 俞凯，刘伟，陈祖华，等．陆相低渗油藏 CO_2 混相驱技术[M]．北京：中国石化出版社，2015.

[5] 李士伦，汤勇，侯承希．注 CO_2 提高采收率技术现状及发展趋势[J]．油气藏评价与开发，2019，9(3)：1-8.

[6] 胡永乐，郝明强，陈国利，等．中国 CO_2 驱油与埋存技术及实践[J]．石油勘探与开发，2019，46(4)：1-12.

[7] 俞凯，刘伟，陈祖华，等．陆相低渗油藏 CO_2混相驱技术[M]．北京：中国石化出版社，2015.

[8] 陈祖华．低渗透油藏 CO_2驱油开发方式与应用[J]．现代地质，2015，29(4)：950-957．

[9] 陈祖华，蒲敏，杨春红，等．CS 油田 CT 复杂断块低渗透油藏 CO_2驱动态调整研究[J]．石油天然气学报(江汉石油学院学报)，2012，34(1)：132-125.

[10] 陈祖华，孙雷，杨正茂，等．草舍泰州组油藏 CO_2 混相驱效果及二次气驱可行性研究[J]．油气藏评价与开发．2019，9(03)：47-56.

[11] 陈祖华，俞凯，刘伟，等．CO_2混相驱注采特征及开发效果初探——以苏北草舍油田为例[J]．油气藏评价与开发．2011，1(1)：37-41.

[12] 陈祖华．ZJD 油田阜宁组大倾角油藏注 CO_2方式探讨[J]．西南石油大学学报(自然科学版)．2014，36(6)：83-87.

[13] 陈祖华，汤勇，王海妹等．CO_2驱开发后期防气窜综合治理方法研究[J]．岩性油气藏．2014，26(5) 102-106.

[14] 俞凯，刘伟，陈祖华．苏北盆地溱潼凹陷草舍油田 CO_2混相驱技术研究[J]．石油实验地质，2008，30(2)，212-216.

[15] 刘伟，陈祖华．苏北复杂断块小型油藏 CO_2驱油先导性试验研究[J]．石油天然气学报，2008，30(2)，147-149.

[16] 王军．低渗透油藏 CO_2 吞吐选井条件探讨[J]．油气藏评价与开发，2019，9(3)：57-61.

[17] 陈祖华，吴公益，钱卫明，等．苏北盆地复杂小断块油藏注 CO_2 提高采收率技术及应用[J]．油气地质与采收率，2020，27(1)：152-162.

[18] 陈祖华．苏北盆地注 CO_2 提高采收率技术面临的挑战与对策[J]．油气藏评价与开发，2020，10(3)：60-67.

[19] 陈祖华，孙雷，杨正茂，等．苏北低渗透油藏 CO_2 驱油开发模式探讨[J]．西南石油大学学报(自然科学版)，2020(03)：97-106.

[20] 李士伦，孙雷，陈祖华，等．再论 CO_2 驱提高采收率油藏工程理念和开发模式的发展[J]．油气藏评价与开发，2020，10(3)：1-14.

[21] 曹绪龙，吕广忠，王杰，等．胜利油田 CO_2 驱油技术现状及下步研究方向[J]．油气藏评价与开发，2020，10(3)：51-59.

无化学辅助剂的CO_2微气泡驱油与封存协同技术研究

袁　舟　侯绪田　赵向阳

（中国石化石油工程技术研究院有限公司）

摘　要　CO_2驱油技术最具潜力的CCUS技术之一，但目前在CO_2驱过程中常遇到注气容易气窜、重力分异等问题，严重制约CO_2驱的应用。而应对的CO_2泡沫技术需要化学剂辅助、成本高，经济效益不明显。因此，有别于传统泡沫体系的无化学剂的CO_2微气泡技术具有广泛的应用前景。室内实验表明，CO_2微气泡在低渗岩心中均具有良好的注入性与封堵性能，可以有效封堵高渗区域，提高波及效率，且遇油不堵，有利于在驱油-封存一体化协同进行。

关键词　CO_2微气泡；抑制气窜；提高采收率；封存；无化学辅助剂

1　概述

随着国民经济稳定增长，中国石油消费需求与日俱增。因此，加强油气资源的勘探开发、进一步提高油气采收率是缓解我国依赖油气进口的重要对策。而在全国已探明的储量中，低渗透油藏储量约占2/3。

利用CO_2驱油技术能够实现低渗透油藏采收率的大幅度提升，同时还能实现温室气体的埋存，响应国家碳排放达峰、碳中和政策，实现中国绿色低碳发展目标。CO_2泡沫驱油技术兼具CO_2气体和泡沫流体的特点，具有功能性强、适用性广、可调性好等特点，被认为是最具发展潜力的三次采油技术之一。但是在实际应用中，CO_2泡沫需要起泡剂辅助，并且泡沫在地层条件下的稳定性较差，使得实际应用效果受限，经济效益不明显。因此，有别于传统泡沫体系的CO_2微气泡技术具有广泛的应用前景。

CO_2微气泡与连续泡沫有所不同，具有气泡尺寸小（小于100μm）、注入性好与溶解性好的特点。CO_2微气泡与连续泡沫相比优点在于：（1）微气泡界面ζ电位很高，同时气泡尺寸小、比表面能大，使得微气泡形成得分散体系中气泡间的相互排斥力很大，微气泡间不易聚合，最终悬浮在液体中，具有稳定性；（2）微气泡的气泡尺寸可控，并且可采用无起泡剂的发泡方式；（3）由于微气泡处于微米级，气泡的内压很高，使得气体的溶解性能大大增强，相比连续注入方式，气体溶解能力可以提升6倍以上，更容易溶解在原油与水中；（4）相比连续泡沫，CO_2微气泡可以注入渗透率较低的地层中，注入性更好。国外已开始研究CO_2微气泡技术在地质封存领域中的应用，国内的CO_2微气泡研究较少，且沿用传统的泡沫技术。

笔者利用新型的微多孔材料（主要成分是碳化硅和二氧化硅混合物的纳米颗粒，利用胶结剂，在高温高压下成型，内部孔径均匀，孔喉小于5μm）。本研究采用微孔陶瓷滤片进行发泡，利用多孔介质的特点将大气泡分割为小气泡，无须化学辅助药剂，并设计制作了微气泡发泡装置，制备了直径均匀分布在40μm范围的CO_2微气泡群（流体）。该装置具有气液比可调、滤片可更换的功能，设计简图如图1所示。室内实验表明，CO_2微气泡注入能力与调堵能力较强，且遇油不堵，扩大了CO_2波及体积，有效抑制气窜，极大提高原油采收率，有利于CO_2驱油-封存的一体化，为油田CCUS技术提供新思路。

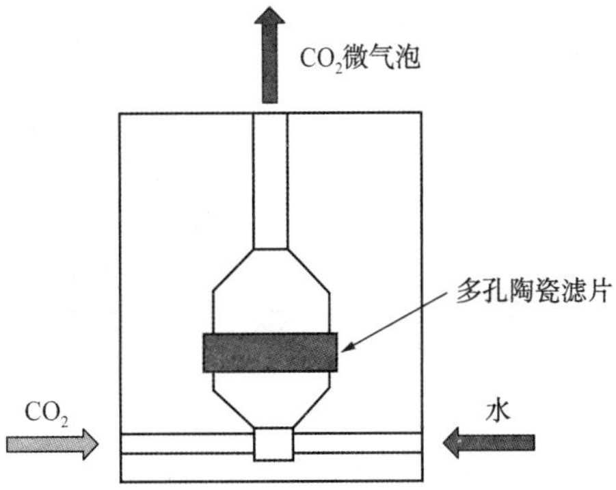

(a)装置示意图

(b)装置实物图

图 1　微气泡发泡装置

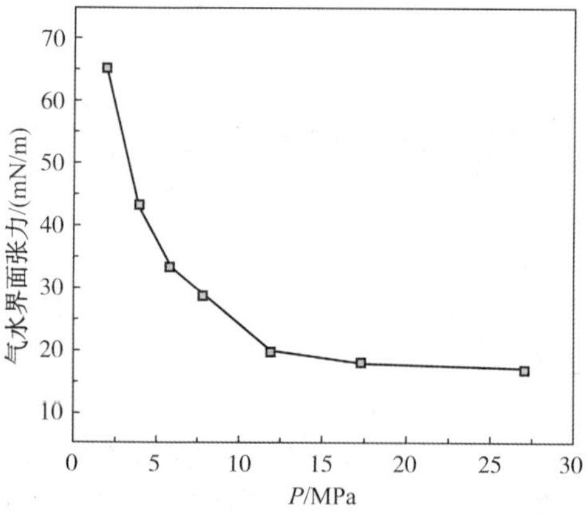

图 3　气水界面张力与压力的关系

2　CO_2微气泡成泡表观实验

实验条件：温度 20℃，压力 9MPa，蒸馏水；水的注入速度为 40mL/min，CO_2的注水速度的 40mL/min。

在 9MPa 下 CO_2为液态，观察到了呈乳白色的雾状微气泡群，部分微气泡上浮在液面处(见图 2)。

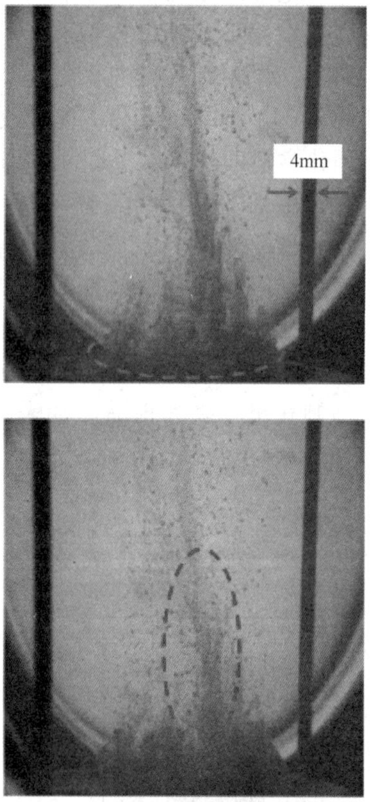

图 2　雾状微气泡群

由于压力升高，使得 CO_2-水之间的界面张力降低，有利于微气泡发泡，因此在高压下起泡效果更好(见图 3、图 4)。

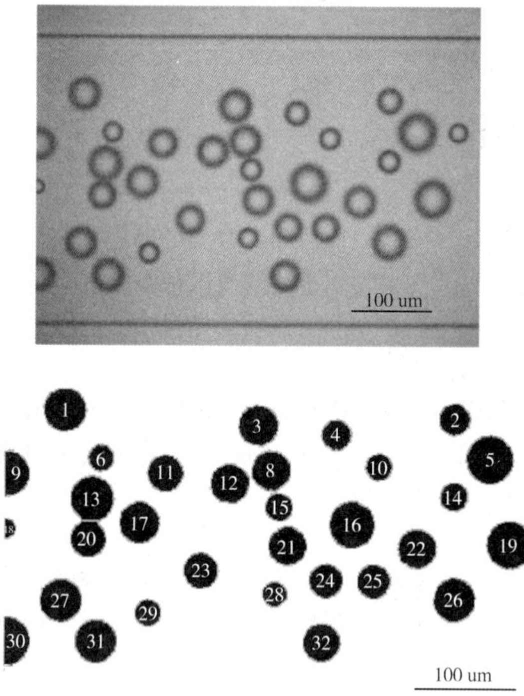

图 4　制备的微气泡

3　微气泡封堵性影响因素研究

3.1　实验条件与实验材料

实验条件以胜利油田沾 3 区块为目标，实验压力温度均为 10 MPa，40℃，相关参数见表 1、表 2 、表 3。

3.2　实验步骤

(1) 实验岩心饱和地层水；

(2) 连接实验设备，预加压 CO_2，并将实验装置预热到指定温度；

(3) 水驱 1 PV，待压差稳定后以设定的注入速度与气液比注入微气泡 1 PV，保持总注入速度不变，记录此过程中两端的驱替压差变化；

(4) 后续水驱，待压差稳定后停止；

(5)绘制 PV-压差曲线。

实验流程如图 5 所示。

表 1　地层水矿化度

类型	Na^+/(mg/L)	K^+/(mg/L)	Ca^{2+}/(mg/L)	Cl^-/(mg/L)	矿化度/(mg/L)
高矿化度	1180	1573	9027	19214	30996
低矿化度	1388	1537	68	3654	7086

表 2　实验岩心孔渗参数表

岩心编号	长度/cm	直径/cm	渗透率/mD	孔隙度/%	注入速度/mL/min
50-2	9.993	2.525	51	16.254	1
50-3	10.022	2.525	51	16.207	1
50-4	10.006	2.525	51	16.471	1
10-3	10.12	2.528	9.75	14.679	1

表 3　脱气原油组分

饱和压力/MPa	地面原油密度/(g/cm^3)	地层油黏度/(mPa·s)	溶解气油比/(m^3/t)	体积系数
12.8	0.827	1.75	107.2	1.24

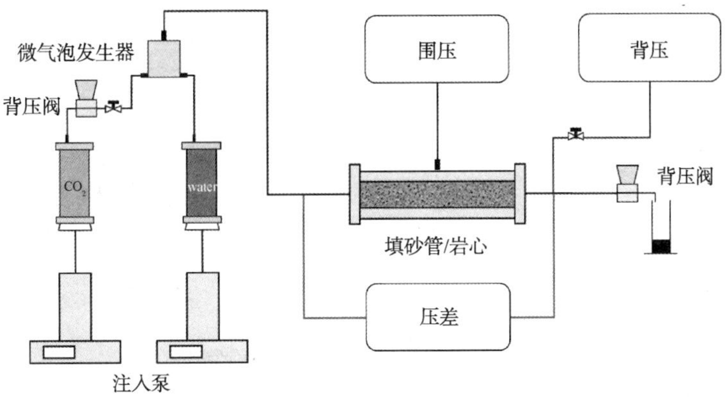

图 5　实验流程图

3.3　实验结果与分析

3.3.1　压力

实验温度均为 40℃，气液比均为 1：1，绘制压力为 6.5 MPa、10 MPa 与 15.5 MPa 时的压差曲线。

实验结果如图 6 所示，当压力为 6.5 MPa 时，由于气泡直径过大，此时的微气泡的封堵效果很不稳定，发生了明显的泄流效应，此时的峰值阻力系数为 3.4。当压力为 10 MPa 时，微气泡的封堵比较稳定；当压力升高为 15.5 MPa 时，此时的微气泡的封堵效果很差，峰值阻力系数仅为 1.4，但是曲线并不波动。这是由于高压下气-液界面张力降低，气泡在离开陶瓷滤片表面后的合并受到抑制，气泡直径过小导致的。

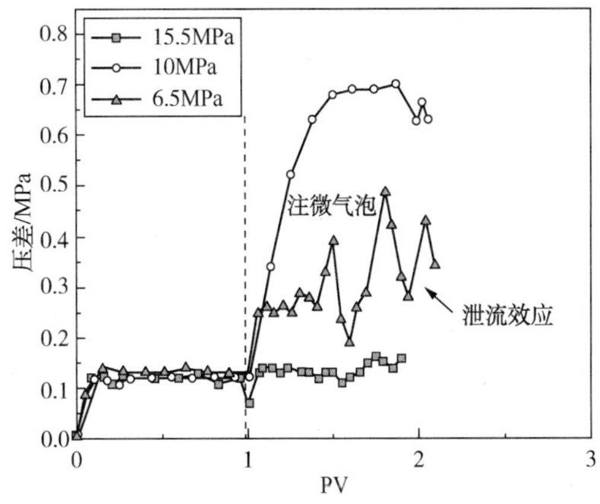

图 6　不同压力下封堵性能实验

3.3.2　矿化度

矿化度将主要影响微气泡的ζ电势；其中二价离子浓度越高，微气泡具有ζ电势越小，微气泡越不稳定。

实验结果如图7所示，高矿化度情况下，在6.5 MPa的低压时微气泡完全无法建立封堵，说明此时微气泡以连续气体形式存在。而当压力升高到10 MPa时(见图8)，在高矿化度时微气泡仍具有一定的封堵能力，这是由于在高压下，界面张力降低，气泡合并的动力也相应减弱，使得微气泡仍以大气泡的形式存在，最终提高了流动阻力。

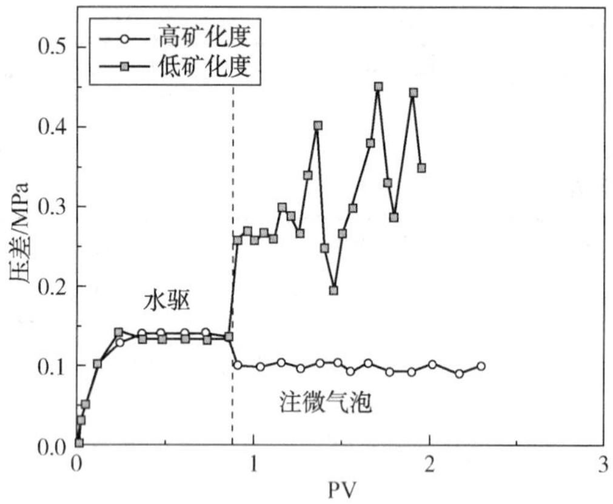

图7　6.5MPa下封堵性能实验

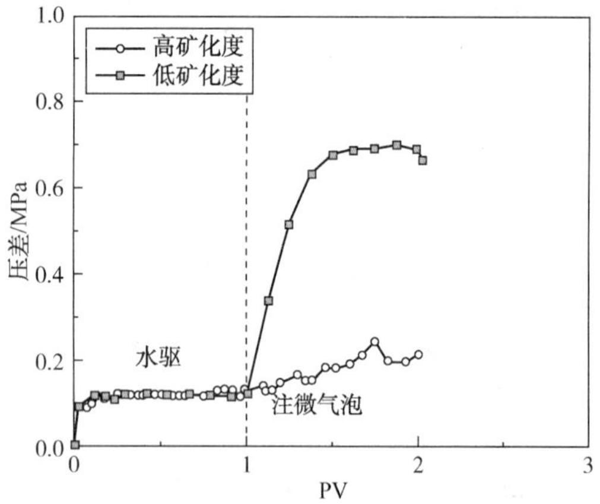

图8　10MPa下微气泡封堵性能实验

3.3.3　渗透率

采用非均质特低渗岩心评价微气泡的封堵性能，实验岩心编号为10-3，渗透率为9.73 mD。实验采用气液比为1：1，实验压力为10 MPa，温度为40℃，注入速度为0.3 mL/min。

CO_2微气泡能够注入更低渗透率的岩心中并建立封堵效果。相比50mD岩心(见图9)、10mD(见图10)岩心驱替压差呈近线性上升，但是峰值阻力系数更低，其峰值阻力系数为3.3，在50mD岩心中封堵效果更好。后续水驱时，阻力持续时间为4 PV左右，表明微气泡在更低渗透率岩心中能够长时间封堵地层，依然具有动态稳定性。相比50mD岩心，10mD岩心驱替压差呈近线性上升，但是峰值阻力系数更低，在50mD岩心中封堵效果更好，微气泡直径和50mD岩心更为匹配。

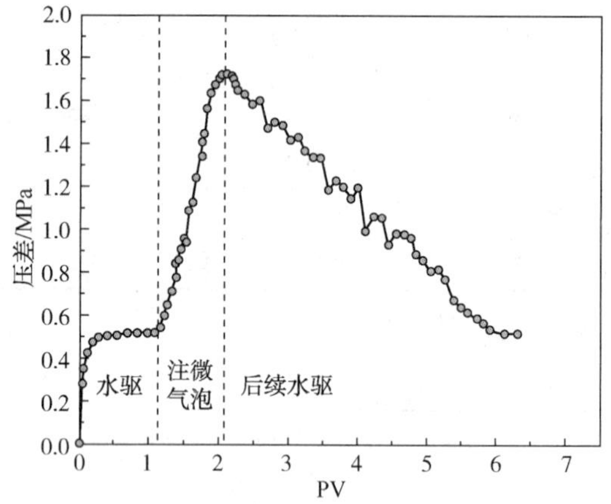

图9　10mD岩心封堵性能实验

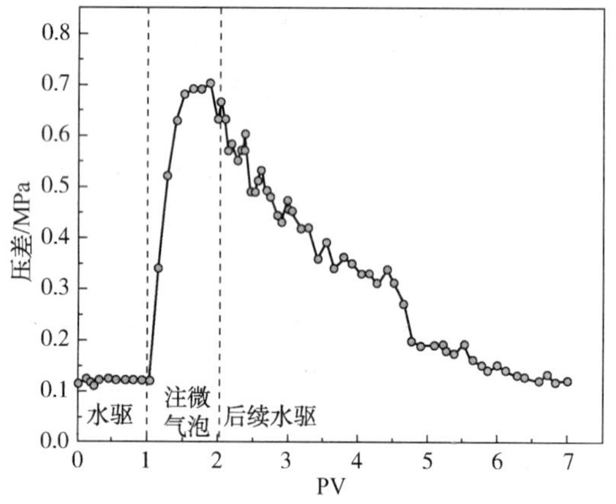

图10　50mD岩心封堵性能实验

3.3.4　与原油相互作用

向完全饱和原油的填砂管中直接注入CO_2微气泡，测试CO_2微气泡与原油的相互作用(见图11)。在注入初期，填砂管出口流体中没有出现明显的气泡，驱替压差曲线没有明显上升，在注入后期驱替压差才有所升高。表明微气泡在遇到原油溶解性强，微气泡在遇到原油后封堵能力下降，遇油不堵。

CO_2微气泡在水中的封堵性能较强，但是遇到原油后，气泡破裂，CO_2更易在原油中溶解，能够实现封存-驱油协同进行。

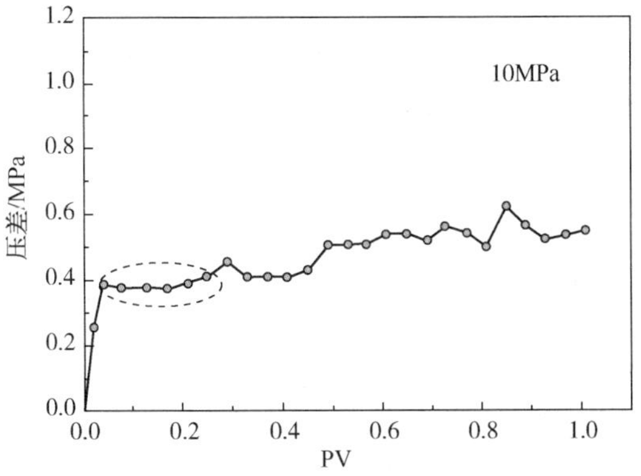

图 11　在饱和原油填砂管中的驱替压差曲线

4　CO_2 微气泡提高油田采收率研究

相比连续泡沫，CO_2 微气泡的优势在于气泡直径小、溶解能力强，这意味在驱油过程中，微气泡在具备封堵能力的同时还能促进 CO_2 在水与油中的溶解过程。

4.1　CO_2 微气泡微流控实验

4.1.1　实验步骤

(1) 饱和微流控芯片；

(2) 预热实验流体，连接管路，加载围压；

(3) 水驱到残余油，拍照记录；

(4) 注入微气泡，拍照记录；

(5) 后续水驱，拍照记录；

(6) 收集数据并进行处理。

实验流程图如图 12 所示。

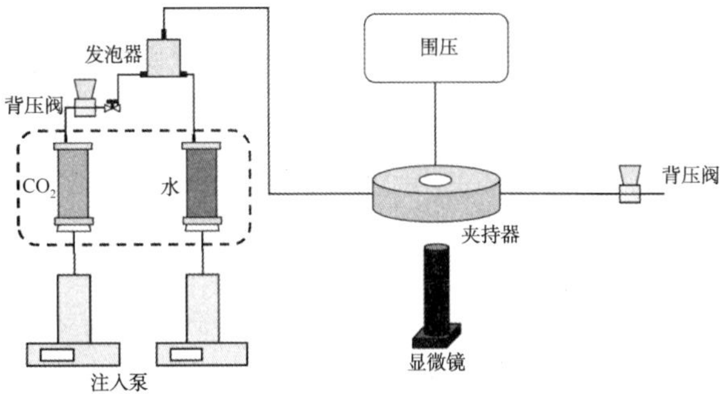

图 12　实验设备图

4.1.2　实验结果与分析

实验结果如图 13 所示，采用相同的微流控模型开展微观可视化评价实验，在非均质微流控模型中，水驱阶段受到高渗通道的影响，采收率较低，存在大量剩余油，经过图像计算得出水驱采收率约为 65.4%。在注入 CO_2 微气泡后，由于气泡产生的贾敏效应，提高了高渗通道中的渗流阻力，改变了驱替方向，提高了波及效率；最终采收率约为 78.7%，相比水驱提采 13.3%。

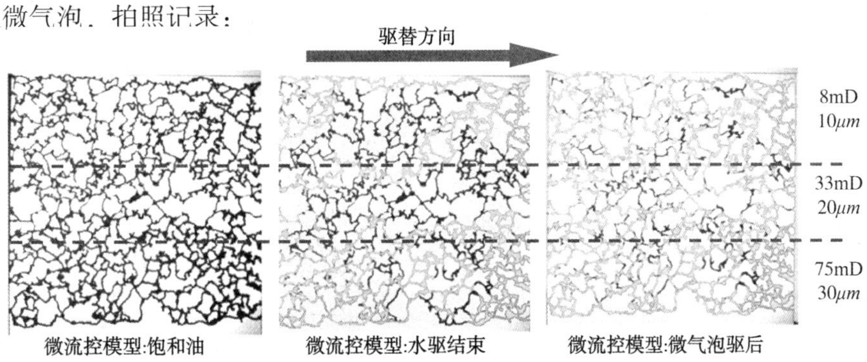

图 13　微流控模型驱油过程

4.2　CO_2 微气泡真实岩心驱替实验

实验条件以胜利油田沾 3 区块为目标，实验压力温度均为 10 MPa，40℃。实验样品相关参数见表 1、表 2、表 3。

4.2.1　实验步骤

(1) 实验岩心建立束缚水饱和度并老化处理；

(2) 连接实验设备，预加压 CO_2，并将实验装置预热到指定温度；

(3) 水驱 1 PV，待采收率不变后以设定的注入速度与气液比注入微气泡或其他驱油介质，保持总注入速度不变，记录此过程中两端的驱替压差变化与采出流体；

(4) 计算采收率，绘制曲线。

实验流程如图 14 所示。

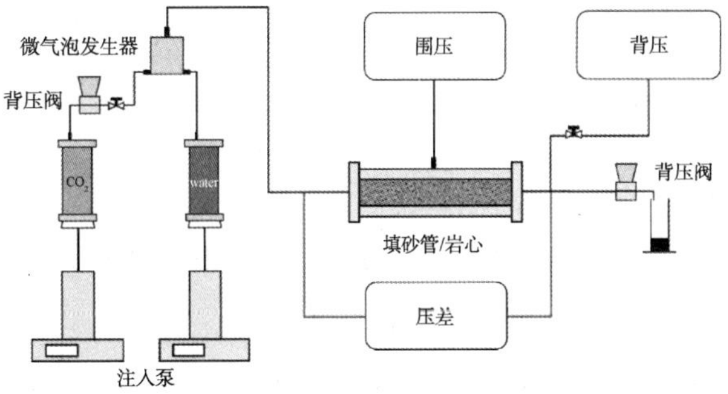

图 14　实验流程图

4.2.2　实验结果及分析

在 50 mD 等级岩心中开展微气泡驱、泡沫驱、气水交替驱实验，并进行对比评价。

4.2.2.1　50mD 岩心的 CO_2 微气泡驱

实验结果如图 15 所示，水驱采收率为 53.4%，在水驱后注入微气泡的过程中，驱替压差有所上升，表明微气泡在存在残余油的情况下仍具有封堵作用，相比水驱阶段采收率提高 11.9%，最终采收率达到 65.3%，并且在后续水驱过程中驱替压差下降显著，表明微气泡有效降低了后续的渗流阻力。

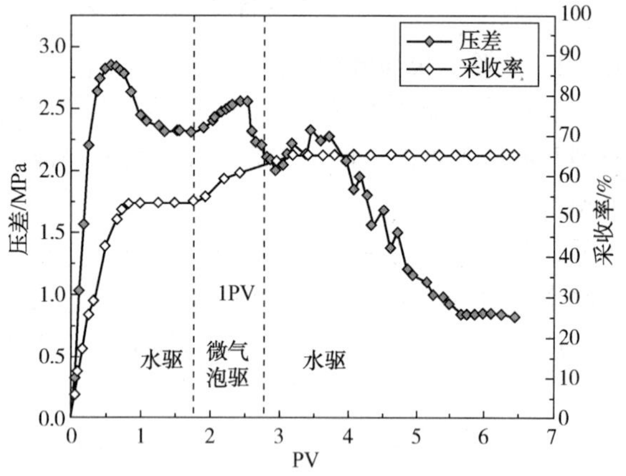

图 15　50mD 岩心微气泡驱油采收率曲线

4.2.2.2　50mD 岩心的泡沫驱实验

实验结果如图 16 所示，相比微气泡，泡沫驱过程中的驱替压差上升更高，相比水驱阶段采收率提高 9.08%，后续水驱阶段采收率提高 1.21%。水驱采收率为 51.93%，泡沫驱后采收率共提高 10.29%，最终采收率为 62.3%。

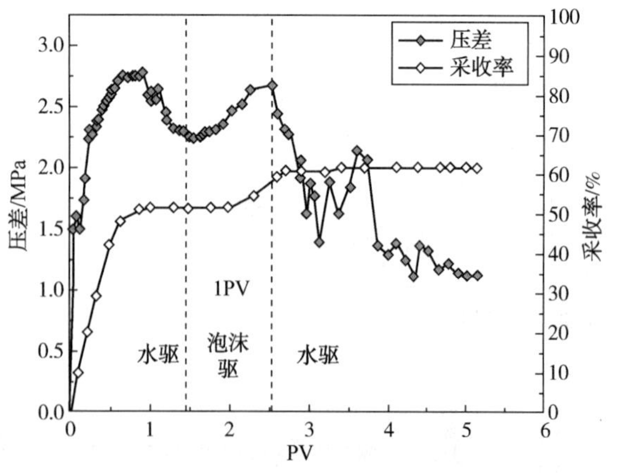

图 16　50mD 岩心泡沫驱油采收率曲线

4.2.2.3　50mD 的 WAG 实验

实验结果如图 17 所示，WAG 不具有调堵作用，等量 CO_2 用量(0.5 PV)情况下采收率仅提高 9.6%，低于微气泡驱与泡沫驱，在共计注入 1.5PV CO_2 后，采收率提高 27.4%。

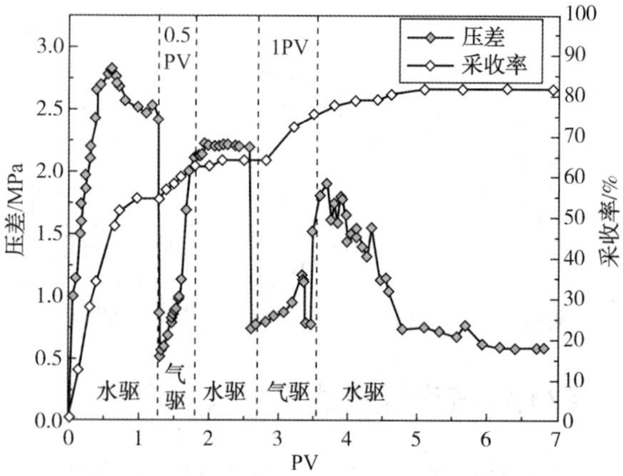

图 17　50mD 岩心 WAG 驱油采收率曲线

4.2.2.4　50mD 的连续 CO_2 驱实验

连续 CO_2 驱实验结果如图 18 所示，注气后期气窜严重，降低了波及效率，在注入 1 PV 后采收率已经不再增加，最终采收率提高 15.8%，低于 WAG 注入。

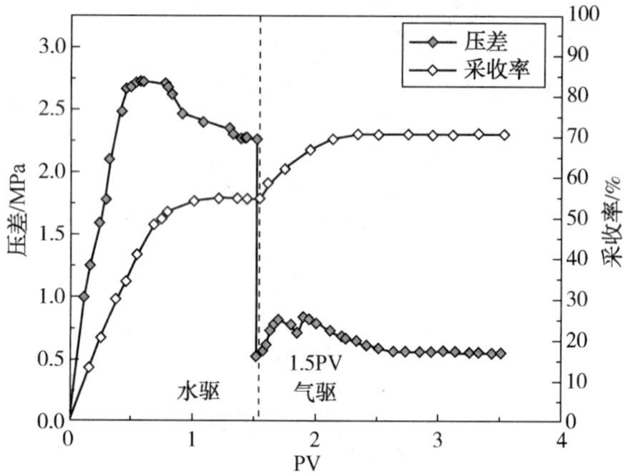

图 18　50mD 岩心连续注 CO_2 驱油采收率曲线

4.2.2.5　10mD 岩心的对比实验

为进一步测试微气泡在低渗储层中的驱油能力，在 10 mD 等级岩心中开展微气泡驱油实验，选用存在微观非均质性的岩心，并进行极限驱油实验(不限制 PV)。

在连续 CO_2 驱中，由于岩心的微观非均质性，气体突破后气窜严重，连续注入二氧化碳 1 PV 后仅提采 4.86%，效果不佳(见图 19)。

CO_2 微气泡驱与 WAG 对比实验结果如图 20 所示，CO_2 微气泡可以有效的封堵岩心中的高渗区域，有效抑制气窜，提高了波及效率，提采效

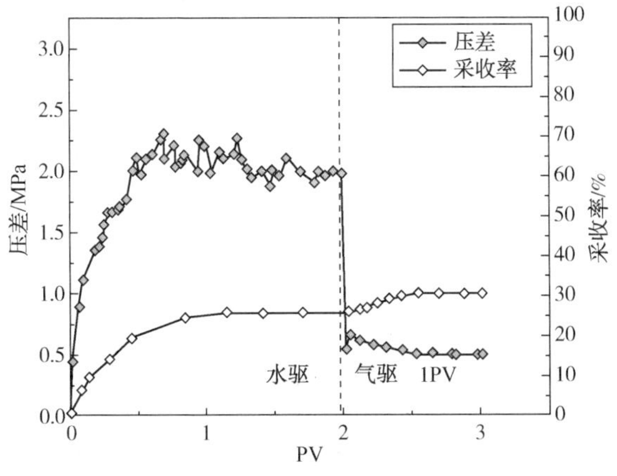

图 19　10mD 岩心连续注 CO_2 驱油采收率曲线

果明显。由于微气泡的波及效率更高，使得采收率大幅提升，微气泡的极限驱油能力相比 WAG 高 26%。

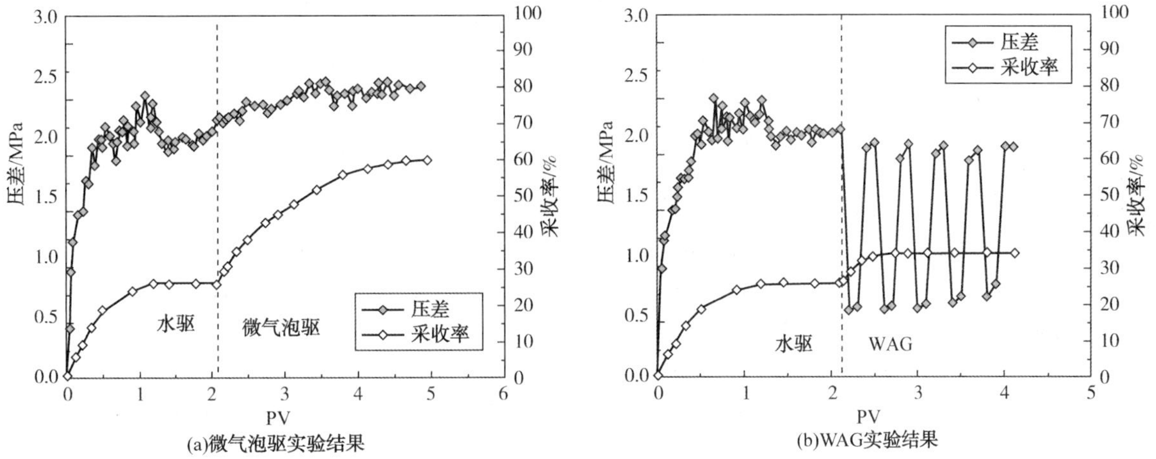

图 20　10mD 岩心微气泡驱与 WAG 采收率曲线对比

相比在 50mD 岩心，CO_2 微气泡在 10mD 岩心中的提高采收率效果更优。在 50mD 岩心中，微气泡提采 11.9%，与连续泡沫驱相当，等量气体用量下优于水气交替注入。在具有微观非均质性的 10 mD 岩心中，微气泡提采达到 19%，表明微气泡可以有效的封堵高渗区域，提高波及效率。同时，在驱油过程中，CO_2 微气泡与原油相互作用明显，CO_2 微气泡在原油中的溶解性较强，遇油后更易溶于原油，封堵能力下降。整体而言，CO_2 微气泡的提高采收率效果非常明显，在高渗通道可以有效进行封堵的同时降低残余油饱和度。

5　结论

（1）矿化度、二价离子浓度越高，CO_2 微气泡的 ζ 电势越小，微气泡的动态稳定性越差。但是在高矿化度、高压时微气泡仍具有一定的封堵能力，因此在实际应用中需要根据地层孔隙直径、地层压力、矿化度优选发泡参数，以满足气泡直径和地层孔隙的匹配关系，实现更好的封堵效果。

（2）CO_2 微气泡与原油相互作用明显，气泡在原油中的溶解性较强，遇油后气泡破碎，封堵能力下降，能够实现驱油-封存一体化。

（3）在 50mD 岩心中，CO_2 微气泡提高采收率能力与常规泡沫驱相当，等量气体用量下优于水气交替注入。在具有微观非均质性的 10mD 岩心中，CO_2 微气泡可以有效的封堵高渗区域，具有良好的调剖能力。

（4）气泡能有效封堵高渗通道，动用剩余油区，显著提高波及效率；同时，微气泡的驱油效率更高，可以有效降低残余油饱和度。

参 考 文 献

[1] Bjorndalen N , Alvarez J , Jossy E , et al. An Experimental Study of the Pore - Blocking Mechanisms of Aphron Drilling Fluids Using Micromodels [C]. Proceedings - SPE International Symposium on Oilfield Chemistry, 2009 SPE-121417-MS.

[2] Lü Y, Han J , He L , et al. Flow structure and pressure gradient of extra heavy crude oil solution CO_2 [J]. Experimental Thermal and Fluid Science, 2019, 104: 229-237.

[3] Zhang Y , Park H , Nishizawa O , et al. Fluid Distri-

bution Effects on P - wave Velocity of CO_2/brine Saturated Rocks: A Comparison Study and Implications for CO_2 Storage Monitoring Using Seismic Method[J]. Energy Procedia, 2017, 114: 3786-3792.

[4] Patmonoaji A, Zhang Y, Xue Z, et al. Experimental and numerical simulation of supercritical CO_2 microbubble injection into a brine-saturated porous medium[J]. International Journal of Greenhouse Gas Control, 2019, 91: 102830.

[5] Koide H, Xue Z. Carbon microbubbles sequestration: A novel technology for stable underground emplacement of greenhouse gases into wide variety of saline aquifers, fractured rocks and tight reservoirs [J]. Energy Procedia, 2009, 1: 3655-3662.

[6] Jiang L, Xue Z, Park H. Enhancement of CO_2 dissolution and sweep efficiency in saline aquifer by micro bubble CO_2 injection[J]. International Journal of Heat and Mass Transfer, 2019, 138(AUG.): 1211-1221.

[7] Xue Z, Yamada T, Matsuoka T, et al. Carbon dioxide microbubble injection - Enhanced dissolution in geological sequestration[J]. Energy Procedia, 2011, 4: 4307-4313.

[8] Xue Z, Nishio S, Hagiwara N, et al. Microbubble Carbon Dioxide Injection for Enhanced Dissolution in Geological Sequestration and Improved Oil Recovery [J]. Energy Procedia, 2014, 63: 7939-7946.

[9] Xue Z, Tsuji S, Kameyama H, et al. Development of Carbon Dioxide Microbubble Sequestration into Saline Aquifer and CO_2-EOR Reservoirs [J]. Energy Procedia, 2013, 37(2): 4628-4634.

[10] Takahashi M. zeta Potential of Microbubbles in Aqueous Solutions: Electrical Properties of the Gas-Water Interface[J]. The journal of physical chemistry, B. Condensed matter, materials, surfaces, interfaces & biophysical, 2005, 109(46): 21858-21864.

[11] Parmar R, Majumder S K. Microbubble generation and microbubble-aided transport process intensification—A state-of-the-art report[J]. Chemical Engineering and Processing: Process Intensification, 2013, 64(2): 79-97.

[12] Liu N, Chen X, Ju B, et al. Microbubbles generation by an orifice spraying method in a water-gas dispersion flooding system for enhance oil recovery[J]. Journal of Petroleum Science and Engineering, 2020, 198: 108196.

[13] Oliveira C, Rubio J. Zeta potential of single and polymer-coated microbubbles using an adapted microelectrophoresis technique[J]. International Journal of Mineral Processing, 2011, 98(1-2): 118-123.

[14] Xu K, Bonnecaze R, Balhoff M. Egalitarianism among Bubbles in Porous Media: An Ostwald Ripening Derived Anticoarsening Phenomenon[J]. Physical review letters, 2017, 119(26): 264502.1-264502.5.

[15] Quennouz N, Ryba M, Argillier J.-F., et al. Microfluidic Study of Foams Flow for Enhanced Oil Recovery[J]. Oil & Gas Science & Technology, 2014, 69(3): 457-466.

[16] Ma K, Liontas R, Conn C A, et al. Visualization of improved sweep with foam in heterogeneous porous media using microfluidics[J]. Soft Matter, 2012, 8(41): 10669-10675.

[17] Hongyu Z, Xue Z, Hyuck P, et al. Migration characteristics of supercritical CO2 microbubble flow in the Berea sandstone revealed by voxel-based X-ray computed tomography imaging analysis[J]. Journal of Natural Gas Science and Engineering, 2020, 77: 103233.

[18] Shi S, Wang Y, Li Z, et al. Experimental Study on Stability and Improving Sweep Efficiency with Microfoam in Heterogeneous Porous Media[J]. Journal of Dispersion Science & Technology, 2016: 1152-1159.

[19] Miyoshi S, Hitomi T, Miida H, et al. Numerical Study on Field-scale Behavior of Carbon in CO2 Micro Bubble Storage (CMS)[J]. Energy Procedia, 2013, 37: 5978-5985.

[20] Shunya T, Sven K, et al. Mass transfer from freely rising microbubbles in aqueous solutions of surfactant or salt - ScienceDirect [J]. Chemical Engineering Journal, 2020, 387: 121246.

[21] Stefan B, D. Brant B. Dependence of CO2 -brine interfacial tension on aquifer pressure, temperature and water salinity - ScienceDirect[J]. Energy Procedia, 2009, 1(1): 3157-3164.

[22] 吴彬彬，唐恩高，陈士佳，等．基于微流控芯片的微气泡生成与驱油实验研究[J]．西安石油大学学报(自然科学版)，2021，36(01)：59-65，84.

[23] 刘楠楠．多孔介质中气驱油动力机理及应用研究[D]．北京：中国地质大学(北京)，2020.

[24] 史胜龙．微泡沫体系的制备及其在提高采收率中的应用研究[D]．青岛：中国石油大学(华东)，2017.

[25] 沈焕文，曹丽，马俊杰，等．低渗透油藏功能性微泡驱改善水驱技术应用及认识[J]．石油化工应用，2021，40(12)：70-72，115.

[26] 史胜龙，王业飞，周代余，等．驱油用微泡沫的制备及性能评价[C]．中国化学会第十五届胶体与界

面化学会议论文集(第六分会), 2015: 92-93.
[27] 史胜龙, 王业飞, 周代余, 等. 微泡沫体系的制备及在调剖、驱油中的应用进展[J]. 油田化学, 2016, 33(04): 750-755.
[28] 周明, 蒲万芬, 杨燕, 等. 应用微观模型研究NTCP泡沫驱油机理[J]. 试采技术, 2002(3): 32-34.
[29] 邹高峰. 低渗透油藏 CO_2 泡沫驱提高采收率机理研究[D]. 成都: 西南石油大学, 2018.
[30] 陈兴隆, 伍家忠, 韩海水, 等. 水气分散体系的超声波振荡生成方法及驱油实验研究[J]. 天然气与石油, 2021, 39(04): 48-52.
[31] 俞宏伟, 马德胜, 李实, 等. 水气分散体系提高采收率实验研究[J]. 科学技术与工程, 2013, 13(33): 9946-9949.
[32] 史胜龙, 王业飞, 周代余, 等. 微泡沫体系直径影响因素及微观稳定性[J]. 东北石油大学学报, 2016, 40(01): 103-110, 7-8.

CCUS 技术在火驱伴生气处理上的研究

李　谦

（中油辽河工程有限公司）

摘　要　目前火驱尾气处理多采用热氧化处理实现 VOCs 达标排放，存在可用资源浪费和排放 CO_2 的问题。利用 CCUS 相关技术，在捕集 CO_2 的同时，对可利用的烷烃资源进行回收，既可以降低碳排放，又可以解决 VOCs 排放、充分利用天然气资源，为火驱伴生气处理提供了可行的实施方案。

关键词　火驱伴生气；CCUS；脱硫；CO_2 分离；CH_4 回收

火驱，即火烧油层，是一种用电或化学的方法使油层温度达到原油燃点，并向油层注入空气或氧气，使油层原油持续燃烧的采油方法。火驱过程伴随着复杂的传热、传质过程和物理化学变化，具有蒸汽驱、热水驱和烟道气驱等多种开采机理，现已成为注蒸汽开发后期稠油油藏最具潜力的接替开发方式。

火驱开发产生的伴生气中，CH_4 含量<10%，N_2含量为 50%~80%，CO_2 含量占 12%~20%，O_2占 1%~2%，H_2S 含量 100~1000mg/m³。由于产出其中混有 H_2S、非甲烷总烃等气体，直接排放将污染环境，因此火驱伴生气的处理一直都是火驱开发的难点。

1　常规处理工艺

常规处理工艺主要有回注驱油和焚烧氧化两种。采用这两种处理工艺之前均需要对火驱伴生气进行脱硫处理。

1.1　脱硫工艺的选择

火驱伴生气中 H_2S 含量一般<1000mg/m³，常用脱硫工艺为干法脱硫和湿法脱硫两种。

干法脱硫主要采用无定型羟基氧化铁作为脱硫剂，主要原理是在脱硫塔中氧化铁与 H_2S 反应将 H_2S 脱除，反应式见式(1)：

$$Fe_2O_3+3\ H_2S = Fe_2S_3+3\ H_2O \qquad (1)$$

脱硫剂定期更换，从而实现伴生气中的脱硫。

湿法脱硫最常用的方法是醇胺法和络合铁法两种工艺。其中醇胺法需要配套建设硫黄回收单元，一次投资较高，主要应用于高含硫天然气的脱硫处理，在火驱伴生气脱硫上很少应用。

络合铁法脱硫工艺源自美国的 LO-CAT 液相氧化催化技术，其主要工艺流程见图 1。采用螯合铁离子作为催化剂，利用空气中的 O_2 氧化气相中的 H_2S，使 H_2S 被氧化为单质 S。其总化学反应见式(2)：

$$H_2S+\frac{1}{2}O_2 \longrightarrow H_2O+S \qquad (2)$$

该反应可分为两部分：吸收过程和再生过程。

其中吸收过程总反应见式(3)

$$H_2S+2\ Fe^{3+} \longrightarrow 2\ H^++S+2\ Fe^{2+} \qquad (3)$$

再生过程总反应见式(4)。

$$\frac{1}{2}O_2+H_2O+2\ Fe^{2+} \longrightarrow 2O\ H^-+2\ Fe^{3+} \qquad (4)$$

在总反应中，铁离子作为催化剂参与反应，在吸收塔中，H_2S 被络合铁直接氧化生成单质 S，络合铁转化为络合亚铁；在氧化塔中，通过鼓入空气，将碱性吸收剂中的络合亚铁转化为络合铁。溶液在吸收塔和氧化塔之间循环，从而实现吸收—再生循环。其反应流程见图 1。

以辽河油田杜 66 火驱区块（火驱伴生气产量 $100\times10^4m^3/d$）为例，采用干法脱硫和湿法脱硫两种脱硫工艺进行对比，见表 1。

通过对比可以看出，虽然湿法脱硫的投资较高，但是由于其运行费用低，因此在费用年值上明显低于干法脱硫。干法脱硫由于需要定期更换脱硫剂，且生成的 Fe_2S_3是危废品，需要及时处理，导致维护工作量大、运行成本高，因此已经无法满足油田企业降本提效的要求，正在逐步进行工艺改造。

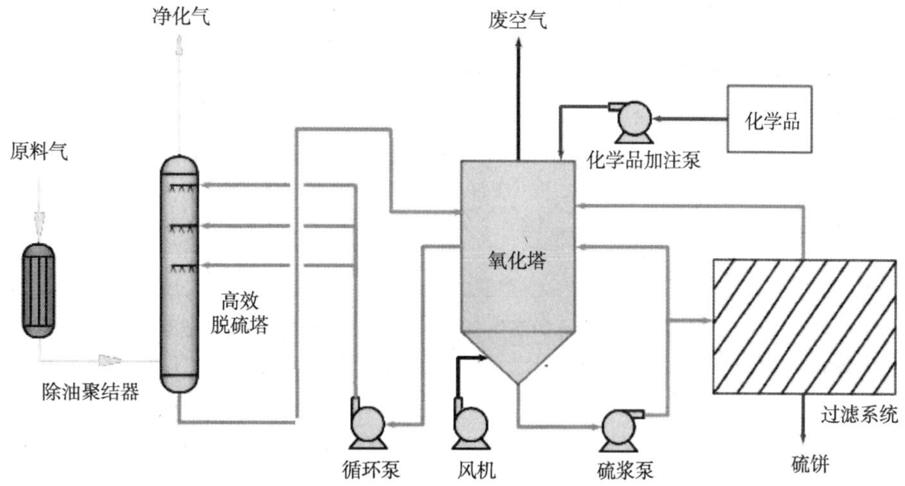

图 1　络合铁湿法脱硫工艺流程示意图

表 1　干法脱硫与湿法脱硫对比

序号	脱硫方案	湿法脱硫	干法脱硫
1	主要工程量	络合铁湿法脱硫装置 1 套	D2800 脱硫塔 3 座
2	设备投资	3300 万元	700 万元
3	费用年值	480 万元	730 万元
3.1	设备折旧	330 万元	70 万元
3.2	年运行费用	150 万元	660 万元
3.2.1	电费	103 万元	—
3.2.2	吸附剂(包括处理)及药剂费用	44 万元	660 万元
3.2.3	耗水	3 万元	0
4	特点	虽然一次投资较高，但是处理费用年值低	一次投资低，脱硫剂需要定期处理，运行成本较高，维护工作量高

1.2　回注驱油

回注驱油是火驱伴生气处理的优先考虑方式，主要用于封闭性好的油藏区块。其主要驱油原理是烟道气中的 N_2 压缩系数大、膨胀性好，可起到有效补充油藏压力的作用；而烟道气中的 CO_2 与原油有很好的互溶性，可降低原油的黏度，少量 CO_2 在溶于地层水的过程中形成碳酸，能够溶蚀岩石中一些矿物成分，从而改善油层渗透率。在向油藏顶部或已形成的气顶注入烟道气时，原油与烟道气因密度差异产生重力分异作用，气顶膨胀推动油气界面下移，可以达到注气重力驱的效果。

回注驱油用于处理火驱伴生气有一定的局限性。一般来说，回注驱油区块的伴生气需求无法实现火驱区块伴生气产量的全部注入。以新疆油田红浅区块为例，其火驱伴生气产量为 70×10^4 ~ $80\times10^4 m^3/d$，但是其注入区块红 153 井区注气量为 $9.7\times10^4 m^3/d$，剩余 60×10^4 ~ $70\times10^4 m^3/d$ 的火驱伴生气依旧需要进行处理。

1.3　焚烧氧化

焚烧氧化处理主要是为了实现火驱伴生气中非甲烷总烃(下文简称 VOCs)的达标排放采取的处理工艺。由于火驱伴生气中可燃烧的烷烃含量一般均<10%，因此无法直接燃烧。目前广泛采用的处理技术为热氧化技术，其特点是处理效率高，没有二次污染，主要有蓄热式热氧化炉(RTO)、直燃式热氧化炉(TO)、催化氧化炉(CO)、蓄热式催化氧化炉(RCO)四种常用的处理工艺。四种热氧化工艺的对比见表 2。

鉴于火驱伴生气气量大、连续排放、含有 H_2S 易造成催化剂中毒的特点，一般多采用 RTO 蓄热式热氧化工艺对火驱伴生气进行焚烧处理，实现火驱伴生气的 VOCs 达标排放。

表 2　四种热氧化工艺特点对比

热氧化技术	工艺特点
直燃式热氧化炉(TO)	运行温度在650~900℃，可以处理的VOCs种类较多，既适合小气量也适合大气量(50000m^3/h)，一般应用于小废气量、每次使用时间不长、废气中含有硅树脂等容易使蓄热填料发生不可修复性堵塞的情况。主要工艺特点为较高的VOCs分解率，运行温度高，处理废气成分广泛，但是运行成本高，处理后废气NO_x含量较高等缺点
催化氧化炉(CO)	主要单元有预热混合器、催化床两部分。当催化床温度达到150~480℃范围时，多数碳氢化合物和碳氧化合物经过催化剂表面均会快速地分解反应，转换成CO_2和水。由于运行温度不高，设备成本较低，运行燃料消耗少，使用成本较低，且CO和NO_x产生量极少。催化氧化工艺要求被处理的废气中不得含有黏性物质和会使催化剂中毒的有害成分，否则会大大降低分解效率。主要工艺特点为运行温度低，运行成本低，极低的CO和NO_x产生等。
蓄热式热氧化炉(RTO)	与直燃式热氧化炉和催化氧化炉相比，具有热效率高(≥95%)、运行成本低、能处理大分量低浓度废气等特点，VOC的脱除率可达到99%以上。其原理是把有机废气加热到850℃高温以上将其氧化成CO_2和水，从而净化废气。氧化产生的高温气体经特制的陶瓷蓄热体，使陶瓷蓄热室升温而"蓄热"，此"蓄热"用于预热后续进入的有机废气，从而节省废气升温的燃料消耗。蓄热式氧化炉(RTO)主体结构由氧化区、蓄热区和废气切换系统组成。根据实际需求可选择不同的热能回收方式和切换阀方式。性能特点：适用于低浓度、大风量的VOCs气体，处理废气成分广泛，运行成本低，但是不适用于含有较多硅胶树脂的废气
蓄热式催化氧化炉(RCO)	在催化氧化炉的基础上发展而来，增加陶瓷蓄热体，将氧化产生的高温气体中热量蓄留，蓄热用于预热后续进入的有机废气，进一步降低运行成本，其特点与催化氧化炉一致，处理废气中不得含有黏性物质和使催化剂中毒的有害成分

2　CCUS 技术在火驱伴生气处理上的应用

由于回注驱油无法实现火驱区块伴生气产量的全部注入，因此还需要进行处理才能达标排放，而焚烧氧化处理又存在能量利用率低、处理效果不好、对环境仍有污染等弊端，特别是会带来CO_2的大量排放。因此，在"双碳"目标的背景下，利用CCUS技术对火驱伴生气进行处理，降低碳排放的同时，提高火驱伴生气能量利用已经成为火驱伴生气处理的技术发展方向。

利用CCUS技术进行火驱伴生气处理，主要流程分为脱硫单元、CO_2分离单元和CH_4回收单元三个部分。下面以辽河油田杜66区块火驱伴生气为例(火驱伴生气总气量为$100\times10^4m^3$/d，气体组成见表3)，对CCUS技术在火驱伴生气处理CO_2分离单元和CH_4回收单元进行详细论述，脱硫单元在前文已经介绍，这里不再复述。

表 3　辽河油田杜 66 火驱伴生气组成

组　成	含量/mol
CH_4	5.38
C_2H_6	0.04
C_3H_8	0.06
iC_4	0.05
nC_4	0.05
iC_5	0.04
nC_5	0.02
C_6^+	0.08
O_2	1.79
CO_2	20.3
N_2	72.19
H_2S	440mg/m^3

续表

2.1　CO_2 分离单元

CO_2分离单元主要实现火驱伴生气组分中CO_2的分离。常用的CO_2分离方法根据伴生气中的CO_2与脱除介质发生的是物理反应还是化学反应，可以简单地分为三类：化学反应法有醇胺法和热钾碱法；物理吸收法有物理溶剂法、膜分离法、变压吸附法、低温分离法；化学物理类有化学物理溶剂法(见表4)。

表 4　各类分离 CO_2 工艺方法的特点

类别		脱碳物料	工作原理	主要特点
化学反应类	醇胺法	各种醇胺溶液	醇胺溶液有碱性，可以在较低温度下与酸性气体反应，然后升温降压再生，解析出吸收的酸气，溶液循环使用	净化度高，可以完全脱除 CO_2，烃吸收少，工业经验十分丰富
	热钾碱法	加有活化剂的 K_2CO_3 溶液	以热钾碱液吸收 CO_2 后，升温降压再生，溶液循环使用	可在较高温度下吸收酸气，净化度不如醇胺法，能耗也较高
0 物理分离类	物理溶剂法	对 CO_2 有较高溶解度而烃溶解度低的有机溶剂	利用不同组分在特定溶剂中溶解度的差异而脱除酸气，然后通过降压闪蒸等措施析出酸气而再生，溶剂循环使用	能耗低，达到高的净化度比较困难，有烃损失问题，溶剂较贵
	变压吸附法	各类分子筛	利用分子筛吸附酸气，然后升温使之解吸，分子筛床层切换使用	有很高的净化度，对有机硫特别是硫醇的脱除能力好，在 CO_2 含量较高时，有较高的经济性和 CO_2 纯度
	膜分离法	具有可将 CO_2 及烃分离的膜材料	利用酸气和烃渗透通过薄膜性能的差异而脱除 CO_2 等	操作简单、方便灵活、操作费用低、环境友好，但难以达到高的净化度，有烃损失问题
	低温分离法	—	通过低温分馏而脱除 CO_2 等	能耗高，但可将 CO_2 的液化融为一体
化学物理类	化学物理溶剂法	醇胺与物	在较高的酸气分压下，溶液除化学性吸收酸气外，还有较高的酸气溶解度，升温降压再生	净化度高，对有机硫的脱除能力好，但酸气烃含量高，溶剂价格较贵

根据上述分离技术的成熟度、应用范围和适应性，针对火驱伴生气，可以选取的工艺为醇胺法和变压吸附法。

醇胺法是目前最成熟的 CO_2 分离工艺，广泛用于天然气、低 CO_2 浓度烟气碳捕集分离，具有 CO_2 回收率高的优点，但是存在能耗过高的问题，尤其是醇胺再生单元，其能耗成本占整个分离单元运行成本的 60% 以上。变压吸附作为一种干法技术，工艺流程简单，没有腐蚀与污染问题，且能耗低，消除了湿法分离技术的周期性升温、降温问题，节省了溶液再生的能耗。但变压吸附工艺也存在一定的技术瓶颈，如吸附容量低导致 CO_2 回收率低。因此，在使用该技术时需要大量的吸附剂，造成吸附、解吸过程频繁等。

通过表 5 可以看出，虽然醇胺法具有较高的 CO_2 捕集率，但是较高的再生能耗，使得运行成本远高于变压吸附工艺，因此在没有低成本的热源时，采用变压吸附分离 CO_2 是更优的选择。

表 5　醇胺法和变压吸附工艺对比

序号	项目	变压吸附	醇胺法
一	设备费用/万元	5600	4800
二	公用工程消耗		
	天然气/(10^4m^3/a)	—	1100
	电/(10^4kWh/a)	3400	2400
	水/(10^4t/a)	0.15	0.62
三	总运行成本/万元	2960.78	4457.2
3.1	设备折旧/万元	560	480
3.2	年经营成本(不含税)/万元	2400.78	3977.2
	耗气费用/万元	0	1859
	耗电费用/万元	2190	1546
	耗水费用/万元	0.78	2.2
	胺液及吸附剂/万元	210	570
三	CO_2 捕集率/捕集量/(10^4m^3/d)	85%/17	95%/19

变压吸附 CO_2 分离的原理流程示意图见图2。其吸附和再生工艺过程由吸附、均压降压、顺放置换、逆放、抽真空、均压升压和产品最终升压等7个步骤组成。经过上述7个过程后吸附塔便完成了一个完整的“吸附-再生”循环，又为下一次吸附做好了准备。多个吸附塔交替进行以上的吸附、再生操作即可实现火驱伴生气 CO_2 的分离。

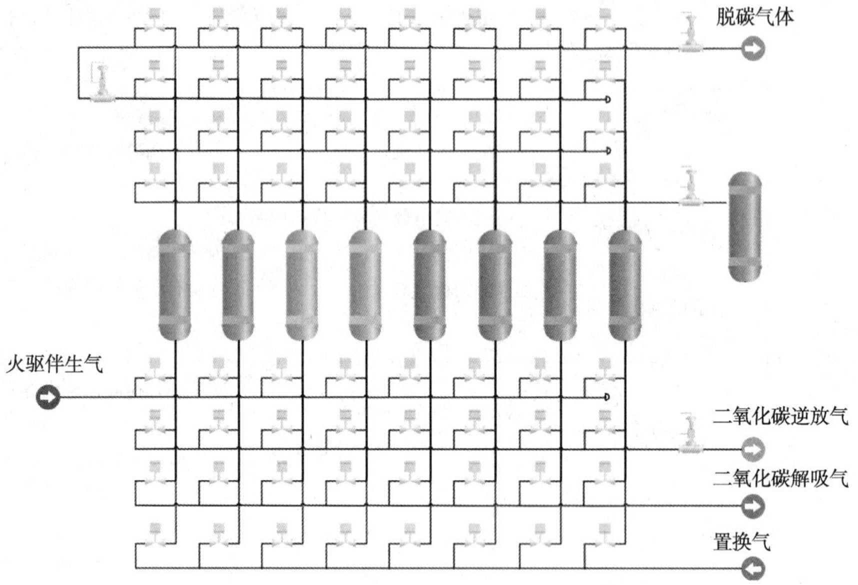

图2 变压吸附脱碳流程示意图

需要注意的是，采用变压吸附前，需要对火驱伴生气进行预处理，因为 C_4+组分会对变压吸附剂的使用寿命产生较大的影响。它们会吸附在吸附剂的表面，造成吸附剂失效速率过快；其次，H_2S 对变压吸附装置吸附剂影响很大，吸附 H_2S 后再生效率很差，造成整个装置的吸附剂作废。预处理能够吸附脱硫单元可能超标的 H_2S，以保护变压吸附装置吸附剂。预处理工艺选用变温吸附(TSA)，利用活性炭吸附剂将伴生气中 C_4+以上的组分进行脱除，保护下游的吸附剂。

预处理装置工艺流程如图3所示，概述如下：

来气首先经流量调节回路分成两路。其中一路直接去吸附塔，在其中装填的吸附剂将气体中的部分 C_4+组分吸附下来，使气体得以脱除重烃。在吸附塔处于吸附的状态下，另两台吸附塔处于再生过程。

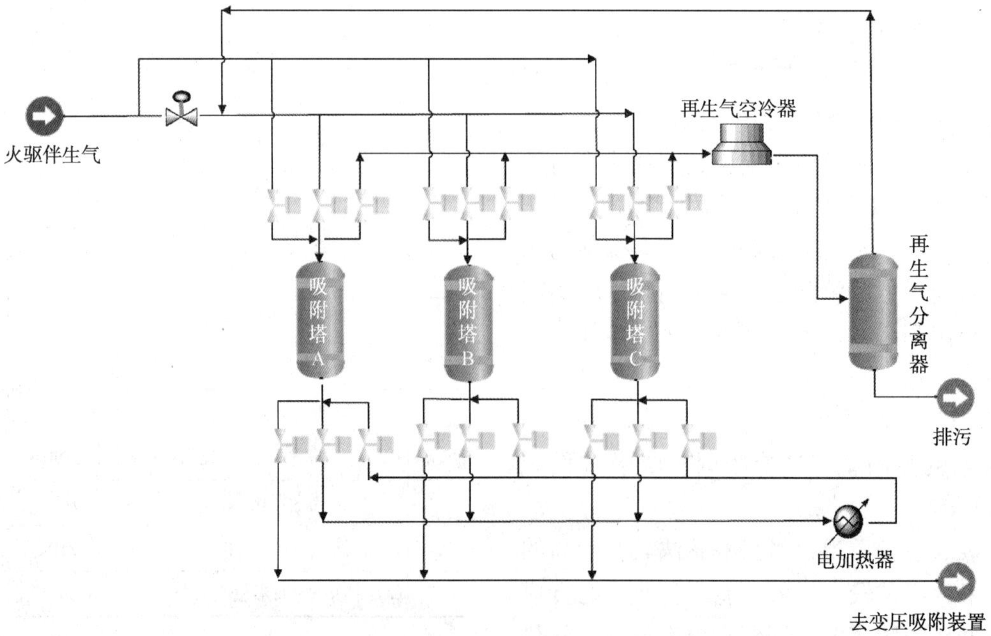

图3 变温吸附脱烃流程示意图

吸附塔的再生过程包括加热再生和吹冷两个步骤。在加热再生过程中，循环再生气体首先经预处理塔进行脱除重烃，然后经加热器升温至200~240℃后加热需要再生的预处理塔，使吸附剂升温，其中的重组分得以解吸出来，控制吸附床出口温度为160~180℃，该气体经冷却器和气液分离器后再与另一路气体汇合，然后去处于吸附状态的吸附塔进行重烃脱除。在吹冷过程中，再生气体直接去处于再生状态的预处理塔，将吸附塔温度降至常温，然后再经加热器加热后去另一台吸附塔，对吸附塔中的吸附剂进行加温再生，然后经冷却器和气液分离器后再与另一路气体汇合，最后去处于吸附状态的吸附塔进行重烃脱除。

火驱伴生气经过 CO_2 分离单元分离后，气体的组成见表 6。

表 6　CO_2 分离单元出口气体组成

组　成	脱碳气体	CO_2 气/mol%
CH_4	6.51	2
C_2H_6	0.05	—
C_3H_8	0.01	—
iC_4	0	—
nC_4	0	—
iC_5	0	—
nC_5	0	—
C_6+	0	—
O_2	2.13	—
CO_2	3.6	90
N_2	87.7	8
H_2S	0	—
气量	$82\times10^4m^3/d$	$18\times10^4m^3/d$

CO_2 气体经过脱水后，可以通过液化拉运或者管输的方式输送至 CO_2 回注区块驱油或者埋存。脱碳气体进入 CH_4 回收单元进行烃类气体回收。

2.2　CH_4 回收单元

CH_4 回收单元主要实现 CH_4 等烃类气体与 N_2 等其他气体的分离。由于 CO_2 脱碳单元产生的脱碳气体 VOCs 超标（700mg/m^3），因此该气体无法直接外排；且 CH_4 含量过低，无法掺入天然气系统进行燃烧处理，因此需要设置 CH_4 回收单元对 CH_4 进行回收后再放空。

鉴于脱碳气体的组成特点和组成气体性质，CH_4 回收的工艺推荐选用变压吸附。根据产品气体的需求不同，可以有一步变压吸附和两步变压吸附两种选择。两种变压吸附得到的 CH_4 气体见表 7。

表 7　两种变压吸附得到的 CH_4 气体

组　成	一步变压吸附	二步变压吸附
CH_4	51.9	84.3
C_2+	0.07	0.07
O_2	1.3	0.3
CO_2	24.49	0.4
N_2	22.23	14.9

如对得到的 CH_4 气体没有较高的要求，仅需满足燃烧要求，可以选择一步变压吸附即可；如对气质有要求，可以选择两步变压吸附工艺，得到的 CH_4 气体可以基本满足《天然气》（GB 17820—2018）中二类天然气的指标。

3　结论

火驱伴生气的处理是火驱开发的难点之一，根据火驱伴生气的特点，结合 CCUS 相关技术，提出以下的处理技术路线：

（1）结合油田地质开发方案，火驱伴生气可优先考虑回注。

（2）无法全部回注地层时，应当优先考虑 CO_2 分离+CH_4 回收的处理工艺。

（3）CO_2 的分离工艺选择上，应结合现场实际经过经济对比后确定。例如，如果现场有可利用的低成本蒸汽热源时，醇胺法可能将会是更优的选择，需要经过详细技术经济对比方可确定。

目前，各个油田企业均在推进 CCUS 示范工程，捕集 CO_2 进行驱油埋存，降低油田公司碳排放的同时采油增产。对于有火驱开发的油田，火驱伴生气可以作为可利用的碳源。以辽河油田杜 66 区块火驱伴生气处理为例，采用 CO_2 分离+CH_4 回收的处理工艺，可以实现碳减排 $11\times10^4t/a$，同时回收 CH_4 气体 $4.5\times10^4m^3/d$（以纯 CH_4 计），相当于年回收天然气资源约 $1600\times10^4m^3/a$，既实现了碳减排，还可以提高天然气能源的利用率。

参　考　文　献

[1] 张明龙，李玉英，周贤，等．火驱尾气回注提高采收率及埋存可行性研究[J]．世界石油工业，2022，29(02)：61-68.

[2] 许洁．资源化利用火驱烟道气[N]．中国石油报，2022-09-21(003).

[3] 刘志刚．CO_2 捕集技术的研究现状与发展趋势[J]．石油与天然气化工，2022，51(04)：24-32.

[4] 李志岩．火驱尾气变压吸附分离工艺技术研究[J]．化工管理，2016，No.434(36)：145.

复合驱替在辽河油田蒸汽吞吐与蒸汽驱开发上的应用

吴晓明[1,2] 代宇庭[3] 杨 昕[1] 刘海彬[1]

[1. 中国石油辽河油田公司；2. 中国石油大学(北京)；3. 东北石油大学]

摘 要 辽河油田是中国最大的稠油生产基地并且已进入开发的后期，蒸汽吞吐与汽驱开发方式下的油汽比逐渐下降并接近经济极限，为此在蒸汽吞吐上规模实施了空气泡沫与二氧化碳辅助吞吐，在汽驱上试验了热空气泡沫复合驱以提高开发效果。

在蒸汽吞吐上，辽河油田根据油藏条件分类实施“单井”单注单采、“直井/水平井+直井/水平井”同注同采、“面积式复合吞吐整体保压”等不同模式，根据单井条件优选不同类型泡沫剂及优化泡沫、二氧化碳、蒸汽的注入量与注入工艺；在汽驱开发上，优选不同泡沫体系、试验不同的注入方式与注入速度，在吞吐与汽驱上形成了相对成熟的复合驱替开发工艺技术。

2021年辽河油田实施二氧化碳辅助吞吐480井次、注入油藏二氧化碳5.88×10^4t，实施井组油汽比提高0.07，热采运行费用降低7.9%。热空气泡沫辅助蒸汽驱实施3个井组，前两个井组日增油4.2~4.3t/d，增油比例达59.15%，后1个井组日增油12.1t/d，增油比例达96.03%。复合驱替在蒸汽吞吐和汽驱上都取得了很好的降本、增油效果。

在辽河的现场试验证明，复合驱替是提高稠油吞吐与汽驱开发效果的有效技术手段，同时有助于二氧化碳的利用与埋存。

关键词 稠油油藏；二氧化碳；蒸汽吞吐；蒸汽驱；复合驱

稠油在世界油气资源中占据了很大的比例。据估算，稠油、超稠油及天然沥青的世界储量约为1×10^{11}t，其中中国、美国、加拿大、委内瑞拉、俄罗斯等国家都拥有丰富的稠油资源，重油资源和沥青砂资源约为4000×10^8t和$6000\times10^8m^3$，稠油年产量可达1.27×10^8t以上。目前，世界上稠油资源储量最丰富的国家是加拿大，其稠油资源主要分布在加拿大的阿尔伯塔盆地。我国也拥有丰富的稠油和沥青资源，目前已经发现了位于12个盆地中的70多个重质油田，预估稠油和沥青资源总量可达300×10^8t。目前较大的稠油油田有辽河油田和塔河油田等。

辽河稠油总资源量15.94×10^8t，探明储量10.08×10^8t，动用储量8.9×10^8t。辽河稠油具有以下4个显著特点：一是含油层系多、构造复杂，发育四级断块450多个，纵向上发育12套含油层系；二是油藏埋藏深，中深层(600~900m)占比24.7%，深层(900~1300m)占比44.6%，特深层(1300~1700m)占比23.6%，超深层(>1700m)占比7.1%；三是油藏类型多、储层非均质性严重；四是稠油成因类型多、原油黏度覆盖范围广，普通稠油占比70.4%，特稠油占比12.1%，超稠油占比17.5%。

辽河油田稠油目前主要的开发方式分为蒸汽吞吐和稠油转换开发方式，其中蒸汽吞吐除了常规意义上的吞吐外，也衍生出二元/三元复合吞吐、井组整体吞吐等多种方式；稠油转换开发方式主要包括蒸汽驱、SAGD、火烧油层、驱泄复合等。目前稠油年产552×10^4t，其中蒸汽吞吐、蒸汽驱、SAGD、火烧油层及其他方式占比为58.7%、14.1%、19.6%、5.2%和2.4%。

本论文主要讲述在辽河油田吞吐及汽驱井实施复合驱的机理、模式及管柱、高温复合介质及应用效果等4个方面的内容。

1 蒸汽吞吐与蒸汽驱复合驱机理

复合驱是指调堵剂(泡沫、聚合物类等)、辅助吞吐气体(CO_2/N_2)蒸汽等不同注入介质根据不同的开发方式、开发的不同阶段以及生产突出的矛盾进行组合注入地层，从而达到解决现场矛盾、提高地层波及体积与驱油效率，提高生产效果的目的。

辽河油田稠油蒸汽吞吐平均轮次 14.1，平均地层压力 2.1MPa，目前蒸汽吞吐开发突出的矛盾就是地层窜通严重、回采水率低、周期产油与汽油比低。蒸汽驱主力区块齐 40 块整体转汽驱开发已历时 13 年，目前的突出矛盾也是窜通严重、波及体积进一步提高难度大、生产油气比快接近极限经济油气比。

针对吞吐开发和蒸汽驱上述矛盾，目前主要的做法：一是通过升级设备、工具及工艺来减少沿程热损失；二是针对性复合驱替措施降低窜通、提高波及、提高驱油效率，从而实现多轮次吞吐与汽驱后期持续经济有效开发。

辽河油田稠油蒸汽吞吐与蒸汽驱复合驱既有单项介质的作用机理，又有不同介质组合的协同机理。

1.1 降黏机理

热蒸汽的加热降黏、原油吸收二氧化碳的膨胀降黏及混相降黏作用使得复合驱的稠油黏度大大降低。同时，蒸汽、二氧化碳彼此通过扩大波及、提高降黏效果等协同作用促进相互间的降黏效果。

1.2 扩大波及体积

二氧化碳泡沫首先进入优势通道，起到调堵作用；二氧化碳在井底以气体的形式存在会占据很大的空间，大大扩大了油藏中蒸汽、降黏剂的波及体积；同时由于二氧化碳在压力条件下具有很大的压缩性，更容易推动蒸汽、降黏剂进入孔吼细小储层，进一步提高了波及体积。

1.3 提高了驱替效率

蒸汽的降黏作用在二氧化碳的协同作用下进一步提高，热量更容易扩散到微细孔隙中使得原油从岩石表面剥离；二氧化碳与原油混合，使原油体积膨胀、降低界面张力，有利于剩余油脱离岩石表面的束缚变成可流动的原油；泡沫也具有润湿反转作用。多种注入介质的协同作用促进了原油从岩石表面的剥离，提高了驱替效率。

1.4 调堵、补充地层能量等其他作用

复合驱替的前置泡沫段塞主要起调堵作用，二氧化碳除了起上述作用外起到的另外一个主要作用就是补充地层能量以提高回采水率。

2 复合驱注入模式

2.1 常规复合吞吐注入模式与管柱

常规复合吞吐管柱相对比较简单，对于一般的吞吐井，即可采用井内原油的笼统注入管柱注入，也可以重新下入分层注入管柱注入。笼统注入管柱是井内为 Φ73mm 或 Φ89mm 的油管，通过油管直接向井内注入泡沫、二氧化碳、蒸汽等复合介质，复合介质根据地层的自我选择能力进入不同油层。分层注入管柱则是由 Φ148mm 封隔器、Φ73mm 滑套、定压球座、Φ73mm 筛管和丝堵组成，目前的分层注入能力是分两层，如图 1所示。在注入时，上层分注装置处于关闭状态，大眼筛管与下部油层相通，介质首先通过大眼筛管注入下部油层，达到设计注入量后，投入 Φ20mm 的封堵球，封堵下部注入通道的同时打开上部注汽滑套完成上层注入。复合介质注入完成后进行接续注蒸汽，此时先注上部层位，达到设计注汽量后投入 Φ40mm 的封堵球封堵进行打压关闭上部层位打开下部层位，从而完成复合吞吐的分层注入。

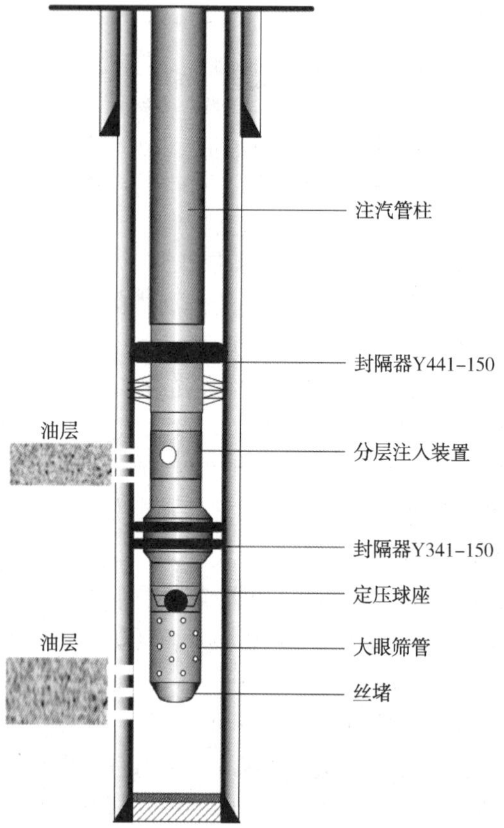

图 1　复合吞吐分层注入管柱

2.2 协同吞吐注入模式

协同吞吐主要是针对单井常规吞吐时邻井易窜通的问题，利用水平井进行复吞吐、直井双井同注同采、平平组合和直平组合吞吐、面积式复合吞吐整体保压等复合驱替模式，缓解井间窜通

矛盾、发挥整体协同作用、提高辽河油田吞吐和汽驱后期效果的一种组合吞吐方式。比如，锦25-6-16和锦25-8-16井采用同注同采方式注入CO_2+发泡剂复合蒸汽吞吐模式，实施后注汽压力由9MPa提高至12.6MPa，周期产油由109t提高210t，油汽比由0.11提高到0.17，吞吐效果明显改善。

3 复合介质体系的研制

辽河油田实施的复合驱替主要是在蒸汽吞吐井和蒸汽驱井，目前蒸汽吞吐井注汽时井底平均温度能达到210℃，蒸汽驱注入井平均井底温度能达到260℃。因此，对复合驱替时所用调剖剂、泡沫等注入介质进行研究，提高了其耐温性能以满足现场使用要求。

3.1 高温调剖剂研究

高温调剖剂主要是胶凝材料经硝化处理，由于-COOH增加，-OH和$-OCH_3$减少，且引入了大量的$-NO_2$和-NO，活性更强，与复合交联剂反应形成互穿网络结构，生成结构更加致密的三维空间网状结构，使其具有更高的强度和耐温性能。

高温调剖体系由交联剂JL-1、JL-2、高分子材料按照不同的浓度配制而成。通过实验确定，最终的优化配方为：交联剂JL-1的浓度为1.5%，如图2所示；交联剂JL-2的浓度在0.04%~0.06%，如图3所示；高分子胶凝材料浓度控制在8%~10%，如图4所示。高温交联体系的成胶黏度在60000mPa·s、胶凝时间60h内可调。此外，对配方进行耐高温抗老化实验，在300℃恒温下老化14d后凝胶黏度为54000mPa·s，30d后黏度仍可保持在44000mPa·s以上，60d后黏度约为25000mPa·s，如图5所示；老化实验后仍具有较强的封堵能力，如表1所示。

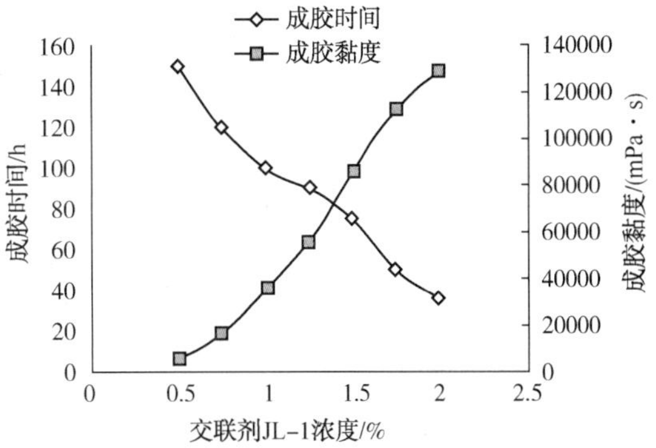

图2 成胶时间和成胶强度实验

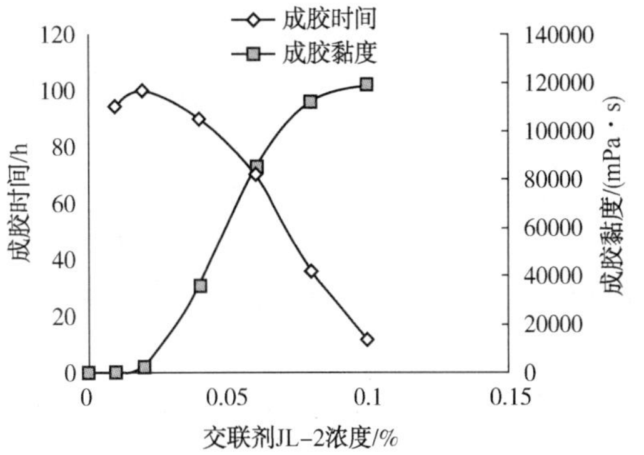

图3 成胶时间和成胶强度实验

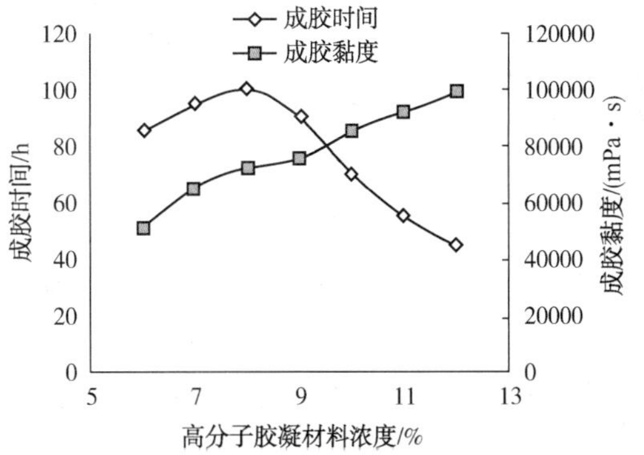

图4 成胶时间和成胶强度实验

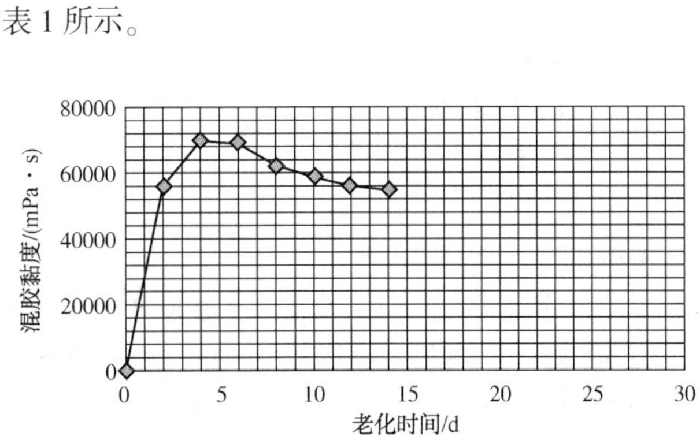

图5 热稳定性实验

表 1　成胶体 300℃高温老化能力试验

岩心号	岩心尺寸/mm	原始水相渗透率/μm²	温度/℃	堵后水相渗透率/μm²	封堵率/%	平均值/%
1	Φ25.4×34.8	3.352	250	1.132	66.23	70.74
2	Φ25.4×33.4	3.873		1.023	73.59	
3	Φ25.6×34.6	3.251		0.897	72.41	
4	Φ25.2×34.5	3.732	300	1.468	60.66	60.85
5	Φ25.4×32.9	3.211		1.503	61.63	
6	Φ25.6×34.7	3.613		1.436	60.25	

3.2　耐高温泡沫体系研究

对 ZK－05200、ZK－25100、FQ－2、DY、GCSF-3 等 5 种高温起泡剂进行实验评价，评价高温条件下的起泡体积、半衰期等，其中 DY 各项性能指标满足辽河复合驱的性能要求，如图 6 所示。温度低于 150℃时，泡沫体积和半衰期变化不明显；超过 150℃以后，随温度上升，泡沫体积和半衰期趋于下降走势，半衰期下降幅度更大；温度 250℃时，泡沫体积仍高达 350mL，半衰期为 110min。DY 发泡剂耐温性能稳定，完全适应井下温度 250℃左右的高温环境。

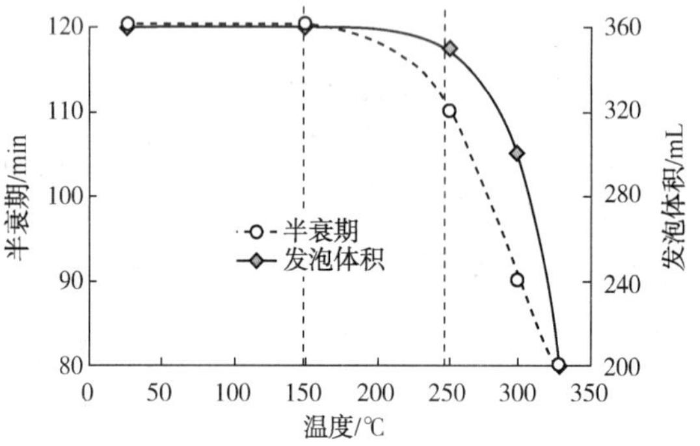

图 6　耐高温发泡剂溶液发泡体积及半衰期随温度变化

4　复合驱在 SF 和 CSS 中的应用

4.1　复合驱在 SF 中的应用及典型井例

辽河油田主力实施蒸汽驱的区块齐 40 块油藏埋深 625～1050m，孔隙度平均 31.5%，渗透率平均 2.062μm²，属于高孔、高渗储层Ⅰ类汽驱油藏，目前平均地层压力 3.0MPa、平均地层温度 140℃。目前存在的主要问题井下窜通严重、生产油气比低。为此在齐 40 进行调剖剂+空气泡沫+二氧化碳+蒸汽的复合驱，2020 年试验 3 个井组，效果如下：齐 40-11-K251 井组进行耐高温调剖剂+空气泡沫+二氧化碳+蒸汽的复合驱段塞，措施前井组平均日产液 126.8t，日产油 14.8t，措施后井组日产液 135.5t，日产油 18.8t，日增油 4.0t；齐 40-14-023 井组进行耐高温调剖剂+空气泡沫+二氧化碳+蒸汽的复合驱段塞，施前井组平均日产液 111.8t，日产油 11.6t，措施后井组日产液 116.7t，日产油 15.9t，日增油 4.3t；齐 40-11-K026 井组复合驱试验效果增产效果更明显，日增油 12.1t。下面详细介绍一下齐 40-11-K026 井组复合驱的实施情况。该井分 3 个段塞注入：第一段塞注入氮气泡沫进行调剖，设计参数见表 2。第二段塞为二氧化碳，累计注入 2000t，然后注入井正常注入蒸汽。措施前齐 40－11－K026 井注汽压力 3.5MPa，措施后 4.7MPa，提升 1.2MPa。措施前井组平均日产液 124.1t，日产油 12.6t，综合含水 89.8%，9 月 29 日开始见效，目前井组日产液 126.4t，日产油 24.7t，日增油 12.1t。

表 2　氮气泡沫复合驱段塞注入介质参数表

注入参数	第一段塞	第二段塞
蒸汽量/(t/d)	80	80
起泡剂用量/t	15	10
起泡剂浓度/%	5	5
与起泡剂同注氮气/(Nm³/d)	5000	4000
与蒸汽同注氮气/(Nm³/d)	2000	2000
与蒸汽同注空气天数/d	5	5
药剂注入速度/(m³/min)	≤0.5	≤0.5
空气注入速度/(Nm³/h)	≤400	≤400
注入压力/MPa	≤10.0	≤10.0

4.2　复合驱在 CSS 中的应用

锦 25-6-16 和锦 25-8-16 井是锦采锦 25 块的 2 口吞吐生产井，井间窜通严重，单独吞吐时效果不好。因此对于这两口井采取同注同采、CO_2+发泡剂复合蒸汽吞吐的方式，如上文所述。

实施后生产周期明显延长，锦 25-6-16 井周期产油由原来的 97.03t 提高到 356.46t，锦 25-8-16 井周期产油由原来的 97.03t 提高到 356.46t，锦 25-8-16 井周期产油由 163.77t 提高到 1311t（见图 7）。

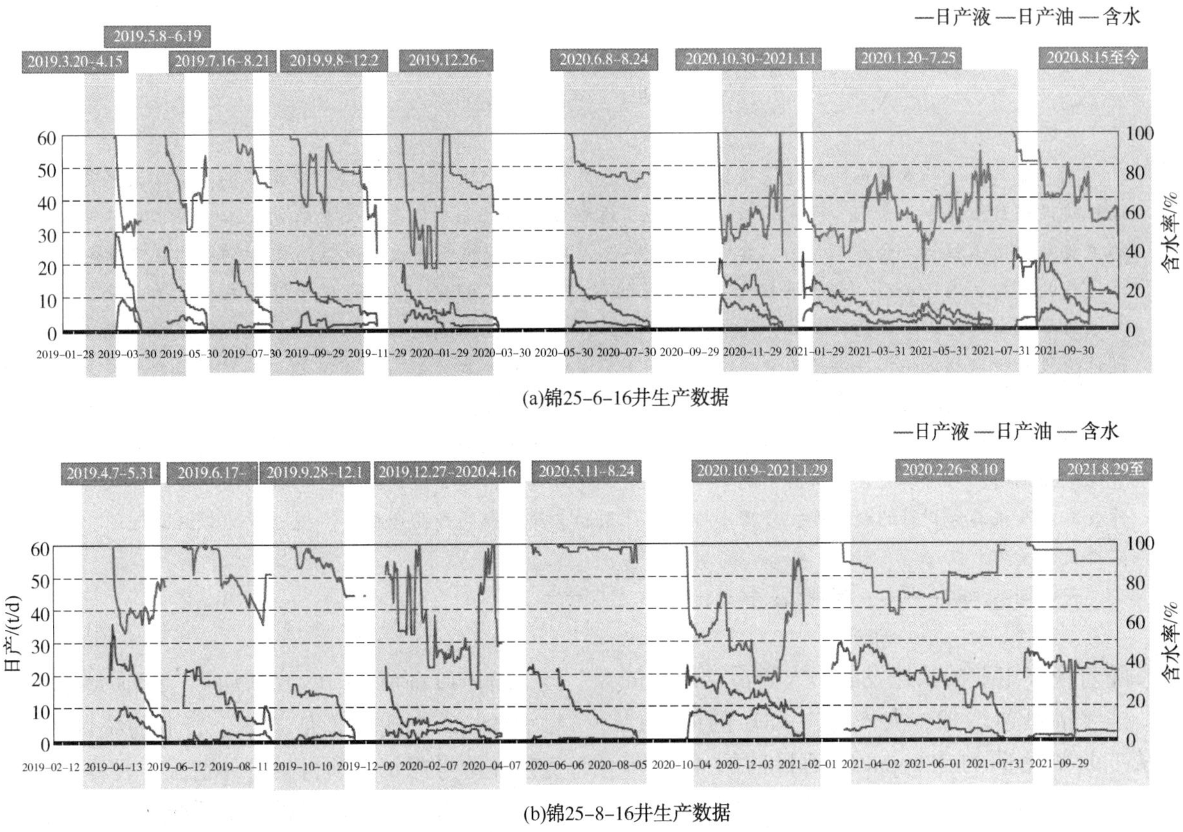

图 7　锦 25-6-16 井及锦 25-8-16 井生产数据

5　结论

（1）辽河油田进入开发后期，蒸汽吞吐、蒸汽驱地层窜通严重、回采水率低、周期产油与汽油比低是两种开发方式的的突出矛盾，急需新的技术来提高开发效果与经济效益。

（2）复合驱替通过多介质、多模式的组合，发挥降黏、扩大波及体积、提高驱替效率、调堵及补充地层能量等协同作用，大大提高了开发效果

（3）复合驱替在齐 40、杜 229 等区块实施取得明显效果，为辽河、国内积极国外同类型油藏的开发提供了技术指导。

参　考　文　献

[1] 李敬松，杨兵，张贤松，等．稠油油藏水平井复合吞吐开采技术研究[J]．油气藏评价与开发，2014，4(4)：42-45.

[2] 任芳祥，孙洪军，户昶昊．辽河油田稠油开发技术与实践[J]．特种油气藏，2012，19(1)：1-4

碳中和下 LNG 工程碳排放分析与减排技术

郭　超

（中国石油工程建设有限公司）

摘　要　为进一步明确油气建设项目碳排放核算方法并采取有效减排措施，以俄罗斯 AGPP 天然气处理厂建设项目土建专业为例，研究了工程项目施工过程碳排放的影响因素。结果表明：本项目土建碳排放的主要来源为工程材料和施工材料，合计占 80.63%，工程材料的碳排放又以钢结构和钢筋为主。建材运输过程的碳排放占 2.43%，施工过程人力与机具的碳排放占 18.57%。施工过程碳排放主要来源是施工机具。为降低土建施工阶段的碳排放，需要在项目设计、采购、施工全过程采取有效手段优化减排。在项目设计阶段进行选材优化，在满足工程要求的前提下尽量选用当地资源丰富且碳排放量相对较低的材料。采购阶段应充分调研搜集当地各种材料市场信息，尽量缩短运输距离，并根据材料温度、湿度等要求统筹考虑集中采购和运输，以便于采用碳排放量相对较低的运输方式。施工之前应对营地位置和当地水电等施工资源充分调研、对污水处理和排污系统等合理规划。施工过程通过管理创新和技术创新进一步提高人员工作效率以及机具和材料的利用率，合理安排施工计划和工序，提高产品合格率，进一步降低施工过程中的碳排放总量。

关键词　土建；施工；碳排放；材料；运输

随着现代工业的快速发展，人类活动产生的 CO_2 排放量迅速增加，大气层中 CO_2 的浓度已经从工业革命前的 280ppm 升到目前的 400ppm 以上。大气 CO_2 浓度的变化给人类的生存环境造成了严重影响。为此各国相继制定了限制碳排放的目标和具体措施。作为碳排放规模已多年位居世界第一的中国所制定的目标为 2030 年碳达峰，2060 年实现碳中和。2020 年 12 月召开的中央经济工作会议已明确碳达峰、碳中和是中国 2021 年 8 项经济工作重点任务之一。生态环境部于 2021 年 1 月正式发布了《碳排放权交易管理办法（试行）》，该办法自 2 月 1 日起正式施行。同时，各行业关于碳排放的评价和核算办法也相继制定并实施。中国将成为全球最大的碳排放交易市场，目前全国碳市场系统已基本建设完成，首批 2225 家电力企业已完成开户工作，即将开始交易。后续石油、化工、建材等八大能耗重点行业也将陆续纳入碳排放交易市场。因此，碳排放的核算与控制将是各行业从远景目标制定到具体实施方案中需考虑的主要因素之一。建筑行业碳排放为全国全过程碳排放的主要来源，2018 年建筑行业碳排放 49.3×10^8t CO_2，占全国碳排放比重 51.3%，其中包括建材生产阶段排放 27.2×10^8t CO_2，施工阶段排放 1×10^8t CO_2，以及运行阶段排放 21.1×10^8t CO_2。目前大部分碳排放的核算方法都是基于某个行业的统计数据，无法充分考虑每个项目的具体情况。且专门针对国内外油气建设行业碳排放的系统研究较少，特别对于碳排放量相对较高的土建专业未见针对碳排放的分析和研究。

阿穆尔斯基天然气处理厂（简称 AGPP）是保障中俄天然气供气协议（东线）的大型关键项目之一，同时也为长期满足东西伯利亚和远东地区的内部需要而建设。预计总投资规模 150 亿～200 亿美元，建设周期从 2017 年到 2024 年历时 8 年。AGPP 项目位于俄罗斯阿穆尔州斯沃博德内市郊，距离中国黑河约 200km。AGPP 全厂包括 3 大部分：专利单元（LU）、非专利单元（NLU）和公用工程单元（UIO）。项目投产后，全厂总处理量达到 420×10^8Nm^3/a，单列产量达 70×10^8Nm^3/a。项目共分为 5 期，一期投产时间为 2021 年，2～5 期将按顺序陆续扩建，全厂完工时间为 2024 年。该项目原料气处理量为 420×10^8m^3/a，包括 6 列天然气净化生产线、3 列氦液化生产线、3 列天然气凝液生产线。商品氦产能为 1.0×10^4t/a，乙烷产能为 260×10^4t/a，液化天然气产能为 160×10^4t/a。项目建成后，每年可生产 380×10^8m^3 商品气输往中国，对保证中国清洁能源供应具有重要战略意义。该项目位于高纬度地区，年均有7个月最低温度位于0℃以下，相对于国内项目或其他低纬度国家项目能耗较高，特别对于施工温度有严格要求的土建等专业碳排放量较大。相关标准和法规大多为针对整个行业的整体要求，结合本项目土建冬期施工实际情况可对工程建设碳排放的因素和核算方法进行补充完善，并据此采取相应碳排放减排控制措施。

1　AGPP项目LNG工艺介绍

AGPP项目的主要目的是对原料天然气进行提纯和分离，所采用的技术主要是分子筛吸附脱水、脱汞、脱硫醇，以及低温液化逐级分馏将甲烷、乙烷、丙烷、丁烷、氦气、氮气、重烃等分离得到商业化产品。全场工艺流程示意图如图1所示，来料气经计量后首先在30单元进行脱水、脱汞处理，所得干气输往40单元进行低温液化处理并初步分理出甲烷、乙烷、粗氦和C_{3+}烃组分。其中的甲烷经110压缩机单元加压后输往中国，乙烷将输往附近正在建设的AGCC化工厂作为乙烯生产的原料，粗氦送往50单元进一步精制、液化并外输，C_{3+}烃在70单元进行脱硫醇净化后进入60单元分离出丙烷、丁烷和C_{5+}并存储或外运。单纯考虑LNG液化需将15℃到25℃的来料气降至工艺参数操作温度约-120℃，操作压力2.7MPa。但由于工艺过程需要将氦气液化，全厂工艺温度最低接近绝对零度，能耗较高。

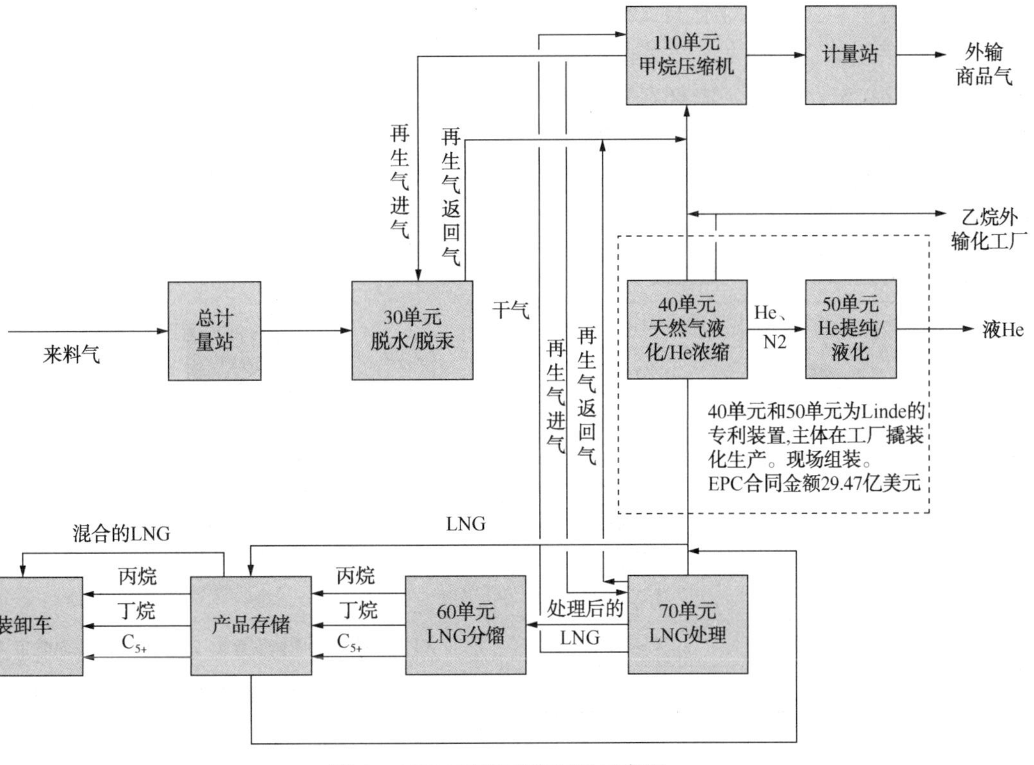

图1　AGPP项目工艺流程示意图

2　土建碳排放核算

若不考虑运行和拆除阶段，土建专业碳排放根据能耗来源和施工顺序，可分为原材料生产过程、原材料运输过程、施工过程以及部分办公管理等其他过程的碳排放，即：

$$t_{总}=t_{材料}+t_{运输}+t_{施工} \tag{1}$$

式中，$t_{总}$为总碳排放，tCO_2 e；$t_{材料}$为原材料生产过程碳排放，tCO_2 e；$t_{运输}$为原材料运输过程碳排放，tCO_2 e；$t_{施工}$为施工过程碳排放，tCO_2 e。

因此要计算土建施工碳排放总量需对上述各阶段的碳排放分别进行计算和汇总。

2.1　原材料生产过程的碳排放

土建原材料包括工程材料和施工过程的手段用料，即：

$$t_{材料}=t_{工程材料}+t_{施工材料} \tag{2}$$

式中，$t_{材料}$为原材料生产过程碳排放，tCO_2 e；

$t_{工程材料}$为工程材料生产过程的碳排放，tCO_2 e；$t_{施工材料}$为施工材料生产过程的碳排放，tCO_2 e。

2.1.1　工程材料碳排放的核算

工程原材料碳排放的测算方法有经济消耗测算法和实物消耗测算法，其中实物消耗测算法以主要建材消耗量和其排放因子进行核算，准确性相对更高。根据 GB 51366 建材生产阶段碳排放的计算公式为：

$$t_{工程材料} = \sum_{i=1}^{n} M_i F_i /1000 \tag{3}$$

式中，M_i为第 i 种土建材料的消耗量；F_i为第 i 种土建材料的碳排放因子（tCO_2 e/单位建材数量）。

本项目根据当地的惯例，土建专业主要范围为挖填土方、混凝土基础、混凝土路面、混凝土检查井、钢结构等。本项目土建材料工程量及相应碳排放量计算结果如表 1 所示，各类材料碳排放所占比重见图 2。由此可见，原材料中碳排放主要来源为钢结构和钢筋等金属结构，其次为混凝土结构。剩余材料由于工程量较少或排放系数较小 CO_2 排放量相对较少。

表 1　主要土建工程材料碳排放

项目	数量	碳排放量/tCO_2 e
钢结构/t	60000	144000.00
钢筋/t	37500	87750.00
混凝土/m^3	150000	57750.00
岩棉板/m^3	8000	15168.00
混凝土桩/pcs	37000	14245.00
检查井/pcs	2000	483.81
石子/m^3	45000	274.68
合计		319671.49

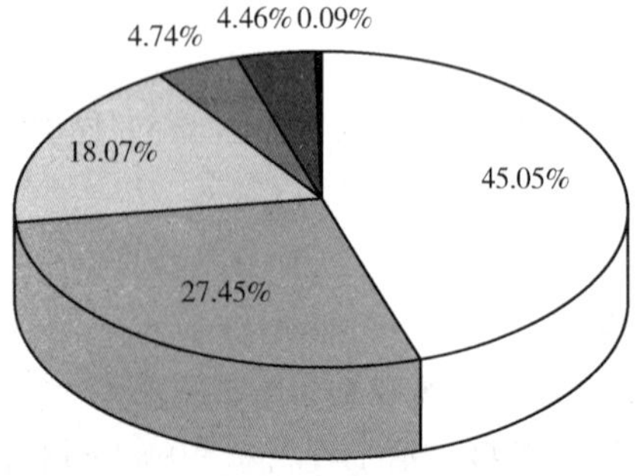

图 2　土建各类工程材料碳排放饼图

2.1.2　施工手段用料碳排放的核算

工程原材料碳排放的测算方法有经济消耗测算法和实物消耗测算法，其中实物消耗测算法以主要建材消耗量和其排放因子进行核算，准确性相对更高。根据 GB 51366 建材生产阶段碳排放的计算公式为：

$$t_{施工材料} = \sum_{i=1}^{n} M_i F_i U_i/1000 \tag{4}$$

施工手段用料与工程材料的区别是根据现场实际情况考虑了材料可重复利用系数 U_i。

主要土建施工材料碳排放如表 2 所示，土建各类施工材料碳排放饼图见图 3。

表 2　主要土建施工材料碳排放

项目	数量	废弃率	碳排放量/tCO_2 e
脚手架/t	4700	0.50	8648.00
固体废弃物/m^3	5000	1.00	5497.33
模板/m^2	80000	0.67	2418.43
保温棚布/m^2	400000	0.80	1051.20
跳板/t	6300	0.67	777.04
合计			18392.01

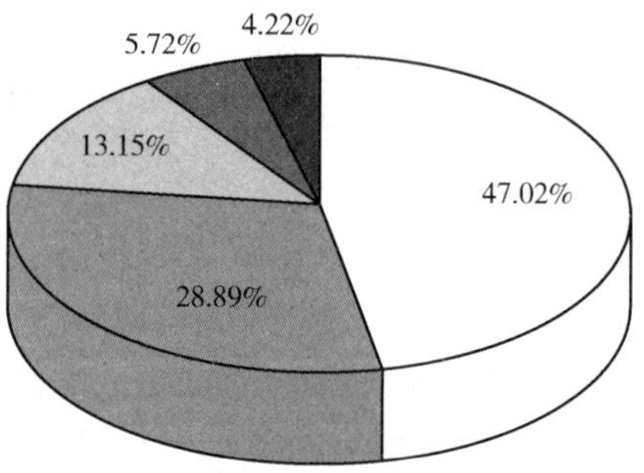

图 3　土建各类施工材料碳排放饼图

因此，施工过程所使用材料的总碳排放为 338063.49 tCO_2e，其中工程材料碳排放总量为施工材料的 17 倍多。

2.2　材料运输过程的碳排放

材料运输过程的碳排放也分为工程材料运输碳排放和施工材料运输碳排放两部分：

$$t_{运输} = t_{工程材料运输} + t_{施工材料运输} \tag{5}$$

式中，$T_{运输}$为原材料运输过程碳排放，tCO_2 e；$t_{工程材料运输}$为工程材料生产过程的碳排放，tCO_2 e；$t_{施工材料运输}$为施工材料生产过程的碳排放，tCO_2 e。

2.2.1　工程材料运输过程碳排放的核算

工程材料运输过程碳排放与材料数量、运输

距离和不同运输方式的碳排放系数有关：

$$t_{工程材料运输} = \sum_{i=1}^{n} M_i D_i T_i / 1000 \qquad (6)$$

式中，$T_{工程材料运输}$ 为工程材料运输过程碳排放，tCO_2 e；M_i 为第 i 种工程材料的数量，t；D_i 为第 i 种工程材料的运输距离，km；T_i 为不同运输方式的单位碳排放系数，铁路碳排放系数为 0.011kgCO_2 e/(t·km)，汽运碳排放系数为 0.162kgCO_2 e/(t·km)。

主要土建工程材料运输过程碳排放如表 3 所示，土建各类工程材料运输碳排放饼图见图 4。

表 3　主要土建工程材料运输过程碳排放

项目	数量	铁路运输/km	汽运/km	碳排放量/tCO_2 e
钢结构/t	60000	7000	20	4814.40
混凝土桩/pcs	177600	500	20	1552.22
混凝土/m^3	360000	0	20	1166.40
钢筋/t	37500	2000	20	946.50
石子/m^3	126000	200	20	685.44
岩棉板/m^3	6400	7000	20	513.54
混凝土检查井/pcs	3015.929	0	3	1.47
合计				9679.97

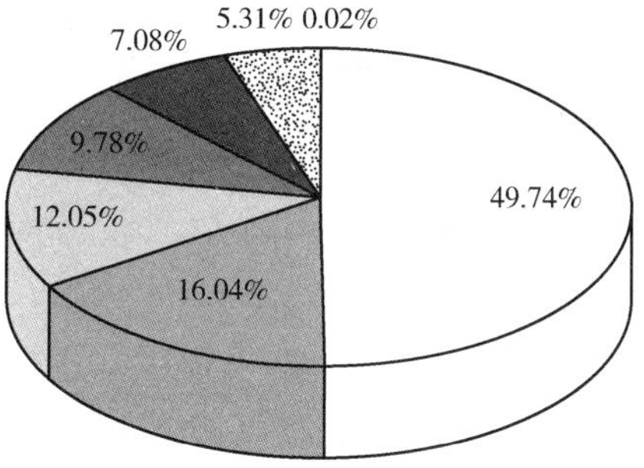

图 4　土建各类工程材料运输碳排放饼图

2.2.2　施工手段用料运输过程碳排放的核算

施工手段用料的碳排放计算公式为：

$$t_{施工材料运输} = \sum_{i=1}^{n} M_i D_i T_i \times [1+(1-U_i)]/1000 \qquad (7)$$

式中，$T_{施工材料运输}$ 为工程材料运输过程碳排放，tCO_2 e；U_i 为第 i 种工程材料的利用率。

主要土建施工材料运输过程碳排放如表 4 所示，土建各类施工材料碳排放饼状图见图 5。

表 4　主要土建施工材料运输过程碳排放

项目	数量	重复利用率	铁路运输/km	汽运/km	碳排放量/tCO_2 e
脚手架	4700	0.5	5000	20	410.59
跳板	9000	0.67	1000	20	170.45
固体废弃物	12144	1	0	30	59.02
模板	640	0.67	5000	20	49.57
保温棚布	180	0.8	5000	20	12.58
合计					702.22

注：表中材料数量单位为 t，铁路碳排放系数为 0.011kgCO_2 e/(t·km)，汽运碳排放系数为 0.162kgCO_2 e/(t·km)。

为避免重复计算，挖填方土中只有外购的 $1.5\times10^5 m^3$ 回填土计算原材料碳排放，其他挖填土方碳排放在施工过程碳排放中进行统计。成品土建材料从厂家到现场的运输碳排放包含在材料碳排放总量中。项目全部材料运输过程产生的碳排放总量为 10382.18tCO_2 e，工程材料运输所产生的碳排放总量接近施工材料运输碳排放总量的 14 倍。

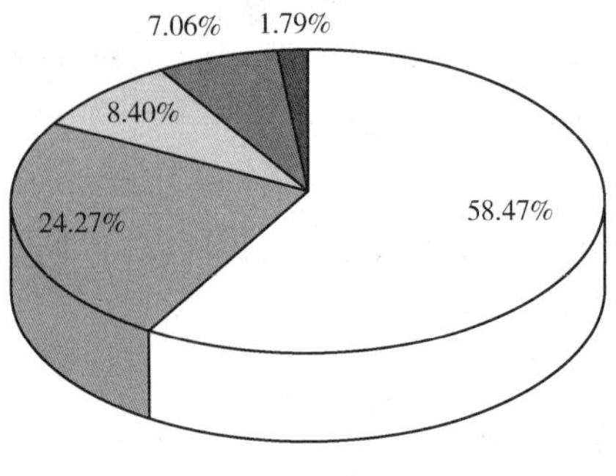

图 5　土建各类施工材料碳排放饼图

2.3　施工过程的碳排放

在部分施工过程碳排放的计算方法中以不同工序如土方开挖、垫层铺设、混凝土浇筑、混凝土养护、钢结构安装等为单位分别进行计算后累加。这种做法会将计算过程变得烦琐，极易产生重复统计或计算遗漏，且由于参数较多，针对各个参数的准确性难以保证。按碳排放输出进行分类计算则可很大程度上简化计算模型，根据实际能源消耗数据得到准确的结果。

除了上述已讨论的材料碳排放量外土建施工过程的碳排放按照来源主要分为人力、机具两部分，因此只需将这两部分碳排放计算后即可得到施工过程碳排放：

$$t_{施工}=t_{人力}+t_{机具} \tag{8}$$

2.3.1　施工过程人力的碳排放

根据本项目实际情况，人力碳排放主要由营地生活和现场工作活动构成，包括考虑营地基础设施和日常衣食、能源、排污、供暖的碳排放，以及休假期间交通碳排放。由于给水、净化、排污和供暖系统都通过消耗能源来提供，因此不做重复计算。据此，人力碳排放为：

$$t_{人力}=t_{基础}+t_{能源}+t_{交通} \tag{9}$$

按 1500 名土建专业工作人员统计，人均年基础碳排放为 1.29t，基础设施及消费总碳排放为 1939.74t。项目期间，生活和办公需消耗柴油 2128t 对应碳排放 6588.20t，消耗外购商品电 2823005kW · h，对应碳排放 1129.20t。因此能源总碳排放为 7717.40t。由于项目人员大多来自中亚、印度或俄罗斯西部地区，因此单程距离按从布拉戈维申斯克到莫斯科航空和 300km 汽运距离考虑。在项目建设 7 年周期内平均每人往返现场 7 次，每次动迁有 20 人乘同一航班，4 人乘坐同一汽运交通工具。按国际民航组织提供的工具计算的航空过程碳排放总量为 408.48t。按国际经济合作与发展组织（OECD）提供的 140gCO_2e/km 的汽运碳排放系数计算汽运碳排放为 220.50。因此交通碳排量合计为 628.98t。

根据上述各项碳排放合计土建施工人力碳排放总量为 10286.12tCO_2e。

2.3.2　施工过程机具的碳排放

施工机具能量来源主要有燃油和电力，根据现场所有土建专业用燃油机具耗油量核算项目建设周期柴油耗油量为 20025.02t，合计碳排放量为 61995.44tCO_2 e。土建专业外电消耗量约为 18000MW · h，合计 7200tCO_2 e。施工机具碳碳排放总量为 69195.44tCO_2e。因此，土建施工过程总碳排放量为 79481.56tCO_2e。

项目土建建设期间总碳排放量为 427927.23 tCO_2e，其中主要部分为工程材料和施工材料的碳排放，合计占 80.63%。其余部分为建材运输过程的碳排放占 2.43%，施工过程人力与机具的碳排放占 18.57%。

3　降低土建施工碳排放的措施

3.1　土建材料减排措施

通过上述分析可以看出，AGPP 项目土建工作主要碳排放源为建筑材料和施工材料，因此在工程材料方面应从设计选材开始进行优化，在满足强度和寿命指标的前提下尽量减少土建材料用量，在保证结构使用性能和美观效果的前提下尽量采用单位重量碳排放量低的无机非金属材料代替金属材料和高分子材料。

在施工材料的使用上，应在项目前期尽早规划筹备，在满足使用要求的情况下尽量选择碳排放量小的材料，如采用木跳板代替钢制或铝制跳板等。通过合理安排工期，减少高排放量材料的使用，如将部分冬期保温施工调整到夏季执行可有效降低保温苫布的使用，从而实现降低碳排放的目的。通过合理优化施工方案，通过地面预组装减少高空作业也可降低脚手架的使用，从而降低由此产生的碳排放。通过对各阶段和各工序衔接的合理安排以及对施工材料的有效防护提高施工材料的重复利用率，也可有效降低施工材料的使用数量，同时由此产生的降低固体废弃物所造成的碳排放。

3.2　材料运输过程的减排措施

为减少材料运输过程的碳排放，除了需要设

计对选用材料的数量进行优化外，还需要根据当地市场情况尽量选用项目所在地资源充足的材料，减少各类工程材料的运输距离。采购部门需要及时搜集当地各类资源信息，通过比价在保证采购成本的前提下尽量通过减少运输距离来降低碳排放。同时增强工程材料运输的统筹安排，尽量做到将散料集中选择海运、铁路运输等单位重量碳排放量低的集中运输方式。对于运输过程需要保温的物资尽量安排在夏季运输，进一步降低运输过程的碳排放。施工材料的选择也应因地制宜，在保证使用性能的前提下尽量就近采购，通过大宗采购避免零散运输造成的碳排放增加。对污水等尽量通过就地处理达到直接外排要求避免通过外运处理而额外产生的运输排放。

3.3　施工过程的减排措施

相较于材料和运输，土建的施工过程具有更大的灵活性因而可采取更多有效的减排措施来降低建设项目的整体碳排放水平。

首先在项目筹划阶段就需要对营地位置和水、电条件等进行充分的考察和优化，尽量缩短项目人员生活营地与工作场所之间的距离。争取正式施工时现场水电等资源已就位，降低人员通勤、水车运输、柴油发电等造成的碳排放负担。并通过制订科学合理的项目计划将对温度要求严格的工作如混凝土、油漆、防火等主要工作量安排在夏季施工，室内工作可安排在冬季进行。从图 6 可以看出，碳排放在环境温度低的月份明显高于气温低的月份，温度最低月份的碳排放量是气温最高月份的碳排放量的 5 倍左右，这主要是冬季采暖等冬季施工措施引起的能源消耗增加。因此通过将冬季施工尽量安排在夏季完成，并减少现场冬季作业人员可以有效降低施工过程的碳排放。

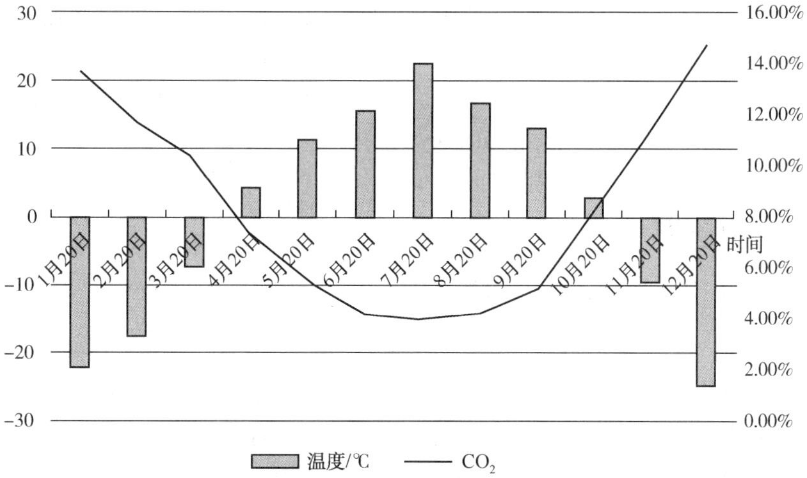

图 6　2020 年月均环境温度和碳排放比较

在施工过程通过有效的管理创新实现施工组织加强 EPC 深度融合，如采用 BIM 软件等手段对项目全过程进行监控，及时发现错漏碰缺问题，减少工作返工和人员怠工造成的额外碳排放。通过有效的施工组织和施工管理提高人员和机具的工作效率和有效利用率，对碳排放源进行管控和压缩。通过有效的 QHSE 管理提高施工成品的一次报验合格率，保障施工时机效率，避免安全质量事故给项目造成额外消耗。同时应加强技术创新，例如通过积极采用橇装化等手段加强部分结构的厂家预制深度，利用厂家的专业团队和施工手段降低在现场进行相同工作由于难度增加造成的碳排放。通过对低温油漆等当地先进技术的吸收和应用降低钢结构施工过程的温度要求，从而达到有效降低碳排放的目的。

4　结论

对俄罗斯 AGPP 项目土建专业施工过程碳排放进行了分析和计算，结果表明，项目建设过程土建碳排放的主要部分为工程材料和施工材料的碳排放，合计占 80.63%。其余部分为建材运输过程的碳排放占 2.43%，施工过程人力与机具的碳排放占 18.57%。其中，工程材料的碳排放以钢结构和钢筋为主，二者碳排放之和为工程材料碳排放总量的 2/3 左右；施工材料中脚手架材料和固体废弃物的碳排放占 3/4 左右；钢结构、混凝土桩和混凝土占工程材料运输产生碳排放的 3/4 左右，其中钢结构运输 1 项占总工程材料运输碳排放的 1/2 左右。施工材料运输碳排放主要来自脚手架和跳板的运输，二者合计超过施工材料碳排放总量的 80%。施工过程总碳排放量 79481.56tCO_2 e，其中主要为施工机具碳排放，占 87.10%。

为了降低土建施工阶段的碳排放，需要在项目设计阶段即开始选材优化，在满足工程要求的前提下尽量选用当地资源丰富且碳排放量相对较低的材料。采购阶段应充分调研搜集当地各种材料市场信息，尽量缩短运输距离，并根据材料温度、湿度等要求统筹考虑集中采购和运输，以便于采用碳排放量相对较低的运输方式。施工之前应对营地位置和当地水电等施工资源充分调研、对污水处理等合理规划。施工过程通过管理创新和技术创新进一步提高人员工作效率和机具利用率；合理安排施工计划和工序。通过精细化管理针对各项工作选择适用的施工机械设备，避免单台盈余过大、数量过多而增加排放。严格 QHSE 控制，提高产品合格率，进一步降低因返工或事故等原因造成的施工过程碳排放总量。

参 考 文 献

[1] Fischer, H., Schmitt, J., Schneider, R., et al. Latest Insights into Past Carbon Cycle Changes from CO_2 and $\delta^{13}C_{atm}$[J]. Nova Acta Leopoldina, 2015, 121 (408): 59-63.

[2] Seppnen O A, Fisk W J, Mendell M J. Association of ventilation rates and CO_2 concentrations with health and other responses in commercial and institutional buildings [J]. Indoor Air, 2010, 9(4): 226-252.

[3] Chung W, Wu Y J, Fuller J D. Dynamic energy and environment equilibrium model for the assessment of CO2 emission control in Canada and the USA [J]. Energy Economics, 1997, 19(1): 103-124.

[4] Toshihiko N, Alan L. Analysis of the impacts of carbon taxes on energy systems in Japan [J]. Energy Policy, 2000, 29(2): 159-166.

[5] Korhonen R, Savolainen I, Sinisalo J. Assessing the impact of CO 2 emission control scenarios in Finland on radiative forcing and greenhouse effect [J]. Environmental Management, 1993, 17(6): 797-805.

[6] Fan M, Vidic R D, Dionysiou D D, et al. Recent Development in CO_2 Emission Control Technology [J]. Journal of Environmental Engineering, 2009, 135(6): 377-377.

[7] Wang, Ruibin. A Global Challenge[J]. Beijing Review, 2020, 63(52): 30-31.

[8] 生态环境部. 碳排放权交易管理办法(试行)[R]. 北京：生态环境部，2021.

[9] 中国建筑节能协会能耗统计专业委员会. 中国建筑能耗研究报告[R]. 厦门：中国建筑节能协会能耗统计专业委员会，2020.

[10] Huang L, Krigsvoll G, Johansen F, et al. Carbon emission of global construction sector [J]. Renewable and Sustainable Energy Reviews, 2017: 1906-1916.

[11] 郭超，韩长军，李明，等. 温度对俄罗斯阿穆尔地区管道试压的影响[J]. 油气储运，2020，39(S1)：390-395.

[12] 中华人民共和国住房和城乡建设部. 建筑碳排放计算标准(GB/T 51366—2019)[S]. 北京：中国建筑工业出版社，2019.

[13] 顾鹏，马晓明. 基于居民合理生活消费的人均碳排放计算[J]. 中国环境科学，2013，33(8)：1509-1517.

[14] 张宏钧，王利宁，陈文颖. 公路与铁路交通碳排放影响因素[J]. 清华大学学报(自然科学版)，2017(04)：443-448.

[15] Hongwei S, Yeongmog P. CO_2 Emission Calculation Method during Construction Process for Developing BIM - Based Performance Evaluation System [J]. Applied Sciences, 2020, 10(5587): 1-14.

辽河坳陷西部凹陷双 229 块 CCUS 试验区储层非均质性研究

施玉华　傅　巍

（中国石油辽河油田公司勘探开发研究院）

摘　要　辽河坳陷西部凹陷双 229 块沙一段为典型的“双低”油藏，是辽河油田重要的碳驱油加埋存试验基地，对其地质体关键因素进行精细描述、表征属奠定坚实地基的工作，储层非均质性属 CCUS 过程中最重要的地质因素之一。本文从微观、平面、纵向三方面出发，系统地对储层的非均质性进行了分析评价，从定性、定量两方面剖析储层微观、层内、层间、平面非均质性程度，支撑低渗透砂岩气驱的开发方案设计、实施。

关键词　双 229 块；CCUS；储层非均质性；微观非均质性；层间非均质性

近年来，针对常规注水注不住、驱不动的低渗透油藏及水驱无法完全动用开发的特殊岩性油藏实施稀油注气开发提高采收率研究。经过一系列试验表明，气驱是低渗/特低渗油藏提高采收率的重要手段，“双碳”目标下，CCUS 技术可实现利用二氧化碳大幅度提高采收率的同时将二氧化碳封存再地下，为油田绿色低碳可持续发展提供有力支撑。

双 229 块沙一段是典型的低孔特低渗油藏，其洼 128 井区作为辽河油田首个 CCUS 先导试验区；影响 CO_2 驱油开发效果的关键地质因素包括储层非均质性、单砂体连通性、裂缝和高渗透带的分布等。储层非均质性是指在储层在沉积、构造、成岩作用的影响下，空间分布及特征都存在差异，对其正确客观的认识是至关重要的。笔者通过分析化验测试及测井资料等，解析研究区储层非均质性，支撑低渗透砂岩气驱的开发方案设计。

1　地质概况

双 229 块位于辽宁省盘锦市大洼县境内，构造上位于渤海湾盆地辽河坳陷西部凹陷中南段清水洼陷北部，中央凸起西侧。其沙一段物源来自东侧中央凸起，为大规模湖侵水体变深产物，砂体岩性细、厚度薄。有利相带为水下分支河道，局部发育河道间微相，河道间砂体变薄。研究目的层 S_1^3 段为深层低孔、特低渗岩性油藏，上覆厚层湖相泥岩，储盖组合优越。

2　储层非均质性

2.1　微观非均质性

根据岩心观察、薄片鉴定、扫描电镜分析和 X 射线衍射资料可以得出，双 229 块沙一段岩性以细砂岩、粉砂岩、泥质粉砂岩为主，碎屑成分以石英、长石为主，次为岩屑；岩屑以变质岩屑为主，次为火山岩屑，少量沉积岩屑。砂岩以岩屑长石砂岩为主（见图 1），少量长石砂岩，其中长石含量为 36%~51%，石英含量为 24%~36%，岩屑含量为 13%~38%，岩石成分成熟度相对较高。填隙物主要为泥质杂基及碳酸盐胶结物。碎屑颗粒具有中等分选性，磨圆度以次圆、次棱-次圆为主，结构成熟度中等；接触关系以点-线、线接触为主，胶结类型以孔隙型为主。

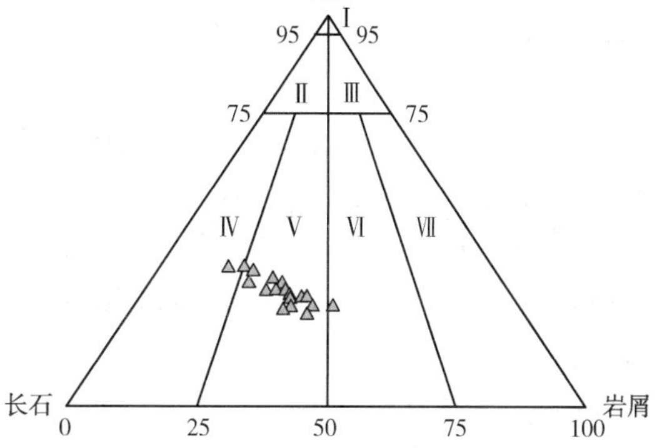

图 1　双 229 块砂岩成分三角图

通过岩心观察、铸体薄片鉴定，双 229 块储集空间类型以粒间孔、粒内孔、颗粒溶孔为主，少量铸模孔、微孔，见少量颗粒裂缝、成岩微缝等(见图2)。

(a)粒间孔、颗粒溶孔
(双229，3365.6m，细粒岩屑长石砂岩，单偏50×)

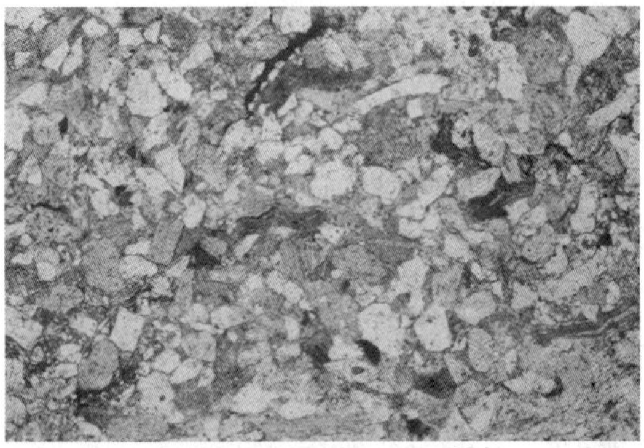

(b)粒间孔、微孔、构造缝
(双246，3620.95m，细-中粒岩屑长石砂岩，单偏光50×)

(c)粒间孔、粒内孔、铸模孔、微孔
(洼111，3443.22m，细-中粒岩屑长石砂岩，5×10)

(d)粒间孔、粒内孔
(洼111，3447.80m，中粒岩屑长石砂岩，5×10)

图2　岩心观察、铸体薄片鉴定结果图

岩心物性分析数据显示，沙一段储层孔隙度平均12.7%、渗透率平均1.62mD，为典型的低孔特低渗砂岩储层，孔隙度和渗透率具较好的正相关性，为孔隙型储层特征，根据本区储层取心段的压汞分析资料，沙一三亚段孔隙度平均14.8%，渗透率平均1.48mD。有效储层的孔喉半径主要集中于0.065~55.9μm，孔喉半径平均值5.31μm，最大孔喉半径平均31μm，喉道均质系数0.22。排驱压力一般小于0.1MPa，最大压力下汞饱和度一般大于70%，退汞效率大于24%(见图3、图4)。根据铸体薄片图像分析资料统计，最大吼道宽度55.4μm，最小1.47μm，平均配位数0.65，平均孔隙直径82.94μm，平均孔喉比5.23，均质系数0.56。储层孔喉特征总体表现为中孔、细-特细喉，不均匀型。

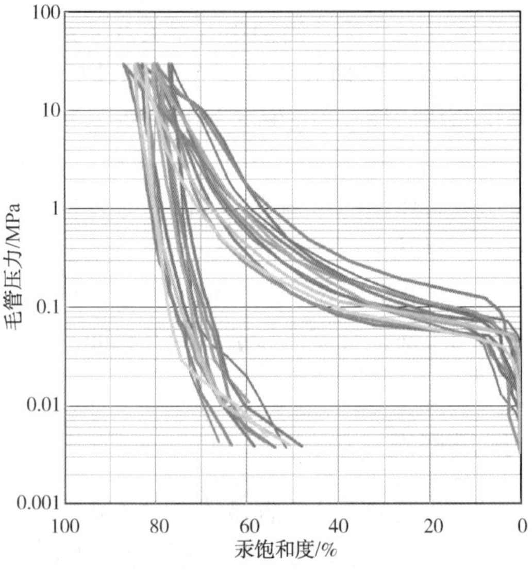

图3　沙一段储层毛管压力曲线特征

2.2　层间、层内非均质性

层间、层内非均质性属于油藏纵向非均质性，相比常规注水开发，注气开发纵向非均质效应更加显著。本文从隔夹层特征、层间、层内渗透率非均质程度两方面对研究区纵向非均质性进行定性、定量评价。层间非均质性是指砂体之间的差异，包括层系的旋回性、砂层间的非均质程度、隔层分布及层间裂缝特征等，由于砂体沉积环境、成岩变化的差异，可能导致不同砂体渗透率的差异较大，造成层间非均质性，影响CO_2气驱效果。层内非均质性是指油(气)内部各段在岩性、物性、层理构造、韵律等方面的差异。笔者利用渗透率变异系数、渗透率突进系数及渗透率级差对层间、层内非均质性进行定量表征。

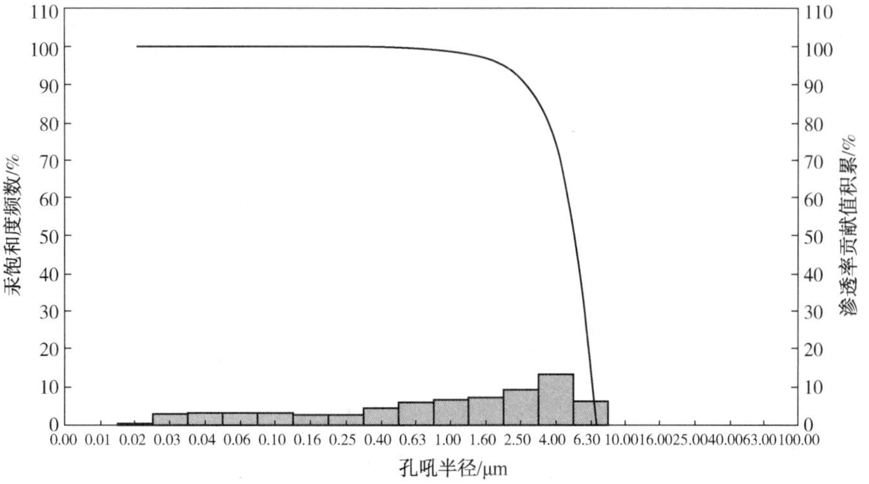

图4　沙一段汞饱和度及渗透率贡献值累积曲图

2.2.1　隔夹层特征

S_1^3段地层沉积时期，水体变深，整体为一套湖侵体系域，砂地比较低(见表1)，泥岩隔夹层发育(见图5~图7)，频率为117~168层/km。

表1　双229块S_1^3段隔夹层发育情况统计表

区块	砂地比	平均单层厚度/m	频率层/km
洼111	0.20~0.39	6.92	117
洼128	0.18~0.41	5.49	138
双229	0.11~0.37	4.5	168

S_1^3段发育多个退积准层序组，对应S_1^3的5个砂组，每组之间发育相对稳定泥岩隔层，平均厚度8.9m。砂组内部发育泥岩和粉砂质泥岩夹层，平均单层厚度5.86m。

2.2.2　层间、层内渗透率非均质程度

层间、层内非均质性程度的评价主要采用以下参数来描述：渗透率变异系数、渗透率突进系数、渗透率级差，通过分析化验及测井资料统计渗透率，最终获得层内、层间非均质性程度相关值，具体见表2，对照评价标准，研究区层内、层间属于均质型。

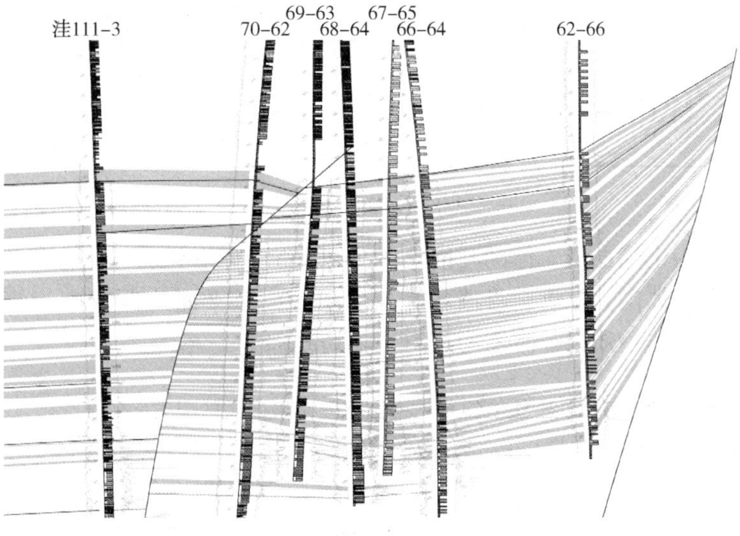

图5　双229块洼111-3-双229-62-66井S_1^3段隔夹层剖面图

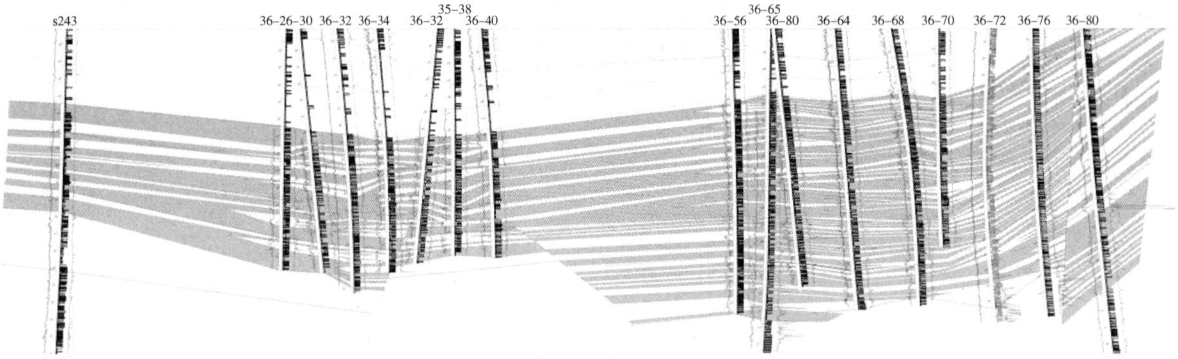

图 6　双 229 块双 243-双 229-36-80 井 S_1^3段隔夹层剖面图

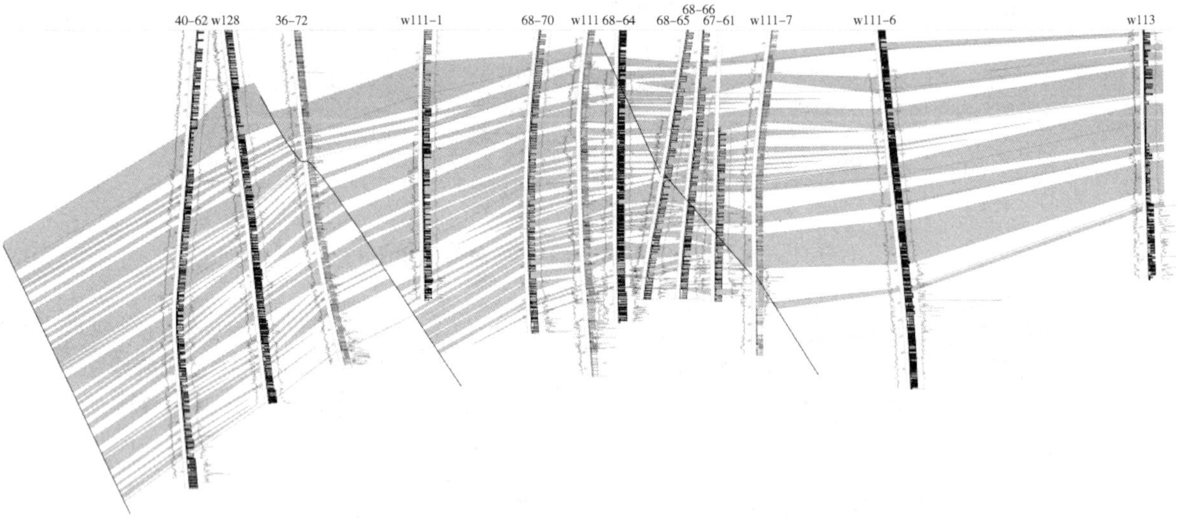

图 7　双 229 块双 229-40-62-洼 113 井 S_1^3段隔夹层剖面图

表 2　双 229 块沙一段渗透率非均质程度评价表

类型	层位	平均渗透率/mD	突进系数	级差	变异系数	分类
层内	S_1^3Ⅲ	0.2~16.3	1.~2.2	1.2~60.5	0.1~0.8	均质型
	S_1^3Ⅳ	0.2~1.31	1.1~4.4	1.3~16.6	0.4~1.0	均质型
	S_1^3Ⅴ	3.8~4.1	1.7~2.3	5.8~11.2	0.6~0.8	均质型
层间	S_1^3Ⅲ	3.57	4.59	64.6	1.01	均质型
	S_1^3Ⅳ	0.81	1.63	5.14	0.46	均质型
	S_1^3Ⅴ	3.98	1.04	1.08	0.04	均质型

2.4　平面非均质性

平面非均质性是指一个储层砂岩体的几何形态、规模、连续性以及砂体内孔隙度、渗透率等参数的空间变化所引起的非均质性。本文通过对双 229 块洼 128 井区有效储层的连通性进行分析来评价 CCUS 试验区平面非均质性(见表 3)，S_1^3Ⅲ、S_1^3Ⅳ平面均质程度中等-较好，S_1^3Ⅴ平面均质程度中等。

表 3　双 229 块 CCUS 试验区有效储层连通性相关参数表

井区	层位	平均有效储层厚度/m	平均孔隙度/%	油层埋深/m	连通系数/%
双 229 块 洼 128 井区	S_1^3Ⅲ	11.5	12.6	3250~3700	68
	S_1^3Ⅳ	17.3	13.0	3250~3900	68
	S_1^3Ⅴ	8.9	12.8	3450~3950	55

3 结论

（1）辽河坳陷西部凹陷双 229 块沙一段储层低孔、低-特低渗储层，孔喉特征总体表现为中小孔、细-特细喉，不均匀型。储层微观非均质性较强。

（2）S_1^3段泥岩隔夹层发育，砂岩组之间发育相对稳定泥岩隔层，砂组内部发育泥岩和粉砂质泥岩夹层；层间、层内渗透率非均质程度较弱；综合分析层间、层内非均质性中等。

（3）双 229 块 CCUS 试验区洼 128 井区 S_1^3 Ⅲ、S_1^3Ⅳ平面均质程度中等-较好，S_1^3 Ⅴ平面均质程度中等。

参考文献

[1] 胡文瑞．中国低渗透油气的现状与未来[J]．中国石油企业，2009(6)：56-58.

[2] 王丽，卜祥福，伍锐东．CO_2 混相驱提高采收率的研究现状及发展前景[J]．石油化工应用，2010. 29(2-3)：4-7.

[3] 胡永乐．二氧化碳驱油与埋存技术论文集[M]．北京：石油工业出版社，2016.

[4] 胡永乐，郝明强，陈国利，等．注二氧化碳提高石油采收率技术[M]．北京：石油工业出版社，2018.

[5] 柴毓，王贵文，柴新．四川盆地金秋区块三叠系须二段储层非均质性及成因．岩性油气藏，2021，33(04)：29-40.

[6] 张代燕，彭永灿，肖芳伟，等．克拉玛依油田七中、东区克下组砾岩储层孔隙结构特征及影响因素[J]．油气地质与采收率，2013，20(6)：29-34.

[7] 罗文军，彭军，杜敬安，等．川西坳陷须家河组二段致密砂岩储层成岩作用与孔隙演化：以大邑地区为例[J]．石油与天然气地质，2012，33(2)：287-301.

[8] 尹志军，鲁国永，邹翔，等．陆相储层非均质性及其对油藏采收率的影响：以冀东高尚堡和胜利永安镇油藏为例[J]．石油与天然气地质，2006，27(1)：106-110.

[9] 于翠玲，林承焰．储层非均质性研究进展[J]．油气地质与采收率，2007，14(4)：15-22.

[10] 王香增．低渗透砂岩油藏二氧化碳驱油技术[M]．北京：石油工业出版社，2017：41-53.

[11] 胡建国，宏小龙．特/超低渗透油藏二氧化碳驱油技术[M]．北京：石油工业出版社，2020.

电动固井装备研制与应用

潘　涛　张会治　李深江

（中石化中原石油工程有限公司）

摘　要　大位移井、长封固段、高密度和高压力等特殊固井作业逐年增多，通常采用的2（用）+1（备）+1（前置液）的固井设备配置方案已经无法满足此类固井作业的需求，而且车载柴油动力系统燃料成本高、噪声大，排放污染环境。电动固井装备的研制，实现单台注水泥，两台替浆，节约施工成本，提升作业效率；施工噪声小、能耗低，清洁环保、节能降碳，满足当前环境保护相关要求。

关键词　固井装备；电驱；研制；世界首台；应用；节能；效益

近年来，大位移井、长封固段、高密度和高压力等特殊固井作业逐年增多，用于解决现场固井技术难题的新型水泥浆体系也不断推出。现有的柴油机动力的水泥车车身长、超重，山路行驶不便，常规固井装备在水功率、排量等方面已经无法满足此类固井作业的需求，研制满足深井固井大排量、长时间作业要求和绿色环保的新型固井装备已成为新的发展趋势。

1　国内外现状及发展趋势

1.1　国外技术现状和发展趋势

国外固井装备制造公司通过多年的技术研发与储备，在大功率固井装备研制方面处于领先甚至垄断地位，掌握了大量的关键专利技术。其中，代表产品如哈里伯顿 Advantage 系列、斯伦贝谢 CPS 系列等装机功率从 1000hp 到 3500hp，能够实现泥浆顶替和高强度固井作业单机化。哈里伯顿 HCS Advantage，斯伦贝谢 CPS679、CPS763、CPS977、CPS3000 都是采用电机驱动的固井装备。

1.2　国内技术现状和发展趋势

国内主要固井装备制造公司在大功率自动控制固井装备研制方面尚未取得突破，功率在 600hp 以下的固井泵仍为主流配置。为了满足国内大型固井施工对排量、压力、可靠性的要求，井场通常采用 2（用）+1（备）+1（前置液）的固井设备配置方案，设备协同作业效率不高，人员、设备浪费情况严重，施工成本较高。

同时，随着车载柴油动力系统燃料成本高、噪声大及排放环境污染等问题日趋突出，绿色环保的电驱动力技术成为新的发展趋势，柴油发动机和液力变速箱的驱动模式，已渐渐无法满足日趋严苛的环保要求。目前，国内油田网电建设逐步完善，网电石油装备正逐步得到应用，配备电驱动力的钻塞泵注设备成为新的发展方向，稳定、可靠、性价比高的钻塞泵注设备研制工作已经迫在眉睫。

1.3　油气勘探开发的需要

固井作业是钻井施工中重要组成部分，是一个涉及面广、风险大、作业要求高、技术性很强的隐藏性井下作业工程，也是考核钻井质量的三大要素之一，固井质量的好坏直接关系到油气井的产能与寿命。

大力发展非常规天然气已成为我国今后能源发展的重点之一。随着非常规天然气的开发力度不断加大，页岩气作为非常规气体能源的重要战略地位正在凸显。目前，中国四川盆地页岩气层埋深均在 2000m 以上，中国石化涪陵二期和威荣区块 3500m 深层页岩气开发已在进行，由于固井装备在流量、密度等监测和控制等方面自动化程度低，现场主要依赖人工计量和调节，施工效率和精度低，作业难度显著增加，成本、安全和环保等问题日益突出。

2　可行性研究

2.1　公司现状

中国石化中原石油工程有限公司（以下简称中原石油工程公司）成立于 2012 年 12 月，涉及钻井、井下特种作业、管具、固井、油藏综合服务和钻井工程研究等专业。公司自成立以来，认真贯彻中国石化集团公司“节能减排、绿色低碳”发展战略，大力实施节能降碳技术攻关，能耗总量和碳排放总量逐年下降，能效水平稳步提升。

固井公司隶属中原石油工程公司，目前拥有高压油气井固井、低压易漏失井固井、小井眼固井、岩盐层固井、煤气层固井、水平井固井及常规一次性固井等19项固井技术，是一家集油气井固井设计施工、固井工艺技术研究、水泥浆化验、水泥浆添加剂研制开发、固井工具附件研制及应用、散灰储运混拌等于一体的专业化石油工程技术服务公司。多年来，固井公司发挥技术与装备优势，积极参与国内外市场竞争，先后进入吐哈、青海、辽河、大庆、四川、长庆、吉林及江苏等国内油田和地区。1996年进入苏丹、哈萨克斯坦等市场并不断扩展境外固井业务，先后与新西兰石油公司、美国阿莫科东方石油公司、德士古石油公司及菲利浦斯石油公司等国际知名石油公司成功进行合作。

目前，固井公司拥有固井队伍13支，固定资产418台(套)，其中双机双泵水泥车24台、单机单泵水泥车34台，高温高压水泥浆稠化仪等化验仪器52台，大型散灰混拌库4座，主要分布在河南、山西、东北、陕北、内蒙古及四川等国内地区和苏丹、哈萨克斯坦、乍得和南苏丹等境外地区。

2.2 研制思路

中原石油工程公司作为中国石化石油工程公司市场开拓的排头兵，有面临着复杂多变有着替浆压力达到50MPa的、水泥浆密度达到2.30g/cm^3页岩气固井施工，水泥量200吨以上、单次固井施工3小时以上的页岩气井施工、大规模使用的钻井队伍，技术高超的现场设备操作维护保养人员、能够对电动水泥车的研制提供良好的试验条件，使得电动水泥车投产时，可满足各种复杂井的固井施工。

中石化石油机械股份有限公司具备压力35~140MPa、排量1300~4200L/min的单机单泵、双机双泵、车载式、橇装式和手动自动混浆固井设备系列产品，可实现高能混浆、数据采集传输、混浆液面自动控制。掌握固井混浆技术、大型固井泵等两大固井装备核心装置的研发能力，拥有24项固井设备有效专利。具有柱塞泵生产线及固井设备总装、调试、试验生产线，年产能200台固井设备。

中国石化石油工程技术研究院长期从事固井工艺技术研究、固井工具开发，固井软件与现场固井技术服务等工作。先后承担了国家、部、局级科研项目近80项，研究成果多次获得省部级科技进步奖项，具有25项发明专利和18项专有技术，编制了13项行业标准。在固井现场监控系统和固井优化设计理论与软件技术有较多的积累，从科研技术方案、人员和试验设备配套方面具有良好的基础。

中原石油工程公司将依托石油机械公司现有的固井装备研制开发能力和配套的成套装备试验检测能力，石油工程技术研究院丰富的固井技术研发和工程经验，开展电动固井装备技术研究和设备研制，实现变频器控制交流电机驱动柱塞泵技术、密度精确测量技术、固井设计与施工过程监测技术及高效混合器设计技术的创新。

2.3 技术目标

研制出具有国际先进水平的1600型电动固井装备(见图1)，建立电动固井装备研发体系，形成适应于我国页岩气固井施工特点的低碳环保固井装备、试验验证平台等综合配套技术和安全应用规范，提升我国固井装备科技创新和制造能力，为国内深层页岩气高效率、低成本开发提供装备保障。

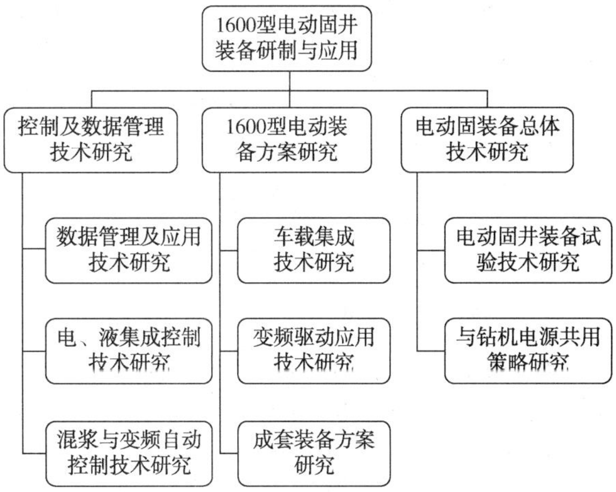

图1　1600型电动固井装备研制与应用

3 研究内容

3.1 技术内容和关键

3.1.1 总体技术研究

(1)与钻机电源共用策略研究。结合单台固井车单独作业及两台固井车同时作业时负载情况，研究固井车的用电负荷。根据固井车作业负载情况及钻机供电情况，研究供电策略，实现电驱固井车与电驱钻机电源共用的目标。

（2）试验技术研究。针对大排量、高压力工况，提出符合作业工况的试验标准，结合试验条件，以核心装置和关键技术基础研究为指导，开展试验方式、方法研究，确定核心部件、固井装备试验验证要素，制定电机、传动系、控制系统及电动固井装备的试验方案和步骤，形成相应的试验规范，完成1600型电动固井装备的型式试验，充分验证产品的技术性能。

3.1.2　1600型电动装备方案研究

（1）成套装备方案研究。通过开展页岩气固井作业工况研究，确定电动固井装备的主要参数，依据固井作业环境条件和装备负载特性，开展大功率电机电压、功率、扭矩、转速、特性曲线、外形尺寸、重量等参数分析和研究，形成满足固井设备安装和使用要求的电机和传动总体方案。

（2）变频驱动应用技术研究。结合固井泵负载特性，开展变频器驱动技术研究，确定变频器各项性能参数；开展变频器快速动态响应算法研究，实现变频器对电机速度控制，实现固井泵排量精确控制。

（3）车载集成技术研究。在基础应用技术研究和关键部件研制的基础上，通过安全防护要求的研究，保证电机的安装空间，结合材料、结构、防锈蚀等方面要求，形成装备的电-机械传动方案；通过底盘车各轴载荷计算，优化固井装备零部件配置与整机布置，减轻整机的重量，控制整机总体外形尺寸，解决固井装备整机性能与外形尺寸及重量之间的矛盾，保证整机能够适应页岩气开发工况的移运要求，形成1000型电动固井装备的车载集成技术方案，完成整机制造。

3.1.3　控制及数据管理技术研究

（1）混浆与变频自动控制技术研究。研究变频自动启动技术，实现水泥浆目标密度下变频电机的自动启动功能。研究变频自动调速技术，实现水泥浆不同流量需求下变频电机的自动调速功能。研究变频通讯技术，将动力控制与混浆控制结合，实现固井作业中混浆技术的自动化升级。

（2）电、液集成控制技术研究。通过机、电、液系统的可控性研究，分析液压控制系统关键部件，建立可控液压单元集成系统关键部件的数学模型，分析有关参数及系统特性，实现固井车电、液集成控制。

（3）数据管理及应用技术研究。研究现场对固井作业、设备状态信息、运维数据需求，制定数据采集需求。研究基于物联网的数据采集方案，快速实现任意一台设备的互联互通，将大量数据安全收集、中间存储、回传并实时无缝接入公有云平台服务端。采用分类、估计、预测、相关性分组、聚类等分析方法，研究数据挖掘算法，实现固井装备大数据的管理和应用，逐步实现设备的远程程序维护、故障告警、预测性诊断等目标。

3.2　技术方法和路线

3.2.1　技术方法

以工程需求为导向，围绕能力提升、节能环保、更高安全性和可靠性主题，对比分析国内外电动固井装备技术现状，厘清装备与工程应用存在的问题，结合技术发展趋势，确定电动固井装备主要技术指标；采取合作模式，开展关键部件相关基础理论技术研究和关键部件攻关，建设配套试验能力；采用列举法开展装备总体方案研究，对比分析形成优化集成方案，并通过试验验证的方式对方案进行优化。

3.2.2　技术路线

1600型电动固井装备的技术路线图如图2所示。

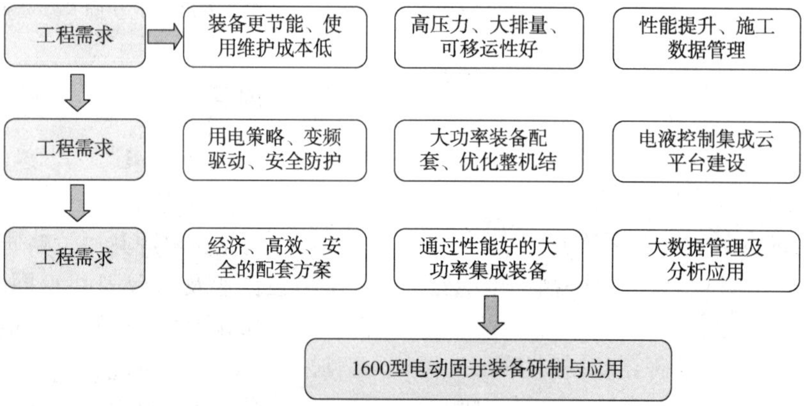

图2　1600型电动固井装备的技术路线图

4　市场前景分析

4.1　市场需求分析

1600 型电动固井装备的研制与应用将解决国内固井装备单泵功率小、自动化程度低，混浆性能不稳定、操作烦琐等问题，有效应对深井、特殊地区对高压力、大排量、高性能泥浆的需求，降低操作人员劳动强度，消除固井作业中影响作业质量的不稳定因素，提高固井质量。研制成功的 1600 型电动固井装备势必将成为解决非常规油气开发与新式固井工艺难题的重要工具。

同时，自主研发的 1600 型电动固井装备将提升中原石油工程公司技术实力和创新能力，从而提高市场竞争力。

4.2　效益预测

1600 型电动固井装备的研发，突破车载大功率电动固井装备的技术瓶颈，对提高我国固井设备工程适应性、自动控制技术研究以及加工制造技术、企业信息化建设等都会有很大的促进作用，有利于形成具有自主知识产权的核心技术及部件，打破国外公司技术垄断，推动国内固井工艺进步，推进重大装备国产化进程。通过本项目的技术研究向下延伸到其他系列化的固井产品装置中，可大大提高我国固井装备的整体水平，并大幅度提高市场占有率。

1600 型电动固井装备装机功率 1600hp，实现单台注水泥，两台替浆，大大节约施工成本，提高固井质量，提升作业效率，降低劳动强度；同时，变频器控制交流电机驱动柱塞泵动力组合噪声小、能耗低，清洁环保、节能减排，满足了当前环境保护相关要求。更为重要的是，可以提高国产设备竞争力，为国产固井装备进入国际市场创造条件(见表 1、表 2)。

表 1　使用维护成本对比表(万元)

固井车类型	维护成本	设备折旧	燃料费用	人工费用
4 台 600 型单泵固井车	35	160	132	120
2 台 1000 型柴驱固井车	27	140	132	60
2 台 1600 型电驱固井车	12	120	97	75

维护成本：工作 1000h，包含大泵易损件、三大件维保。

设备折旧：数量和购置费下降带来的设备折旧成本。

燃料费用：对比 1000h 燃油于用电经济性，柴油 6.5 元/L，电费 1.2 元/kW·h。

人工费用：单车 2 人，费用 15 万/人·年。

表 2　绿色低碳高效对比表(工作 1000h)

项目	CO_2、NO_x 排放	场所噪声	电油消耗费(不含底盘)	动力维保费	火灾风险
1000 型柴驱固井车	25t	105dB	132 万元	9 万元	火灾隐患
1600 型电动固井车	零排放	95dB	97 万元	<1 万元	较小

5　效果应用

5.1　研究成果

2020 年 4 月，1600 型电驱固井车－SJX5390TGJ 型固井车由中国石化石油机械股份有限公司研制出厂，整车采购总价 650 万元，并交付中原石油工程公司，为世界首台陆地电动固井车，主要技术性能如图 3 所示，具体概述如下。

整机主要性能：最高压力 79MPa，最大清水排量 2800L/min，水泥浆密度控制范围 1.0～2.5g/cm^3，工作环境温度 49～−20℃。

底盘卡车：中国重汽 SITRAK C7H 8×6，最大功率 353kW(1900r/min，最大扭矩 2300N·m(1000～1400r/min)。

变频调速一体机：1 台 6 级 YKVFT-630-6 型电机，绝缘等级 H 级，额定功率 1200kW，额定电压 600V，额定效率 96%，重量≤9700kg，强迫风冷。

柱塞泵总成：QPE1200 型柱塞泵，由动力端总成、减速器和液力端总成组成，是一种卧式、往复、单作用、五缸柱塞泵，额定输入功率为连续工况 1200 马力、间歇工况 1400 马力。

自动混浆系统：采用 ACM-IV.2 密度自动

混浆控制系统，最大混浆能力 2300L/min，水泥浆密度 1.0～2.5g/cm³，精度范围±0.02g/cm³，紧急情况可实现手动控制，音叉式密度计，电脑控制屏幕能显示瞬时排量、累计排量、密度、压力等数据。

混合罐：容积约 1.6m³，2 个搅拌器，包括扩散槽、高能混合器及下灰阀等部件。

计量罐：两室，每室容积 2.0m³，可单独计量，也可两室互通。

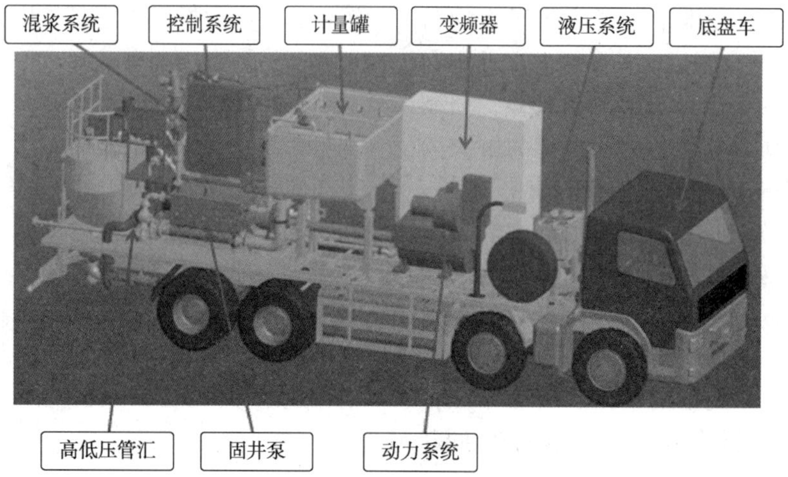

图 3　1600 型电动固井装备的主要技术性能

SJX5390TGJ 型固井水泥车具有自动混浆及二次混浆功能，整车设备操作由电路系统、液压系统、气压系统及机械传动系统来实现，集中在控制台可由一人完成，同时具备远程管理系统，实现远程在线设备监控、施工监测、数据管理和维保记录等，操作方便可靠，自动化程度高。该车配备低压非放射性密度计，准确测量水泥浆瞬时密度值，保证固井质量。

SJX5390TGJ 型固井水泥车主要用于油气田深井、中深井、浅井的各种固井作业，可完成自制水泥浆、注水泥、替泥浆、碰压等工作。可用于洗井和一般浅井的压裂施工，该车的最大优点在于井深在 4500m 以内的各种固井作业可实现一台车完成。

5.2　应用效果

5.2.1　效果分析

柴油机组：固井双机平台单机柴油消耗约 75L/h，两机共 150L/h，单井施工总时长平均 2h，单台双机平台柴油消耗 300L，甲方为确保固井工作连续性保障固井质量，一般要求两台双机平台同时施工。因此，单井固井施工油耗 600L，燃料成本 3319 元，能源消耗 0.75t 标煤。

电动固井：1600 型电驱固井车固井施工电力消耗约 1000kW/h，单井施工总时长平均 2h，累计耗电 2000kW，电力成本 1440 元，能源消耗 0.25t 标煤（见图 4）。

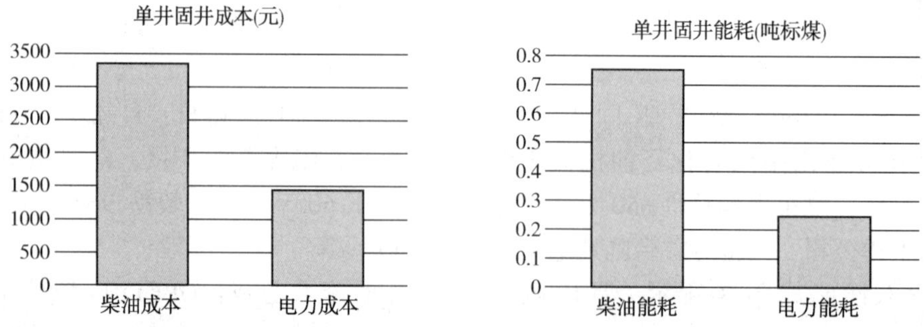

图 4　电动固井的单井固井成本和单井固井能耗

注：①电力折标煤系数 1.2290，柴油折标煤系数 1.4571。

②四川省 2021 年 0#柴油价格最低 5266 元/t，最高 7973 元/t。本文选取年平均价格 6432

元/t(1 升 0#=0.00086t)。

③四川省采取“阶梯电价+峰谷电价+四川丰水期试行居民生活用电电能替代价格”，固井施工一般为白天，为平峰和高峰时段(07：00~23：00)，执行第三档(峰平谷总读数>281kW)，6~10 月 0.6224 元/kW，11 月~次年 5 月 0.8224 元/kW。本文选取年平均价格 0.72 元/kW。

维护保养：柴油机组维保项点多达 35 项，电机仅有 5 项，可大大减轻现场保养操作人员劳动强度，节约设备配件损耗费用，维保成本相当于柴油机组 30%。按照电机 2000h 轴承保养、加注指定油费用测算，较柴油机组可减少维保费 4 万元/年。

5.2.2　直接效益

中原石油工程公司为满足西南区域市场，针对不同施工区块井深大、压力高等特点，对较高压力的油井或页岩气井固井施工需求，进一步降低能源成本，节约能源消耗，自 2020 年交付以来，将 1600 型电驱固井车派遣至西南区域开展固井施工，由于此次 1600 型电驱固井车设计生产为国内首次，无经验可参考，仍需在使用中逐步完善，因此导致施工井次较少。截至目前，已累计施工 23 井次，经测算，取得直接经济效益如下：

累计消耗电量 = 23 井次 × 2000kW/井次 =4.6000kW；

累计替代成品油 = 23 井次 × 600L/井次 × 0.00086t/L=11.87t；

累计减少能耗 = 11.87t × 1.4571 − 46000kW/10000×1.229 = 11.6t 标煤；

累计节约成本 = 11.87t × 6432 元/t − 46000 × 0.72 元/kW = 43227 元。

5.2.3　社会效益

1600 型电驱固井车的研制应用，使用清洁能源-电力替代传统化石燃料-柴油，有效解决柴油机燃烧所导致的高能耗、高排放、高成本等不利局面，促进固井施工过程中的清洁生产，适应当前国家生态环境保护要求，展现中原石油工程公司绿色低碳的良好企业形象。经测算，累计施工 23 井次减少工业废气等污染物排放量如下：

工业废气 = 11.87t × 0.3949 × 10^4m^3 = 4.69 × 10^4m^3；

二氧化硫=11.87t×4.76kg=56.50kg

氮氧化物=11.87t×3.046kg=36.16kg。

注：吨柴油工业废气排放量系数 0.3949×10^4m^3，二氧化硫(SO_2)系数 4.76kg，氮氧化物(NO_x)系数 3.046kg。

6　结语

(1) 1600 型电驱固井车自研制投用以来，累计施工 23 井次，减少能耗 11.6t 标煤，节约成本 4.32 万元；减排工业废气 4.69×10^4m^3、二氧化硫 56.50kg、氮氧化物 36.16kg。

(2) 工业高压电网，具有供电稳定、无烟尘、低噪声、价格相对低廉等优点，属于清洁能源。依托钻井工程作业网电应用环境，电动固井装备应用具备较大发展空间。同时，用电网供电替代传统柴油动力，具有施工现场清洁生产、机电设备安全可靠、员工操作强度降低等优势。

(3) 中原石油工程公司作为石油工程技术服务专业化公司，近年来，积极开展节能降碳技措项目，推广网电、天然气等清洁能源利用，有效降低施工作业能源消耗，提高工程经济效益，助力中国石化安全绿色健康高质量发展，更好履行国有企业的经济责任、政治责任和社会责任。

探索热采稠油特色的源汇一体化 CCUS 效益模式

胡龙飞

（中国石油辽河油田公司经济技术研究院）

摘　要　CCUS(Carbon Capture, Utilization and Storage)技术是将生产过程中排放的二氧化碳进行提纯，继而投入到新的生产过程，实现 CO_2 循环再利用，并达到二氧化碳减排效果，将二氧化碳资源化，产生经济效益，具有现实操作性。在“碳达峰、碳中和”背景下，CCUS 是世界上公认的实现“双碳”目标的兜底技术，是大幅度提高低渗透油田采收率的战略性接替技术，也是目前世界上技术发展最完备、应用规模最大的负碳技术，产业化发展对实现能源企业绿色低碳转型和保障能源安全意义重大。

A 石油公司 M 油田所属地区地质条件复杂，油品种类丰富，包括超稠油、普通稠油、稀油和高凝油多种油品，以及稠油热采、稀油注水等多种开发方式。M 油田热采产量占比 54%，2021 年碳排放达到百万吨，所属 B 区块热采稠油占比 60%，热采方式以火驱、SAGD、蒸汽驱为主，尾气和伴生气碳排放量较高；未来 B 区块将保持高产量持续稳产。因此，在“双碳”目标要求下，M 油田解决内部碳排放会成为未来一个难题。

文章通过探索 M 油田热采稠油特色的源汇一体化 CCUS 效益模式，优先捕集油田内部碳源，既解决火驱区块 VOCs 治理问题，又大幅提高油藏采收率同步实现稠油热采碳减排，确保火驱项目正常运行，形成具有 M 油田特色的全产业链 CCUS 效益开发模式。

关键词　CCUS；热采稠油；源汇一体化；效益开发

1　石油企业 CCUS 产业发展现状

1.1　国外 CCUS 发展现状

国外 CCUS 技术成熟配套，仍然在持续创新升级。以美国为代表，CCUS 技术起步于 20 世纪 50 年代；60~70 年代关键技术快速发展；80 年代为解决高含 CO_2 天然气藏开采的 CO_2 处理问题，CCUS 应用规模开始扩大；90 年代技术成熟配套，工业化应用持续快速扩大，2018 年产油 1550×10^4t。

CCUS 业务是世界各大石油公司应对碳减排的共同选择。全球碳捕集与封存研究院(GCCSI)报告表明，CCUS-EOR/EGR 是碳减排主要方式，2020 年全球 28 个碳减排主要项目，年捕集能力 3816×10^4t，其中 22 个 EOR 项目年捕集能力 2926×10^4t，占 76.68%；4 个 EGR 项目年捕集能力 670×10^4t，占比 17.5%；2 个 CCS 项目年捕集能力 220×10^4t，占 5.77%。

1.2　国内 CCUS 发展现状

国内 CCUS 技术取得突破，具备了加快发展基础。探索阶段：1965 年开始探索 CO_2 驱油。技术攻关与试验阶段：2006 年国家 973、863 项目攻关，加快技术研发与应用步伐。工业化试验与推广阶段：中国石油吉林、大庆进入工业化试验阶段。

A 石油公司以习近平总书记生态文明思想为指导，树立绿色发展理念，锚定碳达峰碳中和战略目标，大力实施绿色低碳发展战略，按照新能源新业务“清洁替代、战略接替、绿色转型”三步走总体部署，以效益为中心、以市场为导向，坚持全公司一盘棋，加快低碳转型，加强 CCUS 产业布局，提升油气业务发展质量，提出了整体布局、差异发展、创新驱动、技术引领、驱埋并举、效益主导、内外兼顾、内部优先的指导方针。

A 石油公司 2021 年注入 CO_2 57×10^4t、具备百万吨注入能力，累积注入 CO_2 452×10^4t，占全国累注量的 75%；2022 年初，B 石油公司建成百万吨级 CCUS 示范工程，开展了先导试验。

与此同时，A 石油公司创新形成了 CCUS 全产业链关键配套技术。通过 15 年持续攻关试验，创建了碳捕集与输送、油藏工程、防腐、封存监测、地面配套、产业战略及标准体系等 30 项关键技术，形成了集捕集、运输、利用和埋存全产业链技术体系。

1.3　M 油田 CCUS 发展现状

A 石油公司 M 油田所属地区地质条件复杂，油品种类丰富，包括超稠油、普通稠油、稀油和高凝油多种油品，以及稠油热采、稀油注水等多种开发方式。M 油田热采产量占比 54%，2021 年碳排放达到 463×10^4t，其中 B 区块热采稠油占比 60%，热采方式以火驱、SAGD、蒸汽驱为主，尾气和伴生气碳排放量较高，未来 B 区块将保持 300×10^4t 持续稳产。因此，在“双碳”目标要求下，M 油田解决内部碳排放会成为未来一个难题。

M 油田积极响应绿色低碳号召，近年来开展了 CO_2 试注试验，证实储层吸气能力满足注气需求，注入情况稳定。针对解决稠油热采产生的内部碳源，M 油田探索了具有自己特色的热采稠油源汇一体化 CCUS 效益模式。

2　热采稠油特色的源汇一体化模式

2.1　源汇匹配

内外部碳源：M 油田周边临近 A、B、C 三个石化公司，碳排放总量 968×10^4t/a，近期可捕集 103.3×10^4t/a。其中，M 油田碳排放总量 403×10^4t/a，近期可捕集 44.28×10^4t/a；外部企业（A、B、C 石化公司）排放总量 565×10^4t/a，近期可捕集 59.02×10^4t/a（见表 1）。

表 1　M 油田周边二氧化碳气源表

类别	企业名称	CO_2 排放量/(10^4t/a)	可捕集 CO_2 装置	CO_2 产量/(10^4t/a)	原料气 CO_2 含量	处理后 CO_2 纯度	投产时间
M 油田内部碳源	M 油田	403	火驱伴生气	11.08	20.3%	91.7%	2023
			SAGD1# 注汽站烟道气	9.7	6.63%	98.52%	2024
			SAGD2# 注汽站烟道气	11.7	6.63%	98.52%	2023
	小计	403	某二氧化碳捕集站	11.8	58.62%	97%	2022
			小计	44.28			
外部碳源	A 石化公司	193	制氢装置解析气	8	53.5%	>95%	2023
			催化装置再生烟气	20	18.5%	>95%	根据需要
	B 石化公司	224	1# 制氢装置解析气	8	92%	98%	2025
			2# 制氢装置解析气	10	30%~80%	98%	2030
	C 石化公司	148	1# 制氢装置解析气	3.02	—	96%	已投产
			2# 制氢装置解析气	10	17.06%	96%	2023
	小计	565	小计	59.02			
总计		968	总计	103.3			

其中，M 油田内部碳源为火驱、SAGD 稠油热采开发方式所产生的二氧化碳。稠油在 M 油田总体产量规模上占有很高比重，因此，以稠油热采伴生气为内部碳源，解决了稠油热采二氧化碳排放问题，通过对捕集的二氧化碳压缩、运输到达 CCUS-EOR 目标区块，可为低产、低效区块补充地层能量，实现了有效源汇匹配开发（见图 1）。

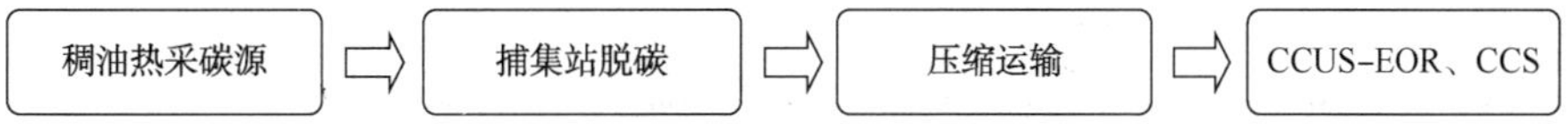

图 1　M 油田热采稠油 CCUS 全链条示意图

2.2　规划方案

M 油田总体新建一座二氧化碳捕集站可捕集稠油热采产生的二氧化碳。捕集站将二氧化碳管输至目标区块，新建循环注入站用于注入二氧化碳驱油埋存及捕集区块采出气中二氧化碳。

二氧化碳捕集站处理稠油热采伴生气，气体中的二氧化碳等组分被吸附，余下未被吸附的甲烷输送至甲烷回收单元进行处理回收，变压吸附装置解析出来的二氧化碳通过压缩机增压后脱水直接输送至下游。

二氧化碳经过管线运输至循环注入站液化后注入目标区块，同时，循环注入站处理目标区块采出气中二氧化碳，预处理脱除重烃，再经变压吸附装置吸附二氧化碳，后液化回注目标区块（见图2）。

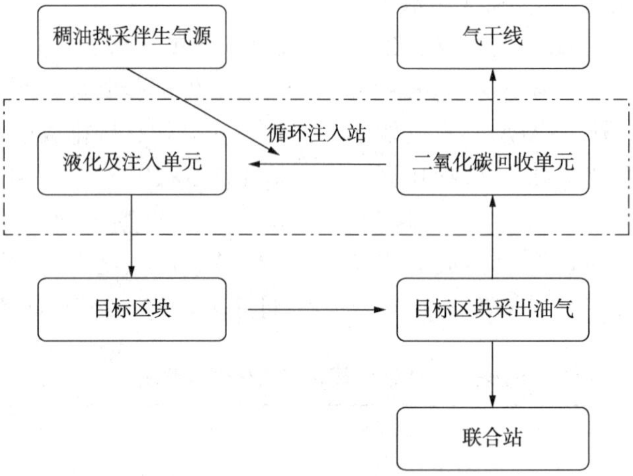

图2　M油田热采稠油CCUS规划方案示意图

3　CCUS项目经济效益分析

3.1　成本分析

CCUS-EOR项目成本分为两个部分：一是二氧化碳EOR项目的投资费用，包括现有油气注入和采出设备新建/改造费用、运输管道建设费用；二是运行成本，包括CO_2捕集成本、CO_2-EOR年运行成本、监测成本及油气生产和销售的税金。

项目主要成本来源于碳源价格，即二氧化碳捕集、压缩和运输三个部分，这三项成本均受捕集规模的影响，而捕集成本还与排放源浓度密切相关，高浓度排放源以压缩成本为主，约占90%；中浓度排放源以捕集成本为主，约占60%，压缩成本占35%左右；低浓度排放源以捕集成本为主，约占80%。多数油田对CO_2成本的承受力低于其来源成本，这之间的差距需要寻求技术、政策及市场等方面的途径来填补。

而M油田基于热采稠油特色的源汇一体化CCUS模式具有资源上的优势：一是由于碳源来自油田稠油热采开发副产品，与电厂、炼化企业不同，无须额外消耗水、电等生产能源；二是在火驱热采伴生气有含有甲烷，除了常规捕集气体组分中的二氧化碳外，还有副产品甲烷的产生，项目除了驱油效益外，还有甲烷收入，与此同时摊薄了二氧化碳捕集成本，井口气价达到152元/t，远低于现阶段300~400元/t低浓度二氧化碳捕集成本和外部500元/t的购碳价，形成低成本捕集优势（见表2）。

表2　二氧化碳井口气价表

碳源	捕集量/(10^4t/a)	距离/km	运行成本/(元/t)	折旧/(元/t)	管输成本/(元/t)	液化成本/(元/t)	捕集站甲烷效益/(元/t)	井口气价/(元/t)
稠油热采伴生气	11.08	28	308	72	6	41	275	152

3.2　效益分析

项目收入可分为两部分：一是原油及副产品销售，二是二氧化碳减排作为国家核证自愿减排量（CCER）在碳市场中的交易。

M油田CCUS项目规划CCUS驱油阶段30年，CCS阶段5年，CCUS阶段45美元/桶油价下，实现内部收益率6.9%，考虑碳交易价格内部收益率可达到9.0%，高于行业基准收益率

6%，具有一定竞争力(见表 3)。

3.3 影响效益因素分析

对项目效益指标开展敏感性因素分析发现，影响程度自高至低依次分别是销售价格、增产油量、经营成本、建设投资和捕集成本，其变化边界值为 - 4.7%、- 4.7%、+ 4.9%、+ 6.2%、+ 21.5%(206 元/t)，如图 3 所示。

表 3　CCUS 项目经济效益分析

项目	参数	数值	备注
项目基本信息	运行年限/年	35	CCUS 阶段 30 年、CCS 阶段 5 年
	油价/(美元/桶)	45(2305 元/吨)	
	碳交易价/(元/t)	100~300	按照碳税 2025~2029 年 100 元/吨、2030~2034 年 200 元/t、2035 年以后 300 元/t
	累计增油/10^4t	93	CCUS 阶段 30 年
	换油率	3	
	基准收益率	6%	
	管道运输距离/km	28	
投资	研究费用/万元	2000	
	建设工程投资/万元	78000	
经营成本	经营成本/(元/t)	1400	
	CO_2 捕集成本/(元/t)	152	剔除甲烷效益
收益	原油销售收入/万元	300000	
	甲烷销售收入/万元	59000	捕集站分离副产品
	净利润/万元	46000	
	内部收益率(IRR)	6.9%	考虑碳交易价格下 9.0%
	净现值(NPV)/万元	4125	考虑碳交易价格下 14900
	投资回收期/年	11	考虑碳交易价格下 9.7

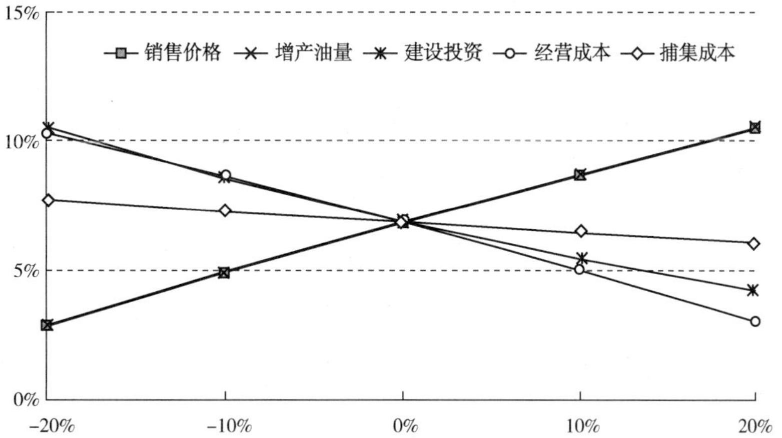

图 3　项目敏感性分析图

4 结论及建议

4.1 结论

结论一：已探索出热采稠油 CCUS 模式

A 石油公司 M 油田稠油开发与 CCUS-EOR 技术充分融合，既解决了油田开发产生的二氧化碳，又达到了驱油增产的经济效益，探索了独具 M 油田热采稠油特色的源汇一体化 CCUS 效益模式。

结论二：碳价及捕集成本是效益关键点

CCUS-EOR 阶段主要成本源于碳源价格，CO_2 成本来源由捕集成本、压缩成本及运输成本三部分构成，这三项成本均受捕集规模的影响，而捕集成本还与排放源浓度密切相关，高浓度排放源以压缩成本为主，低浓度排放源则以捕集成本为主。多数油田对 CO_2 驱油的成本承受力都低于其来源成本，而碳价或捕集成本降低 20%～30%，可使得低浓度高捕集成本油田实现 CCUS-EOR 效益开发。在这一点上，M 油田热采稠油 CCUS 模式具有碳源成本领先优势。

4.2 建议

建议一：争取政策补贴，调动企业积极性

鉴于目前阶段 CCUS 项目市场碳源价格高的情况，国家或企业应基于实施单位 CO_2 捕集与埋存补贴政策。例如，近 5 年捕集低浓度 CO_2 补贴 200 元/t，5 年以后按照碳市场交易价补贴，进一步调动碳排放企业捕集 CO_2 的主动性和积极性。

建议二：做好源汇匹配，降低捕集成本

加大高碳排放企业“碳、热、氮”综合利用的 CO_2 捕集系统优化工作力度，低浓度 CO_2 捕集成本在碳政策出台前降至 250 元/t 以下，未来降至 200 元/t 以下；同时，开展与外部高浓度碳排放企业联合 CCUS 项目，井口 CO_2 捕集碳价控制在 180 元/t 以下。

建议三：与新能源耦合，实现互利双赢

构建 CCUS 新产业与新能源耦合技术体系，打造绿色负碳油气开发新亮点。CCUS 与新能源耦合发展，实现互利双赢是大势所趋。新能源产生的电能利用到 CCUS 中，既可大幅度提升 CCUS 效益，也可促进新能源产业的发展。

参考文献

[1] 胡永乐，郝明强 . CCUS 产业发展特点及成本界限研究[J]. 油气藏评价与开发，2020，10(3)：15-22.

[2] 汪芳等 . 基于油藏 CO_2 驱油潜力的 CCUS 源汇匹配方法[J]. 环境工程，2019，37(02)：51-56.

[3] 刘牧心 . 碳中和背景下中国碳捕集、利用与封存项目经济效益和风险评估研究[J]. 热力发电，2021，50(09)：18-26.

[4] 刘石慧 . 基于 CCUS 的二氧化碳价值链评价体系研究[J]. 中国国土资源经济，2021，34(12)：84-89.

[5] 秦积舜，李永亮，吴德斌，等 . CCUS 全球进展与中国对策建议[J]. 油气地质与采收率，2020，27(1)：20-28.

二氧化碳驱油工艺国内外技术研究现状

张瑞玉

（中国石油工程建设有限公司）

摘 要 早在1953年苏联对注二氧化碳提高采收率技术进行研究，并进行了工业性基础试验，取得了良好的应用效果。自20世纪80年代以来，美国的二氧化碳驱项目不断增加，已成为二氧化碳驱发展最快的国家，其大部分油田驱替方案中，注入的体积二氧化碳约占烃类孔隙体积的30%，提高采收率的幅度为7%～15%。国外二氧化碳驱油的工业应用已趋于成熟，并占补采原油量的第二位。国内的CO_2采油技术由于油藏类型与国外不同，且受到气源的限制，因此发展缓慢。随着吉林长岭含CO_2气藏的发现与开发，中国石油在吉林油田率先推动了CO_2驱工业化技术研究和试验，随后又分别在大庆、长庆开展了CO_2驱工业化试验和先导试验，大庆油田矿场试验早期注碳酸水，比注清水提高采收率8.2%～10.5%，胜利油田室内试验注12.3%PV二氧化碳比注清水提高采收率7.3%～10.8%，任丘油田室内试验室12%PV二氧化碳，采收率达到50%～70%。

关键词 二氧化碳；驱油；采收率

注CO_2驱油提高采收率的机理很多，主要是与水或其他气体驱油介质相比，CO_2在油藏条件下更容易达到超临界状态（其压力和温度分别超过它的临界压力7.38MPa和临界温度31.04℃），此时CO_2在油和水中的溶解度将会提高，溶解于原油，使原油体积膨胀、黏度下降、萃取和气化原油中的轻质组分实现混相驱，此外还降低了油水间的界面张力，改善了原油与水的流速比，改善了储层渗透率，从而提高原油的采收率。

CO_2驱油按原理主要分为CO_2混相驱和CO_2非混相驱。两者之间的差别在于地层压力是否达到最小混相压力，当注入到地层压力高于最小混相压力时，实现混相驱油。当压力达不到最小混相压力时，实现非混相驱油。

CO_2驱油的方式主要包括注CO_2连续驱、水气交替驱（WAG）、水气同时驱、重力稳定驱、水和CO_2同时但分开注入（SSWG）。

1 国外工艺技术现状

1.1 美国二氧化碳驱油技术现状

美国是世界上研究和实施二氧化碳驱油最早、技术最为先进、实施项目最多、增油效果最好的国家，通过大量的室内研究和矿场试验，明确了驱油机理，并已经形成了二氧化碳混相驱、非混相驱和水气交替驱为主导的二氧化碳驱油技术。

美国自20世纪70年代开始探索二氧化碳驱油试验，80年代进入工业化发展，由于混相条件下二氧化碳驱油效果效益显著而得到规模发展。截至目前，美国开展了136个油田二氧化碳驱油项目（见图1），铺设二氧化碳输送管线5800km，每天向油田供应二氧化碳$9.9\times10^4m^3$，生产原油30万桶/天，约占美国原油总产量的5%，二氧化碳驱累积生产原油高达20亿桶。

美国不同盆地的二氧化碳捕集、利用和封存商业运作模式有所差异，主要集中在二氧化碳的来源方面。二叠盆地，二氧化碳气源主要来自天然二氧化碳气藏（二氧化碳含量>96%），初始主要由监管机构（铁路委员会）操控，目前由石油公司运作，用于油田提高原油产量。如落基山盆地，二氧化碳主要来源于天然气开发过程中的二氧化碳副产品，二氧化碳驱项目的推进主要依靠州政府施加压力；墨西哥湾地区，二氧化碳来自天然二氧化碳气藏的开采，各大公司二氧化碳驱项目上具备更大的自主性和独立性；中大陆地区以及威利斯顿盆地，二氧化碳多来自工业排放源，均通过管道运输到油田开展二氧化碳驱，以提高油田采收率为主体的二氧化碳利用项目。

目前，美国最大的二氧化碳管道运营商为Kinder Morgan能源公司，其拥有天然气藏、二氧化碳气藏以及世界最大的气体处理厂，是北美最大的二氧化碳运输商和二氧化碳销售商，通过运输管线从西南克罗拉多输送到西得克萨斯(见图2)。长距离的二氧化碳输送管线降低了二氧化碳的运输成本，使得美国二氧化碳驱规模化、工业化成为可能。

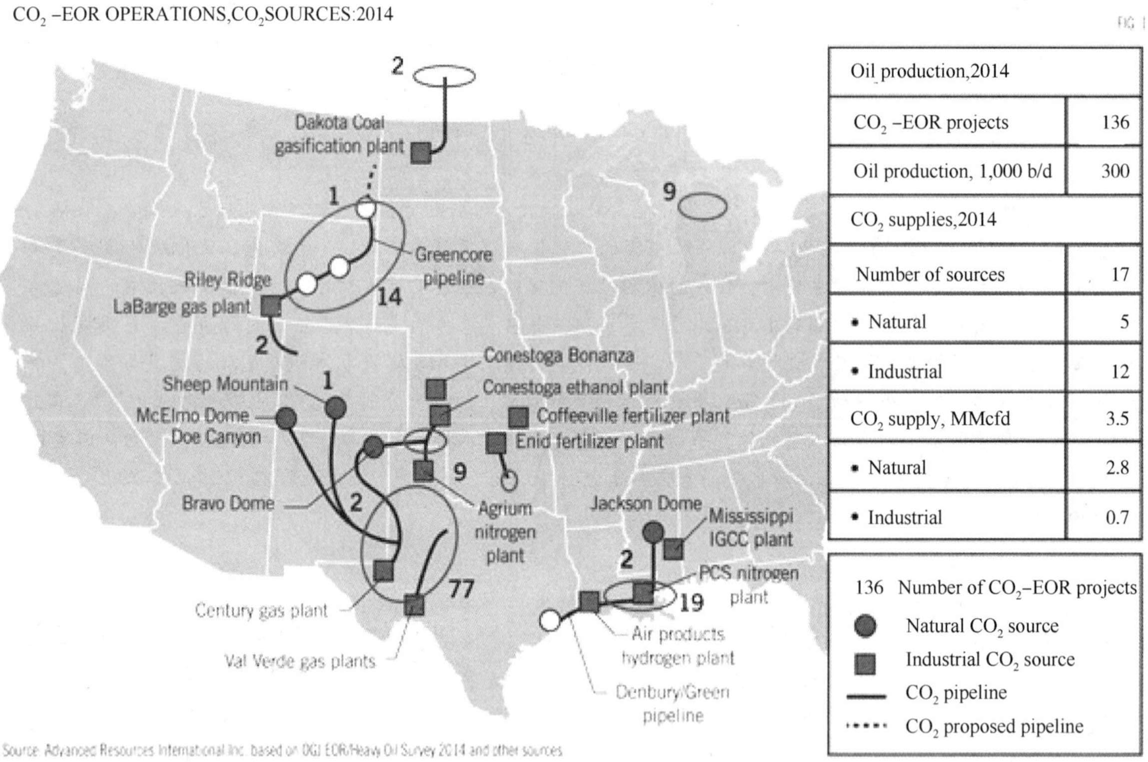

图1　美国二氧化碳驱油与埋存分布图

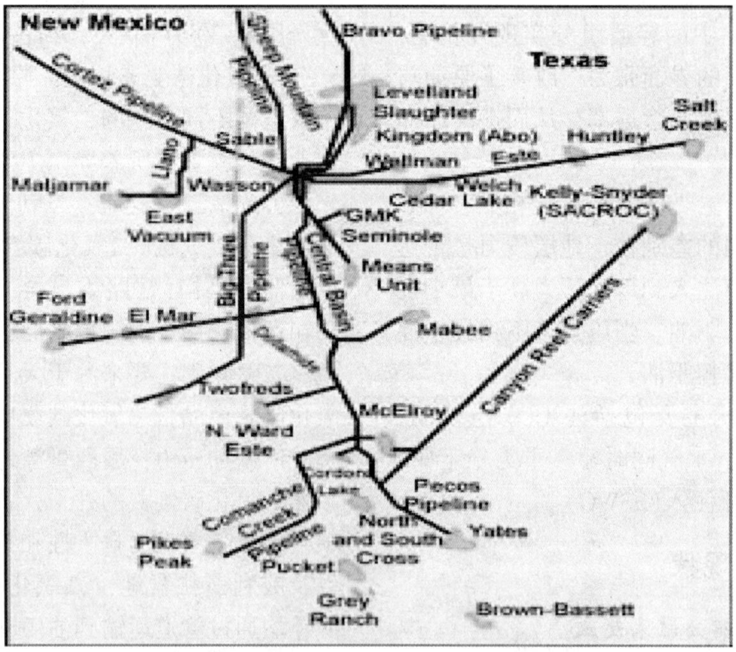

图2　Kinder Morgan能源公司的二氧化碳管网分布

就运输技术而言，一般短距离、小规模选择气态或液态输送，长距离选择超临界二氧化碳态输送，增压设备主要选择透平式压缩机，加压设备主要选择多级水平式离心泵，输送管线材质选择X65、X70钢。

地面生产系统工艺流程和总体布局主要保证

系统的安全可靠性、环境保护合理性。依据每个油田的特点和地形地貌优化简化路线。各油田地面工艺极少雷同，数据采集、自动化水平高。集输系统管线基本上选用非金属材质和普通碳钢(内衬)材质，设备附件位于二氧化碳腐蚀环境的容器，根据尺寸大小和介质温度、运行压力，选择非金属和不锈钢材质，阀门则只在阀芯部分选用不锈钢或者是合金钢。

美国实施二氧化碳混相驱的原因主要是由油藏条件决定的，美国二氧化碳混相驱油藏岩性主要有砂岩、碳酸盐岩、硅藻工、未胶结砂岩等几种，其中砂岩和碳酸盐岩居后多。2014 年，美国 128 个二氧化碳混相驱项目中砂岩和碳酸盐岩油藏分别为 39 个和 55 个，共占所有不同类型岩性油藏数目的 73%。美国进行二氧化碳混相驱油藏产量比例较大的是孔隙度为 10%～20%，产量占 64%(2014 年)，渗透率范围为 10mD 以下和 10～50mD，产量分别占 39%和 37%。从油藏深度和温度来看，最合适的深度为 1220～2440m，油藏温度为 38～65℃，其产量分别占 74%和 83%(2014 年)。地下原油平均黏度为 1.32～1.74mPa·s，相对密度为 0.84。油藏低温、原油低黏度等性质使二氧化碳与原油较易形成混相，这也是混相驱多于非混相驱的主要原因。这些优越的油藏条件是美国实施二氧化碳混相驱的基础。

从油田实施二氧化碳混相驱之前的开发方式来看，大部分油田是在长时间的水驱后进行的统计。2004～2014 年，美国 EOR 数据发现，有 67%的二氧化碳驱油项目是在水驱后进行的，这表明二氧化碳驱油技术是水驱油藏进一步提高采收率的有效技术方法。

SACROC 区块属低渗透碳酸盐岩油藏，主要产层为石炭系石灰岩，非均质性强，且发育平面上分布不连续的致密层隔夹层。地层压力 22.14MPa，泡点压力 12.76MPa，孔隙度 9.41%，渗透率 $3.03\times10^{-3}\ \mu m^2$，油藏深度 2043.5m，体积系数 1.472，原油相对密度 0.82，原油黏度 0.35mPa·s。

SACROC 区块发现于 1948 年，经历 6 年一次采油，油藏压力下降幅度较大。1954 年开始注水开发，1970 年进入高含水阶段。CO_2 混相驱分 3 个工区进行，开始时间分别为 1972 年 1 月(9 个井组)、1973 年 3 月和 1976 年 11 月，注入井网主要为反九点井网。自实施 CO_2 混相驱以来，油田取得了较好的开发效果。截至 2014 年，该项目已扩展到 503 口注入井和 390 口生产井，覆盖面积达到 201.9km^2，平均单井产能为 9.7t/d。其形成的关键技术如下。①扩大气驱波及体积技术。WAG(水气交替)注入技术和 CO_2 泡沫调驱技术是典型的扩大气驱波及体积技术。1972 年 SACROC 项目实施初期，Chevron 公司就尝试了 WAG 注入技术：一方面成功地将试验区地层压力从 11.03MPa 提高到 16.55MPa，使其高出最小混相压力(15.86MPa)，达到 CO_2 混相的压力条件；另一方面有效地控制了驱替流体的流度，实现了注 CO_2 提高微观驱油效率和注水提高宏观波及系数的有机结合，进而提高了该地区的石油采收率。②智能 CO_2 监测和注采调整技术。由于 CO_2 流度大及油藏非均质性强等原因，注入的 CO_2 很容易形成只进或无效注入。利用智能 CO_2 监测技术可以掌握 CO_2 在油藏中的动态分布，通过遥控智能井的注入采出量，调整地层中油气分布规律，从而减少 CO_2 无效循环，提高石油采收率。SACROC 区块利用此项技术不断对注采井网进行调整，其年产量逐年攀升。2000 年 SACROC 区块仅 57 口 CO_2 注入井和 325 口采油井，年 EOR 产量仅为 47×10^4t。通过调整，2008 年注气井和采油井数分别为 444 口和 391 口，年 EOR 产量升至 126×10^4t；2012 年进行了新一轮调整，注气井和采油井数分别为 503 口和 390 口，年 EOR 产量已达 138×10^4t。③产出气处理及 CO_2 循环注入技术。1983 年项目建设了冷凝回收富烃装置和膜分离 CO_2 装置。回收的富烃用于销售，分离出的甲烷用于燃烧发电，富集的 CO_2 管输回油田用于回注。目前，膜分离系统日处理气量已达 509.7×10^4m^3，产出气中 CO_2 含量从处理前的 65%～85%，富集为 95%。采用这种技术既回收了产出气中烃组分，又减少了 CO_2 的排放，降低了 CO_2 成本。

1.2　加拿大二氧化碳驱油技术现状

近年来，加拿大对二氧化碳驱开采重油进行了大量的实验研究。较为典型的是世界最大的碳捕集、利用、封存项目，也是世界上将二氧化碳地质埋存与提高石油采收率相结合比较成功的案例——Weyburn 油田。

Weyburn 油田位于加拿大萨斯喀彻温省东南部，油藏分为两层，性质差异很大，上部为

Marly 层，平均孔隙度为 26%，渗透率为 1~100mD，下部为 Vuggy 层，平均孔隙度为 11%，渗透率为 15mD，面积约 $180km^2$，原油储量约为 14×10^8t(见图 3)。从 1965 年开始，油田进行注水开采，1991 年后，开始进行水平井开采。2000 年开始实施二氧化碳驱油项目，通过把加压的二氧化碳气体注入油田储层中，以增加石油采收率。同时，通过综合监测，查明二氧化碳被灌注之后的运移规律，从而建立长期、安全的二氧化碳地下埋存的技术和范例。至 2000 年注入二氧化碳之前，采收率约为 20%。注二氧化碳增加石油采收率的方案首先于 2000 年 9 月进行，初期注气量为 $269\times10^4m^3/d$。目前的注气量为 $339\times10^4m^3/d$，其中，每天有 $71\times10^4m^3$ 的二氧化碳通过生产井进行再循环。在试验区块中，日产油 $3269m^3$，其中二氧化碳增油 $817m^3$ 以上。

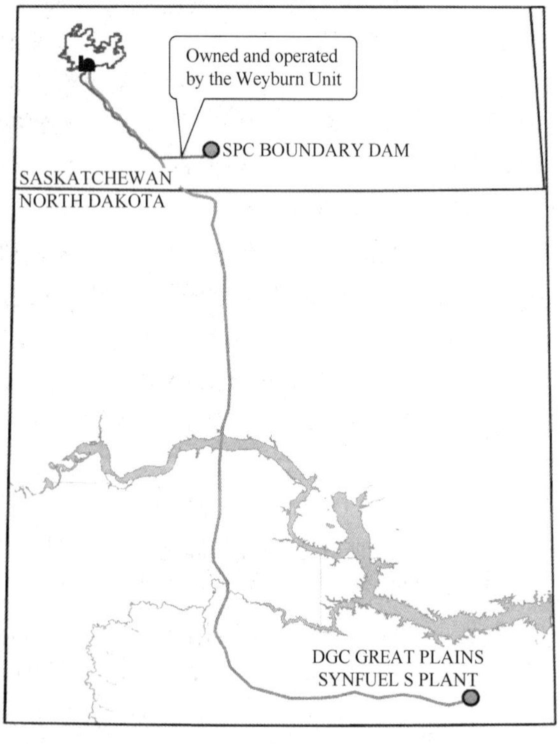

图 3　Weyburn 油田 CO_2 气源分布及输气管线示意图

Weyburn 油田 CO_2 气源来自两部分，三分之二气源来自于美国北达科他州 DGC 公司的大平原合成燃料厂废气，成本低，CO_2 浓度为 96%，约 300km 输气管线属于 DGC 公司。三分之一气源来自加拿大萨斯喀电力(SPC)的边界坝电厂捕集的 CO_2，折合人民币约 100 元/t，输气管线属于 Weyburn 油田。CO_2 高压输送至 CO_2 注入站，与分离出来的可循环注入的产出气混合，而后注入地下。

CO_2 注入为超临界注入，最小浓度为 85%~90%，目前部分产出 CO_2 重复利用，采出气中 CO_2 含量在 85%左右，其余 15%为伴生气(包括甲烷、C_3~C_4、H_2S 等)，需要将液态的 C_3~C_4 分离出来后再进行回注，当注入的 CO_2 浓度低于 85%时，加入新鲜的 CO_2 气体。

通过近 20 年的研究与现场试验以及不断优化，加拿大 Weyburn 油田的注采工艺相对成熟。

1.2.1　气窜防治

Weyburn 油田存在一定的北东-西南方向天然裂缝，油田最开始只注 CO_2，存在气窜现象，初期发生气窜比例约为 20%的井见到 CO_2 气体，不是很严重，但油田的资深工程师认为气窜发生就像注水开发油藏早晚都会见到水一样，气窜早晚会发生。为防止气窜，扩大气驱波及体积，Weybuun 油田主要从油藏工程上进行了控制：①采出井为水平井，水平井水平段平行于裂缝方向，延缓气窜；②控制注入井的注入速度和注入压力，同时提高采出端的井底流压约 8MPa；③采用气水交替(WAG)注入，主要目的是减少采出气量，GOR 特别高的时候，注 6 个月的水，然后再注 CO_2；④开展化学凝胶的封窜研究，目前该项技术正在研究中，尚没有应用到现场。

1.2.2　防腐工艺

Weyburn 油田大部分井为前期注水转注 CO_2 气驱，油田含有一定的硫化氢气体，井口材质选择 FF 级耐 CO_2 和 H_2S 的井口，井筒防腐措施以“碳钢+环空保护液”为主，井口、封隔器等关键部位使用防腐材质。其中封隔器的选择上，通过近 10 多年的应用对比，认为威德福德封隔器性能最稳定，效果最好。地面集输主要采用碳钢、玻璃钢等复合光纤材料，可有效地防治水、CO_2 和 H_2S(来自所购买气源和伴生气中)等腐蚀。采出井防腐措施以“碳钢+缓蚀剂”为主，现场加药采用点滴加药，数字化远程监控。

加药装置流程简易实用，采用两个卧式桶(一个加注，一个备用)，通过小注入泵加入油套环空。有效地防治了注入井和采出井的腐蚀问题。Weyburn 油田目前有生产井开井 500 余口，只有 1%左右的井存在滴漏现象，套管破损每年 1~2 口井，套管保护主要采用牺牲阳极保护。

1.2.3　举升及监测技术

Weyburn 油田采出井有直井和水平井两种，

举升工艺有自然能量开发(15~20 口)、抽油机、电潜泵等，大部分采出井以电潜泵采油为主，平均单井液量 60m³ 左右，所有井的生产情况可以通过 SCADA 数据处理系统进行监控。每口井生产气油比测试周期为一个月(可阀门控制)，以掌握气驱的有效性，当气油比特别高时，抽油机停用，采用自喷采油，注入一段时间水后，再恢复抽油机生产。另外 Weyburn 油田主要采用 3D 微地震、四维地震进行气驱前缘监测，现在进行了 CO_2 埋存等 30 个项目约 137 次监测。目前应用最先进的技术是井下光导纤维监测技术(DAS)。

Weyburn 油田集输系统布局采用二级布站模式：油井—接转站—集中处理站，采油井—接转站集油采用树枝状集输工艺流程。

1.2.4 Weyburn 油田集中处理站

各接转站分离出的油气通过两条管道进入集中处理站(见图 4)，含水油经过换热加热至 55℃左右，进入三相分离器进行油气水三相分离，分离为净化油、含油污水、富含 CO_2 的伴生气，净化油进入储罐储存外输；储罐顶部设置大罐抽气密闭装置，将常压储罐中大小呼吸的挥发油气进行密闭增压回收，含油污水经处理达标后回注。储罐与三相分离器分离出的富含 CO_2 的伴生气混合后，CO_2 浓度为 85%左右，进入胺液吸收装置，采用胺液吸收工艺进行烃类气体与 CO_2 气体的分离。分离出的烃类气体进一步进行轻烃回收生产出稳定轻烃、液化气，富含甲烷、乙烷的天然气进行自用或销售，同时生产出高纯度的 CO_2 气体经液化后作为注入介质回注地层；站内设备及管道材质流体介质含 CO_2 及游离水时采用不锈钢材质，其余管道采用普通钢制管道。

图 4 Weyburn 油田 CO_2 驱集中处理站

2 国内工艺技术现状

国内油田从 1988 年起，在室内试验、研究的基础上，先后在中石油的大庆萨南油田、榆树林油田芳 48、树 6、树 101 井区，吉林大情字井油田、K228、黑 87-2、黑 59、黑 79、黑 46 井区，大庆海拉尔油田苏 3、苏 6、贝 14 井区；中国石化的苏北草舍油田，胜利油田纯梁采油厂高 89 井区和腰英台油田 DB33 井区；延长石油集团的乔家洼等区域开展了二氧化碳驱油地面工程相关技术研究和工程建设实践。

2.1 中石油吉林油田二氧化碳驱油

吉林油田二氧化碳驱油试验工程集中在大情字井油田。从 2008 年起，在大情字井油田先后建成了黑 59 区块二氧化碳驱油先导试验工程，黑 79 南二氧化碳驱扩大试验工程和黑 46 工业化超临界注入试验工程。配合开发试验，地面工程建成了从高含二氧化碳气井气集气，脱碳净化，二氧化碳气输送、液相和超临界注入，采出物收集、处理及采出气循环利用的全流现场试验，形成的总体认识如下：

(1)“黑 59 模式”满足先导试验的小站橇装注入式：黑 59 早期采用罐车拉运液态注入；后期采用单井采出 CO_2 气源，单井集气脱水、气相短距离管输、氨冷液化，液相高压注入，CO_2 驱产出气不分离超临界混合注入，该模式适用于规模较小零散区块的 CO_2 驱先导试验。

(2)“黑 79 模式”满足扩大试验集中注入模

式：适用于试验区井数较多、规模较大，且临近CO_2气源的区块。例如，黑79试验区毗邻净化厂CO_2捕集和储存系统，采用CO_2液态注入、CO_2驱采出流体气液分离和产出气分离后液相循环注入。

（3）“黑46模式”满足工业化应用超临界注入模式：流程简化、经济性好、适应试验区规模和距离范围广，可用于工业化推广。例如大情字井油田黑46注气模式：以长岭气田产出的CO_2为气源，采用气相管道输送、超临界注入、CO_2驱产出气不分离全部超临界回注。

2.2 中国石油大庆油田二氧化碳驱油

大庆油田从1991年开始进行CO_2驱试验，历经20世纪90年代早期试验、先导试验、扩大试验、水敏油藏先导试验和工业化试验5个阶段。当前，大庆油田CO_2驱试验区建设主要有榆树林油田CO_2驱试验区和海拉尔油田CO_2驱试验区。

2.2.1 榆树林CO_2驱

榆树林油田CO_2驱注入采用水气交替注入方式（WAG），即注气与注水采用一管双柱，试验区块共建设注入井77口，采油井157口、油井计量间3座、接转站1座、CO_2液化站1座、注入站1座、注入间5座、气态CO_2输气管道13.8km、液态CO_2供气管道10.7km、集输管道46.7km、CO_2注入管道49.4km，建成产能6.3×10^4t/a。

（1）液化系统：采用氨冷工艺制冷液化，处理能力20×10^4t/a，液态CO_2供气管道10.7km。

（2）注入系统：采用CO_2液相注入工艺，树101及树16站试验区集中注入，注入能力889t/d（见图5）。

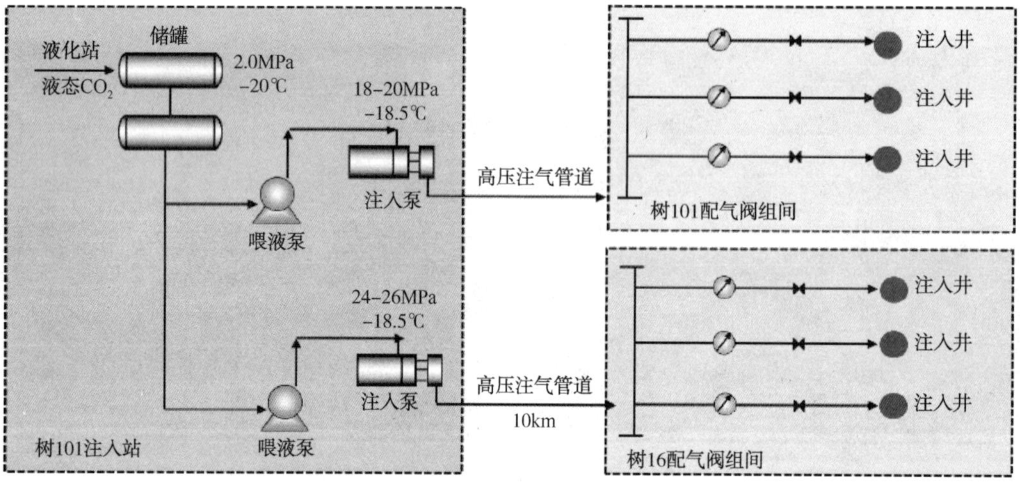

图5　液态二氧化碳注入系统工艺流程示意图

（3）采出系统：采用“羊角式环状掺水、油气混输集油工艺”，接转站内采用“双气-双液分离接转工艺”。

2.2.2 海拉尔CO_2驱

海拉尔油田二氧化碳驱试验工程试验工程于2011年10月在苏3、苏6区建成，到2013年底建成二氧化碳气源井7口，投产4注15采；2014年8月，在贝14区开展了工业化扩大试验，总体规模达到9注31采；到2016年底，试验工程共建成苏6先导试验站1座，苏6工业化试验站1座，贝14转油注入站1座，实现29注101采。目前试验区共建设注入井38口、采油井130口、集油间5座、接转注入站1座、CO_2液化站1座、注气间3座、集输管道81.3km、CO_2注入管道17.9km，并建成贝14区9×10^4t/a超临界回收循环注入系统，建成产能12.8×10^4t/a。

（1）液化系统：采用氨冷工艺制冷液化，处理能力22×10^4t/a。

（2）注入系统：前期采用CO_2液相注入工艺，注入能力1200t/d；后期采用超临界注入工艺，注入能力9×10^4t/a。

（3）采出液系统：采用小环掺水集油工艺，接转站内采用“双气双液分离接转工艺”

（4）采出气系统：采出气液分离后，增压至超临界注入，回收规模9×10^4t/a。

2.2.3 中国石油长庆油田二氧化碳驱油

长庆油田黄3区CO_2驱先导试验整体规模为9注38采(见图6)，为了确保先导试验的顺利开展，先期开展3注19采的试注试验。2017年7月1日，黄3区CO_2开始试注，建设试注站1座，改造已建增压点3座和井场15座。

试注站共建设4个场站平台：生活区、CO_2卸储区、CO_2注入区、注采井场，共占地面积21亩。

图6 黄3区CO_2试注工艺井场

试注站内主要分两个功能区：CO_2卸储区和CO_2注入区。其中，卸储区包含4具$50m^3$卧式低温液体CO_2储罐，2具$30m^3$立式低温液体CO_2储罐，4具汽化器；注入区包含1座100t/d CO_2注入橇，1座60t/d CO_2利旧注入橇。站点设计压力25MPa，注入能力160t/d，CO_2存储能力260t，目前的状况能满足3口注气井的注入要求。罐车拉运液态CO_2经储存加热橇内的卸车泵送至液态CO_2储罐，罐内CO_2液体出液进入注入橇，在注入橇内经喂液泵送至注入泵，增至注入压力，并经分配调节计量送至储存加热橇内的加热装置，液态CO_2经加热后进入单井注入管线回注地下(见图7)。

按照项目整体计划，长庆油田CO_2驱先导试验将最终建成产能5×10^4t/a，井组9座、集输站场1座、集输管线17.61km。

黄3区CO_2驱仅处于先导试验阶段，地面工艺流程相对较为简单：

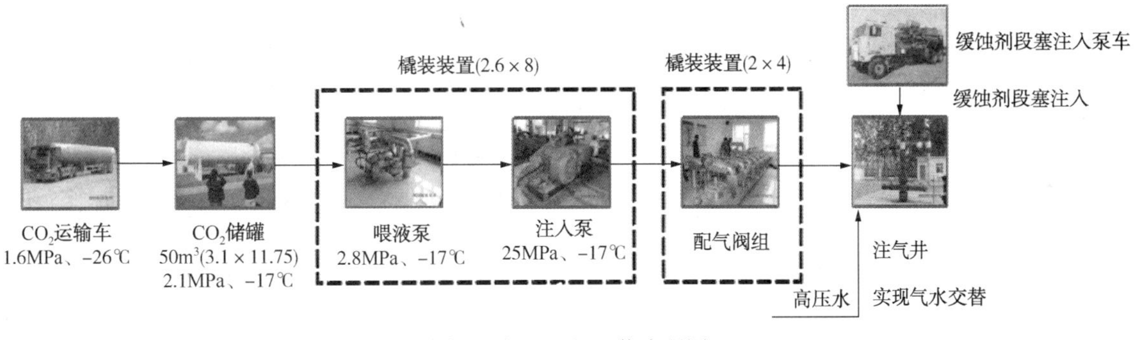

图7 注CO_2驱工艺流程图

(1) 注入系统：采用CO_2液相注入工艺，先期建设注入能力100t/d的液态注入橇。

(2) 采出液系统：通过对试验井采出液“集中”和“分散”收集处理方案的对比，优选确定采用一线井与二线井分开收集，集中处理一线井采出液的方案。

2.2.4 中石化胜利油田二氧化碳驱油

胜利油田已开展了多个区块的二氧化碳驱先导试验研究，并于2008年在C89-1块实施了二氧化碳驱先导试验，稳定注入压力为4MPa，日注液态二氧化碳40t。G89-4井注气后，地层能量逐步恢复，注入井底压力由注入前的23.2MPa上升到26.3MPa，上升了3.1MPa，周围6口油井目前已经有4口见效，日产油由注气前的25.5t上升至目前的45t。而非注气周边井的日产油一直呈现递减趋势。截至2009年10月，中心试验区已累计注气28956t，地层压力恢复3.3MPa，增油4700t，显示了良好的应用效果。

2.2.5 中国石化华东分公司二氧化碳驱油

中国石化集团公司华东石油局油气勘探开发区主要分布于江苏的泰州、盐城、淮安、海安、句容等市县。主体部位在苏北平原，地跨江苏省东台、金湖、海安等县(区)。按地质区域划分，则属于苏北~南黄海新生代盆地东台坳陷的溱潼、金湖、海安凹陷。华东油气分公司从1989开始二氧化碳吞吐试验，2011年开始规模化开展二氧化碳驱试验，先后在中高渗、低渗透、断块及稠油油藏进行二氧化碳驱油/吞吐技术试验，建立了14个二氧化碳驱开发单元，年注入量8×10^4t，累计注入二氧化碳量49.27×10^4t，累计增油 20.11×10^4t，采用气水交替注入方式防治气窜。目前已形成陆相油田二氧化碳驱选区评价技术、二氧化碳混相驱判别技术、二氧化碳气液两相计量技术、二氧化碳防腐技术。项配套工艺：采集工艺、净化工艺、集输工艺、注入工艺、采油工艺、回收工艺，具有成熟的二氧化碳驱试验经验。

3　结论

二氧化碳（CO_2）驱油提高采收率是一项具有战略意义和重大发展前景的技术，在提高原油采收率的同时还可以实现 CO_2 封存，有利于推动国家和企业的 CO_2 减排工作。目前，我国在 CO_2 驱地面工程方面，还有诸多问题亟待解决，但也已探索形成了 CO_2 捕集与输送、CO_2 注入与采出物处理等关键技术体系，并实现工业化推广应用。

参　考　文　献

[1] 黎雪莲，欧阳传湘．CO_2 驱不同阶段采出气分离工艺模拟及回注效果评价[J]．科学技术与工程．2020(12)：4687-4694.

[2] 孙锐艳，马晓红，王世刚．吉林油田 CO_2 驱地面工程工艺技术[J]．石油规划设计，2013(2)：1-6，31.

[3] 姜睿．国内外 CCUS 项目现状分析及展望[J]．安全、健康和环境，2022，22(04)：1-4，21.

[4] 孔凡群．低渗透油藏 CO_2 非混相驱气窜影响因素试验[J]．中国石油大学学报(自然科学版)，2021，45(03)：97-103.

[5] 金忠康，王智林，毛超琪．低渗透 M 油藏 CO_2 非混相驱主控机理及应用[J]．油气藏评价与开发，2020，10(03)：68-74.

[6] 张传宝．低渗透油藏 CO_2 驱采收率评价理论模型[J]．油气地质与采收率，2021，28(04)：131-139.

[7] 秦际东．CO_2 驱油试验地面工程建设技术完善[J]．化学工程与装备，2016(10)：103-105，91.

[8] 苏留帅，魏立新．油田 CO_2 驱油地面系统的腐蚀与防护[J]．能源技术与管理，2014，39(02)：1-4，135.

[9] 秦积舜，韩海水，刘晓蕾．美国 CO_2 驱油技术应用及启示[J]．石油勘探与开发，2015，44(02)：209-216.

[10] 鲍玲，董秀成，张秋梅．二氧化碳驱油与封存技术和经济性能综述[J]．油气田地面工程，2014，33(07)：1-2.

[11] 曹建宝．低渗油藏 CO_2 非混相驱油实验研究[J]．内蒙古石油化工，2010，36(08)：9-10.

[12] 陈晓明，廖新维，赵晓亮，等．黑 59 区块回注气驱 CO_2 浓度优选[J]．陕西科技大学学报(自然科学版)，2015，33(01)：103-107.

[13] 王璐，单永卓，刘花，等．低渗透油田 CO_2 驱泡沫封窜技术研究与应用[J]．科学技术与工程，2013，13(17)：4918-4921.

[14] 樊建明，张庆洲，霍明会，等．超低渗透油藏注 CO_2 开发方式优选及室内实验研究[J]．西安石油大学学报(自然科学版)，2015，30(05)：7-8，37-42，47.

[15] 秦嘉敏，何永清，秦建军．低渗透油藏 CO_2 非混相驱提高采收率技术研究[J]．中国石油和化工标准与质量，2021，41(19)：171-172.

[16] 韩志刚．滨南油区低渗透油藏注 CO_2 吞吐技术研究与应用[J]．中国石油和化工标准与质量，2011，31(12)：145.

[17] 孙丽丽，李治平，窦宏恩，等．超低渗透油藏 CO_2 驱注入参数优化的实验研究[J]．科学技术与工程，2018，18(12)：66-70.

CO_2 地质利用与埋存应用技术探讨

赵艺皓　郭　超

（中国石油工程建设有限公司）

摘　要　随着全球气候变暖的日益严重，碳捕集、利用和封存（CCUS）技术是目前世界各国公认的最具有潜力的减碳技术。CO_2 埋存是 CCUS 技术的最后一道也是最重要的环节，其中，地质利用与埋存是目前所有封存中最为成熟的技术。CO_2 能否有效、经济和安全地大量地质埋存，直接影响着 CCUS 技术的发展和碳减排的规模和效果。本文重点分析了地质利用中二氧化碳驱油（CCUS-EOR）的机理及注采地面工程技术，详细阐述了 CO_2 地质封存的种类、盐水层地质埋存和油藏埋存机理，并结合 CO_2 地质埋存泄漏风险的种类总结了应对措施，为进一步推动 CCUS 技术的发展提供参考。

关键词　碳捕集；利用和封存（CCUS）；碳减排；地质埋存；二氧化碳驱油（CCUS-EOR）

随着温室气体的急剧增长，气候变暖已经成为全球性重大问题，引发了旱灾、水灾、冰川消融和海平面升高等一系列环境问题，对人类生活和可持续发展产生了不可估量的威胁。其中，尤以化石燃料产生的二氧化碳巨量排放影响最为严重。2021 年全球大气 CO_2 浓度达到 415ppm 的历史新高，中国 CO_2 排放量超过 119×10^8t，占全球总量的 33%，位居全球之首，减少温室气体排放和稳定全球气温势在必行且面临着巨大压力和挑战。近几年，全球二氧化碳排放和增长速度情况如图 1 所示，虽然碳排放增长速度近年来有所减缓并趋于平稳，但是碳排放总量持续增高。

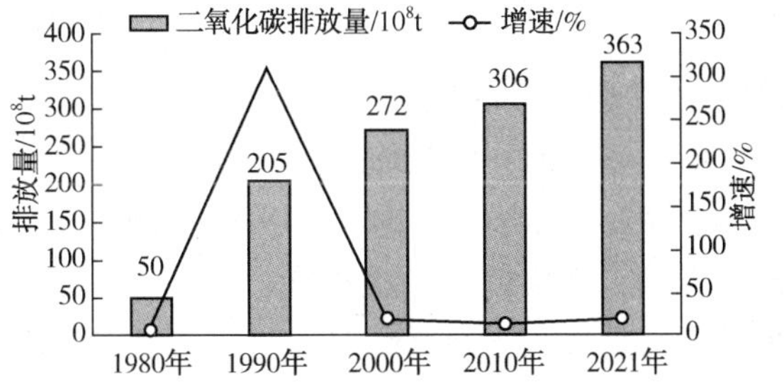

图 1　1980~2021 年全球 CO_2 排放量及增速情况

二氧化碳捕集、利用和封存（CCUS）低碳技术，作为一项重要的碳减排技术，在我国碳减排时间紧、强度大，化石能源占比高的国情下，发挥着不可或缺的重要作用，且逐渐被世界各国公认为是最具潜力的碳减排技术。其中，CO_2 的地质利用与封存是 CCUS 技术中的关键环节，选择合理的埋存技术和埋存场所对实现“双碳”目标起着至关重要的作用。地质利用与埋存具有封存潜力大、安全性高和操作性强等特点，是当今 CO_2 封存的主要手段。笔者系统阐述 CCUS-EOR 地面工程技术及其注采工艺、CO_2 的埋存分类、埋存机理、埋存风险及应对措施，为进一步发展 CO_2 地质利用与埋存技术和扩大应用规模提供了借鉴和参考。

1　CO_2 地质利用技术（CCUS-EOR）

CO_2 注入枯竭油藏后，不仅实现 CO_2 的埋存，还能起到进一步驱油作用，提高采收率，即目前广泛应用的二氧化碳驱油（CCUS-EOR）技术。CO_2 被注入到油藏中，不断与地层中的原油和地层水发生接触并溶于其中，形成溶解气埋存，使原油体积发生膨胀，黏度降低，流动性增强，更容易被采出，其原理如图 2 所示。

CCUS-EOR 技术具有碳埋存减排社会效益与驱油经济效益兼得的优势。据研究，我国适合 CO_2 驱油地质储量近 200×10^8t，可以增加原油产量超过 20×10^8t，埋存 CO_2 超过 100×10^8t。截止到 2019 年末，我国累积注入 500×10^4t CO_2 用于驱油，提高采收率幅度为 3.0%~15.0%，平均约为 7.4%。

1.1　CCUS-EOR 技术的分类

根据驱替方式不同，CO_2 驱油可分为混相驱、非混相驱和近混相驱三类。实现注入的 CO_2 与原油混相的最小压力称为最小混相压力（MMP）。结合我国实际情况，若油藏地层压力比 MMP 高 1MPa 以上，称为混相驱；若油藏地层压力比 MMP 低 1MPa 以内，称为近混相驱；若油藏地层压力比 MMP 低 1MPa 以上，称为非混相驱；若油藏地层压力低于 MMP 的 75%以上，考虑到注入性差、气窜严重等原因，不建议实施 CO_2 驱油。

目前，国内应用最多的为混相驱油和非混相驱油。混相驱油主要依靠混相效应，CO_2 与原油相间传质后形成的混合油带具有良好的流动性，能够有效提高 CO_2 波及体积和驱油效率。非混相驱则通过提高驱油效率和恢复储层能量来提升驱替效果，CO_2 通过引起原油体积膨胀、降低界面张力和萃取轻质组分提高驱油效率，通过溶解膨胀原油，恢复储层能量。工程应用中，根据油藏情况和原油性质来选择 CO_2 驱油方式，筛选标准如表 1 所示。

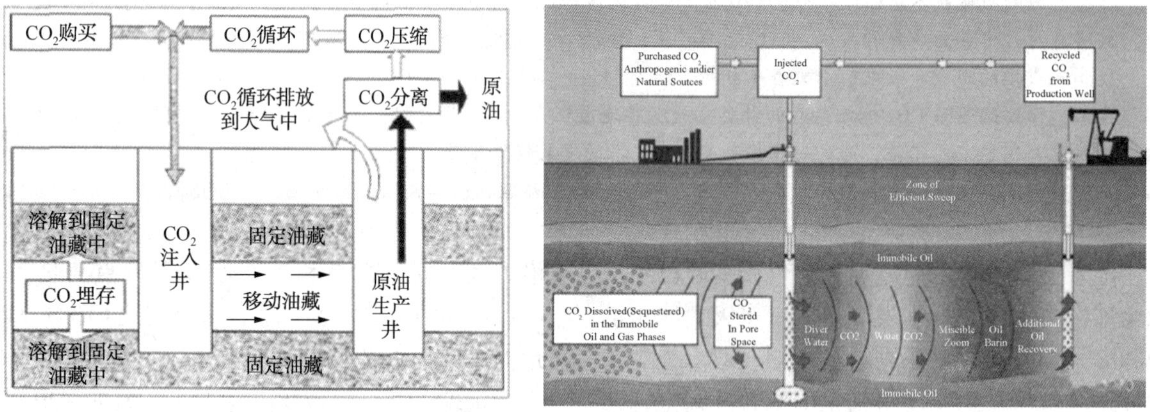

图 2　CCUS-EOR 地面工程技术

表 1　CO_2 驱油筛选准则

驱油类型	原油相对密度	油藏深度/m	原油黏度/(mPa·s)
CO_2 混相驱	<0.825	>762	<10
	0.865~0.825	>853	<10
	0.887~0.865	>1006	<10
	0.922~0.887	>1219	<10
CO_2 非混相驱	0.92~0.98	>549	<600

1.2　CCUS-EOR 地质条件

CCUS-EOR 对油藏地质条件要求不太苛刻，其适用条件比较宽，绝大多数油藏都能选择合适的 CO_2 驱油方式。适合 CO_2 混相驱实施的地质条件包括：①储层的深度范围在 1000~3000m 范围内；②致密和高渗透率储层；③原油黏度为低或中等级别；④储层为砂岩或碳酸岩。适合 CO_2 非混相驱实施的地质条件包括：①储层纵向渗透率高；②储层中大量的原油形成油柱；③储层具有可以形成气顶的圈闭构造，储层连通性好；④储层中没有导致驱油效率降低的断层和断裂。

1.3　CCUS-EOR 驱油提高采收率机理

CO_2 驱油提高采收率机理主要包括如下几个方面。

1.3.1　降低原油黏度

CO_2 与原油有很好的互溶性，能够降低原油黏度至原黏度的 0.1 倍甚至 0.01 倍。原油初始黏度越高，降黏后的黏度差越大，相当于增加了原油的流动性，进而提高原油的采收率。在同一温度条件下，压力升高时，CO_2 溶解度升高，降黏作用随之提高。但是，若压力超过饱和压力时，黏度反而上升。

1.3.2　降低油水界面张力

残余油饱和度随油水界面张力的降低而减小。CO_2 极易溶解于原油，其在油中溶解度比在水中的溶解度大 3~9 倍。在驱油过程中，大量的 CO_2 与轻烃混合，可大幅降低油水界面张力，减少残余油饱和度，从而提高原油采收率。

1.3.3　膨胀作用

在一定压力条件下，原油中注入 CO_2 可以使原油体积膨胀 28%～50%。CO_2 溶于原油后会使其体积膨胀，增加其弹性，促进原油在多孔介质中流动，同时还减少了流动过程中的流动阻力和毛管阻力。

1.3.4　溶解气驱作用

由于 CO_2 在原油中的溶解度较大，在注入过程中，一部分 CO_2 溶于原油，随着注入压力上升，溶解的 CO_2 量越来越多；当油藏停止注入 CO_2 时，随着生产的进行，油藏压力降低，油藏原油中的 CO_2 就会从原油中分离出来，为溶解气驱提供能量。即使停注，油藏中的 CO_2 气体仍然可以驱替油藏中的原油，而且，一部分 CO_2 像残余气一样圈闭在油藏中，进一步增加采出油量，从而达到提高原油采收率的目的。因此，CO_2 的溶解量与提高采收率为正相关。

1.3.5　改善流度比

因大量注入的 CO_2 在原油和水中的溶解，地层水碳酸化，导致原油流度增加，而水的流度降低，进而原油和水的流度趋于接近，使水的驱油能力提高，也进一步扩大了水驱的波及面积，从而显著提高了驱油效率。

1.3.6　提高渗透率和酸化解堵作用

CO_2-水的混合物略带酸性并与地层基质发生反应。在页岩中，由于 pH 值降低，碳酸稳定了黏土。生成的碳酸氢盐很容易溶于水，它可以导致碳酸盐的渗透率提高。另外，由于 CO_2-水混合物的酸化作用，在一定程度上解除储层无机垢堵塞，疏通油流通道，恢复单井的产能。

1.3.7　混相效应

混相效应是指两种流体能相互溶解而不存在界面，消除了界面张力。CO_2 与原油混相后，不仅能萃取和汽化原油中的轻质烃，而且还能形成 CO_2 和轻质烃混合的油带。油带移动是最有效的驱油过程，可使采收率达到 90%以上。

1.4　CO_2 注采地面工程技术

CCUS-EOR 技术要根据油藏具体特征及油藏的地质开发特点，对油藏地层井网的布置和注采等工程进行合理设计，并在工程实践中不断优化调整。其中，注采工艺是 CO_2 驱油技术的关键组成环节，起着承上启下的重要作用，是完成油藏驱油工程成功的保证，也是 CCUS-EOR 地面工程建设的依据和出发点。

1.4.1　CCUS-EOR 注采地面工程技术

CCUS-EOR 技术发展和工程实践已有 30 余年，形成了多种成熟的 CO_2 注入工艺，传统的注入工艺主要包括连续注入、CO_2 吞吐、水气交替注入和重力稳定驱。其中，连续注入虽然能够获得较高采收率，但需要大量的 CO_2 气源，并且由于不利的流度比可能导致油井过早气窜；CO_2 吞吐只能将近井地带原油采出；水气交替注入将注水和注气两种工艺相互结合，更好地控制 CO_2 的注入量，提高了采收率，但是在特低渗透油藏中的注入能力受到限制；重力稳定驱替对油藏倾角和注入速度要求均较为严格，适用范围较小。各种 CO_2 注入工艺的特点如表 2 所示。

表 2　各种注入方式优缺点对比

注入方式	优点	缺点	影响因素
连续注入	驱油效率高；混相压力小	CO_2 用量大；CO_2 突破早，波及面积小	注入速度、CO_2 用量、地层渗透率和饱和度
CO_2 吞吐	资本投入少；较高的 CO_2 利用率；可以在小断块油藏使用	采收率小	注入速度、周期注入量、焖井时间等
水气交替注入	改善了流度比，提高了波及系数；CO_2 用量少，换油率高	可能造成水屏蔽和 CO_2 旁通包油；腐蚀问题	非均质性、润湿性、注入相关参数、渗透率、流体性质等
重力稳定驱	较高的采收率	CO_2 用量大；油藏需要具有大的倾角	注入速度、油藏倾角的大小

随着 CCUS-EOR 技术的发展，通过将上述各种注入工艺的改良、优化和组合，CO_2 注采地面工程技术也在不断发展和进步，进一步提高 CO_2 驱油的效率。下面详细介绍几种常用的新兴

注采工程技术。

1.4.1.1　CO_2 分层注入工艺技术

在向油藏注入 CO_2 技术中，主要有分层注入和笼统注入两种方式。由于部分油藏层间的非均质性比较强，笼统注入方式会引起层间压力不均，造成纵向的油层吸气不均匀，最终导致 CO_2 的波及体积达不到预期效果。分层注入工艺技术能够避免笼统注入的弊端，但需要在注入前对注气井及井下布置进行优化设计，才能实现地面和井下的分层注入。在工艺设计上还需要重点考虑注气井口的结构、注气管柱尺寸的大小和优选。

1.4.1.2　高效举升工艺技术

驱油过程中，CO_2 一旦突破，采油井内 CO_2 含量和层间的气油比会瞬间升高。不仅会造成采收率降低，同时对常规的抽油机工艺提出了更高的要求。如果抽油机工艺在高气油比环境中的适应较差，则无法保证正常的生产。高套压、高气油比举升技术的应用能够很好地应对 CO_2 气窜、层间的气压升高等问题，保证原油的采收效率。对于高气油比的油藏和油井，在泵下安装气液分离器，采收过程中将气液进行分离，降低进入抽油泵的气体含量，有效维持原油的正常生产。同时，结合气举阀的辅助抽取，从而达到控制套内压力、提高举升效率的目的。

1.4.1.3　周期注气工艺技术

周期注气是近年来提出的一种新的注气方式，它结合了目前常用的连续注气、水气交替和 CO_2 吞吐 3 种注入方法的特点。该工艺首先注入一个周期的 CO_2，然后关井浸泡一段时间，CO_2 在浸泡期间溶解到原油中，增大原油体积，降低黏度；待浸泡期结束后，开井继续注入 CO_2，即两个注入周期中间加入一个关井浸泡时间段。周期注气加强了注入气与原油的传质作用，充分利用了 CO_2 的驱油机理，并较好地控制了流度比。因此，对于特低渗透油藏，周期注气是较合适的注入方式。

1.4.2　CCUS-EOR 注采地面工程技术的关键工艺

注采地面工程技术包含很多重要工艺技术，其中对注采效果影响较大的关键工艺包括 CO_2 脱水和除尘处理、CO_2 注气压缩机的选择和 CO_2 注气管道腐蚀控制。

1.4.2.1　CO_2 脱水、除尘处理

由于天然气中 CO_2 含量较高，最高可达到 70%，且气井采出水中含有少量氯离子，有较强的腐蚀性，容易对下游的注气压缩机、高压注气管道及注气井口造成腐蚀。根据 API 规范要求，注气压缩机为满足运行工况要求，各级气缸主要采用球墨铸铁和低碳合金钢，无法采用强度较低的不锈钢，因此压缩机对于入口气体的腐蚀性有相应的要求，在高含 CO_2 的工况下，建议运行介质的露点控制在-10℃左右。因此，应采取先脱水后注气处理工艺。高含 CO_2 天然气脱水方法主要有甘醇吸收法和固体吸附法。

1.4.2.2　CO_2 注气压缩机的选择

注气压缩机根据具体工况，合理选择压缩机，主要参数包括驱动方式、压缩机级数及压比、压缩机功率、工艺系统材料、气体流速和工艺介质温度。

1.4.2.3　CO_2 集输管道腐蚀控制

CO_2 集输管道的类型一般分为均匀腐蚀和局部腐蚀，局部腐蚀以点蚀为主。

常用的管道内腐蚀控制方法包括合理选择管道材质和注入缓蚀剂。

合理选择管道材质是控制管道内腐蚀的主要方法。CCUS-EOR 集输管道 CO_2 含量高，腐蚀严重，从安全性考虑，不推荐采用碳钢。碳钢本身耐蚀性较差，虽可通过添加缓蚀剂来经济、有效地达到降低腐蚀目的，但对于一些苛刻腐蚀环境，其安全可靠性不易得到保证。耐腐蚀钢安全可靠，操作维护简单方便，后期运行维护费用极少，缺点是一次性投资大。双金属复合管是以碳素钢管或低合金钢管为基材，采用机械复合法或冶金复合法在其内表面覆衬一定厚度的不锈钢、钛合金、镍合金、铜、铝等耐蚀合金钢管加工而成的新型内衬防腐金属管，可有效降低管道内腐蚀，常被用于 CO_2 集输管道。

加注缓蚀剂是管道内壁防腐蚀的有效措施之一，具有一次性投资少、见效快的优点，但采用缓蚀剂防腐蚀需要严格科学的管理和不断的后期投入。注入缓蚀剂的起始浓度要保证能够在整个管道系统金属内表面形成有效缓蚀膜，当缓蚀膜被井流物冲刷而剥落后，要能及时不断地提供足够浓度缓蚀剂来修补缓蚀膜以保证安全。

CO_2 集输管道在控制腐蚀的同时，还要加强腐蚀监控。在管道适当位置设置腐蚀监测点，采用挂片进行腐蚀监测，腐蚀挂片暴露在介质中一

段时间后，应取出进行评价，进行监测整个暴露周期内的平均和局部腐蚀，获取腐蚀形态的信息，评定管道和设备的腐蚀情况及加注缓蚀剂的效果。

2 CO_2 地质埋存应用技术

2.1 CO_2 地质埋存的分类

CO_2 地质埋存通常按照埋存场所和封存能力进行分类。

2.1.1 按照埋存场所

CO_2 按照埋存场所，主要分为地质埋存、海洋埋存和植被埋存三种。其中，地质埋存技术相对最为成熟，无论是在理论可行性，还是在先导试验实施方面，都已经被证实是目前最为成功的 CO_2 埋存方式。目前，应用最广泛的地质埋存包括油藏、咸水层、天然气藏和煤层等。

各类地质的封存潜力如表 3 所示。其中，油藏埋存是目前经济技术条件下 CO_2 地质埋存最为理想的场所，一方面在油田开发过程中已对油藏的地质属性有了较为清晰且全面的认识，可以实现 CO_2 的安全有效埋存；另一方面可以大幅度提高石油采收率，带来可观的经济效益。油藏埋存一个严重的缺点就是 CO_2 埋存量一般较少。盐水层埋存具有巨大的埋存潜力，同时适合盐水层埋存的地点在各国都分布广泛且埋存效果较稳定，具有良好的可行性，全球已有很多示范工程。天然气藏具有良好的封闭性、较低的泄漏风险和较大的埋存能力，同时具有良好的经济效益。但是由于大多数天然气藏受底水侵入影响，物理埋存空间会缩减，溶解滞留量会增大，所以关于天然气藏的相关研究尚且不足。煤层由于埋存潜力和经济效益的局限性，相关理论研究较少。

表 3 不同地质封存环境埋存潜力评估

埋存类型	枯竭油藏	深部咸水层	枯竭天然气藏	枯竭煤层
埋存潜力/Gt	120	400~10000	690	40
2050 年埋存占比/%	6	2~50	34	2

2.1.2 按照封存能力

按照封存潜力和能力可将 CO_2 地质埋存分为理论封存能力、有效封存能力、可实施封存能力和匹配封存能力。具体封存能力的定义和详细说明如表 4 所示。

表 4 地质封存能力级别标准

封存能力级别	定义
理论封存能力	地质能接受的物理极限，假定空隙空间可以全部用来封存 CO_2 的总能力，或在地层流中以最大饱和状态溶剂，或在整个媒体中以 100%饱和状态吸附的封存能力
有效封存能力	理论封存能力中满足一系列地质和工程标准而得到的部分封存能力
可实施封存能力	通过考虑 CO_2 封存技术、法律法规、基础设施和一般经济障碍获得的有效封存能力
匹配封存能力	通过大型固定碳源和地质封存站点进行详细匹配获得的地质封存站点在容量、注入能力和供应速率足以容纳排放源输送来的 CO_2 能力

2.2 CO_2 地质埋存的机理

本文重点介绍目前国内外普遍关注的埋存能力较大的盐水层埋存和经济效益较好的油藏埋存的机理。

2.2.1 盐水层埋存机理

CO_2 在盐水层中的埋存方式主要分为四种，按作用机理可以分为物理埋存和化学埋存两大类。其中，物理埋存包括地质构造埋存和残余气埋存；化学埋存包括溶解埋存和矿化埋存。CO_2 注入初始，以构造埋存为主，随着时间的增长，溶解埋存以及残余气埋存二者埋存量增量相当，最终矿化埋存将占据主导地位。中国地质大学（北京）对 CO_2 注入到未来 10000 年的时间里的四种埋存量变化进行数值模拟，结果如图 3 所示。同时，近几年有部分学者提出流体动力学埋存及毛细管埋存，目前研究尚处于起步阶段。

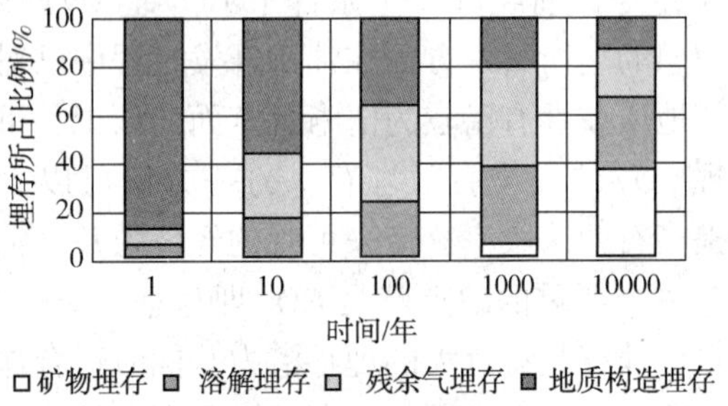

图 3 盐水层四种埋存机理埋存量对比

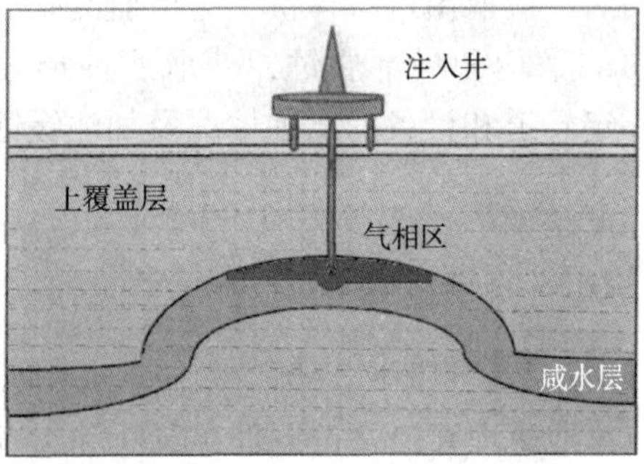

图 4 盐水层中地质构造埋存

2.2.1.1 地质构造埋存机理

地质构造埋存是埋存最初的主要形式，是一种静态埋存形式，CO_2 被困在上覆盖层与盐水层之间，如图 4 所示。刚刚注入储层中的 CO_2 绝大部分不会立即溶解，仍以自由形式存在。这部分 CO_2 混合在地下水中，在浮力的作用下垂直向上运移，直到被盖层阻挡停止向上的移动，并在盖层下方横向铺展，依靠盖层的阻隔封存于地下。

为了保证被注入的 CO_2 可以长期稳定的埋存在地下，需要选择有致密封盖层的地层。封盖层一般为渗透率非常低、孔隙度非常小的页岩，以达到阻止 CO_2 泄漏到其他地层的目的。

2.2.1.2 残余气埋存机理

残余气埋存是盐水层中储存 CO_2 的重要储存机制之一，主要是利用岩石基质中矿物颗粒的毛细管作用和润湿性影响，把 CO_2 以固定相的形式封存到多孔介质中。正是由于驱替和吸吮相对渗透率滞后，CO_2 在毛细管力作用下充填于岩石骨架中的孔隙缝中，其可占据空间的 15%~20%。因此，又被称为毛细管封存，原理如图 5 所示。

残余气埋存是一种较为稳定的埋存，可在数十年内有效地封存 CO_2。

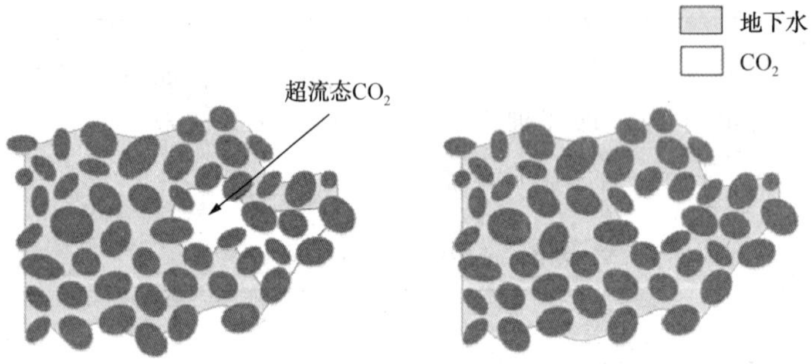

图 5 残余气埋存原理示意图

2.2.1.3 溶解埋存机理

溶解埋存是一种连续的、时间依赖性的过程，CO_2 通过扩散，对流和分散溶解在多孔岩石中已经存在的地层盐水中。溶解埋存过程中会发生多种物理与化学作用。与普通的气、水溶解不同，这些物理与化学作用同时对地层盐水中的 CO_2 物性产生影响，并且影响埋存过程中 CO_2 的运移过程和溶解过程。

溶解埋存机理主要依靠 CO_2 与水的接触，接触面越广，接触时间越多，溶解量就越大，因此在垂向高渗透层和厚层中有利于溶解捕集。在一般情况下，CO_2 在盐水层中的溶解度会随着温度的升高、压力的降低、盐度的增加而减少。

CO_2 的溶解过程十分缓慢，大量 CO_2 完全溶解需要几百年乃至上千年。图 6 为溶解埋存原理示意图，图中深部分是超流态 CO_2，浅是溶有 CO_2 的地下水，浅灰色是吸收了残余 CO_2 的多孔岩石，无色部分为地下水。残余气体埋存和溶解埋存是相互对立的两种埋存机理，两者因竞争气相 CO_2 呈现一种此消彼长的关系。从实际埋存过程来看，残余气埋存和溶解埋存从注入开始几乎同时发生，但埋存前期残余气占多数，随着时间的推移，溶解埋存的量逐渐增加。这两种埋存方式均属于较安全的埋存方式。

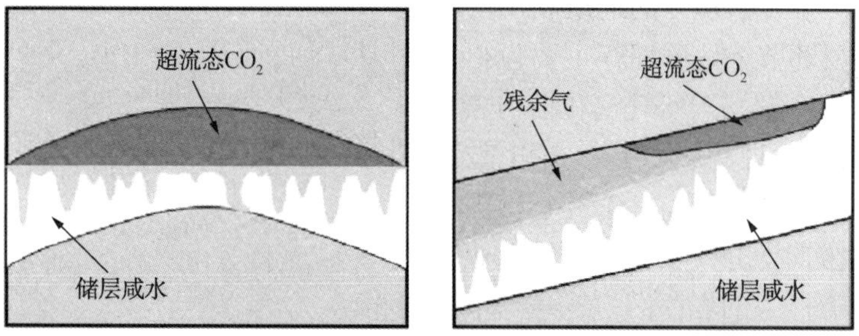

图 6　溶解埋存原理示意图

2.2.1.4　*矿化埋存机理*

矿化埋存是在盐水层中，岩石矿物与地层水中 CO_2 之间产生化学反应，最终将 CO_2 固定成碳酸盐矿物的过程。虽然其埋存效率和安全性高，稳定且无泄漏，但是其反应时间太长且埋存效果与多种因素相关，现阶段难以对矿物埋存量进行评价。

大量 CO_2 进入储层后，与地下水溶液进行的地球化学反应速率十分缓慢，但是由于 CO_2 在含水层中随液相流动，分布范围较广，因此总体参与反应的 CO_2 总量仍然十分可观。随着 CO_2 分布范围的进一步增加，更多的 CO_2 溶于地下水，使得地下水密度增加。这种转变使得含饱和 CO_2 的地下水开始下沉，不再向上运移。此过程往往发生在初次注入几百年甚至上千年以后，而 CO_2 经地化反应最终生成固体碳酸盐沉淀则是一个更加漫长的过程，完全反应需要数以万年的时间。

CO_2 矿化埋存是目前公认的地质埋存的最终阶段，也是最安全和稳定的埋存阶段。

2.2.2　油藏埋存机理

CO_2 油藏埋存机理与盐水层埋存基本相似，同样存在 4 种埋存机制，分别为构造地层埋存、束缚或毛管埋存(残余气埋存)、溶解埋存和矿化埋存，此处不再赘述。与盐水层不同的是在 CO_2 注入枯竭油藏后，在实现埋存目的的同时能够进行驱油，提高采收率。

2.3　CO_2 地质埋存的风险

CO_2 地质埋存的时间越长越好。然而，对于一些具体工程的实施，必然会存在一些主观或者客观因素造成 CO_2 泄漏风险的存在，比如选择目标埋存地质不合理、埋存技术不成熟、水动力系统以及地震等因素。

2.3.1　CO_2 地质埋存泄漏风险的分类

在通常情况下，CO_2 地质埋存泄漏风险总体上可以分为两大类：全球风险和局部风险。从现有 CO_2 规模来推算，未来在地质结构中封存的 CO_2 数量可能会达到上亿吨的规模，当封存在地质结构中的一部分 CO_2 泄漏到地质构造外部并逃逸到空气中时，很可能会引起全球极其显著的气候变化，这便是全球风险。局部风险指的是，当封存在地质结构中的一部分 CO_2 泄漏到地质构造外部时，假设这些泄漏出去的 CO_2 从被埋存的地质构造中逃逸到其他地质结构时，随之可能造成所在区域的人类、生态系统和地下水资源的局部灾害。

2.3.2　CO_2 地质埋存泄漏风险的应对措施

针对全球风险，根据相关的理论研究，以及现有对 CO_2 埋存地质选取、自然环境系统、工程技术系统和模式等方面的考察和预测得知，合理选择埋存地质，加强埋存技术的可靠性，很有可能会有超过 99% 的 CO_2 在经过上百年甚至是上千年之后，依旧安全地储存在地下。

针对局部风险，CO_2 的地质泄漏风险大致分为以下两种情况：

一是突然渗漏。这种渗漏是由于注入井的破坏或是废弃油气井的泄漏，导致 CO_2 突然迅速地逃逸。如果采用当今控制油气井井喷的技术，就可以快速地检测出 CO_2 渗漏的方位，同时可以有效地阻止这类情况下 CO_2 的释放。

二是逐渐渗漏。这类渗漏是通过没有被发现的地下裂隙或断层、破裂或泄漏的油气井而发生的渗漏。目前只能根据 CO_2 封存地点位置及相应的地质条件、渗漏的规模和渗漏上方的实际情况做出判断和分析，在确定大致逃逸的路径后，采取适当补救及监测措施来解决这些潜在的渗漏问题。

3　结论

CCUS 技术在实现国家“双碳”目标的过程中

发挥着不可或缺的重要作用，CO_2 的地质利用与封存又是 CCUS 的重要环节。地质埋存主要包括枯竭油藏、深部咸水层、枯竭天然气藏和枯竭煤层。其中，针对枯竭油藏埋存，CCUS-EOR 技术可以实现增油与封存的“双赢”，是当今我国石油公司重点研究的方向，并力争更广泛的工业推广；深部咸水层具有巨大的埋存潜力，是未来碳埋存减排的主要封存场所。CO_2 地质埋存过程中应该注意泄漏风险，并加强检测和防护措施，限制 CO_2 泄漏风险的发生。我国具有巨大的油气田、盆地等适宜 CO_2 地质利用与埋存的资源，加大相关理论研究，对 CCUS 技术的发展意义重大。

参 考 文 献

[1] 姜睿. 国内外 CCUS 项目现状分析及展望[J]. 专论与综述，2022，22(4)：1-4.

[2] Global CCS Institute. Global Status of CCS Report2020 [R]. Global CCS Institute，2020.

[3] IRENA. Global renewables outlook：Energy transformation2050(Edition 2020)[R]. International Re-newable Energy Agency，Abu Dhabi，2020.

[4] IPCC. Global warming of 1.5 ℃. An IPCC special report on the impacts of global warming of 1.5 ℃ above pre-industrial levels and related global greenhouse gas emission path ways，in the context of strengthening the global response to the threat of climate change，sustainable development，and efforts to eradicate poverty [R]. World Meteorological Organization，Geneva，Switzerland. 2018.

[5] 廖黎明，王静. 松辽盆地二氧化碳地质埋存研究[J]. 四川地质学报，2012，32(3)：268-271.

[6] 李士伦，张正卿，冉新权，等. 注气提高石油采收率技术[M]. 成都：四川科学技术出版社，2011.

[7] 王高峰，秦积舜，孙伟善. 碳捕集、利用与封存案例分析及产业发展建议[M]. 北京：化学工业出版社，2020.

[8] 刘忠运，李莉娜. CO_2 驱油机理及应用现状[J]. 技术创新，2009，10：36-38.

[9] 李士伦，张正卿，冉新权，等. 注气提高石油采收率技术[M]. 成都：四川科学技术出版社，2001.

[10] 张谦伟，刘霜. 低渗透油藏二氧化碳混相与近混相驱替规律研究[J]. 当代化工，2017，46(2)：274-276.

[11] Malcolm D，Scott M，Akanni S. New approach to CO_2 flood：soak alternating gas[J]. SPE70023，2001.

[12] 高嘉. 油藏二氧化碳驱油提高采收率及埋存技术[J]. 中国石油石化，2017(5)：35-36.

[13] 刘世东，王璞，高勇. 油藏二氧化碳驱油提高采收率及埋存技术[J]. 科学管理，2021(12)：164-165.

[14] 廖翰农，丁志勇，廖翰明，等. CO_2-EOR 驱油技术实际应用浅析[J]. 技术研究. 2019(8)：68-71.

[15] 沈平平，廖新维. 二氧化碳地质埋存与提高石油采收率技术[M]. 北京：石油工业出版社，2009.

[16] A. kumar，R. Ozah，M. Noh. Reservoir Simulation of CO_2 Storage in Deep Saline Aquifers[J]. SPE Journal，2005(9).

[17] Nghiem L，Shrivastava V，Tran D，etal. Simulation of CO_2 Storage in Saline Aquifers [J]. Society of Petroleum Engineer，2009(10).

[18] 杨永智，沈平平，宋新民，等. 盐水层温室气体地质埋存机理及潜力计算方法评价[J]. 吉林大学学报(地球科学版)，2009，04：744-748.

[19] 刘嘉，李永，刘德顺. 碳封存技术的现状及在中国应用的研究意义[J]. 环境与可持续发展，2009，02：33-35.

[20] 杨睿芝. 枯竭气藏 CO_2 注入和埋存中与地层水岩石相互作用研究[D]. 成都：西南石油大学，2016.

[21] Birkholzer J T，Zhou Q，Tsang C F. Large - scale impact of CO_2 storage in deep saline aquifers：A sensitivity study on pressure response in stratified system [J]. International Journal of Greenhouse Gas Control，2009，3(2)：181-194.

[22] 张冰，梁凯强，王维波，等. 鄂尔多斯盆地深部咸水层 CO_2 有效地质封存潜力评价[J]. 非常规油气，2019，6(3)：15-20.

[23] Li D，He Y，Zhang H，et al. A numerical study of the impurity effects on CO_2 geological storage in layered formation[J]. Applied Energy，2017：107-120.

[24] 唐蜜. 地下盐水层 CO_2 埋存机理及数值模拟研究[D]. 成都：西南石油大学，2014.

[25] 许志刚，陈代钊，曾荣树. CO_2 地质埋存渗漏风险及补救对策[J]. 地质评论，2008，54(2)：373-386.

双碳背景下华东 CCUS-EOR 一体化技术进展

王海妹[1]　任文婧[1]　吴公益[2]　曹胜江[3]

(1. 中国石化华东油气分公司勘探开发研究院；2. 中国石化华东油气分公司泰州采油厂；
3. 中国石化华东石油局液碳公司)

摘　要　CCUS-EOR 是利用捕集的 CO_2 注入油藏中来提高石油采收率的技术。华东油气田经过 30 多年 CO_2 驱开发实践，拥有了一支专业从事天然 CO_2 净化提纯、化工尾气净化提纯、驱油、油田穿透气回收、封存的队伍和研究团队，形成了选区评价、机理研究、油藏工程、净化集输、注采回收、动态监测、效果评价等一整套成熟的技术系列。本文通过总结 CCUS-EOR 一体化技术在华东油气田开发中的应用及实践，为建设百万吨 CCUS-EOR 全产业链示范基地，助力我国石化行业实现碳达峰、碳中和的目标做出华东贡献。

关键词　CO_2 驱；提高采收率；苏北盆地；碳封存；CCUS 一体化技术

我国“双碳”目标的实现面临着双方面的挑战：一是我国碳排放总量大、强度高，2019 年我国碳排放总量 115×10^8t，占全球全球碳排放总量的 30%，并且还在逐年递增；二是我国还处于经济发展阶段，在双碳目标下实现能源结构转型时间短、任务重，目前我国的能源消费以化石能源为主，占比 84.7%(煤炭占 57.7%，石油占 19%，天然气占 8%)，非化石能源仅占 15.3%，要在 2060 年实现煤炭和石油零消费是一场巨大的“去化石能源”工业革命。

CCUS 是指将 CO_2 从排放源或者大气中提纯后或直接加以利用或封存，以达到碳减排的目的，目前世界上在运行的规模化 CCUS 项目 21 项(CO_2-EOR 占 76%)，年捕集能力 4000×10^4t。中国目前已建成的 CCUS 项目 35 个，捕集能力超过 300×10^4t/a，2007～2019 年累封存 200×10^4t，但缺少大规模(百万吨)全流程的 CCUS 项目。因此为了打造大规模(百万吨级)CCUS 示范项目，开展“双碳”背景下的 CCUS-EOR 分析研究非常必要。

1　CCUS 技术实践

目前华东油气田已形成了涵盖捕集、运输、驱油/封存、回收全流程的技术系列，具备实现零排放和安全封存的配套技术，建成中国石化首个 CCUS 示范基地，为规模化推广提供了技术支撑。

1.1　捕采集工艺

2015 年 7 月华东与南化合作开展化工二氧化碳尾气捕集，实现上中游尾气回收驱油一体化。2020 年与南化公司开展二期合作，在天然 CO_2 净化提纯工艺基础上，优化工艺流程，形成了高浓度 CO_2 尾气捕集工艺。

针对纯度 90% 以上的高纯度 CO_2 气露点低(一般在-60℃左右)、纯度高、含硫低的特征，采用直接加压液化工艺，将南化合成氨车间的二氧化碳尾气经过两级压缩后与制冷剂(R22)换热得到纯度较高的液态二氧化碳，具体工艺流程图如图 1 所示。目前一期工程年回收尾气 5×10^4t，吨气回收成本 185.3 元/t，二期工程年回收尾气 5×10^4t，吨气回收成本 147.7 元/t。截至 2021 年 4 月，该项目累计回收二氧化碳 16.5×10^4t，并全部用于油田驱油。

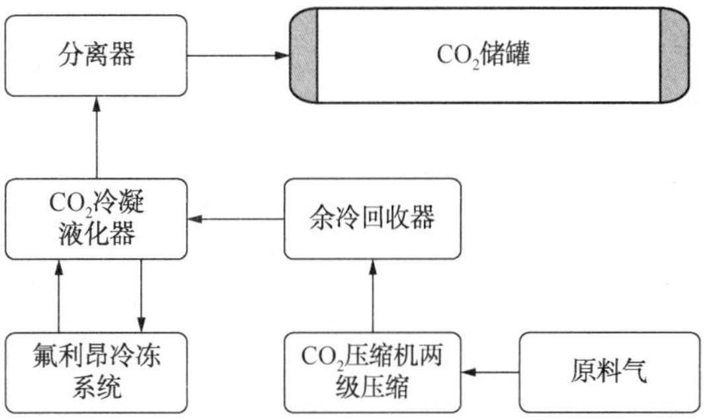

图 1　CO_2 气直接液化工艺流程示意图

在南化一期项目安全有效运行的基础上，南化二期项目通过技术创新，实现了尾气回收装置的橇装式改造，申报实用新型专利和发明专利“一种橇装式化工二氧化碳尾气捕集装置”。二期橇装式尾气回收系统包含压缩机组、冰机机组（包括辅助设备）和液化机组（包括液化器、分离器及余冷回收器）三个橇装块，其管道排布简单、占地面积小、自动化程度高，与一期相比实现了六大技术创新：

① 智能操作：采用 PLC 智能操作系统，实现现场无人值守，降低岗位风险。

② 安全制冷：采用氟利昂（R22）替代液氨制冷，危险性分类降为戊类。

③ 性能提高：将往复式压缩机更换性能更为螺杆式压缩机，提高了出口压力，降低了能耗。

④ 冷量回收：增设余冷回收器，利用闪蒸后的低温气体对压缩后二氧化碳进行预冷，能耗降低 30%。

⑤ 尾气回收：将成品储罐和充装气相尾气接入压缩机入口进行回收，循环利用的同时降低压缩机运行温度，减少能耗。

⑥ 尾气利用：将成品储罐尾气作为自调阀仪表风气源，降低投资的同时进一步减少排放。

南化二期项目建设实现了尾气回收装置的橇装式改造，公司在南化二期项目建设的基础上，申报实用新型专利和发明专利“一种橇装式化工二氧化碳尾气捕集装置”。

1.2　运输工艺

为了满足不同运输条件、运输量和运输距离的需求，华东石油局开展了多种 CO_2 运输技术研究，目前 CO_2 主要通过槽车、槽船和管道输送。公司目前拥有陆路运输的 CO_2 槽车 5 辆（容量 10~25t），可掌控运力槽车 60 余辆，吨气运输成本 1 元/km；水路运输的 CO_2 槽船 20 余艘（容量 80~200t），吨气运输成本 0.8 元/km；CO_2 输送管线 3 条，管线总长 43.6km，日输送量 1840t，吨气运输成本 0.25 元/km。其中，CO_2 输送管道的建设有效降低了 CCUS-EOR 的运输成本。

1.2.1　黄桥中压混相 CO_2 输送管线

黄桥采气井井口至黄桥厂区的管线总长 19.6km，平均输送压力 6.0~7.0MPa，输送温度 15~20℃，属于中压混相输送管线。黄桥中压混相 CO_2 输送管线设计输送量 1400t/d（见图 2）。

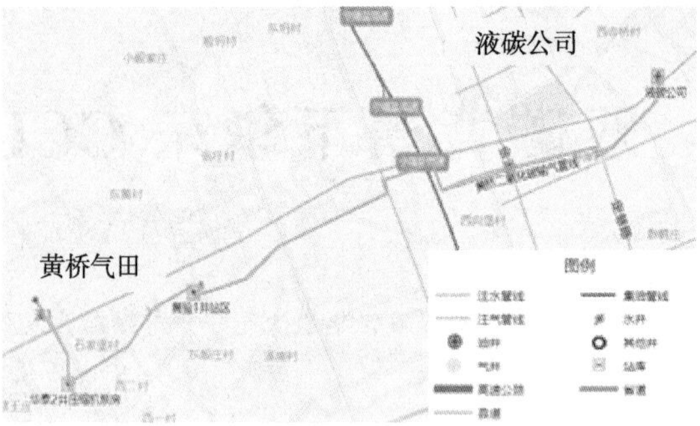

图 2　黄桥中压混相 CO_2 输送管线

1.2.2　草舍高压密相 CO_2 输送管线

草舍高压密相 CO_2 输送管线总长 5km，平均输送压力 27.5MPa，输送温度 10~20℃，属于高压密相输送管线，设计输送量 260t/d（见图 3）。

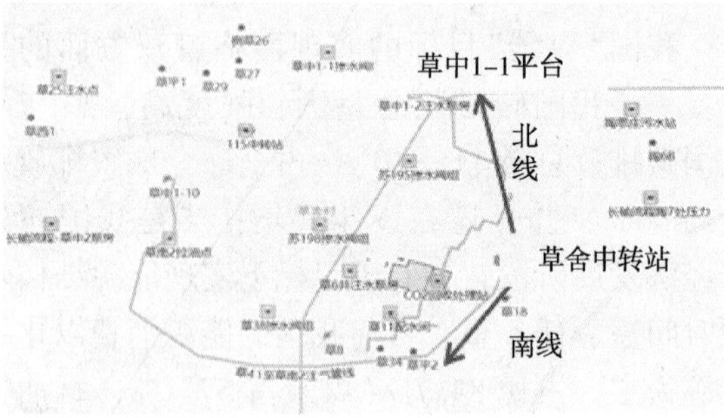

图 3　草舍高压密相 CO_2 输送管线

1.2.3　台兴高压密相 CO_2 输送管线

台兴高压密相 CO_2 输送管线总长 19km，平均输送压力 27.5MPa，输送温度-12℃，属于高压密相输送管线，设计输送量 180t/d（见图 4）。

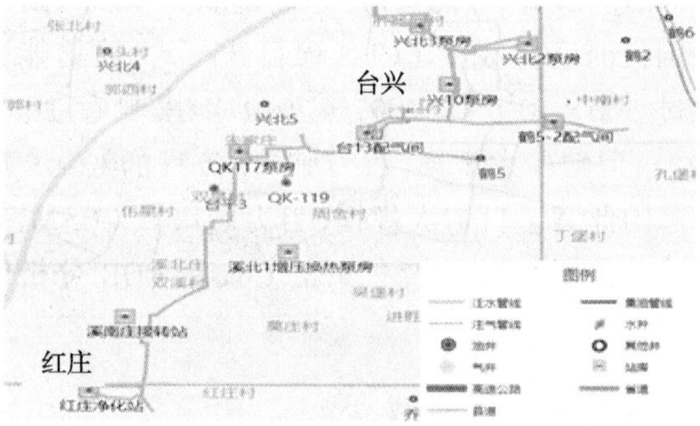

图 4　台兴高压密相 CO_2 输送管线

1.3　驱油/封存工艺

1.3.1　压注工艺

1.3.1.1　地面压注模式

形成了集中建站压注流程和橇装式单井液相

压注工艺(见图5)，可满足不同地质条件、不同规模、不同压力的注入需要。大规模压注主要应用在草舍油田、台南油田，针对苏北断块面积小、单井分散的特点，研发装备了橇装压注设备20余台，成为当前的主要压注模式，如表1所示，其具有投资少，注入灵活等特点。

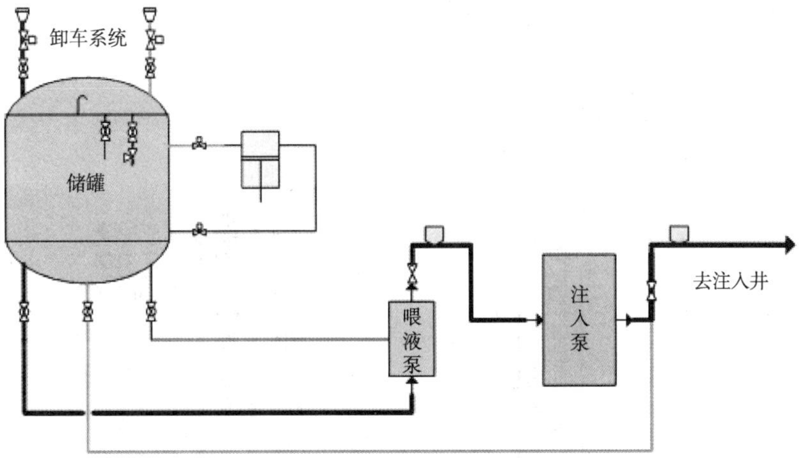

图5　橇装式注入流程示意图

表1　集中压注与橇装注入流程特点

项目	集中建站压注流程	橇装式注入流程
优点	(1) 设施集中，便于管理； (2) 设备在线备用，便于维护； (3) 可以实现规模注入； (4) 占地较少、投资低	(1) 系统灵活，方便零散井注入； (2) 单井管线用量少； (3) 单井注入投资相对较少
缺点	(1) 不适合井相对分散的注入； (2) 不能满足分压注入，单井流量不易调控	(1) 活动设备，维修时需停产； (2) 注入规模小，不便集中管理

1.3.1.2　压注工艺

对压注系统的井口类型、采气树、井口等级、井口与套管头的连接方式、注入方式、油管类型、施工控制等方面做了全面优化，研发了机械锚定式注入管柱和安全密封控制技术，井下注入管柱由滑套、Y445J型封隔器、多功能注气阀及气密扣油管组成。以3Cr材质及普通油管组合提高管材延展性，辅助井口加温避免油管和套管的脆断，加热后CO_2温度为10℃左右，当CO_2温度低于10℃时，易产生水合物；温度超过10℃，则增加注入成本。通过强制气密性检测、油管上扣扭矩监测，确保管柱气密性。井下Y445J型封隔器(见图6)通过二次加载压缩耐CO_2胶筒，使胶筒永久保持与套管的接触应力，从而提高封隔器的气密性能；多功能注气阀可以防止注入气返吐，提高井控安全，管柱结构气密性能优良、简便、实用。

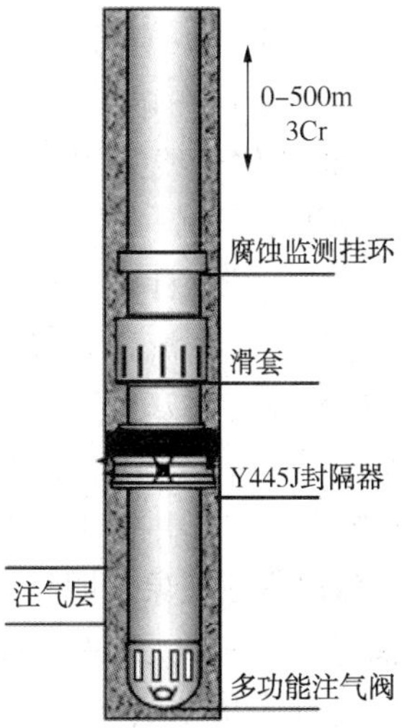

图6　Y445J型住注气管柱结构图

1.3.2　采油工艺

采油工艺应根据当前井况选择匹配的举升方

式，特别要考虑 CO_2 气体对于举升方式的影响。

1.3.2.1　举升工艺

在气体未突破前或低气油比条件下可采用常规有杆泵举升工艺以满足正常生产。气油比大于 200m^3/d 的油井，选择防腐防气泵，泵下加装气锚或其他类型的油气分离器。华东自制的强制拉杆式防气泵应用效果好(见图 7)，应用 38 井次平均泵效提高 17.6%，有效地避免抽油泵气锁现象的发生。

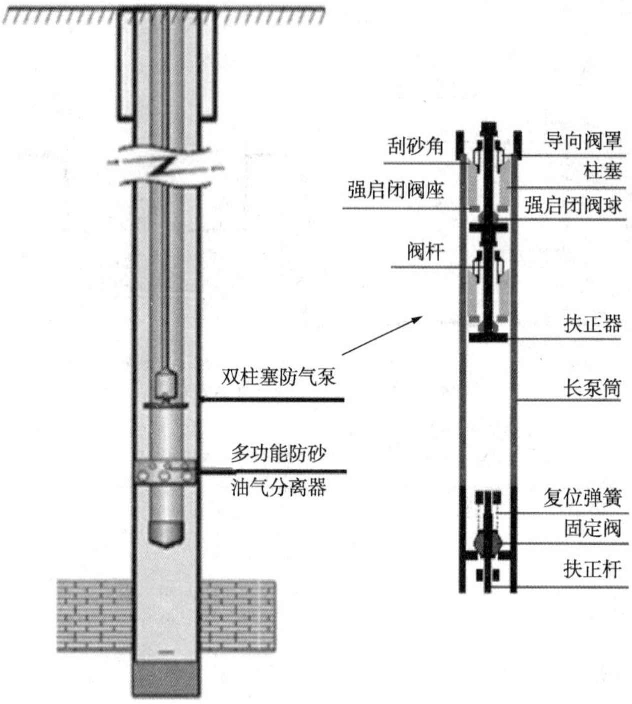

图 7　强启闭阀球中空防气泵管柱

1.3.2.2　采油井口及集输流程防腐工艺

CO_2 驱应用着重考虑腐蚀问题，通过实验分析及长期实践，形成了一套成熟的组合防腐工艺。如受 CO_2 气体腐蚀影响，井口装置材料应选择 DD 级；采油集输管线采用玻璃钢材质，三相分离器采用双相不锈钢，解决集输系统腐蚀。为保障井控，井口安装光杆防喷器，油套管均通过节流控制装置接进生产流程，避免穿透气冲击集输系统，影响集输流程安全。

试验表明，油井含水低于 30% 的采油井，其产出液为油包水状态，井下工具表面均处于油湿状态，此时 CO_2 腐蚀现象不明显(见图 8)，此时选用常规管杆；含水高于 30% 的采油井，腐蚀开始加剧，此时应从油套环空添加缓蚀阻垢剂，并根据监测挂片的腐蚀结垢情况及时调整 CO_2 缓蚀阻垢剂的配方和浓度，以保护井下管柱。对于气油比过大无法进行油套环空加药的，则采用低合金 3Cr 防腐油管+具有耐腐蚀性能的抽油杆或包覆抽油杆，抽油泵采用防腐抽油泵。

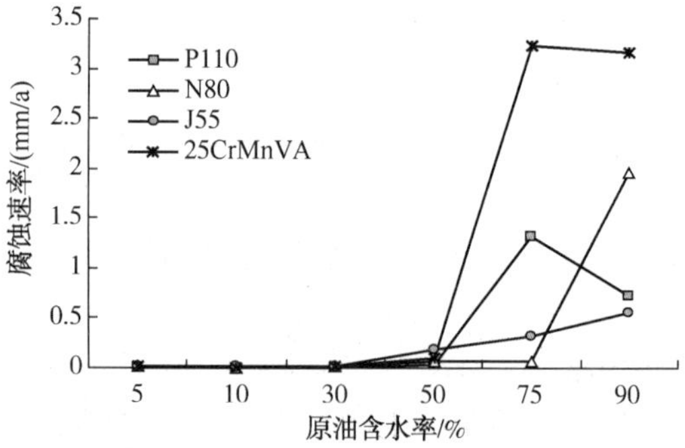

图 8　原油含水率对不同钢材的腐蚀速率

1.4　回收工艺

根据对 CO_2 注入量、回收量的统计，在压注驱油过程中，CO_2 约有 85% 被永久封存于地下，剩余的 15% 则随着原油流出地表层形成穿透气返回地面。为循环利用驱油产出气中的 CO_2，实现 CO_2-EOR 全流程的 CO_2 零排放，华东石油局开展采出井 CO_2 回收工艺研究。通过研制固定式和橇装式产出气回收装置，实现了驱油产出气的 100% 回收率和二氧化碳的“零排放”，真正实现了 CO_2-EOR 过程中 CO_2 的闭环管理。

1.4.1　固定式产出气回收工艺

根据草舍油田泰州组油藏 CO_2 驱油产出气的特点，通过工艺流程设计及矿场试验形成了蒸馏及低温提馏相结合的固定式产出气回收工艺。油田穿透气经增压冷却后进入蒸馏塔，去除高沸点的油和水，在冷凝液化后，采用低温提馏的工艺技术，将穿透气中不凝气体脱除再次进行压注驱油，整个流程形成了二氧化碳“回收—驱油—回收”循环式一体化应用模式。

1.4.2　橇装式产出气回收工艺

在固定式产出气回收工艺的基础上，针对 CO_2 驱单井或小井组产出气气量小，现场建立回收装置和通过管网接入回收装置较困难的特征，研制模块化、橇装式安装的小型橇装装置。橇装式产出气回收工艺借鉴蒸馏和低温提馏相耦合的工艺思路，串接干燥单元，以氟利昂为制冷剂降低安全风险，并合理利用 CO_2 蒸发潜热浓缩回收 CH_4 等轻烃组分，从而实现 CO_2 驱单井产出气的回收利用。

利用产出气回收装置回收的 CO_2 可以继续作为注气驱油的气源，节省了原料投资，搭建了 CO_2 闭环系统。同时，回收的烃类气体也可作为油田燃气使用，降低了运行成本，实现了节能减排。

1.5　华东驱油/封存实践

1.5.1　华东驱油/封存实践

目前华东实施 CO_2 驱/吐开发单元 16 个，覆盖了低渗、中高渗、稠油及高含水油藏，动用储量 1649×10^4t，35 口注气井，118 口生产井，日注气 460t，日产油 188t，12 个单元已初步见效。油藏累计注气 95.19×10^4t，累计增油 25×10^4t，吨换油率 3.35t CO_2/t 油。

1.5.2　华东驱油/封存经济效益分析

经济评价时不考虑历史资产负担，评价增量收入扣除增量成本后的边际效益，以华东油气分公司 7 种典型 CO_2 驱油项目为例，选取静态现金流量、边际效益经济极限油价等指标，以反映不同 CO_2 驱油项目的经济效益。

苏北油田不同类型油藏 CO_2 驱经济指标见表 2，可知不同油藏或开发方式与换油率有较大关系，表现为经济效益上的差异。首先吞吐开发方式效益优于驱油，换油率高，边际效益极限油价低于 28 美元/桶，但吞吐增油量少。其次是张家垛、草中低渗低含水油藏 CO_2 驱及洲城中高渗油藏 2C 复合驱换油率高，边际效益极限油价为 35~46 美元/桶。最后是台南低渗高含水油藏气水交替驱及草南二次气驱，开发效果相比略差，但当油价大于 58 美元/桶时，亦可有效开发。总之，苏北复杂断块 CO_2 吞吐/驱替项目在 50 美元/桶情况下大多具有经济效益。

表 2　不同类型油藏 CO_2 驱开发效果及经济指标

单元	油藏	含水阶段	开发方式	注入量/10^4t	增油/10^4t	换油率/(t CO_2/t 油)	极限油价/(美元/桶)
张家垛	低渗	低含水	顶部驱	10.36	3.93	2.64	38
台南	低渗	高含水	气水交替	10.4	1.8	5.78	58
草南	低渗	高含水	二次注气	7.1	1.09	6.51	49
草中	低渗	低含水	先期注气	18.4	4.4	4.18	46
洲城	中高渗	高含水	2C 复合驱	2.7	1	2.7	35
金南	致密	低含水	异步吞吐	0.65	0.82	0.79	23
兴北	稠油	高含水	复合吞吐	0.95	0.45	2.11	28

2　华东 CCUS 近远景规划

CCUS 要规模化应用还存在以下几个方面的难题：一是 CCUS 全产业链的构建和低成本商业模式是规模化应用的瓶颈；二是跨行业的 CCUS 示范工程技术研发合作模式有待创新和发展；三是 CCUS 相关的政策扶持和财税激励措施尚未出台。

华东油气分公司“立足国情、立足江苏、立足驱油，以资源利用最大化为核心，攻关低能耗、低成本、长期安全的 CCUS 驱油与封存技术”的思路进行了 CCUS 规划部署。近期规划是形成 CCUS 配套技术，开展百万吨级 CCUS 先导试验，年捕集能力 100×10^4t，其中 50×10^4t 用于驱油封存，50×10^4t 用于地质封存；中期规划是形成 CCUS 工业化应用技术，探索跨行业 CCUS 产业模式，扩大百万吨级工业化示范应用；远期规划是形成以 CO_2 管网规划为基础的跨行业 CCUS 产业模式，实现 CCUS 商业化应用。

驱油封存规划包括两个方面：一是正注气单元，以完善、恢复井网、优化注采参数及流场调控相结合，减小生产压差或者采取自喷开发的方式，实现混相驱混相采；二是新增注气单元，“双低双高”单元继续以混相驱为主，兼顾非混相驱，利用边底水动能，提高老油田采收率。华东苏北油田 2020 年年注气量 13.6×10^4t，2021 年预计年注气量 16×10^4t。力争“十四五”覆盖储量达总动用储量 50%，年注气规模 50×10^4t。

3 结论与建议

3.1 结论

经过近年来的 CCUS 研究，目前已经形成了涵盖从工业尾气捕集、提纯、运输、驱油、回收利用到地质封存的全流程、全产业链的配套系列技术，且矿场实践经验丰富，为打造百万吨 CCUS 示范工程提供技术借鉴。

3.2 建议

仍然存在一系列需要攻克的难题，例如常规油、页岩油、页岩气及煤层气等方面的驱油、驱气机理的进一步深化，低成本 CO_2 捕集、输送驱油工艺技术的研究等。

在技术上，加强江苏地区跨行业、跨领域 CCUS 技术集成，开展顶层设计，上下游一体、企地联合，统筹规划部署，分阶段、分重点构建面向碳中和目标下的 CCUS 技术体系。政策上，探索激励和补贴政策，建立跨行业、跨部门有效沟通机制，大力支持 CCUS 规模化示范工程建设，形成 CCUS 产业化能力，推进商业化进程，打造双碳背景下绿色发展新名片。

参 考 文 献

[1] 陈祖华，俞凯，刘伟，等．CO_2 混相驱注采特征及开发效果初探[J]．油气藏评价与开发，2011，1(1-2)：37-41.

[2] Oil & Gas Journal Energy Database. “Survey of Forecasters”[J]. Oil & Gas Journal. PennWell Publishing Company，2008.

[3] 王永兰．CO_2 混相驱优化决策与效果评价方法研究[D]．成都：西南石油大学．2008.

[4] 熊德明．油藏注 CO_2 适宜度及开发效果评价体系研究[D]．成都：西南石油大学，2011.

[5] 陈文，汤勇，梁涛，等．超临界 CO_2 动态混相驱过程机理研究[J]，钻采工艺，2011，34(3)：77-80.

[6] 李士伦，张正卿，冉新权，等．注气提高石油采收率技术[M]．成都：四川科学技术出版社，2001.

[7] 计秉玉，王凤兰，何应付．对 CO_2 驱油过程中油气混相特征的再认识[J]．大庆石油地质与开发，2009(3)：103-109.

[8] 陈祖华，汤勇，王海妹，等．CO_2 驱开发后期防气窜综合治理研究[J]．岩性油气藏，2014，26(5)：102-106.

[9] 赵辉，王传飞，侯健，倾斜油藏水气交替驱提高采收率机理研究[J]．石油天然气学报 2009，31(5)：135-138.

[10] Jeschke P A，Schoeling，L H. CO_2 flood potential of California oil reservoirs and possible CO_2 sources[J]. SPE 63305，2000.

[11] Chen Hsiu - Kuo. Gas Injection in the Safah Field，Oman[J]. SPE 29805，1995.

[12] F. Jay Schempf，孙瑛璇译．美国不断推广应用 CO_2 驱提高采收率技术[J]．国外油田工程，2005(5)：15，51.

[13] 王军．低渗透油藏 CO_2 吞吐选井条件探讨[J]．油气藏评价与开发，2019，9(3)：57-61.

[14] 陈祖华，吴公益，钱卫明，等．苏北盆地复杂小断块油藏注 CO_2 提高采收率技术及应用[J]．油气地质与采收率，2020，27(1)：152-162.

[15] 陈祖华．苏北盆地注 CO_2 提高采收率技术面临的挑战与对策[J]．油气藏评价与开发，2020，10(3)：60-67.

[16] 陈祖华，孙雷，杨正茂，等．苏北低渗透油藏 CO_2 驱油开发模式探讨[J]．西南石油大学学报(自然科学版)，2020，03：97-106.

[17] 李士伦，孙雷，陈祖华，等．再论 CO_2 驱提高采收率油藏工程理念和开发模式的发展[J]．油气藏评价与开发，2020，10(3)：1-14.

[18] 曹绪龙，吕广忠，王杰，等．胜利油田 CO_2 驱油技术现状及下步研究方向[J]．油气藏评价与开发，2020，10(3)：51-59.

制氢装置 PSA 尾气中 CO_2 捕集技术的应用及建议

曹　杰

（中国石化塔河炼化有限责任公司）

摘　要　轻烃蒸汽转化+PSA 净化工艺制氢是目前炼油厂氢气的主要来源。PSA 尾气中 CO_2 占比 48.56%(v)，进制氢转化炉燃烧。羟乙基乙二胺(AEEA)具有较强的碱性，对 CO_2 有很好的捕集性，经过 AEEA 吸收后的 PSA 尾气中 CO_2 占比 0.05%(v)，CO_2 的捕集率高达 99.90%，年减少 CO_2 排放量 6.51×10^4t。捕集 CO_2 后的 PSA 尾气继续进制氢转化炉燃烧，可以提高转化炉热效率 0.9%。相比焦炉气，该尾气是优质的制氢原料，建议进制氢原料缓冲罐用作制氢原料，可节约外购天然气成本约 2446 万元/年。

关键词　PSA 尾气；捕集；AEEA；CO_2

CO_2 作为全球生态系统污染物，其浓度变化对全球能量平衡和气候生态系统具有潜在影响，具有全球“生态污染物”的特点。CO_2 的温室效应使得全球气候变暖，是世界各国关注的重点问题。《巴黎协定》重申 2℃温控目标共识，要求各缔约方在 2020 年前提交长期温室气体 CO_2 低排放发展战略，努力实现到 21 世纪下半叶人类排放的 CO_2 与大自然的吸收平衡。我国当前的碳排放量(CO_2 排放量)占全球总量的 27%左右，并会在城镇化和工业化进程中保持持续增长，未来全球碳排放的减排路径将很大程度上依赖于我国的碳排放路径。作为一个负责任的大国，我国应承担与自身能力相称的义务。2015 年 11 月巴黎气候大会上，我国提出将于 2030 年前后使 CO_2 排放达到峰值并争取尽早实现，2030 年单位国内生产总值 CO_2 排放比 2005 年下降 60%～65%。设置碳排放峰值的具体时限和绝对性减排的路线图，意味着我国将会成为全球气候变化政治推动者与气候治理的主要倡导者，应对气候变化将成为我国在全球治理体系中扩大外交和道义影响力的一面旗帜。我国近年在积极采取各项措施实施节能减排、发展低碳经济。石油化工行业关乎国家经济安全和经济命脉的产业，石化行业产业结构及技术在一定程度上影响着石化行业 CO_2 的排放。在当前的形势下，减少 CO_2 排放的新技术在石油化工行业生产过程中的应用显得尤为重要。

1　轻烃蒸汽转化+PSA 净化工艺

轻烃蒸汽转化+PSA 净化工艺是炼厂制氢的重要方法之一，在目前的制氢技术中处于主导地位。一般以天然气、干气或石脑油为原料，经过原料预处理(加氢烯烃饱和、有机硫加氢脱除、氧化锌脱无机硫、脱氯、脱砷过程)、烃类蒸汽预转化、转化反应、中变反应、气体分水、PSA 变压吸附获得纯度 99.99%(v)的氢气，也伴随产生含有 48.56%(v) CO_2 的 PSA 尾气，制氢装置 PSA 尾气组分见表 1。PSA 尾气作为燃料进烃类蒸汽转化炉，其中的 CO_2 为非可燃气体，不参与燃烧。PSA 尾气中 CO_2 的存在不仅增加了炼厂碳排放的量，而且在排放过程中携带大量的热，使转化炉热损失大，热效率低。

表 1　PSA 尾气组分(v%)

组成	CO	CO_2	CH_4	H_2
占比	5.31	48.56	17.47	28.66

利用固体吸附剂对不同气体组分的选择吸附特性，通过变压吸附工艺一步获得高纯氢的净化方法即 PSA 净化提纯氢气法。吸附剩余的 PSA 尾气富含 CO_2。PSA 尾气在一般的轻烃蒸汽转化+PSA 制氢工艺中去转化炉燃烧。CO_2 在整个燃烧过程中，没有热值贡献。烃类蒸汽转化+PSA 净化工艺流程简图见图 1。另外，PSA 尾气中还含有 28.66%的氢气，这部分氢气是穿透 PSA 吸附剂或程控阀内漏造成的。PSA 尾气中的 CH_4 和 CO 是预转化、转化和中变反应不彻底造成的，经吸附床解析后进入 PSA 尾气中。

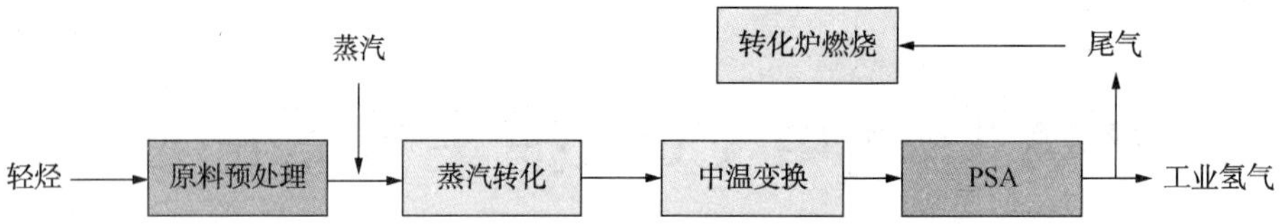

图 1　烃类蒸汽转化+PSA 净化工艺流程简图

2　AEEA 吸收原理

羟乙基乙二胺(AEEA)中胺基具有较强的碱性，是一种新型的酸性气体吸收剂。AEEA 有吸收热和解吸热小等优点，再生能耗低，更适宜工业应用。AEEA 性质见表 2，其捕集原理是低温下溶剂与 CO_2 发生化学反应将 CO_2 吸收，加热饱和吸收剂后发生吸收过程的逆反应将 CO_2 解吸出来。AEEA 吸收 CO_2 过程是放热反应，从吸收塔顶到吸收塔底有温度梯度，降低温度和提高吸收塔压力，有利于 CO_2 的吸收。AEEA 浓度对 CO_2 吸收的速度影响较大。AEEA 浓度高，吸收 CO_2 速度快，反之吸收速度慢，且吸收不彻底。考虑 AEEA 的经济成本和吸收 CO_2 效果，在实际工业应用过程中采用 27%左右的 AEEA 溶液作为 CO_2 的吸收剂。

表 2　羟乙基乙二胺物理性质

名称	羟乙基乙二胺(AEEA)
分子式	$C_4H_{12}N_2O$
相对分子量	104.15
凝固点/℃	-28
沸点/℃	238~240
黏度/mPa·s	141
密度 mg/cm³	1.03
酸碱性	碱性
其他特性	透明黏稠液体

其化学反应如下：

水的电离：

$$2H_2O \rightleftharpoons H_3O^+ + OH^-$$

二氧化碳水解：

$$CO_2 + 2H_2O \rightleftharpoons HCO_3^- + H_3O^+$$

HCO^{3-} 解离：

$$HCO_3^- + H_2O \rightleftharpoons CO_3^{2-} + H_3O^+ HCO_3^- +$$

$$AEEA \rightleftharpoons CO_3^{2-} + AEEAH^+$$

CO_3^{2-} 离子转化：

$$CO_2 + CO_3^{2-} + H_2O \rightleftharpoons 2HCO_3^-$$

质子胺电离：

$$AEEAH^+ + H_2O \rightleftharpoons AEEA + H_3O^+$$

胺质子化：

$$AEEA + H_3O^+ \rightleftharpoons AEEAH^+ + H_2O$$

形成氨基甲酸盐：

$$AEEA + CO_2 + H_2O \rightleftharpoons AEEACOO^- + H_3O^+$$

$$HCO_3^- + AEEA \rightleftharpoons AEEACOO^- + H_2O$$

氨基甲酸盐质子化：

$$AEEACOO^- + H_3O^+ \rightleftharpoons AEEACOOH + H_2O$$

氨基甲酸盐转化：

$$AEEACOO^- + CO_2 + 2H_2O \rightleftharpoons 2HCO_3^- + AEEAH$$

3　CO_2 捕集及用途

3.1　CO_2 捕集技术应用

基于 AEEA 对 CO_2 良好的吸收原理，塔河炼化有限责任公司与新疆敦化气体工程技术有限公司合作建成 CO_2 捕集装置。该技术以塔河炼化 2 套制氢装置 PSA 尾气为原料生产纯度为 99.2%的液态 CO_2 产品。从制氢装置 PSA 来的尾气经罗茨风机加压后送至吸收塔底，与吸收塔上部进入的贫液(25%~30% AEEA 的水溶液)在吸收塔填料上充分混合发生化学反应，被吸收 CO_2 后的 PSA 尾气从塔顶流出，经塔顶气液分离罐分液后送入制氢转化炉燃烧。吸收 CO_2 后的 AEEA 溶液经吸收塔底泵送至解吸塔进行解吸，解吸塔顶部为解吸出的 CO_2 气体。CO_2 气体经分液、压缩、再分液、干燥、液化等步骤后生成 99.2%的液态 CO_2 送至储罐；塔底贫液作为吸收剂返回吸收塔循环利用。具体流程简图见图 2，操作参数及捕集 CO_2 后的 PSA 尾气性质见表 3、表 4。由表 4 可知，捕集后 PSA 尾气中的中 CO_2 含量大幅下降，仅剩 0.05%(v)，AEEA 水溶液的吸收效果非常好，几乎将 PSA 尾气中的 CO_2 全部吸收。2 套制氢装置 PSA 尾气全量进入 CO_2 捕集装置，可达到 8000Nm³/h，每年捕集 $CO_2$6.51×10⁴t，减少当量 CO_2 排放大气量。捕集后 PSA 尾气中可燃组分得到提高，进入制氢转化炉作燃料。

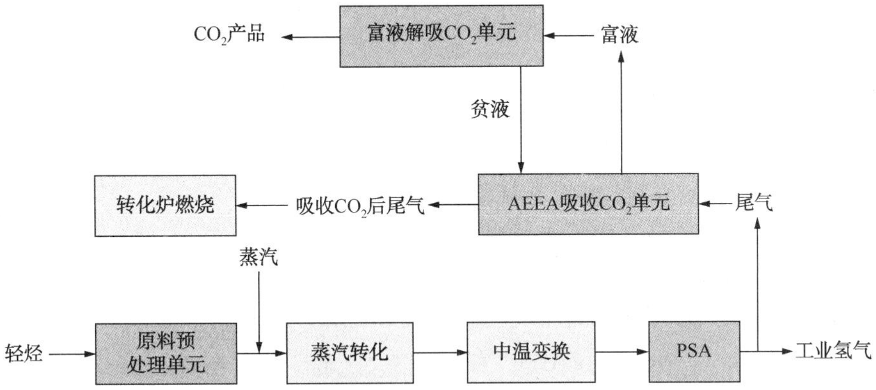

图 2　制氢+CO_2 捕集工艺流程简图

表 3　捕集 CO_2 操作数据

名称	数据	名称	数据
PSA 尾气进量/(Nm^3/h)	8000	吸收剂量/(t/h)	120
吸收塔温度(顶/底)/℃	37/55	吸收塔压力/kPa	31
解吸塔温度/℃	106	解吸塔压力/kPa	20

表 4　捕集 CO_2 后 PSA 尾气组分(v%)

组成	CO	CO_2	CH_4	H_2
占比	10.19	0.05	33.60	56.16

CO_2 捕集技术在生产过程中消耗 1.0MPa 蒸汽、电、循环水，具体单耗见表 5。综合能耗为 96.30kg 油/t CO_2，相对能耗较低，根据目前市场上蒸汽价格和新疆地区优惠的电价核算，每吨产品 CO_2 的物耗成本价格为 163 元左右。

表 5　捕集 CO_2 装置能耗统计表

项目	1.0MPa 蒸汽	电	循环水	合计
单位	t/t	kW·h/t	t/t	—
单耗	0.35	275.40	57.52	—
折合能耗 kg 油/t CO_2	27.30	63.25	5.75	96.30

设备均采用 S30408 不锈钢材料，属于奥氏体型不锈钢，具有良好的耐腐蚀和成型性。AEEA 水溶液显碱性，S30408 不锈钢在 pH 为 4~9 的碱液活性液中，因钝化产生保护膜，使钢材腐蚀大为降低。在较为薄弱的焊接区域，添加钼、镍等元素，提高焊接区域钝化膜的稳定性。另外，库车地处新疆塔克拉玛干沙漠北边，空气非常干燥，金属表面腐蚀位于干大气腐蚀区域，腐蚀速度很低。

3.2　CO_2 用途

CO_2 作为原料可以生产高附加值精细化工产品。日常生活中，CO_2 还可以用于碳酸饮料、食品冷藏等。据资料显示，CO_2 可转化成可降解母粒，制成一次性可降解医疗用品和一次性餐具等，该项目是内蒙古蒙西集团与中国科学院长春化学应用研究所共同研制开发的成果。该项目经两年的试生产，现已具备年产 3000t 二氧化碳全降解母粒的生产能力，已被列入国家 865 计划。CO_2 配合增溶剂蓄能压裂补充地层能量，通过不返排酸及缩膨剂解除地层堵塞，应用降凝剂提高原油低温流动性，实现储层改造，增大泄油面积，提高油田产油产量，塔河炼化与敦化气体工程技术有限公司合作项目主要用于油田助剂来提高油田产油量，也是该项目的主要经济利益体现点。

4　捕集 CO_2 后 PSA 尾气的利用

捕集 CO_2 后的 PSA 尾气中 CO 含量 10.19%(v)、CO_2 含量 0.05%(v)、氢气含量达 56.16(v%)，全部为可燃组分，其中 CO、CH_4、氢气含量较捕集 CO_2 前均有增加。

4.1　做制氢转化炉燃料

捕集 CO_2 后的 PSA 尾气，进入制氢转化炉作燃料减少了 CO_2 在烟气排放过程中的热量携带。制氢转化炉效率从 89.4% 提高到 90.3%，提升效率0.9%。捕集PSA尾气中的CO_2不仅减少炼厂碳排放，减少加热炉热损失，提高加热炉效率。

4.2 做制氢原料

与捕集前相比，CH_4和氢气含量大大提高。将该气体与焦炉气制氢技术的原料(焦炉气性质见表6)相比，氢气、CH_4含量高，CO_2含量低，属于优质的制氢原料。另外，焦炉气中含有萘500mg/L，HCN 0.2mg/m^3，H_2S 6200mg/m^3，焦油400mg/m^3，NH_3 100×10^{-6}，NO 1.6×10^{-6}，有机硫162mg/m^3，苯6000mg/m^{3}杂质，使焦炉气制氢原料预处理变得较为复杂。在制氢原料紧缺的情况下，可以考虑通过增加压缩机将该气体升压后直接送入制氢原料缓冲罐作为烃类蒸汽转化原料。CH_4可以通过预转化、转化部分生成氢气，CO经中变反应生成CO_2和氢气。如果捕集CO_2后3000Nm^3/h的PSA尾气做制氢原料，根据CH_4、CO与蒸汽反应的产氢量计算，吸收后的尾气可产氢气10100Nm^3/h，可减少公司外购天然气量2600Nm^3/h，按照新疆工业用天然气价格1.12元/Nm^{3}计算，可节约外购天然气成本2912元/h，约2446万元/年。

表6　焦炉煤气体组分(v%)

组成	CO	CO_2	CH_4	H_2	N_2	$>C_2$
占比	16.2	2.2	23.68	47.8	4.5	9.2

5　结论及建议

采用AEEA水溶液捕集轻烃蒸汽转化+PSA净化工艺的PSA尾气中的CO_2捕集率可高达99.90%。2套制氢装置负荷100%时，有8000Nm^3/h的PSA尾气，依据99.90%的捕集率计算，年可减少6.51×10^4t的CO_2排放量，为当地减少碳排放作出了积极贡献。按目前市场价，可增加液态CO_2销售收益约1953万元。PSA尾气CO_2含量的减少，降低了尾气燃烧排放过程中所携带的热损，制氢转化炉热效率提升0.9%。

经捕集后的PSA尾气与焦炉气相比，是优质的制氢原料，可以引入制氢原料缓冲罐用于制氢，解决全厂干气不平衡的问题，节约外购天然气成本约2446万元/年。

参考文献

[1] 田涛. 石油石化企业应对气候变化的战略探讨[J]. 石油石化绿色低碳，2019，4(1)：17-21.

[2] UNFCCC. Paris agreement[EB/OL][2016-05-23].http://qhs.ndrc.gov.cn/gzdt/201512/W020151218641349314633.pdf.

[3] IPCC. Summary for policymakers in climate change 2014 - mitigation of climate change. contribution of working group III to the fifth assessment report of the intergovernmental panel on climate change [R]. Cambridge：Cambridge University Press，2014.

[4] Carbon Dioxide Information Analysis Center. Global，regional，and national fossil-fuel CO_2 emissions in trends [EB/OL].(2012-09-26)[2015-09-06].

[5] 李小鹏. 低碳经济下中国石化行业节能减排的实证研究[D]. 上海：华东理工大学，2012.

[6] 李大东. 加氢处理工艺与工程[M]. 北京：中国石化出版社，2013.

[7] 郝树仁，董世达. 烃类转化制氢工艺技术[M]. 北京：石油工业出版社，2009.

[8] 郝树仁，董世达. 烃类转化制氢工艺技术[M]. 北京：石油工业出版社，2009.

[9] 孟晓锋，陆诗建，王洪滨，等. AEEA吸收烟气CO_2反应热研究[J]. 山东化工，2019，48(9)：255-258，260.

[10] 陆诗建，耿春香，李世霞，等. 羟乙基乙二胺与单乙醇胺吸收低分压CO_2降解[J]. 化学反应工程与工艺，2017，33(4)：364-372.

[11] 林玉珍，杨德钧. 腐蚀和腐蚀控制原理[M]. 北京：中国石化出版社，2007.

[12] 王鹏成，董艳丽. 国内二氧化碳的化工利用途径探讨[J]. 科技创新与应用，2019(36)：182-183.

[13] 马柯，马娟. 浅析煤化工行业二氧化碳排放及综合利用[J]. 科技创新与应用，2013(34)：115-116.

[14] 曹蕾，汤文芝. CO_2混相压裂技术在G区块的应用[J]. 石油与天然气化工，2020，49(02)：69-72.

[15] 宁红军，朱俊勇，王晓珍. 三源与首创焦炉煤气制氢工艺对比[J]. 中氮肥，2013(02)：28-30.

[16] 宁红军，赵新亮，曹晓宝. 焦炉煤气变压吸附制氢新工艺的开发与应用[J]. 现代化工，2007(07)：42-44，46.

[17] 姚鑫. 焦炉煤气制氢工艺研究现状[N]. 世界金属导报，2015-10-06(B10).

二氧化碳输送管道泄漏后果及风险分析

时利香　景龙祥　范振宁

（中国石化石油工程设计有限公司）

摘　要　在全球积极应对气候变化和国内“双碳”战略目标的导向下，碳捕获、利用与封存(Carbon Capture、Utilization and Storage，CCUS)被广泛认为是实现全球温控目标和我国碳中和愿景不可或缺的关键途径。在CCUS技术中，CO_2 主要是通过高压管道进行输送。CO_2 作为一种新兴的输送介质，其泄漏理论分析存在空白。本文以某一项目为例，利用PHAST和SAFETI软件分析某一液态 CO_2 输送管道高后果区管段泄漏的影响范围和风险，同时对比分析不同相态 CO_2 管道的后果差异性。发现随着泄漏孔径的增大，二氧化碳泄漏引起的扩散和毒性致死率影响范围也增大，且扩散范围明显大于致死率范围；二氧化碳泄漏后首先高速向高空喷射，后由于其密度原因下沉至地面；液态 CO_2 的扩散和毒性范围均大于气态，但是在实际运行中要结合项目实际情况，选择合适的输送相态；该高后果区的个人风险和社会风险水平均可接受，但在项目建设期仍要采取必要措施进行风险防护。

关键词　定量风险评价；二氧化碳；CO_2 管道

随着能源的多元化发展和绿色清洁能源的开发利用，我国提出“双碳”目标，全力推进碳减排工作。CO_2 捕集与封存(Carbon Capture and Sequestration，CCS)技术是有效降低碳排放的关键技术之一。其中，CO_2 输送是开展碳减排工作的重要环节，管道作为输送量大、输送距离远、高效的输送方式，被广泛应用到工业生产生活中。因此，管道运输安全变得至关重要，一旦管道失效，不仅会影响正常运输，还易导致火灾、爆炸或中毒事故，对周围群众的生命财产安全构成严重威胁，故明确二氧化碳长输管道泄漏产生的后果与风险变得尤为重要。本文采用定量风险评价方法研究了 CO_2 输送管道发生泄漏后对周围环境的影响，为后续管道建设、管道完整性管理的实施提供理论指导。

本文介绍了二氧化碳泄漏后对周围环境和人身安全造成的毒性危害和健康伤害；然后以某一二氧化碳输送管道高后果区为例，利用挪威船级社(DET NORSKE VERITAS，简称DNV)独立开发的PHAST和SAFETI软件，分析液态二氧化碳泄漏后的扩散和毒性影响范围，同时对比分析液态和气态 CO_2 输送管道泄漏的后果差异性；最后基于上述的后果结果评价该高后果区的个人风险和社会风险水平，为后续二氧化碳长输管道风险评价工作提供了技术指导和理论支持，具有重要的研究意义。

1　二氧化碳危害

1.1　急性健康危害

二氧化碳对人体造成危害的方式主要是通过排挤空气中的氧气，降低氧气浓度；同时提高血液中 CO_2 的浓度，造成呼气系统、神经系统方面的损伤。表1是美国国家职业安全卫生研究所(NIOSH)提供的数据，给出了人体暴露于不同浓度的 CO_2 环境中，不同的暴露时间所引起的人体不适症状。从表中可以看出，当 CO_2 在空气中的体积浓度高于4%时，人体暴露于空气几分钟即可呼吸困难，危及生命健康。

表1　吸入高浓度 CO_2 的急性健康影响

CO_2 在空气中的浓度/(%v/v)	暴露时间	对人的影响
2	几小时	头疼，轻度用力呼吸困难
3	1小时	轻度头疼，出汗，静止呼吸困难
4~5	几分钟内	头疼，头晕，血压上升，呼吸困难

续表

CO_2 在空气中的浓度/(%v/v)	暴露时间	对人的影响
6	1~2 分钟	听觉和视觉障碍
	≤ 16 分钟	头疼，呼吸困难
	几小时	战栗
7~10	1.5 分钟	无意识，接近无意识
	数分钟至 1h	头疼，心跳加速，呼吸急促，头晕，出汗
10~15	1 分钟至几分钟	头晕、困倦、剧烈肌肉抽搐，无意识
17~30	1 分钟内	失去控制和有目的的活动能力、无意识、抽搐、昏迷、死亡

1.2 毒性危害

正常情况下的 CO_2 不具有毒性，当空气中的浓度超过 2%时才会使肌体产生中毒现象，高浓度的二氧化碳则会让人窒息。

根据 Eisenberg Probit 方程，参考有毒气体影响计算方法，根据气体浓度及接触时间计算产生的人员死亡概率。

$$P_r = A + B \cdot \ln(c^N \cdot t) \tag{1}$$

式中，P_r 为致死率；c 为有毒物质浓度；t 为接触时间；A、B、N 为常数，取决于物质性质。

对于 CO_2 这一物质，A、B、N 这三个参数数值分别为 -90.778、1.01、8，是风险计算软件 SAFETI 中确定的数值，该数值是根据英国健康与安全委员会 HSE 提出的 SLOT(小概率 1%~5%死亡事件)和 SLOD(概率为 50%的死亡事件)计算得到。

2　定量风险评价流程

定量风险评价(Quantitative Risk Assessment，QRA)是管道风险评价的高级阶段，将管道失效频率与事故后果进行定量计算，实现了对高后果区管道风险的精确描述，通过数值表明所评价对象的危险程度，并通过与国家或行业标准规定的风险可接受标准进行对比，科学地确定风险防控和消减措施，最大程度减少事故发生后所造成的经济损失、人员伤亡、环境破坏。

风险评价首先是识别风险因素，在得到风险因素的基础上，考虑管道失效的可能性以及管道失效带来的损失等其他因素，综合分析得到系统的风险大小，然后将风险值与规定的风险评价准则相比较，得到最终风险评价的结果，最后根据结果来决定采取怎样的风险缓解措施。基本流程应包含以下步骤，详细流程图见图 1。

(1) 前期准备与资料收集；
(2) 风险因素识别；
(3) 管段划分；
(4) 失效频率计算；
(5) 失效后果计算
(6) 失效风险计算；
(7) 失效风险评价；
(8) 风险消减措施和设计方案优化；
(9) 评价报告编制。

3　工程实例

3.1　工程概况

以某一二氧化碳输送管道工程为例进行应用。该项目主要是将齐鲁石化第二化肥厂液态 CO_2 产品通过管道运输至胜利油田，以提高油气采收率。根据《二氧化碳输送管道工程设计标准》(SH/T 3202—2018)中二氧化碳管道高后果区管段识别准则，本工程管道共有 16 个高后果区管段，以其中某一高后果区为例进行定量风险评估，从而提出风险消减措施。

该高后果区位于淄博市临淄区，长度为 9.7km，管道外径 323.9mm，壁厚 12mm，设计压力 12MPa。此段路由总体走向为西向北方向，管道周围 200m 范围内有槐行村、临淄大道、澌源路、纬四路等场所。整体走向示意图如图 2 所示。

3.1.1　气象条件

表 2、表 3 为管道所处临淄区基本气象参数及风频数据。

3.2　失效后果分析

应用 PHAST 软件对高后果区管线泄漏事故产生的后果进行模拟，分析不同泄漏孔径、不同天气类型下 CO_2 的扩散及毒性影响范围，模拟结果如下。

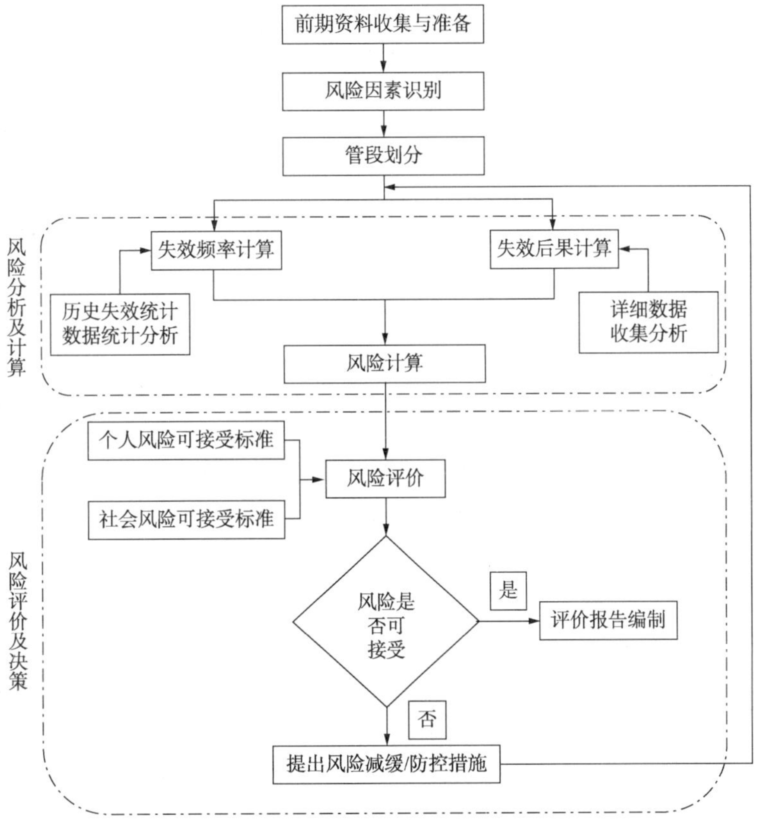

图 1　定量风险评价流程图

图 2　高后果区示意图

表 2　临淄区基本气象参数

序号	参数	描述	备注
1	环境温度	13.7℃	年平均温度
2	相对湿度	64%	年平均湿度
3	大气压力	101.07kPa	年平均气压
4	风速	2.3m/s	年平均风速

表 3　临淄区风频数据列表

	风向	频率	单位
累年各风向频率	N	3	%
	NNE	3	%
	NE	4	%
	ENE	5	%
	E	6	%
	ESE	10	%
	SE	4	%
	SSE	3	%
	S	4	%
	SSW	9	%

续表

	风向	频率	单位
累年各风向频率	SW	6	%
	WSW	7	%
	W	9	%
	WNW	5	%
	NW	4	%
	NNW	4	%

3.2.1　不同泄漏场景对扩散范围的影响

研究了 CO_2 液相输送时管道发生断裂泄漏后在风速为 5m/s，大气稳定度为 D(中性)时不同泄漏孔径（小孔 2mm、中孔 50mm、大孔 100mm、完全破裂 300mm）下 CO_2 浓度限分别为 10%、5%、2%和 1%的影响区域最大尺寸(见图 3~图 6)。从图中可以看出，CO_2 发生泄漏后急速向高空扩散，随着下风距离的增大，CO_2 逐渐下沉直至地面。这是因为 CO_2 的远场扩散具有重气扩散特征。一般长距离 CO_2 管道的输送压力通常高于 10MPa，而大气压力为 0.1MPa。在泄漏过程中，由于管内外的巨大压差，导致 CO_2 向空气中膨胀喷射而出。同时，喷射出来的 CO_2 由于强节流效应温度也会急剧下降，所以在喷射口附近会有干冰的存在。喷射到空气中的 CO_2 随着压力和温度的下降转换为气态，又由于 CO_2 的密度比空气重，从而在图中呈现出下沉的趋势。

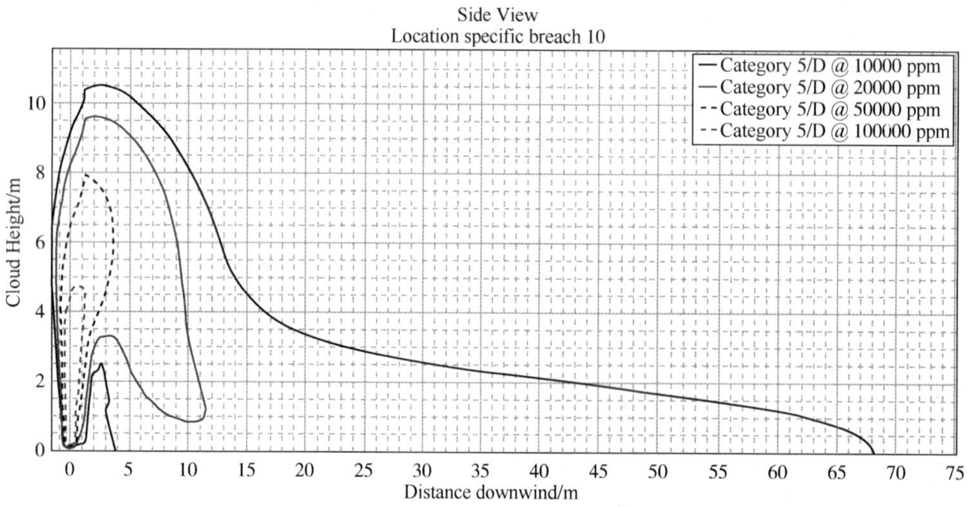

图 3　小孔泄漏扩散影响范围

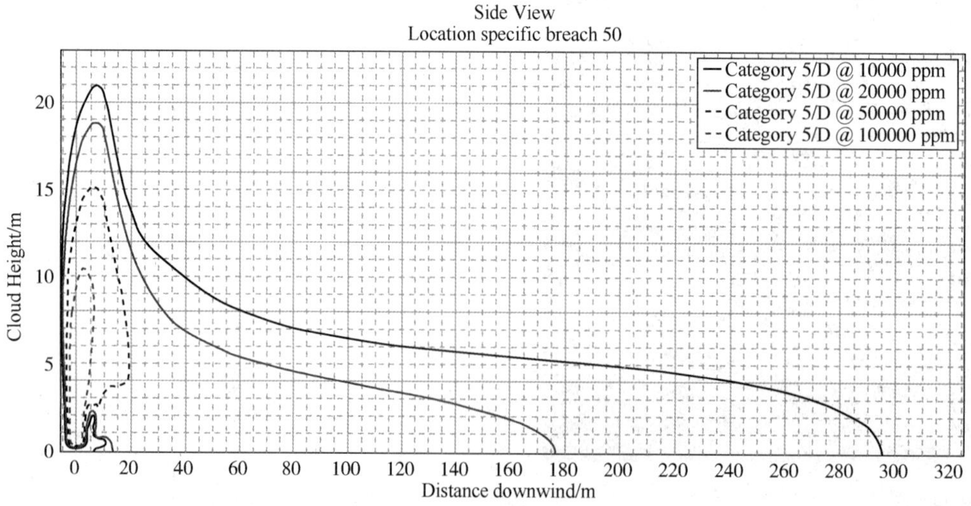

图 4　中孔泄漏扩散影响范围

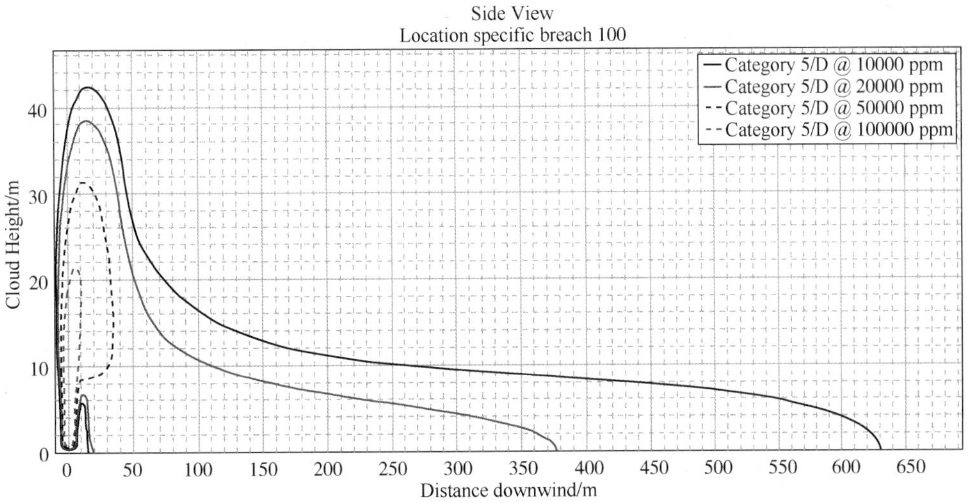

图 5　大孔泄漏扩散影响范围

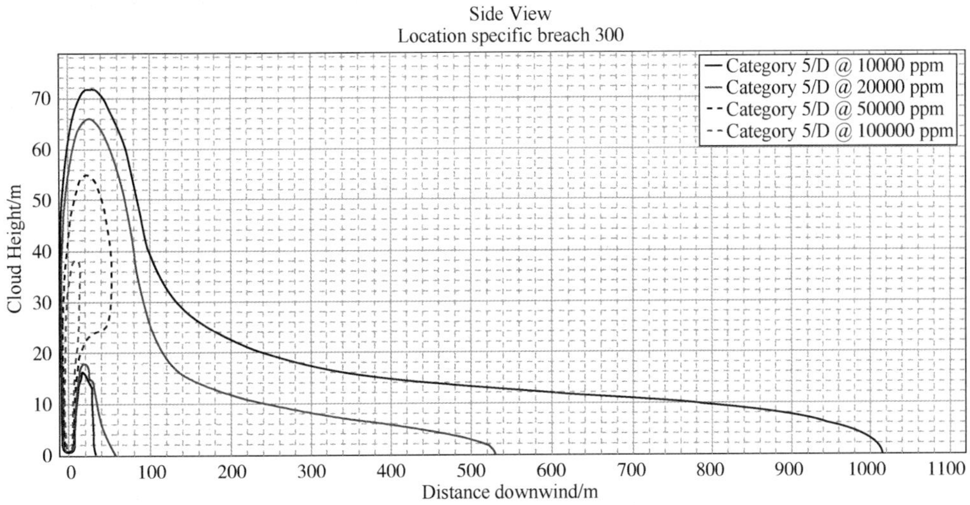

图 6　完全破裂扩散影响范围

各浓度下 CO_2 扩散距离数据统计见表 4。根据表 4 可知，下风向是扩散主流方向。随着泄漏口尺寸的增大，三个方向的扩散影响范围逐渐增大。当泄漏口尺寸为 10mm（小孔泄漏）时，1% 及以上浓度的影响区域均很小。当完全破裂时，1%浓度的 CO_2 下风向影响范围达到 1015m，高度达到 72m；2%浓度的 CO_2 下风向影响范围达到 529m，高度达到 66m；5%浓度的 CO_2 下风向影响范围达到 54m，高度达到 55m；10%浓度的 CO_2 下风向影响范围达到 15m，高度达到 38m。泄漏口径越大，泄漏所产生的危害越大。

表 4　各泄漏场景下 CO_2 扩散距离与浓度的关系

泄漏场景	1%CO_2 浓度范围/m			2%CO_2 浓度范围/m			5%CO_2 浓度范围/m			10%CO_2 浓度范围/m		
	高度	上风	下风	高度	上风	下风	高度	上风	下风	高度	上风	下风
小孔泄漏	10.47	1.62	68.19	9.58	1.32	11.28	7.92	0.89	3.60	4.73	0.55	1.23
中孔泄漏	20.95	5.80	295.18	18.82	4.92	176.72	15.20	3.69	19.69	10.43	2.56	6.27
大孔泄漏	42.44	9.55	630.02	38.43	8.03	376.05	31.38	5.76	34.94	21.42	3.93	10.38
完全破裂	71.75	11.84	1015.06	66.07	9.71	528.52	55.04	6.73	53.92	38.38	4.54	14.98

3.2.2　不同泄漏场景对毒性范围的影响

二氧化碳泄漏后，主要事故后果是 CO_2 气体对人员产生的窒息和健康影响，图7~图10给出了不同泄漏场景下可能产生0.1%、1%、10%、99%致死率的影响范围。从图中可以看出，当泄漏孔径为10mm时，0.1%、1%、10%、99%的致死率影响面积分别为4.2m^2、3.7m^2、2.8m^2、0.11m^2，影响范围较小；当泄漏孔径为50mm时，0.1%、1%、10%、99%的致死率影响面积分别为32.3m^2、31.3m^2、29.4m^2、22.7m^2，最大影响尺寸为下风向3.5m；当泄漏孔径为100mm时，0.1%、1%、10%、99%的致死率影响面积分别为59.3m^2、58.1m^2、56.0m^2、43.4m^2，最大影响尺寸为下风向4.6m；当完全破裂时，0.1%、1%、10%、99%的致死率影响面积分别为67.0m^2、65.6m^2、63.0m^2、48.8m^2，最大影响尺寸为下风向4.6m。随着泄漏口径的增大，不同致死率的影响面积均相应的增大。但是与扩散影响范围相比，毒性影响范围相对较小，说明虽然扩散距离大，但是对人的致命伤害较小。因此在选取管道路由时，要保证管道毒性致死范围内无人口分布，尽量远离人口密集区，避免造成人身威胁。

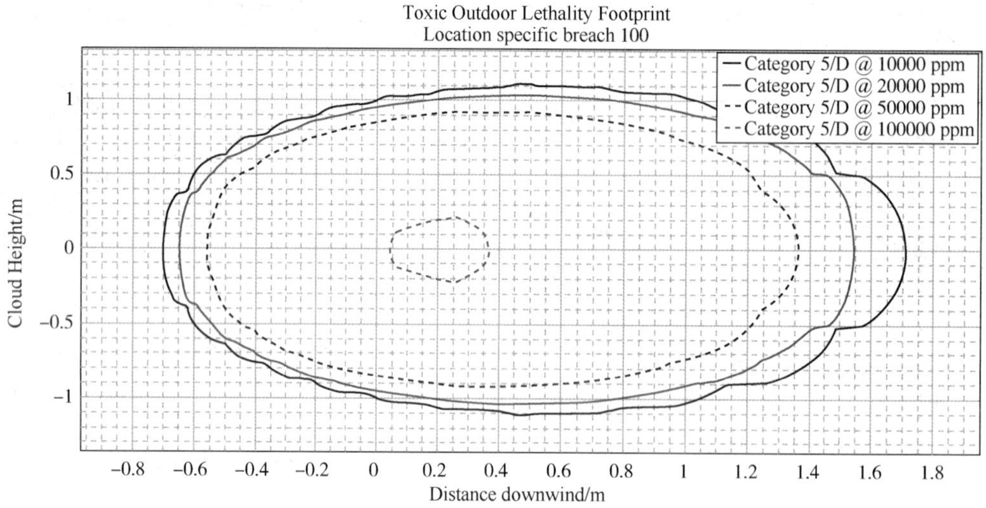

图7　小孔泄漏毒性影响范围

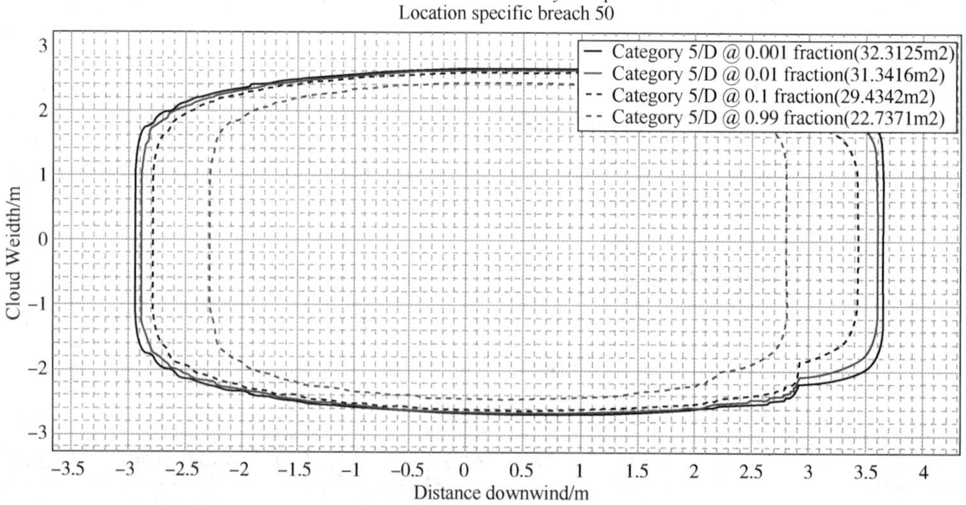

图8　中孔泄漏毒性影响范围

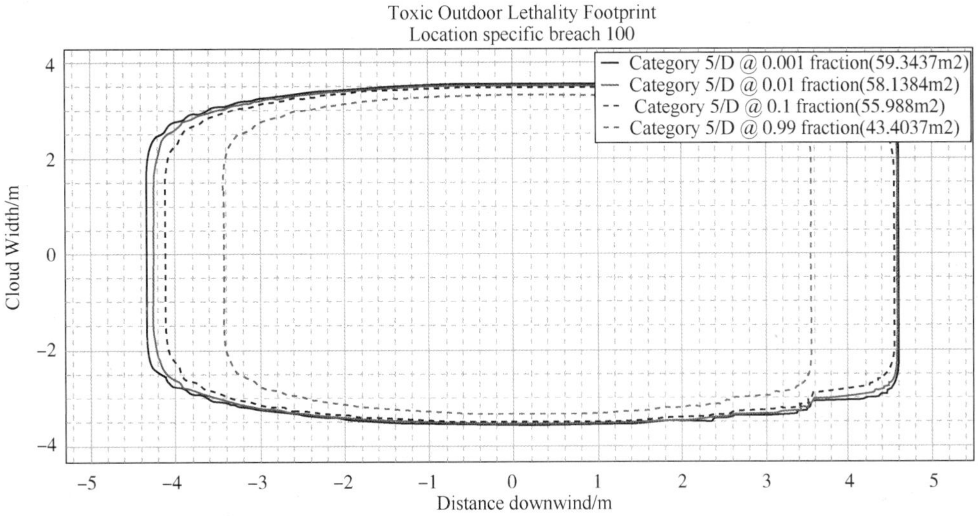

图 9　大孔泄漏毒性影响范围

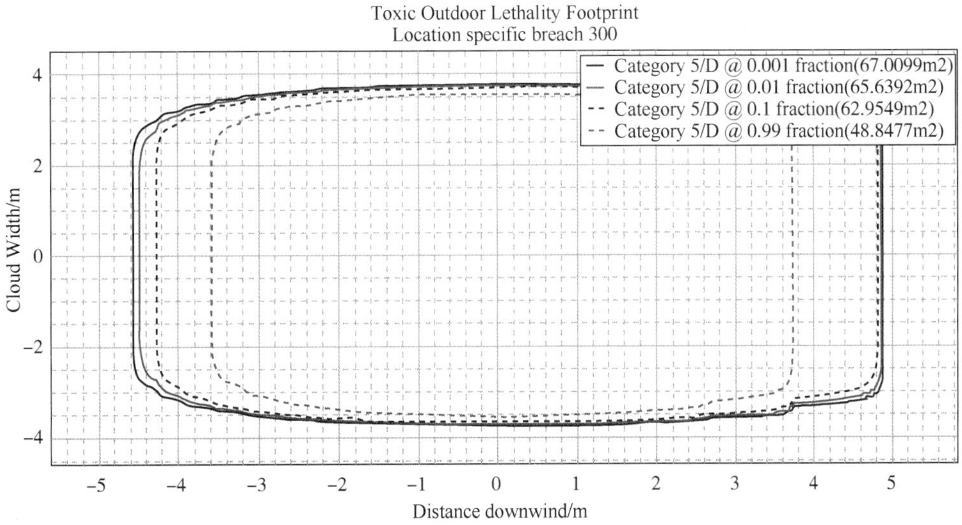

图 10　完全破裂毒性影响范围

3.3　液态与气态 CO_2 泄漏后果对比

CO_2 的相态具有一定的特殊性，温度和压力的小幅变化都有可能导致相态发生变化。在管道输送时，若没有采取合适的输送压力和温度，输送过程中极有可能发生相态变化，影响管道的安全运行。因此，本文对比研究了液态与气态 CO_2 管道泄漏后的扩散和毒性影响范围，对比其后果差异，为后续选择合适的相态输送提供理论基础。

3.3.1　扩散差异性

对比研究了 CO_2 液相和气相输送时管道发生断裂泄漏后在风速为 5m/s，大气稳定度为 D（中性）时完全破裂情景下 CO_2 浓度限为 4%的影响区域。图 11、图 12 给出了完全破裂情景下液相和气相达到 4%浓度 CO_2 的影响区域。从图中可以看出，液相 CO_2 输送时，当 CO_2 的浓度达到 4%时，下风向最远距离为 6.5m；气相 CO_2 输送时，当 CO_2 的浓度达到 4%时，下风向最远距离为 4.1m。在相同工况下，液态 CO_2 的扩散范围大于气态 CO_2 的扩散范围。

3.3.2　毒性差异性

对比研究了 CO_2 液相和气相输送时管道发生断裂泄漏后在风速为 5m/s，大气稳定度为 D（中性）时完全破裂情景下 CO_2 毒性影响区域。图 13、图 14 给出了完全破裂情景下液相和气相 CO_2 的毒性影响区域。从图中可以看出，当毒性致死率达到 99%时，液相 CO_2 的影响面积为 48.8m^2；气相 CO_2 的影响面积为 20.4m^2。相同工况下，液态 CO_2 的毒性影响面积大于气态 CO_2 的影响面积，几乎是 CO_2 影响面积的 2 倍。

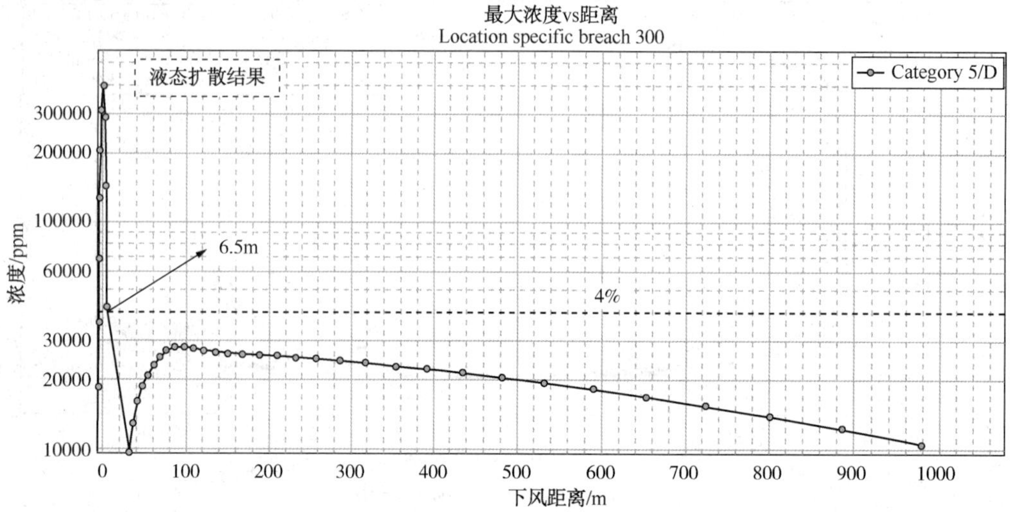

图 11　完全破裂液相 4%浓度 CO_2 扩散影响范围

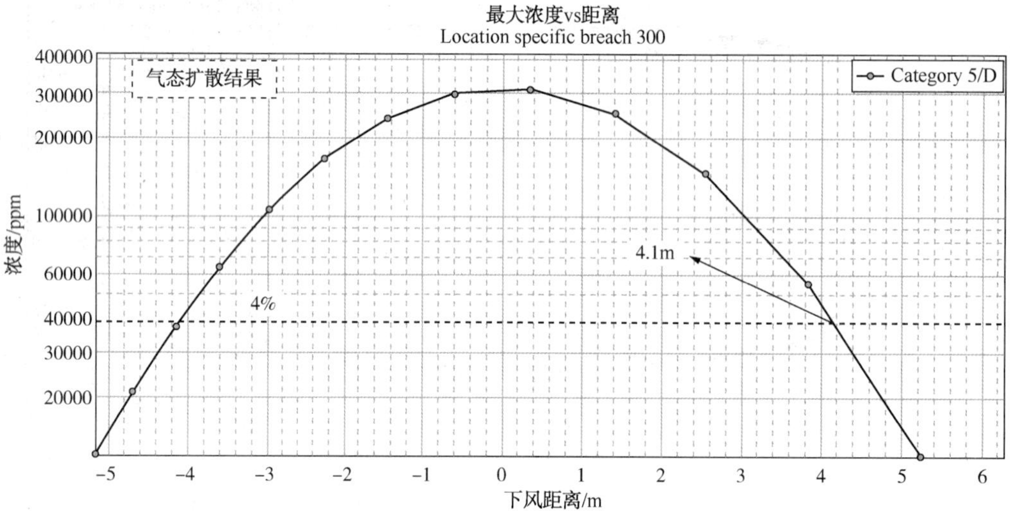

图 12　完全破裂气相 4%浓度 CO_2 扩散影响范围

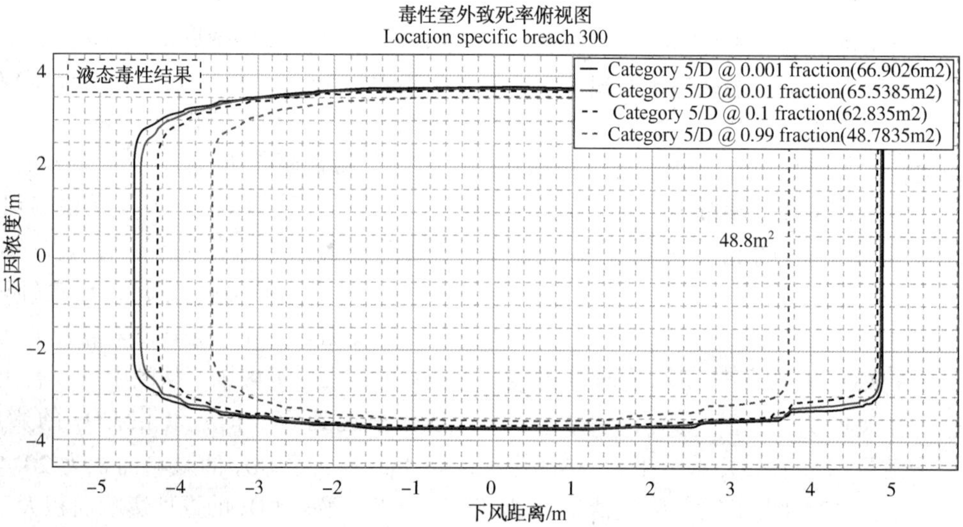

图 13　完全破裂液相 4%浓度 CO_2 毒性影响范围

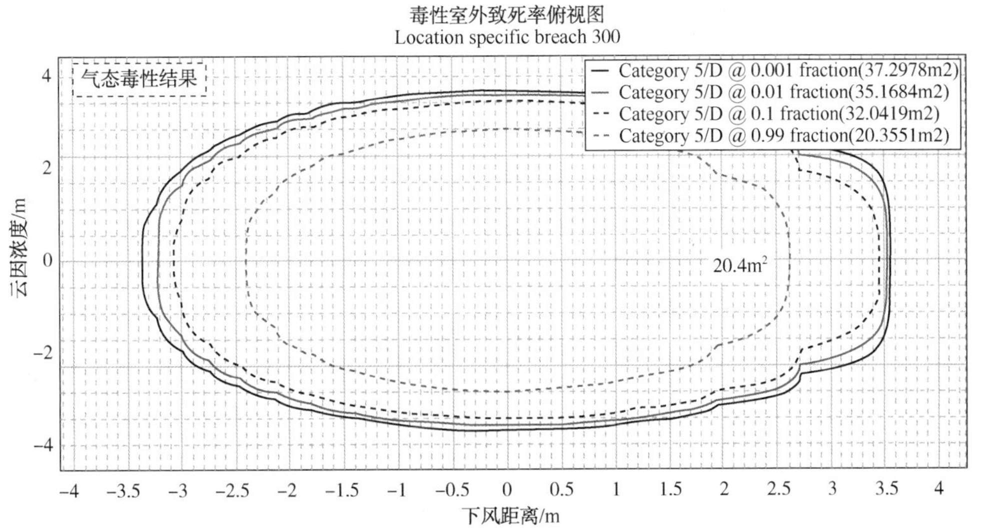

图 14　完全破裂气相 4%浓度 CO_2 毒性影响范围

综上所述，液态 CO_2 输送比气态 CO_2 的危害较大，影响范围更广，但是在本项目中，考虑管道上下游两端产品均为液态 CO_2，管道作为中间环节需要做好上游端和下游端的匹配，因此该项目选择液相输送方式。

3.4　失效风险分析

3.4.1　社会风险分析

社会风险表示的是在某一给定地区，当危险发生时所造成的死亡人数（*N*）和累积失效概率（*F*）之间的关系，以 *F*-*N* 曲线形式表示。社会风险与危险发生地点无关，与管道周围的人口密度有关。因此，如果当危险发生时附近没有人群存在，则社会风险为零，而个体风险可能很高。

应用 Safeti 软件对高后果区管线泄漏事故产生的风险进行模拟，模拟结果如下。

高后果区社会风险 *F*-*N* 曲线计算结果如图 15所示，从图中可以看出，根据《油气输送管道风险评价导则》（SY/T 6859—2020）规定的社会风险基准，*F*-*N* 曲线落在了“可接受区”内，符合规定的社会风险可接受标准。

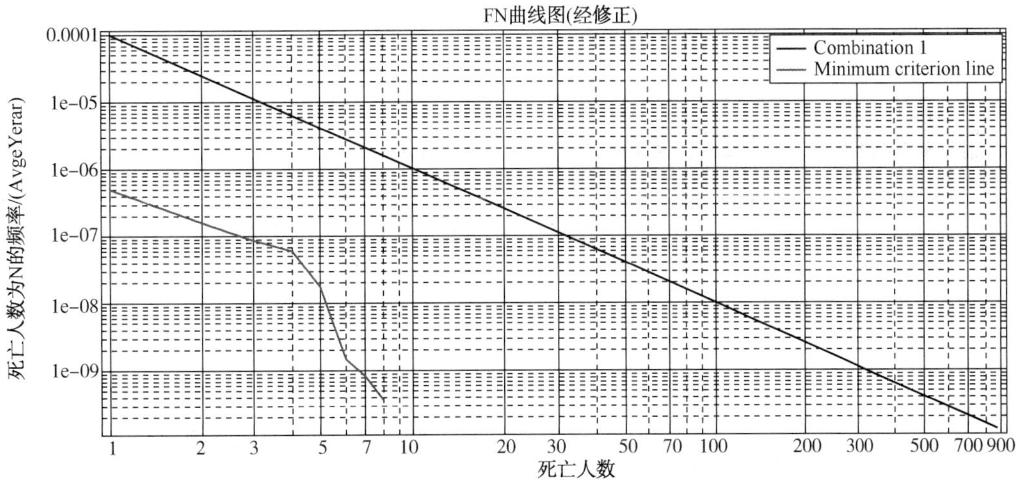

图 15　社会风险 *F*-*N* 曲线

3.4.2　个人风险分析

个体风险表示的是当危险发生时所引起的位于管道附近某一点的个体死亡率，该风险依赖于危险发生点的地理位置，与人是否存在于该点无关，因此个体风险给出的是管道周围的不同地点的风险分布。

《油气输送管道风险评价导则》（SY/T 6859—2020）将油气输送管道的个人风险以容许

上限 10^{-4}/a 和容许下限 10^{-6}/a 为界分为不可接受区、可接受区和广泛接受区。若个体风险水平基于上限和下限之间，需考虑风险的成本与效益，采取降低风险的措施，使风险水平"尽可能低"。从个人风险等高线图中可看出并未出现 10^{-4}、10^{-6}等高线，即整个区域的个人风险值均低于 10^{-6}，没有进入不可接受区域。

该高后果区个人风险等高线如图 16 所示，图中黄色和红色曲线分别为 3×10^{-8}、3×10^{-9}风险等高线，值低于《危险化学品生产装置和储存设施风险基准》(GB 36894—2018)规定的数值，虽然部分陈家庄落在等值线以内，但是由于其风险值较低，可忽略。

图 16　个人风险等高线

4　结论及展望

4.1　结论

采用 PHAST 和 SAFETI·风险计算软件分析液态二氧化碳泄漏对管道周围人口及环境的影响。得到主要结论如下：

(1) 二氧化碳发生泄漏时，下风向是主要扩散方向。随着泄漏口径的增大，二氧化碳泄漏所产生的影响范围也越大。与气态二氧化碳相比，液态二氧化碳管道的泄漏持续时间较长，主要是因为液态 CO_2 的密度较气态 CO_2 的密度大，管内介质的初始质量也更大，从而导致泄漏持续时间长。

(2) 随着泄漏口径的增大，不同毒性致死率的影响范围也变大，但是相较于扩散影响范围而言范围较小，说明虽然扩散距离大，但是对人的致命伤害较小。

(3) 液态 CO_2 的扩散和毒性影响范围均大于气态 CO_2，但是在实际运行中，确定输送相态时要结合项目实际情况，考虑管道敷设环境温度、管道上下游建设情况和经济性，选择合适的输送相态。

(4) 该高后果区的个人风险概率低于标准规定值，社会风险曲线落在"可接受区"，说明该段管道的风险可接受，但是在项目施工期间仍要采取减缓措施，如增加管道埋深、增设安全监控、加密地面标识等措施。

4.2　展望

论文在模拟计算过程中也存在一些不足：

(1) 由于 CO_2 的特殊物性，其节流效应明显，在管道泄漏到大气的过程中流体温度会降低，在泄漏口处聚积干冰，引起人体机体各系统一系列生理变化，重者可造成局部性或全身性损伤，如冻伤或冻僵甚至死亡。因此在后续管道安全管理中要着重防护干冰对人体的伤害。

(2) 本次计算过程中存在一些问题，如受到软件限制，泄漏介质按照纯二氧化碳来计算，没有考虑杂质如 H_2S、CO、H_2O 等对二氧化碳泄漏的影响，在未来应着重开展这方面的研究。

(3) 重点研究二氧化碳释放过程中的相态变化，分析释放后压力、温度随时间的变化规律。继续深入分析不同相态(密相和超临界) CO_2 输送管道泄漏扩散和毒性影响范围。

参 考 文 献

[1] 胡其会，李玉星，张建，等."双碳"战略下中国 CCUS 技术现状及发展建议[J]. 油气储运，2022，41(4)：361-371.

[2] 吕奎，孔益平，周宇，等. 天然气管道风险分析及应急管理[J]. 安全与环境工程，2012，19(02)：117-121，124.

[3] DUNCAN，IAN J.，WANG，HUI. Estimating the likelihood of pipeline failure in CO_2 transmission pipelines：New insights on risks of carbon capture and storage [J]. International Journal of Greenhouse Gas Control,

2014，2149-2160.

[4] 王天瑜．天然气管道风险分析与安全距离计算方法研究[D]. 北京：中国矿业大学(北京)，2017.

[5] 梁韬，陈国华，张瑞华，等.SAFETI 在 LPG 储罐事故后果评价中的应用[J]. 油气储运，2006(02)：53-58，62，5.

[6] 滕霖．超临界 CO_2 管道泄漏扩散特性及定量风险评估研究[D]. 青岛：中国石油大学(华东)，2019.

[7] Vianello C，Macchietto S，Maschio G. Risk assessment of CO_2 pipeline network for CCS - a UK case study [J]. Chemical Engineering Transactions，2013，31，13-18.

[8] 陈兵，崔维刚，郭焕焕，等．风速对超临界-密相二氧化碳泄漏扩散特性的影响[J]. 科学技术与工程，2019，19(34)：144-149.

[9] 张范辉．油气长输管道风险评价研究[D]. 青岛：中国海洋大学，2008.

[10] 赵永涛．油气长输管道工程风险评价发展及现状[J]. 安全、健康和环境，2007(02)：37-39.

[11] 杨慧来．长输油气管道定量风险评价方法研究[D]. 兰州：兰州理工大学，2009.

[12] 陈利琼．在役油气长输管线定量风险技术研究[D]. 成都：西南石油学院，2004.

[13] 曹峥．油气集输管道风险评价技术研究[D]. 青岛：中国石油大学(华东)，2019.

[14] Marszal E M. Tolerable risk guidelines[J]. ISA Transactions，2001，40(4)：391-399.

[15] Bottelberghs P H. Risk analysis and safety policy developments in the Netherlands[J]. Journal of Hazardous Materials，2000，71(1/3)：59-84.

[16] 董玉华，高惠临，周敬恩，等．长输管道定量风险评价方法研究[J]. 油气储运，2001(08)：5-8，58，3.

[17] Bottelberghs P H. Risk analysis and safety policy developments in the Netherlands[J]. Journal of Hazardous Materials，2000，71(1-3)：59-84.

[18] BUBBICO R. A statistical analysis of causes and consequences of the release of hazardous materials from pipelines[J]. Journal of Loss Prevention in the Process Industries，2018，32(11)：458-466.

[19] 顾帅威．不同相态 CO_2 管道减压过程流动与温降特性研究[D]. 青岛：中国石油大学(华东)，2019.

低分压 CO_2 捕集系统换热网络分析与节能优化

王　辉[1]　李清方[1]　刘海丽[1]　张克舫[2]　王伟健[1]　陈宏福[1]　于惠娟[1]　张舒漫[1]　张　建[1]

[1. 中国石化石油工程设计有限公司；2. 中国石油大学(华东)新能源学院]

摘　要　本文以燃煤电厂大规模 CO_2 捕集系统为研究对象，完成了系统内换热网络夹点分析，找出了用能不合理之处和最大节能潜力点。基于夹点分析原则，对高温的 CO_2 压缩气和塔顶再生气等余热资源进行回收，提出 3 项节能措施，并通过调整碳捕集系统内部换热网络，节能率可达 13.72%，大大减少公用加热蒸汽的用量，有效减少了碳捕集系统运行能源和水资源消耗成本，提高了碳捕集系统减排量，对实现大规模烟气碳捕集工业化推广具有重要意义。

关键词　低分压；CO_2 捕集；换热网络；夹点分析；余热回收

我国电力、钢铁及水泥这三类行业 CO_2 排放量占比达到工业总碳排 75%，是碳捕集的重点关注行业。但其排放的尾气具有 CO_2 压力低、浓度低的特点，相对于浓度气源而言捕集难度大，业内多采用以醇胺溶液为主的化学吸收工艺。该工艺特点是在吸收塔内相对低温条件下进行 CO_2 吸收，在再生塔内高温条件下进行 CO_2 解吸，通过吸收溶液的循环流动和反复加热冷却实现 CO_2 连续吸收和解吸，因此整个工艺过程需要消耗大量的蒸汽和冷却水用于物料的加热冷却。导致整个碳捕集过程能耗成本居高不下，限制了大规模烟气碳捕集项目的工业化推广。考虑到 CO_2 捕集系统本身虽然能耗较高，但大量高低温余热被排出系统外。主要在于能量的利用没有从总能系统角度考虑考虑协调优化，因此系统能量的分配和利用存在相当不合理的地方。所以当务之急是找出二氧化碳捕集系统能量利用不合理的地方，开展节能节水工艺优化研究，形成更为合理的用能系统。为此，国内外企业和高校对此开展了大量研究工作。刘练波基于能量守恒定律对 CO_2 捕集测试装置进行了能量平衡分析，从能量利用角度出发提出了两项改进工艺性能的技术措施。该法虽然可有效提高系统能量利用率，但提效空间有限，并无法完全确定能量利用的合理性。邬春雷则在碳捕集系统能量平衡模型的基础上进一步建立了㶲平衡分析模型，不仅求出了有效能损失大小，还能从㶲效率判断热力学完善程度，但不能解决供用能之间的最优匹配问题。王照量利用夹点分析对碳捕集系统中的换热网络进行了分析优化。刘中良在此基础上进一步考虑了高温烟气的冷却需求，重新优化了碳捕集系统换热网络，但没有充分考虑碳捕集与电厂热力系统的能量耦合。本文拟针对某电厂百万吨级二氧化碳捕集系统工艺能耗进行分析诊断，找出用能薄弱环节，挖掘节能潜力，充分考虑与电厂热力系统的整合，开展不同工艺方案的技术和经济性分析，提出优化的工艺方案，进而为后续的节能降耗工作做铺垫。

1　烟气碳捕集工艺流程及物流数据

1.1　碳捕集主要工艺流程

图 1 为某电厂规划建设的一套产能规模为 200×10^4t/a 的碳捕集工艺流程图。主要包括吸收单元、解吸单元、冷却单元、压缩单元。

经过电厂烟气处理系统除尘、脱硫脱销并冷却降温之后的 45℃ 低温烟气，通过风机提压后送入吸收塔。在吸收塔中，烟气与塔内的吸收液接触，使 CO_2 得到脱除，净化后的脱碳烟气从塔顶排出，吸收了 CO_2 的富液通过富液泵加压送至解吸塔。富液从解吸塔上部进入，通过汽提解吸出部分 CO_2，然后进入再沸器，使其中的 CO_2 进一步解吸。解吸 CO_2 后的高温贫液由解吸塔底流出，用泵加压后经贫富液换热器换热，再通过贫液冷却器冷却后进入吸收塔，溶剂往返循环构成连续吸收和解吸 CO_2 的工艺过程。从解吸塔顶出来的再生气(CO_2 及蒸汽混合物)通过冷却器冷凝至 50℃，经由分离器汽水分离除

去水分后得到 CO_2 气体，再经过中间干燥后送入压缩机，并压缩到超临界状态(11MPa)，冷却后经管道外输至目的地。

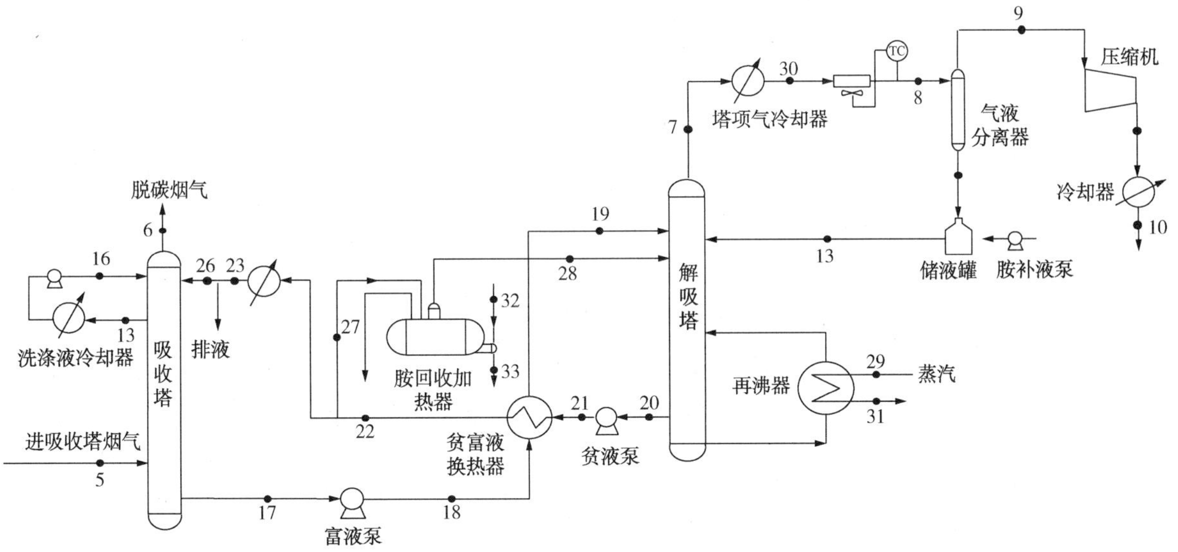

图 1　电厂烟气碳捕集系统主要工艺流程示意图

1.2　碳捕集系统冷热物流数据

根据图 1 所示 CO_2 捕集工艺流程以及设计参数，提取了 8 个物流的数据(见表 1)，热物流分别是贫胺液、塔顶气、尾气洗涤液、CO_2 压缩气体，冷物流分别是胺回收液、解吸溶液、富液、解吸塔补液。考虑到各物流匹配换热的传热温差相差大，为便于下文进行夹点分析，确定夹点时采用冷、热物流的温差贡献值处理方法计算各物流温差贡献值。

表 1　CO_2 捕集系统冷热物流数据

物流类型	物流编号	初始温度/℃	目标温度/℃	热容流率/(kW/℃)	冷热负荷/MW	温差贡献/℃
热物流	H_1 CO_2 压缩气	264	50	131.38	28.12	5
	H_2 贫胺液	107	40	5164.96	346.05	3
	H_3 塔顶气	100	50	934.94	46.75	5
	H_4 尾气洗涤液	45	40	3254.4	16.27	5
冷物流	C_1 胺回收液	61	135	492.43	36.44	5
	C_2 再生溶液	107	107.1	1607710	160.77	5
	C_3 富胺液	56	107	5438.6	277.37	3
	C_4 解吸塔补液	40	107	163.36	10.95	3

2　碳捕集系统换热网络夹点分析

由图 1 和表 1 可以看出，碳捕集过程涉及大量换热装置，冷、热物流通过复杂换热网络进行能量交换，能流关系十分复杂。利用夹点技术对过程能量进行分析可以取得很好的节能效果。本小节拟通过夹点分析，从冷热物流总复合曲线的特点找出用能薄弱环节。

2.1　温区划分

由于实际系统中热、冷物流间的传热温差各不相同，全过程系统不能采用单一的最小传热温差 ΔT_{min} 作夹点计算，为此，采用“虚拟温度法”进行夹点分析。其中，热物流的虚拟温度为实际温度与温差贡献值之差，冷物流的虚拟温度为实际温度与温差贡献值之和。将所有冷热物流的虚拟初温、虚拟终温按升序排列，温度与温度之间作为一温度区间，最终可以得到 13 个温区。相应的温区划分如图 2 所示。

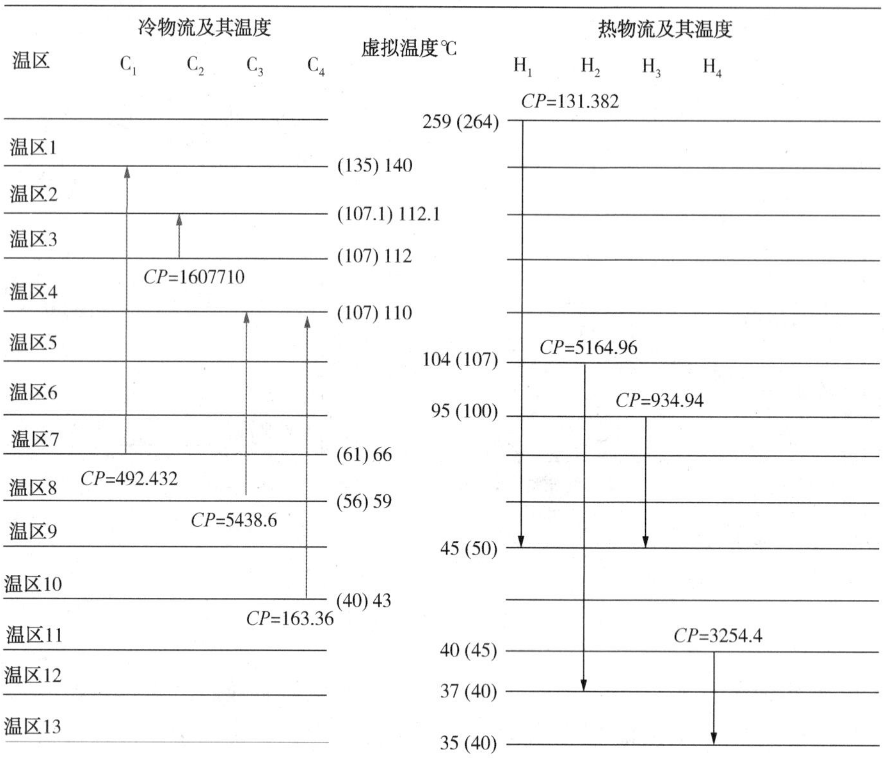

图 2　温区划分

2.2　热量衡算

在每个温区中，依据焓平衡确定热能的净盈值或净亏值。对于任何温区 k 的焓平衡计算式为：

$$D_k=(T_k-T_{k+1})(\sum CP_{\mathrm{H}}-\sum CP_{\mathrm{C}}) \qquad (1)$$

$$O_k=I_k-D_k \qquad (2)$$

式中，k 为温区数，$k=1$，2，…13；D_k 为该网络为满足热平衡时所需外加的净热量，kW；I_k 为由外界或其他温区供给第 k 个温区的热量，kW；O_k 为第 k 个温区向外界或其他温区排出的热量，kW。D_k 值为正时，表示需要由外界供热，D_k 值为负时，则表示该温区有剩余热量可以输出。

2.3　热通量级联

考虑外界无热量输入时各温区之间的热通量。通过计算可以得到各个温区的净加热量 D_k 和净排热量 O_k 结果。温区(k)内所获得的一切热能都可以给温区(k+1)内所有负荷供热。由此，可以建立起如图 3(a)所示的热通量级联图。假设没有热能从热公用工程供给最热的温区(1)，那么盈余的 15.64MW 作为热通量传到温区(2)；在温区(2)中，它合并自身亏缺的 10.07MW 热量，于是就有 5.57W 的热量盈余作为热通量流入温度温区(3)；温区(3)具有 160.81MW 的热量亏缺，抵消温区(2)所流入的热量，还有 155.24MW 的热量亏缺，将其作为热通量传给温区(4)；然后依次在温区(5)~温区(13)中，热量得到累加，最后，有-49.35MW 的热量传给冷公用工程。很明显，温区(3)~温区(13)中的热通量均为负值，意为有热量从低温区向高温区传递，从热力学角度出发，这是不合理、不可行的。为了使热通量更符合热力学规律，必须从热公用工程加入最小的热公用工程量。取绝对值最大的负的热通量的绝对值即为所需外界加入的最小热量，即最小加热公用工程用量。由图 3(a)可以看出，第 6 温区和第 7 温区之间的热通量为负的绝对值最大(-199.22MW)，即最小的公用工程加热量为 199.22MW。

2.4　确定夹点温度

以最小加热公用工程用量再从第一个温区输入，然后再计算各温区之间的热通量，计算结果如图 3(b)所示。由最后一个温区流出的热量，就是最小冷却公用工程用量。计算得到最小冷却公用工程负荷为 149.87MW。通过计算可以确定热量盈亏量为 0 的区界，即夹点的位置。可以看出，第 6 温区和第 7 温区之间的热通量为 0，该处即为夹点，夹点平均虚拟温度为 95℃。

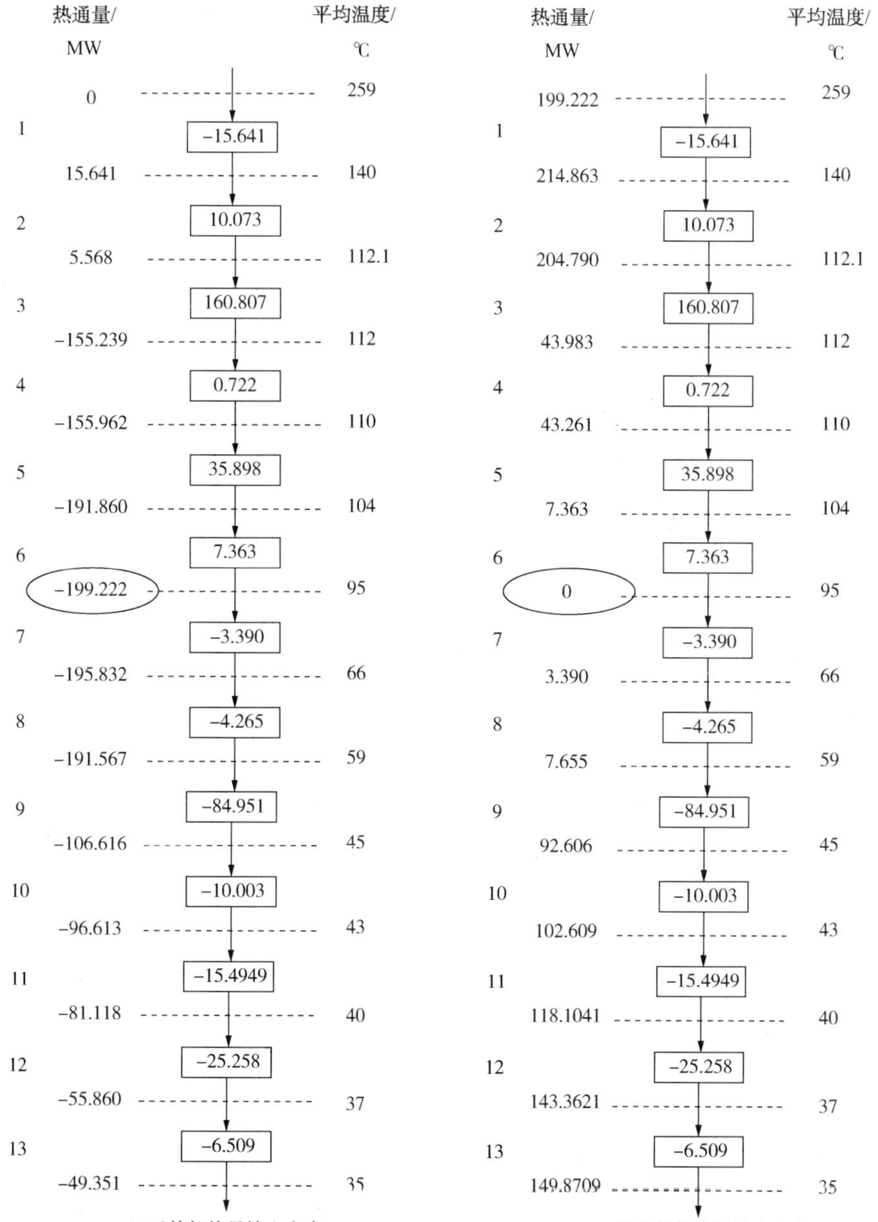

(a)无外部热量输入方案　　(b)最小外部热量输入方案

图 3　热通量级联图

2.5　初始换热网络诊断分析

由表 1 可以看出，需要冷却的热物流有 4 股，即 $H_1 \sim H_4$；需要加热的冷物流有 4 股，即 $C_1 \sim C_4$。碳捕集系统配套的加热公用工程为 144℃和 170℃的饱和蒸汽，冷却公用工程为 50℃空冷和 32~42℃循环冷却水。CO_2 捕集系统初始换热网络如图 4 所示，CO_2 捕集系统内部仅有贫液和富液内部物流换热，贫富液换热器热负荷为 239.3MW，其余冷物流依靠汽轮机的抽汽来加热，消耗的公用工程加热量为 246.233MW，再生气和循环冷却水进行冷却，公用工程冷却量为 197.893MW。根据表 1 所示的冷热物流数据，以及贫富液的换热量数据，可以确定换热网络的最大节能潜力 = 246.23 − 199.22 = 47.01MW，由此可以计算得出最大节能率 = 47.01/246.23 × 100% = 19.09%。

对一个换热网络进行用能诊断，就是根据现有换热网络格子图确定：(1)是否有穿越夹点而设置的换热器；(2)在夹点之上是否有冷却器；(3)在夹点之下是否有加热器。如果在系统中存在以上 3 种现象，就可以推断系统的用能不合理，应加以改进。CO2 捕集系统用能有几处不合理，具体如下：

（1）H_1 热物流 CO_2 压缩气体降温需求（虚拟温度 259℃→45℃），在冷却器 1 中被冷却水即公用冷却工程冷却。259℃在夹点温度 95℃之上，不应该采用公用冷却工程冷却。

（2）C_1 冷物流胺回收液加热需求（虚拟温度 66℃→140℃），是在胺回收加热器中采用外部蒸汽（热公用工程）加热到 140℃。由于 66℃在夹点温度 95℃之下，此段不应该采用外部蒸汽加热。

（3）C_4 冷物流解吸塔补液 43℃→110℃，43℃在夹点温度 95℃之下，此段不应该采用热公用工程加热。

上述换热流程的设置违反了夹点分析基本准则，造成了能量的浪费，需要加以改进优化。

3　换热网络调优与简化

3.1　换热网络调整优化

对换热网络（见图 4）进行改进，应以夹点位置为分界线，分别对夹点以上和夹点以下的冷、热物流进行重新匹配。根据夹点技术设计准则，换热网络需按照实际物流特性进行调优，这样得到的换热网络简单，操作性强。图 5 是调优后的换热网络的格子图，冷物流在上方，从右流向左，热物流在下方，从左流向右，两物流的匹配换热用热、冷物流上的方块的连线表示。为此，实施了以下 4 点优化措施：

（1）增加换热器 2，将胺回收液和 CO_2 压缩气体匹配换热，CO_2（先通过换热器 5 温降到 217℃）再在换热器 2 中从 217℃温降到 66℃，66℃低于夹点温度可用公用冷却工程冷却。胺溶液由 66℃温升到 106.27℃，106.27℃高于夹点温度，可以用公用加热负荷加热，再进入胺回收加热器，可减少加热蒸汽用量。

（2）增加了换热器 3，通过换热器 3 从塔顶气中吸热 12.31MW，通过贫富液换热器 1 从贫液中吸热 232.43MW。具体采用富液分流实现，使 95%的富液进入贫富液换热器 1 被贫液加热，另 5%的富液进入换热器 3 被塔顶气加热。使富液由 59℃被塔顶气加热到 104℃，再进解吸塔，减少了公用工程加热负荷。塔顶气由 81.83℃温降到 72.73℃，可减少公用冷却负荷。

（3）增加了换热器 4，使解吸塔补液与塔顶气换热，由原来的 43℃进入解吸塔吸热温升到 110℃，变化为被塔顶气加热到夹点温度 95℃，再进解吸塔，减少了公用工程加热负荷。塔顶气由 81.83℃温降到 72.73℃，可减少公用冷却负荷。

（4）增加了换热器 5，使 CO_2 压缩气体与再生溶液匹配换热，使 CO_2 压缩气体温降到 217℃，同时使再生溶液温升到 110.0℃，减少再沸器热负荷。

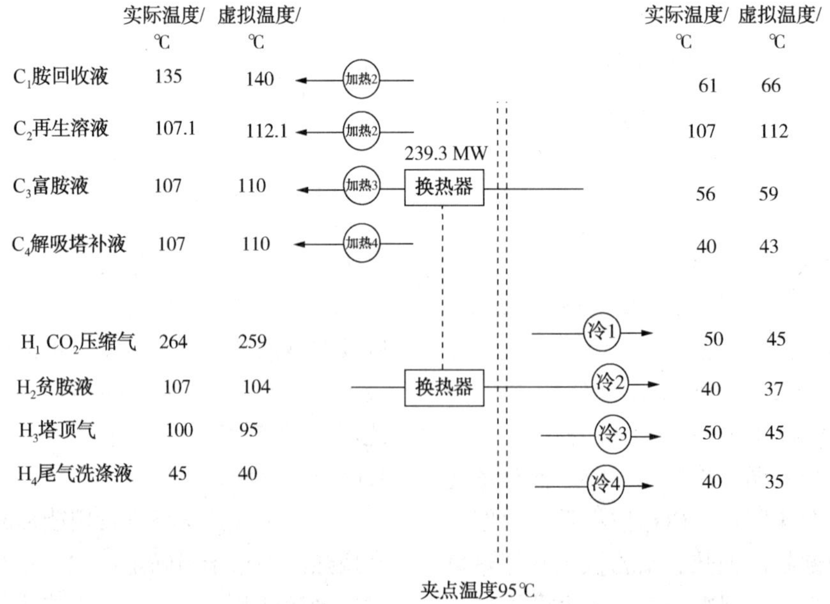

图 4　初始换热网络

根据以上分析，先用系统中的再生溶液 C_3 将 CO_2 压缩气体 H_1 冷却到 222℃，再利用胺回收液 C_1 将 CO_2 压缩气体 H_1 冷却到 71℃；先利用塔顶气 H_3 将解吸塔补液 C_4 从 40℃ 加热到 92℃，再进入再沸器中采用蒸汽加热到 107℃。

可见，调优后的系统增加了 4 个换热器，系统中冷、热物流间的换热过程增加，回收了更多系统余热，减少了加热蒸汽用量，也减少了循环冷却水用量。公用工程加热负荷为 206.93MW，公用工程冷却负荷为 158.59MW，与初始换热网络相比，调优后的换热网络节能率为 15.96%，与夹点分析得到的理想结果 19.09% 相差不大，节能完善度达到 83.6%。

3.2 调优换热网络的简化

图 5 所示调优的换热网络可以进行进一步简化。因 CO_2 压缩气体为气体状态，再生溶液为液体状态，气液之间总传热系数较小，相应的换热器的传热面积大，而且对再生溶液的加热量相对较低（温度从 107℃ 加热到 107.1℃）。换热器 5 的热负荷为 5.53MW，在四个换热器中减小热公用工程的贡献最小，仅为 12%（换热器 2、换热器 3 和换热器 4 分别为 42.95%、26.67% 和 18.4%）。因此可以不回收此热量，不设置换热器 5（热负荷 5.53MW）。调优换热网络的简化使系统减少了一个换热器，保留了换热器 2、换热器 3 和换热器 4，系统公用工程加热负荷变为 212.46MW，公用工程冷却负荷为 164.12MW，调优简化后的换热网络节能率为 13.72%，节能完善度达到 71.87%。图 6 为调优简化后的捕集系统主要工艺流程图。表 2 列出了夹点分析、调优、简化前后换热网络的公用工程量以及与原换热网络相比公用工程加热负荷的节能率。

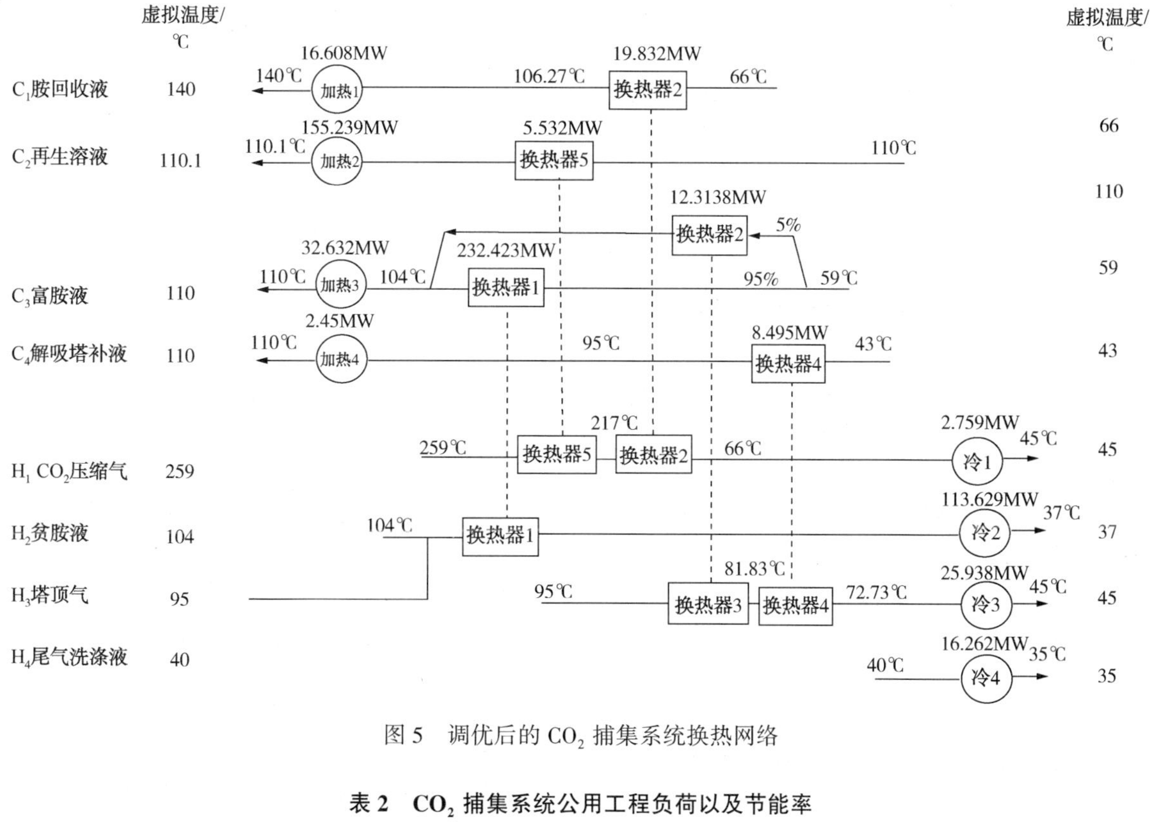

图 5　调优后的 CO_2 捕集系统换热网络

表 2　CO_2 捕集系统公用工程负荷以及节能率

换热网络模型	公用工程冷却负荷/MW	公用工程加热负荷/MW	加热负荷节能率/%
系统初始换热网络	197.893	246.233	—
最大潜力换热网络	149.8709	199.222	19.09
调优之后换热网络	158.588	206.929	15.96
简化之后换热网络	164.12	212.461	13.72

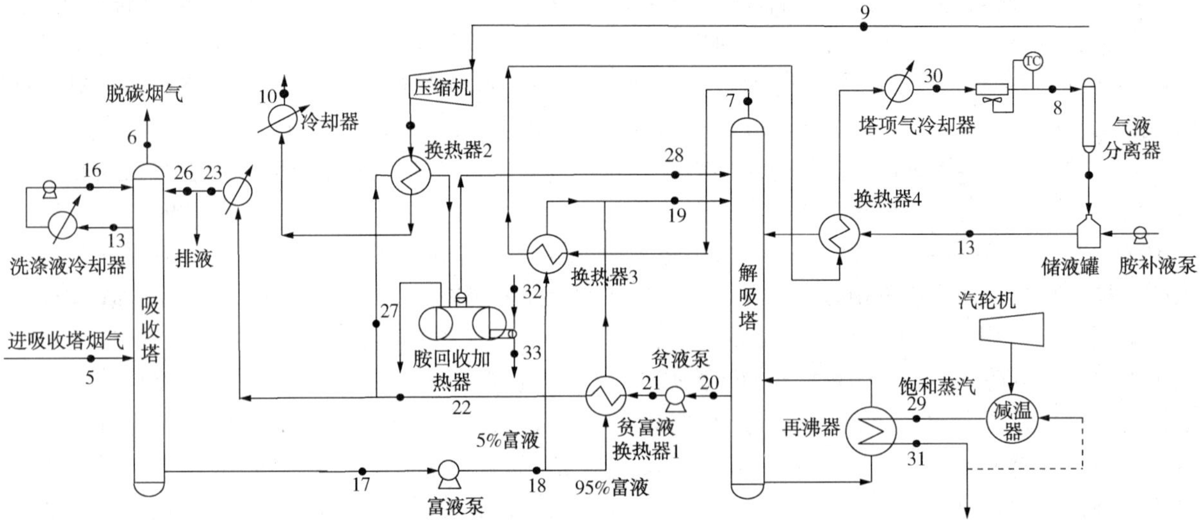

图 6　调优简化后的捕集系统工艺流程图

4　结论

对某电厂 200×10^4t/a 的碳捕集系统用能情况和换热网络进行了夹点分析和优化简化，结果表明：

（1）换热网络夹点温度为 95℃，最小的公用工程加热量为 199.22MW，最小冷却公用工程负荷为 149.87MW。

（2）初始换热网络用能不合理之处在于夹点之上热源采用了冷却公用工程，夹点之下冷源采用了热公用工程，存在跨越夹点的热量传递。

（3）换热网络调优之后公用工程加热负荷为 206.93MW，公用工程冷却负荷为 158.59MW，与初始换热网络相比，调优后的换热网络节能率为 15.96%。

（4）调优换热网络再经简化之后，公用工程加热负荷变为 212.46MW，公用工程冷却负荷为 164.12MW，换热网络节能率为 13.72%，更加具备可实施性。

参　考　文　献

[1] 刘练波，汪世清，郭东方，等．CO_2 捕集测试装置能量平衡分析[J]．中国电机工程学报，2017，37(11)：6.

[2] 邬春雷．百万吨二氧化碳捕集系统能耗分析[D]．青岛：中国石油大学(华东)，2012.

[3] 王辉，徐明海，张建，等．注采输系统用能分析及优化方法研究进展[C]//2015 年中国化工学会年会论文集，2015.

[4] 王照亮，王成运，李清方，等．电厂 CO_2 捕集工艺夹点分析与过程集成节能[J]．化工学报，2012，63(2)：6.

[5] 刘中良，王远亚，张克舫，等．基于夹点技术的烟气处理系统的优化与评价[J]．化工进展，2014，33(10)：5.

[6] 姚平经．全过程系统能量优化综合[M]．大连：大连理工大学出版社，1995.

[7] 李有润，朱漫．夹点理论及其在换热网络优化综合中的应用[J]．化学工程师，1991(1)：6.

[8] 冯霄，李勤凌．化工节能原理与技术[M]．北京：化学工业出版社，1998.

[9] 范卫东，李会泉，姚平经，等．化工过程系统用能诊断和调优的“夹点分析法”[J]．高校化学工程学报，1997，11(2)：178-183.

[10] 华贲．过程能量综合的研究进展与展望[J]．石油化工，1996(01)：62-70.

[11] 华贲．工艺过程用能分析及综合[M]．北京：中国轻工业出版社，1989.

[12] 华贲．过程系统的能量综合和优化[J]．化工进展．1994(3)：6-15.

“双碳”背景下油服领域碳减排技术及绿色发展路径研究

夏 晔 刘均一 周晓蕾 李 卉

(中石化胜利石油工程有限公司钻井工艺研究院)

摘 要 在全球“双碳”背景下，传统油服行业面临着巨大的转型发展挑战。本文在综述国内外油服行业节能减排技术的基础上，着重剖析了油服领域减碳增效及绿色发展将面临的挑战，初步探析了油服行业未来绿色发展的实施路径，即促进技术升级迭代、优化用能结构调整及拓展绿色全产业链，为油服行业未来绿色转型和高质量发展提供了参考。

关键词 双碳；油服领域；碳减排；绿色转型；发展路径

随着气候变化挑战的日益严峻，全球已有137个国家做出了碳中和承诺，推动绿色低碳发展已成为全球趋势。我国在2020年9月做出了力争2030年前“碳达峰”、2060年前“碳中和”的庄严承诺，党的二十大报告中明确要积极稳妥推进碳达峰和碳中和，立足我国能源资源禀赋，坚持先立后破有计划分布实施碳达峰行动。深入推进能源革命，加大油气资源勘探开发和增储上产力度，确保能源安全。这是中央对我国碳达峰碳中和的最新战略部署，为推进能源绿色低碳转型和高质量发展指明了方向。

在能源转型发展的大背景下，作为传统能源供应商的油气行业势必将面临极为严峻的发展挑战。2020年，全球能源消费结构中煤炭、石油、天然气等传统能源的占比高达83.1%，国内更是高达84.4%，短期内，能源消费结构不会发生根本性的转变。在世界安全局势动荡的今天，保障国家能源安全更是国内油气企业工作的重中之重。与此同时，国内与能源相关的碳排放，有88%来自传统的化石能源，约11%来自过程排放。如何平衡能源安全与低碳发展将成为摆在国内油气公司面前的一道亟待解决的命题。

目前，国内外油气公司陆续制定了一系列政策措施，积极推动自身绿色低碳发展，油服行业作为油气勘探开发上游重要的一环近年来也在积极布局节能低碳发展，力求尽快实现绿色转型。

1 国内外油服行业节能减排技术现状

国内勘探开发过程中的碳排放来源主要有7个方面，按照由大到小的次序分别为油气加工、油气生产、甲烷泄漏、天然气液化、火炬放空、钻井排放和直接排放。其中，与油服行业密切相关的即是钻井排放，也是石油工程行业内重点关注的关键环节。目前，各油服企业多通过提升整套设备效率、优化井下工艺参数、完善资源再利用流程等措施来降低钻井排放和直接排放，以提升自身碳减排效果。

1.1 石油工程设备节能技术

传统的柴油钻机在作业时，会消耗大量的有机能源，产生惊人的二氧化碳排放。近年来，为获得较好的减碳效应，国内外公司致力于钻井设备的电气化改造，混动钻机、电动钻机、电动压裂系统发展迅速。

2020年，美国ENSIGN能源钻井公司研发了一种高性能天然气发电机组，与储能系统结合可以有效的减轻瞬态负载需求，通过配备自动监测系统控制发电机启停，延长储能系统中电池的使用寿命。通过分析试验结果，整套设备在同样的钻井周期下，可节省14%的燃料，每年节省的燃料费用高达100000美元。整套钻机NO_x理论排放量较传统燃气电机减少60%，因为整机配备了氧化催化剂，以减少CO和NMHC的排放，使得实际排放量非常接近于零，显示了混动钻井在减排领域的较大优势。

与传统的柴油钻机相比，以网电为动力源的电动钻机，在噪声控制和能源消耗上具有明显的改善。美国的NOV公司、德国西门子公司及加拿大的DRECO公司先后研制出了以交流变频调速电机为驱动方式的电动钻机。为平抑钻机功率的巨大波动，为平衡大扭矩、功耗激变出现的负荷过载对电机造成的压力，2022 年 NOV 公司利用平滑峰值和降低峰值技术实现了钻井设备功率提升的目的。技术通过控制绞车消耗的变化率（ROC）以匹配发电机响应能力，并在此基础上开发了 PowerBlade™飞轮系统，完成短时间内吸收和释放大量能量，实现了瞬时调峰，系统由一个飞轮、一个 A-同步电机组成，这些电机组装在一个框架内，带有合适的轴承和挠性联轴器。储能为 6kW · h，峰值功率输出为 1.75MW。飞轮系统的应用保证了绞车在保持相同的运行速度前提下，稳定地实现功率输出，运行高效的同时，节约能源的损耗。

除了钻井装备，同样取得长足进展的还有压裂系统，区别于传统的柴油动力源，2020 年哈利波顿公司推出的业内首套电动压裂装备，整套装备由 Zeus™电动压裂泵、ExpressBlend™电动混砂车系统、TCC 技术指挥中心及其他辅助设备组成，业内首次实现的 3.498m^3/h 拍两下，持续输出 3675kW 的功率。2021 年切萨皮克能源公司在 Marcellus 页岩气区块上成功应用该系统，污染物排放减少了 32%。

1.2 井下工艺参数优化

井下工艺参数的优化，关乎钻井速度，可有效提升作业效率，缩短作业时间。作业效率的提升就意味着同等条件下作业能耗的降低，进而产生减碳的效果。

（1）钻头及提速提效工具的研发：国内外油服企业陆续研发了不同类型的钻头及提速工具，起到了很好的缩减钻井周期的效果。

其中，贝克休斯公司开发的 Talon 3D 钻头，采用一体式刚体结构，提高了钻头的整体强度，一趟钻即可完成造斜、定向和水平段钻进；贝克休斯开发的 Kymera（狮虎兽）复合式钻头，将牙轮和 PDC 钻头合二为一，具有更高的机械钻速和更小的轴向振动，在硬质且不均质的地层表现优异。Smith 公司研发的 StingBlade 系列金刚石锥型齿钻头，以犁刮和剪切联合破研更有效的破碎高抗压强度地层，有效平抑扭矩波动，在多种油气藏开发过程中，机械钻速提升 30% 以上。哈里伯顿公司开发的 MegaForce 钻头采用多级力平衡技术，有效解决了硬质、研磨性地层地钻速的问题；NOV 公司的 Tektonic 系列钻头采用复合片金刚石全露技术显著提升水利清洗效率，在页岩、碳酸盐和硬岩地层中表现优异。国内江钻混合钻头及胜利博丰金刚石钻头在研发及使用上都取得了较大的进展。提速提效工具方面 Ulterra 公司的 Torkbuster 是最具代表性的扭力冲击器、NOV 公司的旋冲钻具及 Agitator 减震工具及水力振荡器、Scout 公司的 SWOBT 稳压降扭工具等提速提效工具，通过提升破岩能量、减少黏滑振动、保持钻压稳定扭矩，达到提高机械钻速的效果，从而协助实现缩短作业时间和降本降耗的目的。

（2）井下工作液性能优化：井下工作液可以有效的减少井下安全风险，缩短建井后期，有助于降低作业过程中的能耗及碳排放。近 10 年来，随着全球油气勘探开发的需求不断提升，全球油服巨头先后在井下工作液的性能提升上进行了不懈的努力。MI-SWACO 公司研发了包括 ULTRADRIL 体系、KLA-SHIELD 体系和 HydraGlyde 体系在内的多种环保型高性能水机钻井液体系，满足了环境敏感区域的高活性页岩钻井、深水钻井及易塌易漏地层的钻井需求；哈利伯顿公司研制了 HYDRO-GUADR™高性能水基钻井液，通过抑制黏土水化膨胀，有效地防止钻头泥包，保持井壁稳定，维护井下安全；贝克休斯开发的 PERFORMAX 水基钻井液极大地提高了水基钻井液抑制性，对页岩孔隙和微裂缝具有效的封堵作用，能够提高机械钻速，适用于大斜度、大位移井等井下情况复杂但因环保限制而不能使用油基钻井液的情况；进一步升级研发的 LATIDRILL 水基钻井液现出可与油基钻井液相媲美的性能和成本效益，且具有更好的环境友好性。国内中国石油研发的 DRHPW-1 高性能环保水基钻井液与国外公司的高性能水基钻井液相比，流变性均比较稳定，石化油服的环保型水基钻井液体系及合成基钻井液体系在环保性和稳定性方面表现优异。

1.3 废弃物回收再利用技术

（1）油基钻井液循环利用：随着油气勘探开发深度和难度的不断增加，油基或合成基钻井液体系的应用越来越广泛。但是以矿物油为连续相的钻井液体系，其环保性较常规水基钻井液差，几乎不可降解，其废弃物的处理方式对钻井全周期的碳排放具有较大的影响。通过对油基钻井液全生命周期 CO_2 排放进行场景模拟可知，大部分的碳排放集中于初始阶段，尤其是其初次配浆初次使用时，这是因为碳排放的40%与配浆的基础油生产相关。与初始钻井作业相比，油基钻井液如果实现回收再利用，后续钻井产生的碳排放将低很多。有数据显示，对油基泥浆进行回收再利用，每重复应用1m^{3}老浆，与配置新浆使用相比，可以减少120kgCO_2排放，约减少了油基钻井液生命周期内的75%的碳排放。因此井下钻井液，尤其是环境危害性更大的油基钻井液，具备极好的循环利用价值，除了节约配浆的经济成本，更可以显著减少上下游钻井液生命周期内的碳排放。

如果石油工程公司推广应用非常规油气的"井工厂"钻井或"批量钻井"模式，在井场实现钻井液的多次循环再利用，则会将累计碳排放的量一再压缩，最终将与钻井液全生命周期有关的累计排放保持在一个恒定和稳定的数值上，近而有效提升应用油基钻井液的社会效益。

(2) 钻井废弃物资源化利用：钻屑、废弃钻井液作为钻井过程中大量产生的废弃物，废弃物的长距离运输及后续的处理仍然会产生大量的碳排放。尤其是高含油废弃物，使用间接燃烧进行脱油无害化处理仍将消耗大量的能源。有文献数据显示，运输废弃物产生的碳排放为0.8kg/t，而使用简介燃烧装置处理1t含油15%含油钻屑，大概需要耗能在500kW·h。基于上述分析，钻井废物物的无害化及资源化利用利用应该立足于现场原位处理和低能耗低温处置。

中国石油川庆钻探通过多年攻关形成了高含油废弃物随钻热解装置，整机装机功率降低至380kW，处理钻屑30t/d，可通过回收基础油配制钻井液实现资源的二次利用，处理后的钻屑可在井场实现铺路和井场硬化，减少了废弃物的拉运、填埋和集中处理导致的碳排放。中国石化胜利工程公司，通过现场高效减量化设备对含油钻屑及废弃物进行处理甩干处理，分离的基础油用于配制钻井液，处理后的钻屑实验性的通过现场处理，作为固井水泥添加剂用于现场固井作业，提升了工艺整体的环保性。

石油工程企业近年来在节能环保领域，进行了大量的技术革新，希望通过技术引领，实现从装备到工艺的钻井全生命周期的碳减排，也取得了一系列的技术成果，但是不能否认的是，由于传统行业作业环境、作业模式的限制，在加快推进绿色转型并维持高质量发展的道路上面临着巨大的挑战。

2 双碳背景下石油工程领域低碳发展面临的挑战分析

(1) 从行业特点来看，高能耗势必会遭受大冲击。随着油气勘探开发深度的不断增加，深井超深井的高效开发，对石油工程企业的装备施工能力提出了更高的要求。大功率石油工程装备的投产使用，如果继续以柴油机发电为主要能源供给方式，将会继续提升能耗总量和碳排放量。现阶段，油服企业在高质量发展道路上仍需要更多地依赖大功率石油工程装备，由于井场缺少高效节能技术或新能源供给替代，实现能耗总量和碳排放量"双下降"面临较大困难。

(2) 从作业方式来看，石油工程业务多为分散式、流动式的野外施工，不利于新能源供给基础设施的建设和利用。造成石油工程领域能源供给结构和消耗形式单一，限制了新能源发电技术的推广应用。

(3) 从企业实际来看，技术研发支撑有待大提升。石油工程企业在绿色低碳新能源技术研发与应用方面科研力量薄弱，相关节能降碳领域科研技术人员储备不足。作为工程施工型企业，科技研发与技术创新更侧重于施工工艺，改变能源消费结构很大程度上取决于装备制造业的绿色低碳水平和施工区域的能源供给结构，技术能力不足削弱了低碳转型发展的内生动力。

3 石油工程领域节能减碳发展路径分析

石油工程业务作为油气勘探开发的重要支撑，其业务的低碳转型对国家甚至全球的能源变革具有重要的意义。相关油服企业必须加快绿色转型进程，在保障能源安全的前提下，以开发绿色技术为基础，以融合绿色能源为手段，以净零排放为目标，以全产业链绿色低碳转型升级，赋能未来绿色高质量发展的新动力，以科学适用的实施路径推进石油工程行业的低碳转型发展。

(1) 技术装备升级，提速提效仍是传统业务减排的重要手段。我国的油气消费结构在短期内不会发生根本性的改变，油服企业的传统业务仍是保障国家能源安全的重要抓手。加快自身技术和装备的迭代升级，提高施工作业速度，保障井下安全仍是目前传统业务碳减排的重要手段。坚持走“能源使用电能主导”之路，加速推进高耗能工程装备的网电改造和低碳化升级，逐步采用自动化控制技术，减少化石能源的使用，减少废弃排放，提升装备控制精度，实现提速提效优快钻井；持续推进井下流体性能提升，开发双抗钻井液体系、环保型处理剂和类油基高性能水基环保钻井液体系，强化循环利用，实现废弃物源头减量；研发钻井固废现场减量化装备，加强废弃物原位处理和资源化利用技术的研发，助力减污降碳协同增效。

（2）优化现场供能结构，提升清洁能源在井场的消纳比例。石油工程行业应紧扣分散式流动式野外施工特点，以生活区用电为切入点，开展余热、太阳能、地热、光伏、生物质能的应用，逐步实现生活用电的全清洁能源替代。探索源网荷储一体化进程，通过储能系统合理分配电能，最终形成大电网主导、多能源相融合的供能方式，平抑瞬时能耗波动，强化电网系统柔性和可靠性；分步推进绿氢供电技术的研发、试验及推广应用，提升清洁能源井场消纳比例，最终实现井场作业全过程低碳零碳清洁能源的替代。

（3）延伸低碳产业链，加速向清洁能源服务企业转型。趁势而为，依时而动，积极布局三新产业，强调以创新驱动产业发展，培养引进高层次人才，强化变革性技术研发力度，着重推进井场信息化智能化改造进程，打造智慧井场，实现全生命周期碳排放管理分析平台，实现油服企业的高效碳资产价值管理，打造绿色服务核心竞争力；积极推动主营业务由劳动密集型业务向绿色集约型高科技业务转型，加快实现由传统油服企业向零碳能源服务企业转型。

4　结论

油服行业必须准确把握世界能源转型发展大势，积极求变、主动作为，一方面继续做强做优传统油服业务，推广油气勘探开发领域的高效能低排放技术，坚持提速提效与减污降碳“双轮驱动”；另一方面积极布局新能源前沿技术，加速洁净能源利用与传统用能替代，确保能源消费与能源供给“两端清洁”，不断延伸拓展绿色低碳产业链和价值链，建强绿色低碳优势产业集群，在实现快速绿色低碳转型的同时，保障行业价值的稳定持续增长。

参　考　文　献

[1] 习近平．高举中国特色社会主义伟大旗帜，为全面建设社会主义现代化国家而团结奋斗——在中国共产党第二十次全国代表大会上的报告[R]．北京：中国共产党第二十次代表大会，2022.

[2] 全球能源互联网发展合作组织．中国2030年能源电力发展规划研究及2060年展望[R]．北京：中国碳达峰碳中和成果发布暨研讨会，2021.

[3] 北京合力星辰能源科技有限公司．“双碳”背景下油气勘探开发领域节能减排技术专题研究报告[R]. 2022.

[4] 蒋海军，耿黎东，王晓慧，等．国外石油工程碳减排技术与作业管理发展现状及启示[J]．石油钻探技术，2022，50(5)：125-134.

[5] Halliburton Company. All-electric fracturing-brochure [EB/OL]. [2022-02-17]. https：//www.halliburton.com/en/resources/zeus-allelectric-fracturing.

[6] 郑家伟．国外金刚石钻头新进展[J]．石油机械，2016，44(8)：31-36.

[7] 许博，闫丽丽，王建华．国内外页岩气水基钻井液技术新进展[J]．应用化工，2016，45(10)：1974-1980.

[8] 国际石油网．中石油川庆钻探破解油基岩屑污染难题．[2022-10-17]. HTTPS：//OIL. IN-EN. COM/HTML/OIL-2945453. SHTML.

六九区稠油热采节能减排与清洁能源替代技术研究

丁万成

（新疆油田分公司重油开发公司）

摘　要　按质用能、“梯级利用”可以提高能源的利用效率，使节能不再局限于有形损耗，而进入质的管理中。本文针对稠油生产中的主要能耗点和减排点进行节能减排潜力分析，提出提高采收率控制总能耗、优化地面工艺和能量“梯级利用”技术思路减少能耗，清洁能源替代减少碳排放的攻关方向，并通过现场试验实现了能量的梯级利用和余热的回收利用与废水的减排，年节约蒸汽 60×10^4t，六九区污水回用率达92.8%，年减二氧化碳排放 18×10^4t。

关键词　稠油热采；能耗；梯级利用；节能减排；清洁能源

稠油的生产过程中包括高温高压蒸汽的生产与输送过程，蒸汽注入井底后的换热过程，油水混合物的采出过程，采出液油水分离过程，采出水的处理循环利用过程。由于稠油黏温性和其开采方式决定了稠油开采的高能耗，新疆油田稠油产量约占原油总产量的三分之一，但稠油热采中能耗占新疆油田石油生产总能耗的70%以上，年产生废水 $10.8\times10^8m^3$。

为了实现集团公司碳达峰和碳中和目标，我们针对稠油生产中的主要能耗点和减排点进行节能减排潜力分析，提出通过转化开发方式提高采收率控制总能耗、优化地面工艺和能量“梯级利用”技术思路减少能耗，清洁能源替代减少碳排放的攻关方向，因此实现稠油热采中的节能减排对于减少碳排放具有重要意义。

1　稠油热采节能和减排潜力分析

热力学第二定律揭示了能具有丧失可用性的特性，能在质上具有贬值性。按质用能、“梯级利用”可以提高能源的利用效率，使节能不再局限于有形损耗，而进入质的管理中，因此对稠油开采过程中节能减排潜力进行分析，实现能量的综合利用迫在眉睫。

1.1　注汽系统余热利用潜力分析

油田注汽锅炉作为稠油热采的主要的耗能设备，其运行的经济性，直接制约新疆稠油开发水平。根据油田注汽锅炉的特性可知，油田注汽锅炉的热损失主要为排烟热损失、锅炉散热损失及燃料不完全燃烧热损失。通过测试注汽锅炉热损失中最大是的排烟热损失，其次是炉体的散热损失。各项损失所占比例如表1所示。

表1　注汽锅炉热效率测试热损结果

类　别	排烟热损失	炉体散热损失	未完全燃烧热损失	总计
热损失合计/%	14.2	3.7	0.2	18.1
占系统热损失比例/%	78.5	20	1.5	1

由表1可知排烟热损失所占份额最大，因此实现烟气余热回收利用是注汽锅炉的节能方向。

1.2　稠油热采冬季工艺保温及采暖系统节能潜力分析

采油计量站、供热站、污水处理站及集输联合站站内冬季采暖保温大都采用高温、高压蒸汽供暖，高压蒸汽在站内经两级减压后进入站内采暖保温系统。从能量利用角度考虑，根据热力学第二定律，将高品位能量低品位利用，本身就是一种能量的浪费，不利于节能。因此，实现水暖保温是节能方向。

1.3　稠油集输系统节能潜力分析

稠油油脱水的温度控制在75～85℃较合理，

原油加热采用螺旋板式换热器，螺旋板换热器两侧介质为单通道全逆流流动，饱和蒸汽经过热交换降温后变成汽水混合状态，其中蒸汽回水温度原则上应控制在80～100℃，充分利用减压蒸汽的汽化潜热。因此，在稠油处理加热过程中，首先应采用合适的低品位热源来加热原油；其次，若采用高品位热源，则应提高换热系统效率。

1.4 污水余热利用节能潜力分析

稠油采出水净化后温度在60℃以上，实现稠油采出水回用锅炉或尽可能实现净化污水保温，可以充分利用净化污水中的余热，因此在注汽过程中尽量使用稠油净化水作为锅炉给水，不但可以节约大量的水资源，而且可以降低稠油热采中的能耗。

1.5 高含盐污水减排潜力分析

油田注汽锅炉配套软化装置采用两组或三组二级钠离子交换工艺，每组由两个软化罐串联组成，分为一级软化罐、二级软化罐，罐内装有一定量的钠离子交换树脂。

水软化就是利用离子交换树脂的交换性能，将水中的钙、镁离子与交换剂自身带的钠离子进行交换的过程。软化反应式如下：

$$2RNa+Ca^{2+}(Mg^{2+})\longrightarrow R_2Ca(R_2Mg)+2Na^+$$

经离子交换后，水中原来含有易形成水垢的Ca^{2+}、Mg^{2+}盐类转变为不形成水垢的Na^+盐。

当离子交换剂的交换能力逐渐降低失效后，为了恢复其软化能力，必须用Na^+再生剂进行再生，常用的再生还原剂为食盐NaCl，再生反应为：

$$2Na^++R_2Ca(R_2Mg)\longrightarrow 2RNa+Ca^{2+}(Mg^{2+})$$

再生是软化装置使用过程中一项必不可少的过程，它使失效的离子交换器恢复交换能力。

当钠离子交换器失效后需要用NaCL溶液进行再生。再生过程一般分为以下几个步骤：反洗、进盐、置换、一次正洗、二次正洗，各阶段水质如表2、表3所示。

表2　各阶段水质分析表

样品名称	pH	悬浮物/(mg/L)	COD/(mg/L)	石油类/(mg/L)	矿化度/(mg/L)	总硬度/(mg/L)
稠油净化水	8.32	<5	100～200	<2	3526	108
反洗	8.41	5～1200	120～360	2～42	3500～4230	110～232
进盐	7.36	2～18		<2	217300	>1000
置换	8.26	<2	100～200	<2	196300	>1000
一次正洗	8.35	<2	100～200	<2	3582	121
二次正洗	8.37	<2	100～200	<2	3576	113

表3　72方离子交换器再生各阶段排放水类型

过程	进水	排放水类型	排放水量/m^3	备注
反洗	净化水	低含盐水	25	高含盐水指矿化度远高于交换器的给水矿化度；低含盐水指矿化度与交换器的给水矿化度
进盐	盐液	高含盐水	10	
置换	净化软化水	高含盐水	20	
一次正洗	净化水	低含盐水	20	
二次正洗	净化水	低含盐水	25	

从表2和表3可以看出，置换和进盐阶段排出的是高含盐水，其余阶段排出的水与原水矿化度差别不大，属低含盐水。反洗阶段排出的水属低含盐水，但悬浮物较高，因此降低含盐废水可以将占外排废水45%的低含盐水直接回收到原水罐回收利用，反洗置换和进盐排出的废水可以采取混凝沉降降低钙镁离子后通过压力过滤后回收利用，可以大幅度降低外排处理费用。

2 稠油热采余热回收与能量梯级利用技术

2.1 净化污水回用锅炉技术

新疆油田的稠油采出水普遍采用“重力除

油—混凝沉降—压力过滤”三段式处理方式，处理后的水质通过软化器后可以达到 SY/T0027 注汽锅炉给水水质要求，由于净化污水与清水相比有 40℃以上的温度差，给水温度每升高 10℃，可以节约天然气 1.25m^3。回用 1m^3的净化污水可以节约天然气 5m^3，因此注汽应尽可能利用净化污水作为锅炉给水。

2.2 注汽系统烟气余热利用技术净化污水

注汽锅炉排烟热损失占锅炉热损失的 75%以上，实现烟气的余热回收利用，可以提高锅炉热效率，如能利用烟气中的汽化潜热，则可以大幅度提高锅炉热效率。

2.2.1 回用净化污水锅炉烟气余热利用技术

热管是以工质相变方式传递热量，传热性能极好。工作时，管内工质吸热蒸发汽化，至冷端冷却放出热量而凝结，如图 1 所示。

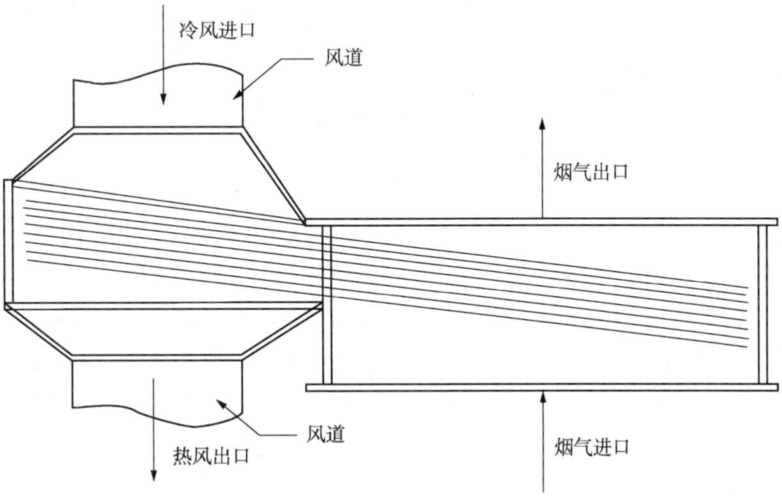

图 1 烟气余热回收示意图

安装热管换热器后锅炉的排烟温度由 170~220℃下降到 120~150℃，热效率可以提高 2%以上，然而烟气中的水蒸汽仍处于过热状态。当换热器壁面温度低于烟气的露点温度时，烟气中的水蒸汽将被冷凝，释放潜热，高低位发热量差就能被有效利用，因此对于使用清水作为给水的锅炉可以利用冷凝技术回收烟气中的水蒸汽的汽化潜热。

2.2.2 烟气冷凝技术

烟气冷凝技术在国外已经得到了广泛的应用，早在 1979 年荷兰诞生了第一台冷凝锅炉，图 2 是过剩空气系数 1.1 时，回收烟气显热与潜热提高热效率图。

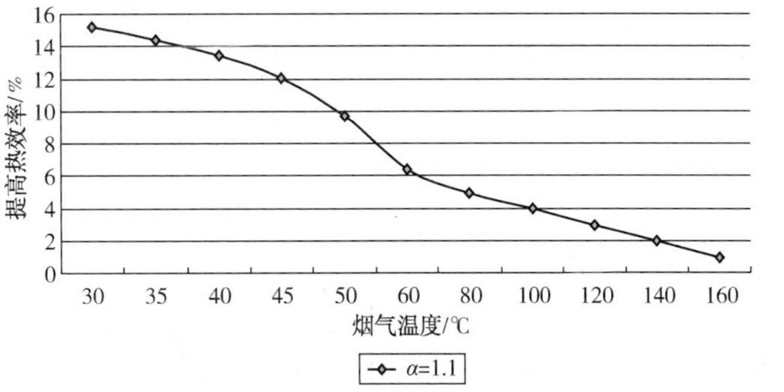

图 2 空气过剩系数 $\alpha=1.1$ 回收烟气显热与潜热提热效率图

由图 3 可知，烟气的热焓随排烟温度而变化，分为两个比较明显的区域，60~160℃变化较缓慢，而在 30~60℃变化较大。这主要是因为烟气的热焓中水蒸汽的潜热所占的比重要大于烟气显热的结果。新疆油田的天然气组分稳定，天然气含硫量在 1.71~3.88mg/Nm^3，远低于国家标准 20mg/Nm^3，低温腐蚀极少，因此，可以实现烟气的热焓中水蒸汽的潜热的回收利用。图 3

是设计的烟气冷凝回收系统示意图。

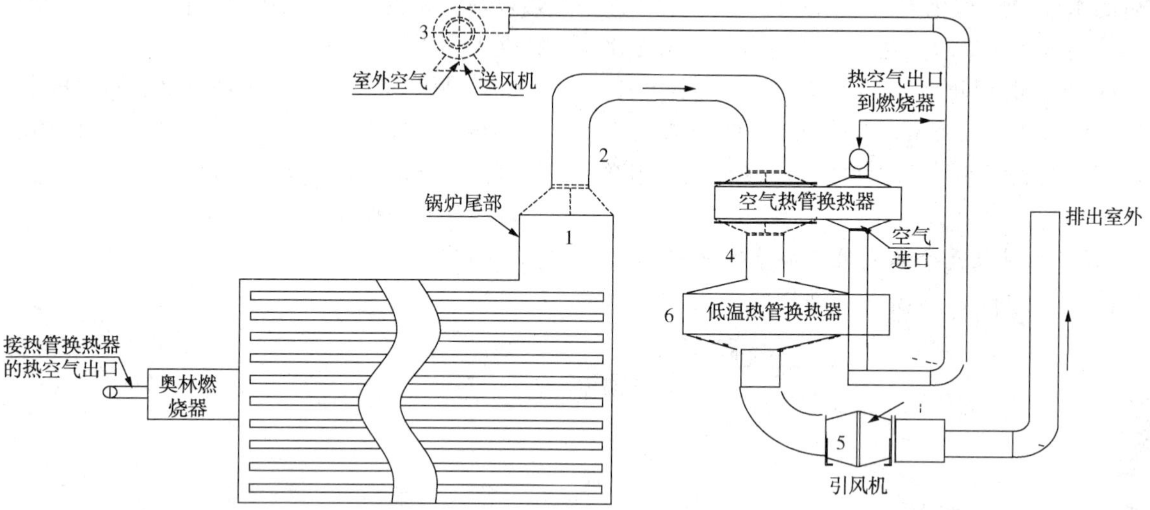

图 3　烟气冷凝回收系统示意图

2.3　采出液余热保温技术

在一般情况下，油井产出液的温度较高，在60~100℃，蕴含很高的热能。根据城市房屋住宅采暖指标，房屋冬季采暖指数为 58~64W/m²，地面面积采暖指数为 245~260W/m²，折算为采暖室内温度近似 18℃，可根据油井计量站特殊地地理条件，配以恰当的修正系数。新设计试验的采暖系统必须满足这个指标，表 4 是室内温度为 18℃，不同环境温度时所需来液最低温度值，图 4 是采油计量站采暖系统改造示意图。

表 4　室内温度为 18℃，不同环境温度时所需来液最低温度值

类别		Q_1/W	Q_2/W	Q_0/W	Q/W	Δt/℃	T_{zd}/℃
T_i/℃	T_e/℃						
18	-9.8	4640	965.38	5605.38	5605.38	43.76	61.8
	-20	4640	1343.99	5983.99	5983.99	46.75	64.75
	-30	4640	1769.66	6409.66	6409.66	50.08	68.08

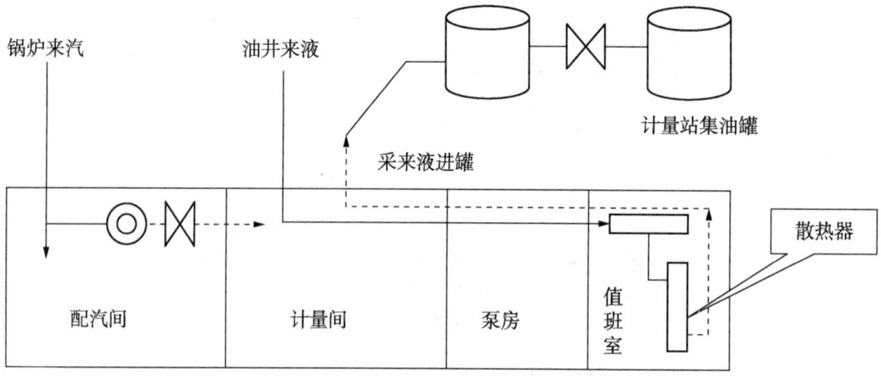

图 4　采油计量站采暖系统改造示意图

2.4　站区汽暖改水暖技术

传统的注汽站采用高品质的高压蒸汽降压后供暖，产生了大量的能量损失，利用拉法尔喷管原理设计的汽动换热装置，实现了站区供暖由汽暖向水暖的转变。技术原理如图 5 所示。

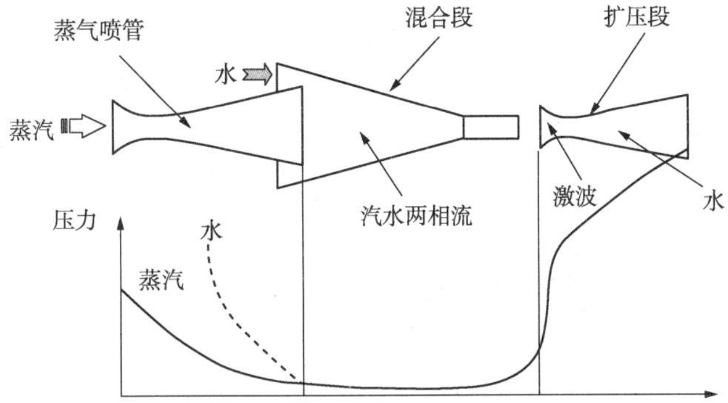

图 5　汽动换热装置原理示意图

在没有相变的前提下，水流过换热器内喷嘴时，产生高速水流同时压力急剧下降，根据伯努利方程和拉伐尔喷射原理，压力能的减小量等于速度能的增加量，这样在引射器吸入口可以形成微负压，将低压蒸汽吸入并与水一起进入混合室（喉部）。在混合室内两者产生动量交换和凝结过程，形成同速合流，然后进入扩压管，经减速升压后输出循环换热。汽水混合式供热机组，该机组利用一次热源低压蒸汽与热网二次侧循环水混合换热，热效率高达近 100%，循环低温水排出减少了热能浪费，冷凝后的溢流水排至软化水罐从而也节约了水资源。

2.5　集输系统自动相变掺热技术

自动相变掺热装置是将高压节流后的高温饱和蒸汽通过蒸汽喷头直接掺入原油，蒸汽在与原油进行热交换的过程中发生相变，由气态转化为液态，放出大量的热量，大大提高了加热效率。自动相变掺热装置为组合结构，由掺热套管、掺热管、操作门、锁紧器、防震撬座、蒸汽分配器、防震圈、就地直读式仪表、自动控制系统等组成，如图 6 所示，表 5 是两种加热器运行参数对照表。

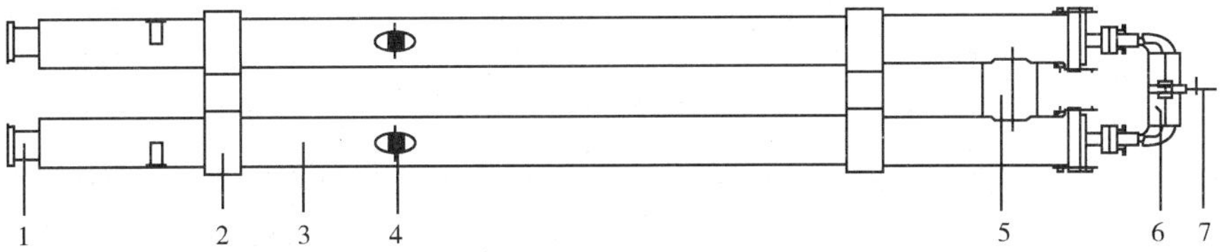

图 6　相变掺热器结构

1—原油进口；2—锁紧器；3—掺热套管；4—操作门；5—原油出口；6—蒸汽分配器；7—蒸气进口。

表 5　两种加热器运行参数对照表

名称	蒸汽压力/MPa	蒸汽温度/℃	加热前油温/℃	加热后油温/℃	加热后含水/%	净化油含水/%
换热器	0.34	135.4	65.3	90.8	0.8	0.2
掺热器	0.15	120	66	86	4.2	0.3

从表 6 可以看出，掺热加热后原油含水升高到 4.2%，主要是掺热蒸汽冷凝后转化为水，增加了原油的含水，当净化罐脱水时间充分时，净化油含水小于 1%，由于实现了加热蒸汽的零排放，大大提高了蒸汽的使用效率，通过测试，将加热蒸汽的使用效率从 65% 左右提高到 99% 以上。

3　含盐废水减量化与回用技术

反洗阶段排出的水属低含盐水，但悬浮物较高，可以直接就近排到污水处理站处理后回用，正洗水可以直接回收到水罐回收利用。高含盐水中再生废盐水回收处理工艺是再生零排放技术的核心，软化器经过工艺改进，将再生过程进盐和置换产生的废盐水回收，经过加药处理，成为软化器再生的回用盐水，实现盐水的循环利用，如图 7 所示。

经过工艺改造和药剂投加试验，具体水质分析如表 6、表 7 所示。从表 6 可以看出 Na^+ 与 Cl^- 浓度呈上升趋势，但 Na^+/ Cl^- 维持在 80% ~

90%，说明加药处理后 Na^+浓度比例稳定，能保证离子交换树脂正常再生。

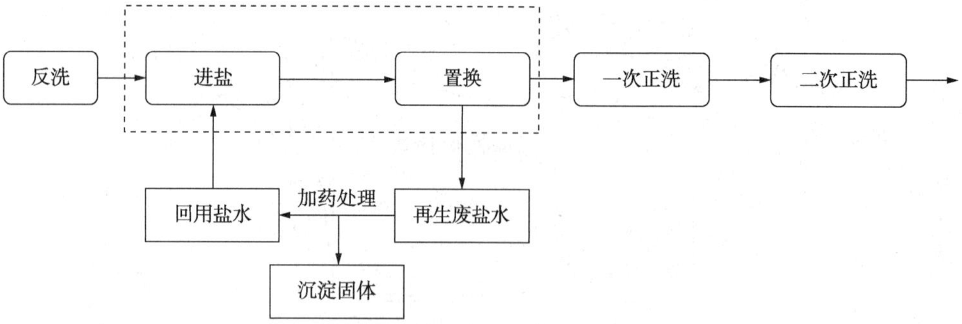

图 7　软化器反洗再生工艺图

表 6　软化器进口盐水成分检测数据表

项目测试	目标样名	Na^+/(mg/L)	Cl^-/(mg/L)	CO_3^{2-}/(mg/L)	硬度/(mg/L)	碱度/(mg/L)	pH	Na^+/Cl^-	制水量/m^3
1	原盐水	95880	117534. 20	18. 6	478. 48	157. 74	6	0. 8158	
2	回用盐水 1	87440	105972. 56	51. 31	386. 89	104. 04	7	0. 8251	509
3	回用盐水 2	107600	130136. 94	456. 07	433. 43	1000. 72	7	0. 8268	604
4	回用盐水 3	128400	141369. 81	600. 10	596. 09	1210. 38	6	0. 9083	499

表 7　软化器进口盐水成分检测数据表及标准限值表

目标样名	COD/(mg/L)	石油类/(mg/L)	挥发酚/(mg/L)	硫化物/(mg/L)	氨氮/(mg/L)	pH
原盐水	2033	0. 64	0. 149	0. 160	0. 950	8. 43
回用盐水 3	596	0. 66	0. 045	0. 250	1. 2	8. 25
标准限值(GB 8978—1996)	150	10	0. 5	1	25	6-9

从表 7 中可以看出，盐水中的 COD 超标，再生废盐水不能直接外排，而此次试验再生废盐水回收利用，COD 控制在系统中，没有外排，盐水实现零排放。

4　应用效果

稠油热采中注汽过程中产生的含盐废水中清洁的低含盐废水 45%可以直接回收利用，剩余的 55%可以通过技术经济比较进行合理利用。含盐废水的减量化将大幅度降低含盐废水达标处理中的负荷，从而降低工程投资和运行费用，可以为工程设计或类似的废水处理与回用提供借鉴。通过实现能量的梯级利用和余热的回收利用六九区的计量站已普遍采用采出液保温代替汽暖，供热站、集输站采用汽动换热装置后节能率达 60%，大幅度降低了非生产用汽量，提高了注汽品质，年节约蒸汽 60×10^4t，减少二氧化碳排放 18×10^4t，六九区形成的节能减排技术已在新疆油田公司范围内推广应用。

5　结论

按质用能、“梯级利用”为指导的节能减排技术优先实施，可以降低能耗基数，以风光地热等成熟技术为依托加快实施，可以实现清洁替代，以风光电氢一体化技术攻关为突破对于实现零碳排放具有重要意义。

参　考　文　献

[1] 万仁溥．采油工程手册[M]．北京：石油工业出版社，2000.

[2] 严家騄．工程热力学[M]．北京：高等教育出版社出版，2006.

[3] 丁万成．降低稠油注汽系统能耗技术研究[J]．特种油气藏，2005，12(4)：94-96.

[4] 丁万成．锅炉回用稠油污水软化工艺技术研究[J]．石油规划设计．2005，16(4)：31.

吉木萨尔页岩油水平井前置CO_2压裂技术研究与实践

王俊超[1]　李建民[1]　于会永[1]　陈　璐[1]　李柏杨[2]　王　亮[1]　马明伟[1]

（1 中国石油新疆油田公司工程技术研究院；2 中国石油大学（北京））

摘　要　吉木萨尔芦草沟组页岩油下甜点非均质性强，局部原油黏度高。前期在原油黏度较高的区域实施水平井 JS_H 井，与下甜点投产水平井平均水平相比，自喷时间缩短了 90%，首年累计产油量降低 70%～80%，开发效果未达预期，严重制约了 2000×10^4t 储量的有效动用。针对高黏区域压力递减快、产量低难题，利用CO_2降低原油黏度、与原油混相、置换微纳米孔隙原油、溶蚀碳酸盐岩、刺激层理开启的综合作用，攻关配套了水平井前置CO_2压裂技术，形成了"隔段注入+单次注入 100～150t"的前置注入模式。2019 年，在 JX_ H 井开展现场试验，累计注入 17 段共 2618t 液态CO_2。试验井压后效果效果不但较前期试验水平井 JS_H 井大幅提升，而且相较于下甜点平均水平，首年累计产油量提升 40%以上，压力递减减缓 30%以上。产量和压力保持程度较邻井大幅提升，实际验证了前置CO_2压裂技术对页岩油的提产作用，为吉木萨尔页岩油下甜点进一步增产提效提供了支撑依据和技术储备。

关键词　二叠系芦草沟组；页岩油；黏度；水平井；前置CO_2压裂

随着水平井体积压裂技术的成熟，页岩油气等成为重要油气接替资源之一。新疆油田准噶尔盆地吉木萨尔凹陷二叠系芦草沟组作为我国页岩油勘探开发的重点领域，估算资源量达到 15.8×10^8t。通过水平井体积压裂技术的攻关和实践，针对芦草沟组页岩油薄互层、层理发育特征，已攻关形成水平井高密度切割+高强度改造的体积压裂提产提效技术，实现了资源的有效动用。但水平井压裂投产后初期产量高、递减快，单井自喷期递减率约 51%，井组条件下递减率可达 80%，三年累计产油量占全生命周期累计产油量的 50%以上，需探索有效的稳产、提效技术手段。同时，下甜点局部区域原油黏度高、易乳化（地层原油黏度≥30mPa·s，地面乳化原油黏度最高可达 200030mPa·s），前期该区试验井 JS_H井应用主体体积改造技术，压后压力递减快、自喷时间短、产量低，无法满足效益开发需求，制约了高黏区域 2000×10^4 t 储量的有效动用。

目前，在非常规油藏中，CO_2的应用日趋广泛，国内外诸多油田均开展CO_2驱、吞吐提高采收率措施，并积极探索在压裂过程中前置注入CO_2技术，提高一次采收率。大量室内实验证实，CO_2除了能降低原油黏度、与原油实现混相之外，与储层岩石之间的物理化学作用也可提高孔隙度和渗透率，在压裂阶段注入还有提高裂缝复杂程度的作用。

不同区块物性条件、原油及矿物组成差异极大，相同的实验得到的结论并不完全一致甚至可能相反。因此针对在吉木萨尔页岩油开展了系统的室内实验评价，明确CO_2与芦草沟组页岩油原油、储层的相互作用机制，并通过数值模拟技术优化水平井前置CO_2压裂工艺参数，指导现场实践。

1　芦草沟组页岩油岩石、原油特征

吉木萨尔凹陷二叠系芦草沟组页岩油埋深 800～4500m、平均 3570m，厚度 25～300m、平均 200m。纵向上，芦草沟组主要发育两个甜点体，上甜点油层主要分布在 P_2l_{22-1}、P_2l_{22-2}、P_2l_{22-3} 3 个小层，岩性主要为砂屑云岩、岩屑长石粉细砂岩和云屑砂岩；下甜点体油层分布在 P_2l_{12-1}、P_2l_{12-2}、P_2l_{12-3} 3 个小层，岩性主要为云质粉砂岩。上甜点孔隙度平均为 10.84%，渗透率平均为 0.014mD；下甜点孔隙度平均为 11.20%，渗透率平均为 0.009mD，总体上，90%以上样品渗透率小于 0.1mD。

根据直井 JX 井上、下甜点取心后全岩分析结果，矿物成分呈明显分区现象，主要由石英类（石英、长石、黄铁矿）和碳硫酸盐类（方解石、白云石、文石、菱铁矿、菱镁矿、赤铁矿、硬石膏、钙芒硝、重晶石）为主，黏土含量较少。其中，黏土矿物以伊蒙混层为主，伊利石次之，高岭石、绿泥石较少，平均相对含量分别为69.6%、24.2%、3.5%、4.25%。

受低-中等的热演化程度、藻质体和无定形体为主的烃源岩母质类型及源储一体近距离运移的成藏模式影响，芦草沟组页岩油原油总体表现为偏重的中质原油。上甜点原油密度为0.843g/cm^3，地下原油黏度为9～21mPa·s；而下甜点烃源岩比上甜点烃源岩处于咸化的更强还原环境，藻类等水生生物更为发育，造成其油质更稠，原油密度0.912g/cm^3，地下原油黏度为6～60mPa·s。

平面上受控于烃源岩成熟度演化差异，部分烃源岩在低成熟度阶段生烃，胶质和沥青质含量高。另外，吉木萨尔页岩油井口采出原油显示明显的乳化特征，乳化后黏度高达2000mPa·s。

2　CO_2与芦草沟组原油、岩石相互作用实验

选用上、下甜点原油和JX井岩心，系统地开展了降黏、混相、置换、驱替、岩石物理化学作用和大尺寸压裂实验。

2.1　原油降黏实验

根据注气膨胀实验结果，注入CO_2后，原油的黏度下降明显，且原油黏度随着注入CO_2量增多持续降低。注入75%mol的CO_2后，上甜点原油黏度由6～8mPa·s降低至2mPa·s；注入80%mol的CO_2后，下甜点原油黏度由19mPa·s降低至5.5mPa·s（见图1）。

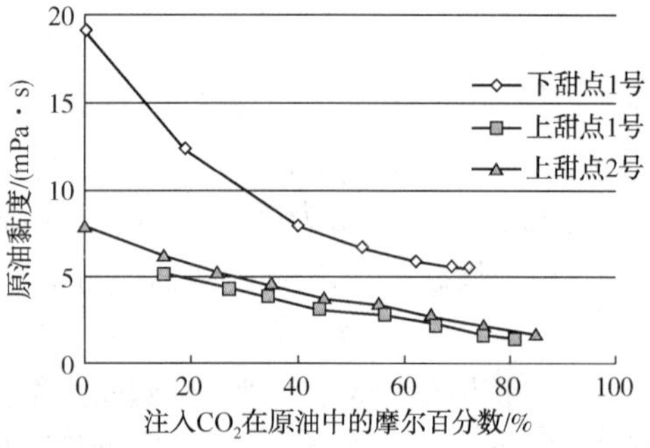

图1　上、下甜点原油降黏实验结果图

2.2　原油混相实验

根据油样井实际地层压力和温度，通过细管实验获得驱替压力和驱油效率关系曲线，曲线拐点对应最低混相压力（见表1、图2～图4）。实验结果显示，最小混相压力均小于原始地层压力，CO_2可在地层中与原油实现混相。

表1　细管实验条件及最小混相压力对比表

对比项目	上甜点1	上甜点2	下甜点
地层温度/℃	98	82.8	89.2
地层压力/MPa	44.45	36.67	39.3
饱和压力/MPa	5.78	3.33	5.61
气油比/（m^3/m^3）	23	14	20
最小混相压力/MPa	27.18	16.26	25.51

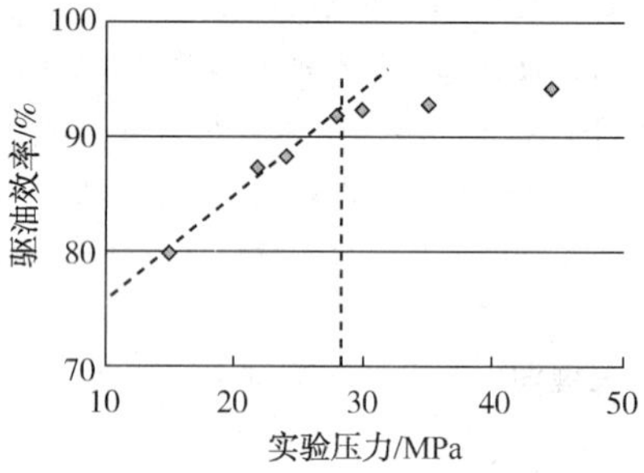

图2　上甜点1驱替压力和驱油效率关系图

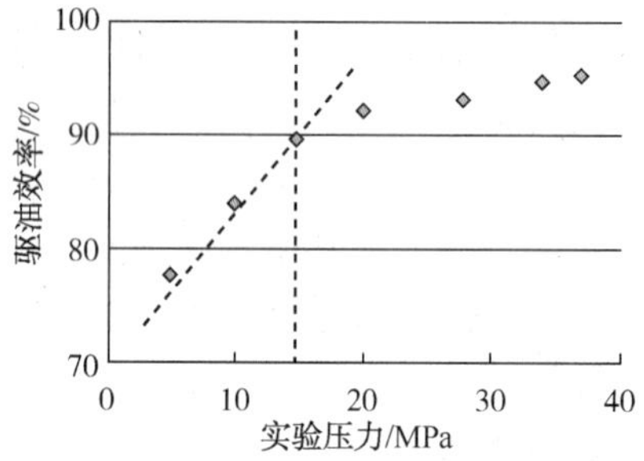

图3　上甜点2驱替压力和驱油效率关系图

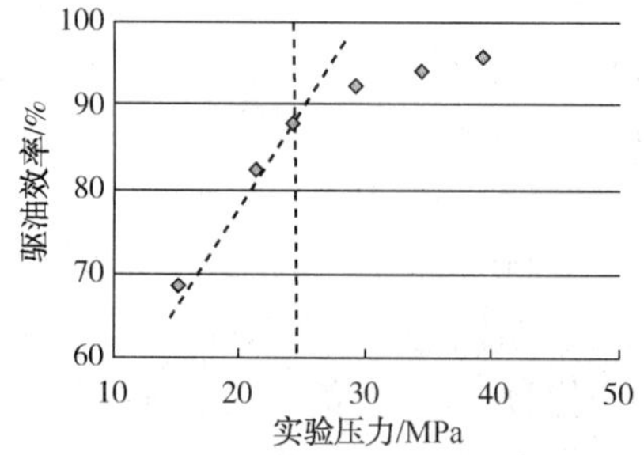

图4　下甜点驱替压力和驱油效率关系图

2.3　置换实验

开展地层压力（40MPa）和温度（90℃）条件下的浸泡实验，浸泡24h，并利用核磁共振扫描，定量评价CO_2置换岩心中原油的作用。从浸泡前后核磁共振测试的T2谱可知（见图5），大

孔隙中原油被置换出岩心的同时，小孔隙中原油持续被置换入大孔隙，进而被置换出岩心。根据核磁信号量计算岩心含油质量，该岩心浸泡前饱和油质量3.903g，浸泡后1.963g，采出质量2.210g，实验室内采收率达56.7%。

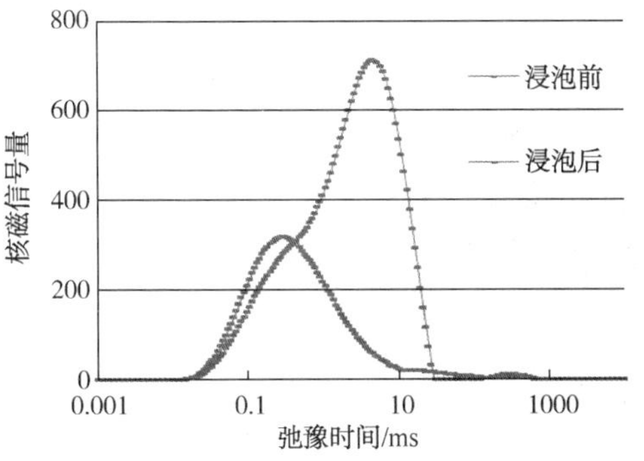

图5　岩心置换前后核磁共振T2谱对比图

2.4　岩石物理化学作用

选用芦草沟组页岩油露头岩心，切割成30cm×30cm×30cm的立方体试样，沿层理方向钻井眼后固井模拟水平井压裂。实验设计液态CO_2和超临界CO_2两种压裂模式；结果显示CO_2可刺激层理开启，提高裂缝复杂程度，且超临界CO_2造缝效果优于液态CO_2（见图6、图7）。

图6　液态CO_2压裂物模实验结果图

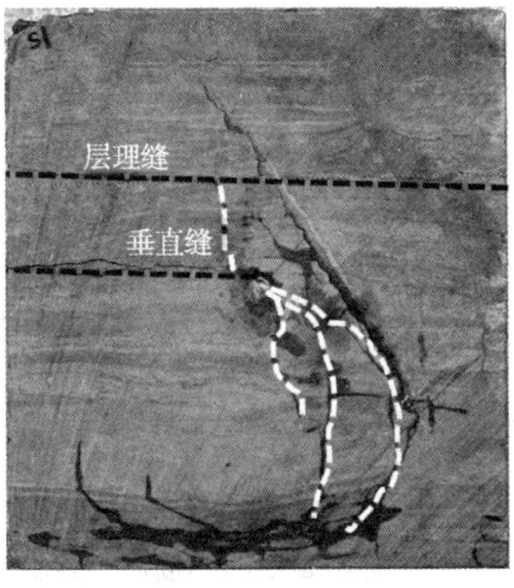

图7　超临界CO_2压裂物模实验结果图

2.5　CO_2压裂物模实验

选取岩心的碎屑分别采用CO_2水溶液和纯CO_2在地层压力（40MPa）、温度（90℃）下浸泡2天，浸泡前后矿物含量发生明显变化（见图8、图9），方解石和白云石等碳酸盐岩类矿物成本大幅降低，黏土矿物含量保持不变，表明对储层矿物有一定溶蚀作用，且CO_2水溶液的溶蚀作用较纯CO_2更强。

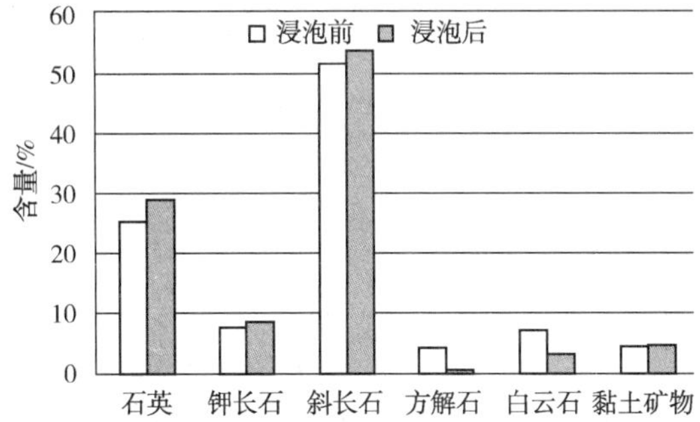

图8　CO_2水溶液浸泡前后矿物成分对比图

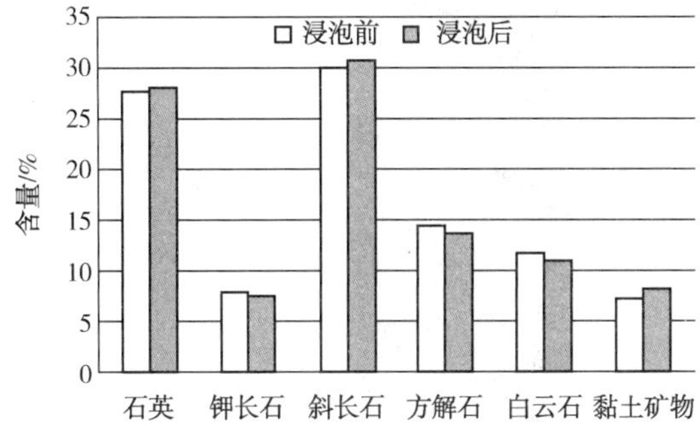

图9　纯CO_2泡前后矿物成分对比图

3　前置CO_2压裂工艺优化及现场试验

2019年，下甜点投产的水平井JS_H井，地下原油黏度30mPa·s，第一年生产曲线如图10所示。该井自喷2个月后即转抽，自喷时间仅为下甜点平均水平10%；第一年累产油仅2400t，仅为下甜点平均水平的20%～30%，生产效果差，水平井密切割+高强度体积改造技术未能实现有效动用。

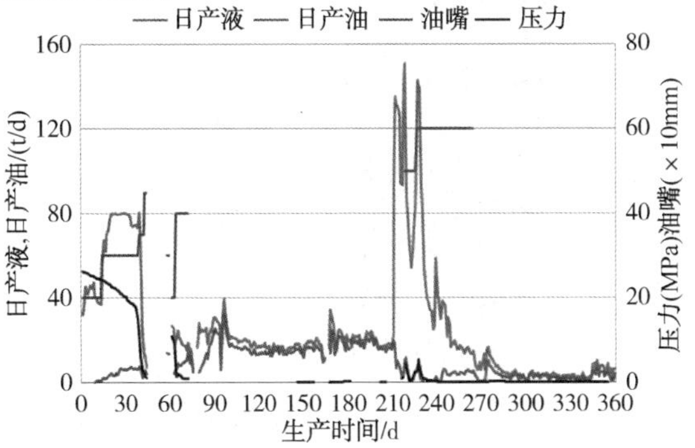

图10　JS_H井一年期生产效果图

为进一步探索下甜点黏度较高区域的有效开发方式，在CO_2与原油、岩石相互作用机理研究的基础上，选取JS_H井北部的JX_ H井开展前置CO_2压裂现场试验，该井地下原油黏度24～26mPa・s。

3.1 工艺参数优化

根据前置CO_2压裂后焖井、返排、生产动态模拟模型（见图11～图13），开展注入量、注入模式的优化。

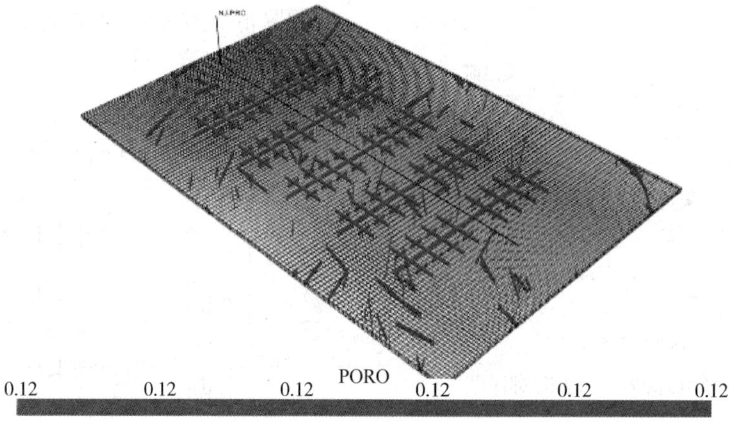

图11　前置CO_2压裂后焖井、返排、生产动态模拟模型示意图

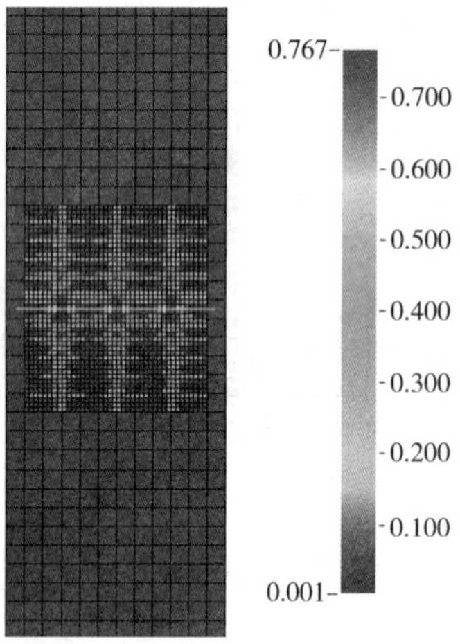

图12　前置CO_2注入后CO_2分布场示意图

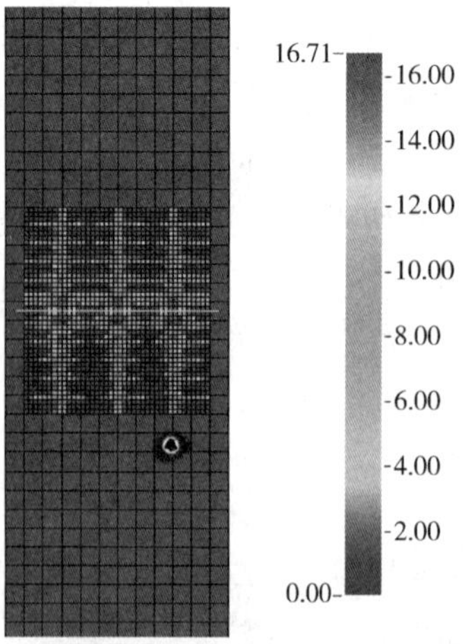

图13　前置CO_2注入后原油黏度场分布图

数值模拟结果显示，在单段注入量超过120t时，增油幅度变缓；设计单段注入量100～150t（见图14）。

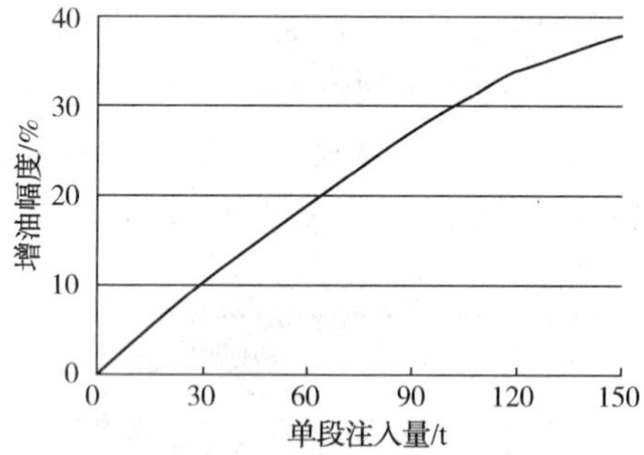

图14　单段注入量和增油幅度相关性曲线图

在设计总注入量不变的情况，模拟连续注入模式（每段均注，每段注入量75t，为隔段注入的一半）和隔段注入模式（仅偶数段或奇数段注入，每段注入150t）的差异，隔段注入方式累产油增幅仅低7%（见图15）；考虑试验井CO_2实际供给能力和施工时效性，选用隔段注入模式。

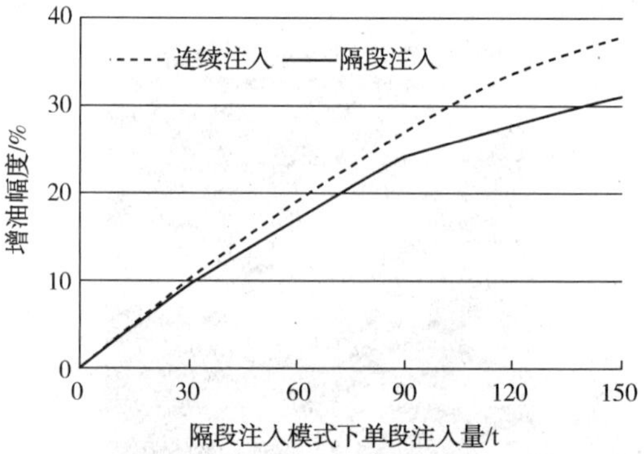

图15　注入模式和增油幅度相关性曲线图

基于数值模拟结果，采用“隔段注入+单次注入100~150t”的前置注入模式，与JS_H井压裂参数对比如表2所示。

表2　前置CO_2压裂与主体工艺参数对比

对比项目	JS_H	JX_ H
水平段长/m	950	1400
地下原油黏度/(mPa·s)	30	24~26
段/簇数	20/58	31/90
单井砂量/m^3	1760	2900
单井液量/m^3	29000	42600
排量/(m^3/min)	12~14	
支撑剂类型	陶粒	
压裂液类型	胍胶压裂液	
前置处理	—	隔段注入CO_2，单次100~150t

3.2　现场实施及效果评价

JX_ H井实际17段注入液态CO_2，累计注入量2618t，平均单次注入154t。

压后停泵测试的G函数分析显示(见图16、图17)，不前置注入CO_2的井段显示裂缝形态相对简单，以张性破裂单一缝为主；而前置注入CO_2的井段近井以张剪结合破裂机制的网状缝为主，G函数叠加导数在后期的波动出现复杂和多裂缝特征。

生产历史数据进行模型调参拟合，考虑多簇压裂的开启效率评价增能效果。按照簇开启率50%、67%和100%对模型进行分析(见图18)，拟合开井的储层压力在57~58MPa。采用储层增能有效转化率量化评价增能效果，计算方法见式(1)，试验井储层增能有效转化率达35.5%，较常规水力压裂的20%~25%大幅提升。

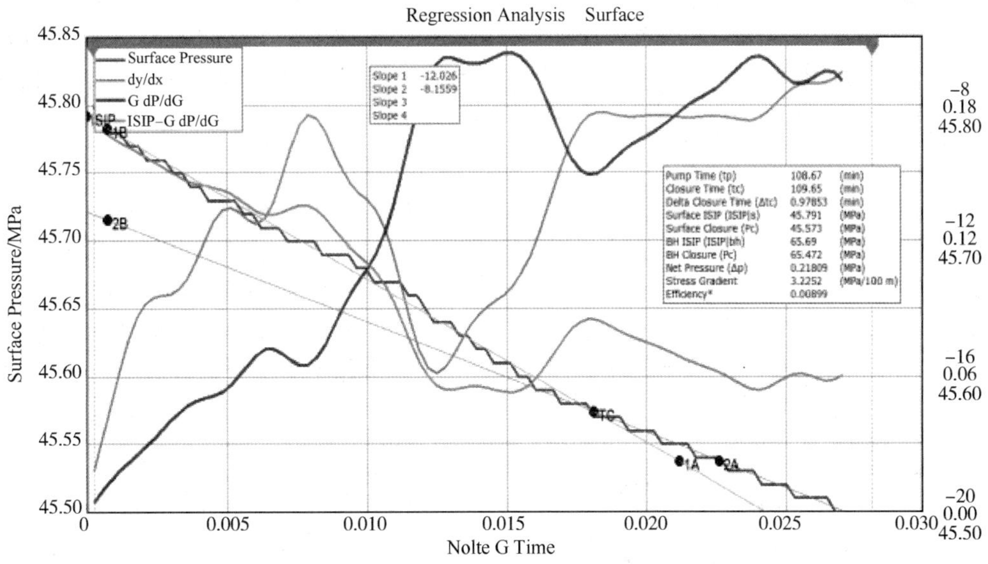

图16　不前置注入CO_2停泵压降测试的G函数分析结果图

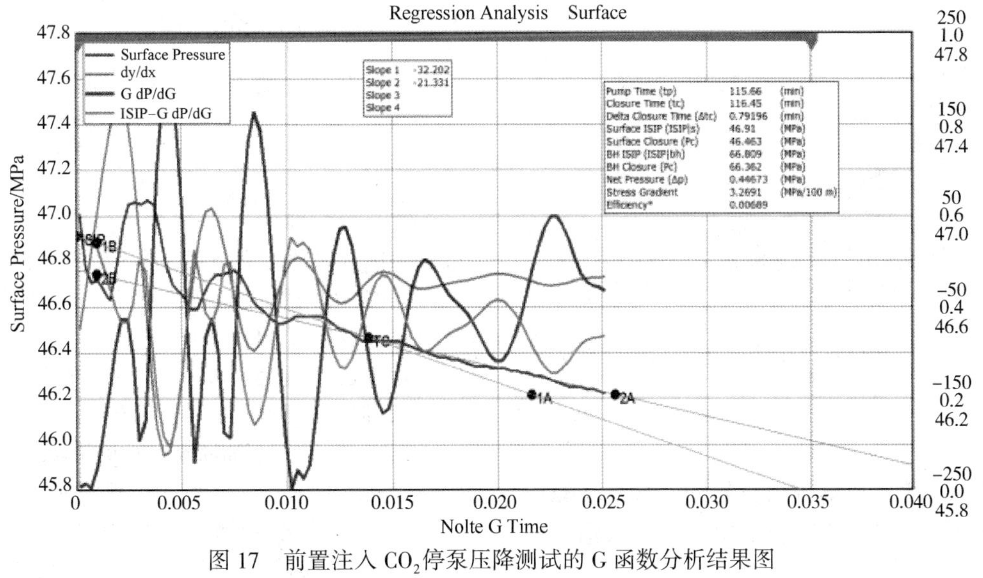

图17　前置注入CO_2停泵压降测试的G函数分析结果图

$$储层增能有效转化率=(p_n-p_0)/(p_w-p_o)\times100\% \quad (1)$$

式中，p_n为压裂后平均储层压力，MPa；p_0为储层原始压力，MPa；p_w为井底流压，MPa。

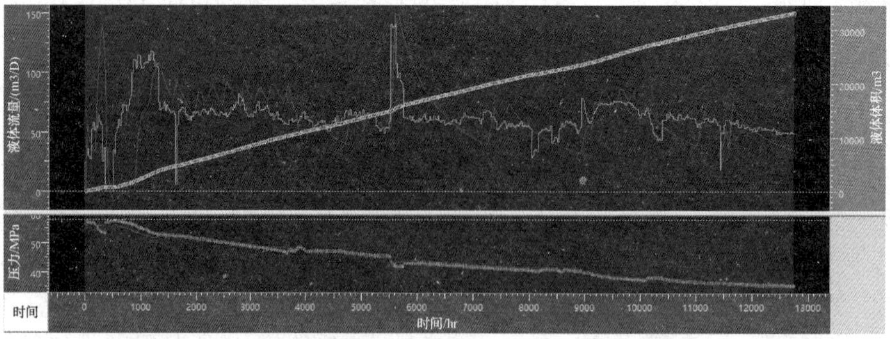

图 18　试验井压后生产数据历史拟合结果图

该井与 2019 年 11 月 22 日开井，在 5mm 油嘴下，峰值日产油量达 119.6t/d，创芦草沟组页岩油水平井峰值产量新高。截至 2021 年 10 月底，已累产油超 2.8×10^4t，平均日产油超 40t/d。单井产量和压力保持程度均优于下甜点平均水平(见图 19、图 20)；对比一年期生产效果，JX_ H 井累计产油较同层邻井平均提升 40%，井口油压递减速率减缓 30%。

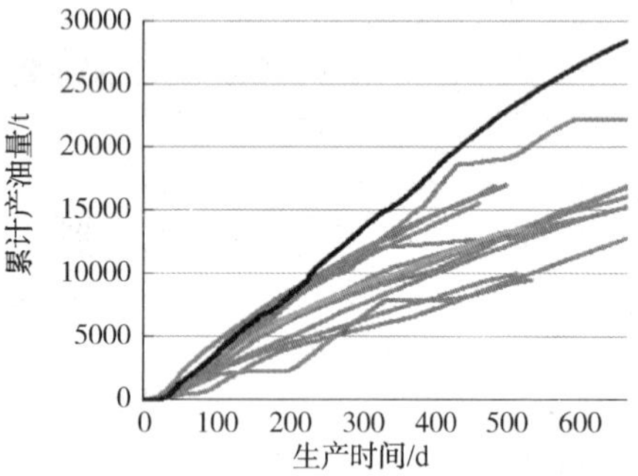

图 19　JX_ H 井(黑色线)与同层邻井累产油对比图

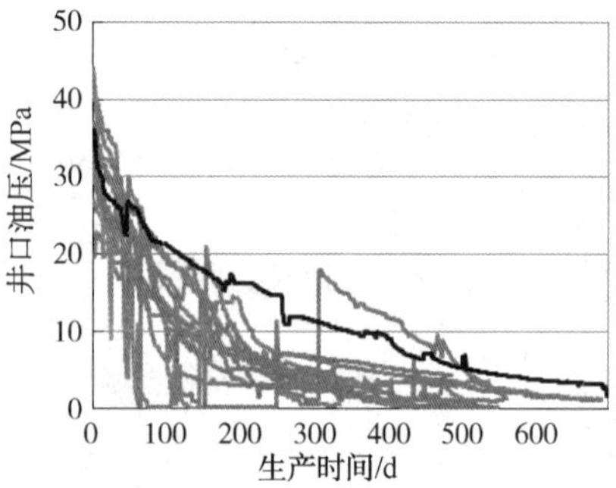

图 20　JX_ H 井(黑色线)与同层邻井井口油压对比图

4　结论

针对吉木萨尔芦草沟组页岩油，开展了系统的 CO_2与原油、岩石和压裂实验，结合数值模拟技术优化了水平井前置 CO_2压裂参数；现场试验证实，工艺提产、稳产效果显著，为芦草沟组页岩油和其它非常规油藏开发提供有利借鉴。主要取得以下认识：

(1) 芦草沟组页岩油为偏重的中质原油，黏度较高、密度大。采用 CO_2可有效降低原油黏度，在地层条件下发生混相，并置换孔隙中原油，提高采出程度。

(2) 在超临界 CO_2压裂的作用下，可刺激层理等弱面开启，提升裂缝复杂程度；CO_2水溶液对芦草沟组页岩油岩石的碳酸盐岩类有明显的溶蚀作用，具有一定提高孔隙度和渗透率的效果。

(3) 在实验结果的基础上，通过数值模拟技术，优化设计芦草沟组页岩油水平井采用“隔段注入+单次注入 100~150t”的前置压裂模式。

(4) 现场实践表明，前置 CO_2压裂可提高近井裂缝复杂程度，且增能效果显著；相较同层邻井，试验井 JX_ H 井一年期压力递减速率减缓 30%、累计产油量提升 40%。

参　考　文　献

[1] 何登发，李德生，童晓光，等．中国沉积盆地油气立体综合勘探论[J]．石油与天然气地质，2021，42(2)：265-284.

[2] 高阳，叶义平，何吉祥，等．准噶尔盆地吉木萨尔凹陷陆相页岩油开发实践[J]．中国石油勘探，2020，25(2)：133-141.

[3] 吴宝成，李建民，邬元月，等．准噶尔盆地吉木萨尔凹陷芦草沟组页岩油上甜点地质工程一体化开发实践[J]．中国石油勘探，2019，24(5)：679-689.

[4] 章敬．非常规油藏地质工程一体化效益开发实践——以准噶尔盆地吉木萨尔凹陷芦草沟组页岩油为例[J]．断块油气田，2021，28(2)：151-155.

[5] 夏赟，张丽萍，褚浩元，等．吉木萨尔页岩油“下甜点”低成本技术[J]．油气藏评价与开发，2021，11(4)：536-541.

[6] 李红南，毛新军，胡广文，等．准噶尔盆地吉木萨尔凹陷芦草沟组致密油储层特征及产能预测研究[J]．石油天然气学报(江汉石油学院学报)，2014，36(10)：40-44.

[7] 霍进，何吉祥，高阳，等．吉木萨尔凹陷芦草沟组页岩油开发难点及对策[J]．新疆石油地质，2019，40(4)：379-388.

[8] 王永辉，卢拥军，李永平，等．非常规储层压裂改造技术进展及应用[J]．石油学报，2012，33(增1)：149-158.

[9] 马铨峥，杨胜来，陈浩，等．致密油储集层 CO_2 吞吐效果及影响因素分析——以新疆吉木萨尔凹陷芦草沟组为例[J]．石油科学通报，2018，3(4)：434-445.

[10] 王香增，孙晓，罗攀，穆景福．非常规油气 CO_2 压裂技术进展及应用实践[J]．岩性油气藏，2019，31(02)：1-7.

[11] 谷丽冰，李治平，候秀林．二氧化碳驱引起储层物性改变的实验室研究[J]．石油天然气学报，2007，29(3)：258-260.

[12] 周琳淞，杜建芬，郭平，等．超临界 CO_2 对疏松砂岩储层物性影响的实验研究[J]．油田化学，2015，32(2)：217-221.

[13] 于志超，杨思玉，刘立，等．饱和 CO_2 地层水驱过程中的水-岩相互作用实验[J]．石油学报，2012，33(06)：1032-1042.

[14] 肖娜，李实，林梅钦．CO_2-水-岩石相互作用对岩石孔渗参数及孔隙结构的影响——以延长油田35-3井储层为例[J]．油田化学，2018(1)：85-90.

[15] 李四海，马新仿，张士诚，等．CO_2-水-岩作用对致密砂岩性质与裂缝扩展的影响[J]．新疆石油地质，2019(3)：312-318.

[16] 许琳，常秋生，杨成克，等．吉木萨尔凹陷二叠系芦草沟组页岩油储层特征及含油性[J]．石油与天然气地质，2019，40(3)：535-549.

[17] 张治恒，田继军，韩长城，等．吉木萨尔凹陷芦草沟组储层特征及主控因素[J]．岩性油气藏，2021，33(2)：116-126.

[18] 彭永灿，李映艳，马辉树，等．吉木萨尔凹陷芦草沟组致密油藏原油性质影响因素[J]．新疆石油地质，2015，36(3)656-659.

[19] 靳军，向宝力，杨召，等．实验分析技术在吉木萨尔凹陷致密储层研究中的应用[J]．岩性油气藏，2015，27(3)：18-25.

[20] 李二庭，向宝力，刘向军，等．准噶尔盆地吉木萨尔凹陷芦草沟组页岩油偏稠成因分析[J]．天然气地球科学，2020，31(2)：250-257.

[21] 覃建华，高儇博，彭寿昌，等．准噶尔盆地吉木萨尔凹陷页岩油地球化学特征及油—源对比[J]．东北石油大学学报，2021，45(1)：1-10.

石化烟气脱硝催化剂开发与应用

王学海 王宽岭

(中国石油化工股份有限公司大连石油化工研究院)

摘 要 石化行业 NO_x 排放具有种类多，差异大，组成复杂，与生产装置结合紧密等特点。大连石油化工研究院针对石化行业催化裂化、动力锅炉、乙烯裂解炉、烷基化废酸再生装置和工艺加热炉等不通过类型烟气特点，开发了 FN-2、FN-2G、FN-3Y、FN-3W 等系列脱硝催化剂并工业应用，出口 NO_x 浓度可控制在 $10mg/m^3$ 以下，为我国石化行业 NO_x 减排提供了有力的技术支撑。

关键词 石化；烟气；SCR；脱硝；催化剂

1 概述

NO_x 是大气主要污染物，它导致酸雨和光化学烟雾，是形成雾霾的主要物质，对环境和人体健康危害极大。石化行业烟气主要来自催化裂化、动力锅炉、乙烯裂解炉和工艺加热炉等，烟气排放标准主要按照《火电厂大气污染物排放标准》(GB 13223—2011)、《石油炼制工业污染物排放标准》(GB 31570—2015)、《石油化学工业污染物排放标准》(GB 31571—2015)等执行。近年来，随着国家对大气环境治理力度的加大，部分处于环境敏感区的石化企业执行燃煤电厂超低排放要求(NO_x 小于 $50mg/m^3$)，一些地方标准甚至要求小于 $30mg/m^3$。

固定源 NO_x 的控制可通过改进燃烧方式和烟气脱硝两种类型的技术。改进燃烧方式包括LNB(低 NO_x 燃烧器)、OFA(燃尽风技术)和再燃技术，但这些方法的 NO_x 去除率都不高，一般在20%~60%。烟气脱硝包括SNCR(选择性非催化还原)和 NH_3-SCR(NH_3选择性催化还原)，SNCR 的去除率也不高，不超过50%。NH_3-SCR具有效率高、选择性好等优点，成为石化行业治理催化裂化、动力锅炉、乙烯裂解炉、烷基化废酸再生装置、工艺加热炉等烟气中 NO_x 的主流技术。

NH_3-SCR 技术的核心是高活性、高选择性和稳定性的脱硝催化剂。商业催化剂主要有三种类型：蜂窝、板式和波纹板式。板式催化剂为非均质催化剂，以金属板为基材，涂覆 TiO_2、V_2O_5和 WO_3等活性物质，其表面被粉尘等磨蚀后，不能维持原有的催化活性。波纹板式催化剂也是非均质催化剂，加工工艺是先制作玻璃纤维加固的 TiO_2基板，再浸渍上 V_2O_5和 WO_3等活性物质，其表面被粉尘等磨蚀后，也不能维持原有的催化活性。蜂窝式催化剂为均质催化剂，催化剂本体都具有活性，因此表面磨损后，仍然能维持原有的活性。板式和波纹板式催化剂不能再生，蜂窝式催化剂可以再生。目前，世界上超过70%的脱硝装置采用的是蜂窝式催化剂，其具有耐腐蚀性强、活性高、可靠性好和回收利用率高等优点。

国外掌握 NH_3-SCR 催化剂制备技术的公司有日本的日立、日立造船、日挥、住友化学，美国的 Conmetech、欧洲托普索、阿基隆、巴斯夫等大公司。国内的烟气脱硝治理技术起步较晚，大唐集团有限公司、国电集团有限公司、国家电力投资集团有限公司、东方电气集团有限公司等引进国外脱硝催化剂技术建成脱硝催化剂生产线，但脱硝催化剂仅适用于燃煤电厂烟气脱硝。

针对石化行业不同 NO_x 排放源烟气的特点，大连石油化工研究院在国内率先开展了催化裂化烟气、乙烯裂解炉烟气和烷基化废酸再生烟气等不同类型烟气脱硝催化剂的研发并首次工业应用。

2 脱硝催化剂开发与应用

V_2O_5是脱硝催化剂的主要活性组分，它具有活性高和选择性好的优点。但 V_2O_5对 SO_2转化为 SO_3的氧化反应也具有催化活性。在脱硝反应过程中，SO_2/SO_3转化率是需要严格控制的，通常控制在1%以内。因为生成的SO_3与逃逸的NH_3、烟气中的水蒸气等反应生成硫酸铵盐，硫酸铵盐在催化剂表面及SCR反应器下游设备和管道上沉积，可引起堵塞、腐蚀和压降上升等问题。锐钛矿型TiO_2是脱硝催化剂的载体，具有以下优点：V_2O_5在TiO_2表面有很好的分散度；TiO_2表面生成的硫酸盐的稳定性要比其他载体(如Al_2O_3、SiO_2、ZrO_2等)差。

针对催化裂化、锅炉、乙烯裂解炉、烷基化废酸再生烟气、加热炉等烟气中SO_2、粉尘、H_2O等组成差异，我们在V_2O_5/TiO_2基础上，通过助剂添加、载体复合等手段，开发出FN系列脱硝催化剂，解决了不同烟气脱硝过程中的难题。

2.1 催化裂化烟气脱硝催化剂

催化裂化(FCC)装置是炼油过程中重要的二次加工装置，其再生烟气主要含有NO_x、SO_2和粉尘等大气污染物，是炼油企业重大的污染物排放源。设计FCC烟气脱硝催化剂需考虑以下因素：(1)FCC烟气余热锅炉间歇吹灰，吹灰时粉尘浓度很高；(2)FCC可能发生“跑剂”现象，跑剂时有大量催化剂粉尘通过催化剂床层；(3)我国FCCU都有烟机能量回收系统，烟气排放压力很小，要求催化剂床层压降低；(4)FCC检修周期一般为4年，要求催化剂具有良好的稳定性。针对上述特点，我们开发了适用于催化裂化烟气脱硝的FN-2型催化剂，填补了国内空白。

国内首套催化裂化烟气脱硝装置于2012年11月初建成投产，SCR反应器设计反应温度为300~420℃，在运转初期，尽管反应温度低于设计温度，只有275~285℃，但脱硝催化剂仍表现出较高活性。表1为标定数据，可以看出出口烟气NO_x浓度低于50mg/m^3，逃逸氨<1ppm，脱硝指标达到设计要求。

表1　标定期间脱硝单元主要操作参数

参数名称	单位	第一天	第二天	第三天	平均
入口烟气流量	Nm^3/h	183832	183332	187173	184779
入口烟气NO_x含量	mg/m^3	159.60	155.57	174.79	163.32
入口烟气SO_2含量	mg/m^3	968.96	920.40	960.79	950.05
入口烟气温度	℃	289.30	287.35	287.55	288.07
入口烟气压力	kPa	8.63	8.47	8.82	8.64
出口烟气温度	℃	278.53	277.01	277.45	277.66
出口烟气压力	kPa	7.18	7.05	7.32	7.18
出口烟气NO_x含量	mg/m^3	30	28	44	34
逃逸氨浓度	ppm(V)	<1	<1	<1	<1

2.2 锅炉烟气脱硝催化剂

石化企业动力锅炉一般为燃煤锅炉，承担着为企业生产装置提供水、电、汽等动力能源任务，其烟气具有烟气量大、粉尘浓度高、含As等催化剂毒性物质等特点。由于煤质不同，煤燃锅炉烟气中粉尘浓度和催化剂毒物含量(As、Ca等)差别很大，需根据粉尘浓度的高低来选择合适的催化剂孔径，粉尘越高，所需孔径越大；为提高催化剂抗As性能，添加了WO_3、MoO_3等助剂。针对上述特点，开发了FN-2G脱硝催化剂(见图1)。

FN-2G脱硝催化剂于2013年10月在某燃煤锅炉烟气脱硝装置上首次工业应用，2013年12月5日00：00~2013年12月11日23：00完成168h考核。试验负荷为85%~100%锅炉工况下进行，烟气量约为25×10^{4}Nm^3/h。每隔1h取样一次。出口NO_x9.2~78.4mg/m^3，平均21.4mg/m^3，SCR脱硝率平均95.9%。

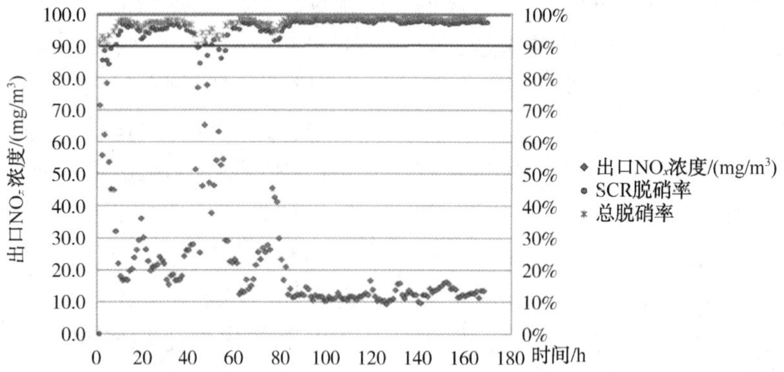

图 1　FN-2G 脱硝催化剂 168h 考核数据

2.3　乙烯裂解炉烟气脱硝催化剂

乙烯裂解炉是乙烯生产装置的核心设备，主要作用是把天然气、炼厂气、原油及石脑油等各类原材料加工成裂解气，并提供给其它乙烯装置，最终加工成乙烯、丙烯及各种副产品。乙烯裂解炉烟气不含 SO_2、粉尘含量低、氧含量低、水含量高。另外，脱硝催化剂一般装在炉内，空间狭小，要求单位体积催化剂活性高。烟气中不含 SO_2为脱硝活性组分的优化调整提供了可能；粉尘含量低，可以通过制成高孔数提高单位体积活性；氧含量低，可针对性的添加具有良好吸附活化氧的助剂。针对上述特点，开发了 FN-3Y 脱硝催化剂，填补了国内空白。

国内首套乙烯裂解炉烟气脱硝装置 2017 年 4 月建成投用。脱硝装置在 2017 年 12 月 21 日、2018 年 1 月 4 日、2018 年 3 月 30 日完成 3 次标定。表 2 为标定数据。前两次标定出口 NO_x 分别为 37.1mg/m^{3}和 40mg/m^3，第三次标定出口 NO_x 可控制在 10mg/m^{3}以下，此时脱硝去除率达 93%以上。3 次标定期间，逃逸氨均未检出。

表 2　乙烯裂解炉烟气脱硝装置标定数据

参数	单位	第一组	第二组	第三组
时间		2017 年 12 月 21 日	2018 年 1 月 4 日	2018 年 3 月 30 日
入口烟气流量	Nm^3/h	126171~157713		
入口烟气温度	℃	371.3	370.9	350.6
入口氧含量	%	2.28	1.99	1.99
入口 NO_x 含量	mg/m^3	125.1	114.3	118.4
出口 NO_x 含量	mg/m^3	37.1	40.0	8.2
逃逸氨	mg/m^3	未检出	未检出	未检出

2.4　烷基化废酸再生烟气脱硝催化剂

烷基化汽油具有高辛烷值、低硫含量、无烯烃芳烃、出油率高、经济效益好等特点，因此，我国越来越多的企业建设烷基化装置。但烷基化废酸处理过程产生的烟气难以处理，我国早期引进的烷基化工艺均配套了国外的 SCR 脱硝催化剂。与催化裂化烟气及燃煤锅炉烟气相比，烷基化废酸再生烟气条件更苛刻，烟气温度高(400~600℃)、SO_2浓度高(>10000mg/m^3)；另外，烷基化废酸再生主装置设计的检修周期为 4 年，这就要求配套的尾气治理装置要稳定运行 4 年，催化剂的寿命要保证 4 年。我们针对上述烟气特点，通过特殊耐高温助剂添加，开发了 FN-3W 脱硝催化剂，填补了国内空白。

2019 年 12 月，国内首套具有自主知识产权的烷基化废酸再生烟气脱硝装置建成投用。表 3 为标定数据，可以看出排放尾气中 NO_x 浓度低于 30mg/m^3，平均转化率接近 95%。

表 3　烷基化废酸再生烟气脱硝装置标定数据

序号	取样点	NO_x 含量/(mg/m^3)			转化率	备注
1	入口	168.1	123.3	142.1	按均值计算，转化率为 94.9%	设计转化率≥85%
2	排放尾气	24.9	1.5	7.2		

2.5　加热炉烟气脱硝催化剂

石化企业有数量众多的工艺加热炉，主要是燃油或燃气锅炉，与生产装置结合紧密，其排放的烟气多具有低温(一般小于 300℃)、SO_2 和粉尘含量低等特点。针对上述特点，开发了 FDN-2 低温脱硝催化剂。

FDN-2 脱硝催化剂在某加热炉进行了 1000h 的工业侧线试验，结果见图 2。烟气流量 50～55m^3/h，进口烟气 NO_x 浓度 70～80mg/m^3，反应温度 160～170℃，床层空速 3000～3500 h^{-1}，取得结果为出口烟气平均 NO_x 出口浓度 20mg/m^3，NO_x 浓度平均去除率 70%，逃逸氨未检出。目前，加热炉烟气脱硝工业化装置正在建设中，已完成催化剂生产，预计 2020 年底完成催化剂装填和开车。

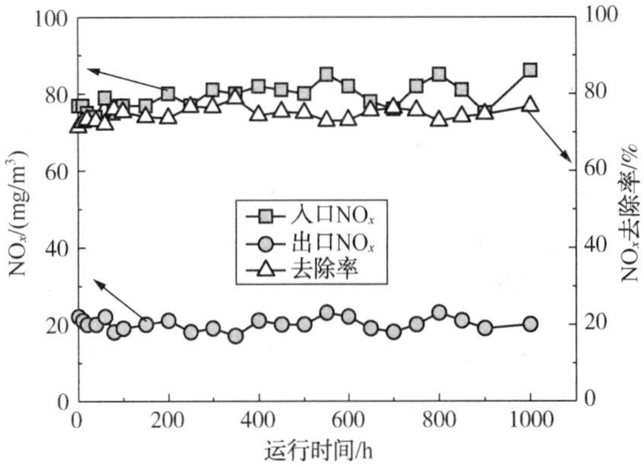

图 2　工业侧线连续试验烟气脱硝效率变化曲线

3　结论

针对石化行业催化裂化、动力锅炉、乙烯裂解炉和工艺加热炉等不同类型烟气特点，我们开发了 FN-2、FN-2G、FN-3Y、FN-3W 等系列脱硝催化剂并工业应用，出口 NO_x 浓度可控制在 10mg/m^3 以下，为石化行业 NO_x 减排提供了有力的技术支撑。

炼化企业航煤产品碳足迹研究

卜　磊

（中国石化燕山石化公司）

摘　要　本文对某炼化企业航煤产品按照全生命周期评价方法进行碳足迹研究，分析航煤产品的全生命周期温室气体排放，识别碳排放较高的生产环节，并通过相应措施进行改进和完善，实现航煤生产环节温室气体减排，指导企业优化低碳产品生产策略，实施“绿色低碳”战略。

关键词　全生命周期；碳足迹；绿色；低碳

1　研究背景和意义

全球气候变暖已经引起世界各国和公众的普遍关注，应用碳足迹的方法研究企业、机构和个人行为对环境造成的影响越来越为人们所重视，而对具体某一产品的温室效应对于环境影响的评价一般采用产品碳足迹的核算方法。从国际发布标准的理念来看，产品碳足迹评价主要是指在人类生产和消费活动中所排放的与气候变化相关的温室气体总量；相对于其他碳排放研究，碳足迹是从全生命周期的角度出发，分析产品或活动的生命周期内直接和间接温室气体排放。

对从事过程工业的企业而言，开展产品碳足迹评价是企业掌握所生产产品对环境所产生影响的重要手段，由此可以采取可行的措施减少供应链中的温室气体排放。同时，碳足迹标识也是引导消费者实施绿色消费行为的有效手段，通过碳足迹评价建立减排理念，可以引领消费者了解产品生产的环境影响，进而引导消费决策。产品碳足迹评价的作用可归纳为以下几个方面：

（1）发掘企业节能减排的潜力：评价产品碳足迹可以披露企业产品的全生命周期温室气体排放，有助于企业识别碳排放较高的生产环节，并通过相应措施进行改进和完善，实现温室气体减排；

（2）碳足迹评价数据可以用于企业环境保护报告、可持续发展报告和社会责任报告之中，向公众或其他第三方公布产品的碳足迹信息，披露企业应对气候变化所做出的努力，提升企业形象和声誉；

（3）提供产品更新决策依据，引领低碳经济发展：企业可以根据产品碳足迹评价制定相应的产品替代战略，优先选择环境影响小的产品路线，减小人类活动对环境造成的影响，同时由于碳足迹的评价方法是基于产品全生命周期的环境影响评价方法，可以真正反映消费活动对人类环境引起的影响；

（4）引导绿色消费：消费者通过产品碳足迹标识可以轻易获取产品碳排放信息，成为企业差异化产品策略的重要内容，企业通过实施“绿色低碳”战略，开发低碳化产品，成为产品“差异化”发展重要内容。

2　研究方法

以吨航煤产品为评价对象，按照全生命周期评价方法，研究某炼化企业 2019 年 1～6 月航煤产品碳足迹。该企业原油加工能超过 1000×10^4t/a，每年可向社会提供汽油、柴油、煤油、润滑油等石油化工产品，产品畅销全国各地。汽油全部实现了高标无铅化，汽油、柴油质量达到了欧洲Ⅳ号质量标准。银催化剂产品在美国和欧盟等国家和地区获得了专利，其性能居世界领先水平。乙烯生产能力 80×10^4t/a，主要产品中，合成树脂、合成橡胶、苯酚丙酮，是国内最大的生产商之一。

2.1　总流程

该企业航煤产品主要由炼油厂生产，按照全生命周期评价方法，对企业边界内的航煤产品进行碳足迹研究，需要对产品生产阶段所涉及的装置进行碳足迹核算。

炼油厂航煤生产总流程图如图 1 所示，航煤产品出自航煤加氢装置、Ⅰ加氢裂化装置、Ⅱ加氢裂化装置。航煤加氢装置原料来自Ⅱ蒸馏常减压，Ⅳ蒸馏常减压装置；Ⅰ加氢裂化装置原料来自Ⅱ蒸馏常减压装置；Ⅱ加氢裂化装置原料来自Ⅳ蒸馏常减压装置，延迟焦化装置，Ⅲ催化裂化装置。

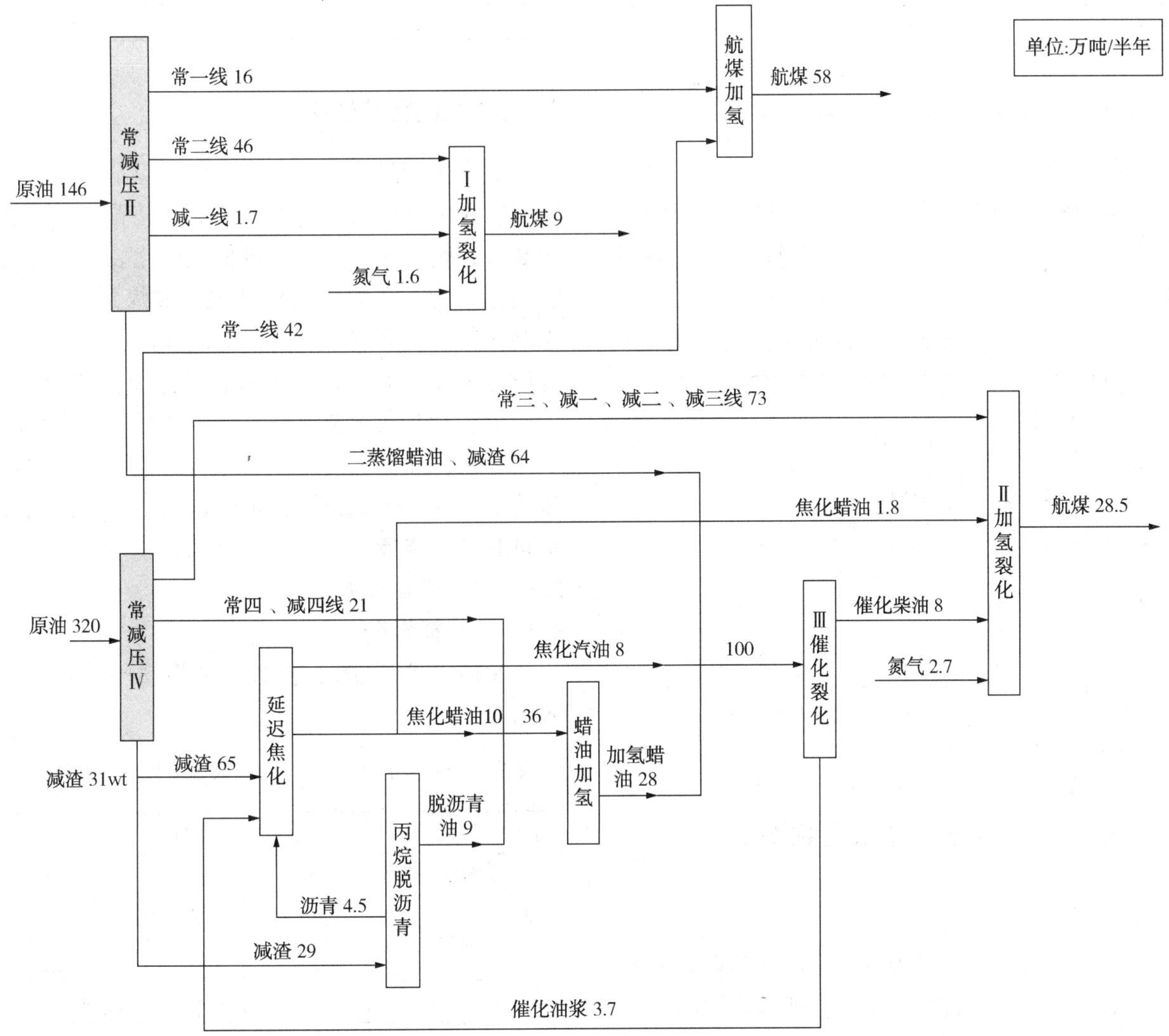

图 1　航煤生产总流程图

2.2　评价方法

航煤产品碳足迹是生产单位重量产品过程中产生的二氧化碳排放量，产品生产过程二氧化碳排放量包括原料带入排放，辅助材料带入排放，能源消耗排放以及工艺排放，即：产品排放量=原料带入排放+辅助材料生产排放+能源消耗排放+工艺排放(副反应，副产物)。

原料带入排放是指原料获取阶段产生的二氧化碳，辅助材料带入排放指产品生产过程中所用到的辅助材料生产阶段产生的二氧化碳，能源消耗排放是指产品生产过程中所涉及装置能耗工质消耗产生的二氧化碳，工艺排放是指产品生产过程工艺副产的二氧化碳。

2.3　排放因子

在计算上述各排放量时，需使用各种原料、辅助材料、耗能工质的排放因子，由于辅材材料使用量较少，排放因子数据无法获取，仅考虑辅助材料氢气的排放因子，其他辅助材料排放因子忽略不计，以下对各种耗能工质的 CO_2 排放系数按照相关标准予以确定。

2.3.1　燃料类

燃料排放因子来自 2019 年《炼油厂碳排放源盘查项目及核算结果月报》中的各种燃料 CO_2 排放因子，如表 1 所示。

表 1　燃料排放因子

序号	燃料类型	排放因子/($kgCO_2/t$)
1	渣油/燃料油	3236.56
2	天然气/干气/制苯尾气	2649.48
3	液化石油气	3166.29

2.3.2　蒸汽、电

蒸汽排放因子：采用能量折算值、标准烟煤热值与标准烟煤原始排放因子计算，如表 2 所示。

表 2　不同蒸汽排放系数

序号	蒸汽等级	能量折算值/MJ	排放因子/($kgCO_2$/t 蒸汽)
1	3.5MPa 蒸汽	3684	262.64
2	1.0MPa 蒸汽	3182	226.82
3	0.35MPa 蒸汽	2763	196.98
4	高压蒸汽	3852	273.91

注：折标油系数引用《石油化工设计能耗计算标准》GB/T 50441—2007。烟煤排放因子按照《炼油厂碳排放源盘查项目及核算结果月报》计算，以下计算过程相同，不再赘述。

电力排放因子：采用电网数据 0.84kg/kW·h。

2.3.3　水

水的排放因子：采用水的折标煤系数、标准煤热值与烟煤原始排放因子计算如表 3 所示。

表 3　水的排放系数

序号	水工质	折标系数/(kgce/t)	排放系数/($kgCO_2/t$)
1	新鲜水	0.2143	0.45
2	除盐水	3.2857	6.86
3	循环水	0.1429	0.30
4	除氧水	9.20	27.46
5	凝结水	3.65	10.89

2.3.4　氮气、净化压缩空气

氮气和净化压缩空气排放因子采用对应气体的折标煤系数、标准煤热值与烟煤原始排放因子计算如表 4 所示。

表 4　各种气体的排放系数

序号	气体工质	折标系数/($kgce/Nm^3$)	排放系数/($kgCO_2/Nm^3$)
1	净化空气	0.054	0.11
2	非净化空气	0.040	0.08
3	氮气	0.214	0.45

3　航煤生产过程碳足迹

航煤生产过程涉及的工艺装置包括Ⅱ常减压装置、Ⅳ常减压装置、丙烷脱沥青装置、延迟焦化装置、蜡油加氢装置、Ⅲ催化裂化装置、Ⅰ加氢裂化装置、Ⅱ加氢裂化装置、航煤加氢装置、Ⅰ制氢装置、Ⅱ制氢装置，对航煤产品进行碳足迹研究需要对上述各装置碳排放进行逐一分析。下面重点对Ⅱ加氢裂化装置航煤产品进行碳足迹举例分析，Ⅱ加氢裂化装置原料来自Ⅳ蒸馏常减压装置，延迟焦化装置，Ⅲ催化裂化装置，氢气来自Ⅱ制氢装置。

3.1　Ⅳ常减压装置

3.1.1　物料平衡

2019 年Ⅳ常减压蒸馏装置物料平衡如表 5 所示。

表 5　2019 年 1~6 月Ⅳ常减压蒸馏装置物料平衡表

序号	进料	加工量/t	出料	产量/t
1	新原油罐区	3206160	初顶	377489
2	二蒸馏装置	28808	常顶	152113
3			液态烃	7704
4			常一线	419937
5			常二线	391885
6			常三线	297295
7			常四线	58439
8			减顶油	4486
9			减一线	32789
10			减二线	220734
11			减三线	253762
12			减四线	154065
13			渣油	814123
14			气体	11752
15			重蜡油	41772
16	合计	3234968	合计	3238345

注：表中进料加工量数据来源于炼油厂生产统计，出料产量数据来源于统调中心，两者略有差异，在研究误差范围内，对计算结果无影响，以下情况相同，不再赘述。

3.1.2 排放清单

3.1.2.1 原材料排放

对于基于 B2B 的碳足迹核算评价方法，常减压装置原材料带入 CO_2 排放应为 0。其中来自二蒸馏装置初顶的原料为 28808t，由于其只进入轻烃回收单元，未经过常减压炉等排放源，故不计入本次碳足迹核算。

3.1.2.2 能源消耗排放

Ⅳ常减压蒸馏装置排放主要包括常压炉燃烧排放、减压炉燃烧排放和消耗蒸汽、电等产生的能源间接排放，具体数值如表 6 所示。

表 6 Ⅳ常减压蒸馏装置能源消耗产生 CO_2 排放量表

序号	能耗工质	CO_2 排放因子/（$kgCO_2$/t）	消耗量	碳排放量/（$kgCO_2$）	占比/%
1	新鲜水/t	0.45	60	26.86	0.00003%
2	循环水/t	0.30	7785970	2323738.32	2.54%
3	除氧水/t	27.46	0	0.00	0.00%
4	除盐水/t	6.86	40980	281122.80	0.31%
5	电/kW·h	0.84	24033600	20188224.00	22.06%
6	3.5MPa 蒸汽/t	262.64	0	0	0.00%
7	1.0MPa 蒸汽/t	226.82	46181	10474936.98	11.44%
8	0.35MPa 蒸汽/t	196.98	0	0	0.00%
9	燃料干气/t	2649.48	5882	15584269.59	17.03%
10	脱乙烯干气/t	2649.48	16107	42675251.67	46.63%
11	催化烧焦/t	3305.87	0	0	0.00%
12	合计			91527570.22	100.00%

3.1.2.3 Ⅳ常减压蒸馏装置排放汇总

由以上过程可汇总得到Ⅳ常减压装置的 CO_2 排放量，合计排放量为 91527570.22$kgCO_2$。

3.1.3 排放分配

Ⅳ常减压蒸馏装置的碳排放分配可按全装置质量分配法，即：

$$91527570.22kgCO_2 \div 3234968t = 28.26kgCO_2/t$$

3.2 延迟焦化装置

3.2.1 物料平衡

2019 年 1~6 月延迟焦化装置物料平衡如表 7 所示。

表 7 2019 年 1~6 月延迟焦化装置物料平衡表

序号	进料	加工量/t	出料	产量/t
1	四蒸馏减压渣油	600409	气体	43337
2	焦化原料渣油-重油罐区	54621	液态烃	29929
3	焦化原料渣油-丙烷沥青	44849	汽油	137883
4	三催化油浆	36640	柴油	140733
5	液态烃-四蒸馏装置	7704	焦碳	239200.56
6	重石脑油-高压加氢装置	8131	蜡油	180472
7	干气-四蒸馏装置	11752		
8	合计	764106	合计	771554.56

3.2.2　排放清单

3.2.2.1　原材料排放

延迟焦化装置的原料主要来自四蒸馏装置和丙烷脱沥青装置，其中重石脑油和干气主要进入吸收稳定系统，不直接参与反应过程，不计入该装置原料碳排放；由四蒸馏和丙烷脱沥青装置碳足迹计算结果可知，延迟焦化装置原材料带入 CO_2 排放量为：

$$(600409t + 54621t + 7704t) \times 28.26kgCO_2/t + 36640t \times 273.19kgCO_2/t + 44849t \times 102.78kgCO_2/t = 33233527.80kgCO_2$$

3.2.2.2　能源排放

根据延迟焦化装置能源消耗数据计算 CO_2 排放量为 46312550.24kg。

3.2.2.3　延迟焦化装置排放汇总

由以上过程可汇总得到延迟焦化装置的 CO_2 排放量，如表 8 所示。

表 8　2019 年 1~6 月延迟焦化装置排放量汇总

序号	排放类型	碳排放量/($kgCO_2$)	占比/%
1	原料带入排放	33233527.80	41.78
2	能耗排放	46312550.24	58.22
3	合计排放量	79546078.04	100.00

3.2.3　排放分配

延迟焦化装置产品碳足迹排放包括原材料带入排放和能源消耗排放，即

$$(33233527.80kgCO_2 + 46312550.24kgCO_2) \div 771554.56t = 103.10kgCO_2/t$$

3.3　Ⅲ催化裂化装置

3.3.1　物料平衡

2019 年 1~6 月Ⅲ催化裂化装置物料平衡如表 9 所示。

表 9　2019 年 1~6 月Ⅲ催化裂化装置物料平衡表

序号	进料	加工量/t	出料	产量/t
1	二蒸馏常压渣油	418696	气体	53769
2	三催化罐区催化原料	222513	液态烃	196044
3	中压加氢装置	49277	汽油	546630
4	蜡油加氢处理装置	287578	柴油	175385
5	中压加氢装置航煤组分	1534	油浆	62980
6	汽柴油加氢装置轻石脑油	62262	烧焦	104461
7	焦化汽油	81357	气体	53769
8	进料合计	1123217	出料合计	1139269

3.3.2　排放清单

3.3.2.1　原材料排放

Ⅲ催化裂化的原料排放包括二蒸馏常压渣油、蜡油加氢装置的加氢蜡油、焦化汽油等带入的排放，来自汽柴油加氢装置的轻石脑油进入吸收稳定系统，故不计入本次碳足迹核算原材料带入排放，Ⅲ催化裂化原料带入排放如表 10 所示。

表 10　Ⅲ催化裂化装置原材料带入排放汇总

序号	原料来源	投入量/t	原料排放量/($kgCO_2$)
1	二蒸馏常压渣油	418696	7794685.85
2	三催化罐区催化原料	222513	6289037.84
3	中压加氢装置	49277	11132817.90
4	蜡油加氢处理装置	287578	27625124.14
5	中压加氢装置航煤组分	1534	346566.20
6	汽柴油加氢装置轻石脑油	62262	0
7	焦化汽油	81357	8387780.47
8	合计	1123217	61576012.40

3.3.2.2　能源消耗排放

根据Ⅲ催化裂化装置能源消耗数据计算 CO_2 排放量为 249664232.04kg。

3.3.2.3　Ⅲ催化裂化排放汇总

由以上过程可汇总得到Ⅲ催化裂化过程的 CO_2 排放量，如表 11 所示。

表 11　Ⅲ催化裂化生产过程排放量汇总

序号	排放类型	排放量/($kgCO_2$)	占比/%
1	原料带入排放	61576012.40	19.78
2	能耗排放	249664232.04	80.22
3	合计排放量	311240244.44	100.00

3.3.3　排放分配

Ⅲ催化裂化装置的产品碳足迹排放量

=(原料带入排放+能耗排放)/产品产量

=(61576012.40 + 249664232.04)$kgCO_2$ ÷ 1123217t

=273.19$kgCO_2$/t

3.4 Ⅱ制氢装置

3.4.1 物料平衡

2019年1~6月2#制氢装置物料平衡如表12所示。

表12 2019年1~6月2#制氢装置物料平衡表

序号	进料	加工量/t	出料	产量/t
1	干气B-饱和气体回收装置	2611	氢气	16993
2	华北天然气-储运分输站	42869	尾气	44467
3	低分气-高压加氢装置	7866		
4	低分气-蜡油加氢处理装置	5030		
5	低分气-汽柴油加氢装置	2172		
6	氢气B-膜分离制氢装置	912		
7	合计	61460	合计	61460

3.4.2 排放清单

3.4.2.1 原材料排放

2#制氢装置的原料包括外购天然气、低分气。本次研究只计入高压加氢装置和蜡油加氢装置所产生低分气。所以，制氢装置原材料带入CO_2排放量：2308965.73$kgCO_2$。

3.4.2.2 能源排放

根据2#制氢装置能源消耗情况计算CO_2排放量为5015516.60kg。

3.4.2.3 工艺排放

1#制氢装置工艺排放可由《2019年1~6月炼油碳排放月报》得到，制氢装置工艺排放为：57228058.39$kgCO_2$。

3.4.2.4 制氢装置排放汇总

由以上过程可汇总得到制氢装置的CO_2排放量，如表13所示。

表13 2019年1~6月1#制氢装置排放量汇总

序号	排放类型	碳排放量/($kgCO_2$)	占比/%
1	原料带入排放	2308965.73	3.58
2	能耗排放	5015516.60	88.65
3	工艺排放	57228058.39	7.77
4	合计排放量	64495972.97	100.00

3.4.3 排放分配

制氢装置产品碳足迹排放包括原材料带入排放，能耗排放和工艺排放，即：

(2308965.73$kgCO_2$ + 5015516.60$kgCO_2$ + 57228058.39$kgCO_2$) ÷ 16993tH_2 = 3798.77$kgCO_2/tH_2$

3.5 Ⅱ加氢裂化装置

3.5.1 物料平衡

2019年1~6月Ⅱ加氢裂化装置物料平衡如表14所示。

表14 2019年1~6月Ⅱ加氢裂化装置物料平衡表

序号	进料	加工量/t	出料	产量/t
1	四蒸馏常三线油	269889	液化气	18890
2	四蒸馏减顶油	4083	气体	12010
3	四蒸馏减一线油	11194	轻石脑油	32895
4	四蒸馏减二线油	200225	重石脑油	133689
5	四蒸馏减三线油	231168	煤油	284942.6
6	加氢裂化罐区	11547	柴油	134834
7	焦化蜡油	18215	尾油	214788
8	催化柴油	78924	污油	1350
9	氢气管网	26764	损失	712.4
10			填允料	0
11			含硫水	17909
12	合计	852009	合计	852020

3.5.2 排放清单

3.5.2.1 原材料排放

Ⅱ加氢裂化装置的原料包括四蒸馏装置各馏分油、焦化蜡油、催化柴油及氢气。所以Ⅱ加氢裂化装置原料带入排放：147886651.9$kgCO_2$。

3.5.2.2 能源排放

根据2019年1~6月Ⅱ加氢裂化装置能源消耗数据计算CO_2排放为49926752.78kg。

3.5.2.3 装置排放汇总

由以上过程可汇总得到Ⅱ加氢裂化装置的

CO_2排放量，如表 15 所示。

表 15　2019 年 1～6 月Ⅱ加氢裂化装置排放量汇总

序号	排放类型	碳排放量/($kgCO_2$)	占比/%
1	原料带入排放	147886651.9	74.76
2	能耗排放	49926752.78	25.24
3	合计排放量	197813404.7	100.00

3.5.3　排放分配

Ⅱ加氢裂化装置产品碳足迹排放包括原料带入排放和能源消耗排放带入排放，即：

$(147886651.89kgCO_2 + 49926752.78kgCO_2) \div 852020t$

$= 196951249.30kgCO_2 \div 852020t = 232.17kgCO_2/t$

3.6　生命周期——产品生产阶段碳足迹排放汇总

按照以上方法可以计算出航煤加氢装置和Ⅰ加氢裂化装置产品碳足迹分别为 40.03$kgCO_2/t$ 和 225.92$kgCO_2/t$，如表 16 所示。

表 16　航煤生产过程碳足迹排放汇总

序号	产品来源	产量/t	产品碳足迹/($kgCO_2/t$)
1	航煤加氢	579382	40.03
2	Ⅰ加氢裂化	91397	225.92
3	Ⅱ加氢裂化	284942.6	232.17

航煤生产阶段的碳足迹排放量为 115.09kg CO_2/t。

4　结论

将航煤生产过程各装置碳足迹计算结果(包括原材料碳足迹和能耗碳足迹)汇总如图 2 所示。

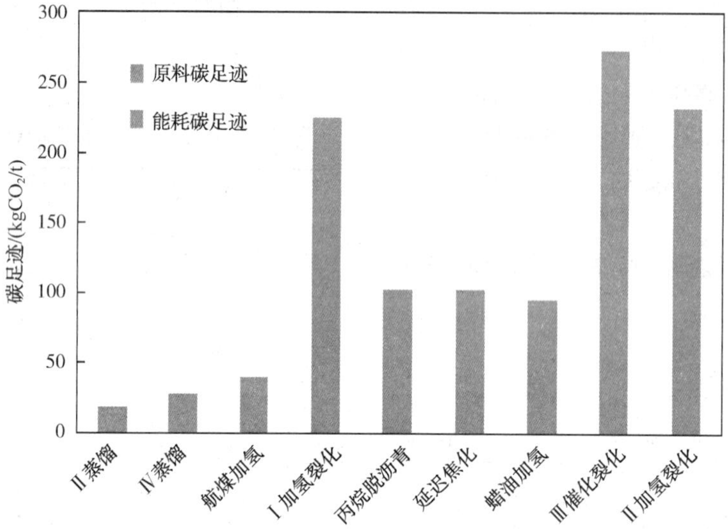

图 2　航煤生产阶段各装置碳足迹

由图 2 可知，Ⅲ催化裂化装置碳足迹最大，该装置的能耗带入排放占整个装置排放的 80%，(能耗排放是 249664232$kgCO_2$，装置排放总计是 311240244$kgCO_2$，设计能耗 56.78kgEO/t)，因此Ⅲ催化裂化装置碳足迹当中能耗带入的 CO_2 排放量较大；同时Ⅲ催化裂化处于航煤生产流程后端，从常减压装置、延迟焦化，蜡油加氢等装置能耗带入的 CO_2 排放均已计入产品当中，这些产品均作为原料进入Ⅲ催化裂化装置。同时，Ⅲ催化裂化装置的能耗排放也是最大，随着Ⅲ催化裂化装置能耗排放降低，航煤产品碳足迹会减小。加强烟气轮机运行管理、提高烟机运行与装置运行同步率，合理回收装置余热、减少能量排弃，优化装置进料性质、降低装置生焦率等措施可以有效降低催化装置能耗，减少航煤产品生产过程中碳排放量。

顺丁橡胶节能降耗技术应用与工艺改进

王冠南　茹　瑞　刘　文　罗　军　周春兰

（中国石化燕山石化合成橡胶厂）

摘　要　本文分析了顺丁橡胶凝聚过程中的物耗和能耗的影响因素，通过三釜凝聚新工艺、三釜凝聚、两釜凝聚进行对比分析，选择最优的工艺参数。其次通过工业生产实践摸索，淘汰不适用于顺丁橡胶生产过程的提浓器型式，采用新型提浓器的专利技术，延长凝聚运转周期。三釜凝聚新工艺与提浓器的优化相结合运用，可进一步降低凝聚过程的能耗、物耗，适应绿色发展。

关键词　顺丁橡胶；三釜凝聚新工艺；提浓器；能耗；物耗

顺丁橡胶的生产过程采用溶液聚合、水析凝聚工艺，溶剂损失量的80%以及能耗的50%以上是在凝聚过程消耗的，是顺丁橡胶生产过程的能耗、物耗大户。因此，对凝聚系统进行适当的改造和优化工艺条件，达到节能降耗目的。

某某炼化企业某装置顺丁橡胶凝聚单元共有4条生产线，其中凝聚4线于2011年4月完成了三釜凝聚的改造，改造后蒸汽消耗比两釜凝聚有所下降，节能效果非常明显。通过对顺丁4线凝聚工艺在运行过程中蒸汽、溶剂的消耗，结合某炼化企业其他橡胶装置的三釜凝聚技术进行改造，其他三条生产线采用三釜凝聚新工艺。其次通过对4线的提浓器使用情况的问题分析总结，引进适合顺丁橡胶三釜凝聚工艺的提浓器，通过工艺、设备的进一步优化，达到进一步降低能耗、物耗及改善环境的目的。

1　三釜凝聚新工艺在顺丁橡胶的应用

1.1　凝聚相关原理

水析法凝聚过程中，水蒸气将己烷溶剂脱除，即胶液中的己烷溶剂、包括从胶粒中扩散出的溶剂被水蒸气一并夹带出系统。水与己烷的混合物在62℃时开始沸腾，该温度小于正常情况下水的沸点100℃和己烷的沸点68.7℃。凝聚过程中己烷溶剂的蒸出情况与凝聚釜温度、压力有密切联系。

1.1.1　胶粒水溶液的蒸气压

从聚合单元来的顺丁胶液是聚丁二烯分子与溶剂油正己烷的混合高分子溶液，蒸气压与纯溶剂的蒸气压不同，胶液的蒸气压是温度与浓度的函数，见式(1)：

$$P_{油} = P_{油}^{\phi} \times \gamma \qquad (1)$$

式(1)中，$P_{油}$为溶剂油的蒸气压；$P_{油}^{\phi}$为纯溶剂的饱和蒸气压，与温度相关的函数；γ为胶液与溶剂己烷的饱和蒸气压偏差因子，大小随胶液浓度改变，参考Flory计算，具体见式(2)。

$$\gamma = (1-\nu)\exp(\nu + \varphi\nu^2) \qquad (2)$$

式(2)中，ν为聚合物体积百分数；φ为Flory系数，区间是0.29~0.55。

γ与ν的关系趋势可用表1表示。

表1　γ与ν关系趋势

ν/%	0	5	10	20	30	40	50	70	90
γ	1.000	1.000	0.999	0.993	0.980	0.954	0.911	0.735	0.340

由表1可见，当橡胶在溶液中的体积浓度ν<30%时，可近似将橡胶溶液当纯溶剂处理；当ν远大于30%时，溶剂的蒸气压将会变得非常低。根据Flory方程的计算结果，可对凝聚的工艺控制提供有力的帮助。胶液通过喷胶进入凝聚系统，在凝聚过程的开始，胶的含量比较低，其己烷溶剂的蒸气分压较大，几乎等同于纯溶剂，较少水蒸汽即可将绝大部分己烧溶剂带出系统。

随着己院溶剂被逐渐带出系统，胶粒中的己烷溶剂量急剧的减少，蒸气压变得很小。对于在三釜凝聚中如何控制1号和2号釜的温度，也是需要涉及控制ν进入$1^{\#}$、$2^{\#}$釜量的大小。

1.1.2　橡胶凝聚的相平衡

水析法凝聚存在聚丁二烯、溶剂油、水的三元三相平衡问题。根据 Didrusco 等对橡胶、溶剂、水三相平衡数据的研究，将温度、组成设为变量，压力保持一致。在凝聚过程橡胶中的溶剂含量，与在同温度下的气相中溶剂的浓度存在着一定平衡关系。同时在某温度下，橡胶中溶剂的脱除程度是存在一定限度的。比如用正己烷做溶剂，聚乙丙进行凝聚，温度在 92.8℃时，其胶中的溶剂最低只可达到 2.4%，而在 98.1℃时可达到 0.5%。根据 Didrusco 的归纳，不同的橡胶、相同的溶剂的平衡关系非常接近。该规律也适用于顺丁橡胶系统。

1.1.3　凝聚过程的蒸汽消耗

在凝聚过程中，蒸汽的消耗直接作用体现在如下两个方面：

1.1.3.1　蒸汽冷凝时放出热量供溶剂油汽化

溶剂油从液态变成气体需要吸收热量。这部分热量由水蒸汽冷凝放出的热来提供，可用公式表达如下：

$$W'_{水} = \frac{Q_{油} \times W_{油}}{\Delta H - Q_{其他}} \tag{3}$$

式中，$Q_{油}$为油的汽化热；$W_{油}$为油量；$W'_{水}$为所需水蒸汽的量；ΔH 为蒸汽冷凝放出的潜热和显热之和；$Q_{其他}$ 为加热凝聚釜热水和胶液所需的热量。

该公式表达的是汽化一定重量的油需要的蒸汽量。

1.1.3.2　将气相溶剂带出凝聚釜

每吨溶剂需要消耗的水蒸汽量可用如下公式表达：

$$W_{水} = \frac{18}{86} \times \frac{P_{总} - P_{油}}{P_{油}} \times W_{油} \tag{4}$$

式中，$P_{油}$为一定温度下油的饱和蒸汽压；$P_{总} = P_{水} + P_{油}$为一定温度下油和水的饱和蒸汽压之和；$W_{油}$为油量；$W_{水}$为水蒸汽的量；18＝水蒸汽分子量；86＝溶剂油的分子量。

通过以上分析可以看出：凝聚蒸汽消耗量较大，主要是凝聚中后期溶剂油分压$P_{油}$低造成的，在凝聚初期溶剂油分压比较高的情况下，可以适当降低凝聚釜的操作温度。提升凝聚温度，可使$P_{油}$增大，但温度升高后，$P_{水}$会急剧增加，使得水蒸汽消耗上升。在溶剂较难脱除的凝聚后期，可以通过提升釜温，将胶中的溶剂脱除更彻底。

1.2　三釜凝聚新工艺流程

顺丁橡胶三釜凝聚新工艺是在三釜水析法凝聚的基础上增加了预凝聚工艺，通过改变部分凝聚用蒸汽的加入方式，提高胶液温度，使聚合物和溶剂的分离由闪蒸法和水析法共同完成。流程进一步优化，3#釜汽提气经 2#蒸汽喷射器进入 2#釜，2#釜汽提气经 1#蒸汽喷射器进入 1#釜。

1.3　三釜凝聚新工艺工艺操作对比

三种凝聚工艺条件在生产中对照见表 2。

表 2　凝聚工艺条件的对照表

	1#釜		2#釜		3#釜		喷胶量/(m³/h)	热水量/(t/h)
	温度/℃	压力/kPa	温度/℃	压力/kPa	温度/℃	压力/kPa		
两釜凝聚	97±2	80±5	102±2	30±5	—	—	40	120
三釜凝聚	92±2	40±5	102±2	80±5	100±2	15±5	40	120
三釜凝聚新工艺	92±2	80±5	102±2	45±5	100±2	15±5	40	120

三釜凝聚新工艺与三釜凝聚流程工艺在设计方面存在差异，因此具体的工艺条件和控制细节上也必然会存在区别。

1.4　三釜凝聚新工艺节能降耗效果

改造前 1#釜的操作压力在 40±5kPa，温度控制在 92±2℃，改造后操作压力在 75±5kPa，温度控制在 92±2℃，原因是聚合物在溶液中的体积浓度 v<30%时，溶剂的蒸气压近似等于同温度下纯溶剂的蒸气压，1#釜饱和蒸汽压较大，适当可以提高 1#釜压力，既不影响溶剂油的脱除情况下，又能减少水蒸气的脱出，降低能耗。改造前 2#釜的操作压力在 80±5kPa，温度控制在 102±2℃，改造后操作压力在 45±5kPa，温度也控制在 102±2℃，原因为 2#凝聚釜中聚合物在溶液中的体积浓度 v 远大于 30%，蒸气压变得很小，需要较高的温度进行进一步脱出溶剂，所以必须保证 2#釜温度的控制。同时降低釜压更有

利于脱除溶剂，起到了降耗的效果。

在三釜凝聚新工艺中，蒸汽得到两次利用，本系统的2#、3#凝聚釜顶气相出口不直接与冷凝器相连，而是连接到1#、2#釜中部，对1#、2#釜进行再次加热使得高温气体得到二次加热，因此在三釜凝聚新工艺中1#釜不需要蒸汽加热，2#釜热气加热量降低，从而起到了节能效果。2#和3#凝聚釜气相余热较多，气压力控制也都较低，余热不能充分利用，通过蒸汽喷射泵来降低2#、3#的压力，同时对1#、2#凝聚釜进行加热，达到回收废热，节约能源的目的，同时又进一步利于溶剂脱出。对比三釜凝聚新工艺、三釜凝聚、两釜凝聚，从表1中可以看出可节省蒸汽消耗25%～50%，降低胶中含油量25%～50%。通过工艺改造，针对溶剂在脱除过程中不同压力下的特点，使得凝聚各釜在溶剂脱除过程中各有侧重，同时工艺流程的优化提高了蒸汽利用率，使得新三釜工艺的节能技术更加突出(见表3)。

表3　三釜凝聚新工艺投用前后蒸汽消耗量及胶中含油对比

项目	三釜凝聚新工艺	三釜凝聚	两釜凝聚
蒸汽消耗量/(t/t)	0.91	1.57	2.02
胶中含油/%	0.26	0.33	0.54
喷胶量/(m^3/h)	38	38	38

2　提浓器的优化及应用

2.1　提浓器的工作原理及流程

根据胶粒水提浓器作用原理，其利用顺丁橡胶与载体水之间相态不同，在提浓器中通过过滤及动态清筛原理，通过胶粒水提浓器中的特殊结构，分离得到高浓度胶粒水和高温纯载体水，从而通过实现胶粒水提浓的方法，达到适当延长胶粒在凝聚系统中的停留时间，降低胶中溶剂含量的目的。高温纯载体水进入到凝聚首釜，得到节约能耗的效果。提浓器既能安装在1#釜和2#釜之间，又可以安装在2#釜和3#釜之间，每种方式特点不一样，但均能达到节能的目的。顺丁橡胶凝聚工艺在第二凝聚釜至第三凝聚釜的胶粒水管线上设有胶粒水提浓器，第二凝聚釜的高温胶粒水进入提浓器中部的管线内，大部分水从管线上的过滤眼进入管线外部，然后返回第一凝聚釜，提浓过的胶粒水进入第三凝聚釜，从而节省第一凝聚釜蒸汽用量。

将是否有提浓器通过图下图进行比较，以胶粒中残留溶剂的质量百分数为Y轴，蒸汽供应量为X轴作坐标图如图1所示。

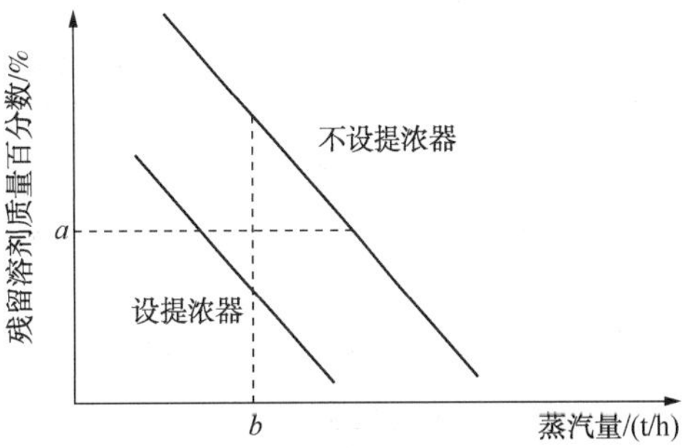

图1　胶粒中残留溶剂的质量百分数、蒸汽供应量关系图

在需要降低到同样的残留溶剂油含量时(如点a)，可见提浓器的投用蒸汽消耗得到了降低。蒸汽用量一定的情况下，有提浓器的胶中含油小于没有提浓器的，可见增加提浓器可节约蒸汽消耗量。

2.2　提浓器在顺丁橡胶生产中的优化

顺丁凝聚系统最初使用的提浓器为套管式结构、圆孔式过滤网，该结构简单但易堵塞，不易清理，胶粒水通过内部滤孔将水滤出送至凝聚首釜，提浓器内部管线上的过滤眼极易被胶粒堵塞，过滤眼一旦堵塞，提浓器的作用就会大大降低，甚至失去提浓的作用。其次，凝聚单元属间歇操作，滤筒内部残留的胶粒长时间积聚，形成胶团，堵塞提浓器出口，造成凝聚单元非计划停工。增加了凝聚釜的蒸汽消耗量，产品的吨胶蒸汽消耗增加。

通过对实际生产情况的总结，现将凝聚原胶粒水提浓器，更换为具备自动清胶功能的新型提浓器。2#凝聚釜的高温胶粒水进入提浓器内部的过滤桶内，滤筒上有条形的过滤孔，部分水从滤筒上的过滤孔进入外部再返回第一凝聚釜，提浓器两侧配有清胶闸刀，防止胶粒堵塞过滤孔。增加热水反冲和蒸汽吹扫系统，若出现堵塞情况可自动进行吹扫。增设管道泵，保证返水流量稳定。该形式目前在实际生产中运行稳定，且起到节能降耗的作用。

2.3　新型提浓器节能降耗的效果

2.3.1　节能效果计算

为了检验实际投用效果，对高温循环热水返水量逐步进行了调节，并对提浓器系统相关参数进行了记录，所得数据见表 4。根据试验结果可以得出：凝聚 C 线在喷胶量 41m³/h，高温热水返水量控制在 18m³/h 条件下，能减少低压蒸汽消耗 0.74～1.0t，平均约为 0.9t，且运行平稳，考虑到气温和喷胶量变化等因素，可以得出结论：采用专利设备胶粒水提浓器后，在保证高温热水返水量控制在 18m³/h 条件时，每小时能节省 0.9t 低压蒸汽，达到了预期效果，实现了节能的目的。

表 4　提浓器投用前后蒸汽消耗量对比

日期	喷胶量/(m³/h)	投用前蒸汽平均消耗量/(t/h)	投用后蒸汽平均消耗量/(t/h)	蒸汽变化量/(t/h)
8 月 9 日	41	4.12	3.38	0.74
8 月 10 日	41	4.67	3.65	1.01
8 月 12 日	41	4.45	3.50	0.94

2.3.2　溶剂油消耗效果计算

顺丁橡胶装置的凝聚系统中，三釜凝聚停留时间约为 0.83h，在 2#釜至 3#釜之间加提浓器，胶粒在 3#釜中的停留时间增加至 1h，停留时间延长了 0.17h，胶中残油量进一步下降。统计结果显示：提浓器稳定运行后，胶中的油含量较之前相比下降了约 0.03%，表明提浓器起到了脱出溶剂的效果，按 0.03%计算，顺丁橡胶溶剂油单耗下降了 0.3kg/t，达到了预期效果。

3　结论

（1）三釜凝聚新工艺的效果还是比较明显，相比较两釜凝聚及三釜凝聚可节省蒸汽消耗 25%以上，降低胶中含油量 25%以上，而且后处理尾气中 VOC 含量得到了降低，在取得良好的经济效益的时候，降低了溶剂对环境的污染，取得了巨大社会效益，达到了预期的目的。

（2）胶粒水提浓器的升级改进，减少了循环热水热能的损失，可节约蒸汽 0.9t，同时降低了胶中含油，可节约溶剂油 0.3kg/t.

（3）三釜凝聚新工艺与提浓器系统工艺实施，充分利用了蒸汽和热水能源，使得顺丁装置的能耗和溶剂消耗得以降低。

参 考 文 献

[1] 赵卓，谷媛媛 .SBS 橡胶凝聚生产工艺的改进[J]. 合成橡胶工业，2015，3(3)：47-48.
[2] 虞乐舜 . 溶液法生产合成橡胶中的多釜凝聚技术[J]. 合成橡胶工业，1978(05)：1-8，12.

燃料型炼化企业"碳中和"路径实践与探索

——以中国石油呼和浩特石化公司为例

刁华威　陈飞龙　胡莉娜　崔　蒙　石占君

（中国石油天然气股份有限公司呼和浩特石化分公司）

摘　要　随着我国"碳达峰、碳中和"战略目标的提出，各项政策不断跟进，对石油炼化行业的发展提出了更高要求。根据内蒙古自治区"十四五"规划及相关政策利好，产品结构调整、光伏发电、高纯氢外供将是呼和浩特石化公司降碳的重要方式。在此情形下，呼和浩特石化公司作为传统燃料型炼化企业，结合自身转型升级发展实践情况，积极对催化油浆制炭黑、分布式光伏发电、高纯氢提纯项目进行深入思考与探索，进一步落实中国石油集团公司"清洁替代、战略接替、绿色转型"三步走总体部署。

关键词　碳中和；燃料型；绿色转型；能耗优化；清洁替代

1　呼和浩特石化公司基本情况

呼和浩特石化公司（以下简称公司）是国家"八五"重点工程之一，1988 年开始筹建，1992 年 9 月 29 日投产。2012 年 10 月 28 日，公司 500×10^4t/a 炼油扩能改造项目全面建成并一次开车成功，现原油加工能力 500×10^4t/a，建有 500×10^4t/a 常压蒸馏、280×10^4t/a 催化裂化等 14 套炼油装置及 1 套 15×10^4t/a 聚丙烯化工装置，总资产 77.53 亿元，厂区占地面积 200×10^4m^2。公司在册员工 1633 人，大专以上学历 1079 人；设有 11 个机关处室，5 个直属单位，10 个二级单位。

公司定位于"短流程、燃料型"炼油厂，原设计加工 410×10^4t/a 长庆原油、70×10^4t/a 二连原油和 20×10^4t/a 蒙古原油。配套建设有长（长庆）——呼（呼和浩特）原油管道和呼（呼和浩特）——包（包头）——鄂（鄂尔多斯）成品油管道。主要生产车用汽柴油、3$^{\#}$喷气燃料、燃料油、液化石油气、聚丙烯树脂、石油苯、工业硫黄等 6 大类 13 种产品，主要销往内蒙古中西部、山西及河北周边地区，并出口部分汽柴油到蒙古国。

公司自 2012 年 500×10^4t/a 项目投产以来，先后荣获全国"五一劳动奖状"、全国企业文化建设示范基地、中国企业培训示范基地、"十三五"石油和化工行业节能先进单位、内蒙古工业二十强企业、内蒙古自治区"五一劳动奖状"、内蒙古优秀企业、内蒙古安全生产先进单位。连续九年荣获全国"安康杯"安全生产劳动竞赛优胜单位。

"十三五"以来，公司以习近平新时代中国特色社会主义思想为指导，认真贯彻党的十九大和十九届历次全会精神，不折不扣地落实集团公司党组决策部署，按照集团公司总部各部门和炼化公司重点工作安排，以推动高质量发展为主题，遵循五大发展战略、"四个坚持"兴企方略和"四化"治企准则，践行石油精神和公司骏马文化品性，积极应对油价震荡、成品油市场竞争激烈和新冠肺炎疫情冲击，众志成城，攻坚克难，实现了安全环保长周期平稳运行，完成了汽柴油历次质量升级任务，首次承办集团公司技能大赛并取得优异成绩，荣获"全国企业文化建设示范基地"称号，连续九年居内蒙古第一纳税大户，员工幸福指数大幅提升，公司各项工作迈上新台阶。

2　呼和浩特石化公司"碳中和"路径实施背景

"十四五"时期是我国乘势而上向着第二个百年奋斗目标进军的第一个五年；是集团公司对标世界一流、打造世界一流企业，实现高质量发展的关键阶段；是公司实现转型升级绿色发展的重要阶段。站在具有承上启下意义的发展节点，公司需要继续牢牢把握稳中求进工作总基调，以中国石油集团公司炼化业务高质量发展为引领，发挥短流程炼厂装置特点，稳步推进结构调整，重点围绕“降低柴汽比、降低汽柴油总量、增产航煤、增产化工原料”展开工作，促进炼化业务由“燃料型”向“材料型”转变。

2020 年，公司炼油单位能量因数能耗 7.72kg 标油/t·因数，2021 年，公司炼油单位能量因数能耗 7.70kg 标油/t·因数，均未超 GB 30251—2013 能耗限额 11.5kg 标油/t·因数。对照国家发改委等部门发布《高耗能行业重点领域能效标杆水平和基准水平(2021 年版)》，公司能效水平处于基准水平 8.5 与标杆水平 7.5 之间。按照中国石油集团公司分类目标要求，500×10^4t/a 规模炼厂以 8.0kg 标油/t·因数能耗限额为目标进行对标，公司稍优于限额指标。主要存在以下问题：

(1) 全流程优化、装置间热联合、重点耗能设备等能量优化还存在不足。部分物流(比如催化柴油)在本装置内与工艺物流换热存在高质低用，热损失较大；催化装置烟机能量回收系统存在效率偏低，设计发电一直未能实现的问题；一二段供电负荷设计存在缺陷，不能同时运行大型变频调速机组，造成电耗高；部分大功率压缩机泵无变频机组，存在部分低效电机，电耗高；重整四合一加热炉烟道挡板未实现自动控制，调节不灵活，未设置空预器，影响加热炉热效率。

(2) 燃料系统、蒸汽系统、氢气系统、储运系统以及低温热利用仍有优化空间。燃料系统存在冬夏不平衡的问题，夏季燃料气过剩，而冬季为保安全生产需开动力锅炉，燃料气欠缺需补充天然气或液化气；冬季生产低凝柴油时氢气不足，两套 PSA 负荷需低负荷开工，造成装置消耗大、经济性差；部分高温管线及蒸汽系统存在保温效率低、热损大、冬夏蒸汽系统不平衡的问题；低温热利用还有较大利用空间，需进一步优化。

(3) 化学水制水、循环水系统、达标外排污水处理回用、凝结水高温处理回用有待完善。因全部使用以黄河水为原料的市政自来水厂，化学水制水使用双膜工艺，制水率低；因污水盐含量高，浓盐水 COD 含量高，外排与回用受到影响；污水深度处理规模小，雨水系统无回用设施；凝结水系统因压力温度不一致影响，有水击现象，高温位热能损失。

(4) 能源管控试点单元建设滞后、节能节水管理水平落后。部分低压电表数据未实现远传功能，没有建立单独的能源管控平台，系统性差，达不到分析级。数智化管理能力欠缺；计量仪表配备率及精度，不能满足精细化管理要求；未建立能源管理体系，对总体把控、项目实施等统筹考虑不足。

3　传统燃料型企业实现“碳中和”主要路径

国内传统燃料型炼化企业，普遍面临着以上形势任务，或多或少存在着类似问题困难。下面以呼和浩特石化公司为例，探讨燃料型炼化企业实现“碳中和”的路径。

3.1　推动绿色转型升级发展

3.1.1　新建丙烷脱氢项目

丙烷一般作为燃料或化工原料，附加值较低。丙烯是附加值非常高的化工原料，且需求量一直在稳定增长。丙烯的传统来源为乙烯热裂解副产品及催化液化气等，但近年随着以丙烷为原料直接脱氢生产丙烯工艺的日渐成熟，丙烷脱氢装置越来越多。

中国石油大学已研发出适合于流化床使用的无毒非贵金属烷烃脱氢催化剂，并与中国石油华东设计院有限公司共同开发了与其配套的可实现连续反应与催化剂再生的高效流化床(ADHO)技术。该技术已完成了小试、中试，中试结果在万吨级工业试验装置上进行了初步验证，核心技术已获得国家发明专利授权。本装置嵌入呼和浩特石化公司现有总加工流程，具有较好的适应性和可行性，一旦投产将填补国内空白，为炼厂低碳烷烃找到出路，为炼化转型提供支撑，公司现正建设丙烷脱氢装置。

3.1.2　实施气体分馏装置改造扩能项目

公司现有一套气体分馏装置，设计加工能力为 50×10^4t/a。近年来，随着柴汽比的降低，催化裂化柴油收率逐步降低，液化气和丙烯产率逐步提升，气体分馏装置负荷率逐年增长。另外，公司丙烷脱氢项目是集团公司重大技术现场试验项目，开车后将有约 15.27t/h(12.83×10^4t/a)的混合 C_3 组分需要进入气分装置进行分离。由于目前气分装置已经达到 110%负荷运行，如不进行改造，必须降低催化液化气的产量，这对全厂运行会造成重大的影响，特别是对当前降低柴油产量的影响很大。另外，丙烷脱氢的混合 C_3 组分以丙烷居多，加大了丙烯分离难度，对催化液化气产量影响会更大。

所以，气体分馏装置改造扩能是公司丙烷脱氢装置长周期高效运行的要求，例如不扩能改造、丙烷脱氢后的丙烯不能分离、同时也无法为丙烷脱氢装置提供足够的原料、丙烷脱氢无法长期运行。按照当前炼化减油增化的形势要求，气分装置扩能至 65×10^4t/a，满足降低柴汽比和丙烷脱氢试验的要求，消除瓶颈，提高全厂经济效益。

3.1.3　规划催化油浆制炭黑项目

长期以来，公司催化油浆都是作为燃料油外售，互供锦州石化作为针状焦原料的催化油浆，同样也是以燃料油结算，均需缴纳高额的消费税。对于公司而言，实现价值较低，尤其在低油价下，甚至成为负价值产品，如何高价值利用催化裂化装置副产的油浆成为呼和浩特石化亟待解决的问题之一。

随着国家“碳达峰碳中和”战略目标的逐步规划以及集团公司炼油业务“转油增化、转油增特”的深入实施，传统燃料油在市场渐渐饱和，产品竞争激烈的情况下，面临着巨大的转型压力，尤其是类似公司传统燃料型生产企业，减少燃料油销售，减少产品二氧化碳排放是未来 10 年规划发展的重中之重。催化油浆生产炭黑将燃料油转化为化工产品，将超过半数的碳以单质产品的形式固化，单位产品的综合能耗中主要为原料油、水和电，同时自产蒸汽及尾气产生了新的能量，达到转油增化和“碳中和”的双重目标，符合公司转型发展需求。

3.2　优化装置能耗管控

3.2.1　淘汰低效设备

呼和浩特市工业和信息化局呼工信节综字〔2021〕29 号文件通知，转发了《内蒙古自治区工信厅关于开展淘汰高耗能落后机电设备专项行动的通知》，要求各重点用能企业加快开展在用落后机电设备的排查和淘汰工作，并按照 20%、80%的进度要求，分两批次进行。

公司以提升能效为目标，按照全面排查、分布进行、有序淘汰的原则，加快淘汰高耗能落后机电设备，逐步完成高耗能落后机电设备淘汰，提升高效机电在用比例，全面提高公司能源利用效率水平，促进节能降碳。

3.2.2　提高终端电气化率

电能作为清洁能源，是实现绿色发展的主力军之一，发挥了越来越重要的作用。只有在生产环节大力发展电力替代，在消费环节加大电能对其他终端用能形式的替代力度，才能实现能源生产测和消费侧的“再电气化”，才能建立以低碳、清洁能源为主导的能源系统，进而实现能源、资源、环境的协调可持续性发展。

公司目前电气化率 9%左右，本着“节能优先、逐步替代、系统优化、安全可靠”的原则，在保证自产蒸汽和余热合理有效利用的前提下，按照“先低后高”顺序，逐步推进电力替代。通过提高加热炉热效降低燃料消耗；通过低温热优化后低压蒸汽用量减少，对全厂低温热水伴热除外的蒸汽伴热改造为电伴热后，减少蒸汽减温减压需求，可以将重整循环氢压缩机蒸汽透平用电机替代；通过催化剂改良优化，降低催化烧焦，减少蒸汽产量。在热量、蒸汽大平衡基础上，再实施 5MW 以下加热炉、再沸器等加热炉设备电气化改造。重点是煤油加氢、重整预加氢进料炉、重整三台重沸炉、改质进料炉电替代。

3.2.3　开发智能能源管控系统

按照国家和地方政府的能源在线监测要求和中国石油集团公司能源管控建设要求，公司大力推进炼化数字化转型升级和信息系统建设。帮助公司及时准确掌握能耗实时情况，为公司制定针对性的减碳措施，帮助公司提前分析潜在经济效益等方面提供坚实的数据基础，最终实现管理节能降碳。

基于流程模拟模型开发，建立开发具有全厂、装置和关键耗能设备的能源产、供、输、转、耗全过程的能源管控系统，预留能源消耗与碳排放耦合关系模型接口。实现全公司范围能源管控，包括能源的计划、监控、平衡、统计、评价全过程管理，实现能源全过程的可视化，实现计划、运行、统计、评价分析完整管控。开发连续重整装置、催化裂化离线及在线模型，实现能源能效的离线研究及在线优化分析，达到优化级。开发能效评价体系，包括能源效率、能源使用和能源消耗，建立实时能效评价分析模型，协助公司不断提高能效水平，降低生产成本。

3.3　进行能量系统优化攻关

3.3.1　装置间热联合和装置内换热流程优化

对催化原料换热流程、吸收稳定系统进行优化，提高直供汽油温度。催化除氧系统优化：增加一套零汽耗除氧系统，包含新型除氧设备、泵及系统配套电气仪表设备，新增一套智慧热岛系统，包括若干台智能换热器及其配套仪表、管线等，节约除氧蒸汽用于气分扩能用汽。对催化低温热系统优化，联合考虑丙烷脱氢制冷用能。常压换热网络优化，需要增加换热器等配套设施。柴油降凝装置换热流程优化，增加一台冷料-精制柴油换热器，利用进空冷前柴油热量，预热罐区料，同时减小原料油旁路阀，加强原料换热，提高原料进炉温度，降低反应炉燃料气消耗。柴油加氢改质增加一台热高分罐及相应阀门、管线，高分油压力能回收利用。对重整、动力锅炉系统系统进行零除氧改造，充分利用低温余热，节约除氧用蒸汽。项目全部实施后预计降低 4.4×10^4t 能源消耗量，降低 CO_2 排放量 7.06×10^4t。

3.3.2　设备能效提升改造

2022 年检修期间已实施干气深度脱硫及加热炉提效改造项目，对重整四合一炉、煤油加氢反应炉增加空预器余热回收系统，常压炉进行了炉内高效反射涂料喷涂，提高热效。二期准备增加 CO 控制系统，打造 95+加热炉，降低燃料消耗。电机增加永磁调速和变频提高效率：2025 年前计划汽油加氢循环氢压缩机增加无极调量系统，污水离心风机改磁浮风机，循环风机增加节电设施；1#锅炉送风机(315kW)、2 台锅炉循环风机加装节电设施；动力一循环水冷却塔风机(185kW)、一联合催化给水泵(450kW)、催化顶循环油泵(355kW)、原油供料泵(400kW)、成品油首站供料泵(185kW)、重整原料供料泵(315kW)增加变频系统。实施后预估节能量 6300t，降低 CO_2 排放量 9000t。

3.3.3　公用工程系统节能改造

高温工艺管线与蒸汽管线保温改造项目：2020 年实施一期项目，效果显著。因大部分蒸汽管线和部分装置高温工艺管线原保温老化、雨淋进水、塌陷影响，散热超标，热损严重，计划 2023~2024 年对 4000m 蒸汽与高温工艺管线进行高效纳米保温材料改造，减低热损，节预计节约 8×10^4t 蒸汽。

3.4　新能源替代

3.4.1　规划高纯氢提纯项目

呼和浩特石化冬、夏两季柴油加氢装置的氢耗差别较大，夏季氢气过剩，30000Nm^3/h 重整氢提纯装置降低负荷到 80%，全厂氢气回收装置夏季停工，多余重整氢作为燃料气烧掉，存在资源的浪费。冬季氢气消耗大，30000Nm^3/h 重整氢提纯装置满负荷运行，同时启用全厂氢气回收装置，回收部分催化干气、重整氢提纯装置解吸气中的氢气，满足全厂的氢气需求。5×10^4t/a 丙烷脱氢装置开始建设，装置建成后将副产氢气 2000t/a(纯氢计)，副产氢将进一步过剩。

规划建设中的高纯氢提纯项目，以重整装置、丙烷脱氢装置廉价副产氢气为原料，生产高纯燃料电池氢，建立燃料电池氢母站的装置，为呼和浩特地区提供燃料电池氢来源。本项目生产高纯度的汽车燃料电池用氢气，较天然气制氢可减排二氧化碳 4500t/a，较煤制氢减排二氧化碳 19500t/a。本项目的实施有助于推进氢能产业发展，并可有效减少碳排放，从根本上改善内蒙古自治区首府生态环境质量，符合生态优先绿色发展要求。本项目的实施可延伸公司产品链，提高副产氢的利用价值，相比其他制氢工艺的产氢，本项目氢气成本相对较低，因而具有较好的经济效益与市场竞争力。

3.4.2　规划光伏发电项目

内蒙古自治区为坚决贯彻落实党中央关于“碳达峰、碳中和”的重大决策部署，以更大力度、更实举措推动新能源大规模、高比例、市场化、高质量发展，促进自治区绿色转型发展，相继出台了《内蒙古自治区 2021 年光伏发电项目竞争配置工作方案》《内蒙古自治区能源局关于进一步加强全区风电、光伏发电项目建设管理的通知》《内蒙古自治区能源局关于 2021 年风电、光伏发电开发建设有关事项的通知》及解读文件。据了解，内蒙古自治区政府将大力倡导有条件的企业单位合理布局光伏项目建设。《集团公司碳达峰碳中和总体战略与要求》中，对石化行业有明确规定，要求在 2030 年绿电消纳比例达到 50%，2050 年绿电消纳比例达到 70%。目前，呼和浩特石化分公司年用电量 3.6×10^8kW·h 计算，绿电消纳比例为 15%，绿电消纳提升空间大，需要多措并举发展新能源项目，建设分布式光伏电站将有效缓解绿电消纳压力。

呼和浩特地区光能资源丰富，日照充足，是全国的一个次高值区，日照 1600h 以上，具备相当优势的光伏发电生产潜力。根据《太阳能资源评估方法》(GB/T 37526—2019)，适合光伏电站的建设。呼和浩特石化公司根据可用空间类型，预估约 10×10^4~15×10^4m^2 使用空间，预测可建设光伏电站的峰值功率 6~8MW，光伏装机交流输出为5~6MW。通过闲置空地建设光伏项目，可购买折扣电价、增加碳排放权收益、降低线损费，缓解公司生产经营压力，从而实现提质增效目标创造效益增长点。基于企业当前用电电价为0.46元/kW·h，蒙西电网的脱硫煤标杆电价为0.2829元/kW·h，假定公司对于光伏发电的消纳比例90%以上，电费折扣为九折，企业每年可以节约电费约为82万元，累计25年可以节约电费约2056万元。

4 呼和浩特石化公司"碳中和"发展前景预测

4.1 短期来看，节能降耗仍有较大空间

2020年公司炼油综合能耗为66.95kg标油/t，2021年公司炼油综合能耗为69.17kg标油/t，仍有较大提升潜力。针对目前存在的问题，需进一步挖掘节能减排的潜力，可通过对重点单元开展节能降耗改造，比如说在全厂能量优化、设备能效提升等方面加强节能技术的研究和应用，通过采用新工艺、新技术、新设备，不断降低生产过程能源需求，推进能量梯度利用、集成互补等节能技术和先进用能模式，最大限度降低能耗和CO_2排放。

4.2 长远来说，清洁替代是必经之路

一是根据地方绿电消纳情况，增加绿电使用率及提高电气化率，逐步开展工艺加热炉的电气化改造，减少燃料气使用，降低化石能源消耗和间接排放。二是借助内蒙古丰富的风光资源，积极跟踪地方政府政策导向，一方面可利用自身条件，探索分布式光伏发电，借鉴成熟经验，合理利用厂区空地、办公楼顶等场所，实现分布式光伏发电；另一方面加强与地方的合作，充分利用集团公司的政策优势，主动与地方政府沟通，争取发展风电和集中式光伏发电的可能性。

CCUS 技术应用中超临界 CO_2 腐蚀结垢机理研究

吴保玉[1,2]

(1. 中国石油集团川庆钻探工程有限公司钻采工程技术研究院;
2. 低渗透油气田勘探开发国家工程实验室)

摘　要　针对碳捕集、利用与封存(CCUS)技术在油气资源勘探开发过程中，尤其是超临界 CO_2 分离技术应用边界拓展至驱油增产、压裂增产等工程领域，所衍生出的高温、高压、高矿化度地层水环境多因素耦合作用下金属管柱材质的超临界 CO_2/H_2O 腐蚀及结垢问题，室内根据现场腐蚀工况确定实验参数，利用高温高压 CO_2 动态腐蚀模拟实验装置，分别开展了 J55 碳钢管柱材质在 CO_2/H_2O 体系(富 CO_2 相和富 H_2O 相环境)中的腐蚀、结垢实验，结合实验数据与 SEM、XRD、EDS、3D 等分析表征测试结果，深入探究了超临界 CO_2/H_2O 腐蚀及结垢规律、特征及机理。

关键词　CCUS 技术；超临界 CO_2；分离技术；金属管柱；腐蚀；结垢

碳捕集利用与封存(CCUS)技术作为同时满足绿色环保要求和油气藏高效开发需求的理想技术，是应对气候变化、实现 CO_2 深度减排和化石能源低碳利用协同作用的重要技术途径，将逐步成为致密油气和页岩油气为代表的非常规低渗透油气田的勘探开发的关键技术利器。近年来，在“碳达峰”“碳中和”(双碳)战略及绿色油田发展目标背景下，超临界 CO_2 流体因同时具备液体的高密度、强溶解性和气体的强扩散能力、低表面张力两种优势，使得国内外积极探索利用超临界 CO_2 流体为核心的分离技术开展驱油增产、压裂增产及钻井废液萃取处理等试验研究及工程应用，并凭借其环境无污染、可循环再利用、生产成本低、能耗小等诸多优势，相关技术措施取得了较好的应用效果，具备规模推广价值。

该类工程应用涉及的金属管柱材质主要为碳钢合金，同时施工作业环境伴随高温、高压及高矿化度地层水，虽然油气富集储层的高温、高压特殊工况，天然地满足了超临界 CO_2 流体相态转变要求，但也衍生出了大量腐蚀问题。CO_2 与地层水接触，会形成富含 HCO_{3-}、CO_{32-} 离子的高矿化度电解质溶液，CO_2/H_2O 体系会对金属管柱材质造成较电化学腐蚀、结垢、垢下腐蚀破坏，随 CO_2 分压升高达到超临界相态，将加速管柱的腐蚀失效，严重影响安全生产同时造成了巨大的经济损失，致使腐蚀问题已经成为制约 CO_2 分离技术实施的重要因素之一。因此，深入开展超临界 CO_2 环境中管柱材质的腐蚀行为及失效机理研究，形成配套治理方法，可为 CCUS 技术推广应用提供理论依据和技术支持。本文以 J55 碳钢管柱材质为研究对象，通过开展室内模拟腐蚀、结垢实验探究超临界 CO_2 腐蚀结垢机理。

1　实验部分

1.1　实验仪器与材料

实验所用的主要仪器设备包括，5110 型 ICP-OES，安捷伦科技有限公司；T70 型电动电位滴定仪，梅特勒托利多公司；PRACTUM224-1CN 型分析天平，赛多利斯公司；600FE 型扫描电子显微镜(SEM)，FEI 公司；INCAENERGY 350 型能谱仪(EDS)，牛津仪器；D8 ADVANCE 型 X 射线衍射仪(XRD)，布鲁克科技有限公司；BX53M 型金相显微镜，奥林巴斯有限公司。实验选用与井筒管柱材质相同的 J55 碳钢试片(尺寸：50mm×10mm×3mm)，J55 碳钢化学成分见表 1。

表 1　J55 油管材质试片化学成分(质量分数)

化学元素	C	Si	Mn	P	S	Al	V	Fe
质量分/%	0.340	0.270	1.180	0.013	0.010	0.006	0.001	余量

1.2 实验方法

1.2.1 地层采出液分析

参考标准《油田水分析方法》(SY/T 5523—2006)中规定的电感耦合等离子体原子发射光谱法，采用5110型号ICP-OES，并选择电感耦合等离子体光谱线K-766.491nm，Na-588.995nm，Ca-317.933nm、Mg-285.213nm、Ba-455.403nm、Sr-421.552nm、Fe-259.940nm，测定地层采出水中的成垢金属阳离子浓度；同时，参考上述标准中规定的电位滴定法测定 Cl^-、HCO_3^-、CO_3^{2-} 等阴离子浓度及pH等参数值，再根据苏林分类法判断水型，计算水质矿化度。

1.2.2 室内模拟实验

在上述分析结果基础上，借鉴标准《油田采出水处理用缓蚀剂性能指标及评价方法》(SY/T 5273—2014)，采用高温高压腐蚀实验装置进行腐蚀结垢模拟实验(见图1)，向装置腔体内注入一定体积的高矿化度地层采出液作为腐蚀介质，并将预处理的J55碳钢试片分别安装在聚四氟材质双层同心圆夹具中，使得下层试片完全浸泡于溶解有 CO_2 的高矿化度盐水中，上层试片处于水蒸气和 CO_2 气体混合环境中，搅拌轴带动试片轴向旋转，以角速度模拟井筒流体线速度，在釜腔内同时模拟超临界 CO_2/H_2O 两种体系(富 CO_2 相和富 H_2O 相)下的腐蚀工况。密封釜腔后，先通入一定体积 N_2 清除溶解氧，升温至80℃后，再通入高纯 CO_2 作为腐蚀性气体，依次达到预设压力(6MPa、7MPa、8MPa、10MPa)，分别模拟非超临界 CO_2、亚临界 CO_2、超临界 CO_2 等井筒腐蚀工况，进行周期为168h的高温高压 CO_2 浸泡动态腐蚀失重模拟实验。

1.2.3 测量及表征

浸泡动态腐蚀实验完成后取出试片，进行测量和表征：(1)观察试片表面宏观腐蚀形貌，对比气相、液相腐蚀特征；(2)SEM观察试样的表面微腐蚀形貌，结合XRD分析腐蚀产物主要成分；(3)3D显微分析腐蚀产物，测量腐蚀产物堆积厚度；(4)去除试片表面腐蚀产物膜后，用分析天平称量重量差，计算失重速率，计算公式 $v_c=\frac{8.76\times10^4\times\Delta m}{S\cdot\rho\cdot t}$；(5)SEM观察去除腐蚀产物后试片基体的微观腐蚀形貌，3D显微分析试片局部腐蚀特征，测量试片表面最大点蚀深度并计算点蚀速率，计算公式 $v_p=\frac{8.76\times10^3\times h}{t}$。

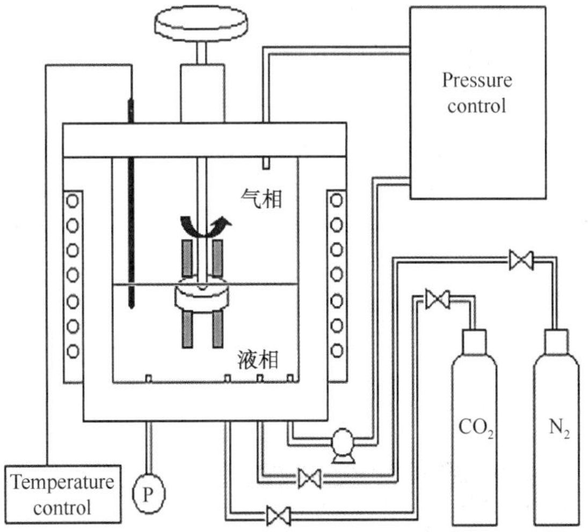

图1　腐蚀模拟实验装置

2 结果与讨论

2.1 地层水检测及分析

由表2可知，根据离子浓度计算地层采出水矿化度为143737mg/L，属于 $CaCl_2$ 水型。该水质矿化度远远大于 2×10^4mg/L，按照矿化度确定水腐蚀性的程度为严重腐蚀，其中 Cl^- 浓度达到87967.7mg/L，高浓度的 Cl^- 会严重破坏碳钢表面形成的腐蚀产物膜，同时会促进腐蚀产物覆盖下的基体表面形成点蚀。地层水中 Ca^{2+} 和 Mg^{2+} 含量较高，增强腐蚀介质导电性同时也大幅增加了介质的结垢倾向，通过饱和指数法预水样 $CaCO_3$ 结垢倾向严重，金属管柱在此工况下极易发生腐蚀、结垢及垢下腐蚀。

2.2 腐蚀实验结果

观察图2(a)和图2(b)发现，80℃条件下，改变系统压力参数进行腐蚀实验后的碳钢宏观形貌表现出不同腐蚀特征，安装在圆盘夹具上部的试片(处于 CO_2/H_2O 腐蚀体系中的富 CO_2 相中)，与安装在夹具下部的试片(处于 CO_2/H_2O 腐蚀体系中的富 H_2O 相中)的腐蚀形貌明显不同，处于富 CO_2 相中的J55碳钢材质在经过4种压力的腐蚀实验后，试片外表面清晰可见大面积的金属基体裸露，未形成完整的腐蚀产物膜，但出现随机分布的黑色腐蚀斑点，说明在富 CO_2 相态中，不同压力实验条件下，金属材质都是以局部腐蚀为主，10MPa 对应的 CO_2 相中碳钢表面除了有点蚀特征外，还有少量垢盐堆积现象。分析原因是，高矿化度水溶液在特定温度压力条件下，会在上层富 CO_2 相中的金属材质表面冷凝，局部聚集后形成液滴或较厚水膜，从而形成局部腐蚀电解池，上层的 CO_2 气体将溶解在水滴中，提高 H^+ 和 HCO_{3-} 浓度，形成氢去极化电化学腐蚀；而处于下部的富 H_2O 相态中的所有试片表面均被一层深棕色或黑色的腐蚀产物膜包覆，无法直接观察到基体腐蚀痕迹，说明富 H_2O 相态中不同材质碳钢都是以全面腐蚀为主。

表 2 井筒产出液成分分析结果

Ion concentration (mg/L)						Salinity (mg/L)	Scaling tendency ($CaCO_3$)
K^+	Na^+,	Ca^{2+}	Mg^{2+}	Ba^{2+}	Sr^{2+}		
669.5	42515.2	9352.5	1386.5	644.5	1070.1	143737	
Cl^-	SO_{42-}	S^{2-}	HCO_{3-}	CO_{32-}	ΣFe	Water type	Y
87967.7	—	—	73.2	—	59.5	$CaCl_2$	

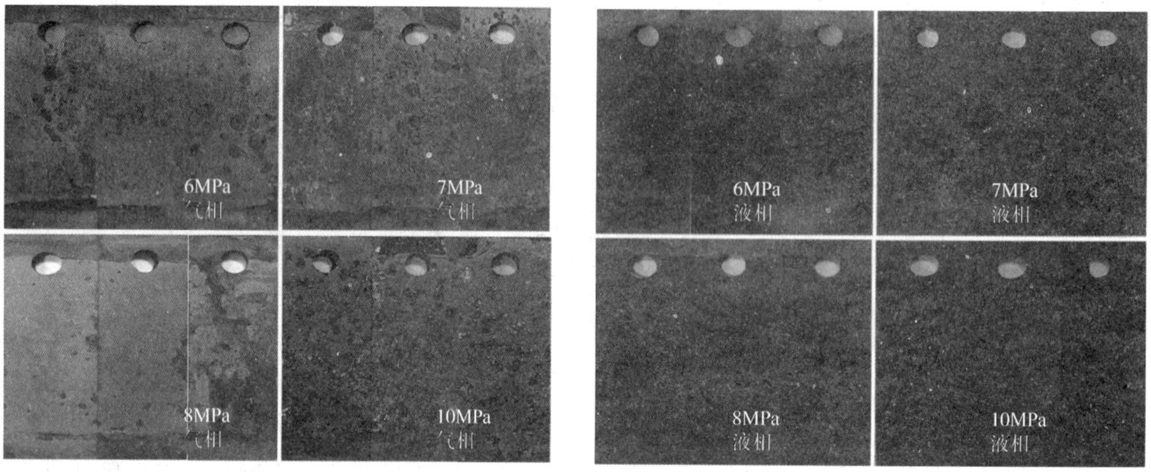

(a) 富CO_2相 (b)富H_2O相

图 2 不同压力不同相态条件下 J55 碳钢的宏观腐蚀形貌

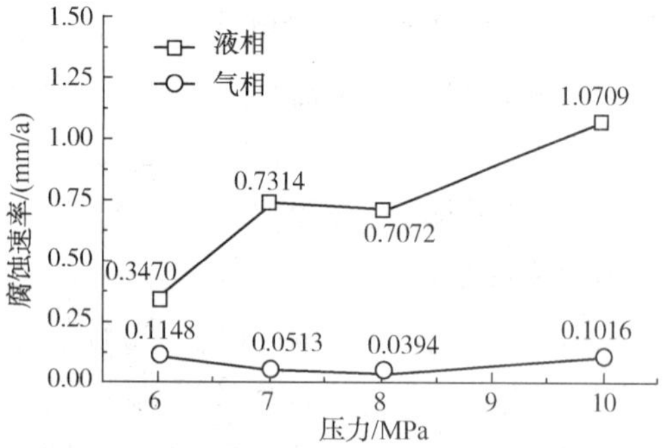

图 3 J55 碳钢在不同压力不同相态下的腐蚀速率关系曲线

分析图 3 中不同实验条件下压力和腐蚀速率关系曲线发现，富 H_2O 相中，压力从 6MPa 升高至 10MPa，J55 碳钢腐蚀速率从 0.3471mm/a 逐渐升高至 1.0709mm/a，但在富 CO_2 相中，碳钢腐蚀速率与系统压力变化无明显相关性。J55 碳钢在 4 种压力条件下，富 H_2O 相的失重腐蚀速率均远高于富 CO_2 相对应值，尤其是当压力提高至 10MPa 时，富 H_2O 相环境下试片腐蚀速率几乎是富 CO_2 相腐蚀速率的 10 倍。当压力超过 7MPa，达到超临界态时，富 H_2O 相和富 CO_2 相中碳钢腐蚀速率均随着压力升高逐渐增大，其中富 H_2O 相中 7MPa(亚临界 CO_2)和 8MPa(超临界 CO_2)对应的碳钢材质腐蚀速率接近，从图中的数据平台期可以看出。分析原因是，当压力和温度达到超临界 CO_2 相态时，水膜对 CO_2 的溶解能力、离子扩散速度、电化学反应速率均随压力增大而提升，所以 10MPa 对应 J55 碳钢腐蚀速率最大，与 2(a) 中富 CO_2 相中碳钢表面点蚀更严重实验现象一致。

2.3　测试表征及机理分析

图 4 为碳钢腐蚀产物及去除腐蚀产物后的微观形貌(SEM)，可以看出，8MPa 条件下 J55 碳钢经腐蚀后表面均匀覆盖了黑色较致密的腐蚀产物膜，未观察到明显的基体裸露，去除腐蚀产物后再次观察，发现材质均未观察到基体的金属纹理，腐蚀产物堆积下的碳钢基体都出现了不均匀的全面腐蚀。10MPa 条件下，J55 材质试片表面腐蚀产物变成了黑色的圆形颗粒，致密的覆盖在基体表面，去除腐蚀产物后基体也都是不均匀的全面腐蚀，未出现局部腐蚀特征。从图 5 腐蚀产物的 XRD 分析看出，8MPa 对应的腐蚀产物是 $CaMg(CO_3)_2$ 和少量的 $FeCO_3$，压力升高至 10MPa，腐蚀产物成分相似，以 $CaCO_3$ 和 $CaMg(CO_3)_2$ 为主，伴有少量的 $FeCO_3$，$FeCO_3$、$CaCO_3$ 和 $CaMg(CO_3)_2$ 构成的腐蚀沉积膜层要比疏松的 $FeCO_3$ 腐蚀产物膜的致密性和附着性更好，结合已有研究结论分析，超临界 CO_2 溶解在液相高矿化度地层水中，对碳钢的腐蚀符合 CO_2 电化学腐蚀机理，即 Fe 作为阳极失电子形成 Fe^{2+}，与 CO_2 溶解生成的 HCO_{3-} 主导的阴极反应，逐渐生成不稳定且不致密的 $FeCO_3$，电化学反应的阳极：$Fe \rightarrow Fe^{2+} + 2e^-$，阴极（$pH > 6$）：$2HCO_{3-}+2e^- \rightarrow H_2+2CO_{32-}$，总反应：$CO_2+H_2O+Fe \rightarrow FeCO_3+H_2$，腐蚀产物膜容易被盐水中的高浓度 Cl^- 穿透而加快腐蚀。但与低压 CO_2 的腐蚀反应相比，超临界 CO_2 条件下反应进程更快，生成 $FeCO_3$ 腐蚀产物膜时间更短，因整个腐蚀实验时间持续了 168h，氢去极化腐蚀反应开始阶段生成的细小晶粒 $FeCO_3$ 腐蚀产物无法有效保护基体，腐蚀速率较大。随着腐蚀时间增长，受到高矿化度地层水中 Ca^{2+}、Mg^{2+} 等高浓度成垢离子及结垢趋势影响，腐蚀产物逐渐转变为由 $FeCO_3$、$CaCO_3$ 和 $CaMg(CO_3)_2$ 构成的混合沉积膜，对腐蚀具有一定抑制作用。因为超临界 CO_2 在腐蚀介质中的溶解度远高于低压 CO_2，且随着压力升高，溶解度增大，所以 10MPa 时，地层水中溶解更多 CO_2，电化学传质过程也更快，加速了碳钢的活性溶解，所以 J55 碳钢在 10MPa 条件下的腐蚀速率比 8MPa 更高。

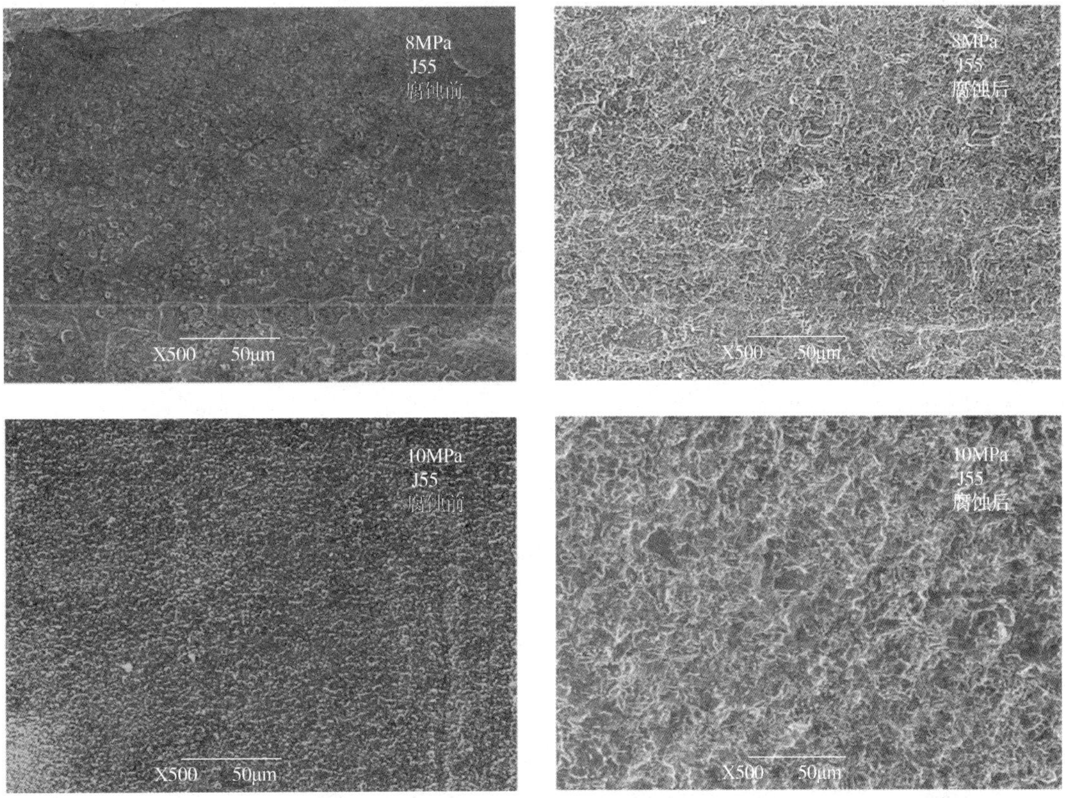

图 4　超临界 CO_2/H_2O 体系(富 H_2O 相)不同压力条件下 J55 碳钢腐蚀微观腐蚀形貌(SEM)

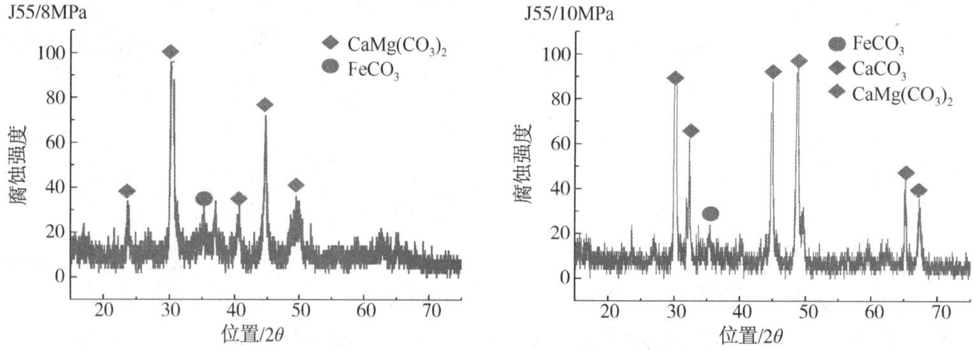

图5　超临界 CO_2/H_2O 体系(富 H_2O 相)腐蚀产物 XRD 分析

如图6所示，J55 碳钢在超临界 CO_2/H_2O 体系(富 CO_2 相)中由于局部高矿化度水的聚集形成局部腐蚀，其它区域仅接触干燥超临界 CO_2 介质，未形成腐蚀电解池，基体无腐蚀现象，且金属纹理清晰可见，当去除局部附着的腐蚀产物后，出现了不同程度的凹坑。对比发现，8MPa 条件下，腐蚀凹坑的面积大，但坑深度浅，相反 10MPa 条件下，腐蚀凹坑面积小，但坑深更严重。试片在富 H_2O 相和富 CO_2 相介质中去除腐蚀产物后的3D形貌(见图7)看出，10MPa 条件下，超临界 CO_2 富水相中 J55 碳钢去除腐蚀产物后基体发生了不全面的均匀腐蚀，无明显局部腐蚀凹坑，测量腐蚀深度差值为 10～20μm。富 CO_2 相中，J55 碳钢表面则存在明显的局部腐蚀特征，坑蚀周围基体平整，经测量最大坑蚀深度为 97μm，对应的点蚀速率为 5.058mm/a，实验结果与失重腐蚀实验数据一致，说明 J55 材质碳钢在超临界 CO_2/H_2O 体系(富 CO_2 相)中，经过腐蚀失重实验后试片失重量虽较小，但出现了严重的局部腐蚀现象，反而会导致管柱穿孔倾向严重。

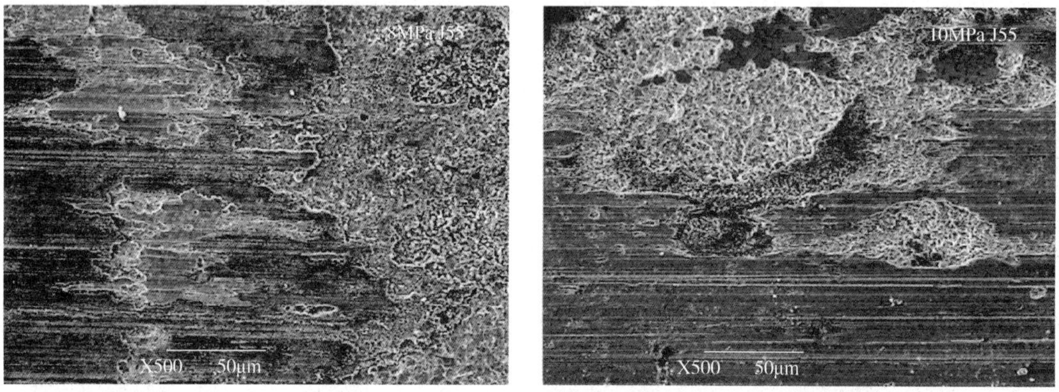

图6　超临界 CO_2/H_2O 体系(富 CO_2 相)试片去除腐蚀产物后微观腐蚀形貌(SEM)

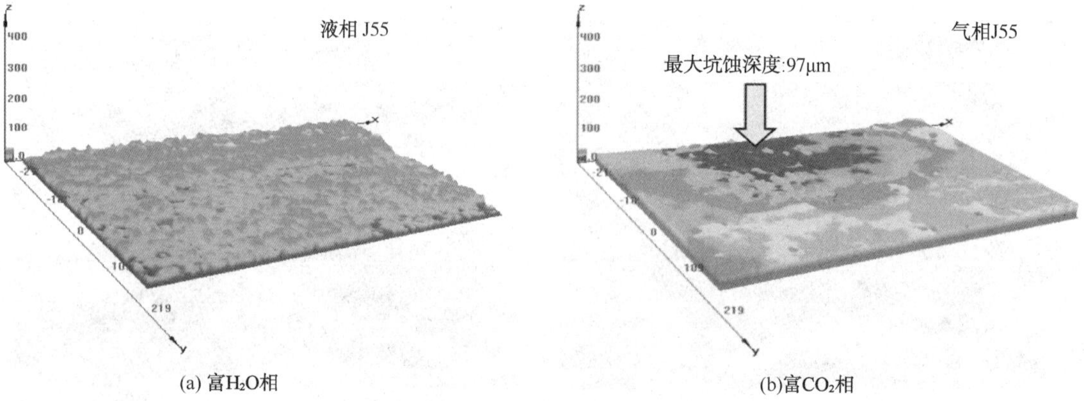

图7　10MPaJ55 碳钢去除腐蚀产物后基体 3D 腐蚀形貌

3 结论

通过对实验结果的分析得出以下结论：

（1）在超临界 CO_2/H_2O 体系下，高化度地层水对 CO_2 的溶解能力增强、腐蚀性离子扩散速度、电化学反应速率均随压力增大而提升，使得 J55 碳钢腐蚀速率高于非临界 CO_2 条件。不同压力条件下，富 H_2O 相的失重腐蚀速率均远高于富 CO_2 相对应腐蚀速率。

（2）J55 材质碳钢，在超临界 CO_2/H_2O 体系中富 H_2O 相和富 CO_2 相的腐蚀类型不同，但失重腐蚀速率值均随压力升高增大。其中，富 H_2O 相中碳钢以不均匀的全面腐蚀为主，富 CO_2 相中碳钢则表现为显著的局部坑蚀。

（3）在超临界 CO_2/H_2O 体系中富 CO_2 相转变为富 H_2O 相过程中，电化学传质过程也更快，加速了碳钢的活性溶解，动态浸泡腐蚀实验过程中，腐蚀产物由开始阶段氢去极化腐蚀反应生成的 $FeCO_3$ 逐渐转变为由 $FeCO_3$ 腐蚀沉积膜与 $CaCO_3$、$CaMg(CO_3)_2$ 垢层为主的混合物，致密堆积对均匀腐蚀具有抑制作用。

（4）实验数据及表征测试结果表明，碳钢在超临界 CO_2/H_2O 体系相态转变过程中，局部腐蚀作用下管柱材质易发生穿孔，严重影响安全生产作业，建议采用金属管材的多元合金镀层技术配套研发适用于超临界 CO_2/H_2O 环境高效缓蚀剂为主的复合防腐措施，为 CCUS 技术进一步规模应用提供技术保障。

参 考 文 献

[1] 胡永乐，郝明强，陈国利，等．中国 CO_2 驱油与埋存技术及实践[J]. 石油勘探与开发，2019，46(04)：716-727.

[2] 秦积舜，韩海水，刘晓蕾．美国 CO_2 驱油技术应用及启示[J]. 石油勘探与开发，2015，42(02)：209-216.

[3] 陈文，汤勇，梁涛，孙雷，等．超临界 CO_2 动态混相驱过程机理研究[J]. 钻采工艺，2011，34(03)：77-80，117.

[4] 郝敏，宋永臣．利用 CO_2 提高石油采收率技术研究现状[J]. 钻采工艺，2010，33(04)：59-63，139.

[5] 张绍辉，王凯，王玲，等．CO_2 驱注采工艺的应用与发展[J]. 石油钻采工艺，2016，38(06)：869-875.

[6] 李孟涛．低渗透油田注气驱油实验和渗流机理研究[D]. 北京：中国科学院研究生院(渗流流体力学研究所)，2006.

[7] 赵雪会，黄伟，张华礼，等．模拟油田 CO_2 驱采出环境下管柱腐蚀规律研究[J]. 表面技术，2019，48(05)：1-8.

[8] 朱达江，刘晓旭，林元华，等．高温高压酸性气井油套管钢在超临界 CO_2 环境下的腐蚀行为[J]. 材料保护，2017，50(03)：79-84.

[9] 刘晓旭，许晶晶，王磊，等．二氧化碳驱注采井常用油套管钢的腐蚀行为[J]. 腐蚀与防护，2017，38(07)：529-532.

[10] Huang B，Lin Y，Singh A，et al. Saccharum sinense bagasse extract as an effective corrosion inhibitor for J55 steel in 3.5% NaCl solution saturated with CO_2 [J]. Anti-Corrosion Methods and Materials，2015，62(6)：388-393.

[11] 张军，赵文轸，来维亚．HCO_{3-} 对 J55 钢腐蚀行为的影响[J]. 材料保护，2010，43(02)：26-28，79.

[12] Wang X Z，Yang Z G，Yin Z F，et al. Corrosion investigation of J55 steel under simulated enhanced oil recovery conditions using CO_2 flooding [J]. British Corrosion Journal，2014，49(4)：275-282.

[13] Waard C D，Lotz U，Milliams D E. Predictive Model for CO_2 Corrosion Engineering in Wet Natural Gas Pipelines[J]. Corrosion. 2012，47(12)：976-985.

[14] 孙冲，孙建波，王勇，等．超临界 CO_2/油/水系统中油气管材钢的腐蚀机制[J]. 金属学报，2014，50(07)：811-820.

[15] 魏莉莎．超临界 CO_2/H_2O 环境下缓蚀剂的作用机制研究[D]. 武汉：华中科技大学，2018.

[16] Z. D.Cui，S. L.Wu，C. F.Li，S. L.Zhu，X. J. Yang. Corrosion behavior of oil tube steels under conditions of multiphase flow saturated with super-critical carbon dioxide[J]. Materials Letters，2003，58(6).

[17] 邹佳男，庞晓露，高克玮．低合金钢 X70 和 3Cr 在超临界 CO_2 环境中的缝隙腐蚀[J]. 金属学报，2018，54(04)：537-546.

[18] 刘丹．动态条件下碳钢在超临界 CO_2 环境中腐蚀机理研究[D]. 武汉：华中科技大学，2015.

[19] 魏亮．钢在超临界 CO_2 环境中腐蚀机制的研究[D]. 北京：北京科技大学，2017.

[20] 王淮章．超临界 CO_2 环境中 N80 碳钢与 13Cr 不锈钢电偶腐蚀及缓蚀机理[D]. 北京：华中科技大学，2019.

天然气调峰发电与氢储能发电关键技术

沈全锋

（中国石油工程建设有限公司）

摘　要　可再生能源在人类社会的能源体系中占比越来越高，但可再生能源普遍存在稳定性差、利用效率低等问题。油气田电网负荷中心，具备加速布局风力发电和光伏发电项目的良好基础。中国天然气需求潜力较大，LNG、储气库和天然气管道都是天然气调峰的重要手段。建议提升天然气储配中心地位，规划建设天然气调峰机组，实现燃气、电力"双调峰"。氢储能发电技术是实现氢能与电能充分结合和优势互补的重要途径，应用前景可期。

关键词　储气库；LNG 调峰；天然气热电联产；氢储能发电

能源在人类社会的发展中一直扮演者至关重要的角色，而且每一次工业革命都伴随着重大的能源体系变革。受全球经济发展更加迅猛的影响，常规的化石能源——煤、石油、天然气等的年消耗量成倍增长，二氧化碳及有害气体排放量大幅增加，使全球的生态环境遭到严重的污染和破坏。清洁技术对减少温室气体排放、实现低碳发展至关重要。在能源及相关行业的超过 80×10^8t 的碳排放中，大约一半来自钢铁、水泥、石化、有色冶金等工业行业。需要借助颠覆性思维，注入低碳、零碳新技术，实现流程再造。

下一步，中国石油集团公司将充分利用天然气绿色低碳属性，大力发展天然气业务，利用好公司矿权范围内风光地热等丰富资源，大力实施风光气电融合发展和氢能产业化利用，加大地热资源综合利用力度。在这样的形势下，大力发展清洁能源，尤其是扩大清洁能源在储能发电领域的大规模并网应用，是改善人类居住环境以及促进人类社会可持续发展的关键所在。2021 年全球天然气需求将反弹 3.6%，到 2024 年天然气需求将达到近 $4.3\times10^{12}\,m^3$，较新冠肺炎疫情大流行前水平增长 7%。在"天然气总需求增加"中，经济活动驱动的增长占近三分之二，而替代煤炭（以及在较小程度上的石油）占其余 $1600\times10^8\,m^3$。

与能源转型相关的技术路线图、经济成本和供应链主要包括：通过扩大陆上风电和光伏发电比例，温室气体减排取得了巨大进展；海上风电发展前景广阔；火电温室气体排放量占全球发电行业总排放量的 40%。为了减少这部分排放量，需要发展包括碳捕获与储存、直接空中捕获等在内的新型技术；电池和大规模储能设备可快速促进间歇性可再生能源技术的发展；氢气用途广，可促进工业部门脱碳、为建筑物供暖以及为交通运输提供燃料，但目前氢气生产成本还比较高；大型油气公司工程技术先进、资本雄厚且规模大，因此对全球能源经济去碳化至关重要。

氢具备可储、可运、可发电的独特优势，特别适合大规模应用于电厂的储能发电上，使氢能与电能可互相转化，互为依托，优势互补。预计到 2050 年，氢能产生 2.5 万亿美元的直接收入，间接基础设施市场潜力高达 11 万亿美元。炼油、氨气、钢铁和重型车辆等行业将引领氢过渡，发展速度更快且成本更低，氢目前在供热、水泥生产和发电等领域滞后。如果碳捕集政策支持，使用天然气生产并捕集碳排放的"蓝色"氢能在 2030 年前仍将保持成本竞争力。目前，我国氢储能领域的关键技术与国际先进水平相比，仍有一定差距。装备方面仍需提升单体功率，提高关键部件/材料国产化水平；应用方面还需进一步完善基础设施和标准规范，提升氢电互动水平，降低绿氢制取成本等。

1　天然气储气库

中国天然气用气地区间分布不均衡，天然气用气量还会有较大的增幅，对天然气调峰的需求极大。储气库和 LNG 的供气量之和占总供气量之比接近 20%，但管道仍然是天然气调峰的重要手段，储气库和 LNG 的调峰量仍然不足。目前，中国石油天然气管道已经连接成网，并与中国石化、中海油等供气方有互联互通的站场。中俄东线天然气投产，储气库群先后投运，风力发电和光伏发电项目有序推进，随着一大批清洁能源项目的加速布局，能源绿色低碳发展又跃上新台阶。油气田电网负荷中心，具备加速布局风力发电和光伏发电项目的良好基础。在电网建设方面，围绕构建以新能源为主体的新型电力系统，规划电网项目和储能项目，着力完善电网主网架结构，提升智能化水平。

为进一步降低化石能源消费总量，积极稳妥促进天然气利用、加速氢能产业发展、大力推进清洁取暖等举措，进一步升级全社会能源消费方式，营造绿色低碳生活新风尚。在天然气基础设施建设上，加快推进储气库群和 LNG 调峰项目，提升供气和储气调峰能力。加快天然气管网建设，稳步实施气化工程。积极发展基于天然气发电的冷、热、电“三联供”分布式能源，实现能源梯级利用；鼓励调峰气电发展。

我国地下储气库建设历经 20 年，目前已经处在快速发展期，市场空间巨大。中国石油工程建设公司(CPECC)作为集团公司工程建设业务尤其是储气库建设的主力军，是储气库公司的重要合作伙伴。CPECC 近几年承建相国寺、苏桥、京 58、呼图壁等地下储气库项目，能够从储气库本质安全、延长储气库寿命、数字化转型和标准规范制定等方面加大关注力度，发挥自身优势，持续做好咨询、设计及建设工作。储气库公司将在前期规划咨询、后期运行维护、标准规范编制等方面进一步加强与 CPECC 的合作力度。

美国独立储气库公司从 20 世纪末期开始出现，目前已占到联邦能源监管委员会所监管储气库总工作气量的 18%左右。独立储气库公司的产生有赖于天然气产业高度市场化，提供可中断储气和寄存/暂借三种服务，储气服务费率按服务成本法确定，并根据库存气热值变化定期调整。近期，中国石油西南油气田公司与四川省能源局签订四川地下储气库合作框架协议，在四川省宜宾市境内建设四川首个地下储气库群——牟家坪、老翁场储气库群。库群地处天然气核心产区，可以实现气田与储气库联动。推进组建四川首个地下储气库运营公司，保障地区能源供应，共同探索新型商业模式，实现互利共赢。

2 LNG 调峰设施

继续加大天然气勘探开发力度，提高国内天然气供应能力，作为应急储气能力的一部分，以满足用气高峰时的供气需求。加大储气库采气设施的建设，提高储气库应急采气能力。LNG 供应能力较大，但储量不足，加快 LNG 储罐的建设，以提高应急储气量。相比其他方式，LNG 储罐不但建设速度快，而且造价低，能较快地发挥作用，是一种比较推荐的方法。

LNG 调峰站主要设备低温储罐是立式或卧式双层真空绝热储罐，内胆选用材料为奥氏体不锈钢，外容器材料根据用户地区不同，按国家规定选用为 345R。天然气储罐直接影响气化站的正常生产，也占有较大的造价比例。现有真空粉末绝热型储罐、正压堆积绝热型储罐和高真空层绝热型储罐，中、小型气化站一般选用真空粉末绝热型低温储罐。储罐分内、外两层，夹层填充珠光砂并抽真空，减小外界热量传入，保证罐内 LNG 日气化率低于 0.3%。操作压力为 0.6～1.44MPa，操作温度为－162℃(分为立式或卧式)，其罐体由内外两层构成，为了减少外部热量向罐内的传入，两层间采用抽真空填充珠光砂保冷材料绝热结构，与大气隔离，避免了大气压力或温度变化的影响以及湿空气进入内、外罐间保冷层，有效保证和提高了保冷材料的使用效果。

空温式气化器系列是利用大气环境中自然对流的空气作为热源，通过导热性能良好的铝材挤压成星型翅片管与低温液体进行热交换并使气化成一定温度的气体，无须额外动力和能源消耗。气化器的作用是把 LNG 储罐输送出来的液体转化为气态供后续使用。核心部分就是换热装置，在尽可能小的空间内从大气中获取强大的热能。目前，国内厂家生产的空温式气化器的换热装置多采用防锈铝合金翅片管，大多存在以下缺点：设备庞大、造价过高、产品流量不足。

3 天然气热电联产

2014 年 CPECC 与 BP 签约伊拉克鲁迈拉绿色油田早期电站项目，主要由 5 台 42MW GE MS6001B 简单循环重型燃气发电机组及其配套设施组成。项目建成后，不仅通过国家电网为鲁迈拉油田的油气设施、巴士拉当地社区提供电力，还可以增加市场电力供应。该项目 13×10^8kW·h 的发电量每年大约可满足 108 万户家庭的用电需求；以目前油田每生产一桶原油耗电 2.06kW·h 计算，每天能满足生产 170 万桶原油所需的电量，每年约 6.3 亿桶(约 8000×10^4t)，相当于两个大庆油田的原油年产量。每年大约可有效利用 5.2×10^8Nm^3 伴生天然气，减少 300t 左右的二氧化硫排放，极大减少环境污染，灭掉部分常年燃烧的火炬，节约大量能源。

图 1　天然气发电调峰燃气轮机

天然气热电联产项目是气网、电网安全运行的重要保障。天然气热电联产项目具有双调峰功能，可保障电网、气网安全运行。一方面，燃气轮机的调峰性能优越(见图 1)，在启停速率和低负荷运行深度调峰等方面均优于煤电。天然气热电联产项目可深入负荷中心，满足潮流分布等电网调峰需求，保障电网运行安全；另一方面，对气网也具有调峰作用。天然气的特点是不易储存，压力过高或过低都会影响气网运行安全，天然气热电联产项目相当于动态的储气设施，可根据气源气量的供应以及管网的安全运行压力，快速响应，及时增加或减少用气量，更好地保障气网安全稳定运行。

CPECC 一直致力于发展油田孤网智能电力系统成套技术，在油田孤网电力系统规划技术、孤网自备电站技术、输变电技术和智能孤网控制等方面形成了 20 项特色技术，拥有专利 6 项，整体技术达到国际先进水平。孤网自备电站技术包括燃气轮机发电技术、内燃机发电技术、光伏发电技术、伴生气直燃发电技术、粗柴油精细处理技术及高效蒸发制冷技术。油田孤网智能电力系统成套技术已成功应用于电力供应社会依托差、孤网运行、供电可靠性及稳定性要求较高的海外油田，孤岛自备电站总容量超过 1000MW、132kV/66kV/33kV 变电站数十座，架空输电线路总长度 3000km，开创了油田高硫伴生气直燃发电的先河。

天然气压力能发电工艺采用并联的方式与调压站调压设备相接，并经过计算模拟并联管道的动态参数实现两条燃气路线的无缝衔接。该发电工艺主要由三部分组成，分别是膨胀降压部分、膨胀发电部分和监控和数据远传部分。上游管网的高压天然气在流量和压力稳定以后，由过滤器进一步过滤，进入膨胀机膨胀降压，能量以机械功的形式输出。降压之后的天然气经过温压平衡器调整至与下游管网的运行状态相匹配，然后汇入下游管网。发电机连接于膨胀机之后，膨胀机的压力驱动做功带动发电机工作输出电力，实现功能转化。设置数据远传和信号监控系统，借助流量计、变送器等装置将工艺运行参数传输至 PLC 控制中枢。高压管网天然气压力能发电项目起到了良好的示范效果，一体化工艺有效解决电力孤网和燃气波动调峰问题，确保设备长期、高效运行。但目前少有压力能发电项目正常运行，主要原因是现有技术不成熟以及运营不合理。下游负载在不同的时间段会出现用电高峰和低谷，由于缺少能快速调控发电功率的系统，容易出现发电机主轴转动速度与负载不匹配的情况，从而影响发电机设备的稳定运行，并造成发电效率的低下。

4　氢储能发电优势

随着电网稳定性日益受重视，储能将在增强电网稳定性方面发挥重要作用；受欧洲相关项目的推动，氢能源正加速发展；油气公司对低碳行业的投资将持续增加，促进部门能源转型；二氧化碳脱除技术对减少大气碳排放十分重要。

氢气作为能源载体的优势在于：(1) 氢和电能之间通过电解水与燃料电池技术可实现高效率的相互转换，压缩的氢气有很高的能量密度；(2) 氢气具有成比例放大到电网规模应用的潜力，可将具有强烈波动特性的风能、太阳能转换为氢能，更利于储存与运输，所存储的氢气可用于燃料电池发电，或单独用作燃料气体，也可作为化工原料。

氢储能发电具备能源来源简单、丰富、存储时间长、转化效率高、几乎无污染排放等优点，是一种应用前景广阔的储能及发电形式，可以解决电网削峰填谷、新能源稳定并网问题，提高电力系统安全性、可靠性、灵活性，并大幅度降低碳排放，推进智能电网和节能减排、资源可持续发展战略。在氢储能发电技术方面，欧洲的发展相对成熟，有完整的技术储备和设备制造能力，也有多个配合新能源接入使用的氢储能系统的示范项目。

电解水制氢的发展壁垒是电力供应短板，包括庞大电量的使用、电能转化效率低下等问题。天然气压力能发电用于电解水制取氢气的工艺，由压力能发电和电解水制氢两部分组成。压力能膨胀发电后，发电机后面需要接入电解水制氢设备，输出的直流电的匹配性得到满足。天然气压力能发出的电，经过稳压器稳定之后由蓄电池储存。电解水制氢所需的直流电由蓄电池提供，保证了供电电流和电压的稳定性。

当前氢储能系统的关键技术主要包含制氢、储运氢和燃料电池技术 3 个方面。将电解制氢技术用于可再生能源发电场景，在提升可再生能源发电规模化消纳的同时，还能够优化风电/光伏场群的出线容量，从而降低电网外送输电容量的投资，提高输电线路的利用率。具备快速响应及启停能力的电解制氢系统，在用电高峰时可用于调峰调频辅助服务。大容量燃料电池发电系统可在电网超负荷运行时用作调峰机组，以满足发电需求。电解制氢系统可在用户侧利用谷电制氢实现调峰，也可通过电力需求侧实时管理系统，作为灵活负荷参与需求侧响应。制取的氢气储存起来，还可用于加氢站加氢服务。

5　耦合燃料电池热电联供

可再生能源的间歇性是一个问题，需要一些大的储存容器来平滑风能和太阳能的输出，而氢能就是那个非常大的容器。在传统能源和各种形式的新能源交替共存的非常时期，储能产业是各种能源形式紧密结合的“软化剂”，是优化能源结构，避免能源浪费的关键支撑。如果可再生能源在发电组合中占最大份额，则对长期存储的需求将变得更加迫切。

目前，国际上小型氢能“发电站”开始进入推广期，大型氢能发电示范站也在逐步建设中。氢气储能发电与传统的电池储能技术不同，它通过电解水制氢的方式，将能源以气态燃料的方式存储起来，可以用在化工、氢电池汽车、加气站等更多的场合。使用这种方式，一方面有利于就地应用，另一方面，借助天然气管网技术也可以实现远距离运输。但氢储能目前还需要实现低成本和大型化，提高氢储能系统与风电场的适配性及集成技术，协调氢储能系统与电网的综合调峰控制，进一步发展大规模、低成本的氢气输运技术。

电解制氢+储氢+氢燃料电池发电用于构建微电网系统，分布式可再生能源消纳，进行氢、热、电联供，实现偏远地区可靠供能。不同规模的小型天然气制氢耦合燃料电池后，能够实现高效的热电联供，这代表了新型分布式能源的发展趋势。此类产品目前在日本、美国、欧洲发达国家发展迅速。除了家用外，5kW 至兆瓦级规模也可以应用于社区、办公楼、医院、学校等场所，能实现区域性独立热电联供，与气网、电网协同和联通，构建气、热、电、氢综合智慧能源体系。

6　新能源产业展望

积极发展光伏发电，加快推进地热能、生物质能开发利用，打造绿色能源基地，构建低碳高效的能源支撑体系，加快储气库群建设，提升天然气储配中心地位。

规划建设天然气调峰机组，发展天然气热电联产可优化能源结构，实现燃气、电力“双调峰”，打造新型智能电网，谋划建设储能设施。

大力发展氢气储能及发电技术，充分将氢能和电能合理而高效的结合，同时发挥氢气可以作为储能介质的优势，克服可再生能源间歇性弊端，促使“氢能经济”早日到来。

参　考　文　献

[1] 凌文，刘玮，李育磊，等．中国氢能基础设施产业发展战略研究[J]．中国科学工程，2019，21(3)：76-83.

[2] 吉力强，赵英朋，王凡等．氢能技术现状及其在储能发电领域的应用[J]．金属功能材料，2019，26(06)：23-31.

油气田企业在内蒙古地区发展新能源业务面临形势与发展对策

杨懿迪　韩宗奎　马海涛　朱晓明

（中国石油华北油田公司）

摘　要　当前能源革命已成为大势所趋，越来越多的油气田企业依托油气主营业务的探矿权优势、区位优势、资源优势、天然气调峰优势等，加速布局新能源，着力培育新能源新业态，打造绿色低碳竞争新优势，推进油气主营业务与新能源业务实现协同发展，为保障国家能源安全做出积极贡献，助推尽早实现“双碳”目标。

关键词　油气田企业；内蒙古；新能源；风电；光伏；对策

1　内蒙古新能源政策要求

2022年3月，针对市场化并网消纳项目和保障性并网消纳项目两大类，内蒙古自治区印发《关于推动全区风电光伏新能源产业高质量发展的意见》。《意见》指出：市场化并网消纳项目要通过自建、合建共享调峰资源或购买服务等市场化方式落实并网条件，按照负荷需求增加并网规模；保障性并网消纳项目重点用于支持自治区发展的重点工程。原则优先支持全额自发自用和不占用电网调峰空间的市场化并网消纳项目。

市场化并网消纳项目主要包括：(1)源网荷储一体化项目；(2)工业园区可再生能源替代项目；(3)火电灵活性改造促进新能源消纳利用项目；(4)风光制氢一体化示范项目(20%上网，可占用保障性消纳空间)；(5)自建购买储能或调峰能力配建新能源项目(20%上网五年，五年内占用保障性消纳空间)；(6)全额自发自用新能源项目。保障性并网消纳项目主要包括：(1)风光氢储产业链等重点项目；(2)配套生态综合治理的项目；(3)国家试点示范及乡村振兴等项目；(4)分散式风电及分布式光伏发电项目。

2　面临的形势及问题

(1)从内蒙古发展政策和要求来看，8月23日“中国这十年·内蒙古”主题新闻发布会明确提出了“新能源开发的形式为自己干、合伙干以及拿土地和风、光资源入股三种模式，大力支持区内企业以独资、合资、要素入股等方式参与新能源开发”。在跑办业务实际对接中，由于内蒙古以往新能源保障性指标释放较多，但未落实的指标存量较大，且蒙西电网外送已经饱和，电力接入困难，导致内蒙古乌兰察布市、巴彦淖尔市、阿拉善盟等蒙西地区各级政府要求带产业落地，做到新增负荷自发自用；有的盟市倾向于本地政府拿风、光资源入股，如果当地政府拿风光入股，无法进行有效评估。

(2)从行业和市场竞争来看，内蒙古拥有优越的风光资源和广袤的沙戈荒土地优势，大唐、华能、三峡等国企与内蒙古签订合作协议，天顺风能、特变、金风等民营企业纷纷逐鹿并在当地成立公司，内蒙古已成为发展新能源业务的热土，市场竞争异常激烈。

(3)项目所在地区必须注册公司纳税。各地方政府要求投资企业必须在项目建设地注册独立法人公司，方可有资格在当地进行指标申请。

(4)内蒙古西部地区电网处于饱和状态，电网接入难度大。综合上述情况，结合油气田企业实际，勘探自用负荷难以满足消纳要求，可申报的并网消纳项目类型较为局限；大部分油气田企业在内蒙古的油气勘探开发相关投资地方政府不予认可产业落地。在国家层面未明确规划油气田企业新能源基地的情况下，与内蒙古国有能源企业合作、成立联合体成为当前推动指标获取的有效途径。

3 发展对策

3.1 加快参与沙戈荒风光大基地建设

沙漠、戈壁、荒漠地区的大型风光电基地开发建设是“十四五”新能源发展的重中之重，目前第一批基地已经全部开工建设，第二批基地项目清单已经印发，第三批基地项目也在组织谋划。内蒙古自治区“十四五”发展规划强调坚持大规模外送和本地消纳、集中式和分布式开发并举，重点建设乌兰察布、巴彦淖尔、阿拉善等千万千瓦级新能源基地。油气田企业要紧紧立足区位优势、资源优势、气电调峰优势，紧盯国家、自治区第三批基地项目规划，以油气勘探开发撬动风光电指标落地，着力推动“沙戈荒”大型风电光伏基地项目建设。

3.2 深入推进与电力企业新能源合作

加强与内蒙古政府紧密对接，积极争取新能源重大项目、产业基地的政策支持、指标支持，拓展产业空间布局，打造绿色产业发展基地。深化与国有传统大型电力企业的沟通与合作，延链条、聚集群，探索创新合资方式、商业模式，构建优势互补、强强联合发展格局，共同开展风光发电大基地建设、清洁能源生产、风光发电制氢，煤层气开发及燃气调峰发电站，各类储能以及新能源、工业蒸汽利用等多能建设领域业务，因地制宜推进风电、光伏多场景融合发展。

3.3 积极参与国家电网特高压通道建设

加快建设电力外送通道，实现能源电力大规模开发和高效利用，是加快能源结构调整和布局优化，促进东西部协调发展的重要举措。内蒙古自治区“十四五”电力发展规划指出，全面推进智能电网建设，提升通道输电能力，扩大新能源外送规模。围绕鄂尔多斯、阿拉善、巴彦淖尔、包头、锡林郭勒等大型新能源基地规划，加强与电力企业对接合作，积极争取参与建设输变电工程，为推进沙戈荒风光基地电力外送奠定基础。

3.4 加快推进低碳零碳油田建设

根据油气田“十四五”建设整体规划，落实能耗新增负荷，做好保障性指标申请，推动新能源业务与产能建设同部署、同设计、同实施，实现新能源业务与油气业务协同发展，积极推动油田低碳示范区项目落地。

3.5 油气田总部与内蒙古开展深层次战略合作

建立常态化沟通机制，争取内蒙古政府从顶层设计规划给与新能源并网指标、用地、规划等方面的支持。推动政企人员挂职交流，增强对政策的了解和解读，掌握新能源发展方向，为科学决策提供有效依据。同时增进油地关系，为业务开展、新能源指标获取构建良好基础。

4 结语

油气田企业与新能源产业有着天然的结合点，充分挖掘利用对于油气田转型乃至助力碳达峰碳中和目标的实现，均具有重要意义；也需要国家给予相关政策，支持油气田成为实现‘双碳’目标与保障能源安全的中坚力量。

绿氢耦合煤制油化工技术经济研究

丁永平

（国家能源集团宁夏煤业有限责任公司）

摘　要　氢能是推动传统煤基能源清洁高效利用和支撑新能源大规模发展的重要载体，也是实现交通运输、工业领域大规模深度脱碳的不可或缺的解决方案。随着可再生能源和绿氢技术迭代和制造成本下降，绿氢在煤化工等重要工业领域必将迎来指数级的增长，综合考虑成本和绿氢耦合煤制油化工稳定生产的问题，选择适当规模的光伏和电解水制氢装置非常重要。当前阶段实施规模化绿氢耦合煤制油化工项目具备技术可行性，但是光伏电解水制备绿氢的供应波动问题导致耦合的技术经济性等客观问题，建议从全产业链着手研究项目经济性，而不是仅仅从单个项目或装置单元衡量项目的经济性。

关键词　绿氢；耦合煤制油化工；光伏发电；技术经济

宁夏作为西部能源重镇，产业结构倚“重”倚“能”，能源结构一煤独大，导致宁夏节能减碳形势严峻、压力倍增，宁夏煤业公司是宁夏最大的能源企业，产业结构主要以煤化工为主，能耗总量比例占全区 27%，尤其是 400×10^4t/a 煤炭间接液化项目（以下简称煤制油项目）作为全球单体规模最大的化工项目，对宁夏能耗总量控制影响最大，煤制油项目年能耗总量约占宁东基地总能耗的 36%。碳排方面，宁夏煤业公司煤化工年排放 CO_2 达到千万吨级。在国家“能耗双控“和“双碳"的大背景下，宁夏煤业公司目前面临巨大的节能减碳压力，虽然已经采取了煤化工工艺优化和技能改造等措施，但相较于总体碳排放规模体，减排贡献有限。宁夏煤业公司作为宁夏地区煤化工行业的领先者，肩负着引领煤化工行业落实双碳目标的企业使命和社会责任。

氢能是推动传统煤基能源清洁高效利用和支撑新能源大规模发展的重要载体，也是实现交通运输、工业领域大规模深度脱碳的不可或缺的解决方案。2020 年 4 月，宁夏回族自治区政府出台《自治区人民政府办公厅关于加快培育氢能产业发展的指导意见》，提出优化氢能产业布局、加快推进氢气制备、储运和加注等基础设施建设、着力构建全产业链发展支持体系、开展氢能应用试点示范等政策。2020 年 1 月，自治区人民政府办公厅转发《自治区工业和信息化厅关于实施“四大改造”推进工业转型发展实施方案的通知》，提出大力发展清洁能源产业，推动光能、氢能等清洁能源产业一体化配套发展，壮大光伏制造全产业链，重点支持太阳能电池及组件、氢能基础设施等配套产业发展，高标准建设国家新能源综合示范区。

未来宁夏回族自治区依托现有产业基础，围绕制氢、提纯、储存、运输、加氢站建设、加注、氢能燃料电池、氢能汽车等产业环节，构建生产、研发、应用、服务于一体的全产业发展体系，优化产业结构，因此，有效整合光伏发电，采用合适的技术路线制氢，并耦合煤化工应用，符合宁夏回族自治区氢能发展战略。

我国政府承诺到 2030 年非化石能源占一次能源消费的比重达到 20%左右，二氧化碳排放达到峰值，努力争取 2060 年前实现碳中和。本项目优化整合电源测、电网侧、负荷侧资源要求，以氢能等先进技术和体制机制创新为支撑，以安全、绿色、高效为目标，联结源、网、荷、储供需全过程，充分发挥负荷侧的调节能力，推进本项目光伏发电就地消纳，降低对大电网电力调节支撑需求，构建多层次电力安全体系，开展源网荷储（氢）一体化示范，探索新能源消纳新途径。

1　氢能产业与煤制油化工耦合的示范意义

近几年我国 CO_2 排放量居于各国之首，我国已向联合国提交了中国应对气候变化国家方案，且承诺到 2030 年 CO_2 排放量达到峰值，单位 GDP 排放量排放强度要比 2005 年下降 60%至 65%，CO_2 排放问题严重制约煤化工产业发展。

近年来，电解水制氢工艺已普遍成熟，产生高纯的氢气可以用于煤化工，无须通过变换反应来获取氢，有效降低了变换反应所产生的大量二氧化碳的排放问题，进一步利用煤炭中的碳资源，增加了产品的出品率，可为传统大型化煤化工提质增效减碳降耗提供示范作用。

宁夏煤业公司煤化工所需氢气主要来自气化装置和 PSA 氢气回收装置，其中气化炉共 39 台，气化产生的粗合成气中氢气约 $217\times10^4Nm^3/h$。PSA 变压吸附装置共 5 套，H2 产量 $26.4\times10^4Nm^3/h$。受工艺限制，氢气主要通过 CO 变换产生，变换过程产生大量的 CO_2，以煤制油项目为例，煤经气化后产生粗合成气（一氧化碳占68%，氢气占 23%），在进入油品合成单元前，需要通过变换装置制取氢气，将碳氢比例调整为一氧化碳 38%、氢气 61%。制取氢气过程中会消耗一部分一氧化碳，同时排放出大量二氧化碳。如果通过新能源制氢全部替代煤制气、粗合成气变换工艺制氢（$110\times10^8m^3/a$），年可减少煤炭消耗量 800×10^4t，减少二氧化碳排放量 2100×10^4t。减量减排效果明显，战略意义重大。

总体来看，煤制油化工行业拥有巨大的绿氢消纳需求，随着可再生能源和绿氢技术迭代和制造成本下降，绿氢在煤化工等重要工业领域必将迎来指数级的增长。

2　拟规划项目光伏及电解水制氢规模和资源

综合考虑成本和绿氢耦合煤制油化工稳定生产的问题，当前阶段选择适当规模的光伏和电解水制氢装置非常重要。

2.1　制氢规模选择

目前，基地正合资开发建设光伏发电配套电解水制氢 $1.5\times10^4Nm^3/h$，主要用于 $15\times10^4t/a$ 合成氨生产。该合成氨装置用氢总量为 $3.7\times10^4Nm^3/h$，其中裂解装置副产氢 $9000Nm^3/h$，煤制油自供 $2.8\times10^4Nm^3/h$。宁夏煤业公司煤制油项目耗氢气约 $200\times10^4Nm^3/h$，根据绿氢间歇不连续性特点和对煤制油项目系统氢碳比影响，可考虑先期建设 $2\times10^4Nm^3/h$ 规模制氢装置，采用绿氢耦合煤制油化工应用方式供给煤制油装置，不增加储能、储氢设施，可进一步控制成本提升项目经济性。

2.2　光伏规模

本项目规模拟定为 300MWp 集中式光伏发电 $+2\times10^4Nm^3/h$ 电解水制氢，其中 180MWp 光伏发电集中上网，120MWp 光伏发电用于电解水制氢。

2.3　项目概况

本项目由光伏发电、电解水制氢、氢应用等系统组成（见图 1）。光伏电站拟选在清水营井田内西北方位（距宁东能源化工基地约 10km），建设 300MWp 光伏电站，配套建设一座 110kV 变电站，建设 $2\times10^4Nm^3/h$ 制氢站，120MWp 光伏发电制氢用于煤化工项目。

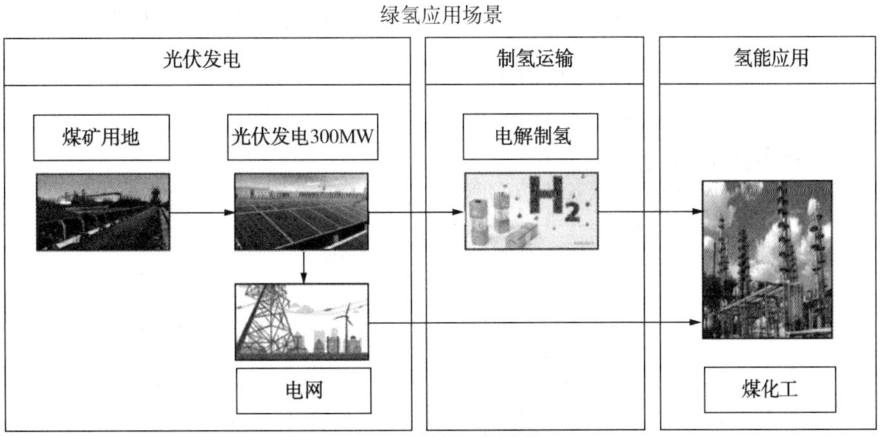

图 1　项目组成结构

用于制氢的光伏发电场区规划装机容量 120MWp，光伏组串所发电量经直流汇流箱汇流、DC/DC 变换成稳定的直流电后，直接供电解槽制氢。制氢采用 20 台 $1000Nm^3/h$ 碱性电解槽，项目总制氢规模达到 $20000Nm^3/h$，采用 120MWp 光伏直流供电。制氢站最大生产能力氢气 $20000Nm^3/h$，氧气 $10000Nm^3/h$，年满负荷运行时间 1700h，年产高纯氢气 3030t，副产氧气 24310t。制氢站消耗 120MWp 光伏直流供电 $2.1\times10^8kW\cdot h$，产生氢气及氧气供给煤制油装置。

2.4　技术资源分析

2.4.1　太阳能资源

宁夏是我国太阳能资源最丰富的地区之一，也是我国太阳辐射的高能区之一。宁夏日照年总辐射除贺兰山、南华山及六盘山部分地区少于 5000MJ/m^2·a 外，其他均高于 5800MJ/m^2·a。南部山区和灌区的银川及周边年日照总辐射介于 5800~6000MJ/m^2·a 外，其他各地均高于 6000MJ/m^2·a，尤其是中部干旱带年总辐射均高于 6300MJ/m^2·a，太阳能资源最为丰富。宁夏地区在开发利用太阳能方面有着得天独厚的优越条件(见图 2)，地势海拔高、阴雨天气少、日照时间长、辐射强度高、大气透明度好。

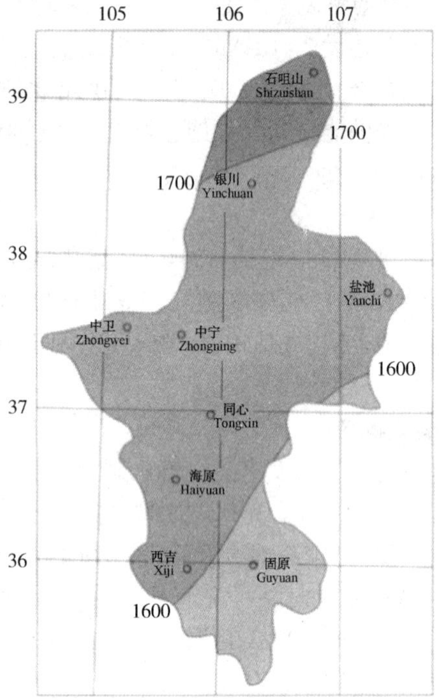

图 2　宁夏太阳能资源分布图

通过卫星数据进行插值计算得到该地太阳总辐射如图 3 所示。场址平均年水平面总辐照值 1640.1kW·h/m^2，其中散射值为 652.8kW·h/m^2。可以看出，该地区的太阳能资源年变化十分明显，总体呈近似的正态分布。

光伏发电技术成熟、可靠，且宁东基地已普遍建设和运营光伏发电工程。从长远目标来看，光伏发电与氢能源关系密切且需重点关注的核心主要是解决由于光伏受昼夜光源影响导致发电产生峰谷波动的因素。根据目前宝丰能源已建设光伏发电配套水解制氢工程设计经验，有两种途径：一是在光储互补供电系统的设计中，系统容量的优化配置是一个重要步骤。根据全年光伏总输出功率曲线和储能电池的特性，对光伏总输出功率进行计算分析，使得储能电池调节时段尽可能长，光伏输出功率的波动尽量平稳、波动性小，以达到总输出功率平稳的目的。二是制氢装置的规模选择考虑光伏发电所特有的波动性，根据光伏发电平均负荷进行了合理配置(宝丰氢能源一期工程即采用此方法)，本项目拟选第二种方案，暂不考虑储能电池。

光伏发电优势：从新建电站所消耗能量与电站运行周期内的发电量之比，即能量的投入产出比看，目前光伏发电可达到 10~15 倍，在光照良好的地区高的可达到 15~20 倍。从光伏电站建设成本来看，每千瓦光伏电能的建设成本为 4000 万~4500 万元，相比其他可再生能源已具有同样的经济优势；从目前各种发电方式的碳排放来看，煤电为 275g，油发电为 204g，天然气发电为 181g，风力发电为 20g，而太阳能光伏发电则接近零排放。从土地占用来看，太阳能最少，如果说太阳能发电要占用土地面积为 1 的话，风力则是太阳能的 8~10 倍，生物能则达到 100 倍。而水电，一个大型水坝的建成往往需要淹没数十到上百平方千米的土地。

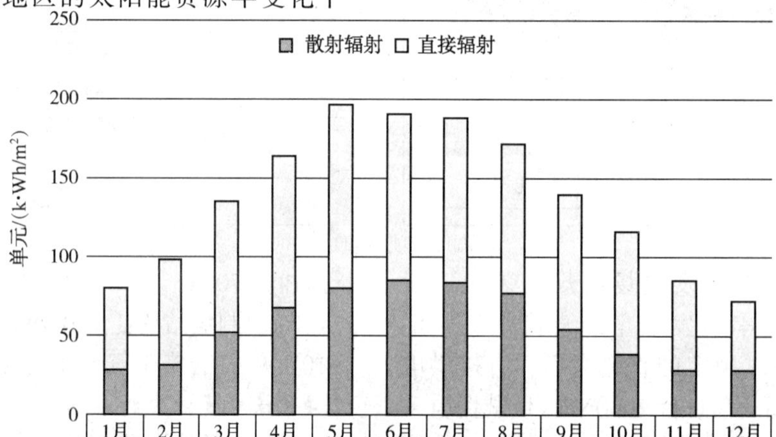

	1月	2月	3月	4月	5月	6月	7月	8月	9月	10月	11月	12月
□ 直接辐射	52.3	66.7	83.4	96.4	116.9	104.9	105.1	93.5	85.7	77.1	59.5	45.8
■ 散射辐射	28.1	31.6	52	68.7	79.7	85.6	83.4	78.4	54.3	39.2	26.1	25.7

图 3　水平总辐射年变化

2.4.2　氢能技术

目前，氢能源主要来自煤气化和水电解两种工艺，其中煤气化更为普遍和成熟，但是该技术工艺流程长、投资高、环保处理成本高等特点。水解制氢技术主要分为碱液电解水和质子膜两种工艺，其中碱液电解水技术主要为国内相关专利商技术，单系列成熟规模最大为 1000Nm^3/h；质子膜现阶段规模化主要为国外专利技术，单系列成熟规模最大为 13000Nm^3/h。国内技术典型代表为苏州竞立公司、天津大陆公司和七一八所，国外技术典型代表为西门子、林德以及康明斯等。

上述无论国内技术抑或国外技术，几乎均未在氢能源与化工装置耦合中应用，多为电子产品行业等相关应用，其中国内碱液电解水制氢技术在兰州石化 CO_2 生产甲醇装置中开展 CO_2 制取甲醇中试应用(该装置设计年产甲醇 1440t，总投资 1.4 亿元，2 台 1000Nm^3/h 电解水制氢，10MW 光伏装机，项目总占地约 19.4×10^4m^2，2019 年 2 月开工建设，2020 年 10 月投产)。

无论碱液电解水还是质子膜电解水，原料均为软化水，其水质要求如表 1、图 4、表 2、表 3 所示。

表 1　电解水水质指标表

序号	指标分析项目	电解水指标	普通脱盐水指标	普通凝结水
1	电导	≤1μs	≤0.2μs	≤5μs
2	氯离子	<2mg/L	无要求	无要求

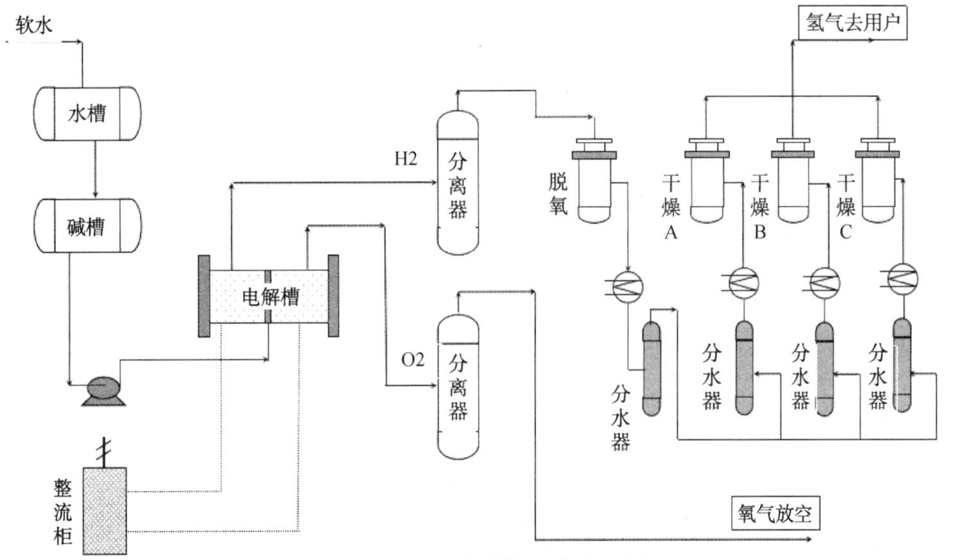

图 4　碱液电解水制氢工艺流程图

表 2　国内典型光伏配套电解水制氢装置

序号	配置	数量	投资	占地	用户	市场
1	制氢/(Nm^3/h)	2×1000	1.4 亿元	18 公顷	兰州石化	甲醇
	光伏/MW	10				
2	制氢/(Nm^3/h)	5×1000	3.5 亿元	50 公顷	台湾法液空	半导体晶体类
	光伏/MW	30				
3	制氢/(Nm^3/h)	10×1000	6.3 亿元	288 公顷	宁夏宝丰	甲醇、加氢站等
	光伏/MW	100				

表 3　煤气化制氢与水电解制氢工艺成本、能耗、伴生 CO_2 比较

序号	对比项	煤气化制氢	水电解制氢				
1	成本	0.75~1.1	电价：元/kW·h 氢成本：元/Nm^3				
			电价	0.13	0.15	0.24	0.44
			氢气	0.85	1	1.5	2.6
2	能耗 kg 标煤/Nm^3 氢气	0.5	6.1				
3	伴生 CO_2 量 kg/Nm^3 氢气	1.78	0				

2.5 绿氢耦合煤制油化工技术路线分析

绿氢耦合煤制油化工技术路线如图5、图6所示。

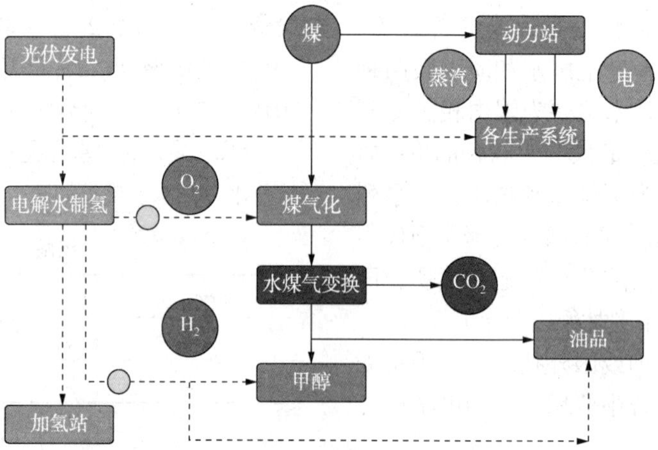

图5

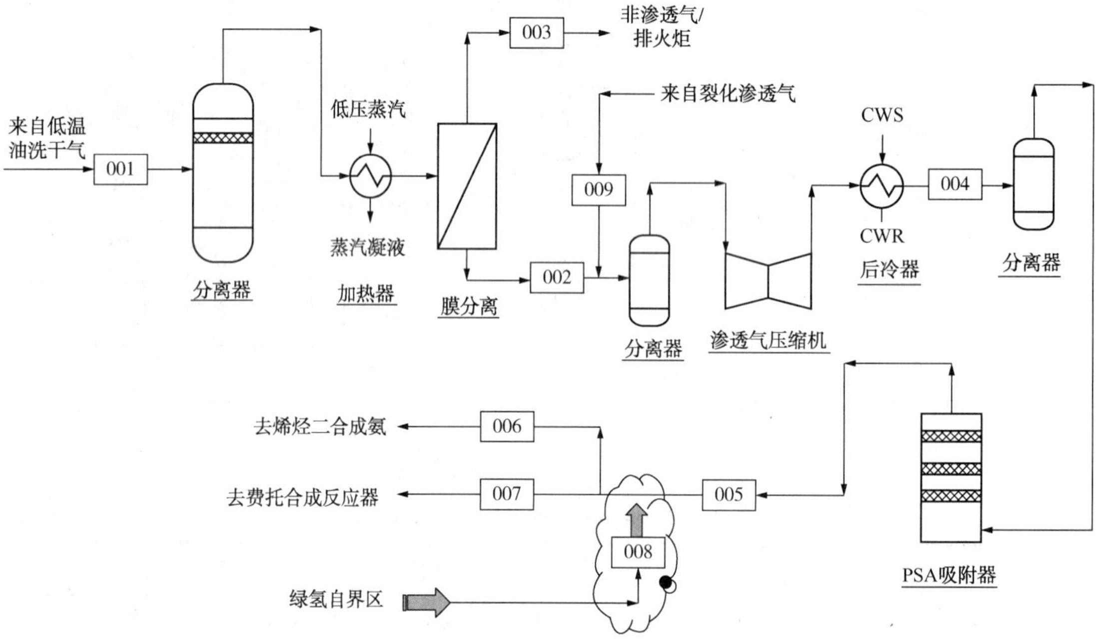

图6

3 项目投资及经济效益评价

如上所述：拟规划建设的绿氢耦合煤制油化工示范项目包括300MWp光伏发电，$2\times10^4Nm^3$/h制氢站，项目估算总投资约16.64亿元，其中光伏电站13.2亿元，电解水制氢站2.1亿元，其他费用1.34亿元（见表4）。

表4 光伏电站及电解水制氢投资估算表

序号	工程和费用名称	金额	占投资	备注
一	固定资产费/万元	153000	91.96%	
1	光伏发电装置/万元	132000	79.34%	
2	电解水制氢装置/万元	21000	12.62%	
二	其他费/万元	12679	7.62%	
三	铺地流动资金/万元	699	0.42%	
四	合计/万元	166378	100.00%	

3.1 初步经济性分析

本规划项目产品主要有绿电、绿氢和绿氧，其中绿电一部分离网制氢，一部分可并入外网；绿氢用于耦合已建设投运的煤制油项目合成油装置，考虑合成油装置具备的弹性负荷，在不增加上游能耗的前提下与CO反应增加下游油化品的产量；绿氧可用于已建成投运装置各工业炉等应用，代替空分的氧气消耗等。

本规划项目原料单耗见表5，总成本费用包括折旧费、修理费、工资及福利费、保险费、材料费、摊销及利息支出和其他费用。项目前20年，总成本费用约8667.23万元，销售收入23004.2万元。

表5　原料单耗及价格(不含税)明细表

序号	原料/产品	项目	单耗/Nm^3	备注
1	原料	软水/t	0.001	
2		循环水/t	0.02	
3		氮气/Nm^3	间歇	
4		KOH/t	一年补一次	
5		分子筛/kg	600kg/5年	
6		催化剂/kg	200kg/5年	
7	产品	电/kW·h	光伏发电	1600h
8		油化品/t	—	依托已建成项目
9		氧气/t	—	园区自供价
10	碳减排	二氧化碳/t	—	未来预测大型煤化工碳排放交易参考价格

补贴收入：根据宁东能源化工基地管委会办公室《宁东基地促进氢能产业发展若干措施(实行)》的通知，本项目补贴收入1530万元。

经测算，本项目全部投资财务内部收益率(税前)为6%，投资回收期为15年。

3.2 社会效果分析

3.2.1 节能减碳

本项目180MWp光伏发电产电3.06×10^8kW·h，按火电厂每千瓦时电量消耗标煤307g计算，年节约标煤9.39×10^4t。120MWp光伏+$2\times10^4Nm^3$制氢产氢3030t，按煤化工变换制氢1t氢气需要变换22t煤计算，年节约标煤6.7×10^4t。共计年节约16.09×10^4t标煤。

3.2.2 三废排放

项目无废气排放，水电解产生氢气和氧气，如果氧气不回收利用可以直接对空排放，无污染物产生。无废液排放，装置检修期间系统碱液通过临时储罐储存，系统开车可实现循环利用；项目固废主要为分子筛和脱氧催化剂，均为5年更换一次，更换后返回供货商厂家，无排放。

4 结论及建议

(1) 无论从国家产业政策规划还是地方未来能源产业布局考虑，煤气化制氢即“灰氢”逐步要被新能源电解水制氢“绿氢”替代，其目的主要为减少或杜绝大量CO_2外排，目前电解水制氢技术成熟且已实现规模化应用，实施规模化绿氢耦合煤制油化工项目具备技术可行性。

(2) 光伏电解水制备绿氢的供应波动问题，对煤制油化工装置的影响需需深入论证研究，现阶段降低新能源发电单价、降低电解水制氢能耗是实现绿氢耦合煤制油化工项目经济性的前提条件，建议从全产业链着手研究项目经济性，而不是仅仅从单个项目或装置单元衡量项目的经济性。

(3) 从当前技术发展来看，CO_2与氢气制备甲醇的技术已趋于成熟，由于煤化工“碳多氢少”，从其他非煤途径获取氢气与化工大量排放的高纯度CO耦合制备甲醇是很好的发展方向，主要制约问题是氢气成本过高，导致该工艺生产的甲醇与煤制甲醇差别过大，但从未来绿色产品、碳关税以及国家和地区限制煤制甲醇的产业政策等问题出发，预测CO_2与氢气制备甲醇将是未来发展的较大热门。

不确定条件下炼厂氢气网络集成设计与优化

陈　莹　秦　康　吴　昊

（中国石化石油化工科学研究院有限公司）

摘　要　针对氢气网络的集成设计与操作优化是炼化企业节能降碳的重要途径。氢气网络运行受到变化的外部市场、不稳定的原油供应和波动的操作条件等多种不确定因素的影响。本文提出一种融合柔性设计的两阶段随机规划建模方法，在优化经济效益的同时确保操作过程的鲁棒性。针对构建的含有大量双线性项的混合整数非线性规划模型，提出一种基于多参数分解技术的全局优化算法以加速收敛。某炼厂氢气网络柔性设计案例验证了该模型和算法的高效性。

关键词　氢气网络；超结构建模；随机规划；柔性设计；全局优化

1.1　研究背景

氢气系统作为炼化企业中一种重要的资源网络系统，在环保要求日趋严格、油品质量不断升级的大背景下，其地位显得愈加重要。近年来，进口原油重质化、劣质化趋势加剧，节能环保、油品清洁指标日益严格，加氢工艺在炼厂中得到广泛的应用。炼化企业氢气需求量逐年递增，用氢成本不断攀升，氢气成本已成为炼化企业原料成本中仅次于原油的第二大成本要素。然而，制氢装置成本高昂（每吨氢气成本为 1 万～2 万元），能耗巨大（平均综合能耗为 1000kgEO/t H_2 以上），且碳排放量大（11t CO_2/t H_2）。因此，对炼厂氢气系统进行集成设计和优化改造以提高氢气利用率，是炼化企业节能降碳、挖潜增效的重要途径。

炼厂氢气网络的运行受到进料原油性质变化、油气产品市场需求波动、公用工程价格浮动和操作条件变化等多种不确定因素的影响。氢气网络设计及优化问题中存在的不确定因素根据其来源可以分为两大类：第一类是与外部市场变化相关的不确定性，包括成本端波动的电价和氢公用工程价格，以及盈利端变化的燃料油气价格；第二类不确定性与过程操作直接相关，通常是指氢源氢气供给量的变化和氢阱氢气需求量的波动。一方面，当进料原油性质发生变化时（如硫含量的改变），将会直接影响加氢装置氢气的需求量；另一方面，由于近年来汽油芳烃含量的严格限制导致催化重整装置的副产氢气量下降，氢源氢气的供给量出现了一定程度的波动。氢源、氢阱之间氢气供需量的不平衡将会造成严重的后果，如油气产品质量不达标，甚至导致装置的紧急停车。因此，需要从“经济最优”和“操作稳定”两方面对炼厂氢气系统进行集成设计与操作优化，在氢气网络建模中综合考虑各种不确定因素，使所建立的模型更加接近氢气网络的实际运行情况（见图 1）。随着碳达峰碳中和目标的提出，近年来，绿氢炼化示范项目开始逐步布局，绿氢进厂将会对炼厂氢气网络的经济性和稳定性产生一定的冲击和影响。在氢气网络的设计和优化改造中，更应关注氢气网络的操作柔性，全面考虑绿氢进厂可能带来的经济性和稳定性等不确定因素，从而保障炼厂氢气网络的高效安全平稳运行。

2　问题描述

本文旨在建立一个严格的数学规划模型，用于描述不确定条件下炼厂氢气网络的集成设计与操作优化。炼厂的氢气系统由六个重要的单元组成，分别是氢源（$i=1, 2, \cdots, |I|$）、氢阱（$j=1, 2, \cdots, |J|$）、氢公用工程（$h=1, 2, \cdots, |H|$）、提纯单元（$m=1, 2, \cdots, |M|$）、压缩单元（$c=1, 2, \cdots, |C|$）和燃料气系统（$f=1, 2, \cdots, |F|$）。在氢气网络的设计中综合考虑各种不确定因素的影响：变化的电价、氢公用工程价格和燃料气价格由基于市场历史数据预测得到的不同价格情景来表示（$s=1, 2, \cdots, |S|$）；操作层的参数波动由不确定集合

的顶点（$v=1, 2, \cdots, |V|$）来描述。炼厂氢气网络中的氢源和氢阱，通过压缩单元和提纯单元连接成如图 2 所示的网络超结构。

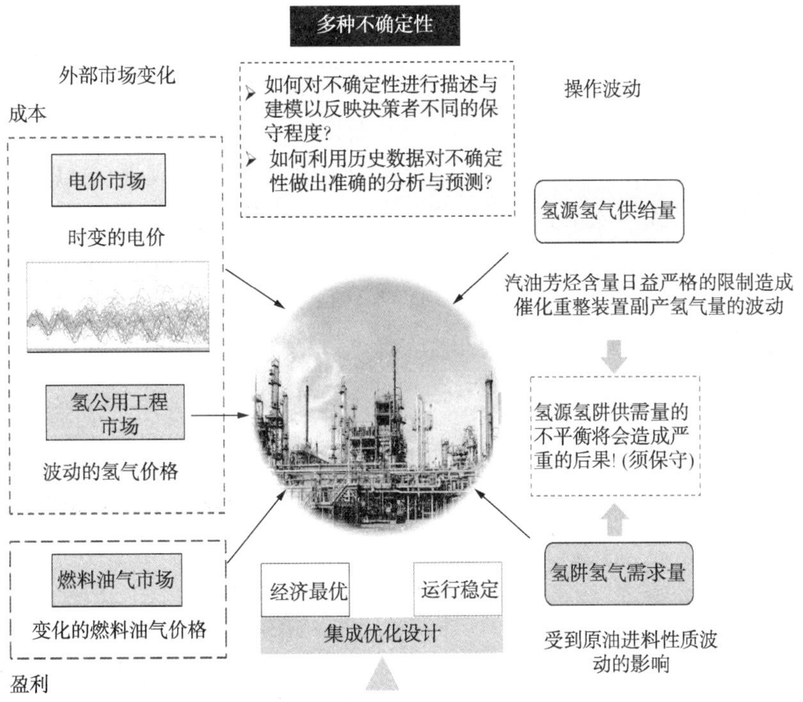

图 1　炼厂氢气网络中存在的多种不确定因素

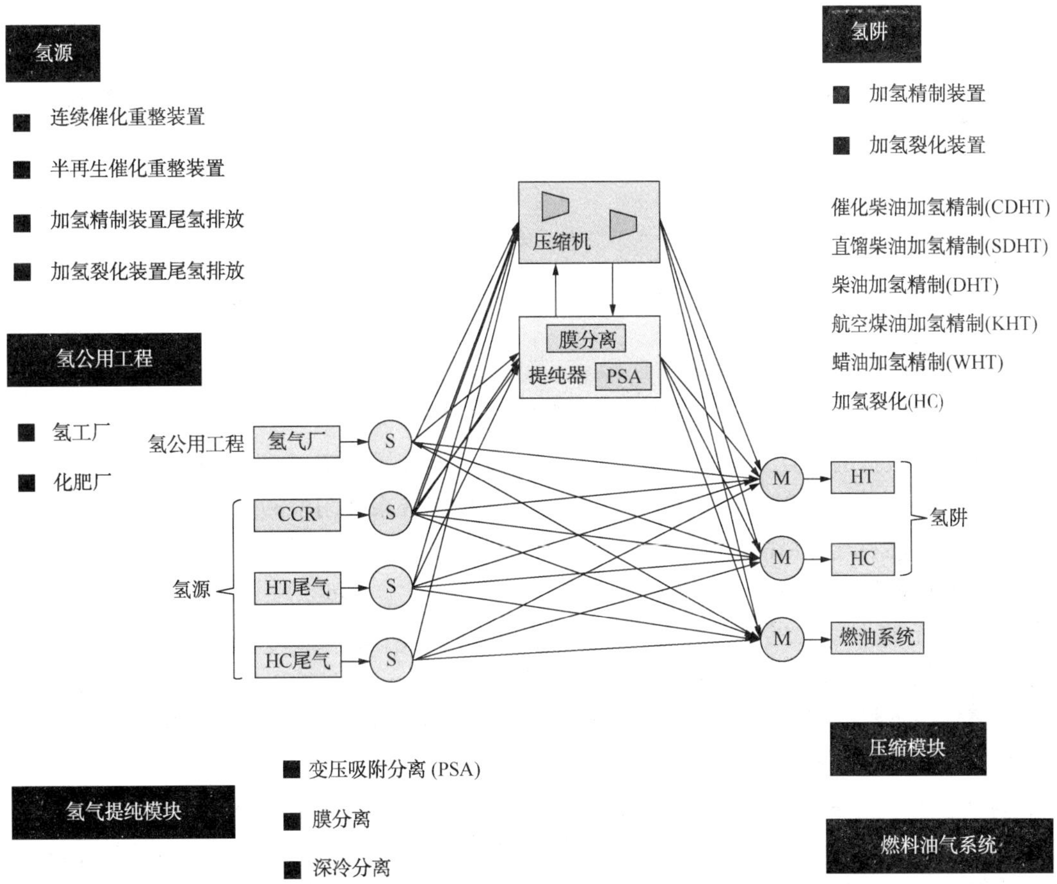

图 2　氢气网络的超结构表示

3　融合柔性约束的两阶段随机规划建模方法

本文提出融合柔性约束的两阶段随机规划建模框架来处理氢气网络中存在的多种不确定性。在利用两阶段随机规划来优化经济期望的同时，通过柔性分析来保证操作过程的鲁棒性。

不确定条件下氢气网络的设计问题可以表述为如图 3 所示的两阶段随机规划模型。在随机规划问题中，第一阶段决策变量为设计变量，决定氢气网络的拓扑结构，包括管道的连接、压缩机和提纯装置的设置以及各个过程单元设计容量的确定。第二阶段决策变量为操作变量，表示每种情景下氢气网络的最佳操作条件，包含氢气流股的流量和纯度等状态变量。随机规划问题中第一阶段的决策与网络拓扑结构的配置相关，构成了氢气网络的投资成本(CAPEX)；第二阶段的决策与氢气网络在多情景下的实际运行状况相关，决定了氢气网络的操作成本(OPEX)。

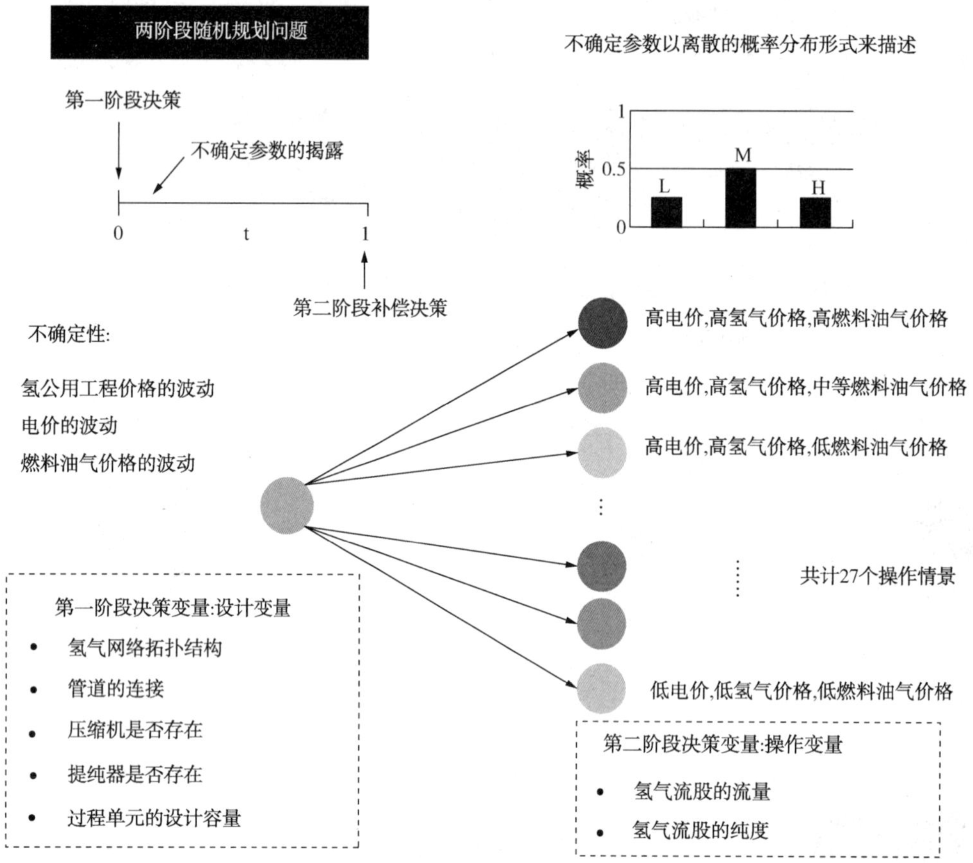

图 3　氢气网络随机规划模型中设计变量和操作变量的两阶段表示

基于市场历史数据的统计与分析，分别用 3 个离散的情景(低、中、高价格)来描述氢公用工程价格、电价和燃料气价格的波动，并为每个情景设定相应的离散概率分布。因此，该两阶段随机规划问题共有 27 种组合的价格情景。

对于操作层的不确定性参数，如氢源氢气供给量和氢阱氢气需求量的变化，利用柔性分析中的超矩形来描述不确定性参数整体变化空间 T，将其表示为 $T=\{\theta \mid \theta^N-\Delta\theta \leqslant \theta \leqslant \theta^N+\Delta\theta\}$。这里希望找到最优的设计 d，使其在所有情景下成本的期望值最小；同时，在此设计下，对于操作层不确定参数集合 T 内的任意一点，始终可以通过调节操作变量 z 以实现可行的操作。

包含柔性约束的最优设计问题可以表示为两阶段非线性无限规划的数学形式(1)。

$$\min_{d} \quad \underset{\theta\in T}{E}\{c^*(d,\theta)\}$$
$$\text{s.t.} \quad \forall\theta\in T\{\exists z(\forall j\in J[f_j(d,z,\theta)\leqslant 0])\} \tag{1}$$

式(1)中的约束为柔性分析问题中的可行性约束。

通过对目标函数的近似和可行性约束的等价表述，包含柔性约束的最优设计问题可最终表示为式(2)：

$$\min_{d,\ z_1,\ z_2,\ \cdots,\ z_n} \sum_{s=1}^{n} \varphi_s \cdot c(d,\ z_s,\ \theta_s)$$
$$\text{s.t.}\quad f(d,\ z_s,\ \theta_s) \leqslant 0,\qquad \forall s \in S$$
$$\max_{\theta\in T}\min_{z}\max_{j\in J} f_j(d,\ z,\ \theta) \leqslant 0 \tag{2}$$

max-min-max 约束条件确定最可能违反不等式约束的临界点 θ_c，并对临界点处的最差约束施加可行性限制。如果所有的临界点都位于不确定参数构成的超矩形区域的顶点上，则对任意 $\theta \in T$，操作的可行性可以通过考虑超矩形所有顶点上设计的可行性来保证。因此，可以将全部顶点的柔性约束作为可行性的判别条件添加到式(2)中来代替 max-min-max 约束，将其进一步转化为以下优化问题(3)：

$$\min_{d,\ z_s,\ z_v} \sum_{s\in S} \varphi_s \cdot c(d,\ z_s,\ \theta_s)$$
$$\text{s.t.}\quad f(d,\ z_s,\ \theta_s) \leqslant 0,\qquad \forall s \in S$$
$$f(d,\ z_v,\ \theta_v) \leqslant 0,\qquad \forall v \in V \tag{3}$$

其中 $V=\{1,\ 2,\ \cdots,\ n_\theta\}$ 是超矩形顶点的集合。求解优化问题(3)主要的难点在于，随着不确定参数数目 p 的增多，需要考虑的超矩形的顶点数目 N 呈指数型增长。对于包含大量不确定操作参数的大规模优化问题，逐一计算 2^p 个顶点的直接求解策略显然是不可行的。本文提出了一种改进的迭代优化算法来求解这类问题，算法框架如图 4 所示。

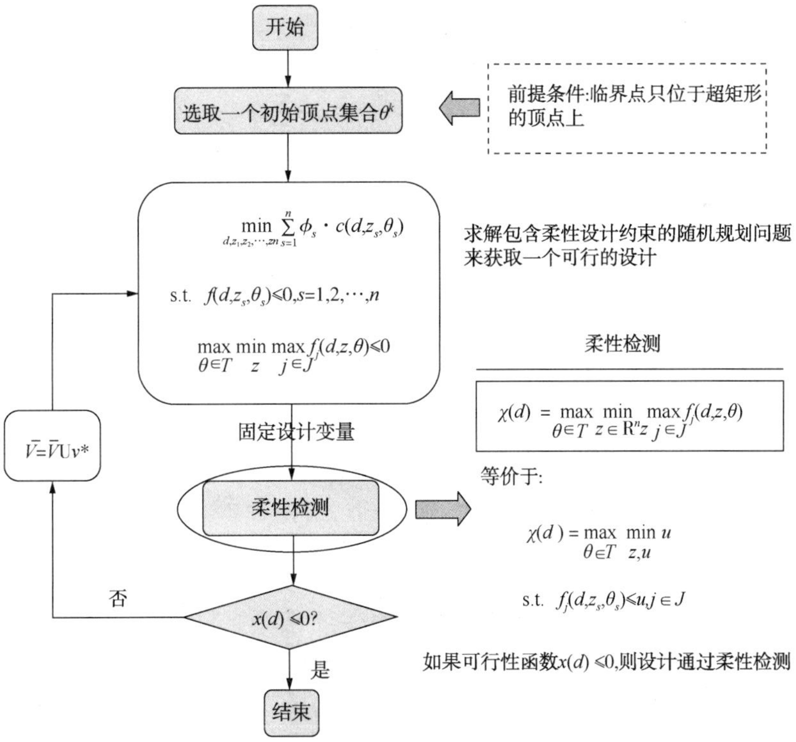

图 4　包含柔性约束的随机规划模型的求解算法

算法的具体步骤如下：

(1)选择一个包含有限个临界点 θ^k 的初始集合，它为全部顶点集合 V 的一个子集。仅将这部分选定的顶点上的可行性约束添加至模型中。

(2)求解含有柔性约束的随机规划问题得到一个可行的设计 d_k；

$$\min_{d,\ z_s,\ z_v} \sum_{s\in S} \varphi_s \cdot c(d,\ z_s,\ \theta_s)$$
$$\text{s.t.}\quad f(d,\ z_s,\ \theta_s) \leqslant 0,\ \forall s\in S(\text{电价/氢气价格/燃料气价格情景})$$
$$f(d,\ z_v,\ \theta_v) \leqslant 0,\ \forall v\in V(\text{氢源氢气供给量/氢阱氢气需求量顶点}) \tag{4}$$

(3)固定设计变量，通过柔性评价判断该设计在整个不确定参数空间内的可行性：

$$\chi(d) = \max_{\theta\in T}\min_{z\in \mathbb{R}^{n_z}}\max_{j\in J} f_j(d,\ z,\ \theta) \tag{5}$$

式中，$\chi(d)$ 为给定设计 d 的可行性函数。

柔性评价采用紧约束策略，直接求解 max-min-max 三层优化问题，规避逐个分析顶点导致的组合爆炸问题；

(4)如果可行性函数 $\chi(d) \leqslant 0$，则模型通过柔性评价，这表示该设计对于任意的 $\theta \in T$，都存在可行的操作，当前设计可行，算法终止；若可行性函数$\chi(d)>0$，则将柔性评价问题中获得的新的临界点添加到当前顶点集合中，返回步骤(2)，再次求解优化问题(4)来获得新的设计。

由于超矩形顶点数量有限，该算法可以在有限步迭代内完成收敛。如果初始的顶点集合能够很好地预测模型的极端情况，该算法仅需要一次迭代即可完成收敛。

4　氢气网络模型

基于图2中给出的氢气网络超结构表示，本文建立了氢气网络设计的混合整数非线性规划(MINLP)模型。

4.1　混合器和分离器的物料衡算

约束条件式(6)~式(9)分别表示对氢公用工程、氢源、氢阱和燃料气系统的进口混合器或者出口分离器进行的质量衡算。式(10)~式(14)表示对各个提纯装置和压缩机的进口混合器和出口分离器的质量衡算。提纯装置出口流股的上标P和R分别表示提纯的氢气产品和贫氢解析气(尾氢)。各个操作单元的物料守恒约束会受到不同情景的影响。

$$\sum_{m=1}^{N_M} F_{h,m,s} + \sum_{c=1}^{N_C} F_{h,c,s} + \sum_{j\in J} F_{h,j,s} = F_{h,s} \quad \forall h \in H,\ s \in S \tag{6}$$

$$\sum_{m=1}^{N_M} F_{i,m,s} + \sum_{c=1}^{N_C} F_{i,c,s} + \sum_{j\in J} F_{i,j,s} + F_{i,\text{fuel},s} = F_i \quad \forall i \in I,\ s \in S \tag{7}$$

$$\sum_{h\in H} F_{h,j,s} + \sum_{i\in I} F_{i,j,s} + \sum_{m=1}^{N_M} F^P_{m,j,s} + \sum_{m=1}^{N_M} F^R_{m,j,s} + \sum_{c=1}^{N_C} F_{c,j,s} = F_j \quad \forall j \in J,\ s \in S \tag{8}$$

$$\sum_{m=1}^{N_M} F^R_{m,\text{fuel},s} + \sum_{c=1}^{N_C} F_{c,\text{fuel},s} + \sum_{i\in I} F_{i,\text{fuel},s} = F_{\text{fuel},s} \quad s \in S \tag{9}$$

$$\sum_{h\in H} F_{h,m,s} + \sum_{i\in I} F_{i,m,s} + \sum_{c=1}^{N_C} F_{c,m,s} + \sum_{m'=1}^{N_M} F^P_{m',m,s} + \sum_{m'=1}^{N_M} F^R_{m',m,s} = F_{m,s} \quad \forall m \in M,\ s \in S \tag{10}$$

$$\sum_{c=1}^{N_C} F^R_{m,c,s} + \sum_{m'=1}^{N_M} F^R_{m,m',s} + \sum_{j\in J} F^R_{m,j,s} + F^R_{m,\text{fuel},s} = F^R_{m,s} \quad \forall m \in M,\ s \in S \tag{11}$$

$$\sum_{c=1}^{N_c} F^P_{m,c,s} + \sum_{m'=1}^{N_M} F^P_{m,m',s} + \sum_{j\in J} F^P_{m,j,s} = F^P_{m,s} \quad \forall m \in M,\ s \in S \tag{12}$$

$$\sum_{h\in H} F_{h,c,s} + \sum_{c'=1}^{N_C} F_{c',c,s} + \sum_{i\in I} F_{i,c,s} + \sum_{m=1}^{N_M} F^P_{m,c,s} + \sum_{m=1}^{N_M} F^R_{m,c,s} = F_{c,s} \quad \forall c \in C,\ s \in S \tag{13}$$

$$F_{c,\text{fuel},s} + \sum_{c'=1}^{N_C} F_{c,c',s} + \sum_{j\in J} F_{c,j,s} + \sum_{m=1}^{N_M} F_{c,m,s} = F_{c,s} \quad \forall c \in C,\ s \in S \tag{14}$$

4.2　混合器的氢气衡算

式(15)~式(18)分别表示氢阱、提纯装置、燃料气系统和压缩机的氢气平衡约束，它们与不同的操作情景有关。流入氢阱的氢气纯度必须大于各个氢阱的氢气纯度要求。在氢气平衡约束中由于出现了流量乘以纯度的形式，因此产生了大量的双线性项。

$$\sum_{h\in H} F_{h,j,s}y_h + \sum_{m=1}^{N_M} F^P_{m,j,s}y^P_m + \sum_{m=1}^{N_M} F^R_{m,j,s}y^R_{m,s} + \sum_{c=1}^{N_C} F_{c,j,s}y_{c,s} + \sum_{i\in I} F_{i,j,s}y_i \geqslant F_j y_j \quad \forall j \in J,\ s \in S \tag{15}$$

$$\sum_{h\in H} F_{h,m,s}y_h + \sum_{c=1}^{N_C} F_{c,m,s}y_{c,s} + \sum_{i\in J} F_{i,m,s}y_i + \sum_{m'=1}^{N_M} F^P_{m',m,s}y^P_m + \sum_{m'=1}^{N_M} F^R_{m',m,s}y^R_{m',s} = F_{m,s}y_{m,s}, \quad \forall m \in M,\ s \in S \tag{16}$$

$$\sum_{m=1}^{N_M} F^R_{m,\text{fuel},s}y^R_{m,s} + \sum_{c=1}^{N_C} F_{c,\text{fuel},s}y_{c,s} + \sum_{i\in I} F_{i,\text{fuel},s}y_i = F_{\text{fuel},s}y_{\text{fuel},s} \quad \forall s \in S \tag{17}$$

$$\sum_{h\in H} F_{h,c,s}y_h + \sum_{c'=1}^{N_C} F_{c',c,s}y_{c',s} + \sum_{i\in I} F_{i,c,s}y_i + \sum_{m=1}^{N_M} F^P_{m,c,s}y^P_m + \sum_{m=1}^{N_M} F^R_{m,c,s}y^R_{m,s} = F_{c,s}y_{c,s} \quad \forall c \in C,\ s \in S \tag{18}$$

4.3 提纯装置模型

提纯装置 m 的数学模型如式(19)~式(23)所示。各种提纯装置(如膜分离装置和变压吸附分离装置)都可以看作是由一个氢阱(进料流股)和两个氢源(出口产品氢和尾氢流股)组成的。为简化模型，提纯装置的进出口压力、氢气回收率 R_m 以及提纯装置的产品氢纯度可以被认为是恒定的。值得注意的是，由于尾氢未知的流量和纯度，将导致在这些约束中也存在着双线性项。

$$F^P_{m,s}+F^R_{m,s}=F_{m,s}\quad \forall m\in M,\ s\in S \tag{19}$$

$$F^P_{m,s}y^P_m+F^R_{m,s}yR_{m,s}=F_{m,s}y_{m,s}\quad \forall m\in M,\ s\in S \tag{20}$$

$$F^P_{m,s}yP_m=F_{m,s}y_{m,s}R_m\quad \forall m\in M,\ s\in S \tag{21}$$

$$y^R_{m,s}\leqslant y_{m,s}\leqslant y^P_m\quad \forall m\in M,\ s\in S \tag{22}$$

$$F_{m,s}\leqslant F_{m,max}x_m\quad \forall m\in M,\ s\in S \tag{23}$$

4.4 压缩机模型

压缩机消耗大量的电能来提高氢气流股的压力，从而满足各个氢阱所设定的压力要求。压缩机的入口可以被看作是氢阱，它的出口又可以被看作是氢源。新建压缩机的流量、氢气纯度、入口和出口设计压力都是需要进行决策和优化的变量。压缩机的质量平衡约束，压力限制约束，最大设计容量约束和功率消耗约束如式(24)~式(27)所示。由于新建压缩机入口和出口的设计压力未知，约束条件式(27)中包含了难以求解的线性分式项和多项式项，导致了问题的非凸性。Jagannath 等人提出的启发式策略可以为新建压缩机分配出入口设计压力。通过启发式策略去除了这些高度非凸项之后，模型中的非线性形式仅限于双线性项。

$$F^{in}_{c,s}=F^{out}_{c,s}\quad \forall c\in C,\ s\in S \tag{24}$$

$$\frac{P^{in}_{min}}{P^{out}_{max}}P^{in}_c\leqslant P^{out}_c\leqslant\frac{P^{in}_{max}}{P^{out}_{min}}P^{in}_c\quad \forall c\in C \tag{25}$$

$$F_{c,s}\leqslant F_{c,max}x_c\quad \forall c\in C,\ s\in S \tag{26}$$

$$POWER_{c,s}=F_{c,s}\frac{C_{p,c}T}{\eta_c}\left[\left(\frac{P^{out}_c}{P^{in}_c}\right)^{\frac{\gamma_c-1}{\gamma_c}}-1\right]\frac{\rho_{c,o}}{\rho_c}\quad \forall c\in C,\ s\in S \tag{27}$$

4.5 压力约束与逻辑约束

仅当流股来源单元的压力大于或等于目的单元的压力时，气体流股才会从来源单元流向目的单元。引入二元 0-1 变量 $x_{p,q}$ 来构造压力约束，该二元变量表示在单元 p 和单元 q 之间是否存在管道连接。压力约束由式(30)、式(31)表示。式(30)表示，只有当 $x_{p,q}=1$ 时，单元 p 和单元 q 之间才有可能存在流量连接；式(31)表示，只有当单元 p 的压力高于单元 q 的压力时，单元 p 和 q 之间才有气体流量。

$$x_{p,q}=0\Leftrightarrow F_{p,q}=0\quad \forall(p,q)\in O \tag{28}$$

$$x_{p,q}=1\Leftrightarrow F_{p,q}>0\quad \forall(p,q)\in O \tag{29}$$

$$F_{p,q,s}-F^{up}_{p,q}x_{p,q}\leqslant 0\quad \forall(p,q)\in O,\ s\in S \tag{30}$$

$$P_q-\Delta P^{up}_{p,q}(1-x_{p,q})\leqslant P_p\quad \forall(p,q)\in O \tag{31}$$

此外，还应考虑一些逻辑约束来禁止某些单元模块之间的连接，如式(32)~式(34)所示。例如，因为来源于化肥厂的氢气中含有 CO，将导致蜡油加氢装置和加氢裂化装置催化剂发生失活，所以来自化肥厂的氢气不允许输送到这些装置中。同时，为了避免不合理的能量损耗，应避免将同一提纯装置产生的产品氢和尾氢在后续处理中进行混合。

$$x_{FER,c}+x_{c,unit}\leqslant 1 \tag{32}$$

$$x_{FER,c}+x_{c,c'}+x_{c',unit}\leqslant 2 \tag{33}$$

$$x_{PSAP,unit}+x_{PSAR,unit}\leqslant 1 \tag{34}$$

上述为不同价格情景下随机规划问题的约束条件。此外，当考虑到氢源氢气供给量和氢阱氢气需求量的波动时，还应向模型中添加柔性约束，以确保在操作层不确定参数的整个波动变化范围内操作的鲁棒性。

4.6 目标函数

氢气网络的集成设计与操作优化模型将氢气网络的年度总成本(TAC)作为目标函数，如式(35)所示，包括多情景操作方案下年度操作成本的期望和年度投资建造成本，全面权衡投资费用(CAPEX)和操作费用(OPEX)。在操作成本中综合考虑了氢公用工程的年度消耗成本、压缩机的年度电耗成本和燃料气的年度收益，如式(36)~式(39)所示。操作成本受到外部市场价格波动的影响，是第二阶段操作变量。投资成本则是由压缩机、提纯装置和管道的年度投资建造成本构成的，按照公式(40)~式(43)进行计算。投资成本只涉及第一阶段的设计变量，不依赖于多情景的操作方案。

$$\min TAC = C_{H_2} + C_{power} - C_{fuel} + Af(C_{comp} + C_{purifier} + C_{pipe}) \quad (35)$$

$$C_{H_2} = \sum_{h \in H,\ s \in S} t_h F_{h,\ s} e_{h,\ s} \mathrm{Prob}(s) \quad (36)$$

$$C_{power} = \mathrm{epower}_s \sum_{c \in C,\ s \in S} t_c\ \mathrm{POWER}_{c,\ s} \mathrm{Prob}(s) \quad (37)$$

$$\mathrm{POWER}_{c,\ s} = F_{c,\ s} \frac{C_{p,\ c} T}{\eta_c}\left(\left(\frac{P_c^{out}}{P_c^{in}}\right)^{\frac{\gamma_c - 1}{\gamma_c}} - 1\right)\frac{\rho_{c,\ o}}{\rho_c},\quad \forall c \in C,\ s \in S \quad (38)$$

$$C_{fuel} = \mathrm{efuel}_s \sum_{s \in S} F_{fuel,\ s} t_{fuel} [HV_{H_2} y_{fuel,\ s} + HV_{CH_4}(1 - y_{fuel,\ s})] \mathrm{Prob}(s) \quad (39)$$

$$Af = \frac{fi(1 + fi)^{ny}}{(1 + fi)^{ny} - 1} \quad (40)$$

$$C_{comp} = \sum_{c \in C} \alpha_c x_c + \beta_c\ \mathrm{POWER}_{c,\ s} \quad (41)$$

$$C_{purifier} = \sum_{m \in M} \alpha_m x_m + \beta_m F_m^{P,\ \max} \quad (42)$$

$$C_{pipe} = \sum_{(p,\ q) \in O} L_{p,\ q}\left(Y_{p,\ q}\alpha_{pipe} + \beta_{pipe}\frac{4F_{p,\ q}\rho_{p,\ o}}{\pi u \rho_p}\right) \quad (43)$$

式中，$e_{h,\ s}$、epower_s 和 efuel_s 分别为不同情景下的氢公用工程价格、电价和燃料气价格；Prob(s)为每种情景可能发生的概率；Af 为年化折算因子；C 为成本。

5　求解策略

针对所构建的 MINLP 形式的氢气网络模型中因大量双线性项的存在产生的非凸性、存在多个局部最优解、难以收敛至全局最优的问题，本文提出了基于多参数分解技术的全局优化算法。该算法将多参数分解技术严格地嵌套于 MILP-NLP 双层迭代全局优化框架之中，在可控的问题规模和较少迭代次数内即可收敛到满足精度要求的全局最优解，具备求解大规模工程问题的应用潜力。

在氢气网络模型的全局优化策略中，首先，利用启发式方法为新建压缩机分配出入口压力，以消除压缩机模型中存在的线性分式项和多项式项，使得氢气网络模型中存在的非线性仅限于双线性项；然后，利用基于多参数分解技术的凸松弛来构建原问题的下界问题；最后，提出在上界问题和下界问题之间迭代求解的严格的全局优化算法，迭代计算直至上下界收敛至设定的容差标准。

5.1　基于多参数分解技术的凸松弛

氢气网络模型中存在着大量的双线性项 $F \cdot y$ 来描述氢气守恒约束中多个含氢流股的混合，这里利用多参数分解技术(MDT)对双线性项进行处理。流量乘以纯度的双线性项 $w_{Fy} = F \cdot y$ 可以用一系列混合整数线性约束进行替代，从而将问题重构为原 MINLP 问题的一个 MILP 近似，式(44)~式(62)给出了下界问题最终的 MILP 形式：

$$w_{Fy} = \sum_{l=p}^{P}\sum_{k=0}^{9} 10^l \cdot k \cdot \hat{F}_{k,\ l} + \sum_{k=0}^{1} 10^p \cdot k \cdot \tilde{F}_k \quad (44)$$

$$y = \sum_{l=p}^{P}\sum_{k=0}^{9} 10^l \cdot k \cdot z_{k,\ l} + \sum_{k=0}^{1} 10^p \cdot k \cdot \tilde{z}_k \quad (45)$$

$$F^L \cdot z_{k,\ l} \leqslant \hat{F}_{k,\ l} \leqslant F^U \cdot z_{k,\ l} \quad \forall k \in \{0,\ \cdots,\ 9\},\ l \in \{p,\ \cdots,\ P\} \quad (46)$$

$$F^L \cdot \tilde{z}_k \leqslant \tilde{F}_k \leqslant F^U \cdot \tilde{z}_k \quad \forall k \in \{0,\ 1\} \quad (47)$$

$$\sum_{k=0}^{9} \hat{F}_{k,\ l} = F \quad \forall l \in \{p,\ \cdots,\ P\} \quad (48)$$

$$\sum_{k=0}^{1} \tilde{F}_k = F \quad (49)$$

$$\sum_{k=0}^{9} z_{k,\ l} = 1 \quad \forall l \in \{p,\ \cdots,\ P\} \quad (50)$$

$$\sum_{k=0}^{1} \tilde{z}_k = 1 \quad (51)$$

$$F^L \cdot \Delta y \leqslant \Delta w \leqslant F^U \cdot \Delta y \quad (52)$$

$$\Delta w \leqslant (F - F^L) \cdot 10^p + F^L \cdot \Delta y \quad (53)$$

$$\Delta w \geqslant (F - F^U) \cdot 10^p + F^U \cdot \Delta y \quad (54)$$

$$w_{Fy} \geqslant F^L y + y^L F - F^L y^L \quad (55)$$

$$w_{Fy} \geqslant F^U y + y^U F - F^U y^U \quad (56)$$

$$w_{Fy} \leqslant F^L y + y^U F - F^L y^U \quad (57)$$

$$w_{Fy} \leqslant F^U y + y^L F - F^U y^L \quad (58)$$

$$F^L \leqslant F \leqslant F^U \quad (59)$$

$$0 \leqslant \Delta y \leqslant 10^p \quad (60)$$

$$z_{k,\ l} \in \{0,\ 1\} \quad \forall k \in \{0,\ \cdots,\ 9\},\ l \in \{p,\ \cdots,\ P\} \quad (61)$$

$$0 \leqslant \tilde{z}_k \leqslant 1 \quad \forall k \in \{0,\ 1\} \quad (62)$$

5.2　全局优化算法

本文提出基于多参数分解技术的两层 MILP-NLP 全局优化求解算法，其主要思想是在多参数分解技术产生的下界问题和固定二元变量的原 MINLP 问题退化而来的 NLP 上界问题之间进行迭代。问题的上界和下界在每轮迭代中不断更新，直至上下界间隙收敛至设定的容差范围内。该全局优化算法的算法流程如图 5 所示。

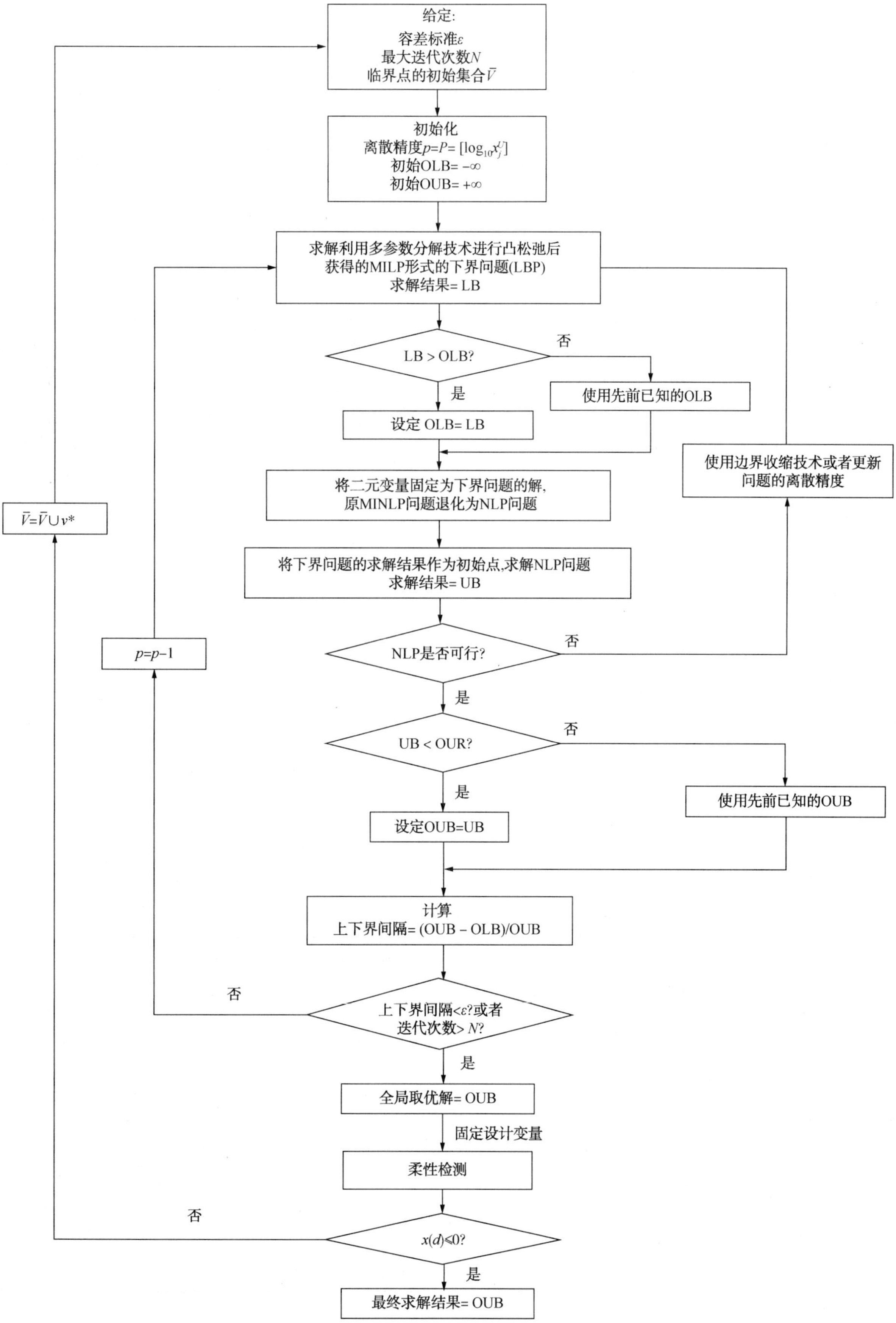

图 5　基于多参数分解技术的全局优化算法流程图

6 氢气网络工业案例研究

6.1 工业案例描述

在某百万吨级炼厂中，存在6个用氢单元，分别是催化柴油加氢装置(CDHT)、直馏柴油加氢装置(SDHT)、柴油加氢装置(DHT)、航煤加氢装置(KHT)、蜡油加氢装置(WHT)和加氢裂化装置(HC)。该炼厂中的氢源包括连续催化重整装置(CCR)、半再生催化重整装置(SCR)和6个用氢装置排放的含氢驰放气。受到外部市场不确定性的影响，氢气价格、电价和燃料气价格分别用三个离散的价格情景进行描述(低价格、中等价格和高价格)。另外，受进料原油品质、催化剂活性和炼厂生产计划等因素的影响，在实际操作中，氢源氢气的供给量和氢阱氢气的需求量在标称值附近存在±10%的波动。

6.2 与传统优化模型的对比

该炼厂氢气网络是在设计阶段考虑不确定性的影响，从而获得最优的网络拓扑结构和多情景操作方案。比较3种不同的优化模型：确定性优化模型(不确定参数以均值来替代)、随机规划模型(只考虑与外部市场变化相关的不确定性)和含有柔性约束的随机规划模型(用随机规划处理与外部市场变化相关的不确定性，用柔性约束处理操作层参数的波动)。为了更加科学地分析和比较这三种优化模型，这里利用随机解的价值(VSS)来进行定量评价。VSS评估了相较于确定性模型，应用随机规划方法可以获得的额外收益，它是衡量考虑参数不确定性意义的重要指标。在该工业案例中，VSS和相对VSS的定义如式(63)和式(64)所示。

$$VSS = TAC^{det} - TAC^{sto} \tag{63}$$

$$\overline{VSS} = \frac{TAC^{det} - TAC^{sto}}{TAC^{det}} \tag{64}$$

式中，TAC^{sto}为通过两阶段随机规划计算得到的年度总成本；TAC^{det}为将第一阶段设计变量固定为确定性优化模型的最优解，再来求解相同的随机规划问题所得到的年度总成本。这意味着确定性模型计算得到的氢气网络拓扑结构需要同样置于变化的环境中来进行评价。VSS代表了随机规划模型的解相较于确定性方法的解每年可以节约的成本。表1和表2展示了3种不同的优化模型的模型规模和求解结果。

表1　三种优化模型的模型规模及求解结果

模型	约束数目	连续变量数目	0-1变量数目	非线性项	目标函数值年度总成本/万美元
确定性模型	265	214	96	96	6387.6
随机规划模型	4035	3100	96	2592	6310.9
含有柔性约束的随机规划模型	4319	3316	96	2756	6313.6
VSS/万美元	76.7		$\overline{VSS}$/%		1.2%

表2　三种优化模型的年度总成本、投资成本和操作成本对比

成本/收益/万美元	确定性模型	随机规划模型	含有柔性约束的随机规划模型
年度总成本	6387.6	6310.9	6313.6
年度操作成本	3494.1	3351.7	3352.3
氢气成本	3499.9	3292.1	3292.5
用电成本	1556.9	1222.6	1222.9
燃料气收益	1562.7	1163.0	1163.1
年度投资成本	2893.5	2959.2	2961.3
压缩机	22.1	22.1	22.1
提纯装置	1070.9	1120.4	1120.4
管道	1800.5	1816.7	1818.8

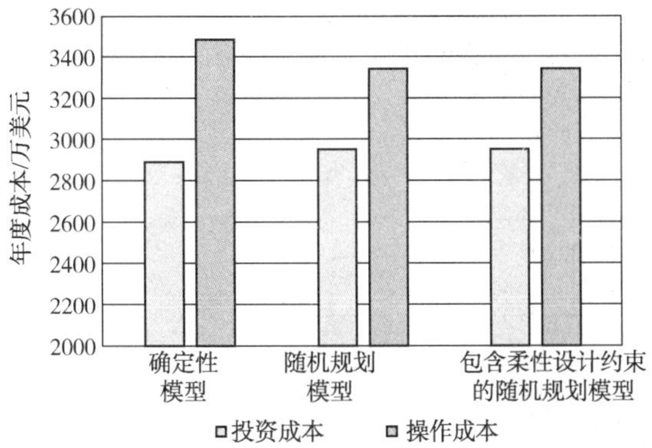

图 6　三种优化模型年度投资成本和操作成本对比

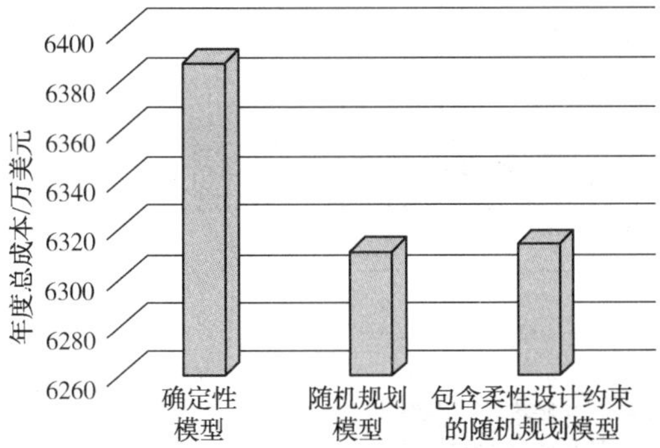

图 7　三种优化模型年度总成本对比

通过对比三种优化模型可以发现，应用确定性优化模型得到的年度总成本最高，随机规划模型计算得到的年度总成本最低，含有柔性约束的随机规划模型的年度总成本略高于只考虑了外部市场不确定性的随机规划模型。从图 6 和图 7 中可以发现，相较于确定性模型，随机规划模型和包含柔性约束的随机规划模型中的投资建造成本略有提高，但它们可以节约大量的年度操作成本，使年度总成本下降。这是由于后两个模型的设计结果中新增了部分管道连接，并相应地扩大了提纯装置和压缩机的设计容量，在外部市场价格情景变化时，可以进行敏捷的调整以最优化生产，使得氢气网络的设计结构具有了更高的操作柔性，从而降低了年度操作成本。此外，与随机规划模型相比，包含柔性约束的随机规划模型还考虑了操作层的不确定性，虽年度总成本略有升高，但是可以确保氢气网络在氢源氢气供给量和氢阱氢气需求量发生波动时依然能够平稳地运行。综上所述，本文所提出的包含柔性约束的随机规划模型不仅表现出较高的经济效益，同时可以在极端操作点下确保操作的可行性，避免了氢源氢阱氢气供需量波动时的严重后果。

图 8~图 12 展示了三种优化模型计算得到的氢气系统的最优网络设计以及随机规划模型得到的多情景操作方案。

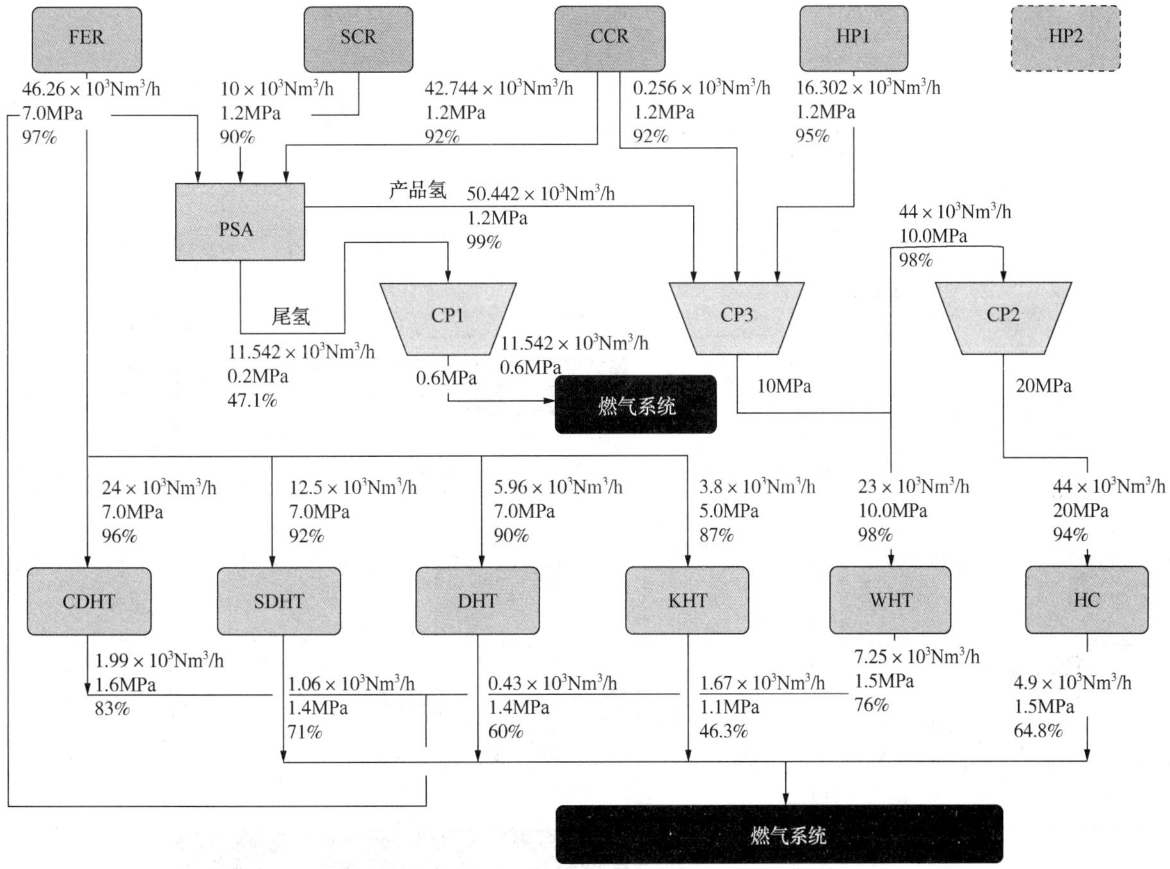

图 8　确定性优化模型计算得到的最优氢气网络设计

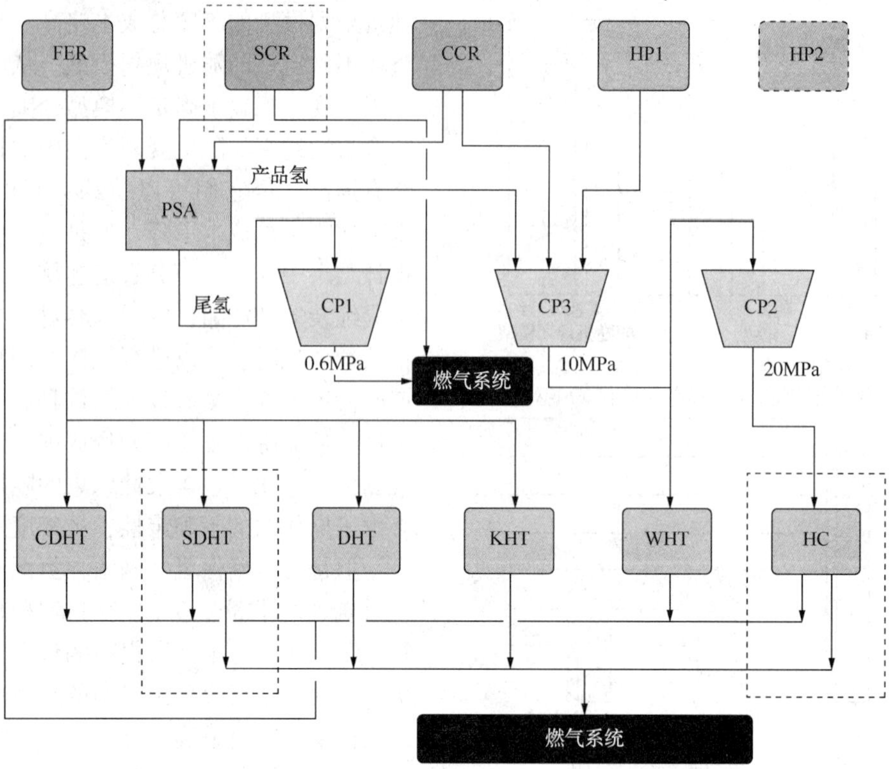

图 9　随机规划模型计算得到的最优氢气网络设计

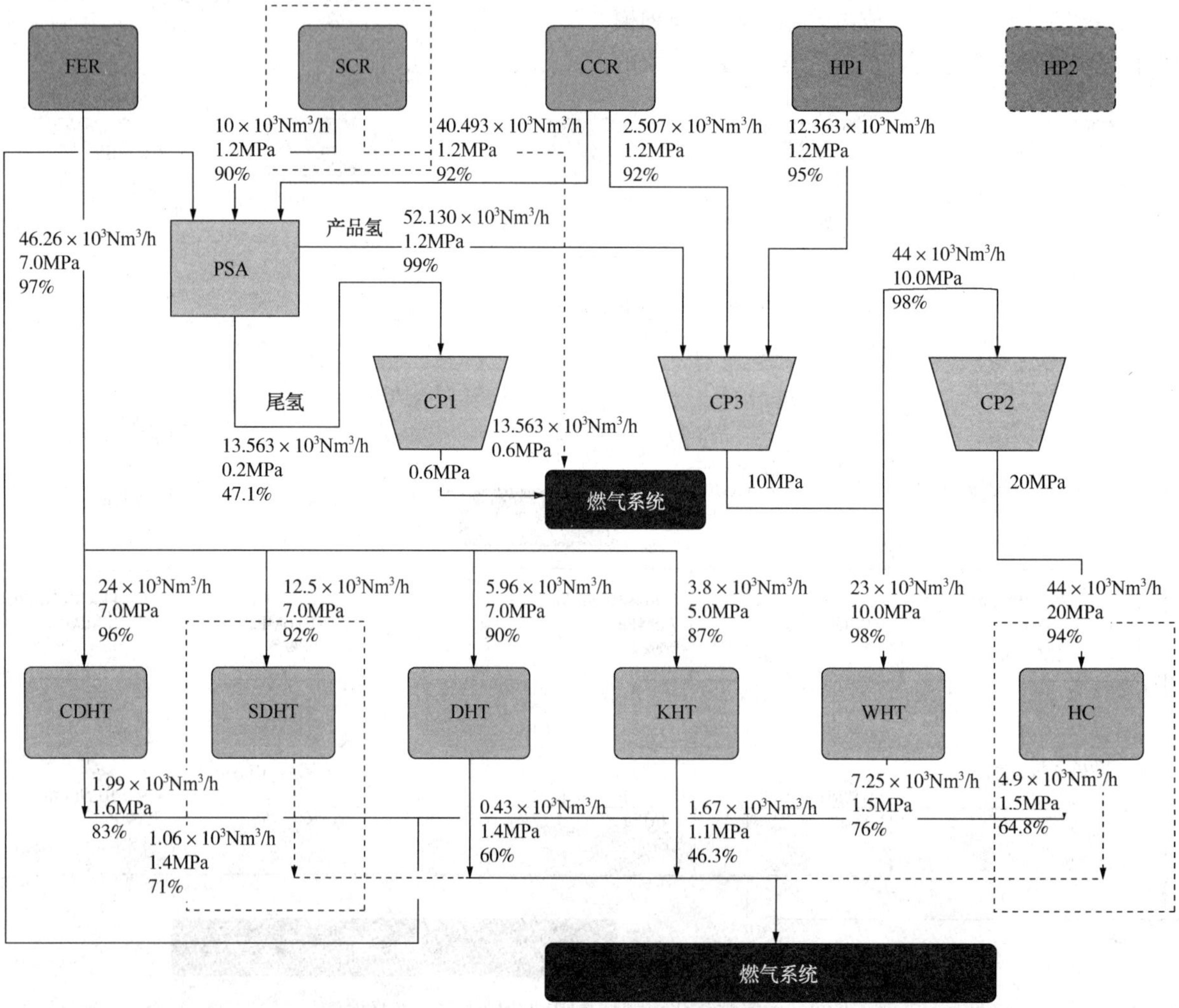

图 10　高氢气价格、低电价、低燃料气价格情景下氢气网络的操作方案

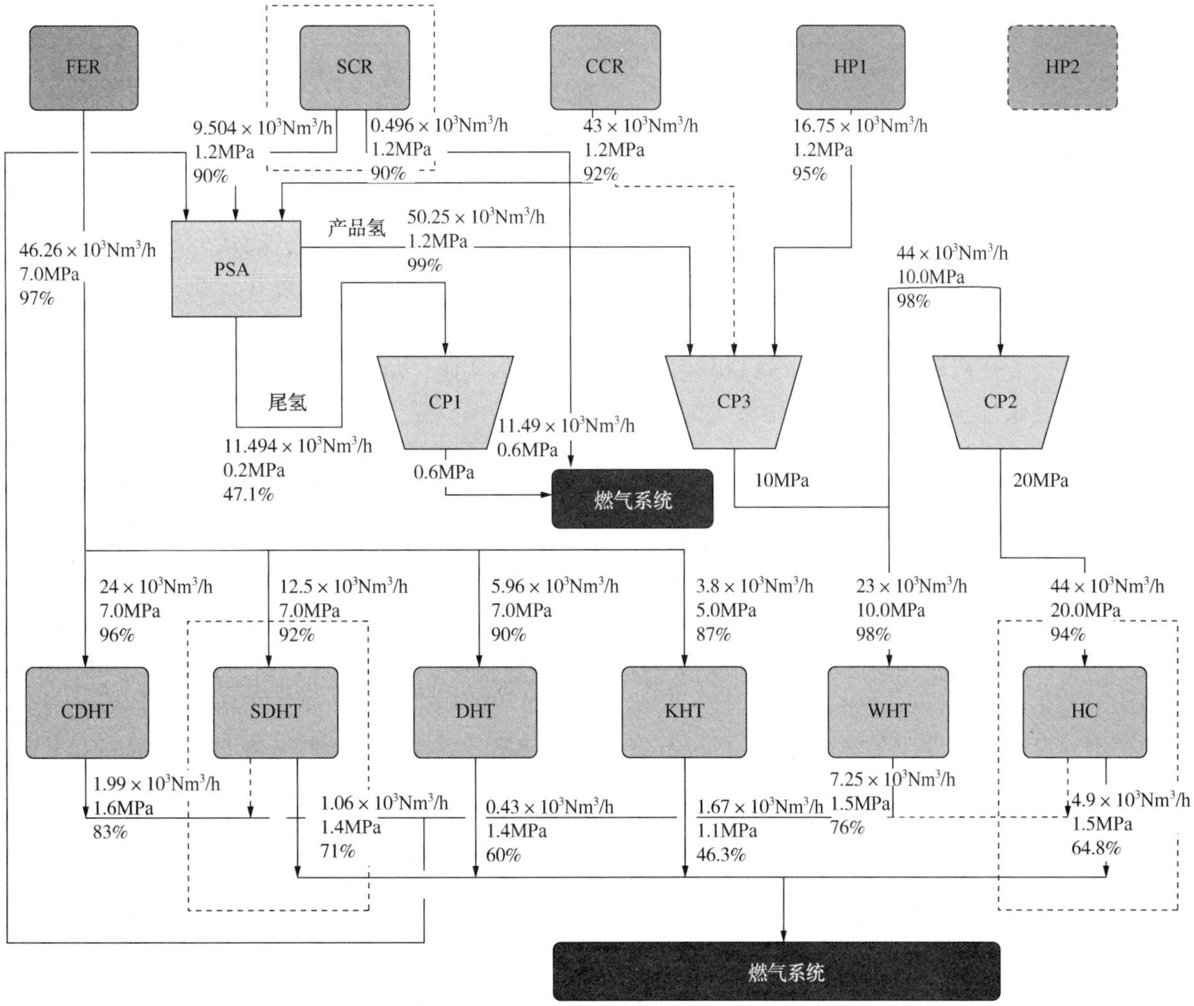

图 11　低氢气价格、高电价、中等燃料气价格情景下氢气网络的操作方案

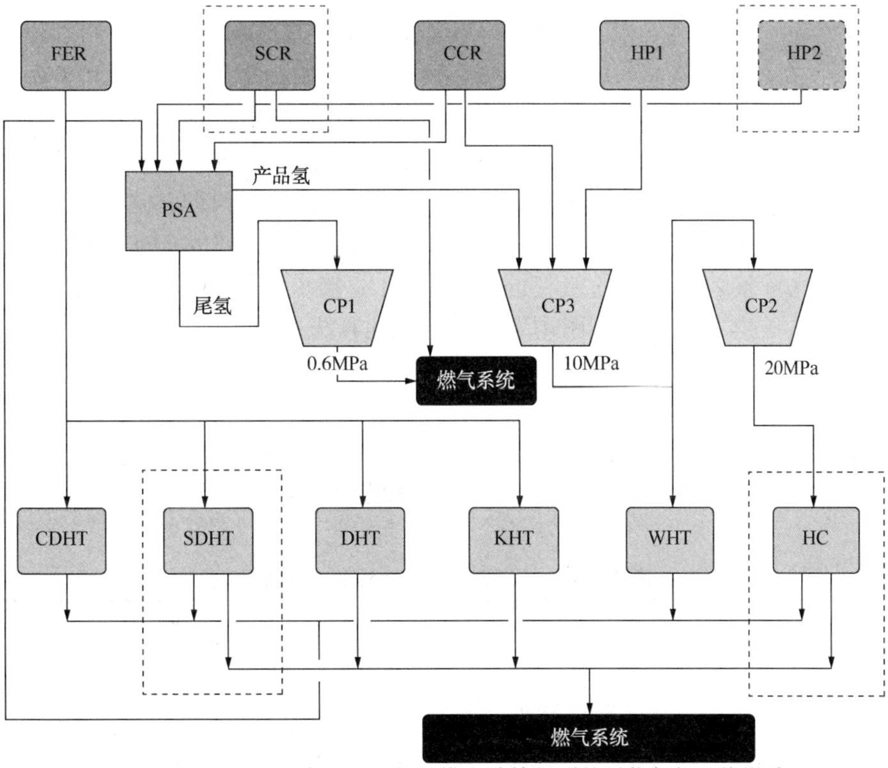

图 12　包含柔性约束的随机规划模型计算得到的最优氢气网络设计

确定性优化模型计算得到的最优氢气网络设计如图8所示。在该设计中，采取了一些措施来降低氢气网络的操作运行成本，如尽可能多地利用炼厂内部催化重整装置副产的重整氢，充分利用化肥厂高压廉价的氢气，并对加氢装置排放尾氢进行回收利用，从而最大程度地降低外部氢公用工程的用量。催化柴油加氢装置（CDHT）和蜡油加氢装置（WHT）排放的尾氢具有相对较高的氢气纯度，经变压吸附分离装置（PSA）提纯后回收利用；而其余加氢装置低纯度的驰放气则直接排入燃料气系统进行燃烧。

随机规划模型计算得到的最优氢气网络设计如图9所示。如表1所示，相较于确定性模型，应用随机规划模型年度总成本可节省7670美元，这是由于随机规划模型得到的设计结果可以实施多情景的柔性操作策略。随机规划模型得到的设计新增了三条管线来提高过程的操作柔性，与确定性模型计算得到的设计在拓扑结构上的差异在图9中利用彩色的虚线框进行标注。随机规划模型不仅给出了氢气网络拓扑结构的最优设计方案，同时提供了不同价格情景下的最优生产策略，使其具有更高的柔性来应对外部市场的变化，灵活地调整操作策略从而获得最大的经济效益。图10和图11分别就两种典型的价格情景来说明随机规划模型得到的多情景柔性操作策略的优势。

如图10所示，在氢气价格高、电价和燃料气价格低的外部市场环境下，充分进行氢气的回收利用成为降低操作成本的关键举措。更多的加氢装置（CDHT、WHT、SDHT和HC）的含氢弛放尾气将进行循环回用，而不是直接向燃料气系统排放。催化重整装置副产的氢气同样需要进一步提纯后输送至下游氢阱。图中灰色的虚线表示在该价格情景下的实际操作中某些管道中无气体流量。由于在电价较低的情境下，使用压缩机是相对经济的，因而可以尽可能多地回收利用氢气纯度相对较高的加氢装置弛放气。

相反地，在氢气价格低、电价高的价格情景下，对低纯度的含氢驰放气进行大量的回收利用显然是不经济的，因为这将导致压缩机大量的功率消耗。如图11所示，最经济的操作策略是将来源于SDHT和HC装置的中等纯度的含氢尾气直接向燃料气系统排放，而从外部市场购买低价的氢气作为补充。由此可知，新建的管线和某些装置扩大的容量能够使得这种灵活的生产操作方案得以实施，从而及时地响应市场变化，获得更高的经济收益。

除了外部市场价格的变化，含有柔性约束的随机规划模型还考虑了氢源氢气供给量和氢阱氢气需求量的波动。如图12所示，在含有柔性约束的随机规划模型得到的设计结果中，新增了一条从制氢厂2连接至PSA装置的管道（在图中用绿色的实线进行标注），以保证在极端操作条件下氢气的稳定供应和油气产品质量的达标。相较于随机规划模型，虽然其在总成本上略有上升，却可以保证操作过程的鲁棒性。

6.3 全局优化算法的计算性能分析

本文中所提出的建模方法与优化算法利用GAMS 24.9.2.实现编程。所有的运算均由一台CPU型号为Intel Core i7-7700，内存为16.0 GB的台式机来完成。如前所述，本文所提出的全局优化算法需要在MILP下界问题和NLP上界问题之间进行迭代求解。由多参数分解技术凸松弛后获得的MILP下界问题由CPLEX 12.7进行求解，然后利用MILP问题的求解结果初始化模型的变量值，再使用IPOPT 3.12来求解固定二元变量后得到的NLP问题，进行算法的迭代。同时，使用商用求解器DICOPT、BARON和ANTIGONE 1.1直接求解原MINLP问题，与本文所提出的优化算法进行比较。

这里利用含有柔性约束的随机规划模型来验证算法的计算性能。表3和图13展示了所提出的全局优化算法的迭代过程、收敛情况以及计算结果。

表3　全局优化算法迭代过程及收敛情况

迭代次数	离散精度	下界	上界	相对间隙/%	总求解时间/s
1	0.1	58726553.64	63137151.35	6.99%	81533.705
2	0.01	62971432.09	63136718.66	0.26%	
3	0.001	63127452.70	63135680.22	0.01%	

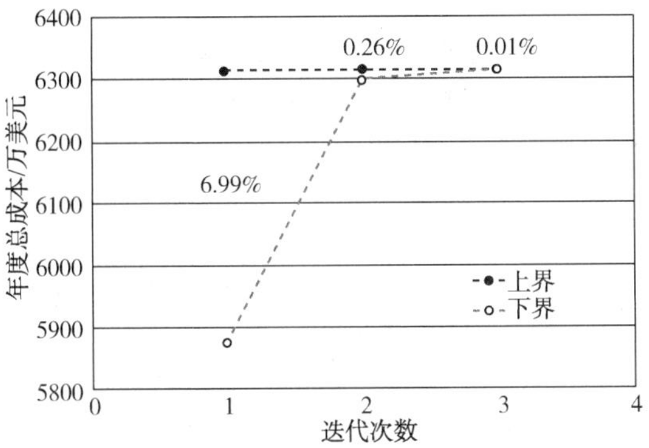

图 13　全局优化算法迭代过程中上下界收敛情况

在图 13 中，x 轴代表迭代次数，y 轴表示目标函数值。由图观察可知，在第一次迭代后，上下界之间的相对间隙就收敛到了 7%以内。在三次迭代完成后，上下界的相对间隙收敛到了 0.01%，到达了算法终止的容差要求。该算法在最初的几次迭代中上下界就可以收敛到较小的相对间隙，在较少的迭代次数和合理的运算时间中就可以完成算法的收敛。

表 4 比较了本文提出的全局优化算法和 MINLP 商用求解器的计算性能。对该问题，DICOPT 求解器陷入了局部不可行，ANTIGONE 求解器在 100000s 的限制求解时间内无法找到可行解。对于该工业案例，BARON 求解器表现出了商用求解器中最好的计算性能，在设定的运算时间内，找到了一个可行的整数解，但仍然有 7.21% 的相对间隙，难以继续收敛。本文所提出的全局优化算法无论是在解的质量、相对间隙还是求解时间方面都明显优于上述的 MINLP 商用求解器，对包含大量双线性项的大规模氢气网络问题表现出良好的计算性能。该全局优化算法对于含有大量双线性项的水网络、换热网络等工业过程网络设计和油品调合问题等均有拓展应用的潜力。

表 4　商用 MINLP 求解器和本文所提出的全局优化算法计算结果对比

求解方法	模型求解状态	目标函数值 TAC/美元	相对间隙/%	求解时间/s
DICOPT	局部不可行	—	—	0.547
ANTIGONE	无解返回	—	—	100000（计算资源终止）
BARON	整数可行解	63137965.85	7.21%	100000（计算资源终止）
本文提出的全局优化算法	全局最优解	63135680.22	0.01%	81533.705

7　结论

针对炼厂大规模氢气网络设计中存在的外部市场变化和操作参数波动等多种不确定因素，本文提出了融合柔性约束的随机规划建模框架。在该模型框架中，利用两阶段随机规划来处理变化的氢气价格、电价和燃料气价格等外部市场不确定因素，并应用柔性约束以更加鲁棒的方式来处理操作层的不确定参数。这种集成了两种不确定性优化理论的建模方法，反映出决策者对于不同类型不同来源的不确定因素的不同保守态度，在过程经济性与操作鲁棒性之间实现了最优的权衡。随机规划中基于多情景的柔性操作策略使其获得了更高的经济效益，同时通过柔性分析对高风险不确定参数进行处理，在最优化经济期望的同时确保了操作过程的鲁棒性。针对所构建的氢气网络模型中存在的大量双线性项，本文提出了基于多参数分解技术的全局优化算法，在可控的问题规模和较少的迭代次数内即可获得高质量的全局优化设计解。与传统确定性模型和标准随机规划模型相比，该集成优化模型得到的设计结果可以在复杂的氢气网络拓扑结构之间进行氢气资源灵活的回收利用和梯级匹配，在对氢气网络进行挖潜增效的同时，确保了生产操作的平稳性和安全性。

参　考　文　献

［1］Liao Z，Wang J，Yang Y，et al. Integrating purifiers in refinery hydrogen networks：a retrofit case study［J］. Journal of Cleaner Production，2010，18（3）：233-241.
［2］Liao Z-W，Rong G，Wang J-D，et al. Rigorous algorithmic targeting methods for hydrogen networks—Part

I: Systems with no hydrogen purification [J]. Chemical Engineering Science, 2011, 66(5): 813-820.

[3] Jiao Y, Su H, Hou W, et al. Optimization of refinery hydrogen network based on chance constrained programming [J]. Chemical Engineering Research and Design, 2012, 90(10): 1553-1567.

[4] Jiao Y, Su H, Hou W, et al. Design and Optimization of Flexible Hydrogen Systems in Refineries [J]. Industrial & Engineering Chemistry Research, 2013, 52 (11): 4113-4131.

[5] Lou J, Liao Z, Jiang B, et al. Robust optimization of hydrogen network [J]. International Journal of Hydrogen Energy, 2014, 39(3): 1210-1219.

[6] Sardashti Birjandi M R, Shahraki F, Razzaghi K. Hydrogen network retrofit via flexibility analysis: The steady - state flexibility index [J]. Chemical Engineering Research and Design, 2017, 117: 83-94.

[7] Jagannath A, Almansoori A. Modeling of Hydrogen Networks in a Refinery Using a Stochastic Programming Appraoch [J]. Industrial & Engineering Chemistry Research, 2014, 53(51): 19715-19735.

[8] Jagannath A, Elkamel A, Karimi I A. Improved Synthesis of Hydrogen Networks for Refineries [J]. Industrial & Engineering Chemistry Research, 2014, 53(44): 16948-16963.

[9] Swaney R E, Grossmann I E. An index for operational flexibility in chemical process design. Part I: Formulation and theory [J]. AIChE Journal, 1985, 31 (4): 621-630.

[10] Grossmann I E, Floudas C A. Active constraint strategy for flexibility analysis in chemical processes [J]. Computers & Chemical Engineering, 1987, 11 (6): 675-693.

[11] Halemane K P, Grossmann I E. Optimal process design under uncertainty [J]. AIChE Journal, 1983, 29(3): 425-433.

[12] Hallale N, Liu F. Refinery hydrogen management for clean fuels production [J]. Advances in Environmental Research, 2001, 6(1): 81-98.

[13] Jagannath A, Madhuranthakam C M R, Elkamel A, et al. Retrofit Design of Hydrogen Network in Refineries: Mathematical Model and Global Optimization [J]. Industrial & Engineering Chemistry Research, 2018, 57(14): 4996-5023.

[14] Castro P M, Grossmann I E. Global Optimal Scheduling of Crude Oil Blending Operations with RTN Continuous - time and Multiparametric Disaggregation [J]. Industrial & Engineering Chemistry Research, 2014, 53(39): 15127-15145.

[15] Zhang Q, Cremer J L, Grossmann I E, et al. Risk-based integrated production scheduling and electricity procurement for continuous power-intensive processes [J]. Computers & Chemical Engineering, 2016, 86: 90-105.

附录　氢气网络模型符号参数对照表

附表 1　氢气网络模型集合含义对照表

参数	含义
H	氢公用工程集合
I	氢源集合
J	氢阱集合
C	压缩机集合
M	提纯器集合
F	燃料气系统集合
O	在分离器和混合器之间所有可能存在的连接的集合
S	不同组合价格情景的集合
V	由氢源氢气供给量和氢阱氢气需求量的不确定性构成的超矩形的顶点

附表 2　氢气网络模型变量及参数含义对照表

参数	含义	参数	含义
Af	年化因子	u	管道中的气体流速, m/s
fi	年利率	R	氢气回收率
ny	投资成本回收年限	N	设备单元的数目
t	年度操作时间(8000h)	P	压力, MPa
C_p	等压热容, J/kg K	POWER	压缩机功耗
T	温度, K	F	流股流率, Nm^3/h
η	压缩机效率	U	流股流率的上界, Nm^3/h
γ	气体等压热容与等容热容之比	y	氢气纯度,%

续表

参数	含义	参数	含义
ρ	气体密度，kg/m^3	x	0-1 变量，表示是否存在管道连接
ρ_o	标准状况下的气体密度，kg/m^3	C	成本，美元
HV	标准燃烧热，J/N m^3	e	氢公用工程价格
α	投资建造成本固定成本系数	epower	电价
β	投资建造成本可变成本系数	TAC	年度总成本，美元
L	管道长度，m		

附表 3　氢气网络模型上标含义对照表

参数	含义
P	提纯装置产品
R	提纯装置尾氢
in	进口
out	出口

附表 4　氢气网络模型下标含义对照表

参数	含义
h	氢公用工程
i	氢源
j	氢阱
c，c'	压缩机
m，m'	提纯装置
Fuel	燃料气
s	价格情景
v	不确定参数构成的超矩形的顶点
max	最大值
min	最小值

河南油田光热+多能互补伴热开发技术应用探索与实践

张孝友 杨宇辉

（中国石化河南油田分公司）

摘 要 党的二十大提出要加大油气资源勘探开发和增储上产力度，加快建设新型能源体系，在“3060”目标驱动和新能源应用快速发展情况下，油田企业均积极探索利用新能源技术推动降低油井开发传统能源用量和降低生产成本。油井生产伴热工艺是重要开发手段之一，但伴热开发能源消耗较大、成本较高。河南油田结合自身特点，通过采用“光热+伴生气+谷电+储热”工艺对高含蜡油井进行伴热，取得了良好效果，该加热模式具有广阔推广应用前景。

关键词 油井开发生产伴热；光热+多能互补；试验应用；节能降碳减费

习总书记在党的二十大报告中强调：要立足能源资源禀赋，有计划分步骤实施碳达峰行动；要重点控制化石能源消费，逐步转向碳排放总量和强度“双控”制度；要推动能源清洁低碳高效利用，推进清洁低碳转型；要加大油气资源勘探开发和增储上产力度，加快规划建设新型能源体系，确保能源安全。在国家“3060”双碳目标驱动下，可再生能源的开发应用日益受到石油石化等大型企业的高度重视，各油气田企业均大力发展新能源产业，积极探索新能源技术在油气田开发生产中的应用。河南油田在中国石化新能源开发统筹部署和指导下，抢抓新能源发展机遇，践行绿色发展理念，充分结合油田生产实际，积极开展光电、风电、光热、余热等洁净能源开发应用。在油井开发方面，针对部分油井原油含蜡量高特点，探索试验了“光伏加热+伴生气加热+谷电加热+蓄热”多能互补加热开发技术，实现了高含蜡油井能耗、成本及碳排放量的下降，完善并形成了一套可推广应用的多能互补加热工艺模式，为发挥清洁能源替代、节能减排起到了良好示范效应。

1 河南油田油井加热生产现状

河南油田东部油区高含蜡油井主要分布在唐河、桐柏等生产区域，现有约150口。近年来，每年正常开发生产的高含蜡油井口数在90～120口。由于此类油井的原油含蜡量在20%～35%以上，凝固点大部分在35℃以上，具有黏度高、流动性差特点，常温情况下无法满足开发生产。为此，河南油田主要通过双空杆电加热防凝工艺、电加热降回压生产、高架罐电加热工艺等方式对井筒举升和高架罐进行伴热，以增强原油的流动性，实现原油顺利开发生产（见表1）。每年针对高含蜡油井进行加热的用电量总计约950×10⁴kW·h、约占机采系统总用电量的20%。由于整个加热过程能耗高、成本支出较大，严重制约了油井高效益开发和油田绿色低碳发展。

表1 河南油田高含蜡油井伴热情况表

序号	加热工艺	井数/口	需求温度/℃	加热方式方法	
				电磁	空气源热泵
	合计	91		71	20
1	高架罐加热	21	35～50	21	
2	双空心杆井筒伴热	43	35～70	23	20
3	管道电磁加热	27	55～80	27	

以某一单井为例，介绍油田目前高含蜡油井的加热工艺情况。

该井原油凝固点约35℃，为防止原油举升过程温度下降造成的蜡析出、蜡堵现象，井筒采用了电磁加热器配套双空心杆热水循环加热工艺，见图1。抽油杆采用特种同轴式双空心杆结构，外管主要承载抽油杆及抽油泵上下往复运行中的拉伸载荷，内管选用Φ19×1的1Cr18Ni9Ti不锈钢管，内管外表面进行了隔热处理，减少流体流经内管、外管时相互的热传导，让热流体携带的热量能有效送达到油管底部。双空心抽油杆的内外管采用双向密封结构设计，以保证内外两个通道相互密封和独立，热液体通过地面增压泵经内管通道泵入到双空心杆工艺设计的底部，再从外管返出到地面，并通过抽油杆外管外壁对油管内的采出液进行顺流加热，以满足采出液温度始终保持在原油析蜡点之上的要求，从而达到预防蜡堵、减少油井维护性作业的目的。双空心杆内循环的热流体一般采用软化水，经地面电加热装置进行加热升温，达到设定温度后，由地面循环泵完成热流体在杆内的循环和加热。该井选用的地面加热装置为电磁加热器，实施全时段加热工作制度，掺热装置日均耗电 463.5kW·h。同时，在原油开采过程中，该井有伴生气产生。该伴生气由于量不大，不具备规模收集利用价值，目前采取直接放空处理，存在安全和环保方面的隐患。

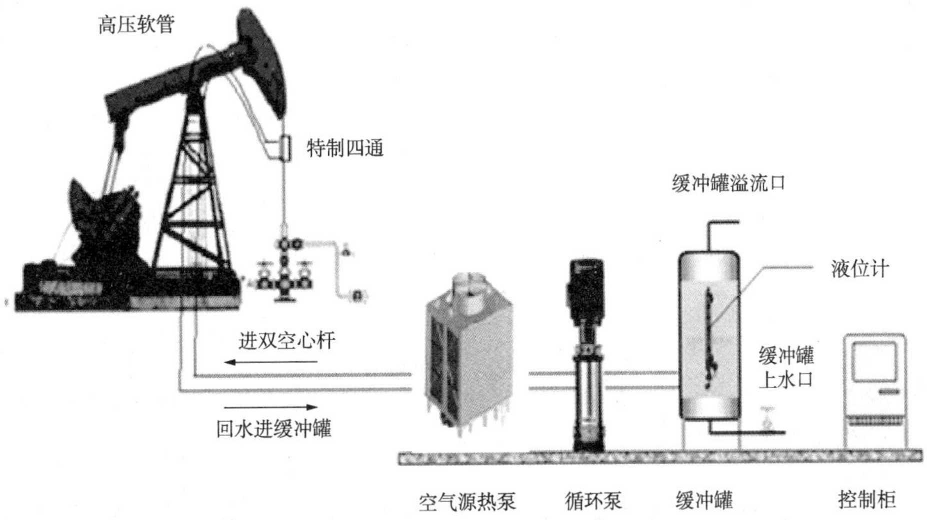

图 1　采油井双空心杆热水循环伴热工艺流程图

2　多能互补技术应用基本思路

河南油田东部油区位于南襄盆地，年日照时间可达 1370h 左右，具有较为丰富的太阳能资源，太阳能资源可转变为热能、电能等。同时，开发区域大部分高含蜡油井开发生产中伴有少量低压天然气，由于不具备规模收集价值，此部分天然气尚未有效利用，但存在一定安全环保隐患。因此，能否对现行的油井加热方式进行改变，能否将太阳能资源和伴生天然气资源进行利用，并有机结合地对油井进行加热，成为一项非常值得探索研究的课题。

2.1　多能互补加热工艺的基本思路

通过采用“太阳能加热+伴生气加热+谷电加热+蓄热”多能互补技术工艺，对油井举升过程进行加热，满足原油开发伴热热能需求，实现节能降碳和降本减费。一是以太阳能和伴生天然气作为主要热源对循环水进行加热，最大限度地满足伴热开发热量需要；二是当光热、天然气加热热量充足时，使用配套储能罐蓄热储热，尽可能降低加热成本；三是当没有太阳和天然气加热热能不足时，尽量使用谷电补充加热，降低用电加热成本；四是配套自动化、信息化设备，实现光热、天然气加热、谷电加热自动切换和手机远程监控、操作，减少人员、车辆等方面的投入和降低劳动强度。

2.2　多能互补加热工艺的主要功能

多能互补加热工艺具有热管捕能加热、伴生气辅助加热、蓄热储能缓冲、“绿能”优先、自动调节、自动启停、远程监控、保安保障等技术(功能)，各技术(功能)相辅相成、耦合联动。

一是热管捕能加热，即利用太阳能进行光热转换。采用金属超导真空热管捕集太阳能，将内插热管蒸发端中的工质汽化，汽化后的工质上升到热管冷凝端，使冷凝端快速升温；冷凝端安装在集热器联集管内，管内的循环冷却液通过循环泵的作用使在蓄能罐、联集管、蓄能罐内循环流动，在对热管冷凝端冷却的同时，将捕集到的太阳能热量运移和存储在蓄能罐中。

二是伴生气辅助加热。利用原油开采过程中，产生的低压伴生天然气，在经气液分离后，送入燃烧器对循环水进行燃烧加热，既消除了安全环保隐患，又降低了伴热工艺加热成本。

三是蓄热储能缓冲。利旧 $40m^3$ 集油器作为蓄能器，以软化水为介质，积蓄储存太阳能和套管天然气燃烧产生的热能，尽量减少电加热成本。

四是谷电辅助加热。在热管捕集能量不足（阴雨天等不见太阳天气）、套管气加热热能不足情况下，充分利用峰谷电价差额的经济性，对软化化进行加热。能满足至少 24h 用热量。

五是“绿能”优先功能。系统优先启动太阳能光热和套管气燃烧加热模式。当“绿能”加热能量不足时，才启动谷电加热模式。

六是自动调节功能。储能罐热液体通过循环泵持续对抽油杆释放热量伴热，循环泵频率自动跟踪采油温度，实现用热有“度”，全自动调节。

七是自动启停功能。根据油井加热需要，通过对燃烧器、太阳能回收泵及电加热器等参数进行设定，系统可实现自动启停，达到安全保护和补能设备无人值守的目的。

八是远程监控功能。系统具有数据远程传输、运行监控、异常报警、远程操作处置等功能，提高系统工作效率，实现了信息化管理。

九是保安保障功能：控制系统通过对峰平谷时段蓄热参数的自动识别，在特殊情况可在平段或峰段启动电加热棒，异常情况启动保安电磁加热器。

相关工艺流程主要包括双空心杆热水循环流程、太阳能光热采集流程、伴生气燃烧工艺流程、电加热辅助加热工艺流程、自动控制与信息化配套流程。主要工艺流程见图 2。

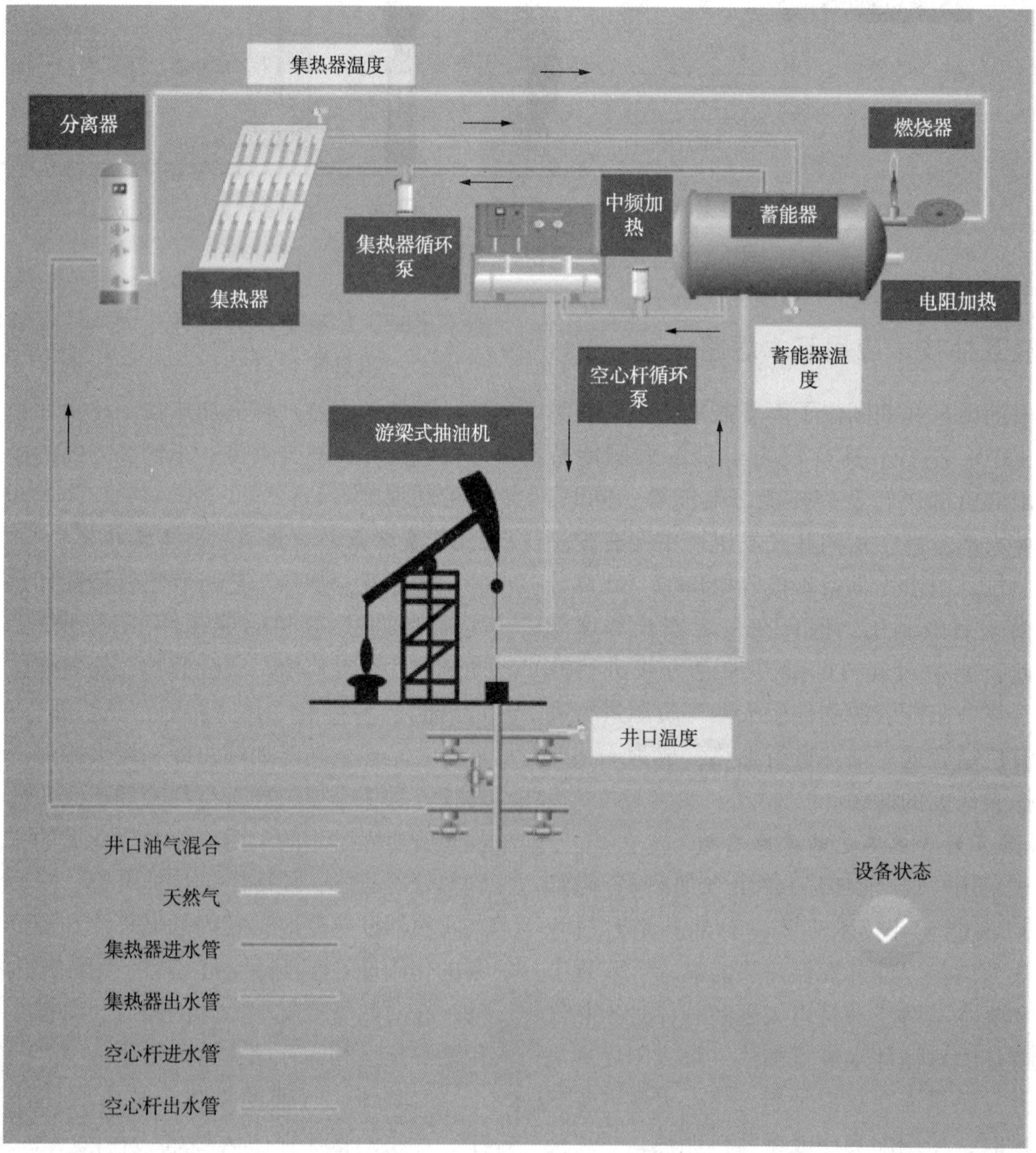

图 2　油井“光热+”多能互补现场试验工艺流程图

3 试验及效果

根据油井加热多能互补技术应用基本设想，结合油井生产实际，在学习石油企业多能互补技术利用基础上，选取了 A 油井开展试验研究。试验完成后，经投产试运，整体效果优良，达到了设想预期。

3.1 试验改造主要内容

本试验主要在井场增设了 40m³ 蓄热储罐 1 座、太阳能集热板 14 块、循环泵及中频加热器 1 台、低氮燃烧器 1 台、多能互补自动控制柜 1 套等设备，并对部分工艺进行了局部调整改造。在试验中，为降低投入，增设设备材料有部分为利旧，其中包括：40m³ 蓄热储罐为多功能集油器改造而成，太阳能集热板利旧 8 块，循环泵及中频加热器 1 台等利旧。正常情况下所需主要设备及投入情况如表 2 所示。

表 2 油井加热多能互补试验所需主要设备材料表

序号	设备名称	规格参数	数量	费用	备注
1	太阳能集热器	真空管型 YJR/58/1800/20，每块 20 根	18 块	6.3	试验利旧
2	蓄能储罐	≥15m³ 常压保温，带燃气加热循环烟道	1	13.5	试验利旧
3	防爆加热棒	功率 30kW，电压 380V，电流 100A	1	0.8	
4	低氮燃烧器	50kW，附燃烧器控制器、减压阀、气压低保护	1	2.5	
5	立式离心泵工作撬	流量 2m³/h，扬程 200 米，转速 2900r/min，功率 3kW，含过滤器、单流阀、压力表等	1	1	
6	离心泵	流量 12m³/h，扬程 30 米，转速 3000r/min，功率 1.5kW	1	0.1	
7	自动控制柜	控制开关、PLC 控制器、触摸屏式、电量表、热电偶 4 个、压力变送器 3 只、变频器 1 个	1 套	2.3	
	合计			26.5	

3.2 具体工艺流程

主流程以满足双空心杆热水循环为主，见图 3，循环水由蓄能器、过滤器并经循环泵升压后进入双空心杆内外管循环，再经利旧的电磁加热器返回蓄能器，该电热器以采出液温度为控制对象，主要作用是当采出液温度低于安全设定值时，控制系统认为蓄能器能量不足，需要立即开启辅助电加热，该加热器的启动没有峰谷时序控制，可认定为该系统的保安加热器，为预防抽油机停抽维护时造成的采出液温度低、引发的保安加热器误动作，在其启动条件上设置为与抽油机启动状态联锁，避免误运行后造成的能量浪费。其他能源的收集均以蓄能器为核心，其中太阳能的收集也是通过水循环来实现的，当系统检测到太阳能器集热器联集管内温度高于蓄能器温度 5℃时，启动太阳能集热器循环泵，直至两者温度相等时，停止循环泵；考虑到管线的保温、防腐、防冻及施工便利性等要求，所有地面循环水管线采用 PPR 材料。选取的太阳能集热管为真空热管式结构，具有冬季防冻的优点，一般不需要做专门的防冻措施；为保证循环泵及联集管冬季野外的防冻性，采用了自动循环控制的措施，当检测环境温度低于 0℃时，每 20min 启动循环泵 5min，让蓄能器热水对泵及地面管线辅助加热保温，确保系统在冬季不冻不堵，也可以保证在冬季当具备太阳能捕集条件时，太阳能集热器随时能随时启动。套管天然气能量的补入是利用了原 40m³ 集油器的烟道加热功能，收集到的套管气经过简单气液分离、减压后，通过小型低氮燃烧器燃烧后释放热能，并通过预置在蓄能器内的烟道储存到软化水中。套管气经减压稳定后，可保证低氮燃烧器在燃气压力 1000～3000Pa 下稳定工作，且氮氧化物排放浓度保持在 30mg/m³ 以下，达到地方政府规定的排放标准。低氮燃烧器的自动启停是通过套管气压力设定来实现的，考虑到 E 古 2 井套管气资源状况及压力恢复规律，最终确定燃烧器启动压力为 0.04MPa，停止压力为 0.005MPa，以实现套管气资源的物尽其用。储热介质的质量的确定，是考虑在极端天气下(无太阳能和天然气能补充)系统仅通过谷电加热就能满足全天油井用热要求来设计的，安装在蓄能器内部的插入式电加热装置主要功能就是电加热辅助补能，控制系统通过对蓄能器储热情况识别后，以确定插入式电加热器的启停时段和工作状态，实现科学补能。

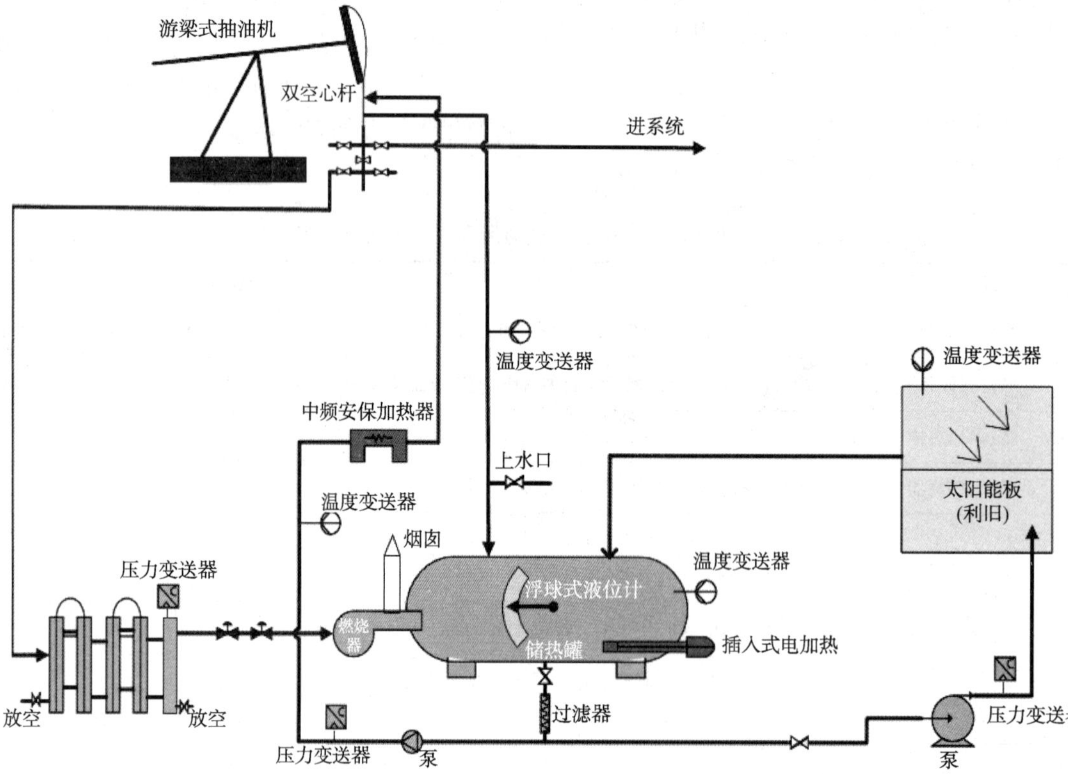

图 3　油井"光热+"多能互补现场试验工艺流程图

3.3　试验成果效果

该油井多能互补加热试验于 2022 年 3 月开始编制项目实施方案，4 月底完成井场进行改造安装，5 月中旬正式投用，截至 9 月 25 日，试验平稳运行 134 天，其中在 9 月中旬增加了"1+3"多井多能互补试验。经跟踪统计分析，试验效果达到预期目标，项目运行稳定，完全能够保障油井生产运行需要，节约电量明显，大幅降低电费支出。

单井试验效果：改造前地面加热循环系统日均耗电 464kW · h(其中泵 86kW · h，电加热 378kW · h)，改造后系统日均耗电 83.1kW · h，日均节电量 380kW · h，试验期间累计节电量 4.6×10^4kW · h，节电率达 82.1%，节费率达到 84.2%。

井组试验效果：利用 1 套多能互补装置带动 3 口油井，试验效果见下表。试验前 3 口油井地面加热系统日耗电 1072kW · h，改造后日耗电 257.9kW · h，节电率达 75.9%、节费率达到 78.9%。受太阳能集热面积和伴生气能力不足的影响，较单井节电率有所下降。按此测算，井组全年可节约用电 29 万 kW · h，减少电费支出 17.6 万元。

多井"光热"+多能互补应用效果统计表见表 3。

同时，通过对该油井某一阶段井口回压、采出液温度、集热器温度、套管气压力和蓄能器温度等情况进行数据跟踪分析。虽然太阳能集热器采集热量因天气因素存在不稳定性，但通过伴生气加热补充，软化水温度一直稳定在 61℃以上，保证了采出液温度维持在 42~49℃，始终处于原油析蜡点以上，井口回压保持在 0.23MPa 以下，可靠且有效地保障了油井安全稳定生产。油井多能互补生产信息化工艺参数曲线图见图 4。

表 3　多井“光热+”多能互补应用效果统计表

阶段	井号	统计日期		类别	总用电量/(kW·h)				设备分类统计					电费/元	
		统计期间	统计天数		总量	电加热			循环泵	电加热				总电费	其中：电加热
						峰段	平段	谷段		峰段	平段	谷段	小计		
改造前	E 古 2	3 月 1 日~4 月 28 日	45	总量	20856.7	6952.2	6952.2	6952.2	3848	5669.6	5669.6	5669.6	17008.7	16124.3	13149.4
				日均	463.5	154.5	154.5	154.5	85.5	126.0	126.0	126.0	378.0	358.3	292.2
	泌 383	3~8 月	140	总量	54770.7	18256.9	18256.9	18256.9	11900	14290.2	14290.2	14290.3	42870.7	42343.2	33143.3
				日均	391.2	130.4	130.4	130.4	85	102.1	102.1	102.1	306.3	302.4	236.8
	古 108	3~8 月	150	总量	32631.3	10877.1	10877.1	10877.1	12150	6827.1	6827.1	6827.1	20481.3	25227.3	15834.1
				日均	217.5	72.5	72.5	72.5	81	45.5	45.5	45.5	136.5	168.1	105.5
	井组			日均	1072.2	357.4	357.4	357.4	251.5	273.6	273.6	273.6	820.8	828.9	634.6
改造后	E 古 2 单井	5 月 15 日~9 月 12 日	121	总量	9394	2010	2297	5087	5659	161	437	3137	3735.0	6414.8	2067.4
				日均	83.1	17.8	20.3	45.0	50.1	1.4	3.9	27.8	33.1	56.8	18.3
				日均节电/节费	380.4	136.7	134.2	109.5	35.4	124.6	122.1	98.2	344.9	301.6	273.9
				单井节电/节费率	82.1%	88.5%	86.8%	70.9%	41.4%	98.9%	96.9%	78.0%	91.3%	84.2%	93.7%
				单井节电量/节费量	46024.4	16542.2	16234.9	13247.4	4285.9	15073.6	14778.1	11886.9	41738.6	36489.3	33146.3
	3 井组	9 月 12 日~9 月 25 日	13	总耗电(费)量	3353.0	666.0	846.0	1841.0	1250.0	250.0	421.0	1432.0	2310.0	2268.4	1300.0
				日均	257.9	51.2	65.1	141.6	96.2	19.2	32.4	110.2	177.7	174.5	100.0
				日均节电(费)量	814.3	306.2	292.3	215.8	155.3	254.4	241.2	163.4	643.1	654.4	534.6
				井组节电率/节费率	75.9%	85.7%	81.8%	60.4%	61.8%	93.0%	88.2%	59.7%	78.4%	78.9%	84.2
				井组节电量/节费量	10585.6	3980.2	3800.2	2805.2	2019.5	3306.8	3135.8	2124.8	8360.4	8507.6	6949.2
多能互补效果总计				总节电率/节费率	80.8%	87.9%	85.8%	68.8%	46.3%	97.8%	95.3%	74.5%	88.8%	83.1%	91.9%
				节电(节费)总量	56610.0	20522.4	20035.1	16052.6	6305.4	18380.4	17913.9	14011.7	50099.0	44996.8	40095.5

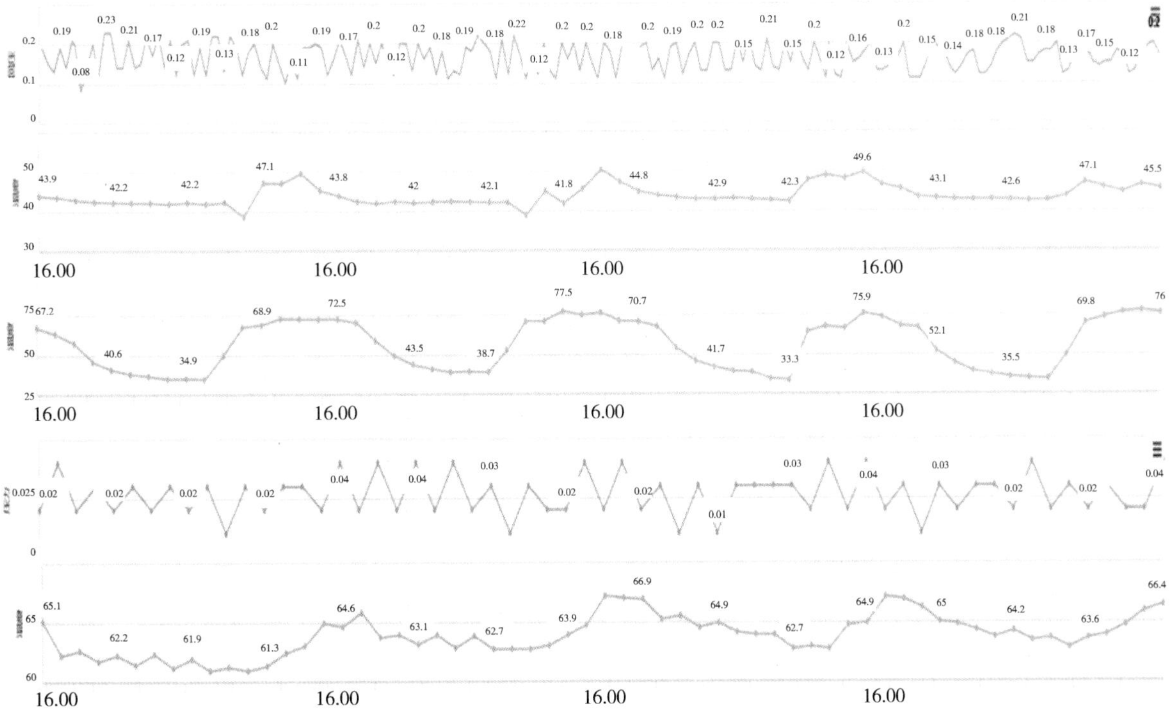

图 4　油井多能互补生产信息化工艺参数曲线图

4　多能互补加热推广应用前景

随着油气田企业开发难度的日益增大，开发成本控制难度越来越大，同时在“双碳”目标任务要求下，油井开发生产中可再生能源、低成本技术的应用显得日趋紧迫和重要。油井多能互补加热技术有效高效地把多种能源应用整合一体，既符合油井开发节能降碳发展趋势要求，保证了油井生产需要，又提升了效益开发质量，具有良好的经济效益和社会效益。

同时，该多能互补加热技术的核心构想，可结合油井实际应用场景进行调整，可应用于大部分需加展油井加热工艺的油井。例如：对油井相对集中的井场，可采取“一拖二”“一拖多”方式；“多能互补”中的“多能”可通过增加光伏发电、风能发电、电储能等方式，进一步推动降本减碳；没有伴生气的油井，可进行调整使用；等等。

河南油田目前正根据试验情况，对地面设备数量和投资成本等进行优化完善，下步计划在油田采油二厂区域整个高含蜡、高凝油油井开发中进行逐步推广应用。目前已在开展单井加热、一拖多应用试验。下步初步确定：在新井中直接应用多能互补加热技术，陆续对老井加热系统进行改造，并结合井场、井距情况实施单井、“一拖二”“一拖多”等加热技术应用。全力打造高含蜡油井开发伴热多能互补示范区，着力打造高含蜡油井开发伴热“光热+”多能互补示范区，努力为高含蜡油气低成本开发注入绿色动能，助推油田绿色发展、可持续发展。

参考文献

[1] 范旭强，陈建荣，陈勇．油气田企业新能源产业发展现状及合作融资模式探析[J]．国际石油经济，2021(10)：7-18.

[2] 邹才能，赵群，张国生．能源革命：从化石能源到新能源[J]．天然气工业，2016，36(1)：1-10.

[3] 侯松伟．太阳能光伏发电在大庆油田的有效应用[J]．化工管理，2020(36)：53-54.

[4] 秦海岩．加快发展新能源，支撑落实“双碳”目标[J]．可持续发展经济导刊，2021(6)：23-25.

[5] 白晓东，何少林，巴玺立．“碳中和”意愿下油田地面工程新能源替代及低碳绿色发展对策[J]．油气与新能源，2021(4)：16-21.

近零损失率生产燃料电池氢的技术与实践

梁　峰　尹雅棠　张　成　孙宏强

（中国石化青岛炼油化工有限责任公司）

摘　要　为解决氢能产业发展初期出现的氢能资源短缺困难，开发了工业氢生产燃料电池氢的技术并实践应用，产出青岛市第一车燃料电池氢，取得了良好的社会经济效益。与普遍使用的PSA法生产燃料电池氢相比，可降低损失约20%，节省投资70%，按产氢3000m^3/h规模可年降本增效490万元。在副产氢等其他氢能资源不足而需制氢来满足氢气平衡的情况下，利用"低温甲烷化+分子筛脱水"技术方案，以工业氢为原料生产燃料电池氢，具有优势和合理性。

关键词　氢能；燃料电池氢；工业氢；低温甲烷化；分子筛脱水

发展氢能产业是实现"双碳"目标的重要措施，目前我国处于氢能产业化培育初期，应按照"先立后破"的发展规律，尽快建立较为完善的氢能产业体系，不断对氢能产业链上的"制、储、运、加、用"各环节进行自我革命和改进优化，实现产业链提升完善。

青岛市于2021年1月开通了首条氢能公交示范线，但当时青岛市及周边区域尚无燃料电池氢生产企业，所需燃料电池氢通过长管拖车自300km以外的滨州等地长途运输而来，用氢成本高、供应稳定性差，产业链不完整，对推广新的氢能公交线、港口氢能车辆和相关加氢站等形成氢能资源制约。为尽快解决以上问题，位于青岛市的中国石化某炼化公司（以下简称该公司），紧急开发了"低温甲烷化+分子筛脱水"的技术方案和流程，对所产工业氢净化处理后，达到了燃料电池氢质量标准，实现了当年改造、当年产出燃料电池氢出厂的奋斗目标。

这是首次工业上利用低温甲烷化技术生产燃料电池氢，产品收率接近100%，成功实现了青岛市燃料电池氢生产"零的突破"，也使青岛市氢能产业链趋于完整。

本文对燃料电池氢质量要求和炼化企业工业氢资源、生产燃料电池氢的技术方案、实践应用效果等进行了总结和讨论。

1　燃料电池氢的质量要求

燃料电池氢的纯度以及所含杂质的种类、含量等，会对氢燃料电池的放电性能和寿命产生重要影响。故燃料电池氢有严格的质量标准。现行燃料电池氢的国家推荐质量标准《质子交换膜燃料电池汽车用燃料　氢气》（GB/T 37244—2018）中，对燃料电池氢的氢气纯度和总硫、氨、总卤化物、甲醛、甲酸、一氧化碳、二氧化碳、总烃、氧、氦、氮、氩、水、颗粒物等14种痕量杂质均进行了限制。具体指标要求如表1所示。

表1　燃料电池氢的氢气纯度和杂质指标①

序号	项目	指标	序号	项目	指标
1	φ（氢气）/%	≥99.97	9	φ（CO）/（μL/L）	≤0.2
2	φ（非氢气体总量）	<300	10	φ（总硫（按H_2S计））/（μL/L）	≤0.004
3	φ（H_2O）/（μL/L）	≤5	11	φ（HCHO）/（μL/L）	≤0.01
4	φ[总烃（以甲烷计）]②/（μL/L）	≤2	12	φ（HCOOH）/（μL/L）	≤0.2
5	φ（O_2）/（μL/L）	≤5	13	φ（NH_3）/（μL/L）	≤0.1
6	φ（He）/（μL/L）	≤300	14	φ（总卤化物（按卤离子计））/（μL/L）	≤0.05
7	φ总氮（N_2+Ar）/（μL/L）	≤100	15	w（颗粒物）/（mg/kg），max	≤1
8	φ（CO_2）/（μL/L）	≤2			

注：①为《质子交换膜燃料电池汽车用燃料氢气》（GB/T 37244—2018）指标；

②当甲烷浓度超过2μL/L时，甲烷、氮气和氩气的总浓度不准许超过100μL/L。

2 炼化企业工业氢的质量

2.1 炼化企业的工业氢

炼化企业工业氢主要用于原料、中间原料以及产品的加氢过程，主要有以下来源：一是副产氢，包括重整装置副产、富氢气体回收和炼化一体化的化工系统中乙烯、电解、脱氢装置副产等；二是炼油厂制氢装置生产；三是外购。随着油品质量升级和环保要求的不断提高，工业氢用量不断增加，仅靠利用副产氢已难以满足炼化企业氢气平衡要求，普遍新建、扩建了制氢装置，如该公司除 180×10^4t/a 连续重整装置副产氢外，另外建有 2 套规模分别为 30000m^3/h 和 40000m^3/h 的制氢装置来生产工业氢。

制氢装置在炼化企业普遍存在，且普遍有一定的产能富余，故以制氢装置所产氢气为炼化企业典型的工业氢进行讨论。

2.2 工业氢生产过程

炼化企业的制氢装置，主要是以天然气、炼厂气等为原料的轻烃蒸汽转化制氢装置，普遍采用变压吸附(PSA)氢提纯技术，工业氢纯度一般在 99.9%以上。

该公司制氢装置采用典型的炼化企业制氢工艺流程，生产过程如图 1 所示。该工艺主要包括原料气加氢脱硫、轻烃蒸汽转化、一氧化碳(CO)中温变换、变压吸附(PSA)氢提纯等 4 部分。

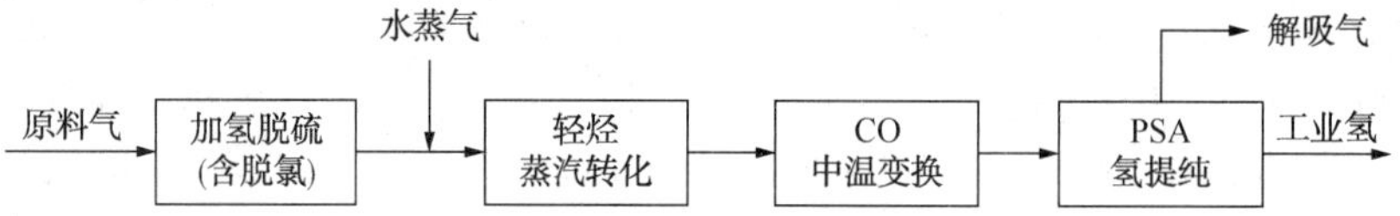

图 1　制氢过程示意图

该公司制氢原料气主要为加氢尾气，少量天然气作为补充，加氢尾气和天然气组成见表 2。

表 2　制氢原料气组成

项　　目	加氢尾气	天然气	混合原料气（加氢脱硫后）
$\varphi(H_2)$/%	30~40	0	
$\varphi(CH_4)$/%	约 25	95~99	
$\varphi(C_2H_6)$/%	约 20	平衡量	
$\varphi(C_3H_8)$/%	12~15	极低含量	
$\varphi(C_4+)$/%	约 8		
$\varphi(NH_3)$/(μL/L)	2~20		
$w(S)$/(mg/m^3)	6~20	<0.1	<0.1

2.3 工业氢的杂质与脱除

2.3.1 影响制氢催化剂的杂质与脱除

制氢原料气中的硫、氯杂质，是轻烃蒸汽转化制氢催化剂的毒物，故包括该公司在内的制氢装置一般均设计了制氢原料加氢预处理单元，将原料中的有机硫、有机氯转化为硫化氢、氯化氢，进行化学吸附脱除。

加氢尾气主要由氢气和甲烷、乙烷、丙烷等低碳烷烃组成，不含氯，主要杂质为硫。但该加氢尾气在加氢装置内已经 N-甲基二乙醇胺(MDEA)湿法脱硫处理(表 2 中的氨来源于此过程)，干气中总硫含量已降至如表 2 所示的范围。天然气为来自管网的洁净天然气，不含有机硫和有机氯杂质。

该公司对加氢预处理后的混合原料气进行了杂质分析，通过气相色谱法(SCD)测定硫化氢和各种形态硫含量，通过库仑法测定总硫含量，通过载有指示剂的检测管来测定氯化氢含量。表 3 为检测的相关数据。

表 3　加氢预处理后制氢原料气中硫和氯含量

项　　目	数　　据
硫含量/(mg/m^3)	
硫化氢	<0.1
羰基硫	<0.1
甲硫醇	<0.1
乙硫醇	<0.1
异丙硫醇	<0.1
叔丁硫醇	<0.1
二甲基二硫醚	<0.1
甲基乙基二硫醚	<0.1
总硫	<0.1
氯含量/(μL/L)	
氯化氢	<0.1

因原料主要为加氢尾气气和天然气，不含复杂形态的大分子硫和有机氯等难以通过加氢过程

脱除的杂质，故经加氢预处理后的混合原料气中的硫、氯被完全脱除，其含量均在分析仪精度所能达到的检测限以下，总硫及各形态硫的含量均小于 0.1mg/m^3，氯化氢含量小于 0.1μL/L。折算后的总硫含量小于 0.07μL/L，其他形态硫的分子量更大，折算后的体积含量会更低，即在分析仪精度内未检测出硫、氯杂质。

2.3.2　影响工业氢质量的杂质与脱除

制氢装置生产的工业氢用于加氢工艺，其质量控制要求主要是氢气纯度和杂质含量。采用如图 1 所示制氢工艺时，一般要求 PSA 出口工业氢的氢气体积分数不小于 99.9%，杂质（$CO+CO_2$）体积分数不大于 20μL/L，CH_4体积分数不大于 0.1%。

影响工业氢质量的杂质，主要是 CO 中温变换气所挟带的杂质（CO、CO_2和 CH_4等），这些杂质将通过 PSA 氢提纯过程除去。表 4 是以炼厂气或天然气为原料的制氢装置 PSA 入口的中温变换气典型组成和经 PSA 氢提纯后工业氢的指标要求。

表 4　制氢 PSA 入口气体组成和出口工业氢指标

项　目	入口中温变换气	出口工业氢
$\varphi(H_2)$/%	75~80	≥99.9
$\varphi(CO)$/%	≤3	
$\varphi(CO_2)$/%	15~20	
$\varphi(CO+CO_2)$/(μL/L)		≤20
$\varphi(CH_4)$/%	5	≤0.1

PSA 是一种依靠压力变化利用吸附剂对气体中不同组分进行吸附脱除杂质的气体分离技术，广泛应用于含氢气体的氢气提纯。PSA 由若干台吸附罐组成，每台吸附罐装有相同装填顺序的吸附剂，利用吸附剂对混合气体中的氢组分吸附能力弱，而对其他组分吸附能力强的特性，将通过床层的气体中非氢组分吸附下来，得到较高纯度氢气。吸附剂再生时，通过逆向解吸等过程将吸附剂上的 CO、CO_2和 CH_4杂质以及被吸附的少量氢气，经脱吸过程排放至解吸气系统中，用于制氢转化炉燃料。

2.3.3　影响燃料电池氢质量的杂质与脱除

制氢过程为体积增加反应，主反应方程式为：

$$CH_4+2H_2O(\text{蒸汽})\xlongequal{}4H_2+CO_2 \qquad (1)$$

由式(1)可知，单位体积原料气(CH_4)，通过蒸汽转化过程体积增大为 5 倍，则气体中硫、氯含量被稀释，降至加氢预处理后原料气中杂质含量的 20%。

该公司制氢原料气比较洁净，含卤化合物中除可能有微量氯化氢外，不含有其他卤化物。由表 2 可知，氯化氢体积分数小于 0.1μL/L，经过制氢过程体积增大而稀释后，原料带入的氯化氢体积分数可降至 0.02μL/L，已满足表 1 所列出的燃料电池氢国家推荐标准 GB/T 37244—2018 中卤化物体积分数不大于 0.05μL/L 要求。

同样，按原料带入的总硫体积分数小于 0.1mg/m^3(0.07μL/L)测算，进入 PSA 的中变气中总硫含量可降至小于 0.014μL/L，但不满足国家推荐标准 GB/T 37244—2018 要求的总硫体积分数不大于 0.004μL/L，需采取进一步脱除措施。

在 PSA 吸附步骤，中温变换气自下而上进入吸附罐，依次穿过不同功能的吸附剂，杂质被吸附，氢气纯度越来越高，最后到达顶部成为较高纯度氢气。以该公司制氢 PSA 为例，吸附罐自下而上第一层为活性氧化铝吸附剂，脱除水分；第二层吸附剂为专用硅胶，脱除水分和 CO_2；第三层吸附剂为专用活性炭，有强力脱除 CO_2的作用；第四层为活性炭载体的金属络合吸附剂，脱除 CO；第五层为 5A 分子筛，对氢气中 CH_4、N_2、CO 进行精准脱除，确保产品最终纯度。

图 2 为分子筛吸附剂对中变气中氢气和典型杂质的吸附能力强弱示意图。

图 2　不同组分在分子筛上的吸附强弱顺序

由图 2 可知，除目的产品氢气外，H_2O、H_2S、CO_2、CH_4均较 CO 和 N_2更容易被吸附，在吸附剂装填量足够的情况下，CO 和 N_2被吸附脱除至较低浓度时，其余杂质的含量势必较 CO 和 N_2更低。以 CO_2杂质为例，尽管中变气中的 CO_2是含量最高的杂质，但具有容易被吸附的特性，在依次经过吸附罐中下部的硅胶、活性炭后，可以被吸附脱除干净，即使有少量未被吸附而逃逸的 CO_2，也难以再通过后面两层吸附剂，故当氢气中较难被脱除的 CO 含量降至工艺卡片要求的 20μL/L 甚至 10μL/L 以下时，CO_2将被全部吸附脱除或含量降至极低。同样，即使原料气经加氢处理后残余的微量 H_2S 被带入 PSA，因含量极低，也将被 PSA 吸附剂脱除干净，不会进入产品氢气。

为验证以上分析，特委托权威检测机构，对该公司两套制氢所产工业氢进行了分析，并与燃料电池氢质量标准进行了对比，详见表 5。

表 5　工业氢数据与燃料电池氢质量标准对比表

序号	项　目	工业氢采样的地点和时间				是否满足燃料电池氢标准
		Ⅰ制氢 2021-1-28 15：00	Ⅱ制氢 2021-1-29 16：00	Ⅱ制氢 2020-7-9 10：00	Ⅱ制氢 2020-7-9 15：00	
1	φ(氢气)/%	99.995	99.998	>99.99	>99.99	√
2	φ(非氢气体总量)	<40.3	<14	<28.7	<33.0	√
3	φ(H_2O)/(μL/L)	1.6	1.7	1.4	1.4	√
4	φ(总烃(以甲烷计))/(μL/L)	0.4	<0.1	<0.1	<0.1	√
5	φ(O_2)/(μL/L)	0.5	0.6	0.4	0.4	√
6	φ(He)/(μL/L)	10	<10	<10	<10	√
7	φ 总氮(N_2+Ar)/(μL/L)	13.4	0.6	15.5	19.7	√
8	φ(CO_2)/(μL/L)	0.1	0.2	0.1	0.1	√
9	φ(CO)/(μL/L)	14.0	0.5	1.3	1.4	×
10	φ(总硫(按 H_2S 计))/(μL/L)	<0.004	<0.004	<0.004	<0.004	√
11	φ(HCHO)/(μL/L)	<0.005	<0.005	<0.005	<0.005	√
12	φ(HCOOH)/(μL/L)	<0.1	<0.1	<0.1	<0.1	√
13	φ(NH_3)/(μL/L)	<0.1	<0.1	<0.1	<0.1	√
14	φ(总卤化物(按卤离子计))/(μL/L)	0.02	0.01	<0.01	<0.01	√
15	w(颗粒物)/(mg/kg)，max	<0.1	<0.1	<0.1	<0.1	√

从表 5 可见，PSA 出口工业氢中，CO 在杂质中含量占比最高，其次是氮气(为原料带入的氨在制氢过程中高温裂解所产生，按(N_2+Ar)计)；CO_2含量极低，与 CO 相比可忽略不计，这与前述的 PSA 所产工业氢中 CO_2 等杂质含量将远低于 CO 的分析结论是一致的。经 PSA 技术商确认，制氢 PSA 出口工业氢，在 CO 体积分数不大于 20μL/L 的工艺卡片要求时，其 CO_2 含量远低于 GB/T 37244—2018 的标准限值；若含有微量 H_2S，也将被 PSA 吸附剂脱除至 GB/T 37244—2018 的标准限制以下。

从表 5 中还可以看出，工业氢中除 CO 外，其余指标均满足 GB/T 37244—2018 标准要求。若以工业氢为原料生产燃料电池氢，需重点考虑脱除工业氢中 CO。

3　脱除 CO 的甲烷化技术

3.1　甲烷化技术及特点

甲烷化是指 CO 和 CO_2在 H_2环境和催化剂作用下，与 H_2 反应转化为 CH_4 的过程，反应式如下：

$$CO+3H_2 = CH_4+H_2O(g) \quad \Delta H=-206.2kJ/mol \tag{2}$$

$$CO_2+4H_2 = CH_4+2H_2O(g) \quad \Delta H=-165.0kJ/mol \tag{3}$$

以甲烷化反应为核心的甲烷化技术，广泛应用于乙烯氢的提纯精制过程，可将 CO 体积分数由 0.1%~1%降至 5μL/L、甚至 1μL/L 以下，满足下游用氢装置要求。若氢气中 CO 和 CO_2同时存在，则 CO_2 也一同发生甲烷化反应而降低含量。

甲烷化反应热效应与 CO 和 CO_2 浓度有关，每转化 1% 的 CO 和 CO_2，绝热温升分别约为 75℃和 60℃。

3.2 甲烷化技术生产燃料电池氢的可行性分析

根据文献报道，甲烷化精制乙烯氢时，反应器入口和反应放热后的床层温度分别为 168℃、183℃，气体空速 5500h^{-1}，氢气中 CO 含量可自体积分数 0.2%降至 0.2μL/L 以下。认为仅从降低 CO 杂质含量的角度考虑，甲烷化技术应可以将工业氢中 CO 杂质含量降至 0.2μL/L 以下，满足 GB/T 37244 对 CO 的要求。

由式(2)可知，甲烷化脱除 CO 时，降低的 CO 将转化成等摩尔量的 CH_4 和等摩尔量的 H_2O，可能对燃料电池氢质量造成影响。

按照工业氢中 CO 含量最大为 20μL/L 测算，则燃料电池氢中的 CH_4 和 H_2O 各自增加 20μL/L，其他杂质含量不受影响。从 GB/T 37244 对 CH_4 含量的要求中可知，在 CH_4 含量超过 2μL/L 时，甲烷、氮气和氩气的总浓度不准许超过 100μL/L，而表 5 显示工业氢中的氮气和氩气总浓度远小于 100μL/L，即使加上 CO 甲烷化新增加 20μL/L 的 CH_4，也远小于 100μL/L，可以满足标准要求。工业氢中增加 20μL/L 的 H_2O，显然不能满足标准对 H_2O 含量不大于 5μL/L 的要求，但可以通过分子筛干燥脱水，较容易将 H_2O 降至 5μL/L 以下而达标。

经以上分析可知，采用甲烷化技术降低工业氢中的 CO，并将甲烷化后的氢气干燥脱水，可满足燃料电池氢质量标准要求。

4 甲烷化生产燃料电池氢的技术方案

4.1 主要技术条件

一般的工业条件下，甲烷化反应不受化学平衡制约，确定反应条件主要是根据选定的催化剂来确定合适的压力、温度、空速等条件。

4.1.1 催化剂选择

甲烷化催化剂主要采用的是价格相对低廉，且活性高、转化率和选择性好的镍基催化剂。考虑到节能和较低温度更容易实现，选用北化院新开发的一种低温甲烷化催化剂，主要物理性质如下：

外观：黑色齿球

活性金属：Ni

载体：Al_2O_3

颗粒直径：3.0~4.5mm

堆积密度：800~1000kg/m^3

压碎强度：>40N/颗

预期寿命：>5 年

4.1.2 压力、温度、空速

甲烷化反应平衡对压力要求不严格，在 0.1~2.0MPa(表压，下同)压力下可完全反应，CO 平衡转化率几乎达到 100%，故选择与工业氢的压力一致的 1.8MPa 作为反应压力。

研究表明，甲烷化反应温度低于 400℃时，CO 和 CO_2 在热力学平衡方面可接近完全转化，反应温度依技术商建议，按 150~200℃设计。

根据工业运行经验，考虑到工业氢中 CO 正常情况下较低，不足 20μL/L，远低于乙烯氢甲烷化原料中的 CO 含量，按已有业绩的 8000h^{-1} 作为设计空速。

4.1.3 催化剂装量

本技术方案需解决聚丙烯原料用高纯氢气 200m^3/h，同时尽快满足周边 2 条氢能公交线的用氢需求。考虑到所在区域的燃料电池氢供应主要由另外建设的 3000m^3/h 的 PSA 法燃料电池氢项目承担，2 条公交线路需燃料电池氢约 800kg/d，按每日充装时间 15h 计，需甲烷化项目供氢能力为 600m^3/h，同时考虑内部需求，甲烷化氢提纯规模需 200~800m^3/h，则催化剂装填量为 0.1m^3。

4.2 工艺流程设计

图 3 为设计的甲烷化技术生产燃料电池氢的工艺流程示意图。

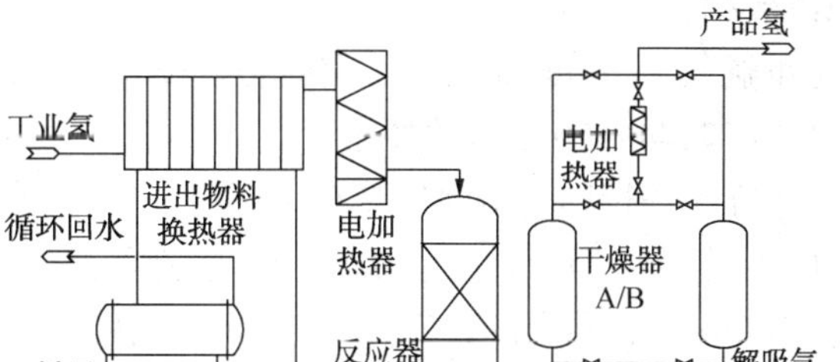

图 3　利用甲烷化生产燃料电池氢的流程示意图

设计了电加热器提升反应器入口的原料气温度，满足反应温度要求。考虑到工业氢中 CO 含量较低，甲烷化反应器内不会有明显温升，结合低压蒸汽(0.65~0.7MPa、220℃，饱和温度约 170℃)较为过剩的实际情况，专门设计了低压蒸汽伴热的夹套式甲烷化反应器，维持床层温度。

甲烷化过程中生成微量的水，需降至不大于5μL/L，专门设置了2台可切换再生的分子筛干燥吸附脱水罐。

5 实践应用

应用低温甲烷化技术生产燃料电池氢的技术改造投资65万元，于2021年7月产出合格的燃料电池氢，8月5日完成出厂手续后，青岛市第一车燃料电池氢出厂销售，连续稳定运行，已累计外供燃料电池氢18580kg，取得了良好的社会和经济效益。

5.1 产品质量满足要求

改造项目投用后，持续对甲烷化前、后氢气中CO和CH_4两种杂质含量进行了分析，表6为分析数据对照表。甲烷化后，CO体积分数可稳定被降至0.1μL/L以下，满足GB/T 37244—2018标准限值要求。

表6 甲烷化前、后氢气的CO和CH_4含量对照表

项目	甲烷化前	甲烷化后
φ(CO)/(μL/L)	<20	<0.1
φ(CH_4)/(μL/L)	<30	<50

根据GB/T 37244—2018，当氢气中甲烷浓度超过2μL/L时，需甲烷、氮气和氩气的总浓度不超过100μL/L。工业氢中CO经甲烷化过程全部转化为CH_4后，甲烷化出口氢气中的CH_4等量增加，但甲烷化后氢气中CH_4体积分数均小于50μL/L。结合表5所列工业氢中的总氮(N_2+Ar)数据，甲烷化后的燃料电池氢满足甲烷、氮气和氩气总浓度可以满足不超过100μL/L的GB/T 37244—2018限值要求。

每次进行燃料电池氢装车出厂前，均对CO、CO_2、总烃(以CH_4计)、H_2O、O_2等杂质进行检测分析，并委托第三方权威机构按GB/T 37244—2018要求定期进行燃料电池氢全组分分析，均可达到GB/T 37244—2018要求。

5.2 技术经济指标有优势

5.2.1 损失率低、资源利用率高

原料氢气中CO体积分数为μL/L级，故甲烷化消耗掉的氢气也为μL/L级，按目前工业氢工艺卡片要求控制CO最高不大于20μL/L，结合式(2)测算，甲烷化过程因氢气反应转化为甲烷而消耗掉的氢气不到0.006%，工业上可以忽略。

根据统计数据，氢气装运拖车每车次充装燃料电池氢约240kg，每天出厂1车，每月折合为80000m^3。干燥器每月再生1次，每次再生时间15~20h，用另一并联的干燥器所产氢气对再生干燥器内的水分进行吹脱解吸。流量计显示吹脱气流量为20~30m^3/h，每次再生时吹脱用氢气损失量约600m^3(进入燃料气系统)，占80000m^3的0.75%。

该公司后期投运了同样以工业氢为原料气，采用PSA工艺再提纯来生产同品质燃料电池氢项目，PSA工业氢原料气1000m^3/h时，可产出燃料电池氢800m^3/h，但另有解吸气200m^3/h进入燃料气系统，即PSA法氢气损失率为20%。

甲烷化技术方案生产燃料电池氢的收率为99.25%，高于普遍使用的PSA法(收率约80%)，提高了资源利用效率。

5.2.2 投资省

借鉴以上改造经验，某炼化企业正在建设一套1000m^3/h的工业氢甲烷化生产燃料电池氢项目，氢提纯净化单元的设备投资约100万元，按照规模系数折算，3000m^3/h的设备和催化剂投资将不足300万元，投资仅为同原料性质、同规模PSA法的设备和吸附剂的30%，节省70%。

5.2.3 运行成本低

经运行优化，该甲烷化装置的反应器床层温度已由开工初期的160℃，逐步降至115℃。因未安装计量设施，按设计的循环水量0.4t/h(0.2元/t)、反应器加热蒸汽量0.18t/h(100元/t)、电加热器正常情况下不需投用，测算出每年增加公用工程消耗费用15万元。甲烷化技术生产燃料电池氢的损失率较同期运行的PSA法低19个百分点，按常见的产燃料电池氢3000m^3/h规模测算，甲烷化技术生产等量的燃料电池氢可节约工业氢700m^3/h，按全年平均75%的负荷测算，节约氢气4400km^3/a，折合390t/a。按当前工业氢1.3万元/t测算，与公用工程消耗的费用相抵后，因减少工业氢损失可降低成本约490万元/年。

6 结语

“低温甲烷化+分子筛脱水”的技术方案和流程，可以针对性地脱除制氢工业氢中的CO，满足燃料电池氢生产要求，产品收率接近100%，具有损失率低、资源利用率高、投资省和运行成本低等优势。在没有多余的副产氢可充分满足氢

气平衡的情况下，利用炼化企业制氢的工业氢来生产燃料电池氢，该技术具有优势和合理性。

参 考 文 献

[1] 张彩丽. 煤制氢与天然气制氢成本分析及发展建议[J]. 石油炼制与化工，2018，49(1)：94-98.

[2] 凌逸群. 炼油结构绿色低碳转型[M]. 北京：中国石化出版社，2022.

[3] 中国石油化工集团公司人事部，中国石油天然气集团公司人事服务中心. 制氢装置操作工[M]. 北京：中国石化出版社，2007.

[4] 梁峰. 低温甲烷化技术在炼油厂聚丙烯原料氢气精制中的应用[J]. 石油炼制与化工，2022，53(3)：62-66.

[5] 焦伍金，汤佳香，刘圣刚. 国产甲烷化低温催化剂在乙烯装置上的应用[J]. 乙烯工业，2012，24(2)：62-64.

[6] 吴思操. 影响甲烷化催化剂正常使用的因素分析[J]. 小氮肥，2005(4)：8-11.

[7] 李军，朱庆山，李洪钟. 基于甲烷化反应的催化剂颗粒设计与过程强化[J]. 化工学报，2015，66(8)：2773-2783.

[8] 赵云鹏，荆涛，田景芝，等. CO_2甲烷化催化剂与反应机理研究进展[J]. 天然气化工：C1 化学与化工，2016，41(6)：98-104.

[9] 黄永利. 高低温甲烷化催化剂工业应用对比分析[J]. 天然气化工：C1 化学与化工，2016，41(6)：91-94.

[10] 周华群，张谦温，陈静，等. 煤制合成天然气中甲烷化过程的分析与计算[J]. 石油化工，2014，43(5)：498-504.

生物航煤生产技术助力“双碳”目标

聂　红　习远兵　葛泮珠　丁　石　黄卫国　褚　阳　刘　锋　沈明欢

（中国石化石油化工科学研究院有限公司）

摘　要　通过分析生物油脂的分子结构特征，探索研究反应机理，开发了适合多种生物油脂原料的生物航煤成套技术（SRJET 技术）。该技术主要包括原料预处理单元、加氢处理单元和加氢转化单元。原料预处理单元主要脱除废弃油脂中的金属等杂质，降低对后续催化剂和装置的影响；加氢处理单元通过构建不同加氢性能的催化剂及其级配技术，可实现对油脂加氢脱氧路径选择性控制；加氢转化单元通过设计并合成高异构活性的加氢异构催化剂，生物航煤收率大幅度提高。

关键词　生物航煤；加氢脱氧；加氢异构；生产技术

气候变化是当今人类面临的重大挑战，我国为了积极应对气候变化，提出“力争 2030 年前实现碳达峰、2060 年前实现碳中和”的双碳目标。这一方面是我国实现可持续发展的内在要求，另一方面也是我国作为负责任大国履行国际责任、推动构建人类命运共同体的责任担当。实现“碳达峰、碳中和”，不仅要从排放端考虑工业的能源效率，还要从能源源头考虑可再生能源的应用，这使生物质燃料成为实现碳减排的重要途径。

随着经济的快速发展，航空运输业保持着持续增长的态势，使用传统航空燃料带来的温室气体排放逐年增加。2019 年，航空业载客量超过 45 亿人次，产生约占全球人为碳排放量的 2%。国际航空运输协会（IATA）预计到 2035 年，航空业年旅客人数仍将增长至 75 亿人次，这意味着航煤的需求量也将大幅度地增加。因此，减少航空业的碳排放对于实现全球碳中和至关重要。

为减少航空业温室气体排放，利用可再生动植物油或废弃油脂为原料生产生物航煤的技术开发引起高度重视。生物航煤就其全生命周期而言具有显著的碳减排特性，其原料在种植过程中吸收大气中的二氧化碳，在燃烧过程中向大气排放二氧化碳，有相当比例的二氧化碳处于循环状态，因此具有显著的碳减排特性。此外生物航煤硫含量低，二氧化硫排放极低，并且其性质与石油基航煤有很好的调和性，能够实现即加即用，是高效、清洁的可持续能源。以动植物油或废弃油脂为原料开发生物航煤的生产技术对实现我国“双碳”目标具有重要意义。

以动植物油尤其以废弃油脂为原料加氢法生产生物航煤存在许多技术难点，例如：油脂中的不饱和物质在高温下容易结焦；油脂中的游离脂肪酸和含氯化物等会引起设备腐蚀；油脂中的金属与磷脂等杂质对后续加氢催化剂影响的隐患；油脂加氢处理过程中的强放热反应容易引起催化剂床层的飞温；加氢脱氧生成的水容易引起催化剂结构的破坏；加氢脱氧过程生成的气体中含大量的 CO 和 CO_2，不仅影响催化剂活性，而且增加尾气后续处理的难度；油脂加氢处理后生成的加氢精制油如果生产生物航煤需要进一步降低冰点，但在异构过程中，存在过度裂化反应，影响航煤收率，导致生产成本增加。

中国石化石油化工科学研究院有限公司（RIPP）在国内率先开展了油脂加氢生产生物航煤的技术研发工作，以传统石油基航煤分子结构为基准，通过分析生物油脂的分子结构特征，探索研究反应机理，开发了适应多种生物油脂原料的生物航煤生产成套技术（SRJET 技术），并成功完成了工业生产。

1　油脂性质

动植物油脂是生产生物喷气燃料的主要原料，其主要成分是甘油三酯，是由一分子甘油和三分子长链脂肪酸形成的疏水性酯类化合物。根据油脂的来源不同其脂肪酸碳链长度和不饱和度会有所差异。表 1 中列出了常见植物油的脂肪酸组成。

表1　常见植物油脂肪酸组成

脂肪酸组成/%	大豆油	葵花籽油	菜籽油	花生油	麻疯树油
C16：0	12	6	3	13	16
C18：0	3	3	1	4	16
C18：1	23	17	64	43	43
C18：2	55	74	22	35	34
C18：3	0	6	8	1	0.8
C20：0	0	0	0	1	0

油脂尤其废弃油脂具有黏度大、沸点高、杂质含量高等物理特性；部分油脂中不仅包括脂肪酸甘油三酯、而且还含有脂肪酸甘油二酯和脂肪酸甘油单酯，其结构具有相似性，含有不饱和键、脂肪酸和甘油基团，具有氧含量高、不饱和度较高的化学特性。将油脂转化生产生物航煤，需要先将油脂中的杂质进行脱除，再进行不饱和C═C双键的饱和、加氢脱氧和直链烃的异构化等化学反应。

2　生物航煤生产技术研发

通过分析生物油脂的分子结构特征和反应特性，确定了适合多种生物油脂的生物航煤生产技术，主要包括原料预处理单元、加氢处理单元和加氢转化单元工艺，工艺流程示意图如图1所示。

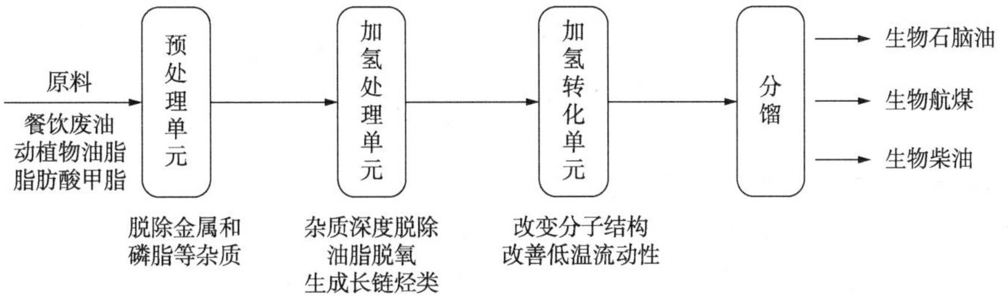

图1　油脂加氢法生产生物航煤的技术路线

原料经过预处理脱除原料中的金属和磷脂等杂质，降低对后续加氢催化剂和生产装置的危害。加氢处理单元通过调整加氢活性相结构，构建不同加氢性能的催化剂及其级配技术，可对脱氧路径选择性的控制，实现氢耗和收率可控调节。在加氢转化单元通过设计并合成独特孔道结构和形貌的分子筛酸性材料，开发中间支链异构烃和双支链烃比例高的异构催化剂，长直链烷烃反应后异构化率高，生物航煤冰点大幅降低且收率增加，提高了整体技术的经济性。

2.1　原料预处理单元技术开发

油脂尤其是废弃油脂的种类多、来源复杂、渠道分散，杂质组成和含量不稳定，不能直接进行固定床加氢处理。例如：废弃油脂中游离脂肪酸含量范围很宽，游离脂肪酸含量过高会增加设备腐蚀防护的要求；废弃油脂中还含有多种多样的杂质，包括油脂中固有的磷脂，以及收集加工过程中氧化产生的胶质、皂类、杂原子有机物等；特别是含氯化合物的存在，危害更大，在后续加氢过程中将会产生无机酸，加重设备腐蚀，诱发安全事故。因此需要在加氢之前通过一些方法降低原料的酸值、脱除原料的胶质、金属离子和氯等杂质，以减少设备的腐蚀、延长催化剂的使用寿命，并提高生产的连续性。

现有的油脂预处理技术主要在不同pH下进行水洗的方法脱除原料中的金属杂质，对原料中的氯以及原料的酸值没有改善。此外还有膜过滤、离心处理、白土或离子交换树脂吸附等方法，国内常用的白土吸附技术具有吸附色素等着色物质和食用油加工过程中产生的不良残留物(如肥皂、微量金属、磷脂、氧化产物和多芳烃)的能力，但会产生大量的白土固废。因此，为改善加氢处理的运行条件，需根据油脂原料特性，开发合理的预处理工艺技术路线。

油脂原料中金属来源广泛，常见的形态主要有油溶性良好的金属，该类金属含量不高但水洗脱除难度较大；另一类是具有表面活性的脂肪酸盐，易于在油水界面富集；还有一类为水溶性较好的金属，但由于粒径较小容易分散在油相中不易水洗脱除。

针对油脂原料中金属的特点，开发了高效的原料预处理技术。以一种金属含量比较的废弃油脂为原料进行试验，具体结果见表2。

表 2　废弃油脂预处理脱金属的效果

项目	w(Fe)/(μg/g)	w(Ca)/(μg/g)	w(Na)/(μg/g)
废弃油脂原料	369	6.2	222
预处理后产物	76	1.0	14

由表 2 可见，废弃油脂经过预处理后，脱铁率达 79.4%，脱钠率达 93.7%。说明开发的预处理技术具有比较显著的脱金属效果。油脂经过预处理后再经过真空干燥塔降低原料的水含量及溶解氧，得到预处理后的净化油脂作加氢处理单元的进料。

2.2　加氢处理单元技术开发

油脂在加氢处理单元主要发生不饱和 C ═C 双键饱和和加氢脱氧反应。其中油脂加氢脱氧主要有 3 种反应路径：加氢直接脱氧、加氢脱羰基和加氢脱羧基，如图 2 所示。

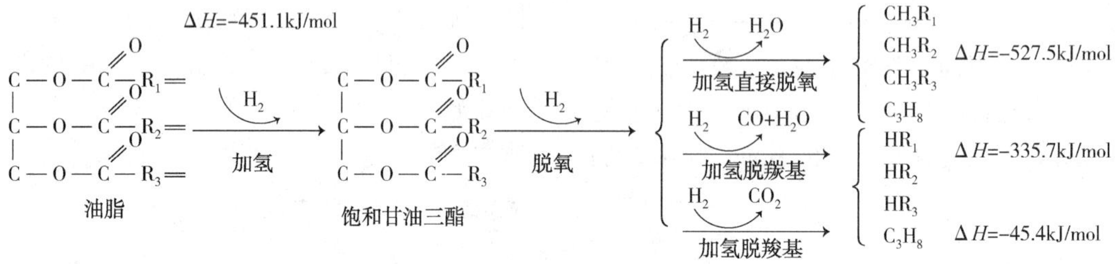

图 2　油脂加氢脱氧反应途径

以棕榈油为原料经过加氢脱氧后得到棕榈加氢精制油的主要性质与生物航煤标准的要求见表 3。由表 3 可知，棕榈加氢精制油主要由 $C_{15}\sim C_{18}$ 的烷烃组成，与生物航煤标准相比，加氢精制油不能直接作为航空煤油使用，必须经过异构转化过程使冰点大幅度降低，同时密度也适当降低后才能满足生物航煤的质量标准。

表 3　油脂加氢精制油的性质与生物航煤标准

项　　目	加氢精制油	生物航煤标准(HEFA-SPK)
密度(20℃)/(g/cm³)	0.7772	0.730~0.770
总酸值/(mgKOH/g)	0.0026	≯0.015
凝固点/℃	16	—
冰点/℃	—	≯-40
主要烷烃质量分数/%		
C_{15}	19.17	
C_{16}	19.88	
C_{17}	29.12	
C_{18}	28.73	
合计	96.90	
N 含量/(μg/g)	0.6	≯2
S 含量/(μg/g)	<10	≯15
终馏点	约 331	≯300

2.3　加氢转化单元技术开发

加氢异构催化剂为双功能催化剂，酸性组分一般为一维十元氧环的中孔分子筛，加氢组分为贵金属或非贵金属。利用分子筛的择形作用，选择性地将正构烷烃异构化生成异构烷烃，以降低加氢精制油的冰点。

开发的加氢异构催化剂异构性能如表 4 所示。可以看到，新型加氢异构催化剂加工油脂加氢精制油时，航煤收率比参比剂提高了 29%，性能比参比剂大幅度提升。

表 4　新型加氢异构催化剂生产生物航煤的结果

项　　目	参比剂	新型加氢异构催化剂
温度/℃	基准	基准
氢分压/MPa	6	6
航煤质量收率/%	基准	基准×1.29
凝固点/℃	<-50	<-50
冷滤点/℃	<-35	<-35
冰点/℃	-49.6	-52

3　生物航煤生产技术的工业应用

生物航煤生产技术从 2006 年开始研发，依托国家能源石油炼制技术研发(实验)中心和中国石化生物液体燃料重点实验室，获得了 17 件中国发明专利，具备自主知识产权。

2011 年，开发的油脂加氢生产生物航煤的技术完成了 2×10^4t/a 的工业试验，首次生产出合格生物航煤。2013 年 4 月 24 日，中国石化生物航煤在上海虹桥机场由东航成功完成技术试飞。2015 年 3 月 21 日，海南航空 HU7604 航班波音737-800型客机，搭载156名乘客和8名机组人员从上海虹桥飞往北京首都机场，生物航煤首次商业载客飞行取得圆满成功，标志着国内首家拥有生物航煤自主研发生产技术并成功投入商业化应用的企业，填补了国内空白。2017年11月22日，海南航空波音787-8客机执行首个中美绿色示范航线航空生物燃料航班，该航班从北京出发，跨越太平洋，飞行11小时41分钟后，平稳降落在美国芝加哥奥黑尔国际机场，这标志着中国自主研发生产的生物航煤首次跨洋远距离商业飞行取得成功。

2022年，采用本项目技术新建的镇海炼化10×10^4t/a生物航煤生产装置投产，生产出的生物航煤产品质量满足GB 6537—2018（3号喷气燃料）的相关质量要求（见表5）。2022年4月正式取得全球可持续生物材料圆桌会议认证（RSB认证），表明生产的可持续航空燃料获得全球可持续生物材料的应用认可。2022年9月生产的生物航煤取得中国民航局审定的生物航煤适航证书《技术标准规定项目批准书》，标志着中国首套生物航煤工业装置产出的首批规模化生物航煤即将飞向蓝天。

表5　工业生产装置生产的生物航煤的主要性质

分析项目	生物航煤产品	生物航煤标准（GB 6537—2018 HEFA-SPK）
闪点（闭口）/℃	47	38min
密度（20℃）/（kg/m^3）	762.9	730~770
冰点/℃	<-60	-40max
馏程/℃		
10%	181	205max
50%	249	报告值
FBP	283	300max
金属*/（mg/kg）	<0.1（每种金属）	<0.1max（每种金属）
卤素/（mg/kg）	<0.8	1max

注：*Al，Ca，Co，Cr，Cu，Fe，K，Mg，Mn，Mo，Na，Ni，P，Pb，Pd，Pt，Sn，Sr，Ti，V，Zn。

本项目已打通生物航煤工业生产、调和、认证、适航审定、试飞等全产业链技术流程，是目前国内唯一拥有完全自主知识产权的油脂加氢生产生物航煤并进行有效调和与销售的生产商和供应商，具有丰富的实战经验与专业能力。

4　结论

以传统航煤分子结构为基准，通过分析生物油脂的分子结构特征和反应特性，确定了包括原料预处理、加氢处理和加氢转化的工艺路线，成功开发出了油脂加氢生产生物航煤的（SRJET）技术。原料预处理单元通过开发适合废弃油脂的原料预处理技术，可以大幅脱除废弃油脂中金属等杂质。加氢处理单元通过构建不同加氢性能的催化剂及其级配技术，可对脱氧路径选择性的控制，实现氢耗和收率可控调节。加氢转化单元通过设计并合成独特孔道结构和形貌的分子筛酸性材料，开发了高异构活性的加氢异构催化剂，生物航煤冰点大幅降低且收率增加，提高了整体技术的经济性。所开发的生物航煤生产（SRJET）技术已在中国石化10×10^4t/a生物航煤生产装置上进行投产，生产的生物航煤成功获得RSB颁发的可持续认证证书和中国民航局审定的生物航煤适航证书。

参　考　文　献

[1] 姚国欣．加速发展我国生物航空燃料产业的思考［J］．中外能源，2011（16）：18-26.

[2] 李毅，张哲民，渠红亮，等．生物喷气燃料制备技术研究进展［J］．石油学报（石油加工），2013（29）：9-17.

[3] Megan E. Hums et al. Longitudinal Study of Wastewater Greases and Their Potential for the Production of Biofuels［J］. Energy Fuels 2018（32）：1831-1842.

[4] Alberto Mannu et al. Available Technologies and Materials for Waste Cooking Oil Recycling［J］. Processes 2020（8）：366.

双层水槽温差发电装置设计制作及输出特性研究

周露露　刘　畅　张万松　杨东杰　林春丹　杨振清

[中国石油大学(北京)]

摘　要　本文设计并制作了一套双层水槽的温差发电装置。该装置外层水槽利用虹吸现象通入循环水控制温度，内层水槽外加电源对水加热，从而形成温差。在内外层水槽之间安装的温差发电片产生电势差，并接入外电路进行输出特性测量。本装置可灵活对温差发电片个数与外电路进行调整，适用于各种发电及应用环境。

关键词　双层水槽；温差发电装置；输出特性

温差发电技术利用半导体材料的温差电效应，可以直接把热能转化为电能，是一种较为环保的发电技术。相比于太阳能发电或者化学电池、燃料电池等其他发电技术来说，温差发电具有结构简单、无噪声、坚实耐用、使用寿命长等诸多优点，尤其适用于太空或深海能量转换。自1821年塞贝克效应被提出以后，国际上众多国家就已经投入到温差发电技术的研究中。20世纪60年代以来，随着温差发电技术的不断发展、热电材料的性能提高，温差发电领域也受到越来越多的关注。我国在温差发电领域起步较晚，但也已经成功地解决了温差发电技术的稳定性问题以及相关的发电效率问题。

借助于半导体制备技术的迅速发展，半导体热电材料越来越多的应用于温差发电系统。半导体温差发电是一种绿色环保、可持续发展的新型热电转换技术。目前，半导体温差发电在实际应用领域的研究还有所欠缺，对其应用领域进一步研究具有重大意义。本文设计制作了一个简单并易于测量的温差发电装置，并系统地研究了其热电性能。

1　实验原理及实验装置

1.1　热电技术与热电效应

温差发电也称热电发电，是一种利用热电效应直接将热能转换为电能的新型热电技术，在减少能源浪费和提高能源利用效率方面起着非常重要的作用。所谓热电效应就是温差引起的电效应和电流引起的可逆热效应的总称，具体包括 Seebeck 效应、Peltier 效应和 Thomson 效应。在热电应用领域，热电技术主要用于发电和制冷两个方面。热电制冷基于 Peltier 效应的基本原理，当电流通过两个不同导体的接点处时，接点发生吸热或放热的现象，目前在民用、医疗等多个领域有着广泛的应用。热电发电则是基于 Seebeck 效应，当材料两端存在温差时会产生电动势，进而支持输出器件的运行。

1.2　Seebeck 效应基本原理

1821 年，Seebeck 发现当两种不同的金属构成一个回路，且金属接触点存在温差时，回路中就会产生一个电势差，这种由温差引起的电动势称为温差电动势，常用式(1)表示：

$$\frac{\mathrm{d}U}{\mathrm{d}T}=S \tag{1}$$

式中，U 为回路中产生的电压；T 为温度；S 为电压随温度变化的关系，称为 Seebeck 系数。实际上，Seebeck 效应不止对金属材料构成的回路产生电势差，当两种不同的导体连接且两接点处存在温差时，同样会有温差电动势产生。

如图 1 所示，将两种含有不同载流子密度的导体或半导体组成图示结构，若接点 1 和接点 2 处存在温度梯度，接点处的载流子就会从高浓度向低浓度做扩散运动，扩散速度则与温度梯度成正比。电子在回路中定向移动就会产生左右两端的电势，形成端点处的电压。

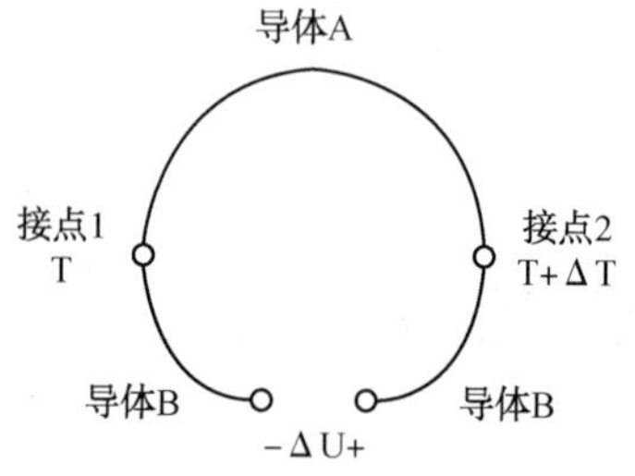

图 1　Seebeck 效应原理图

1.3 温差发电片工作原理

温差发电片的基本结构如图2所示，最外层是两片陶瓷基板，然后是产生温差的两金属板，内含由不同半导体热电材料组成的P、N极，其P、N极两端点由金属导流片连接起来，在外部再用硅脂涂层进行封装，达到隔绝水，保持热电材料温差，保护金属电极的效果。

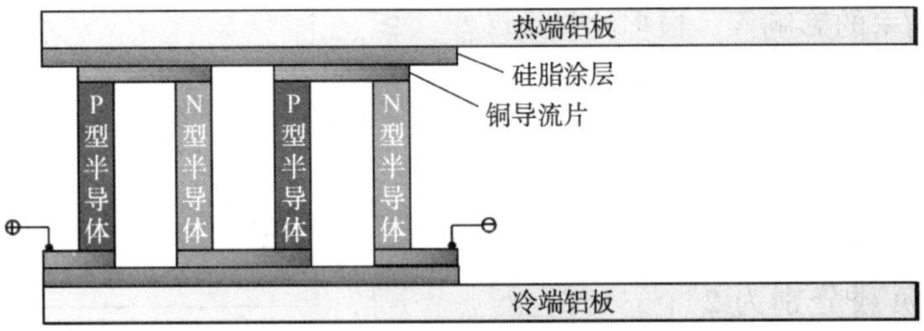

图2　半导体温差发电片结构示意图

具体来说，在P、N极内部，热端的载流子浓度比冷端的载流子浓度高。如图3所示，在载流子浓度梯度的作用下，浓度高的一端的载流子便会向浓度低的一端扩散，这种电荷的定向移动就会产生电流，并且在热电材料的两端产生电势差，温差发电片就是由许多个这样的P、N极组成的。将多对的P、N极热电材料在两基板间组成一个模块，就会产生比较大的电动势，形成稳定的电流，从而达到温差发电的效果。

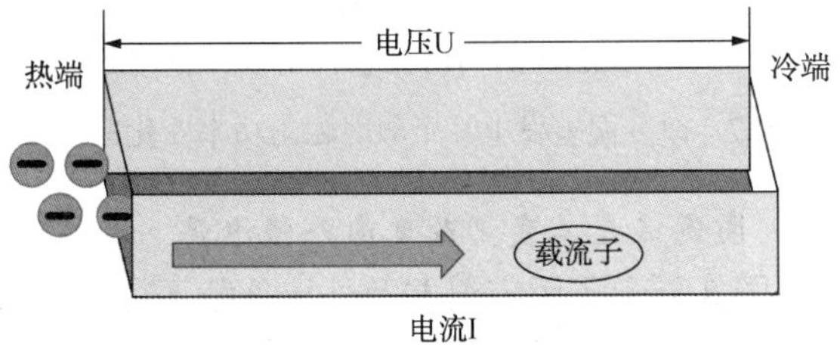

图3　温差片电势差产生原理图

1.4 温差发电装置的设计与制作

我们设计了一套双层水槽装置，内外水槽的夹层中放有温差发电片，水槽的4个侧面分别装有4个通过串联的方式连接在一起的温差发电片。由于一个温差发电片产生的电动势较小，在本实验中，将水槽一个侧面串联在一起的四个发电片看成一个大的温差发电片，这4个大的温差发电片有多种连接方式，可以相互串联、并联或者以串并联结合的方式连接。外部水槽利用虹吸现象通入循环水进行冷却，进水口和出水口分别位于外水槽的两个对角，进水口位于水槽对角底部，通过调节进水量大小调节循环速度，进而控制外水槽温度。出水口靠近水面，循环后的水由此流出水槽。内部水槽外加电源对水加热。温度计可测量内外层水槽的温度，即温差发电片两侧的温度，进一步计算温差。温差发电片由于内外部水温差异产生电势差，在外接负载时便可进行输出特性测量。采用实验装置如图4所示。

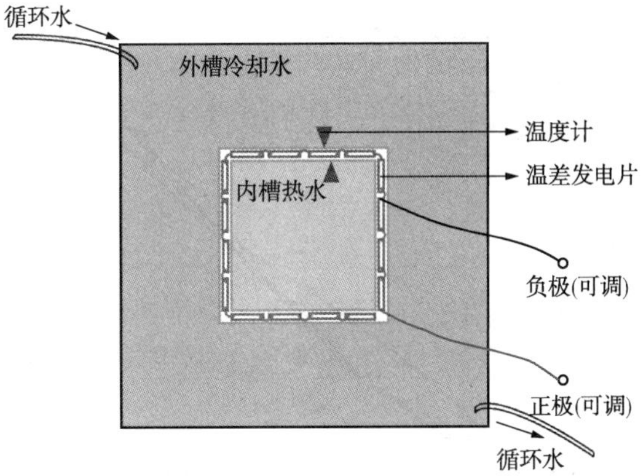

图4　实验装置示意图

温差发电片产生电势差，作为电源，本实验测量电路如图5所示。

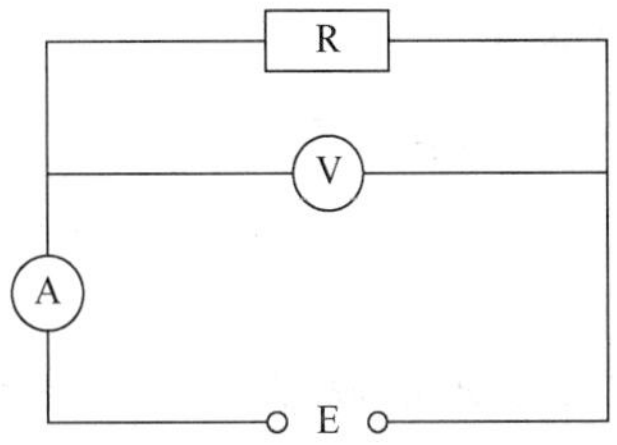

图5　测量电路示意图

所用负载为多个LED小灯泡。本装置可灵活对温差发电片个数、内外水槽温差、外电路负载进行调整，即可灵活调整电源的输出电压及外电路电阻。

2　实验内容及数据分析

本装置可探究不同条件下温差发电片的输出特性，如测量在不同温差、不同外电阻情况下温差发电片的输出功率，还可测量温差发电片个数及串并联方式对输出功率的影响等。根据测量电路图，设计了几组试验，分别对温差发电片的输出功率进行测量与对比。

2.1　固定温差发电片个数不变，改变外接负载

固定温差发电片个数不变，采用4个大发电片串联的方式，外接负载分别为2个、12个、24个并联的LED小灯泡，改变内外槽温差，内部水槽通过外加电源进行加热，外部水槽通过循环水保持温度不变，对不同温差下的输出功率进行测量。在不同负载下，输出功率随温差的变化曲线如图6所示。可以看出，温差发电片的输出功率随温差增大近似成正比例增大，而随负载变化不大。

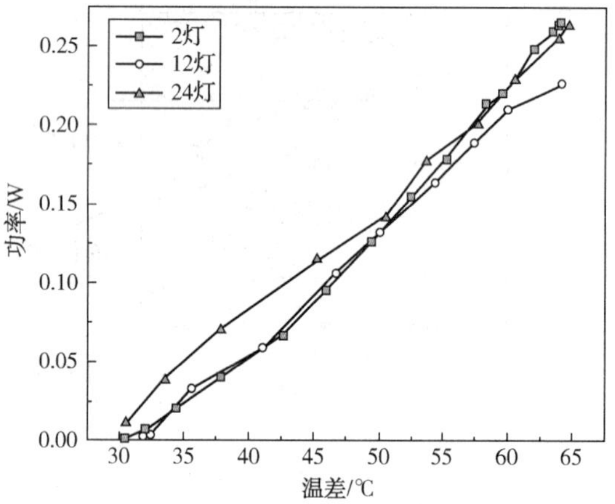

图6　改变负载个数时输出功率随温差变化曲线

2.2　固定外接负载不变，改变温差发电片个数及连接方式

图7是固定外接负载不变，改变温差发电片数量及串并联方式对输出功率的影响曲线，其中负载固定12个并联LED小灯泡，温差固定，通过循环水使外层水槽温度固定在20℃，通过控制外加电源使内层水槽温度固定在80℃。依次增加串联温差发电片的个数，分别测量串联1个、2个、3个、4个发电片时的输出功率，测量结果如图7(a)所示。然后在分别测量接1个温差发电片以及4个发电片分别串联和并联时的输出功率，结果如图7(b)所示。由图可知，随串联发电片数量增加，功率先直线上升，后缓慢增加，且发电片并联的效果明显优于串联。

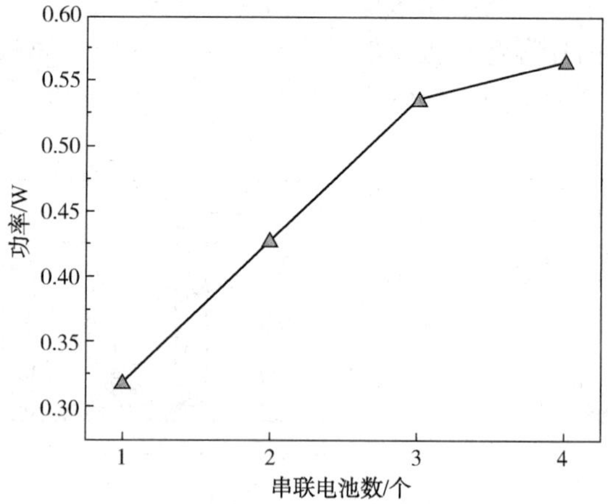

(a)4个发电片的功率测量结果

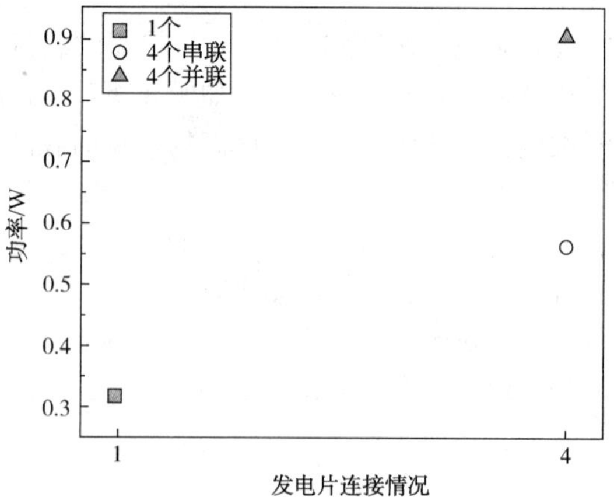

(b)1个温差发电片和4个发电片的串联、并联输出功率

图7　改变温差发电片个数时输出功率变化曲线

2.3　固定温差不变，改变内外槽水温

图8展示了固定温差及外接负载不变，改变内外槽水温对输出功率的影响。其中，发电片4个串联，温差恒定为40℃，外接负载为12个并联的LED小灯泡。由图可以看出，温差发电片的输出功率随内温度的升高下降，温度越高下降越少并趋于稳定。

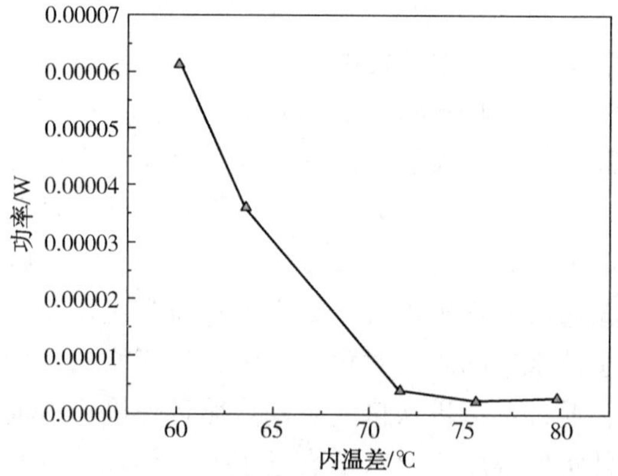

图8　固定温差时输出功率随内槽水温变化曲线

3 结语

综上所述，此装置可全面对温差发电片的输出特性进行测量，经实验证实，温差发电片的输出功率随温差增大而成正比例增大，随发电片串联个数增大而增大，在连接方式中，并联的效果优于串联，与外接负载关系不大。固定温差时温差发电片的输出功率随温度的升高而下降，温度越高下降越少并趋于稳定。将此装置不仅操作简单，灵活度高，易于操作，还可以培养学生动手能力和创新思维，加深对温差发电这种新型环保发电技术的理解。

参 考 文 献

[1] 霍蒙，吴舸，袁宏，杨红发，等．温差发电技术研究综述[J]．科技与创新，2020(10)：94-95.

[2] 张峰．温差发电技术的研究进展及现状[J]．通信电源技术，2016，33(06)：176-182.

[3] 李志广，苏畅，赵学谦．基于半导体温差发电的暖气小夜灯[J]．电源技术，2020，44(01)：83-84.

[4] 邹乾林．温差电技术原理及在工科物理实验中的应用[J]．大学物理实验，2010，23(05)：43-46.

[5] 熊娟，高贻钧，阮涛．利用热电效应制作火警报警器[J]．大学物理实验，2021，34(03)：73-75.

[6] 朱坤博，刘震，王志军．SP1848 温差发电片的实验研究[J]．大学物理实验，2021，34(02)：13-15.

双碳背景下炼化企业新能源综合利用研究

刘春柳 简建超 齐本东 方华龙

（中国石化青岛炼油化工有限责任公司）

摘 要 在双碳背景下某炼化公司综合利用氢能及光伏资源，降低碳排放量。先期利用低温甲烷化装置生产燃料电池氢，中期利用S-PSA装置提纯苯乙烯脱氢尾气生产1500Nm³/h燃料电池氢气，全面满足青岛市氢气资源需求，后期规划利用光伏电解水制氢生产绿氢，初步构造企业氢能源格局，全面满足地区氢能需求。结合实际情况分析了下一步氢能生产装置优化改进及区域氢能发展的方向，为双碳目标实现提供研究思路。通过屋顶及停车场等光伏项目的建设，总装机规模约2.1MW，年发电约235万kW·h，每年可减少二氧化碳排放约1365t，所发电量基本满足公司厂前区行政办公用电需求，助力公司实现“零碳办公”。

关键词 双碳背景；低温甲烷化；燃料电池氢；氢能源格局；光伏发电

1 氢能资源利用

1.1 氢能“双碳”背景

氢能，是21世纪的理想能源之一，其来源丰富，质量能量密度高，使用过程中无碳排放，对环境友好。同时，氢能可以优化能源结构，有助于煤炭等一次能源清洁高效利用，提升供给侧质量；氢能可以提高能源安全，实现能源消费端清洁化，减少石油等资源消费总量，降低对外依存度；还可以积极应对气候变化，有助于实现“碳达峰、碳中和”的目标。到2020年底，全球氢燃料电池汽车保有量34218辆，全球拥有612座加氢站。我国氢能发展目前以交通领域应用为带动，截至2021年底已累计建成146座加氢站，氢能行业发展迅速。对于石化行业，具有成熟的工业氢生产装置及较为完善的配套产业链，在发展氢能行业上具有得天独厚的优势（图1）。

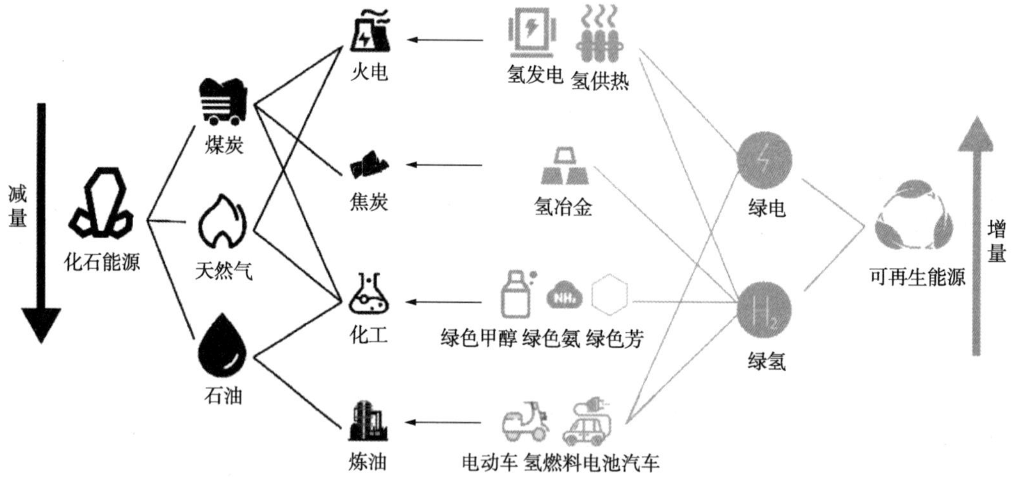

图1 氢能对传统能源的替代图

对于山东省来讲，《山东省氢能产业中长期发展规划（2020—2030年）》（以下简称“《规划》”）发布，这是目前国内最高规格的省级氢能产业发展规划。未来10年，山东要建成国家氢能与燃料电池示范区，打造“中国氢谷”“东方氢岛”，培育壮大“鲁氢经济带”。同时，青岛市也颁布了氢能发展的相关政策，鼓励地区企业大力发展氢能，降低交通运输环节的碳排放。中国石化集团公司也着力构建以能源资源为基础，以洁净能源和合成材料为两翼，以新能源、新经济、新领域为重要增长点的“一基两翼三新”发展格局，努力实现更高质量、更有效益的发展”，对氢能领域大力支持发展。

因此，对氢能利用的研究符合国内“双碳”目标要求，同时也符合行业及地区未来发展的趋势。现阶段，氢能的综合利用研究主要集中在燃料电池氢领域。某炼化公司在此领域做了大量基础及实践工作，并率先实现了青岛及周边地区燃料电池氢供应，2022年以来氢气销售量如图2所示，8月份氢能销售量创历史新高17.01万t。下面对氢能资源利用方面做的研究进行分析总结。

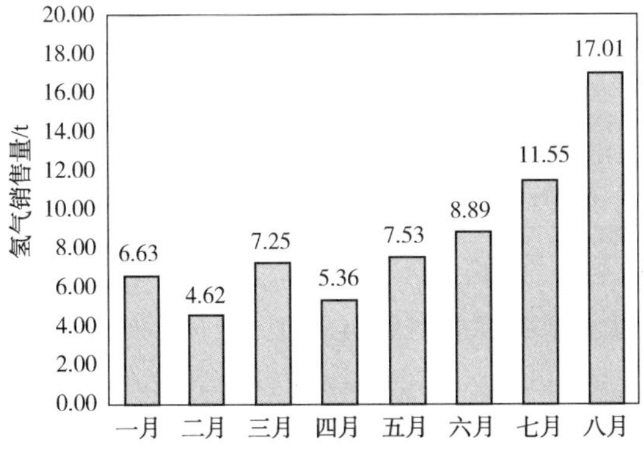

图2　某炼化公司燃料电池氢销售量
（2022年1月~8月）

1.2　燃料电池氢生产方案研究

目前，工业副产制氢具有生产成本较低、技术成熟、效率高等优点，是中国当前氢气的主要来源之一，在中国氢能市场开发中将发挥重要作用。对于某炼化公司来讲，首先是从工业副产制氢出发探究燃料电池氢的生产方案，为下一阶段的蓝氢及绿氢研究提供经验及技术支持。

研究燃料氢可行生产方案，首先要对企业内可利用的氢气资源进行筛选，对于某炼化企业，氢气来源有1#制氢装置（30000Nm^3/h）、2#制氢装置（40000Nm^3/h）、180万t/a连续重整装置、苯乙烯装置脱氢尾气（1500Nm^3/h）；其次，针对不同生产工艺氢气杂质特点，选择合适方法进行提纯，通过构建生产网络获得合格的燃料电池氢；最后利用长管拖车充装后统一输送至加氢站，详见图3所示。

对于某炼化公司，连续重整及2#制氢装置加工负荷保持最大，外送氢气主要输送至全厂氢气管网，产能无法继续提高，苯乙烯脱氢尾气为装置副产品，作为蒸汽过热炉的燃料，1#制氢装置用于调节全厂氢气平衡，其工业氢产能有所富余。因此，企业研究合理的方案生产电池氢产品，先期建设小型装置迅速占领青岛地区市场，打破地区外企业垄断。中期利用规模化装置加大青岛地区的燃料电池氢供应，全面满足青岛及周边地区的需求，后期借助光伏、电解水制氢装置实现“绿电制绿氢”。

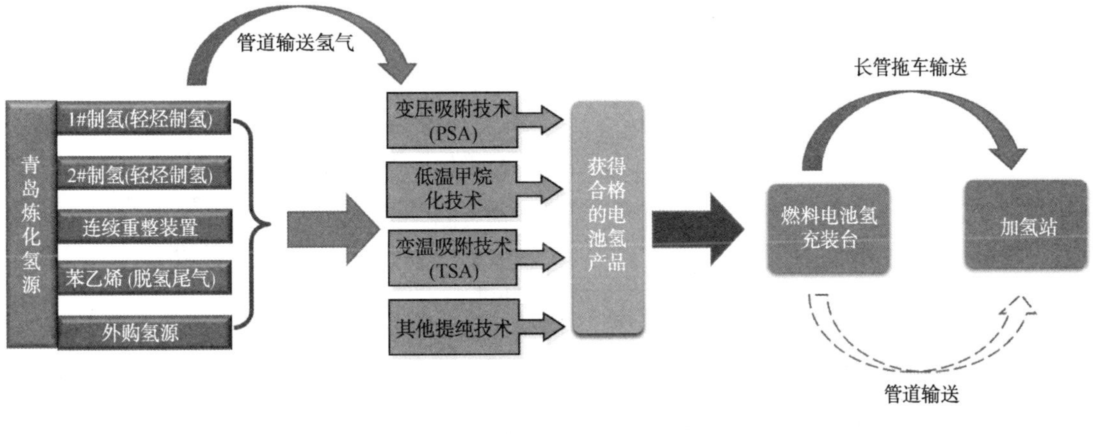

图3　炼化企业燃料电池氢生产方案

1.3　氢气纯化技术选择

氢气的分离及纯化技术是燃料电池领域应用的关键技术，氢气提纯的主要方法有变压吸附法、低温变温吸附法、低温甲烷化法、催化反应法、膜分离法等，各类纯化方法的特点对比见表1。

在燃料电池氢生产过程中，要针对原料氢杂质特点，同时考虑到装置的工艺路线复杂程度、节能程度等因素，选择合适的氢气提纯方法。目前，变压吸附法是燃料电池氢生产的主要方法，其脱除杂质种类多，但在纯化过程当中会造成部分氢气损失。低温变温吸附法吸附剂再生彻底，氢气回收率高，通常适用于微量或难解吸杂质的脱除过程，但变温吸附存在周期长、能耗高等缺点。膜分离法脱除杂质多，适用于含氢量比较低且需要回收分离多种产品的提纯处理，但不适合直接处理饱和的气体原料；催化反应法及低温甲烷化法能耗低，氢气回收率高，但脱除杂质种类有限，适合特定工艺生产的氢气提纯。

表 1　氢气纯化技术特点对比

项　目	变压吸附	低温变温吸附	催化反应法	膜分离	低温甲烷化
脱除杂质	各类杂质	各类杂质	O_2	各种杂质	H_2O、CO、CO_2
原料氢纯度/%	≥40	≥99.99	≥99	≥30	≥99.97
回收率/%	60~99	≥99.99	≥99	85~98	≥99.9
氢气纯度/%	95~99.999	≥99.99	≥99.999	80~99	≥99.97
操作压力/MPa	0.5~6.0	1.0~8.0	0.3~0.7	3.0~15.0	2.0
应用领域	用于氢气提纯、氢气精制	用于氢气的精制纯化	用于氢气的精制纯化	用于氢气的精制纯化	用于氢气的精制纯化

企业内目前可利用的氢气有 1#制氢及 2#制氢装置工业氢、苯乙烯脱氢尾气，但苯乙烯脱氢尾气中含有较多 C_2 以上轻烃、O_2、H_2O 及 N_2，需要新建 PSA 或 TSA 装置及相关配套，建设周期长无法快速生产合格产品。1#制氢装置采用天然气制氢工艺，工业氢纯度一般>99%，杂质含量相对较少，企业研究将 1#制氢装置工业氢作为电池氢气原料，将工业氢气委托上海市计量测试技术研究院进行检测，选择最优纯化方法对氢气进行提纯，其分析结果见表 2。

表 2　1#制氢装置工业氢杂质检测分析结果

项　目	标准指标	检测结果
水(H_2O)	≤5μmol/mol	1.6μmol/mol
总烃(按甲烷计)	≤2μmol/mol	0.4μmol/mol
氧(O_2)	≤5μmol/mol	0.5μmol/mol
氦(He)	≤300μmol/mol	<10μmol/mol
总氮(N_2)和氩(Ar)	≤100μmol/mol	13.4μmol/mol
二氧化碳(CO_2)	≤2μmol/mol	0.1μmol/mol
一氧化碳(CO)	≤0.2μmol/mol	14.0μmol/mol
总硫(按 H_2S 计)	≤0.004μmol/mol	0.004μmol/mol
甲醛(HCHO)	≤0.1μmol/mol	0.005μmol/mol
最大颗粒物浓度	≤1mg/kg	<0.1μmol/mol

注：当甲烷浓度超过 2μmol/mol 时，甲烷、氩气和氮气的总浓度不准许超过 100μmol/mol。

由检测结果知，1#制氢及装置工业氢气仅一氧化碳一项高于燃料电池氢标准，未检测出甲酸、氨、卤化合物等杂质，其余杂质均满足燃料电池氢国家标准指标(GB/T 37244—2018)要求。针对此类工业氢纯化来说，可选择变压吸附、低温变温吸附、膜分离等方法将一氧化碳脱除，但综合考虑氢气回收率、操作压力、装置的投资经济性，低温甲烷化法是最优纯化方法。

对于苯乙烯脱氢尾气及二制氢等装置的氢能资源，由于杂质种类及相对含量较多，可以选择变压吸附及变温吸附等方法进行提纯。

1.4　低温甲烷化生产电池氢

针对 1#制氢装置工业氢特点，利用低温甲烷化技术将原料氢中的 CO 转化为 CH_4 与 H_2O，从而达令产品氢中的 CO 含量达到指标要求。工业氢质量控制指标 $CO+CO_2≤50$μmol/mol，一氧化碳转化率接近 100%，转化后产品氢纯度理论上大于 99.99%，甲烷、氩气和氮气的总浓度不超过 100μmol/mol，可以满足燃料电池氢质量标准。

1.4.1　设计流程简介

工业氢(压力 2.13MPa)经氢气预热器预热至 125℃，经夹套管线引至氢气电加热器，氢气加热至 150~180℃进甲烷化反应器，甲烷化氢气经预热器、冷却器冷却至 40℃，经分子筛干燥器脱水后送至氢气充装单元。氢气充装压缩机采用康普瑞斯公司生产的液压驱动式压缩机，由液压系统、气体压缩系统、冷却系统、气路顺序及电气控制系统组成，其最大充装能力为 650kg/d，可实现快速启停，便于间断充装至长管拖车。详细生产流程如图 4 所示。

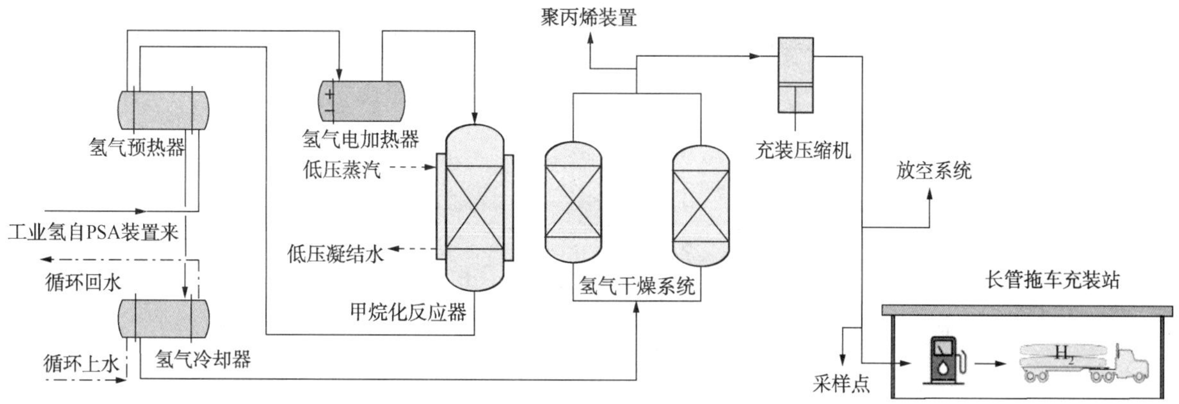

图 4　低温甲烷化装置制电池氢生产流程图

1.4.2　存在问题及解决方案

1. 甲烷化氢气水含量高

由于夏季温度较高、装置负荷增加，导致进入 PSA 装置中变气温度较高，吸附剂脱水能力下降，工业氢中水含量上升至 20μmol/mol，造成低温甲烷化装置氢气产品水含量达到 20~30μmol/mol，超出分子筛干燥器设计入口水含量 10μmol/mol，干燥后氢气产品水含量大部分为 8~15μmol/mol，不符合燃料电池氢标准。同时，分子筛床层饱和周期短，仅 7 天分子筛便吸水饱和，干燥罐切换频繁。其次，干燥剂在运输途中因气候潮湿、密封不严易吸水饱和，开工初期无合适气源进行干燥导致其脱水效果差。

分子筛干燥器详细流程如图 5 所示，正常工况下甲烷化氢气自干燥器底部进入，顶部流出；进行再生时，氢气自顶部经电加热器升温进入床层，再生后氢气进入制氢装置进料系统循环利用。经过分析认为设计时床层再生问题考虑不全面，未考虑开工前床层再生问题。并且，再生压力设计较高（0.3MPa），无法再生彻底。

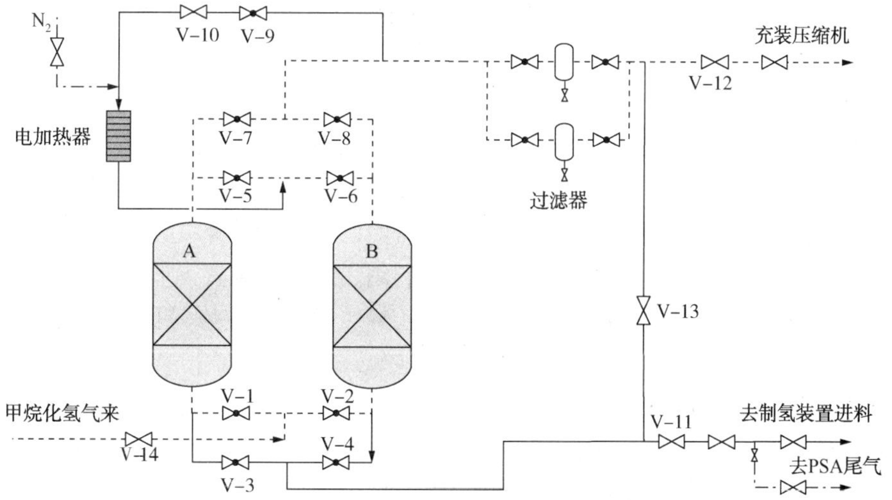

图 5　低温甲烷化装置制电池氢生产流程图

针对以上问题，对装置进行流程优化改造，增设两条流程：①系统开工低压氮气分子筛床层再生线；②干燥后氢气至 PSA 尾气分子筛床层再生线，见图 5 中红线所示。通过构造这两条再生流程，在开工初期利用低压氮气线经电加热器加热至 250℃，对床层进行首次再生；正常开工后利用干燥后氢气再生后进入 PSA 尾气系统，PSA 尾气压力仅 0.04MPa，可以实现床层彻底再生。

通过流程改造，分子筛干燥器干燥效果大幅提高，干燥后氢气水含量由 8~15μmol/mol 下降至 0.2μmol/mol，满足燃料电池氢中水含量标准。再生周期由改造前 7 天提高至 90 天，大幅优于设计值（再生周期≤30 天），保证装置长周期安全稳定运行。改造前后干燥后氢气水含量分析如图 6 所示。

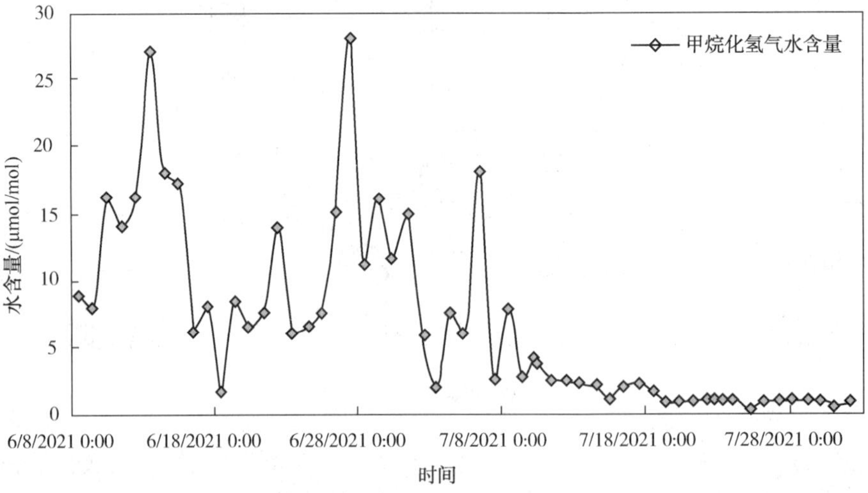

图 6　甲烷化氢气水含量变化

2. 甲烷化床层升温慢

由于燃料电池氢充装是间歇性过程，仅在白天进行，夜间甲烷化氢气停止充装，甲烷化床层温度降低，再次充装时需进行升温 2~3h，影响充装时间进度。因此，引入低压蒸汽至反应器外壁对甲烷化床层保温，详见图 4 红线所示。在停止充装期间，通过此措施床层温度可维持在 150℃，节省了升温步骤，能较快达到反应要求进行充装。

1.4.3　技术特定及经济性分析

低温甲烷化装置在流程上较为简单，整个装置由 1 台甲烷化反应器、1 台电加热器、1 台进出物料换热器、1 台产物水冷器、1 组氢气干燥器及其相关配套管线设施构成。

相较于 PSA 等装置，低温甲烷化操作简单，其操作主要是控制反应温度、切换分子筛干燥器等；装置控制复杂程度低，阀门等设备不易损坏；占地面积仅 $12m^2$，低于传统 PSA 装置；装置设备整体进行撬装，现场安装简便；投资造价低，低温甲烷化装置投资较小，氢气充装压缩机为租用设备，在经济性上有较大的优势。

1.4.4　应用效果

低温甲烷化装置于 2021 年 4 月 20 日完成基础设计；4 月底完成安评、环评、能评等项目前期手续；7 月开始进场施工，8 月份便实现了燃料电池氢供应，产品纯度<99.998%，杂质含量均在上限指标 50%以下，全部 15 项指标大幅优于国家标准。氢气产品主要作为青岛市氢能公交车、港口氢能轨道吊等的燃料。燃料电池氢充装量为 450kg/d，是目前国内少有的盈利装置之一。低温甲烷化装置投用后，进一步降低了用氢成本、补全了氢能产业链，打破了青岛地区外企业的供氢垄断的局面，实现了从产氢、供氢、加氢到氢能公交车的商业化应用场景初步应用的闭环。

1.5　炼化企业氢能源格局构造

结合青岛地区氢能产业发展规划，充分利用厂内氢气资源，结合不同纯化技术特点，企业制定中远期氢能资源利用方案：利用 S-PSA 装置提纯苯乙烯含氢尾气，设计产能为 $1500Nm^3/h$，目前已实现投产充装，实现了工业副产氢的综合利用。2#制氢装置工业氢作为备用氢源，避免苯乙烯装置停工检修等因素无法正常充装燃料电池氢。

中期规划低温吸附装置继续对 2#制氢装置富余工业氢提纯，远期规划电解水装置制绿氢，燃料电池氢产能达到 $6000Nm^3/h$ 以上，构造初步氢能生产网络，全面满足青岛地区氢能需求。实现氢能由“灰氢”到“蓝氢”再到“绿氢”的转变。企业氢能源初步格局如图 7 所示。

1.6　区域氢能源发展及研究思路

针对某炼化公司氢能源基地建设中存在的问题及氢能发展经验，结合现有氢气纯化装置中存在的各类问题，进一步的研究生产装置及区域网络构造优化改进的方向，为区域氢能源发展、减少碳排放提供研究思路(图 8)。

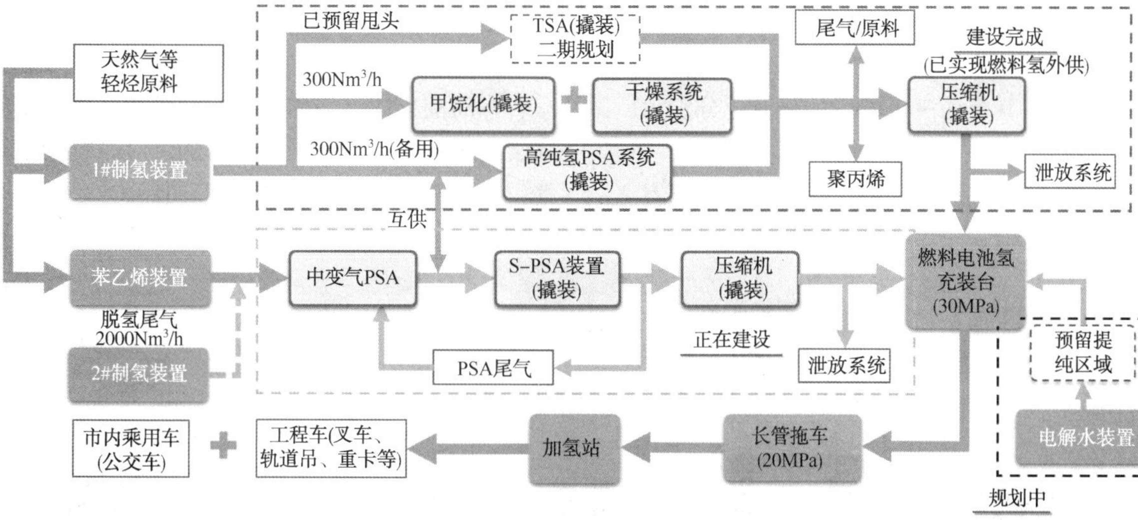

图 7 某炼化企业氢能源初步格局

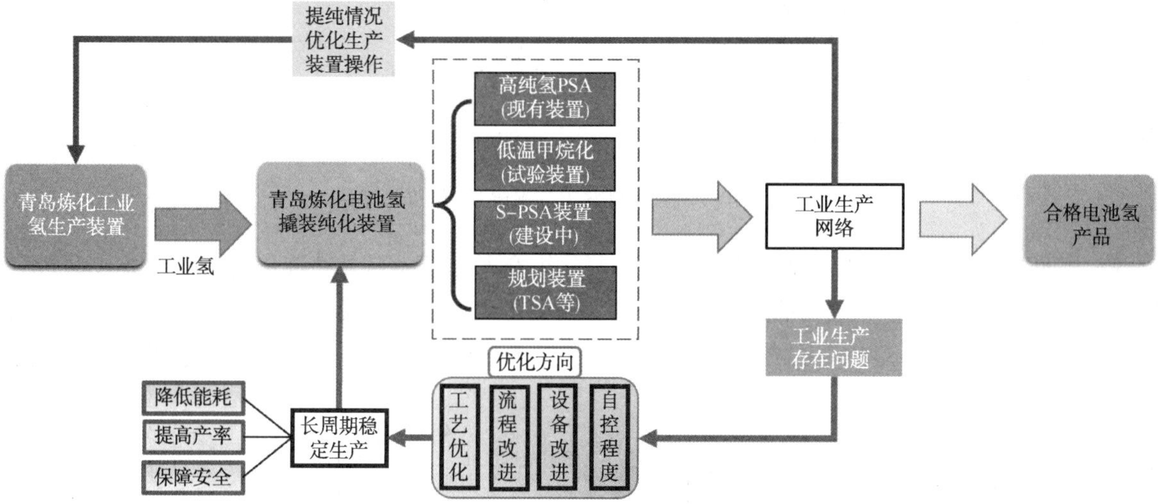

图 8 生产装置优化改进方案流程

1.6.1 生产装置优化改进方向

对于燃料电池氢装置，主要分为纯化单元与生产单元。其中，纯化单元技术成熟也易于规格化生产。对于纯化单元，将核心装置与配套体系整体撬装，集成安全、检测、分析、高效等功能，达到简易式操作，实现装置一键开停、质量自动调节，便于规格化($300Nm^3/h$、$500Nm^3/h$、$1000Nm^3/h$、$2000Nm^3/h$ 等)量产。

对于撬装生产单元，需进行反应器技术革新、设备立体化排布、匹配城市各类管网等。详情如图 9 所示。

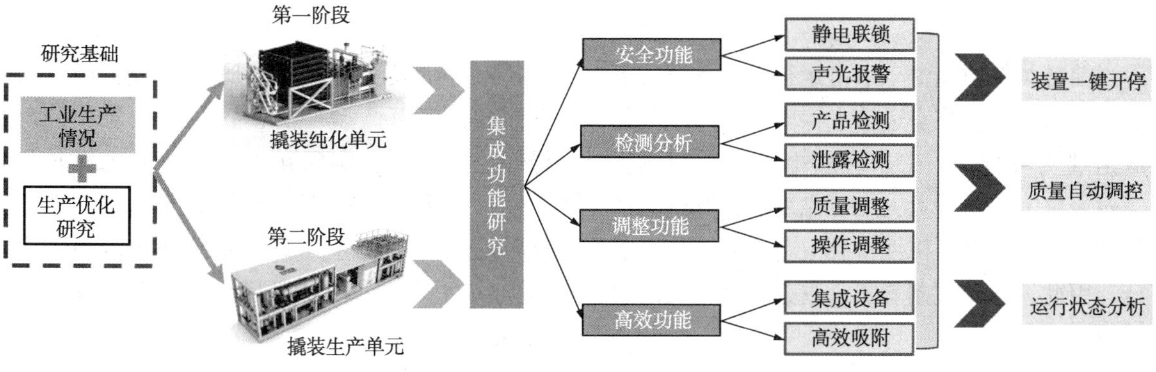

图 9 生产装置优化改进研究

1.6.2　区域氢能网络构造研究

对区域氢能网络构造进行研究，根据区域氢能需求不同将其分为三个阶段的研究，分别为厂区内集成、厂际间集成、分布式工业网络。

第一阶段，利用撬装纯化装置集中各装置离散氢资源，再输送至电池氢集中充装区域，利用长管拖车输送至加氢站，满足市场初步需求(图10)。目前某炼化公司持续为青岛市氢能源公交车、青岛港集团港口固定式装卸机械设备、流动式装卸运载设备和水平运输车辆供应燃料电池氢气，2021年以来合计销售氢气105t。

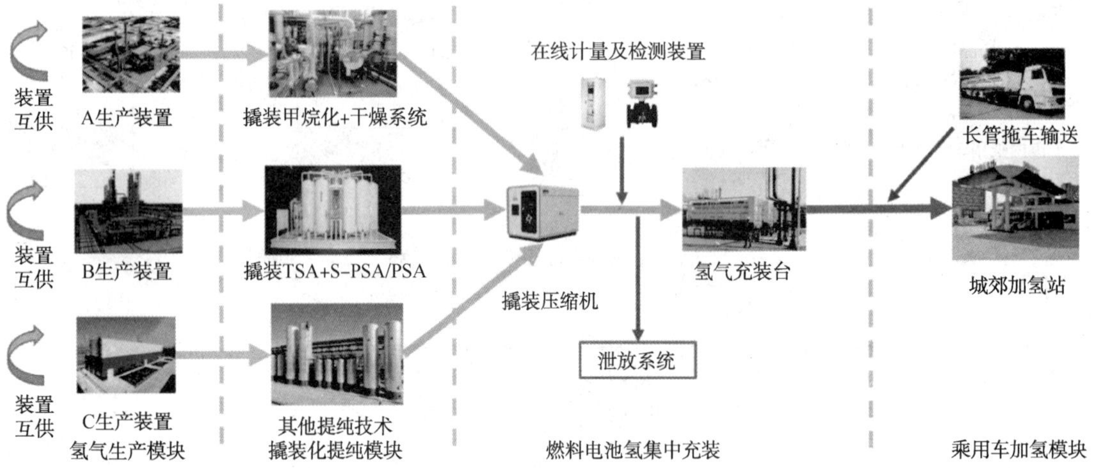

图10　厂区内燃料电池氢气装置集成

第二阶段，对氢资源丰富区域，当电池氢市场增长迅速时，集中各企业氢资源后，统一提纯充装输送，建立氢能局域网，满足产业园区及城市交通需求。目前某炼化公司正积极与青岛院士港协调，准备建设氢气管线至院士港，利用撬装式充装设备进行氢能充装。详情如图11所示。

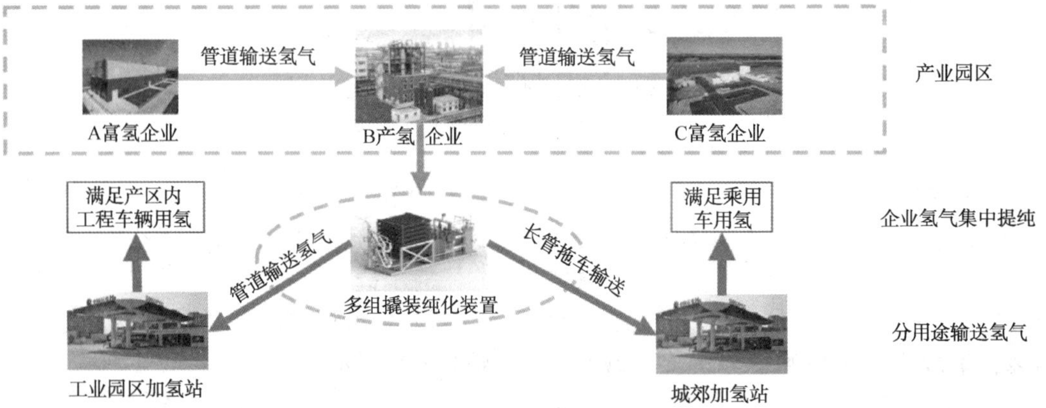

图11　厂际间燃料电池氢气装置集成

当前各类燃料电池车示范运行阶段，氢气需求量小，依靠长管拖车运输来保障加氢站氢气的供应是现实可行的。未来燃料电池车大规模发展，对氢气需求量增大，加氢站变多，管道输送氢气的方式只有其经济性得到改善才有可能变得可行。因此，分布式制氢长远看是一个可行的研究方案。

第三阶段，对氢资源匮乏区域，借助城市管网建设产氢微型厂房，各相邻加氢站间建设局部氢气管网，实现互供，避免大规模长管拖车输送，形成分布式电池氢工业网络，全面满足市场的需求，降低交通领域碳排放量，全面助力“碳达峰、碳中和”目标的实现，详情如图12所示。

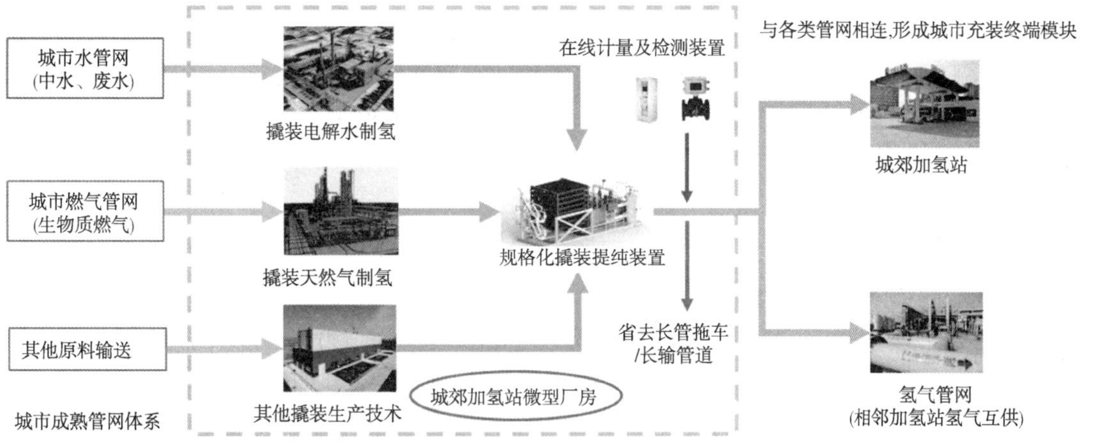

图 12 分布式电池氢工业网络

2 光伏利用

在“双碳”目标下，随着电力对煤油气等的替代、工业交通等终端电气化及工业领域对电力需求的持续增长，大力开发利用可再生能源等绿色低碳、零碳能源体系、构建以新能源为主体的新型电力系统，成为当前能源领域技术变革的战略方向。光伏发电是我国未来可再生能源发电的主要方式之一，具有能量来源巨大、绿色环保无污染、安全可持续、安装灵活、建设周期短、使用寿命长、运维成本低、应用形式多样、适用范围广等优势。

对于炼化企业来讲，积极利用厂区内土地及建筑资源发展光伏行业，可以在一定程度上提高炼化企业电力消耗量中“绿电”所占的比例，可以降低企业或园区内碳排放量，为创造绿色低碳炼化企业贡献一份力量。

2.1 资源现状

某炼化公司总变电站、中控室、区变一、化学水、循环水配电室等 14 处屋顶可利用，面积共约 1.32 万 m^2。拟利用 14 处屋顶建设光伏电站，所发电量全部自发自用。光伏利用分布图(图 13)及屋顶面积统计表(表 3)。

图 13 光伏利用分布图

表 3 屋顶面积统计表

序号	楼名	面积/m^2	序号	楼名	面积/m^2
1	总变电站	875	9	空压站配电室	325
2	中控室	2270	10	空压机泵房	645
3	区变一	1260	11	办公楼	1210
4	化学水	490	12	综合楼	1130
5	循环水配电室	370	13	体育训练馆	995
6	循环水泵房	900	14	消防队	1580
7	给水加压配电室	300	合计	13200	
8	给水加压泵房	850			

利用 Meteonorm 软件对某炼化公司所在地区日照资源进行分析，场地水平面全年日照辐射总量约 1447kW·h/m^2，即 5209.2MJ/m^2。根据太阳能资源丰富程度等级表判定，某炼化公司地区太阳能资源很丰富，适合建设光伏电站进行发电（表 4）。

表 4　某炼化公司地区太阳辐射量分析表

青岛炼化公司

Radiation | Temperature | Precipitation | Sunshine duration
Daily global radiation | Daily temperature | Data table

	Gh/(kW·h/m^2)	Gk/(kW·h/m^2)	Gh/(kW·h/m^2)	Bn/(kW·h/m^2)	Ta/℃	Td/℃	FF/m/s
January	70	83	37	79	-0.1	-6.6	3.7
February	86	98	46	79	2.5	-4.7	3.8
March	126	136	68	98	7.6	-1.4	4.4
April	151	157	87	95	13.6	3.9	4.8
May	177	180	95	116	19	11	4.3
June	164	164	95	95	23.1	16.9	4
July	155	155	97	83	25.9	21.9	3.5
August	147	150	88	86	26	21.6	3.3
September	129	136	73	92	22.4	15.9	3.1
October	106	117	58	89	16.8	9.2	3.4
November	72	84	37	79	8.8	1.9	3.6
December	65	78	33	79	2	-4.2	3.7
Year	1447	1538	814	1069	14	7.1	3.8

2.2　屋顶光伏方案

综合考虑组件效率、技术成熟性、市场占有率，以及采购订货时的可选择余地，本工程设计方案中拟选用单晶硅光伏发电组件，组件型号 540Wp。本项目在屋顶安装光伏组件，综合考虑屋顶附加荷载及其风荷载体等因素，固定支架倾角为 10°、方位角为 0°为最佳角度。基础采用混凝土配重块基础。

综合考虑装机规模、系统效率以及设备后期维修和可靠性等因素，本工程设计方案中拟选用 36kW、40kW、60kW、100kW、110kW 组串式逆变器（图 14）。

本项目采用 540Wp 单晶硅组件 2350 块，总装机容量 1269kW。每处屋顶各配置 1~2 台组串式逆变器，电缆通过穿镀锌钢管敷设至其楼下配电室，所发电量全部自发自用（图 15）。

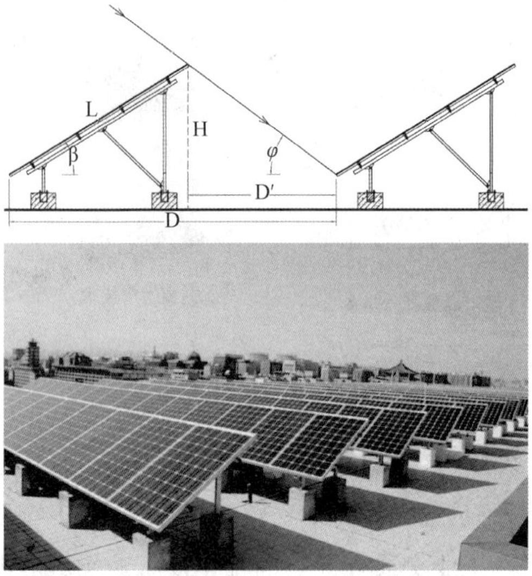

图 14　光伏发电楼顶安装示意图

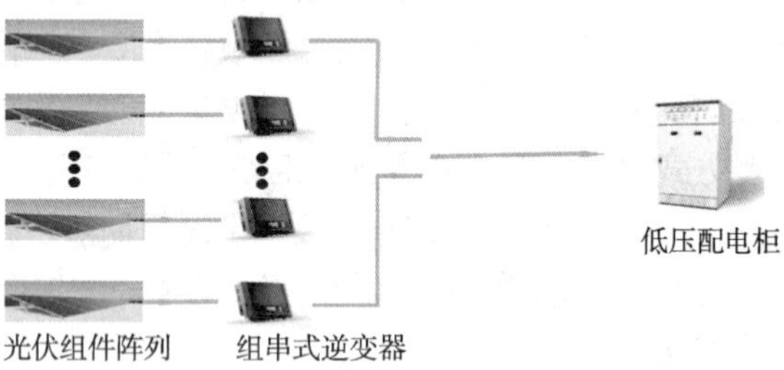

图 15　电缆铺设示意图

2.3　停车场光伏方案

某炼化公司办公楼南侧停车场、更衣室南侧露天仓库，总面积 11280m^2，可利用面积为 8972m^2，充分利用停车场面积建设光伏设施进行发电，同时为企业职工新能源车提供充电设施（图 16）。

图 16　停车场示意图

停车场采用门式连体模式，2处区域共安装540Wp单晶硅组件2956块，停车场安装9台110kW组串型逆变器，露天仓库安装3台100kW组串型逆变器，装机容量1596.24kWp，停车场光伏布置及门式连体光伏车棚结构如图17及图18所示。光伏停车场布置及效果图如图19及图20所示。

图17　停车场光伏车棚布置图

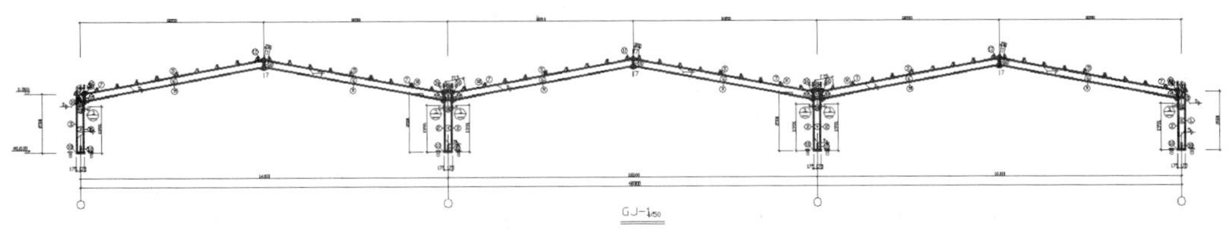

图18　停车场光伏车棚布置图

图19　停车场光伏车棚布置图

图20　停车场光伏车棚效果图

露天仓库在满足车辆出入及油罐安全间距的要求下选择北侧及东侧区域建设车棚光伏电站，仓库光伏布置及效果图如图21所示。同时，在停车场区域西南侧规划24座充电桩，配2套480kW分体式直流充电机，1套可接12路充电接口，支持双枪快充。功率变换单元就近放于西侧绿化带内，电源引自就近南侧停车场新建变压器低压侧。方便公司员工新能源车充电(图 21)。

图 21　仓库光伏布置及效果图

某炼化公司先后实施了屋顶分布式光伏发电项目、停车场顶棚光伏发电项目，有效利用公司办公楼、消防队、中控室、配电室以及停车场等超过 $15000m^2$ 的面积，每年可发电 235 万 kW·h；下一步计划继续推进光伏发电二期项目，研究利用公司应急水池等区域建设光伏发电项目的可行性。

“屋顶光伏发电项目”于 2022 年 3 月实现全容量并网发电，“露天停车场改造暨光伏发电项目”于 2022 年 7 月实现全容量并网发电，两个项目总装机规模约 2.1MW，年发电约 235 万 kW·h，每年可减少二氧化碳排放约 1365t，所发电量基本满足公司厂前区行政办公用电需求，助力公司实现“零碳办公”。

3　结论

（1）研究了氢能源利用的“双碳”背景，分析燃料电池氢生产方案，针对不同氢气杂质特点，对不同提纯方法特点进行对比分析。

（2）某炼化公司先期利用低温甲烷化装置生产燃料电池氢，是目前国内少有的盈利装置之一，降低地区了用氢成本、补全了氢能产业链。中期利用 S-PSA 装置利用苯乙烯脱氢尾气生产 $1500Nm^3/h$ 燃料电池氢气，全面满足青岛市氢气资源需求，后期规划利用光伏电解水制氢生产绿氢，构造企业氢能源格局，全面满足地区氢能需求。

（3）通过对电池氢生产装置及区域氢能源发展研究，结合某炼化公司实际情况分析了下一步氢能生产装置优化改进及区域氢能发展的方向，为“碳达峰、碳中和”目标实现提供研究思路。

（4）通过屋顶及停车场等光伏项目的建设，总装机规模约 2.1MW，年发电约 235 万 kW·h，每年可减少二氧化碳排放约 1365t，所发电量基本满足公司厂前区行政办公用电需求，助力公司实现“零碳办公”。

参 考 文 献

[1] 韩笑，张兴华，闫华光，等．全球氢能产业政策现状与前景展望[J]．电力信息与通信技术，2021，19(12)：27-34. DOI：10.16543/j.2095-641x.electric.power.ict.2021.12.004.

[2] 李佩佩，翟燕萍，王先鹏，等．浅谈氢气提纯方法的选取[J]．天然气化工(C1 化学与化工)，2020，45(03)：115-119.

[3] 李忠于，黄伟，张楚璠．燃料电池用高纯氢纯化技术研究进展[J]．能源化工，2020，41(05)：1-7.

[4] 苗青青，石春艳，张香平．碳中和目标下的光伏发电技术[J]．化工进展，2022，41(03)：1125-1131. DOI：10.16085/j.issn.1000-6613.2021-2500.

制氢加氢一体站的发展前景和挑战

刘铉东[1]　张颖超[2]　黄新羿[1]　徐　润[1]

（1. 中国石化石油化工科学研究院有限公司；2. 石油和化学工业规划院）

摘　要　在全球减碳和国内“双碳”政策的背景下，氢能作为人类社会的终极清洁能源已成为推动“能源革命”的重要抓手。加氢站作为氢能在交通运输领域的关键基础设施，加快其建设和布局势在必行。本文总结了国内外加氢站的建设情况，分析了当前“工厂氢+气态管车运输+加氢站”建站模式的运营现状，对比了站内天然气重整、甲醇重整和电解水制氢技术的经济性和优劣势，并结合当前国内外建站经验，剖析了国内制氢加氢一体站建设中面临的挑战，认为站内天然气和甲醇重整制氢技术在当前阶段下具有良好的发展前景。

关键词　氢能；站内制氢；天然气重整制氢；甲醇重整制氢；电解水制氢；经济性

引言

温室气体排放引发的全球气候变暖，促使人类社会向着低碳社会转型，极大地推动了社会的能源革命。氢能作为一种清洁、零碳排放的能源是人类社会应对气候变化的终极能源，得到了世界各国的广泛关注和政策支持。交通运输领域作为氢能未来应用的重要场景，已进入初级发展阶段。加氢站作为氢能应用的关键基础设施，在全球范围内正快速布局。特别地，在国内“双碳”背景和中央及地方省市的氢能战略规划引导下，中国加氢站建设连连创下新高，截至今年上半年，国内加氢站数量已经突破 270 座，单年新增和累计加氢站数量，均为全球第一。然而，尽管加氢站建设正如火如荼的展开，氢能利用的成本问题却越发的明显。现阶段国内加氢站的氢气销售价格普遍为 60～70 元/kg H_2，部分地区甚至达到 80 元/kg H_2。按百公里氢耗 1kg H_2计，氢能利用成本远高于传统燃油车。如何有效降低加氢站运营环节中，制氢、氢气储运和氢气加注全产业链的成本是未来加氢站市场化运营所需面对的关键问题。

1　国内外加氢站的建设情况

作为打通交通运输领域氢能应用的关键一公里，加氢站的布局受到了全球各国的广泛关注。图 1 为根据公开数据统计的近年来全球和国内燃料电池汽车的销量和加氢站建设情况。截至 2021 年年底，全球和国内燃料电池汽车规模分别达到 49562 辆和 8938 辆，6 年年平均增长率分别达到 61.0%和 55.3%，国内占比 18.0%；全球和国内加氢站规模分别达到 685 座（车/站比 72∶1）和 225 座（车/站比 40∶1），6 年年平均增长率分别达到 16.8%和 78.3%，国内占比 32.8%，位居全球第一。全球范围内燃料电池汽车规模稳步快速上升，国内燃料电池汽车规模和加氢站建设实现了跨越式发展。特别地，在国内“双碳”背景和“氢能战略”的推动下，全国各省市相继发布了氢能发展规划，推广以氢能公交车和垃圾清运车为主的燃料电池汽车。根据全国各省市规划的发展目标，据不完全统计到 2025 年时全国的燃料电池汽车规模将达到 10 万辆左右，按照车/站比 100：1 计，全国的加氢站将达到 1000 座左右，尚存在较大的缺口，市场潜力巨大。

图 2 为现阶段国内外加氢站建站模式的示意图。按照氢气“产、输、用”三个环节，可将其分为三种模式即：工厂氢+气态管车运输+加氢站模式、工厂氢+液态罐车运输+加氢站模式和制氢加氢一体站模式。对于工厂氢+气态管车运输+加氢站模式，其通常要求附近 100km 内具有工业氢源，将工厂氢经纯化后，利用 20MPa 的氢气管车运输至加氢站高压氢储罐中，而后进一步增压至加氢机工作压力（35MPa 或 70MPa）为燃料电池汽车供氢。该模式为最常用的建站方式，建站速度快，适用于氢源距离较近的应用场景。对于工厂氢+液态罐车运输+加氢站模式，工厂氢经纯化后冷却至-253℃液化，而后通过

液氢罐车运送至加氢站，经蒸发器气化加压后，送至加氢机为燃料电池汽车供氢。该模式的建站投资高，技术壁垒高，适用于氢源距离较远的应用场景，多见于北美地区，国内处于起步阶段正在进行试点。对于制氢加氢一体站模式，其需在加氢站内建设一套小型撬装式制氢装置，在满足加氢站需求的同时可作为氢气母站向外供应氢气，从而有效规避氢气运输和储存所带来的成本。

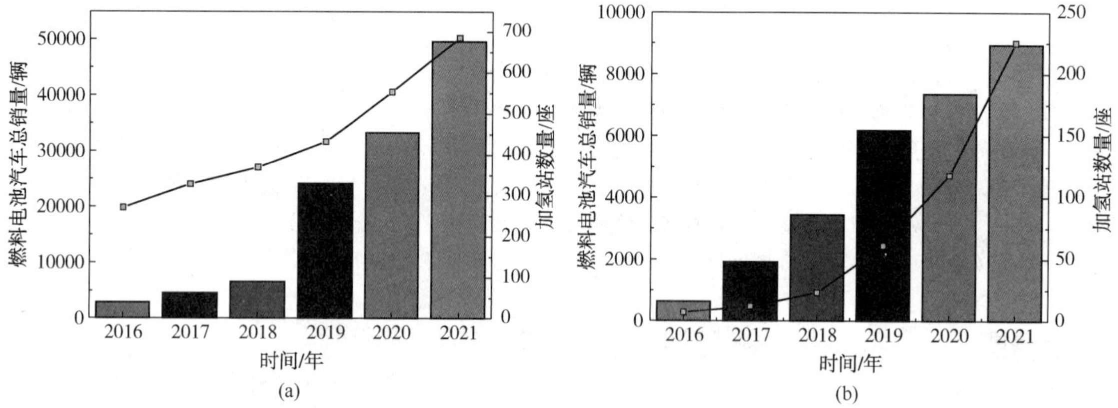

图 1　近 6 年来全球和国内燃料电池汽车规模及加氢站建设情况

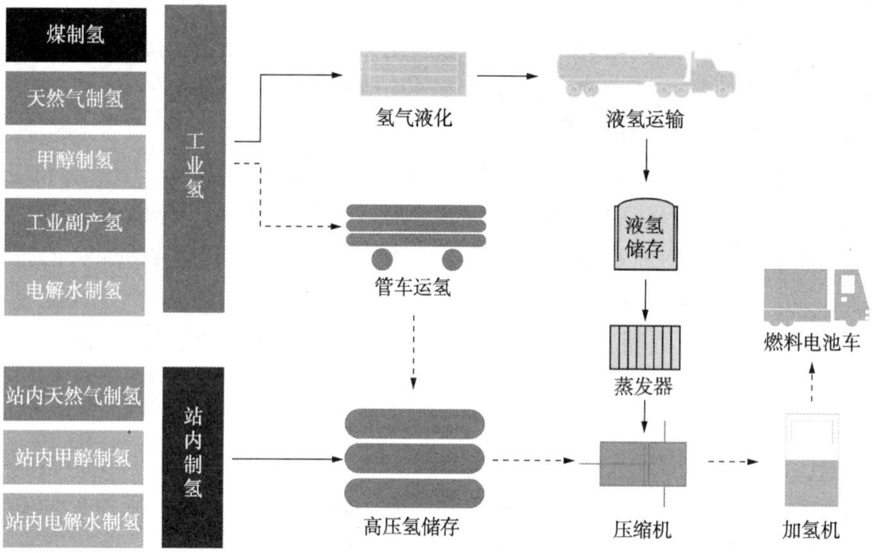

图 2　现阶段加氢站的运营模式示意图

2　加氢站运营现状分析

受限于压缩机、氢气储罐和加氢枪等核心设备的技术问题及国家政策的要求，国内运营的加氢站普遍采用“工厂氢+气态管车运输+加氢站”的模式运营。当前加氢站运营面临的主要问题在于氢气成本过高，加氢站氢气的销售价格一般为 60~70 元/kg H_2，广东部分地区的氢气销售价格甚至达到了 80 元/kg H_2，同燃油车百公里费用 52.5~63 元相比，缺乏市场竞争力。未来在不考虑政府补贴的情况下，为满足市场运营需求，加氢站氢气销售价格至少应低于 50 元/kg H_2。

目前，国内加氢站的运行成本主要由制氢、氢气储运和氢气加注成本三部分组成。具体而言，在制氢环节，当前氢气的主要来源是煤制氢、天然气制氢、甲醇制氢和工业副产氢等成熟的工业制氢技术，少量来源于电解水制氢，其生产成本如图 3 所示。煤制氢的生产成本同氯碱、PDH 和焦炉气副产氢的成本相当，甲醇制氢成本略高于天然气，电解水制氢的成本最高。在当前“双碳”背景下，煤制氢碳排放强度高，工业副产氢是当前加氢站运营的首选氢源。即便如此，考虑到生产装置的折旧、利润、税金等影响，氢气的实际启运价格应在 15~25 元/kg H_2，且降本难度大。在氢气储运环节，国内普遍采用 20MPa 高压气态管车运输，全车自重超过 30t，1 次充装可装载 300~350kg 氢气，按照卸载率 80%计，每次仅可运氢 240~280kg，有效运载率约 1%，运载效率极低。同时，高压气态管车的运氢成本对运输距离十分敏感，当运输距离为 100km 时，其运氢成本约为 10 元/kg H_2，每增加 100km，运氢成本增加 4~5 元/kg H_2。因此，高压气态管车运输方式多应用于加氢站附近有氢源，且运输距离短（一般 100km 以内）的场景。在氢气加注环节，国内主流加氢站的规模为 500kg/d 和 1000kg/d 两种，其建站成本分别为 1200 万~1500 万元和 2000 万~2500 万元，建站成本远高于普通加油站，导致氢气的加注成本保持在 15~20 元/kg H_2。加氢站建站成本中占比最大的是设备和土建投资（超过 70%），设备投资大的原因在于国产氢气储罐、压缩机和加氢枪等设备的技术储备不足，关键核心设备依赖进口。然而，随着关键设备的国产化和加氢站建设的规模化发展，未来建站成本必将被摊薄。据中国氢能联盟测算，未来氢气的加注成本有望降低至 8 元/kg H_2。

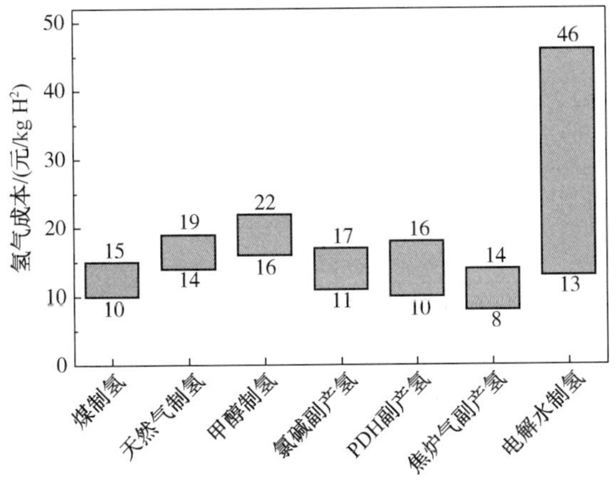

图 3　不同制氢技术的氢气生产成本

注：计算基准：煤 300~800 元/t，天然气 2~3 元/Nm^3，甲醇 2000~3000 元/t，氯碱副产粗氢 0.8~1.3 元/Nm^3，PDH 副产粗氢 0.6~1.1 元/Nm^3，焦炉气 0.3~0.8 元/Nm^3，电 0.1~0.65 元/kW·h。

因此，在当前加氢站的运营模式下，当采用工业廉价氢源，运输距离为 100km 且不考虑税收的条件下，加氢站的制氢、氢气储运和氢气加注成本分别为 15~25 元/kg H_2、10 元/kg H_2 和 15~20 元/kg H_2，加氢站的运营成本为 40~55 元/kg H_2。加氢站降低成本的主要环节在氢气储运和氢气加注环节。氢气加注环节降低成本的关键在于核心设备的国产化。对于氢气储运环节，随着氢能产业的规模化发展，国内绿氢生产端和氢能应用市场的地域性逆向生长，将进一步暴露出高压气态管车运氢的低效率和高成本问题。因此，开发低成本、高效的氢气储运技术是今后加氢站市场化运营所需解决的关键问题。

针对当前加氢站运营面临的问题，国内外提出了两种不同的建站模式：即工厂氢+液态罐车运输+加氢站模式和制氢加氢一体站模式。前者采用罐车运输液氢较气态管车的运输效率提高了 10 倍，但氢气的液化技术难度高，理论上液化 1kg 氢气需耗电 4kW·h，实际耗电达到理论值的 3~4 倍。氢气液化所消耗的能量达到氢气总热值的 30%以上，储运过程中还存在液氢蒸发损失问题，在能量利用上显然不合理。同时，液氢储运过程中，对材料的绝热性要求高，导致设备投资进一步上升。因此，尽管液氢储运在长距离氢气储运成本上优于高压气态管车储运，但其实际成本仍远高于 10 元/kg H_2，对于降低加氢站运营成本并无明显优势。反观制氢加氢一体站模式，其可有效规避氢气运输的问题，从而大幅度降低到站氢气的成本，是一种切实可行的降低加氢站运营成本的方案，有助于推动氢能产业的市场化进程。国内外适用于制氢加氢一体站的制氢技术主要包括：天然气重整、甲醇重整和电解水制氢技术，目前尚处于试点阶段。表 2 为全球各国具有代表性的制氢加氢一体站情况。

得益于风、光等可再生能源丰富、电价便宜，欧洲和北美地区的制氢加氢一体站普遍采用的是碱性水电解（ALK）或质子交换膜电解（PEM）水制氢技术。美国、日本和中国还对天然气重整和甲醇重整制氢加氢一体站也进行了示范。国家发改委、国家能源局联合发布的《能源技术革命创新行动计划（2016—2030 年）》中也明确提出，到 2030 年实现加氢站现场制氢，包括天然气、氨气、甲醇、液态烃类等制氢，形成标准化的加氢站现场制氢模式并示范应用。截至 2021 年年底，国内已累计建成 13 座制氢加氢一体站，2021 年全国建成的制氢加氢一体站共 6 座，较 2020 年全年翻倍，制氢加氢一体站的建设明显提速。

表 1　全球各国具有代表性的制氢加氢一体站

地区	国家	项目名称	站内制氢技术
欧洲地区	德国	Westküste 100 项目	电解水制氢
	法国	SMT AG 项目	ALK 电解水制氢
	英国	Hydrogen Mini Grid 风电制氢项目	PEM 电解水制氢
北美地区	美国	加利福尼亚州 HyGen 加氢站	电解水制氢
		纽波特比奇加氢站	天然气重整制氢
东亚地区	日本	H_2 Kusatsu Farm 加氢站	电解水制氢
		大川加氢站	天然气重整制氢(以市政燃气或 LPG 原料)
		福冈市中部水处理中心加氢站	天然气重整制氢(以污水处理厂发酵沼气为原料)
	中国	白城分布式发电制氢加氢一体化示范项目	PEM 电解水制氢+ALK 电解水制氢
		佛山南庄制氢加氢加气一体化站	天然气重整制氢+电解水制氢
		河北张家口液态阳光加氢站	甲醇重整制氢

3　站内制氢技术对比

表 2 对站内天然气、甲醇和电解水制氢技术的特点进行了对比。从技术层面来看，天然气、甲醇和电解水制氢技术均为工业上成熟的制氢技术，不存在明显的技术难点。然而，为了适应制氢加氢一体站在城镇周边，甚至城市中心进行布置的需求，必须对站内制氢技术在撬装化、集成化、智能化、本质安全和降耗节能等方面进行二次开发。

表 2　$500Nm^3/h$ 制氢装置技术对比

制氢方式	天然气重整制氢	甲醇重整制氢	电解水制氢
原料	天然气和水	甲醇和水	水
占地面积	占地<$100m^2$	占地<$100m^2$	占地<$100m^2$
产品	99.999% H_2	99.999% H_2	99.999% H_2
工艺路线	蒸汽重整+变压吸附	甲醇重整+变压吸附	电解槽+三塔纯化
氢气回收率/%	80~85	80~85	约 99
优势	管网天然气供应成本稳定	制氢条件温和，具有成熟的甲醇制储运产业链	绿电条件下全过程无碳排放，副产高附加值医用氧气
劣势	国内天然气对外依存度高；转化过程存在明火安全距离大	氢气价格受甲醇原料波动影响大	绿电工况开工率低，现行供电体系仍以火电为主，氢气成本过高
成熟度	成熟	成熟	成熟

为了进一步分析制氢加氢一体站建站模式的成本优势，对当前利用站内天然气、甲醇和电解水制氢技术建站的运营成本进行了分析(表 3)。该分析针对的是主流 1000kg/d(12h)的加氢站，加氢站年运营时间 8400h，平均加注成本为 15 元/kg H_2。计算基础：①设备制氢能力均为 $500Nm^3/h$，项目周期 10 年，天然气、甲醇和碱性水电解制氢的原料单耗分别为 $0.5Nm^3$ 天然气/Nm^3H_2、0.65kg 甲醇/Nm^3H_2 和 $5kW\cdot h/Nm^3H_2$；②设备和土建成本按 10 年线性折旧；③维修费、管理费、财务费等归入其他费用按人工费的 100%折算；④站内制氢装置的自动化水平要求高，人员定额均为 2 人×3 班，共 6 人，年均人工费用 12 万元/人。

表 3 站内天然气、甲醇和电解水制氢的成本构成

制氢技术		天然气制氢	甲醇制氢	碱性水电解制氢①
产氢量/(kg/d)		1000	1000	1000
年运营时间/d		350	350	350
原料单价		2~3.5 元/Nm^3	2000~3000 元/t	0.3~0.6 元/(kW·h)
建设投资	设备成本/万元	1000	800	600
	安装成本/万元	40	32	24
	土建成本/万元	135	108	81
运行成本	折旧/万元	113.5	90.8	68.1
	原料成本/万元	392.3~686.5	382.4~764.9	588.4~1176.8
	人工费用	72	72	72
	其他费用	72	72	72
制氢成本/(元/kg H_2)		18.6~27.0	17.6~28.5	22.9~39.7
加注成本/(元/kg H_2)		15.0	15.0	15.0
运营成本②/(元/kg H_2)		33.6~42.0	32.6~43.5	38.2~55.0

注：①电解水制氢技术仅计算成熟且成本较低的碱性水电解制氢技术。②运营成本不包含税收。

从制氢成本的角度来看，三种技术的制氢成本分别为 18.6~27.0 元/kg H_2，17.6~28.5 元/kg H_2和 22.9~39.7 元/kg H_2。具体而言，对于天然气重整制氢，国内东部地区的天然气价格普遍在 3~3.5 元/Nm^3，对应制氢成本 24.2~27.0 元/kg H_2；对于甲醇重整制氢，国内东部地区近 5 年平均价格约 2500 元/t，即 24.9 元/kg H_2；对于电解水制氢，其成本中 70%~85%均由用电费用产生。国内大工业用电约 0.6 元/(kW·h)(39.7 元/kg H_2)，低谷电价约 0.4 元/(kW·h)(28.5 元/kg H_2)。虽然光伏发电已可降低至 0.3 元/(kW·h)(22.9 元/kg H_2)，但供电时间受光照条件影响很大(大部分地区不超过 3000h/a)，实际制氢成本远高于此。相比于当前加氢站的运营模式(工业副产氢，25~35 元/kg H_2)，采用天然气和甲醇制氢技术的制氢加氢一体站具有明显的成本优势。氢能技术发展的初衷是为了减少温室气体的排放，随着未来绿电成本的压缩和控制，采用电解水制氢技术的制氢加氢一体站是未来加氢站的重要发展方向。然而，在当前氢能产业发展阶段下，成本控制迫在眉睫。因此，笔者认为采用天然气和甲醇制氢技术的制氢加氢一体站具有更广阔的发展前景。

4 制氢加氢一体站面临的挑战

制氢加氢一体站面临的挑战主要有两个方面，分别源于国家政策和工艺技术开发。

(1) 在国家政策方面，根据国家相关政策要求，新建化工项目及危险化学品生产项目必须全部进入合规设立的化工园区。国内制氢加氢一体站项目尚属于化工项目范畴，然而其应用场景却主要分布在城市周边，甚至城市中心，不符合国家对现行化工项目的有关政策规定，项目审批困难，使得制氢加氢一体站的建设面临巨大的挑战。然而，由于制氢加氢一体站具备的优势，国家发改委、国家能源局、上海市、广东省、山东省、河北省、四川省、唐山市和武汉市等均出台了推动制氢加氢一体站建设的政策，以突破“危险化学品生产项目进入化工园区”的限制。其中，广东省发展最为迅速，目前已发布国内首个《制氢加氢一体站安全技术规范》(征求意见稿)，并已在佛山投用了国内首座集天然气重整和电解水制氢的制氢加氢一体站。同时，国内加氢站建设过程中，主要参考的技术标准和规范有 GB 50156—2021《汽车加油加气加氢站技术标准》、GB 50516—2010《加氢站技术规范》(2021 年版)、GB 50177—2005《氢气站设计规范》和 GB/T 34584—2017《加氢站安全技术规范》等。各技术标准和规范对加氢站建设过程中涉及的现场平面布置、涉氢设备和管道材质、安全环保等技术细节做出了限定，基本可以满足外供氢加氢站的建站需求。然而，对于制氢加氢一体站的建设，国内尚无准确规范作为依据，特别是对于站内制氢装置的技术要求，如设备尺寸、供热方

式、有无明火、安全距离等，亟待解决。未来随着政策的逐渐松绑，制氢加氢一体站的审批和建设将进一步提速。

（2）在工艺技术开发方面，制氢加氢一体站的主要应用场景在城市周围和中心区域，加氢站周围的环境比较复杂，建设用地紧张。业界普遍认为将加氢站与传统加油站、加气站和充电站相耦合，是加快加氢站布局和建设的重要手段。为了应对加氢站建设的需求，具有集成度高、布局方便、占地面积小、土建施工少、安装快捷、建站速度快等优点的撬块化站内制氢技术优势显著，是未来加氢站建设的发展趋势。目前。国内正处于开发阶段。结合国内外制氢加氢一体站的建设及石科院分布式制氢技术开发经验，撬块化小型站内制氢技术应当从催化剂、系统传质传热优化、反应器设计、工艺流程改进和系统集成化5个方面进行开发。同时，为了适应加氢站周围复杂的环境及安全因素，站内撬块化制氢装置还应具有智能化控制系统，可实现“一键开停车”“自动负荷调整”和“热备-开工模式智能切换”等功能，实现“傻瓜”式运行，杜绝用户现场操作行为，确保加氢站安全稳定运行。

5 结语

加氢站作为交通运输领域氢能产业发展的关键基础设施正迎来发展的机遇期。当前普遍采用的“工厂氢+气态管车运输+加氢站”建站模式所面临的关键问题是运营成本过高，缺乏市场竞争力。制氢加氢一体站可利用成熟的制氢技术，解决当前建站模式下，氢气到站成本高的问题，有助于推动氢能产业的市场化发展。站内天然气、甲醇和碱性水电解制氢技术的成本分别为18.6～27.0元/kg H_2、17.6～28.5元/kg H_2和22.9～39.7元/kg H_2。站内天然气和甲醇重整制氢技术的成本优势较为明显，应当是当前发展的重点。此外，制氢加氢一体站的建设尚存在政策不统一，审批受限，缺少明确规范作为建站依据的问题，亟待政策的松绑和规范的出台。撬块化小型站内制氢成套设备的开发是实现制氢加氢一体站建设的关键设备，国内尚处于开发阶段有待进一步发展。

参考文献

[1] 邹才能，李建明，张茜，等．氢能工业现状、技术进展、挑战及前景[J]．天然气工业，2022，42(04)：1-20.

[2] Nikolaidis P，Poullikkas A. A comparative overview of hydrogen production processes[J]. Renewable and Sustainable Energy Reviews，2017，67：597-611.

[3] Dawood F，Anda M，Shafiullah G M. Hydrogen production for energy：An overview[J]. International Journal of Hydrogen Energy，2020，45(7)：3847-3869.

[4] 何青，孟照鑫，沈轶，等．“双碳”目标下我国氢能政策分析与思考[J]．热力发电，2021，50(11)：27-36.

[5] 冼静江，林梓荣，赖永鑫，等．加氢站工艺和运行安全[J]．煤气与热力，2017，37(09)：51-56.

[6] 张佩兰，郑黎．工业制氢技术及经济性分析[J]．山西化工，2014，34(05)：54-56.

[7] 刘坚，钟财富．我国氢能发展现状与前景展望[J]．中国能源，2019，41(02)：32-36.

[8] 李星国．氢气制备和储运的状况与发展[J]．科学通报，2022，67(Z1)：425-436.

[9] 韩红梅，王敏，刘思明，等．发挥氢源优势构建中国特色氢能供应网络[J]．中国煤炭，2019，45(11)：13-19.

[10] 杜泽学，慕旭宏．分布式制氢技术的发展及应用前景展望[J]．石油炼制与化工，2021，52(01)：1-9.

[11] 单彤文，宋鹏飞，李又武，等．制氢、储运和加注全产业链氢气成本分析[J]．天然气化工(C1化学与化工)，2020，45(01)：85-90.

[12] 王周．天然气制氢、甲醇制氢与水电解制氢的经济性对比探讨[J]．天然气技术与经济，2016，10(06)：47-49.

[13] 曹湘洪，魏志强．氢能利用安全技术研究与标准体系建设思考[J]．中国工程科学，2020，22(05)：144-151.

[14] 侯建国，单彤文，张超，等．小型橇装天然气制氢技术现状与发展趋势分析[J]．天然气化工(C1化学与化工)，2021，46(03)：1-6.

[15] 王子松，王业勤，张超祥，等．小型化天然气制氢技术的研究进展与探索[J]．太阳能，2022(05)：40-47.

中国石化油脂类可持续航空燃料技术开发与应用

渠红亮

（中国石化石油化工科学研究院有限公司）

摘　要　介绍了中国石化石油化工科学研究院有限公司开发的油脂加氢法生物航煤生产技术(SRJET技术)，该技术成功于2011年在2万t/a生物航煤装置上成功进行了工业示范生产，生物航煤产品通过了中国民用航空局的适航审定，获得了生产许可，并进行了国内和国际航班的商业飞行。2022年，SRJET技术在10万t/a生物航煤装置上进行了工业化生产，生产工艺及产品通过了可持续认证和适航审定，所生产的可持续航空燃料已用于航空飞行。

关键词　油脂；加氢；可持续航空燃料；适航审定；SRJET技术

引言

由于化石资源的不可再生以及全球气候变暖的影响，可再生燃料的生产变得越来越重要。航空运输业在促进社会经济增长方面发挥着重要作用，但也面临着行业碳减排的压力。为了保障航空运输业可持续发展，实现温室气体减排目标，国际航空运输协会(International Air Transport Association，简称IATA)计划全球民航业从2020年起实现碳排放零增长，到2050年实现碳排放量达到2005年碳排放量的50%。为此，国际民航业通过了国际航空碳抵消和减排计划(Carbon Offsetting and Reduction Scheme for International Aviation，CORSIA)，明确提出了航空替代燃料(Aviation Alternative Fuel，简称SAF)可持续性要求，并计划强行推出一系列措施与认证标准来保障CORSIA计划的顺利实施。

我国在2016年10月国务院印发的《“十三五”控制温室气体排放工作方案》中提出，到2020年单位国内生产总值二氧化碳排放量比2015年下降18%，到2030年左右我国二氧化碳排放量达到峰值，并力争尽早达峰。近年来我国航空运输业发展迅速，据中国民用航空局民航行业发展统计公报的数据来看，2014年至2018年民航业运输总周转量保持11%以上的增长速度，2018年达到1206亿t/km；民航旅客运周转量输量保持12%以上的增长，2018年达到10712亿人/km。从中国航空油料集团有限公司发布的统计数据来看，航空油料的消售量从2014年至2018年保持10%以上的增长速度，2018年的航油销售量达到2929万t，2019年航油消费量将超过3000万t。在“碳达峰”“碳中和”的总体目标下，国内生物航煤的产业规划也提上了日程。中国民航局在《十四五民航绿色发展专项规划》中，明确提出可持续航空燃料消费要达到5万t，中航油也把推进生物航煤应用列入2022年重点工作。

对于航空业，最大的二氧化碳排放源自于飞机燃料的燃烧，因此采用具有碳减排效果的可持续航空燃料是必然的选择。可持续航空燃料(SAF：Sustainable Aviation Fuel)是航空业用来描述非传统(化石基)航空燃料的主要术语，包括三个关键指标：①可持续性；②可替代石油基资源；③满足航空燃料的标准。在CORSIA方案中，给出了对不同工艺路线和原料生产的可持续航空燃料的全生命周期排放的默认值。其中，以餐饮废油为原料生产的喷气燃料的排放值为13.9gCO_2/MJ，与石油基喷气燃料相比可实现84%的碳减排。为了推广使用可持续航空燃料，国际社会于2009年推出了含合成烃的航空涡轮燃料规范(ASTM D7566)，2011年月将油脂加氢制备喷气燃料的技术收入到该标准中。我国在新修订的3号喷气燃料(GB 6537—2018)标准中增加了两种航空替代燃料生产技术路线。

油脂作为生物质能源的一种，能量密度大，性质与石油基燃料最为接近，是最有潜质的可再生能源。我国具有十分丰富的油料资源，已查明的油料作物有151科697属1554种，含油超过40%的有154种；2017年11月国家林业局印发的《林业生物质能源主要树种目录(第一批)》中有102种树种，其中含油植物有47种。此外，我国废弃油脂的资源丰富，包括餐饮废油(俗称地沟油)、存放过期的食用油、酸化油和非食用的动物脂肪等，每年产量约1000万t。因此，开发油脂为原料，尤其是以废弃油脂为原料，生产喷气燃料的技术不仅可以为我国航空业提供具有碳减排的生物燃料，而且为废弃油脂的处理提供了一种新的处理方式，具有十分重要的社会效益。

中国石化石油化工科学研究院有限公司通过系统地研究，成功开发了中国石化生物航煤生产技术(以下简称SRJET技术)，2011年建成了国内首套2万t/a生物航煤工业应用示范装置，实现了运行生产，产品质量符合标准要求，通过了适航审定和商业化飞行。2022年，中国石化镇海炼化分公司采用SRJET技术建设的10万t/a生物航煤生产装置成功进行了规模化生产，并完成了可持续认证和适航审定，可持续航空燃料也进行了商业应用。

1　油脂类可持续航空燃料技术的开发

1.1　油脂类原料的化学组成分析

草本植物油、木本植物油、藻类油脂和动物油脂均可作为加氢法生产生物航煤的原料。此外，餐饮废油经过净化处理后也可以用作加氢法生产生物航煤。天然植物油中所含的脂肪酸绝大多数为偶碳直链，脂肪酸碳链中含有不同数量的双键，碳链长度为C_2~C_{30}，但常见的只有C_{12}、C_{14}、C_{16}、C_{18}、C_{20}和C_{22}几种。对多数植物油而言，脂肪酸碳链长度主要是C_{16}和C_{18}两种，例如棕榈油、大豆油中C_{16}和C_{18}占全部脂肪酸含量的95%以上。对椰子油和棕榈仁油而言，脂肪酸碳链长度主要是C_{12}、C_{14}两种，例如中C_{12}和C_{14}占全部脂肪酸含量的50%以上。某些微藻油品中产出的油脂碳数可以达到C_{22}。表1列出了试验用油脂的脂肪酸分布，其主要理化性质见表2。

表1　试验用几种植物油的脂肪酸分布　　%

脂肪酸碳数①	椰子油	棕榈油	大豆油	菜籽油	乌桕油	微藻油
$C_{8,0}$	7.8					
$C_{10,0}$	6.7					
$C_{12,0}$	47.5					
$C_{14,0}$	18.1	1.1				4.8
$C_{16,0}$	8.8	45.3	11.3	8.6	60.9	50.3
$C_{16,1}$				0.1	0.3	
$C_{18,0}$	2.6	3.4	3.4	3.1	1.3	1.7
$C_{18,1}$	6.2	38.8	23.1	24.5	32.7	4.8
$C_{18,2}$	1.6	9.8	55.8	44.2	3.0	10.2
$C_{18,3}$			6.4	7.3	1.4	1.5
$C_{20,0}$		1.6		0.3		
$C_{20,1}$				3.4		
$C_{22,0}$				0.1		
$C_{22,1}$				7.9		
$C_{22,5}$						5.4
$C_{22,6}$						21.3

注：①$C_{x,y,x}$代表脂肪酸碳链的碳数；y代表脂肪酸碳链上不饱和碳碳双键数。

表2　试验用几种原料的主要性质

项　　目	椰子油	棕榈油	乌桕油	餐饮废油	微藻油
密度(20℃)/(kg/m^3)	921.2	915.1	908.8	918.6	926.9
凝点/℃	22	24	45	22	32
总酸值/(mgKOH/g)	0.15	0.19	52	5.53	0.50
氧质量分数/%	14.4	11.4	11.7	12.0	11.3

续表

项　　目	椰子油	棕榈油	乌桕油	餐饮废油	微藻油
其他杂质质量分数/(μg/g)					
S	<2.0	<2.0	3.2	5.5	<10.0
N	<2.0	<2.0	27.0	59.0	35.0
Cl	<2.0	<2.0	<2.0	14.4	44
金属	<2.0	<2.0	19.0	12.0	5.0

未精制的油脂中含有游离脂肪酸、金属离子、磷脂、胶质等，对加氢处理设备和催化剂有影响，需要进行预处理。油脂精炼过程主要包括脱胶、碱炼、脱臭等步骤。原料油中的游离脂肪酸也会影响加氢处理催化剂的活性，如果植物油中游离脂肪酸质量分数高于5%，在长时间运转的情况下，加氢处理催化剂活性会下降，需要进一步脱酸处理。餐饮废油中含有金属、氯等杂质，对加氢处理设备和催化剂有影响，需要进行预处理。

1.2　油脂类可持续航空燃料反应过程中的主要化学反应

油脂加氢法生产生物航煤主要包括加氢处理和加氢转化2个步骤。加氢处理过程主要包含双键饱和、加氢脱氧、加氢脱羧基和加氢脱羰基反应，副反应有裂化、异构化和甲烷化等反应，如图1所示。动、植物油加氢处理一般使用负载型硫化态金属催化剂，在比较缓和的条件下将动、植物油加氢处理转化成长链正构烷烃。

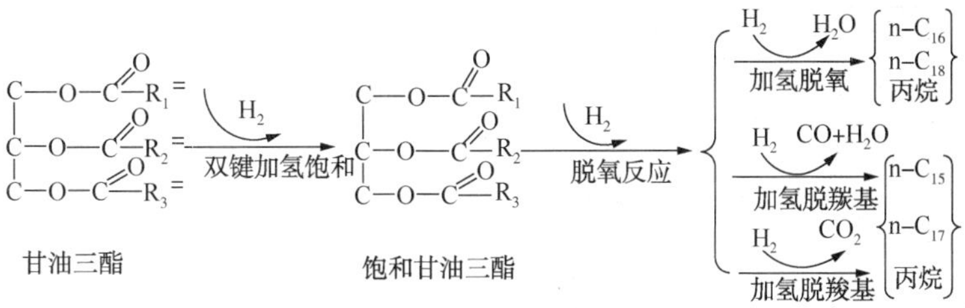

图1　甘油三酯转化为烷烃的反应路径

加氢转化是对加氢处理得到的正构烷烃进行选择性裂化，以便使冰点和碳数分布符合喷气燃料的要求。正构烷烃异构化过程通常伴有裂化反应，正构烷烃首先异构化生成单支链异构体，单支链异构体在扩散过程中进一步异构化生成多支链异构体。异构烃可能来源于2种方式：一是多支链异构产物的裂解；二是正构烷烃裂解产物的异构化。随着转化率的提高，多支链异构产物的裂解反应和正构烷烃裂解产物的异构化反应将发生得更多。

1.3　油脂类可持续航空燃料SRJET技术的开发

中国石化石油化工科学研究院有限公司采用分子炼油的理念，通过对原料和产品的分子结构分析以及对反应化学网络的深入认识，优选出了适合的反应途径，并进行了催化剂、工艺和反应工程的创新，成功开发了油脂类原料加氢生产生物航煤的成套技术(简称SRJET技术)。其原则工艺流程如图2所示。以动植物油、微藻油、餐饮废油为原料时，原料首先需进行预处理脱除其中的金属、氯等杂质，以降低这些杂质对加氢催化剂和反应设备的危害，实现催化剂和装置的长周期稳定运转。然后进行加氢处理和加氢转化，最后分离得到石脑油、生物航煤和柴油产品。根据原料和目标产物的不同，加氢法的催化剂级配和操作条件也有所不同。

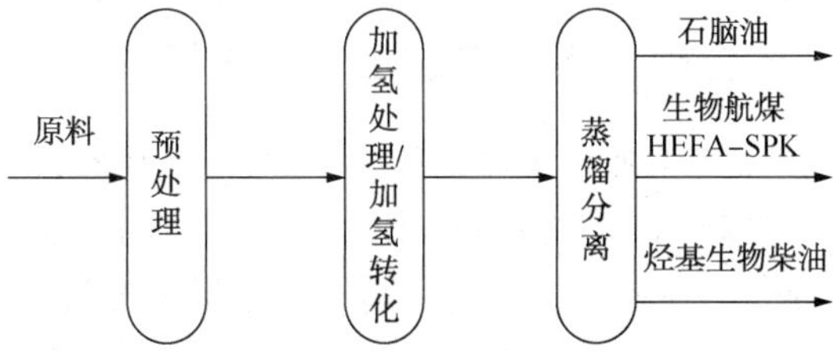

图2　SRJET技术的原则工艺流程

2　油脂类可持续航空燃料SRJET技术的中试研究

针对动植物油的分子结构和加氢处理反应的

特性，开发出了适用于多种动植物油加氢处理的催化剂。该催化剂可在缓和的条件下对动植物油进行加氢处理生成长链正构烷烃。采用该催化剂对对棕榈油、大豆油、菜籽油、乌桕油、椰子油、微藻油、餐饮废油等原料加氢处理，所得精制油的收率和馏程见表3。

表3　加氢处理得到的精制油收率和馏程

项目	精制油收率/%	精制油馏程/℃
棕榈油	85.2	65~376
大豆油	86.1	80~452
乌桕油	87.2	269~323
菜籽油	89.8	91~391
微藻油	84.0	233~521
椰子油	77.2	20~317
餐饮废油	80.9	195~459

棕榈油、大豆油、菜籽油、乌桕油、微藻油、餐饮废油加氢处理得到的精制油主要由C_{15}~C_{18}的正构烷烃组成，椰子油加氢处理得到的精制油主要由C_{11}~C_{14}的正构烷烃组成。对催化剂进行的近2000h的稳定性试验表明，催化剂活性稳定。

针对植物油的加氢处理油品，即加氢脱氧精制油，开发了专用异构裂化催化剂，可将加氢脱氧精制油转化为喷气燃料。采用异构裂化催化剂对棕榈油、大豆油、菜籽油、乌桕油、微藻油、餐饮废油等原料加氢处理后的精制油进行加氢转化，液态烃收率可达到90%~94%；相对于初始原料油，生物航煤质量收率可以达到35%~45%。以餐饮废油、棕榈油、微藻油和椰子油为原料制备出的生物航煤调合产品的部分性质见表4。

表4　几种油脂加氢法制备的生物航煤调合产品性质

项　　目	餐饮废油	棕榈油	微藻油	椰子油	ASTM D7566(HEFA-SPK)
闪点(闭口)/℃	61.9	63.3	55.0	61.0	≥38
密度(15℃)/(kg/m³)	767	768	765	747	730~770
冰点/℃	-50.4	-48.0	-45.9	-57.1	≤-40
馏程/℃					
FBP	172.9	184.2	174.2	179.8	
10%	200.4	202.9	197.9	188.4	≤205
FBP	291.2	288.5	281.4	236.2	≤300

由表4可知，采用SRJET技术，无论是使用具有典型脂肪酸碳数的棕榈油、微藻油、餐饮废油等原料，还是使用脂肪酸碳数低的椰子油原料，均可制备出密度、闪点、冰点和沸程满足ASTM D7566标准要求的生物航煤调合产品。

3　油脂类可持续航空燃料技术的工业示范应用、适航审定及商业飞行

3.1　油脂类可持续航空燃料技术的工业示范应用

根据SRJET技术要求，中国石化将镇海炼化分公司在杭州石化的一套工业加氢装置改造为生物航煤工业示范生产装置，先后以棕榈油和餐饮废油为原料，生产出了满足ASTM D7566标准中有关源自加氢的酯和脂肪酸的合成石蜡煤油(HEFA-SPK)标准要求的生物航煤。该工业示范装置生产使用原料的主要性质见表2。工业生产的生物航煤调合组分的主要性质和组成见表5。

从表5可以看出，采用SRJET技术，以棕榈油和餐饮废油为原料生产的生物航煤调合组分达到ASTM D7566标准的要求。

表5　2万t/a工业示范装置生产的生物航煤的主要性质

项　　目	HEFA-SPK	棕榈油基	餐饮废油基
总酸值/(mg KOH/g)	≤0.015	<0.001	<0.001
闪点/℃	≥38	55.0	49.0
密度(15℃)/(kg/m³)	730~770	767.3	767.7

续表

项　　目	HEFA-SPK	棕榈油基	餐饮废油基
冰点/℃	≤-40	-55.2	-59.3
实际胶质质量浓度/(mg/(100mL))	≤7	2	1
w(脂肪酸甲酯)/(μg/g)	≤5	<4.5	<4.5
热安定性(325℃，2.5h)			
压力降/kPa	≤3.3	0	0
管壁评级/级	≤3	0	0
烃类组成(w)/%			
环烷烃	≤15	1.5	2.8
芳烃	≤0.5	0	0
碳和氢	≥99.5	99.97	99.87
非烃类组成(w)/(mg/kg)			
氮	≤2	<0.3	<0.3
水	≤75	8	10
硫	≤15	0.3	0.6
w(金属)*/(mg/kg)	≤0.1	<0.1	<0.1
w(卤素)/(mg/kg)	≤1	<0.5	<0.5

注：*以下每种金属含量：铝、钙、钴、铬、铜、铁、钾、镁、锰、钼、钠、镍、磷、铅、钯、铂、锡、锶、钛、钒、锌。

采用SRJET生物航煤工艺示范装置生产的生物航煤调合组分与镇海炼化分公司生产的石油基3号喷气燃料的调合燃料，按照体积比50∶50调合生产的生物航煤称为中国石化1号生物航煤。调合后的1号生物航煤各项理化性质满足3号喷气燃料要求。

3.2 油脂类可持续航空燃料技术的适航审定及商业飞行

为了推动生物航煤的商业应用，美国材料与试验协会(American Society for Testing and Materials，ASTM)颁布了含合成烃的航空涡轮燃料规范(ASTM D7566)。2011年7月，ASTM D7566-11增加了源自加氢的酯和脂肪酸的合成石蜡煤油的规格要求，多达50%的生物航煤组分可调合到传统的喷气燃料中。2005年中国民用航空局(简称CAAC)颁布了《航空油料适航管理规定》(CCAR-55)规范了航油的适航管理，保证加注到飞机上油品符合标准要求。

2011年12月，中国石化向中国民航局提交了生物航煤的适航审定申请。2012年2月28日，民航局正式受理了中国石化的适航审定申请，将生物航煤命名为中国石化1号生物航煤。审查组按照国际通行惯例，以不低于国际技术标准制定了中国特色的技术标准规定CTSO-2C701作为本次审查的审定基础，审查包括设计、生产两个部分，历时两年，对生物航煤的工艺评审、产品理化性能、特定性能试验以及生产质量体系评审，并进行了发动机台架验证和试飞验证。

2013年4月24日，加注了中国石化1号生物航煤的东方航空空客320型飞机圆满完成了85min的飞行验证。2014年2月12日，中国民用航空局正式向中国石化颁发了1号生物航煤技术标准规定项目批准书(CTSOA)。2015年3月21日，中国石化以餐饮废油为原料生产的生物航煤完成了第一次国内航班的商业飞行；2017年11月21日，中国石化以餐饮废油为原料生产的生物航煤完成了第一次国际航班的商业飞行。

4 油脂类可持续航空燃料技术的工业应用、适航审定及商业飞行

4.1 油脂类可持续航空燃料技术的工业应用

为了保证中国航空业对可持续航空的需求，中国石化镇海炼化分公司采用SRJET技术建设了一套10万t/a生物航煤生产装置。2022年6月开展了以餐饮废油为原料的可持续航空燃料的生产。该装置生产的原料性质见表6，生产的生物航煤调合组分的主要性质和组成见表7。

表 6　10 万吨/年工业装置生产原料的主要性质

项　　目	餐饮废油	项　　目	餐饮废油
密度(20℃)/(kg/m³)	918.9	S 质量分数/(μg/g)	23.0
凝点/℃	2	N 质量分数/(μg/g)	30.1
总酸值/(mgKOH/g)	0.81	Cl 质量分数/(μg/g)	11.8
氧质量分数/%	10.2	金属质量分数/(μg/g)	13.2

表 7　10 万 t/a 工业装置生产的生物航煤的主要性质

项　　目	HEFA-SPK	餐饮废油基
总酸值/(mgKOH/g)	≤0.015	0.001
闪点/℃	≤38	47.0
密度(20℃)/(kg/m³)	730~770	762.9
FAME/(mg/kg)	≤5.0	<4.5
实际胶质/(mg/kg)	≤7	<1
冰点/℃	≤-40	<-60
热安定性(325℃, 2.5h)		
压力降/kPa	≤25	0
管壁评/级	≤3	1
烃类组成(w)/%		
环烷烃	≤15	3.9
芳烃	≤0.5	<0.1
烷烃	报告	100.0
碳和氢	≥99.5	99.8
非烃类组成(w)/(mg/kg)		
氮	≤2	<0.5
水	≤75	42
硫	≤15	0.5
金属*	≤0.1	<0.1
卤素	≤1	0.8

注：*以下每种金属含量：铝、钙、钴、铬、铜、铁、钾、镁、锰、钼、钠、镍、磷、铅、钯、铂、锡、锶、钛、钒、锌。

4.2　油脂类可持续航空燃料技术工业装置的可持续认证及适航审定

2022 年 4 月中国石化镇海炼化油脂加氢(HEFA)路线生物航煤产品通过可持续生物材料圆桌会议(Roundtable on Sustainable Biomaterials，简称 RSB)认证。认证表明，镇海炼化生物航煤装置原料、生产工艺及产品均符合 RSB 生物燃料可持续发展的基本原则与标准，获得全球可持续生物材料的应用认可。镇海炼化由此成为亚洲第一家获得全球 RSB 可持续生物航空燃料认证的企业，这将推动我国自主研发和生产的生物航煤走出国门，打开国际应用市场，促进可持续航空燃料的产业化运行、商业化应用。

镇海炼化分公司 10 万 t/a 生物航煤装置属于已有技术的异地建设装置，根据航空管理的要求，该装置生产的可持续航空燃料必须通过适航审定后才能销售。2022 年 9 月，中国石化镇海炼化正式获得中国民航局颁发的生物航煤适航证书——技术标准规定项目批准书项目单，标志着我国首套生物航煤工业装置产出的规模化生物航煤将向整个民用航空市场销售。

2022 年 9 月 26 日，首批 30t 可持续航空燃料从镇海炼化出厂，运往空客(中国)天津工厂。2022 年 10 月 12 日，空客(中国)天津工厂向中国东方航空公司交付的 A320 飞机、10 月 20 日向中国国际航空公司和 10 月 21 日向中国南方航空公司交付的A350均使用了中国石化镇海炼化分公司采用SRJET技术生产的可持续航空燃料。

5　结论

中国石化石油化工科学研究院有限公司开发的油脂加氢法生物航煤生产技术（SRJET技术），于2011年在2万t/a生物航煤装置上成功进行了工业示范生产，生物航煤产品通过了中国民用航空局的适航审定，获得了生产许可，并进行了国内和国际航班的商业飞行。2022年，SRJET技术在10万t/a生物航煤装置上进行了工业化生产，生产工艺及产品通过了可持续认证和适航审定，所生产的可持续航空燃料已用于航空飞行。

中国石化可持续航空燃料的技术开发与工业化生产，推动了我国可持续航空燃料的产业化和商业化的进程，为能源绿色低碳发展提供了技术支撑。

参　考　文　献

[1] International Civil Aviation Organization. A39-3: consolidated statement of continuing ICAO policies and practices related to environmental protection Golbal Market-base Measure[Z]. Montreal: ICAO, 2016.

[2] International Civil Aviation Organization. CAEP-SG/20172-WP/6: ICAO CORSIA package[Z]. Montreal: ICAO, 2017.

[3] 民航行业发展统计公报．中国民用航空局．http://www.caac.gov.cn

[4] 中航油社会责任报告．中国航空油料集团公司．http://www.cnaf.com

[5] 姚国欣．加速发展我国生物航空燃料产业的思考[J]．中外能源，2011，16：18-26.

[6] 李毅，张哲民，渠红亮，等．生物喷气燃料制备技术研究进展[J]．石油学报(石油加工)，2013，29：9-17.

[7] 胡徐腾，齐泮仑，付兴国，等．航空生物燃料技术发展背景与应用现状[J]．化工进展，2012，31(8)：1625-1630.

[8] 刘广瑞，颜蓓蓓，陈冠益．航空生物燃料制备技术综述及展望[J]．生物质化学工程，2012，46(3)：45-48.

[9] IATA Sustainable Aviation Fuel Roadmap. International Air Transport Association, 2015.

[10] 闵恩泽，张立雄．生物柴油产业链的开拓：生物柴油炼油化工厂[M]．北京：中国石化出版社，206. 1-50.

[11] 孙培勤，孙绍晖，常春，等．生物基燃料技术经济评估[M]．北京：中国石化出版社，2016. 286-316.

[12] 王鹏照，刘熠斌，杨朝合．我国餐厨废油资源化利用现状及展望[J]．化工进展，2014，33(4)：1022-1029.

[13] 何亮，王小韦，祝金星，等．北京市地沟油生产现状及产业发展分析[J]．环境卫生工程，2016，24(3)：9-14.

[14] 聂红，孟祥堃，张哲民，等．适应多种原料的生物航煤生产技术的开发[J]．中国科学：化学，2014，44(1)：46-54.

[15] 毕艳兰．油脂化学[M]．北京：化学工业出版社，2011：8-27.

[16] Laurent E, Delmon B. Study of the hydrodeoxygenation of carbonyl, carboxylic and guaiacyl groups over sulfide CoMo/γ-Al_2O_3 and NiMo/γ-Al_2O_3 catalysts I catalytic reaction schemes [J]. Applied Catalysis, 1994, (1): 77-96.

[17] 黄卫国，李大东，石亚华，等．分子筛催化剂上正十六烷的临氢异构化反应[J]．催化学报，2003，24(9)：651-657.

直接电解海水制氢技术与产业现状

李　麟　张宝忠　李　军　邢伟龙

（中国石油化工股份有限公司天津分公司）

摘　要　直接电解海水制氢通过利用海水作为电解液并耦合可再生能源发电，有望实现以低廉的成本大规模制取绿氢，是我国布局新能源体系的重要战略方向。本文重点介绍直接电解海水制氢技术和产业现状，并提出了该技术未来的发展方向。

关键词　电解制氢；海水；绿氢；技术；产业

引言

氢作为一种理想的二次能源载体，具有高的单位能量密度，是推动清洁高效利用和支撑可再生能源大规模发展的理想互联媒介，发展氢能是实现交通运输、工业和建筑等领域大规模深度脱碳的有效途径。电解水制氢技术具有电解效率高、氢气纯度高、反应无污染等优点，可与光伏、风电等可再生能源耦合，被公认为是极具发展前景的制氢技术之一。然而，在可再生电力成本逐渐下降的同时，大规模电解制氢所带来的水资源消耗问题却日益严重。海水占全球总水量的96%以上，同时海水中氯化钠浓度较高，可以为电解过程提供高离子电导率。开发与可再生能源适配的电解海水技术，实现低成本、高能效、长寿命绿色电解海水制氢，服务“碳达峰”和“碳中和”战略，是实现绿色氢经济的理想途径，极具前瞻性和创新性。

2021 年，全球制氢市场规模为 1359.4 亿美元，相比于 1975 年翻了三倍以上，预计到 2030 年将达到 2192 亿美元，年均增长率高达 5.4%。目前，电解水制氢的成本比较高（3～8 美元/kg H_2），占总产氢的比例仅有不到 1%，大部分氢气依然是来自于化石能源或者工业副产品的重整。随着可再生能源发电和电解水技术的不断成熟，电解水制氢的规模也在不断扩大。2020 年，全球电解槽的装机规模约为 70MW，全球总规模达到了 300MW。加上目前正在筹备的所有项目，到 2030 年，电解系统总装机容量可能达到 50～90MW，电解水制氢产量将高达 4.9 百万～8.3 百万 t。随着风电、光电等可再生能源装机规模的不断增长以及兆瓦级电解系统的布局，将推动全球能源结构从传统化石能源为主向可再生能源为主的多元格局。

1　国外相关产业和技术现状

目前，国外在电解海水制氢领域的企业包括莱茵集团、伊尔姆环境资源管理咨询有限公司等，相关项目虽已有商业化规划，但并未实现规模产业化，目前还处于实验室研究阶段。表 1 为目前国外海水电解制氢项目。

表 1　国外海水电解制氢项目

项目	项目类型	开始年份	目标	参研机构
英国 Dolphyn 项目	风电平台+电解装置	2016 年	2026 年实现单机制氢	Environmental Resources Management
挪威 Deep purple 项目	风电平台+电解装置	2018 年	2025 年完成海上实验，2031 年项目大规模运行	TechnipFMC、The Research Council of Norway
JIDAI 方案	新建平台+电解装置	2015 年	2030 年前实现商业化	Det Norske Veritas
Tractebel 方案	新建平台+电解装置	2019 年	开发 MW 级海上风电制氢平台	Tractebel Engineering、Tractebel Ovenlick
法国 Lhyfe 公司方案	新建平台+电解装置	2017 年	2025 年实现海上风电制氢	Lhyfe
德国 AuqaVentus 项目	新建平台+电解装置	2020 年	2030 年实现 GW 级海上风电制氢	Rwe

综合相关资料，国外从事相关研究的主要课题组有：莱顿大学 Marc Koper 组、多伦多大学 Edward H. Sargent 组、丹麦技术大学 Jens K. Nørskov 组、斯坦福大学 William C. Chueh 组和柏林工业大学 Peter Strasser 组。目前上述课题组中 Marc Koper 组、Edward H. Sargent 组及 Jens K. Nørskov 组在电解海水催化剂材料的机理与理论研究处于领先水平，William C. Chueh 组在电催化剂原位表征研究处于领先水平，Peter Strasser 组在电解海水器件集成的实用化研究处于领先水平，主要内容见表 2。

表 2　国外从事相关研究的主要机构

序号	课题组名称	相关研究内容	主要贡献
1	Marc Koper 组	海水电解析氧催化剂	揭示海水电解析氧催化机理及保护策略
2	Edward H. Sargent 组	海水电解析氢机理	提出过渡金属水裂解析氢机理
3	Jens K. Nørskov 组	DFT 理论计算	理论计算电解水催化剂活性起源
4	William C. Chueh 组	原位表征动态催化过程	揭示局部理化性质与析氧活性之间的构效关系
5	Peter Strasser 组	海水电解器件集成	优化电解海水器件集成策略

2　国内相关产业和技术现状

大力发展氢能产业对我国构建清洁低碳的能源体系，为实现碳达峰、碳中和目标具有重要意义。《中国氢能源及燃料电池产业白皮书》中指出，我国具有非常成熟的产业基础和巨大的潜在市场，现有工业制氢产能约为 2500 万 t/a。同时，我国也是全球最大的可再生能源发电国，粗略统计每年“弃风、弃水、弃光”能够发电约 1000 亿 kW · h，可以用于电解水制氢约 200 万 t。随着能源结构的不断优化，可再生能源电解水制氢有望成为我国未来主要的氢能供给来源。

近年来，我国非常重视低碳氢能制取到应用等各环节关键核心材料和技术的研发，在近期发布的《氢能产业发展中长期规划（2021—2035 年）》中明确表示，要推进电解海水制氢技术研发，在风光水电资源丰富地区，开展可再生能源制氢示范。2021 年 3 月，广东省重点建设项目计划“海上漂浮式风电+海洋牧场+海水制氢”项目获批，总投资 530 亿元。近日，《上海市氢能产业发展中长期规划（2022—2035 年）》提出要建立以绿氢为主的氢气供给体系，开展深远海风电制氢技术研究。

我国电解海水制氢技术的研究与国际同步发展，国内诸多高校和科研院所围绕电解海水制氢中的关键材料研发、器件性能优化和新型系统创制等领域开展了大量研究工作，包括大连理工大学、南开大学、天津大学、北京化工大学、吉林大学、华中科技大学、中科院化学所和中科院宁波材料所等，主要内容见表 3。天津大学、南开大学团队开发出多孔 C-Co_2P 析氢催化剂，在碱性海水中仅需 30mV 的过电位即可达到 10mV/cm^2 的电流密度，且在 60h 的运行过程中性能未受到 Ca^{2+}、Mg^{2+} 金属离子沉积的显著影响。北京化工大学、吉林大学、华中师范大学和中科院化学所等单位均在高性能析氢/析氧催化剂研发方面取得创新性研究进展。南开大学团队提出了一种具有普适性的、基于阴离子添加剂的电极稳定性优化策略，可使电解碱性海水装置稳定工作 500h 以上。北京化工大学团队从“同离子效应”出发研制出了同时具有制氢、制氧和提取氯化钠三种功能的连续电解海水装置。

表 3　国内从事相关研究的主要机构

序号	课题组名称	相关研究内容	主要贡献
1	南开大学 天津大学	海水电解析氢催化剂	制备高性能、抗毒化的阴极催化剂
2	华中师范大学	海水电解析氧催化剂	制备高活性、高稳定性的阳极催化剂
3	南开大学	海水电解阳极防腐策略	提出基于阴离子电解液添加剂的普适性阳极防腐策略
4	北京化工大学	同离子效应促进 NaCl 沉积	实现连续电解海水制取氢气、氧气和 NaCl
5	大连理工大学	电解海水耦合低氧化电位反应	通过降低阳极工作电位抑制氯氧化并实现工业废水处理

除了高校与科研机构之外。部分企业也开始针对海洋能综合开发及海水制氢等领域进行布局。例如，明阳智慧能源集团规划将海水制氢项目纳入总部经济核算，四川安沃德新能源科技有限公司和深圳大学深地科学与绿色能源研究院开展合作推动海水直接制氢技术探索。虽然我国的电解海水制氢目前主要还处于实验室研究阶段，

但在应用示范层面中科院大连化物所、天津市大陆制氢设备有限公司、苏州竞立制氢设备有限公司等单位都拥有丰富的淡水制氢设备的开发与生产经验，为推动电解海水制氢系统的研究与集成奠定了坚实的基础。

3　直接电解海水制氢技术发展趋势

电解海水制氢目前主要面临两大重要的挑战，一个是减少海水中的电解质对系统寿命的影响，另一个是降低水制氢的总体成本。直接电解海水制氢省去了前处理过程中的淡化过程，有利于降低系统复杂度与维护成本，形成海上风电、光电与制氢耦合的一体化新能源体系。发展海水无淡化直接电解制氢的关键在于如何隔绝离子对电极/催化剂的钝化和腐蚀作用：Ca^{2+}、Mg^{2+}等金属离子易在阴极表面沉积，以Cl^-为代表的卤素离子则会诱发阳极金属溶解，其自身的氧化则会进一步释放出剧毒的氯气和次氯酸盐等。这些现象会导致电极出现催化活性衰减、法拉第效率降低，进而引起系统寿命减少和能耗升高。

3.1　催化电极

电解纯水反应分为阳极析氧反应(OER)和阴极析氢反应(HER)两个半反应，将这两个半反应发生的催化电极称为OER催化电极和HER催化电极。催化电极一般是将催化剂涂附到电极板构成，因此选取合适的催化剂体系与耐腐蚀性强的电极板是研究重点。正负催化电极目前存在以下问题：①电解水析氢、析氧催化剂过电位高、稳定性差；②高氯离子浓度条件下阳极析氯与析氧存在竞争反应；③氯离子对电极、极板、隔膜等关键材料具有腐蚀性；④海水中金属离子、微生物、微固体等杂质对电解海水器件的干扰。

对于电极催化材料的研究主要集中在环境友好、来源丰富、制备工艺简便以及催化活性高的活性材料方向，制备的电极材料应同时具备催化活性高、比表面积大、物理化学稳定性良好以及导电性高等特点。根据目前用于HER催化剂的常用元素组成，HER催化剂大致分为贵金属及其合金、非贵金属、非金属材料(以碳材料为主)三大类，OER催化剂分为贵金属氧化物、金属-合金、尖晶石类氧化物、复合阳极催化材料等。催化剂成本和丰富度是制约电解水制氢大规模发展的根本原因，未来对于催化剂的技术发展方向是调控和优化贵金属电子结构、构建廉价过渡金属以及来源广泛的非金属基催化材料等。针对电解海水电堆工艺的特点，电极板未来的研究方向是研发低钛/非钛耐腐蚀极板，通过极板结构优化、量化传质管理等方法增强气/液传质、降低内阻。在性能优秀的催化剂体系基础上选取耐腐蚀性强、电化学性能优异的电极板，从而制备适合海水环境应用的催化电极。

3.2　隔膜的制备与应用

电解槽隔膜的作用是组织电解槽两极的生成物互相混合，而它的存在又不得干扰溶液中的离子在两极之间的迁移。对隔膜的要求是气泡不宜透过，能被电解液润湿以使溶液中的离子能够通过，有足够的机械强度，在电解液中不被腐蚀，化学稳定性强，价格便宜适合工业广泛应用。目前市场常用的隔膜是质子交换膜和阴离子交换膜，质子交换膜膜体中含有带负电的酸性活性基团，因此它能够选择透过阳离子并且阻挡阴离子的透过，阴离子交换膜膜体中含有带正电的碱性活性基团，因此它能够选择透过阴离子并且阻挡阳离子的透过。

针对海水成分复杂、腐蚀性强等因素影响，隔膜分子结构在电解液中的稳定性非常关键，隔膜未来的研究方向是揭示海水环境中隔膜的化学降解演化过程及稳定性强化机制，制备耐腐蚀强、电化学性能优异、稳定性强的隔膜。

3.3　电解槽及其组装技术

电解槽由催化电极、隔膜、外壳等关键部件组成，是电解制氢反应发生的场所，连续化运作的电解槽包括了电解液的输入、催化电极产生氢气和氧气、气体产物分离等过程。电解槽的制备需要匹配各种关键组件，设计合适的气液分离系统、换热系统、物料传输系统等。

电解槽及组装技术关键在于进行整套装备的危险与可操作性及安全完整性等级定级分析，完成工艺设备、管道、电仪等规格型号计算和选材，形成符合法规、安全要求的详细施工设计数据、图纸和文件；制定设备启动、停车、联锁、报警、各单元运行逻辑及顺控图，形成全套先进的固态电解质电解制氢技术，完成装备的制造和检测检验、安装以及示范验证。

未来的研究方向是研发耐腐蚀性强、电解效率高、大电流通过的电解槽，尽可能的简化电解槽装置的部件组成，降低电解槽的经济成本和安全性问题。

3.4 直接电解海水制氢的工艺流程

传统电解纯水制氢技术分为碱性水电解、质子交换膜水电解、阴离子交换膜水电解以及高温固体氧化物水电解。直接用来电解海水时，海水复杂的天然成分会对电解系统产生影响，目前研究较多的系统一般采用碱性电解液，使用质子交换膜作为隔膜。

Youri Gendel 课题组设计的一种直接电解海水制氢工艺流程（图 1），首先采用低成本纳滤（NF）工艺将海水中几乎所有的二价离子（Mg^{2+}、SO_4^{2-} 和 Ca^{2+} 等）分离出来。在 NF 步骤中产生的渗透液被进一步引入电化学系统，电解水产生 H_2 和 O_2 气体。随着电解过程的进行，溶液中的 NaCl 浓度逐渐增加，直到 NaCl 盐开始沉淀。图中所示的电化学系统包括一个沉淀池，其中含有氢氧化钠水溶液，浓度为碱性水电解的典型浓度（20%～40%质量浓度）。由于同离子效应，高纯度 NaCl 从沉淀池中的电解质溶液中沉淀盐析。沉淀池中的水通过电解槽连续循环。氢和氧分别在电解槽的阴极和阳极上产生。由于 OH^- 阴离子的抑制作用，电解过程中不会产生 Cl_2。

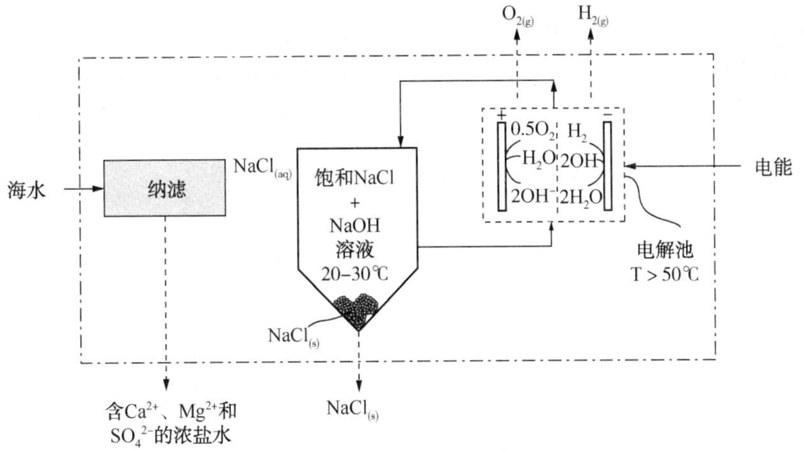

图 1　直接电解海水制氢工艺流程

电解槽在较高温度（50℃）下运行以防止电解槽（以及系统的其他设备）中的 NaCl 沉淀，沉淀池中溶液的温度较低（环境温度为 20～30℃）以促进 NaCl 沉淀。

海水直接电解制氢工艺要克服海水含盐量高、腐蚀性强、杂质较多等恶劣条件，对设备材质有较高要求。该工艺可以实现气体产物与固体产物的分离，可以避免废弃电解液外排带来的环境污染问题，有利于电解海水装置的工业化放大。

4 结论

在直接电解海水制氢技术路线中，最核心的问题是寻找到高效、成本低廉的催化剂体系，结合目前较为成熟的电解水制氢技术，开发出适合于海水作为原料的电解装置和技术。当然一条成熟的技术路线不仅仅涉及催化电极、隔膜、电解槽等关键组件的开发，工艺流程的开发也必不可少，因此从实验室中直接电解海水的小试试验到工业中应用不同场景的工业化装置有许多需要克服的困难和挑战。

直接电解海水制氢通过利用取之不尽的海水作为电解液并耦合可再生能源发电，有望实现以低廉的成本大规模制取绿氢，是我国布局新能源体系的重要战略方向。对我国淡水资源紧张与能源结构优化起到积极作用，最大限度地利用绿色能源促进我国的可持续发展。同时，相关技术进步将带动一批高新产业的发展，推动社会进步，为我国推进氢能的高效利用、绿色经济发展和环境友好型社会贡献力量。

参考文献

[1] Vos J G, Wezendonk T A, Jeremiasse A W, et al. MnOx/IrOx as Selective Oxygen Evolution Electrocatalyst in Acidic Chloride Solution[J]. Journal of the American Chemical Society, 2018, 140: 10270 - 10281.

[2] Cao-Thang Dinh, Ankit Jain, F. Pelayo García de Arquer, et al. Multi-site electrocatalysts for hydrogen evolution in neutral media by destabilization of water molecules[J]. Nature Energy, 2019, 4: 107-114.

[3] Li H, Tsai C, Koh A L, et al. Activating and

optimizing MoS_2 basal planes for hydrogen evolution through the formation of strained sulphur vacancies[J]. Nature Materials, 2016, 15: 48-53.

[4] Mefford J T, Akbashev A R, KangnM, et al. Correlative operando microscopy of oxygen evolution electrocatalysts[J]. Nature, 2021, 593: 67-73.

[5] Dresp S, Dionigi F, Loos S, et al. Direct Electrolytic Splitting of Seawater: Activity, Selectivity, Degradation, and Recovery Studied from the Molecular Catalyst Structure to the Electrolyzer Cell Level[J]. Advanced Energy Materials, 2018, 8: 1800338.

[6] Xu W C, Fan G L, Zhu S L, et al. Electronic Structure Modulation of Nanoporous Cobalt Phosphide by Carbon Doping for Alkaline Hydrogen Evolution Reaction[J]. Advanced Functional Materials, 2021, 31: 2107333.

[7] Kunitski M, Eicke N, Huber P, et al. Double-slit photoelectron interference in strong-field ionization of the neon dimer[J]. Nature Communications, 2019, 10: 1-10.

[8] Moore G W K, Howell S E L, Brady M, et al. Anomalous collapses of Nares Strait ice arches leads to enhanced export of Arctic sea ice[J]. Nature Communications, 2021, 12: 1-11.

[9] Yu M, Li J H, Liu F M, et al. Anionic formulation of electrolyte additive towards stable electrocatalytic oxygen evolution in seawater splitting[J]. Journal of Energy Chemistry, 2022, 72: 361-369.

[10] Li P S, Wang S Y, Samo I A, et al. Common-Ion Effect Triggered Highly Sustained Seawater Electrolysis with Additional NaCl Production[J]. Research, 2020, 2872141, 1-9.

[11] Amikam G, Nativ P, Gendel Y. Chlorine-freealkaline seawater electrolysis forhydrogen production[J]. International Journal of Hydrogen Energy, 2018, 43: 6504-6514.

车用燃料电池氢气生产应用与研究

魏安庆

（中国石油化工股份有限公司天津分公司）

摘　要　在分析燃料电池用氢气的标准要求以及深冷分离法、膜分离法、液相吸收法和吸附分离法等提纯氢气方法的基础上，研究并确定了适合于工业氢气生产燃料电池用氢的快速 PSA 技术，并在中国石化天津分公司成功应用；建成了一套规模 3000Nm³/h 提纯燃料电池用氢的 PSA 装置。结果表明，产品氢的各项指标均达到车用燃料电池用氢气的要求，同时可生产满足要求的高纯氢气。

关键词　氢能；氢气净化技术；燃料电池用氢气；变压吸附

引言

氢气具备来源广泛、清洁高效和应用场景丰富等多项优点，被认为是清洁多能的二次能源载体，是推动传统化石能源清洁高效利用和支持可再生能源大规模发展的理想媒介，是全球能源技术革命和转型发展的重大战略方向。2019 年 6 月，国际能源署（IEA）发布的《氢能未来：抓住当下发展机遇》指出过去 40 余年全球氢能需求持续稳定上涨。世界各国也发布诸多政策促进氢能产业发展，美国、欧洲、日本、韩国等主要工业化国家和地区已经将氢能纳入国家能源战略规划，氢能产业的商业化步伐不断加快。国际氢能委员会预测，到 2050 年，氢能产业将创造 3000 万个工作岗位，减少 60 亿 t 二氧化碳（CO_2）排放，创造 2.5 万亿美元的市场规模，并在全球能源消费占比达到 18%。

我国氢能产业发展窗口期已经形成。近年来，我国政府对氢能产业的支持力度不断加大，以氢燃料电池汽车示范应用为牵引，将氢能列入国家能源发展战略的组成部分。根据中国氢能联盟预计，到 2025 年，我国氢能产业产值将达到 1 万亿元；到 2030 年，我国氢气需求量将达到 3500 万 t，氢能在我国终端能源体系中占比至少达到 5%；到 2050 年，氢气需求量将接近 6000 万 t，实现 CO_2 减排约 7 亿 t，氢能在我国终端能源体系中占比超过 10%，产业链年产值达到 12 万亿元，成为引领经济发展的新增长极。

2021 年，新华社公开了正式版的《中华人民共和国国民经济和社会发展第十四个五年规划和 2035 年远景目标纲要》，氢能与储能被列为前瞻谋划的六大未来产业之一。分析国内外对氢能产业的发展规划，可以发现共同的特点是至 2050 年，氢气的供应方式中，来自化石能源的氢气仍将占到至少 50%。目前至 2030 年的时间段，低成本的氢气对氢能经济的快速发展与规模化至关重要。

氢燃料电池作为全球能源可持续发展和战略转型的重要技术路径，目前已明确为全球能源和交通领域发力的重要支撑。国外有英国、德国、法国、荷兰、日本等国都大力推出燃料电池汽车，并加大加氢站建设。我国也在大力推动氢燃料电池汽车绿色环保产业的发展。未来燃料电池有望在新能源汽车领域中占据重要的地位。

我国在 2018 年发布了 GB/T 37244—2018《质子交换膜燃料电池汽车用燃料氢气》，该标准规定了质子交换膜燃料电池汽车用燃料氢气的氢气纯度、氢气中杂质含量要求及其分析试验方法等，对氢气的主要指标要求见表 1。

表 1　燃料电池氢气质量指标

序号	项目名称	GB/T 37244—2018
1	氢含量（最小摩尔分数）	99.97%
单类非氢组分最大浓度		
2	氧（O_2）	5μmol/mol
3	水（H_2O）	5μmol/mol
4	总硫（按 H_2S 计）	0.004μmol/mol
5	甲醛（HCHO）	0.01μmol/mol
6	甲酸（HCOOH）	0.2μmol/mol
7	氨（NH_3）	0.1μmol/mol
8	一氧化碳（CO）	0.2μmol/mol

续表

序号	项目名称	GB/T 37244—2018
9	二氧化碳(CO_2)	2μmol/mol
10	总烃(以 CH_4计)*	2μmol/mol
11	氦(He)	300μmol/mol
12	氮(N_2)和氩(Ar)	100μmol/mol
13	卤化物(以卤离子计)	0.05μmol/mol
14	颗粒物	1mg/kg
15	非氢气体总量	300μmol/mol

注：* 当甲烷浓度超过 2μmol/mol 时，甲烷、氮气和氩气总浓度不准许超过 100μmol/mol。

对于烃类蒸汽转化法制氢(原料包括天然气、液体燃料、生物质等)与化工过程副产氢，需要重点脱除的杂质组分是 CO、CO_2、硫化物和卤化物。

目前常用的氢气净化技术主要有深冷净化法、膜分离法、液相吸收法和吸附分离法。

(1) 深冷分离法又称为低温精馏法，属于物理分离方法，是利用气体混合物中各组分沸点的差异，通过低温蒸馏操作实现气体的分离与净化。深冷分离法对原料气要求比较严格，在分离之前，原料气需要经过预处理除去其中易凝组分 H_2O 和 CO_2，避免在低温条件下凝固堵塞管道，且该法设备复杂、能耗高、装置投资大、操作费用高，一般适用于生产规模较大的分离过程，对于规模较小的情况，利用深冷分离法在经济上不可行。

(2) 膜分离法是利用气体组分在中空纤维膜上渗透速率的差异实现混合气体的分离。其局限性在于：处理系统复杂，膜对 NH_3、硫化物很敏感，要求原料气中 NH_3 和 H_2O 等均小于 1ppm ($1ppm=10^{-6}$)；得到的产品纯度不高，混合气体中的每种组分均可渗透；压力为气体渗透的动力，因此需要较大的压差，并且透过气体没有压力，能量损失较大。

(3) 液相吸收法主要指双金属盐络合吸收法，该法是美国 Tenneco 公司在七十年代开发成功的，适用于合成气中氢气和 CO 的分离。该法是将等比例的氯化铝和氯化亚铜溶在甲苯中，四氯化亚铜铝与甲苯形成络合物($AlCuCl_4 \cdot C_6H_5CH_3$)用来作为吸收液。当该吸收液与含 CO 的混合气体接触时，溶液中的活性组分 $AlCuCl_4$ 与 CO 发生 π 络合相互作用，CO 被选择性地从混合气被分离出来。该类型 π 络合键能较弱，通常通过减压、升温等简单工程操作对富吸收液进行解吸达到回收 CO 的目的。双金属盐络合吸收法对 CO 具有高的吸收能力和高的选择性，且吸收过程可逆，吸收溶液对设备腐蚀较小。但是该法对原料气的净化要求很高，原料气在使用之前必须经过预处理，使其中 H_2O、H_2S、NH_3的含量分别降到 1ppm、5ppm、10ppm 以下，因为这些杂质组分会与吸收液中的活性组分 $AlCuCl_4$产生不可逆的负反应，使吸收液的吸收能力迅速降低甚至失活。此外，该方法设备投资大，操作费用高，而且存在环境污染的问题。

吸附分离法主要有变压吸附(PSA)和变温吸附(TSA)两种方法。这两种方法的分离原理是利用固体吸附剂对不同气体组分的吸附性能以及吸附量随压力(温度)变化而变化的特征，实现加压(室温)气体组分吸附，减压(升温)脱附再生，进而实现氢气中杂质气体的净化。尤其是 PSA 法，吸附剂对目标气体有较高的吸附容量和分离选择性，对于分离效果和能源节省都有重大意义，基本不涉及到热量的消耗问题，仅仅通过压力的变化就能净化含杂质的氢气。

1942 年，变压吸附这一概念由 H Kahle 在德国申请的专利中首次提出。当时他使用的吸附剂种类并不多，仅有氧化铝、硅胶、活性炭三种。对于吸附分子直径相近，沸点相对较低的氮气和氧气，这三种吸附剂分离系数小，效率低下，难以进行有效的分离。受此影响，20 世纪 50 年代之前，变压吸附技术发展的并不顺利。1958 年，伴随着沸石分子筛的合成，变压吸附技术开始适用于提氢领域。而进入 70 年代，变压吸附技术得到了飞速发展，此时的变压吸附技术已经成功运用于天然气和工业尾气提氢领域。

大型变压吸附装置会使用 8 个或更多的吸附塔，各吸附塔分别处于吸附、再生过程中的不同步骤，总有至少一个吸附塔在吸附，总会产生连续不断的氢气，保证稳定供应。在早前的两塔工艺中，一塔吸附，一塔再生，每隔一定时间互相切换。吸附结束后的塔还保有一定的压力，塔内空间气体随再生被排放，最终吸附压力越高，排放量就越大。为了提高氢气的利用率，美国联合碳化物公司首次引入均压的概念，用来回收利用吸附结束时残存在塔内的有效成分。当吸附塔处于吸附过程时，选择在吸附塔中杂质气体到达分子筛上部之前，终止吸附步骤，然后串联一台已经完成再生并将要升压的吸附塔，这时应该降压再生的吸附塔塔压逐步降低，应该升压的吸附塔塔压逐渐升高，最后两塔压力达到平衡(称为均压)，这样高压吸附塔内的氢气不但没有浪费，还给低压塔进行了终充。通常情况下，适当提高均压次数，会相应提升氢气收率，加大氢气产量。

目前，世界上已研发出16塔等各种多塔工艺。当均压次数为2时，氢气收率在70%~75%之间，次数为3时，收率为80%~85%。然而氢气收率并不和均压次数呈线性关系，次数增多，产品气收率虽然也在提高，但效果越来越不明显。随着均压次数的增多，吸附塔数量也会增多，这必然会增加企业设备成本。

快速变压吸附工艺是由QuestAir公司(如今被xebec公司收购)研发的一种新技术，与传统的变压吸附技术相比有较大的区别。主要的区别在于：一是快速变压吸附技术采用新型的高效吸附剂，二是使用了多通道旋转阀，与传统的变压吸附技术相比，循环速度多出两个数量级，同时设备尺寸为原来的十分之一，占地面积大幅度减小，装置投资成本甚至降低一半。

吸附分离技术的关键在于开发高效的吸附剂。通过调研中国石化的PSA装置，发现尽管进入PSA装置的含氢流股来源不同，吸附塔内装填的吸附剂基本上有五类：①活性氧化铝类主要用于吸附原料气中的饱和水分，装填于吸附塔进料底部；②硅胶类主要用于吸附原料气中的烃类(C_2~C_3)、CO_2等，装填于吸附塔进料中下部；③活性碳类主要用于吸附原料气中的CO_2和CH_4等，装填于吸附塔进料中部；④分子筛类主要用于吸附原料气中的CH_4、CO、N_2及O_2等，装填于吸附塔进料上部；⑤保护剂主要用于吸附原料气中的微量气体组分(CO吸附剂)，装填于吸附塔进料顶部。其中，活性炭与分子筛堆填量最大，保护剂用于保证难吸附微量非氢杂质，这三种吸附剂的性能是影响PSA装置占地与总重的关键因素，是影响PSA综合水平的关键吸附剂。

快速变压吸附另一个关键因素就是多通道的旋转阀，目前Questair公司采用一对旋转阀可以代替目前的多组程控阀，通过吸附分离材料与旋转阀控制技术的匹配，在工艺上实现了缩短吸附分离循环时间的目标，在同样的气源条件下，以更少的吸附剂用量实现同样的提纯目标，同时大大减少了设备投资与装置占地面积。

1　天津石化3000Nm³/h氢气纯化装置(S-PSA)

1.1　装置简介

2021年4月中国石化天津分公司建设燃料电池氢气纯化装置，采用中国石化大连石油化工研究院S-PSA专有技术，由洛阳石油化工工程有限公司(广州)详细设计，中国石化第四建设工程公司施工。本装置为一套快速变压吸附撬装装置，以天津石化制氢氢及富氢回收氢为进料，可制取压力2.0MPa(G)氢气纯度≥99.999%(V)的高纯度氢气和燃料电池车用氢气3000Nm³/h，年操作时间8400h，操作弹性30%~110%。

可满足6座1000kg/d，车用燃料电池氢加氢站的供应需求。

1.2　工艺原理

区别于常规PSA多阀组的气动程序控制切换方式，S-PSA在原料气量<10000Nm³/h的工况下，采用电力驱动旋转控制阀代替了常规的程控阀组，从而可以实现吸附周期在1~10min内的连续调节。快周期的变压吸附技术一方面可以降低吸附剂的使用量，减少装置尺寸(常规PSA的1/4)与质量(常规PSA的1/5)，有利于增加装置对自然灾害的抵抗能力，更能降低装置所需要的土建成本。

装置采用基于旋转阀的12塔(12-3-4)PSA工艺流程，即：装置的12个吸附塔由吸附、均压降、顺放、逆放、吹扫、均压升、终充等步骤组成顺序工作。

具体过程简述如下：

变压吸附基于物理吸附工作，利用吸附剂床层与进口气接触，并在较高压力下选择性地吸附混合气体中的杂质组分(一般指重组分)，最终得到提纯的产品气(一般指轻组分，如氢气)。

变压吸附在常温下实现吸附分离与再生过程，能够选择性地脱除小分子烃类、N_2、CO_x等杂质组分。由于过程不涉及加热冷却过程，因而吸附剂不宜失效。变压吸附经历以下步序。

(1) 吸附：原料气向上流过吸附剂床层。根据原料气中杂质种类与含量，在吸附塔中使用了不同的吸附剂床层，从底部到顶部每种吸附剂选择性地脱除杂质(重组分)，从塔顶得到提纯的产品气(轻组分)。

(2) 均压降：在吸附步骤结束时，将吸附剂床中的轻组分气体送到另一床的吸附剂，以对另一吸附床进行均压升，送出气体的吸附塔压力降低(均压降)，得到气体的吸附塔压力升高(均压升)，均压次数的合理设计是提高整套装置轻组分产品气收率与能效的关键之一。

(3) 顺放：沿着进入原料气输出产品的方向继续降低吸附床压力，流出的气体仍然是产品组分，这部分气体用于其他吸附床的吹扫。

(4) 逆放：逆着进入原料气输出产品的方向降低吸附床的压力，直到变压吸附循环过程中的最低压力，吸附床内大部吸留的杂质组分随气流排出吸附床外。

(5) 吹扫：逆放气吹扫，在解吸气压力下，用来自另一个吸附床的逆放气体逆流吹扫吸附剂；产品气吹扫，在解吸气压力下，用产品气逆流吹扫吸附剂以完全再生吸附剂(如有需要)。

(6) 均压升：该过程与均压降过程相对应。在这一过程中，分别利用其他吸附塔的均压降气体依次从吸附塔顶部对吸附塔进行升压。

(7) 终充：通过均压升过程后，吸附塔压力已升至接近于吸附压力。这时，用产品氢气自塔顶将吸附塔压力升至吸附压力。本步骤结束后，吸附床进入下一个吸附周期并纯化原料气。

吸附剂特点：动态吸附能力强、解吸彻底，适应快速循环周期；耐磨强度和抗压强度高，抗粉化寿命长；环保、易于后续处置；吸附剂正常使用寿命大于15年。

工艺操作参数见表2。

表2　工艺操作参数

序号	步序	操作压力/MPa(G)	温度/℃
1	吸附(A)	2.0	40
2	均压降1(E1D)	2.0~1.6	40
3	均压降2(E2D)	1.6~1.2	40
4	均压降3(E3D)	1.2~0.8	40
5	均压降4(E4D)	0.8~0.4	40
6	顺放(PP)	0.4~0.25	40
7	逆放(D)	0.25~0.02	40
8	吹扫(P)	0.02	40
9	均压升4(E4R)	0.02~0.4	40
10	均压升3(E3R)	0.4~0.8	40
11	均压升2(E2R)	0.8~1.2	40
12	均压升1(E1R)	1.2~1.6	40
13	终充(FR)	1.6~2.0	40

单塔压力曲线变化趋势如图1所示。

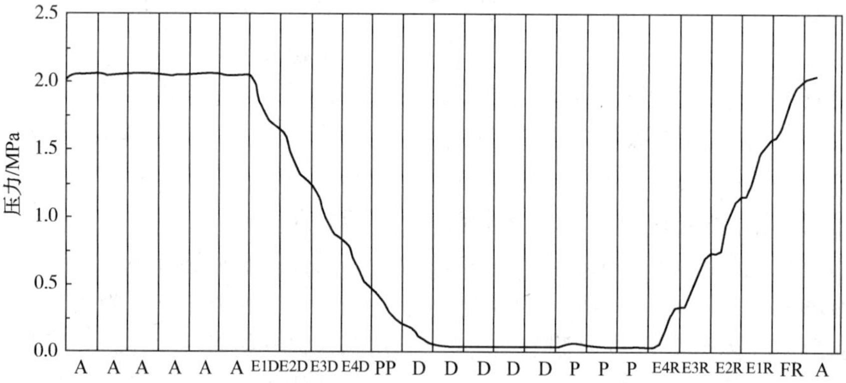

图1　单塔压力变化曲线

1.3　工艺流程

原料氢气(2.2MPa)自上游进入本装置界区，流量3350Nm³/h，通过过滤器(SR-301A/B)后进入旋转阀原料气阀(RF-301)，经由原料气阀分配进入吸附塔(C-301A~L)，任意时刻将原料气分配至三个吸附塔进行吸附步骤，原料气自下而上经过吸附塔的吸附剂床层，脱除非氢气杂质后，氢气纯度达到99.999%(V/V)的要求，经由旋转阀产品气阀(RF-302)汇合后进入产品气管线，经过产品气稳压阀(PCV0901)后，流量3015Nm³/h，通过过滤器(SR-302A/B)送出界区，经膜压机压缩升压至22MPa后送至加氢充装母站。

旋转阀原料气阀（RF-301）与旋转阀产品气阀（RF-302）同轴同步连续旋转，任意时刻联通3个吸附塔处于吸附步骤，4个吸附塔处于均压步骤，4个吸附塔处于再生步骤，1个吸附塔处于产品气增压步骤。

处于均压步骤的吸附塔由产品气阀（RF-302）内部气体分配结构实现联通与压力均衡过程。处于再生步骤的吸附塔由原料气阀（RF-301）内部气体分配结构联通尾气管线，将吸附在吸附剂床层内的杂质气体作为尾气排放出界区，流量335Nm³/h，经往复式压缩机升压至2.1MPa后返回炼油部氢气管网。装置无产品氢损失。

S-PSA纯化工艺流程图如图2所示。

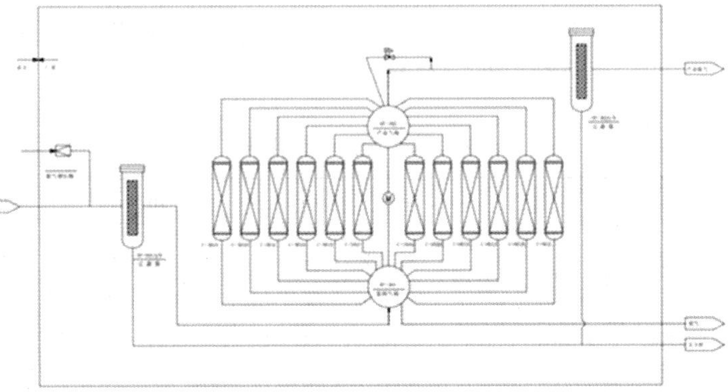

图2　S-PSA纯化工艺流程图

1.4　现场调试开工

装置于2021年7月进驻天津石化现场安装调试，2021年9月投料运行，产出合格产品。常规12塔变压吸附PSA氢提纯装置一般需成套配置84~96台硬密封三偏心蝶阀程控调节，S-PSA装置相较于传统PSA装置，使用一套旋转阀即替代多个程控阀组，只需要通过旋转阀变频电机的频率调节，就可以实现不同吸附周期的调节。工艺调节参数见表3。

表3　工艺参数调节表

频率/Hz	吸附周期/s	原料气流量/（Nm³/h）	产品气流量/（Nm³/h）	尾气流量/（Nm³/h）	收率/%
20	264	3340.0	3012.0	361.2	90.2
25	209	3217.8	2788.8	472.2	86.7
30	169	3013.2	2554.8	564.0	84.5
35	144	3175.2	2529.6	653.4	79.7
40	124	3227.4	2488.2	729.0	77.1

频率和周期的关系曲线如图3所示，经计算拟合，频率（y）的倒数和吸附周期（x）呈线性关系，具体公式为：

$$1/y=5630.1x-17.241 \tag{1}$$

通过变频电机频率调节，可以控制吸附周期在124~264s，对应收率77%~90%。

对12塔的压力变化趋势进行测量，得到图4，可以发现各塔压力变化平滑，均压过程压力变化平缓，说明装置运行正常。

对12塔的压力变化趋势图进行进一步解析，得出各个塔之间的关联趋势，进而得出装置运行的步序表见表4。

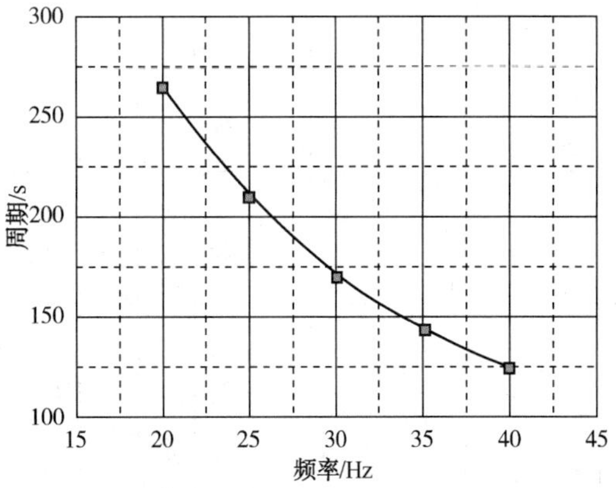

图3　频率与吸附周期关系曲线

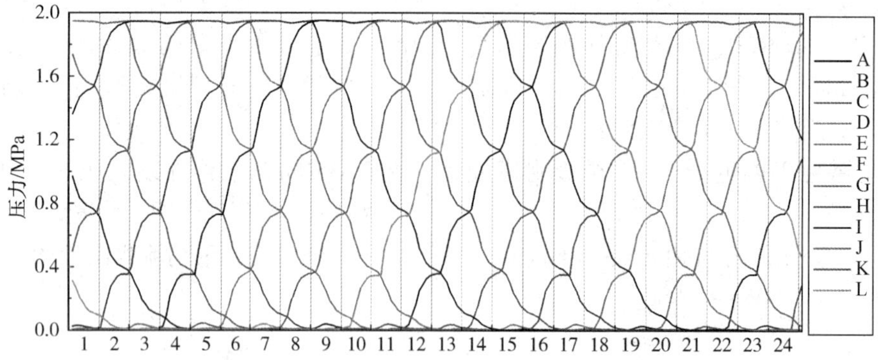

图4　12塔的压力变化趋势

表4　装置运行步序表

	1	2	3	4	5	6	7	8	9	10	11	12	13	14	15	16	17	18	19	20	21	22	23	24
A	吸附	吸附	吸附	吸附	吸附	吸附	一均降	二均降	三均降	四均降	顺放	逆放	逆放	逆放	逆放	逆放	顺吹	产吹	产吹	四均升	三均升	二均升	一均升	终充
B	一均升	终充	吸附	吸附	吸附	吸附	吸附	吸附	一均降	二均降	三均降	四均降	顺放	逆放	逆放	逆放	逆放	逆放	顺吹	产吹	产吹	四均升	三均升	二均升
C	三均升	二均升	一均升	终充	吸附	吸附	吸附	吸附	吸附	吸附	一均降	二均降	三均降	四均降	顺放	逆放	逆放	逆放	逆放	逆放	顺吹	产吹	产吹	四均升
D	产吹	四均升	三均升	二均升	一均升	终充	吸附	吸附	吸附	吸附	吸附	吸附	一均降	二均降	三均降	四均降	顺放	逆放	逆放	逆放	逆放	逆放	产吹	产吹
E	顺吹	产吹	产吹	四均升	三均升	二均升	一均升	终充	吸附	吸附	吸附	吸附	吸附	吸附	一均降	二均降	三均降	四均降	顺放	逆放	逆放	逆放	逆放	逆放
F	逆放	逆放	顺吹	产吹	产吹	四均升	三均升	二均升	一均升	终充	吸附	吸附	吸附	吸附	吸附	吸附	一均降	二均降	三均降	四均降	顺放	逆放	逆放	逆放
G	逆放	逆放	逆放	逆放	顺吹	产吹	产吹	四均升	三均升	二均升	一均升	终充	吸附	吸附	吸附	吸附	吸附	吸附	一均降	二均降	三均降	四均降	顺放	逆放
H	顺放	逆放	逆放	逆放	逆放	逆放	顺吹	产吹	产吹	四均升	三均升	二均升	一均升	终充	吸附	吸附	吸附	吸附	吸附	吸附	一均降	二均降	三均降	四均降
I	三均降	四均降	顺放	逆放	逆放	逆放	逆放	逆放	顺吹	产吹	产吹	四均升	三均升	二均升	一均升	终充	吸附	吸附	吸附	吸附	吸附	吸附	一均降	二均降
J	一均降	二均降	三均降	四均降	顺放	逆放	逆放	逆放	逆放	逆放	顺吹	产吹	产吹	四均升	三均升	二均升	一均升	终充	吸附	吸附	吸附	吸附	吸附	吸附
K	吸附	吸附	一均降	二均降	三均降	四均降	顺放	逆放	逆放	逆放	逆放	逆放	顺吹	产吹	产吹	四均升	三均升	二均升	一均升	终充	吸附	吸附	吸附	吸附
L	吸附	吸附	吸附	吸附	一均降	二均降	三均降	四均降	顺放	逆放	逆放	逆放	逆放	逆放	顺吹	产吹	产吹	四均升	三均升	二均升	一均升	终充	吸附	吸附

采样过程中记录采样时间，频率调整后至少间隔 10 个吸附周期后进行采样(20min 以上)。采样结果送至大连院进行分析，分析方法和分析仪器见表 5，采样结果见表 6(省略部分已达标杂质含量)。

表 5　各组分分析方法以及分析仪器汇总

序号	项目名称	分析方法		分析仪器
1	氧(O_2)	GB/T 6285—2016	电化学法	微量氧分析仪
2	水(H_2O)	GB/T 5832.2—2016	露点法	露点仪
3	总硫(按 H_2S 计)	ASTM D7652	浓缩+GC-SCD	浓缩仪+气相色谱
4	甲醛(HCHO)		FTIR	红外光谱仪
5	甲酸(HCOOH)	ASTM D7653	FTIR	红外光谱仪
6	氨(NH_3)		FTIR	红外光谱仪
7	一氧化碳(CO)	GB/T 3634.2—2011	GC-HID	气相色谱
8	二氧化碳(CO_2)	GB/T 3634.2—2011	GC-HID	气相色谱
9	总烃(以 CH_4 计)[a]	GB/T 3634.2—2011	GC-HID	气相色谱
10	氦(He)	GB/T 27894.3—2011	GC-TCD	气相色谱
11	氮(N_2)	GB/T 3634.2—2011	GC-HID	气相色谱
12	氩(Ar)	GB/T 3634.2-2011	GC-HID	气相色谱
13	卤化物(以卤离子计)	GB/T 37244—2018	IC	气体吸收+离子色谱仪
14	颗粒物		光散射法	颗粒物分析仪

表 6　产品分析结果

检测项目	原料气	产品气-20Hz	产品气-25Hz	产品气-30Hz	产品气-35Hz*	燃料电池氢 GB/T 37244	高纯氢 GB/T 3634.2
氢气纯度/%	99.84	99.93	99.986	99.997	99.999	99.97	99.999
非氢气体总量/ppm	1578.8	748.22	138.72	29.24	9.35	300	10
水/ppm	2.1	1.3	1.5	1.4	0.6	5	3
总烃(以甲烷计)/ppm	0.4	0.07	<0.05	<0.05	<0.05	2	1
氧/ppm	<1	<1.0	<1.0	<1.0	<1.0	5	1
氦/ppm	<10	<10	<10	<10	<10	300	—
氮/ppm	1521	714.9	111.0	7.8	4.5	100	5
氩/ppm	37.6	20.4	14.0	8.5	3.1		供需商定
二氧化碳/ppm	4.20	0.14	0.75	0.08	<0.05	2	1
一氧化碳/ppm	2.14	<0.05	<0.05	<0.05	<0.05	0.2	1

注：* 产品气-35Hz 按照高纯氢标准计算产品浓度(未计算 He 含量)。

2　结语

车用质子交换膜燃料电池对氢气中的杂质要求很高，工业氢气不能满足要求，需要进一步的提纯处理，天津石化采用中国石化自主研发快速变压吸附 S-PSA 技术，以炼厂制氢为原料的提纯燃料电池氢气装置在旋转阀 35Hz 频率下运行，产品气充分满足 GB/T 37244—2018《质子交换膜燃料电池汽车用燃料氢气》标准要求，同时满足 GB/T 3634.2—2011 高纯氢标准。在 30Hz 频率下运行，产品气满足燃料电池氢标准，此时收率接近 85%，当旋转阀频率进一步降低至 25Hz，氮气发生穿透，导致产品中氮气指标不合格，若制备车用燃料电池氢气，可选择 25～30Hz 进行优化调整，高收率运行；同时，通过调节产品气吹扫，可在保证产品质量的基础上进一步提高产品收率。

该成果的成功应用，对天津地区提供绿色能源起到积极作用，对天津石化公司实现"碳达峰、碳中和"，落实"炼油向化工转型，油品迈向洁净，化工迈向高端、迈向精细，发展新能源、新材料"发展策略，打造国内重要的氢能产业基地具有重要意义。

2021 年 12 月 30 日经积极组织协调各方面工作，首车燃料电池氢气发往北京冬奥会张家口赛区指定地点，打通了天津石化氢气新能源产业链，高质量完成总部督办燃料电池氢出厂保供北京冬奥会生产任务。

同时，天津石化配套建设充装能力≥650Nm^3/h，在 500kg/d 氢能应用场景示范项目中，以此产品高压氢气作为气源，通过撬装液驱氢气增压机，将 21MPa 高压氢气增压至 45MPa，通过加氢机的计量、自动切断等系统，实现现场对氢燃料电池大巴车 15min 以内的加注。

参 考 文 献

[1] IEA（2019），The Future of Hydrogen，IEA，Paris https：//www. iea. org/reports/the-future-of-hydrogen.
[2] 沈光林，陈勇，吴鸣．国内炼厂气中氢气的回收工艺选择[J]．石油与天然气工，2003(04)：193-196.
[3] 王学松．膜分离法及其在氢气回收中的应用[J]．精细化工，1984(02)：7-12.
[4] 蒋国梁，徐仁贤，陈华．膜分离法与深冷法联合用于催化裂化干气的氢烃分离[J]．石油炼制与化工，1995(01)：26-29.
[5] 李世善．氢气的分离与纯化技术的发展[J]．沈阳化工，1993，(4)：11-14.
[6] 朱同清．超纯氢气生产的新方法[J]．低温与特气，2010，28(04)：1-3.

碳达峰、碳中和目标下油气行业绿色低碳发展建议

薛　明[1]　卢明霞[2]　张晓飞[1]　李兴春[1]　崔翔宇[1]

(1. 中国石油集团安全环保技术研究院有限公司；2. 中国石油集团质量健康安全环保部)

摘　要　油气行业在国家碳达峰、碳中和目标下需要完善清洁低碳、节能高效的能源供应体系，减污降碳将成为行业绿色转型的重要手段。针对行业高质量发展需求，建议建立源头绿色化、过程清洁化、废物资源化的融合发展机制，明晰石油石化增储上产新领域的环境影响和控制机制，加大碳捕集封存利用技术的科技攻关，加快完善甲烷排放检测、核算与核查体系，扩大甲烷减排技术的应用规模，研发下一代低成本高效甲烷控制技术，为能源行业实现碳达峰、碳中和提供技术示范。

关键词　油气行业；低碳；甲烷；碳捕集封存利用；减污降碳

引言

能源安全是关系国家经济社会发展的全局性、战略性问题。“十四五”规划和2035年远景目标纲要首次将“能源综合生产能力”纳入国家安全类指标。近年来，尽管我国能源发展取得了巨大成绩，但也面临着能源需求压力巨大、能源供给制约较多、能源生产和消费对生态环境损害较大等挑战。

石油石化行业高质量发展是保障能源安全的“压舱石”。在全球低碳化转型浪潮中，油气供应安全仍是我国能源安全的短板，油气在相当长时期内是我国能源体系的重要组成，但由于资源禀赋的问题，国内油气资源不能有效支撑经济持续发展，对外依存度持续升高。为推动能源科技创新发展，构建绿色低碳能源生产新体系，必须开创绿色高效能源生产新局面，实现石油石化行业高质量发展。

绿色转型是石油石化行业高质量发展的必由之路。“碳达峰、碳中和”已成为我国经济社会发展的一项长期、顶层的硬约束。“3060”目标明确了我国在应对气候变化问题上新的时间表和路线图，也给我国化石能源中远期的发展路径设定了新的边界。“双碳”目标下实现油气与环境的和谐发展已成为摆在我们面前迫切需要解决的问题。石油石化行业需要立足中国国情，统筹好化石能源和非化石能源的协同发展，发挥好天然气等清洁能源的比较优势，加大力度实现碳排放高效控制，构建绿色转型体系。

减污降碳协同控制是行业绿色转型的重要手段。石油石化行业污染物达标排放和总量控制一直备受国家关注，又是主要的温室气体排放源。“十四五”时期，我国生态环境保护将进入减污降碳协同治理的新阶段。石油石化行业的大气污染物与温室气体具有同根同源性，治理方法也应该具有同频同效性。降碳与减污之间可以产生良好的协同效应，减污降碳协同治理将形成更大的合力，促进总量减排、源头减排、结构减排等过程的协同增效，引领石油石化行业实现全面绿色转型。

1　国内外油气行业面对“双碳”目标采取的主要措施

国际能源署(IEA)的统计数据显示，石油和天然气行业为全球提供约60%的能源供应，2019年全球二氧化碳排放量为330亿t，石油和天然气二氧化碳排放量达到182亿t，占比达55%，中国石油、中国石化、中国海油3家国内油气生产企业年二氧化碳排放总量在3.5亿t左右水平，约占全球油气行业排放的1.92%。全球油气行业在2020年排放甲烷约7500万t，其中，中国油气行业甲烷排放估算值约为310万t，约占全球油气行业甲烷排放的4%。

1.1　国际油气行业减排主要措施

在二氧化碳减排方面，大部分能源公司均已制定碳达峰与碳中和时间点，并通过发展新能源

及规模化碳捕集封存技术应用落实碳减排量。例如，欧洲的英国石油公司（BP）、道达尔公司（Total Energy）、皇家壳牌公司（Shell）、挪威国家石油公司（Equinor）均采取了抛售现有油气资产，并加大对风电、储能、生物燃料、氢能、太阳能等领域的规模化投资，其中道达尔公司、皇家壳牌公司在新能源领域的投资力度最大，成为国际能源公司中新能源业务营收排名前二的企业；美国能源公司如埃克森美孚（Exxon Mobile）、雪佛龙（Chevron）等，受益于美国45Q法案对碳捕集、利用与封存的减税补贴政策，均完成了规模化的碳捕集封存工程，仅埃克森美孚公司一家就拥有了全球约20%的碳捕集封存产能。

在甲烷管控方面，全球主要国家和地区近一年来都在出台相关法律或引导性政策，指导行业甲烷减排。2021年3月，美国众、参两院投票恢复奥巴马时期严格限制油气甲烷排放的相关政策，并对新建油气生产设施也提出了甲烷管控要求。按照初步设定的目标，美国计划油气行业甲烷排放总量2025年相比2012年降低50%，2030年相比2012年降低70%左右。欧盟在2020年10月发布甲烷战略，涉及整个欧洲区域以及欧洲进口能源公司的甲烷减排，相关具体法规要求将在2021年底至2022年间制定并施行。加拿大在2020年也制定了油气行业甲烷排放管控要求，提出甲烷排放总量2025年相比2012年减排40%~45%的目标，针对油砂开采制定了排放总量控制上限，并对具体排放源，如泄漏逸散排放、开采放空、气动控制器、压缩机等提出了具体的甲烷减排要求。

1.2　国内油气行业减排主要措施

国内行业层面，2021年1月15日，中国石油等17家石油和化工企业以及中国石油和化学工业联合会，联合签署并共同发布《中国石油和化学工业碳达峰与碳中和宣言》，宣告将开展能源结构清洁低碳化转型，大力提高能效，提高高端石化产品供给水平，加快部署二氧化碳捕集驱油和封存项目、二氧化碳作原料的化工产品生产项目，加大科技研发以及绿色低碳投资强度，推动行业落实“双碳”目标。2021年5月18日，由中国石油、中国石化、中国海油3家石油公司及国家管网公司、北京燃气等城市燃气企业共同发起成立了中国油气企业甲烷控排联盟，承诺力争2025年成员企业天然气生产过程甲烷平均排放强度降到0.25%以下，接近世界先进水平，并努力于2035年达到世界一流水平。

在企业层面，中国石油积极参与全球气候变化治理，加入油气行业气候倡议组织（OGCI），深度参与碳减排实践，在吉林油田实施二氧化碳捕集驱油工业试验，在2019年发布的《绿色发展行动计划》中明确了甲烷管控目标。近年来，中国石油在油气勘探开发过程中实行整体勘探、整体开发，实施了常规火炬熄灭计划，持续推进油田伴生气回收和利用等工作。2019年，中国石油甲烷排放强度相比2017年下降了12.3%。中国石化、中国海油也在百万吨级碳捕集封存，海上碳捕集、利用与封存（CCUS）等方面开展了工程示范，并积极推进油气混输、套管气回收利用、密闭集输、浮式天然气液化等甲烷减排工作。

能源行业油气生产污染逐步由单一污染向复合多相态污染转变，污染物和温室气体的产生、排放与转化路径趋同。当前，国际油气能源行业非常重视污水的源头控制与过程减量，末端污水量与污染负荷大幅降低，常规处理工艺就能满足污染物的控制需求，其整体能耗与碳排放量较低。我国石油石化行业在“十三五”期间已普遍实现污染物排放达标，但采取的是以末端治理为主的解决方式，与国际行业在污水回用率、水资源使用量、碳减排率等方面还存在较大差距。此外，“十四五”期间，行业大气重点控制污染物由常规大气污染物转向挥发性有机物，污水处理方面强调提升回用率、采出水源头减量，固体废物处理方面也需要进一步加强资源化回收利用水平。由于适应“双碳”目标要求的减污降碳协同治理模式尚未形成，污染治理过程经常出现高化学品消耗、高温室气体排放、低能源利用效率的“两高一低”特征。因此，在污染排放升级达标的同时，应全面实施源头污染控制与过程管理，减污降碳协同并举。

2　国内油气行业绿色低碳清洁发展建议

在当前“双碳”目标下的能源结构预测情景中，至2060年，我国原油占比将达9%~11%，天然气占比将达12%左右，维持我国现有油气生产水平，将为我国减少油气对外依存度和保障国家能源安全起到保障作用。按照中长期“稳油增气”的变化趋势，油气生产将向致密油气、页岩油气等非常规领域拓展，深层-超深层、深水-超深水油气藏将成为重要的能储产量保障。高附加值化工产品产业链不断延伸，新污染物、新环境影响效应和新碳排放路径不断出现，行业减污降碳也需要进一步明晰理论基础支撑、强化原创前沿技术保障。实施减污降碳协同控制，核心是把减污降碳从注重末端治理向更加注重源头预防和源头治理的有效方式转变，需要污染治理模式和碳排放控制模式的整合与重构。

针对“双碳”目标下行业减污降碳、绿色低碳发展，提出以下几方面建议：

1. 建立源头绿色化、过程清洁化、废物资源化的融合发展机制

以源头绿色化管控和系统综合治理为手段，依托绿色生产工艺技术，大力实施清洁生产，促进“三废”协同控制与处置、废气与温室气体协同控制与处置，提高资源循环利用效率，降低单位产品污染物和碳排放强度。通过技术开发支撑绿色原材料、绿色生产工艺体系的构建，从全生命周期和资源投入产出平衡等对物质和能量流动的源汇进行分析，明晰路径，构建减污降碳技术融合研发新模式，促进减污降碳与绿色发展在更高层次上的协同。

2. 明晰石油石化增储上产新领域的环境影响和控制机制

非常规油气资源规模开发和加工生产产业链的延长，导致生产工艺、污染排放特征和环境风险的变化，污染物和温室气体排放特征及环境影响有待进一步明晰，以污染溯源分析、特征污染物转化路径表征为主要手段的污染物成因辨析技术、环境影响机制和碳排放特征识别技术亟待强化。针对行业新领域的绿色低碳发展需求，探索油气生产与加工新领域特征污染物形成、赋存、转化、交互的作用机制，明晰特征污染物与环境介质微观作用机理，突破污染物转化和碳排放路径识别方法，为提升新型油气产品绿色低碳属性提供理论技术支撑。

3. 加大碳捕集、封存与利用技术的科技投入

面对大规模碳储存需求，我国在地质封存机理、潜力评价、漏失规律等方面还认识不足，深层地质空间评价和封存理论及有效选址有待进一步深入研究，尤其是针对规模化应用目前还存在CO_2埋存多相流运移—化学反应等耦合机理不清，低成本CO_2捕集与长距离输送存在瓶颈，封存过程的安全、防腐、气体逸散等立体式监测网络尚未成熟等问题，开展多学科交叉、融合研究，探索物理/化学吸收、吸附剂吸收、膜分离等二氧化碳捕集回收技术路径，发展和完善石油石化行业碳足迹、碳移除、碳循环、碳中和理论，加大CO_2高效捕集新技术、废物与碳协同地下回注及封存等关键技术攻关，为构建成熟的碳捕集与封存（CCS）商业化运行模式提供技术支持，助力“双碳”目标如期实现。

4. 加强甲烷排放核算水平和甲烷减排技术的研究应用

在短期内，针对甲烷这类增温潜势较强的温室气体开展减排，不仅可以提高天然气商品率，同时还可以降低甲烷排放强度，具有显著的气候效益。由于我国油气行业采用的是排放因子甲烷排放核算方法，排放因子与我国油气生产实际差异较大，针对海上油气生产缺乏行业层面的核算指南现状，建议尽快开展工业级无人机、车载、遥感等多技术类型的甲烷排放检测工作，对常规天然气、原油以及页岩气、煤层气、页岩油等非常规油气开发过程中的甲烷排放特征、超级排放源的发生规模与频次等开展全面检测分析，重构我国油气生产、运输、城市管网输配等生产链的甲烷排放核算体系。扩大试采放空天然气回收利用、井筒排放气回收利用等甲烷减排技术的应用规模，开展中低气量放空天然气低成本回收利用技术和组件泄漏高效检测修复技术的攻关，为油气行业高质量发展提供支撑。

3　结语

围绕国家构建“清洁低碳、安全高效的能源体系”的总体要求，建议石油石化行业按照“低碳转型、零碳发展、负碳支撑”的原则，严格控制二氧化碳和甲烷的过程排放，将 CCUS 等负碳技术作为战略接替产业，最快速度、最大限度地减少石油石化行业的碳排放，为中国能源行业实现碳达峰与碳中和提供技术示范。

参　考　文　献

[1] International Energy Agency. World Energy Outlook 2020[R/OL].（2020-10-1）[2021-5-2] https://www.iea.org/reports/world-energy-outlook-2020.

[2] 中国石油天然气集团有限公司. 中国石油天然气集

团有限公司 2020 年环境保护公报[R/OL].(2021-6-5)[2021-7-2]. http://csr.cnpc.com.cn/cnpccsr/xhtml/PageAssets/2020hjbhgb.pdf.

[3] 中国石油化工股份有限公司. 2020 中国石化可持续发展报告[R/OL].(2021-3-28)[2021-7-2]. http://www.sinopec.com/listco/Resource/Pdf/2021032840.pdf.

[4] 中国海洋石油有限公司. 2020 年环境、社会及管治报告[R/OL].(2021-4-12)[2021-7-2]. https://www.cnoocltd.com/attach/0/f836a9b731564 2ff97db5835b2b653ab.pdf.

[5] International Energy Agency. Methane Tracker 2021[R/OL].(2021-1-18)[2021-5-2]. https://www.iea.org/reports/methane-tracker-2021.

[6] 于航，刘强，朱子涵，等. 全球低碳视角下油气行业的战略转型与实践成效[J]. 现代化工，2020, 40(10)：10-14..

[7] https://energycommerce.house.gov/sites/democrats-energycommercehouse.gov/files/documents/CFA%20Bill%20Text%202021.pdf.

[8] European Commission. Communication from the commission to the European parliament, the council, the European economic and social committee and the committee of the regions on an EU strategy to reduce methane emissions[R/OL].(2020-10-22)[2021-5-2]. https://ec.europa.eu/energy/sites/ener/files/eu_methane_strategy.pdf.

[9] Government of Canada. Pan-Canadian frame work on clean growth and climate change[R/OL].(2020-7-24)[2021-5-2]. https://publications.gc.ca/collections/collection_2017/eccc/En4-294-2016-eng.pdf.

[10] 中国石油集团经济技术研究院. 2050 年世界与中国能源展望[M]. 北京：石油工业出版社，2020.

石油公司天然气低碳开发策略及减排探讨

徐文佳[1,2]　卢　锴[3]　史小利[4]　杨昱锟[5]　曹冬冬[1,2]

（1. 石油石化污染物控制与处理国家重点实验室；2. 中国石油集团安全环保技术研究院有限公司；3. 华北油田分公司煤层气与储气库事业部；4. 生态环境部对外合作与交流中心；5. 美国斯坦福大学）

摘　要　发展天然气业务推动低碳转型是目前各石油公司的共识。天然气在我国能源消费总量中的占比逐年提升。国际石油公司近几年纷纷对天然气业务进行投资、发展 LNG 业务并扩展天然气产业链。但天然气生产链中甲烷逸散问题一直是学术界的争议，甲烷相比二氧化碳具有更强的全球增温潜力，因此发展天然气需注意甲烷管控问题。文章基于天然气产业链中甲烷排放的主要环节，分析国际石油公司的甲烷管控策略和技术措施，在此基础上，提出了重视甲烷逸散基础数据的监测、对已有减排技术进行总结推广应用、开展进口天然气环境效益研究和开展甲烷与 VOCs 协同管控等意见建议。

关键词　天然气；能源转型；甲烷；温室气体减排

引言

《巴黎协定》正式生效明确了全球“2℃温升目标”。2020 年习主席在联合国大会上向世界庄严宣布“二氧化碳排放力争于 2030 年前达到峰值，努力争取 2060 年前实现碳中和”的自主贡献目标。虽然美国退出《巴黎协定》，但低碳转型已是全球大势所趋，并引发新一轮的全球能源革命。天然气虽然是化石能源，但与煤炭相比，用于发电的全生命周期温室气体排放低于煤炭发电，可降低 14%~49%。2018 年的世界天然气大会在天然气是低碳、清洁、绿色、多元的能源等方面达成共识。

据统计，2018 年全球天然气产量增长 1900 亿 m^3，天然气消费增长 1950 亿 m^3，增速均超过 5%，2019 年天然气在一次能源中的比重上升到 24.2%的历史新高。“十二五”期间，我国一次能源生产量中天然气年均增长 7%。但天然气生产链中甲烷逸散问题一直是学术界的争议，特别是非常规天然气中水力压裂的使用，甲烷泄漏量比天然气高出 30%～100%。甲烷由于二十年增温潜势是二氧化碳的 84 倍，近期减排更具有现实意义。在我国《国民经济和社会发展第十三个五年规划纲要》中首次提出深化各类低碳试点，实施近零碳排放区示范工程，控制非二氧化碳温室气体排放。

本文在分析全球天然气开发利用状况的基础上，对比了国际石油公司天然气开发策略，并探讨了国际石油公司发展天然气过程中减排措施，提出了天然气开发过程中需要注意的环境问题，对于我国发展天然气战略决策、优化能源结构、推进生态文明具有重要意义。

1　全球天然气资源开发利用现状

1.1　全球天然气开发利用状况

美国、俄罗斯具有丰富的天然气资源，天然气产量和消费量都排世界前列，伊朗和加拿大也为天然气产量和消费量大国。据国家统计局统计，中国的天然气消费量年增长率高达 17.7%，需求强盛。虽然天然气在我国能源消费总量中的占比逐年提升，已从 2008 年 3.2%提高到 2018 年的 7.4%，但相比其他国家仍然较低，远低于天然气占一次能源消费比例的世界平均水平 30%，如图 1 所示。

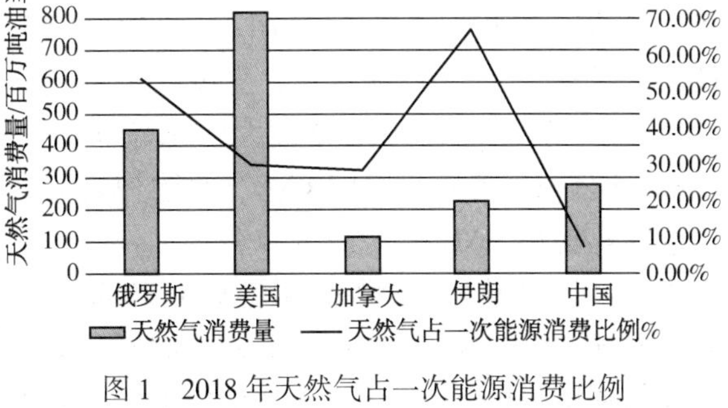

图 1　2018 年天然气占一次能源消费比例

2017 年，国家出台《加快推进天然气利用的意见》（发改能源〔2017〕1217 号），明确逐步将天然气培育成为我国现代能源体系的主体能源，提出2020年、2030年天然气在一次能源消费中分别占10%和15%的发展目标。

1.2 石油公司天然气业务发展策略

传统的石油业务已不能满足当前低碳转型的需要，气候变化促进传统石油公司向一体化能源公司转型。壳牌公司2018年发布能源转型报告，认为十年内需求增长最大的领域是天然气、化学品和新能源。道达尔认为天然气是核心业务之一，并通过提高天然气产量占比降低产品碳强度，并全线拓展天然气产业链和提高液化天然气使用效率。沙特阿美也开始涉足天然气业务并投资。很多国际石油公司提出了天然气发展目标，未来10~15年继续提高天然气产量至60%以上，如表1所示。

表1　石油公司天然气发展目标

公司名称	天然气占比	天然气目标
壳牌 Shell	2018年天然气占油气总产量比重50%	2030年天然气占油气总产量比重从50%提高到75%
道达尔 Total	2019年天然气产量占比达53%	到2035年，天然气产量将占公司上游产品产量的60%
埃尼 Eni	2020年天然气产量占比60%	2050年天然气占其总产量的85%
沙特阿拉伯国家石油公司 Saudi Aramco	—	到2030年，沙特阿美计划首次成为世界三大天然气生产国之一，并出口天然气

国际石油公司近几年在天然气方面动作频繁，重点聚焦三个方面：①对天然气业务进行投资。2015年壳牌公司收购英国天然气公司（BP group），扩大在天然气生产方面的全球领先地位；埃克森美孚、英国石油公司BP和雪佛龙重点投资美国本土的页岩气市场；②发展LNG业务。道达尔收购法国Engie集团旗下LNG资产，成为全球第二大LNG运营商；壳牌在荷兰建立卡车LNG加油站，与世界最大的邮轮运营商Carnival公司签署协议供应LNG，收购为船舶和工业客户提供LNG燃料的挪威公司Gasnor；埃克森美孚与中国浙江能源集团签署了20年的液化天然气供应协议；2020年英国石油公司（BP）宣布与新奥集团签署天然气LNG购销协议；俄罗斯天然气工业股份公司（俄气）和俄罗斯石油公司（俄石油）也在加快LNG项目布局，面向新型的亚洲天然气市场。③扩展天然气产业链。推动天然气替代传统能源发电，美国大部分天然气用于发电，降低了电厂二氧化碳排放；2017年道达尔组建子公司Total Spring，在法国境内布局民用天然气零售和清洁电力业务，在印度通过收购和合资成立天然气销售公司。

2 天然气开发过程温室气体排放管控

2.1 天然气生产过程碳排放核算及特征

天然气中主要组分为烃类化合物，烃类组分含量为60%~90%，含量最多的是甲烷。甲烷相比二氧化碳具有更强的全球增温潜力，二十年增温潜势是二氧化碳的84倍，100年增温潜势是二氧化碳的28倍。自2005年起美国天然气产量剧增，引发了人们对于气候影响的担忧，据2018年美国环境署（EPA）排放清单，甲烷排放占总排放10%，天然气系统的排放位列甲烷排放的第二位。近年来很多学者通过实地监测，发现实测数据比EPA清单估算数值更高，Ramón等（2018）通过设施级别实测法得出美国油气行业中甲烷的排放量比美国环境署（EPA）估计高出60%，主要差距在于异常工况引起的排放。

在国内，依据《中国石油和天然气生产企业温室气体排放核算方法与报告指南（试行）》，天然气企业设施逃逸和工艺放空甲烷排放因子缺省值均高于石油企业，比如井口装置，天然气系统气井的设施逃逸排放因子是2.50（t/a·个），油井的是0.23（t/a·个），相差10.9倍。但该指南中天然气系统的排放因子还存在较大的不确定性，据刘明礼等（2002）对四川气田管输系统天然气进行天然气泄漏检测，2001年平均每个站场年泄漏量1823m^3，换算为场站1.3（t/a·个），远低于国家指南中排放因子增压站85.05（t/a·个）和计量站31.5（t/a·个）。

甲烷逸散排放主要产生于天然气工艺中的生产、处理、集输、存储及分销过程，据2019年美国石油和天然气系统排放清单，甲烷排放在陆上生产中所占比例最高，为49%，其次是天然气收集和增压环节，占到25%，在天然气分销、天然气输送、天然气处理、离岸生产和地下储气库也均有排放，如图2所示。组件级排放的环节主要集中在天然气生产过程的返排过程、化学注剂泵、气动阀门、组件泄漏、吹扫放空等。在2019年美国排放清单中，甲烷最大排放源来自于气动装置，占比为33%，其次是天然气脱水和设备泄漏，分别占到14%和13%，吹扫放空和储罐也占到总排放的9%和8%，如图3所示。甲烷排放量主要与生产工艺、流程、设备情况和管理水平有关。

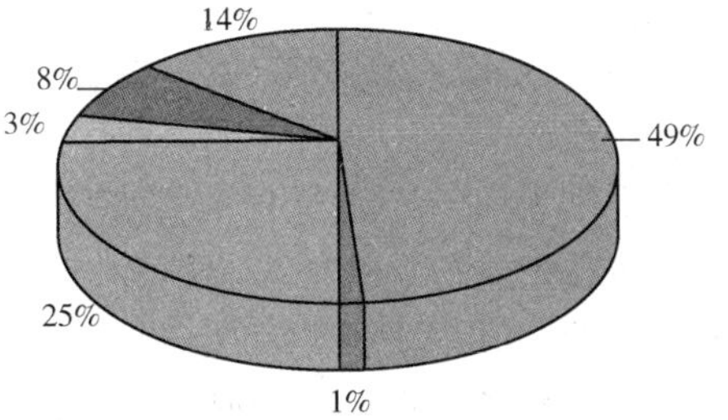

图2　2019年美国天然气行业甲烷主要排放环节及占比

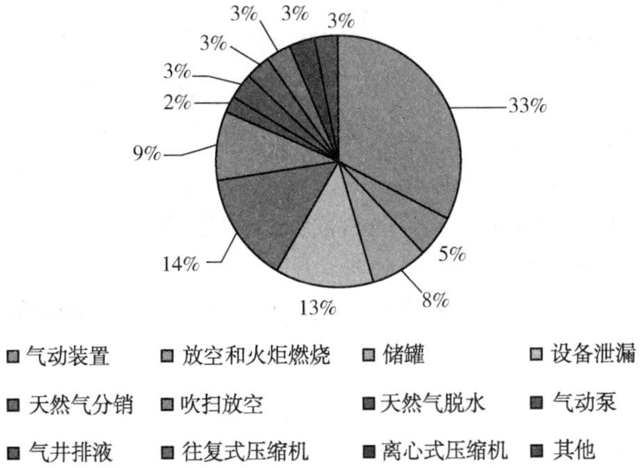

图3　2019年美国天然气行业设备级甲烷排放分布及占比

2.2 石油公司甲烷减排策略

一是开展减排合作，达成共赢。近年来有多家关于甲烷减排的国际合作组织相继成立，主要包括"油气行业气候倡议组织"、《甲烷减排指导原则》"(MGP)伙伴关系、"全球甲烷行动倡议"和"气候与清洁空气联盟"等，旨在通过集体行动，优势互补，推动整个油气行业减排。2014年包括BP、道达尔、沙特阿美和壳牌等在内的九大石油公司宣布成立的油气行业气候倡议组织(简称OGCI)，致力于推动整个油气价值链中甲烷排放量的大幅减少，帮助成员公司为《巴黎协定》的目标作出贡献。自2017年起，BP、壳牌、道达尔、北京燃气等23家公司签署了《甲烷减排指导原则》(Methane Guiding Principles)，该原则编制了一套10项最佳实践指南和最佳实践工具包，旨在减少整个天然气供应链中甲烷排放。除此之外，美国环保署的"全球甲烷行动倡议"(Global Methane Initiative，GMI，2004年成立)和世界银行发起的"全球火炬消减计划"(Global Gas Flare Reduction，GGFR，2002年成立)也是致力于甲烷减排的多边合作计划，促进成员的甲烷减排项目开发，消减油气行业火炬产生的碳排放和环境影响。

二是设立温室气体及甲烷减排目标。设置碳减排目标可以加速推动公司向低碳转型。2020年OGCI成员公司中已有英国石油公司(BP)、壳牌(Shell)、道达尔(Total)、埃尼(Eni)、雷普索尔公司(Repsol)、挪威国家石油公司(Equinor)、和西方石油公司(Occidental)七家成员响应2050年"净零排放"，设立相应的温室气体减排目标，降低自身能源产品碳排放强度并降低甲烷排放强度(表2)。通过两年的努力，OGCI成员上游甲烷强度已由2017年的0.3%下降至2019年的0.23%。中国石油(CNPC)和中国石化(Sinopec)也提出了各自的低碳目标，为中国实现"碳达峰"和"碳中和"主动担当作为。

表2　石油公司减排目标

公司名称	温室气体减排目标	甲烷减排目标
英国石油公司 BP	到2050年或之前，生产及其他运营环节碳排放量绝对为零，产品的碳强度降低50%	到2023年，在主要的石油和天然气处理厂安装甲烷测量装置，并将作业的甲烷强度降低50%，2025年的新甲烷强度降至0.20%
壳牌 Shell	2050年实现近零排放。到2035年减少能源产品碳排放强度30%，到2050年减少50%	2025年甲烷排放强度降至0.2%
道达尔 Total	至2050年或之前，全球业务实现净零排放，至2050年客户所使用能源产品的平均碳排放强度降低60%或以上(低于27.5g CO_2/MJ)	2025年甲烷排放强度降至0.2%以下，天然气业务降低到0.1%
埃尼 Eni	到2050年将生产和销售产品的温室气体排放量减少80%	2025年甲烷逸散排放降低80%
雷普索尔公司 Repsol	到2040年之前实现运营和能源使用排放的净零，并希望在2035年之前实现	到2025年甲烷排放强度降至0.25%以下

续表

公司名称	温室气体减排目标	甲烷减排目标
中国石油 CNPC	2050 年实现净零温室气体排放	2025 年甲烷排放强度再降低 50%
中国石化 Sinopec	到 2023 年，减排 CO_2 1260 万 t，捕集 CO_2 50 万 t/a，封存 CO_2 30 万 t/a	2018—2023 年，回收利用甲烷 2 亿 m^3/a

三是重视甲烷监测技术的跨学科应用。在 2013 年之前，天然气生产过程中甲烷逸散很少直接测量，一般采用估算方法，自 2013 年以来国际石油企业通过资助高校研究等方式使用红外监测、地面车载监测、无人机监测、卫星监测等对天然气作业中的甲烷排放进行了大量测量，据 David T. Allen 等研究发现甲烷在完井的排放量低于先前估计的水平，气动控制器和设备泄漏的排放量高于美国环境保护署（EPA）的估算预测值。埃克森美孚（Exxon Mobil）、荷兰皇家壳牌（Royal Dutch Shell）、雪佛龙（Chevron）、康菲石油公司（Conoco Phillips）和英国石油公司（BP）等公司已经开始使用无人机监测或卫星监测，为甲烷泄漏提供早期和广泛的检测。甲烷监测技术近年来不断完善并更新，从最初的人工仪器“点”的监测扩展到红外、监测车等“面”的监测，再到无人机、卫星监测的大尺度监测，在实际工作中，对设备、场站、区域三个级别的监测可互相补充验证，可提高监测结果的准确度。

3　结论及建议

目前天然气行业正高速发展，全球天然气产量和消费量逐年增长，传统石油公司紧跟趋势，加大天然气业务投资，并发展 LNG 业务和扩展天然气产业链，随着天然气业务占比的提高，可显著降低企业产品碳排放强度。在全球应对气候变化的大背景下，传统石油公司已意识到甲烷减排的重要性，部分公司提出了雄心勃勃的减排目标，但目前缺乏有效的减排路径和技术支撑，结合国际石油公司天然气业务发展战略和减排经验，提出以下几点思考。

（1）重视甲烷逸散基础数据的监测，准确的甲烷逸散监测数据是温室气体减排的基础。

目前国外已采用无人机、卫星对区域尺度甲烷排放进行监测，在监测手段和方式方面不断完善。而国内在此技术方面刚刚起步，准确性还有待完善。在目前油气行业甲烷排放通用的计算方法还是采用排放因子估算方法，但基于此方法计算减排量会带来巨大的不确定性和误差。虽然指南中明确说明鼓励有条件的企业自行监测，但由于投入较大人力、物力，且缺乏技术指导，目前几乎没有企业使用自行监测数据，目前指南还从未更新过排放因子。

（2）识别天然气开发过程中重点排放过程，对已有减排技术进行总结推广应用。

国内天然气开发虽然与国外流程大致相同，但基于国内地质条件和实际情况，在开发过程中某些环节的排放系数不能照搬国外研究成果，比如气动装置是欧美井场的主要泄漏点，但在中国的页岩气井场很多采用压缩 N_2 的气动装置，有效减少了甲烷逸散。在减排技术推广应用方面，指南中明确提出通过节能减排技术 CH_4 甲烷回收利用量可予以扣除，但目前企业均不重视且缺少完善的计算方法，给减排量计算带来巨大困难。目前国内各气田已经采取了不少卓有成效的天然气减排措施，比如先铺管道再打井，避免试井阶段的放空气浪费，以及使用三相分离器，有效控制井口的逸散气，但目前减排效果和减排量还没有更好的总结和经验推广。

（3）开展天然气开发过程中全生命周期研究，特别是进口天然气环境效益研究。

天然气行业近年来蓬勃发展，在中国能源供应中的比例迅速增加，针对国内天然气需求量缺口，国家多渠道进口国外天然气资源。针对目前天然气泄漏可能会加重温室效应的舆论争议，有国际机构和学者评估中国天然气和煤炭全生命周期碳排放，但关键技术参数如燃气或燃煤电厂发电效率并不是基于中国本土数据，而采用美国或其他区域数据，并不能完全反应中国的实际情况。特别是液化天然气是近年来迅速增长的产业，随着国际管道天然气、进口 LNG 业务的高速发展，碳排放环节需进一步的识别和计算，但是国内研究此类天然气环境效益空缺，有待进一步开展研究。

（4）开展甲烷与 VOCs 协同管控，加快甲烷和 VOCs 协同控制处理关键技术研发。

VOCs 作为 PM2.5 和臭氧生成的共同前驱物，是我国“十四五”发展期间重点控制对象。在天然气开发阶段，甲烷与 VOCs 排放具有同源性，可对甲烷和 VOCs 进行协同监测和管控。

2021 年 1 月 1 日颁布的《陆上石油天然气开采工业大气污染物排放标准》，规定了陆上石油天然气开采工业非甲烷总烃的排放控制要求之外，也对放空天然气提出了回收要求。目前中国已承诺 2030 年碳达峰，需加快开展甲烷与 VOCs 协同控制关键技术，促进空气质量改善和碳达峰双目标的达成。

参 考 文 献

[1] National Energy Technology Laboratory. Life cycle greenhouse gas perspective on exporting liquefied natural gas from the united states：2019 update[R]. 2019.

[2] 李鹭光，王红岩，刘合，等. 天然气助力未来世界发展——第 27 届世界天然气大会(WGC)综述[J]. 天然气工业，2018，38(9)：1-9.

[3] BP. BP statistical review of world energy2019[R]. London：BP，2019.

[4] BP. BP statistical review of world energy2020[R]. London：BP，2020.

[5] 国家能源局. 能源发展“十三五”规划[R]. 北京：国家能源局，2016.

[6] ROBERT W H，RENEE S，ANTHONY I. Methane and the greenhouse-gas footprint of natural gas from shale formations[J]. Climatic Change，2011，106(4)：679-690.

[7] IPCC. IPCC WGI Fifth Assessment Report[R]. 2013.

[8] Shell. Shell energy transition report[R]. 2018.

[9] Total. Integrating climate into our strategy[R]. 2018.

[10] Eni. Gas：a bridge to a low-emissions future[EB/OL]. (2020-03-02)[2020-05-06]. https://www.eni.com/en-IT/operations/gas-advocacy.html.

[11] Saudi Aramco. Strategy flows toward natural gas[EB/OL]. (2020-06-09)[2020-09-20]. https://www.aramco.com/en/magazine/elements/2020/strategy-flows-toward-natural-gas.

[12] EPA. Inventory of U. S Greenhouse Gas Emissions and-Sinks：1990-2018[R]. USA，2020.

[13] RAMON A A，DANIEL Z A，DAVID R L，et al. Assessment of methane emissions from the U. S. oil and gas supply chain. Science[J]. 2018，361(6398)：186-188.

[14] 国家发展和改革委员会. 中国石油天然气生产企业温室气体排放核算方法与报告指南(试行)[S]. 北京：2014.

[15] 刘明礼，向启贵，戴忠. 管输系统天然气泄漏量计算模式及泄漏检测最佳条件的确定[J]. 石油与天然气化工，2002，31(1)：47-51.

[16] American Petroleum Institute. Compendium of greenhouse gas emissions methodologies for the oil and natural gas industry[R]. 2009.

[17] EPA. 2011-2019 Greenhouse Gas Reporting Program Industrial Profile：Petroleum and Natural Gas Systems [R]. USA：2021.

[18] DAVID T A，VINCENT M T，JAMES T，et al. Measurements of methane emissions at natural gas production sites in the United States. Proceedings of the National Academy of Sciences[J]. 2013，110(44)：17768-17773

[19] OGCI. Delivering on a low carbon future[R]. 2020.

[20] BP. BP sets ambition for net zero by 2050，fundamentally changing organisation to deliver[R/OL]. (2020-02-12)[2020-08-05]. https://www.bp.com/en/global/corporate/news-and-insights/press-releases/bernard-looney-announces-new-ambition-for-bp.html.

[21] BP. Methane measurement approach [EB/OL]. (2020-02-13)[2020-06-29]. https://www.bp.com/en/global/corporate/sustainability/climate-change/methane-measurement-approach.html.

[22] Shell. Shells ambition to be a net zero emissions energy business[EB/OL]. (2020-04-16)[2020-08-23]. https://www.shell.com/energy-and-innovation/the-energy-future/shells-ambition-to-be-a-net-zero-emissions-energy-business.html#iframe=L3dlYmFwcHMvY2xpbWF0ZV9hbWJpdGlvbi8.

[23] Total. Total adopts new climate ambition get net zero 2050[EB/OL]. (2020-05-05)[2020-07-25]. https://www.total.com/media/news/total-adopts-new-climate-ambition-get-net-zero-2050.

[24] Total. Reduction of methane emissions with OGMP [EB/OL]. (2020-11-23)[2020-11-23]. https://www.total.com/media/news/communiques-presse/reduction-of-methane-emissions-with-OGMP-2.

[25] Eni. Reducing greenhouse gas(GHG) emissions[EB/OL]. (2020-02-07)[2020-04-09]. https://www.eni.com/en-IT/low-carbon/ghg-emission-reduction.html.

[26] Repsol. Climate report 2020，pathway to net-nero [R]. 2020.

[27] 中国石油. 甲烷排放管控行动方案[R]. 2020.

[28] 中国石化. 中国石化 2019 年可持续发展进展报告 [R]. 2019.

[29] DAVID T A. Methane emissions from natural gas production and use：reconciling bottom-up and top-down measurements[J]. Current opinion in chemical engineering. 2014(5)：78-83.

“双碳”背景下石油化工行业发展研究

王尔瑜

（中国石油化工集团有限公司天津分公司）

摘　要　针对世界能源及气候变化问题，中国积极推进“十三五”以来定下的“双碳”目标。本文简要介绍了我国石油化工工艺现状及碳排放情况，分析了石油化工行业所面临的机遇与挑战，简要研究了石油与化工行业未来低碳发展的途径与应对策略。

关键词　石油化工；碳中和；发展研究

引言

气候变化问题已经成为全人类最关心的问题之一，其难度与挑战也是巨大的。IPCC(Intergovernmental Panel on Climate Change)第六次评估报告的最新研究指出，预计未来20年(2040年前后)地球表面变暖将达到1.5℃，要实现在21世纪末将全球温升控制在不超过工业化前1.5℃的目标，未来10年全球需大幅减少CO_2排放。中国对于构建碳达峰、碳中和也做出积极地推出相应政策，在75届联合国大会上我国提出了“力争2030年前实现碳达峰、2060年前实现碳中和”的重要目标。该目标的提出在充分展现大国责任担当的同时，也为中国石油与化学工业转型升级、低碳发展带来了挑战与机遇。

据BP《2021世界能源统计》数据显示，2020年中国的碳排放总量位居世界第一，中国石油与化学工业CO_2总排放量约为14.81亿t，约占全国CO_2排放总量16%，减排压力巨大，要实现“双碳”目标任务紧迫。石油与化工行业必须以碳达峰、碳中和的目标为标准，提高自身碳减排意识，积极参与碳排放权交易市场的建设，区域能源结合开发低碳节能工艺，促使行业朝着产品高端、工艺低碳的路径前行。

1　典型石油与化工工艺现状及碳排放

1.1　碳排放来源

原油及石油化工产品主要由碳、氢元素组成，但彼此之间的碳氢比也是有所不同的。一般而言，原油的碳占比约为88%，而石油化工产品大部分都是低于这个碳占比的，例如石脑油、汽油、煤油、柴油的碳占比约为86%，液化气的碳占比约为82%。也有少量的石油化工产品碳含量占比高于原油，但这类产品的产率是低于前者的，主要包括了沥青、焦炭及重质燃料油等。除此之外，一些碳元素还会通过各种形式最终反应成为二氧化碳释出，所以石油化工产品总的碳含量是明显小于原油中的碳含量的。

为了能够改变原油反应成为石油化工产品过程中碳含量的变化，有部分措施可以实现该目的，但措施的效果也无法达到预期目标。一是通过对原油进行脱除碳的操作，将原油中的碳元素以焦炭等形态脱除，但其中的碳元素还是会有一部分仍然以二氧化碳的形态释放；二是通过将制氢装置中生产出的氢气加入到石油化工产品中去，提高产品氢占比，但是目前的炼油装置中生产的氢气也是通过化石燃料进行燃烧来制备的，其生产过程中也会释放出大量的二氧化碳。

另外在石油化工产品制备过程中，会进行多种高温及高压的操作反应，其热能利用率较高，通常还包括了利用各种电能的设施设备设施如机泵、压缩机等。这些能耗利用是由石油化工炼制技术本身决定的，其所需的能耗也是通过由电、蒸汽、燃料气、燃料油、煤炭、石油焦等公用工程提供的，这些公用工程的生产和使用也会造成碳排放。

1.2　乙烯生产的工艺现状及碳排放

乙烯作为重要的石油化工原料，其生产技术水平是衡量国家行业发展的重要因素。2021年，乙烯在中国的年产量达到2825.70万t，同比增长30.8%。目前乙烯生产的主要途径还是以石油或油田轻烃为主要原料的石油路线，将乙烷或石脑油通过管式炉蒸汽裂解制乙烯、重油催化裂解制乙烯、原油直接裂解制乙烯等生产工艺。另外除了石油路线，也可以采用非石油工艺路线的方式例如煤(甲醇)制烯烃，而其他工艺如石脑油催化裂解制乙烯、生物乙醇制乙烯、合成气制乙烯、甲烷直接制乙烯等还处于研究或试验阶段。

由于煤和石油具有不同的元素组成，煤制乙烯与石脑油裂解制乙烯也具有不同的能耗和二氧化碳排放量。当煤被用作生产烯烃的原料时，与石油或天然气相比，煤的碳氢比更高。煤炭的组成基本为碳、无机物灰分和少量稠环芳烃，含氢很低，以煤为原料生产乙烯必然伴随着氢/碳原子比的调整，氢的来源只能是通过水蒸气造气，工艺方式为高温煤炭与水蒸气发生化学反应，生成氢气、一氧化碳，并且产生大量的二氧化碳；而石油组成中氢多碳少，氢/碳原子比为 1.6~2.0 或更高，其转化过程主要通过长链烃、芳烃和环烃等催化裂化、裂解、重排等获得目的产物，需要加氢的量大为减少，排放的二氧化碳相应就低很多(表 1)，煤制乙烯的能耗为 5.7t 标煤/t；石脑油制烯烃的能耗为 620kg 标油/t，即 0.88t 标煤/t。煤制乙烯的能耗远远大于石脑油制乙烯。此外，煤制烯烃生产过程中单位产品 CO_2 排放量约为 11t，是石脑油制烯烃的 5~10 倍。

表 1 烯烃生产的能耗和碳排放对比

乙烯生产能力	原料消耗或转化消耗	生产过程 CO_2 排放量/(t/t)	耗水(废水)量/(t/t)
煤制烯烃	5.7t 标煤/t	11	22
石脑油制烯烃	620kg 标油/t	1~2	3.5~4.5

1.3 成品油生产的工艺现状及碳排放

不同炼油厂因原油资源定位、产品结构定位和产能规模等方面存在差异，加工过程中的单位能耗和二氧化碳排放量也存在差别。成品油生产调和的典型工艺流程如图 1 所示，成品油生产调合涉及到多种组分和炼油厂几乎所有的装置，图中心部分为直接参与调合装置，左下角部分为间接参与调合装置。

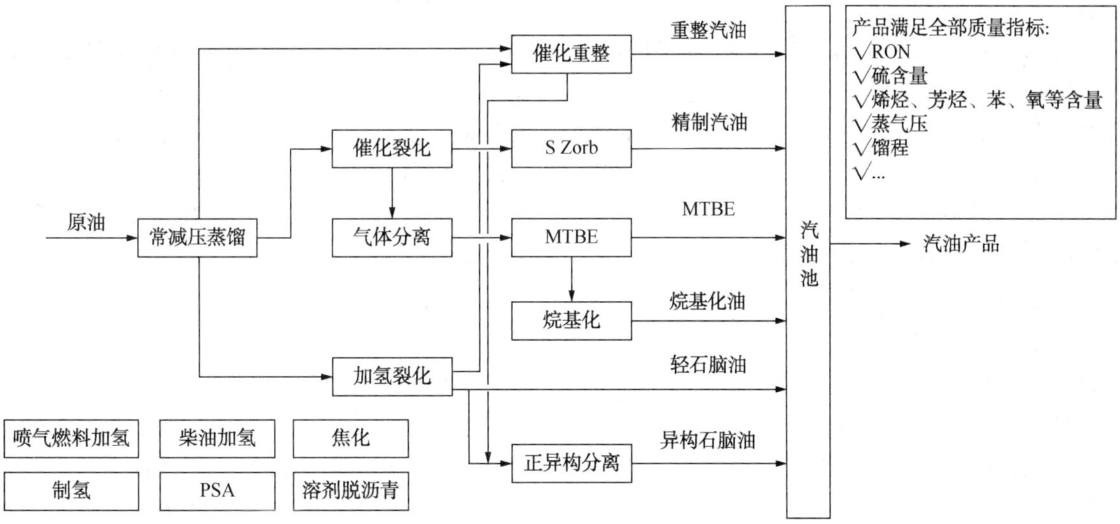

图 1 参与成品油生产调和的装置流程

目前，按照国家对油品生产制定的能耗标准，中国石化、中国石油等大型国有企业炼油单位产品能耗限定值采用单位能量因数能耗指标进行核算，限定为不大于 11.5kg 标油/(t·能量因数)；新建炼油企业炼油单位产品能耗准入值采用炼油(单位)综合能耗和单位能量因数能耗两个指标进行限制，其中炼油(单位)综合能耗不大于 63kg 标油/t，单位能量因数能耗不大于 8.0kg 标油/(t·能量因数)。将其与表 2 中的炼油产品能效标杆水平和基准水平进行比较发现，现有炼油企业的单位能量因数能耗标准同样远高于行业基准水平。

表 2 石油与化学工业重点产品能效标杆水平和基准水平

生产工艺	指标名称	生指标单位/(t·t)	标杆水平	基准水平
煤制烯烃	单位产品能耗	kg 标煤/t	2800	3300
石脑油制烯烃	单位产品能耗	kg 标油/t	590	640
炼油	单位能量因数综合能耗	kg 标油/(t· 能量因数)	7.5	8.5

2　石油与化学工业低碳发展的路径

2.1　探索产业高端和工艺降碳的新技术

现有炼化企业需要按照节能降耗、减污降碳、提质增效、减油增化、“油转化”和“油转特”的策略，大力采用先进的炼化新工艺、新催化剂、新装备(反应、分离、换热、机泵、压缩、仪表等)及其配套自动化控制技术，进行现有存续装置低碳减排、增强产品竞争力、提高企业盈利和抗风险能力的技术改造和升级转型，从“油主化辅”转向“化主油辅”，最大化盘活现有炼化资产，实现低碳化高质量发展。

石油与化学工业可以通过缩短工艺流程、降低能源消耗，提高资源的清洁高效转化水平来杜绝或者减少副产物和污染物的排放。例如，原油直接裂解制乙烯，相比石脑油裂解制乙烯，缩短了工艺流程，降低了能耗；石脑油催化裂解制乙烯，降低了反应温度，提升了双烯产率；中国科学院大连化学物理研究所基于“纳米限域催化”新概念，实现了煤经合成气一步高效生产乙烯、丙烯等低碳烯烃，从基本原理上淘汰了长期以来煤转化过程使用的费托(F-T)合成工艺，省略了既耗水又耗能的水煤气变换和水——氢循环路线，降低了反应温度，缩短了工艺流程，同时极大拓展了烯烃原料来源(如生物质、低价值碳源也可以很方便地转化为合成气)，是一种碳足迹更低的乙烯生产工艺。包信和院士及其团队提出的“纳米限域催化”研究成果，也获得2020年度国家自然科学奖一等奖。

另外，大力发展合成气高选择性转化制含氧化合物技术，也是石油与化学工业降低二氧化碳排放的原子经济性的生产方式。煤化工生产化学品，必须要通过氧的参与，但是不管是生产聚烯烃，还是生产成品油，都还需要再去掉氧。碳加氢和碳去氧工艺都非常复杂，必然会造成大量的能源损耗，排放大量的二氧化碳。因此，如果省去去氧环节，充分发挥煤化工的特点，扬长避短，把氧作为产品的组成部分，研发生产含氧化合物(如醇醚类化学品)和可降解塑料(如聚乙醇酸)，那么将会较大幅度降低碳排放，形成煤化工绿色发展的独特优势。2021年7月6日，中国石化贵州50万t/aPGA项目一期工程开工，就是现代煤化工绿色清洁、高质量发展的引领性工程。

2.2　新增炼化项目应最大化生产化工原料

新增炼化项目需要依据以化工原料为主的市场需求，将石蜡基和中间基原油以及废弃塑料制品最大化生产化工原料或高值化梯级利用，实现炼油业绿色低碳高值化可持续发展。2021年我国炼油能力已突破9亿t/a，开工率不足75%，化工用原油量不到1.5亿t，加之下一步废塑料和橡胶等高分子材料大量的清洁高效化学回收与循环、中低阶煤快速热解提质所得的低温煤焦油综合利用以及生物质低成本制备可降解高分子材料的替代效应，碳中和约束下的炼化能力将不到2亿t/a，现有炼油能力将面临大比例淘汰。另外，化工产品大多属于小规模、多品种、特色化、个性化的高投资、高技术和高附加值产品，不像标准化的成品油具有亿吨级市场需求，恒力石化150万t/a乙烯装置成为全球规模最大的乙烯装置，280万t/a乙烯生产能力的加拿大焦弗雷乙烯厂成为全球规模最大的乙烯企业，100万t/a乙烯生产能力的企业在世界上屈指可数，齐翔腾达26万t/a的甲乙酮产能(正丁烯原料)、烟台万华260万t/a的MDI产能(苯原料)已属该类产品世界最大规模企业。按照发展高端化工“高、精、尖”个性化多品种的产品链需求、原油直接制化学品20%左右的收率以及化工产品生产配套的技术、人才和投资的高强度要求，未来千万吨级原油加工能力的炼化企业将属世界级巨无霸企业，新上项目应严控新增炼油产能，特别是1000万t/a以上的炼化项目。

2.3　加大可再生能源的综合利用

不可否认，石油与化工行业节能减排的推进不能脱离我国的基本国情，低碳社会的发展也不能以牺牲经济发展为代价，实现这一目标的重要方式应是加大可再生能源的综合利用。大力开发利用可再生能源，减少化石能源消费，优化能源结构，部署清洁高效、绿色低碳的能源体系，是中国减少二氧化碳排放，实施碳中和行动的重要途径，也是中国应对气候变化威胁的主要手段。可再生能源——包括风能、太阳能、地热能和生物能源等，是能源发展的主力军，可以助力石油与化工行业实现低碳减排。其中，风能和太阳能正是研究人员关注的焦点。2020年间，全球风能和太阳能发电增加了238GW，中国的风能和太阳能发电量增长约占全球的一半，其中风电容量(72GW)的扩张尤其引人注目。这得益于中国对新的风能和太阳能发电能力的开发和投资的大幅增加，有助于降低全球风能和太阳能的成本，促进可再生能源在能源消费中的稳定增长。石油与化学工业从高碳化石能源向绿色低碳可再生能源转型是发展的现实之需，在条件允许的区域，通过煤化工与风电、光伏发电、水电等耦合，直接使用可再生能源发电或可再生能源发电——电解水制氢，以替代或部分替代燃煤发电和煤制氢，可以大幅提升石油与化学工业的绿色低碳化水平。此外，基于我国能源分布的独特优势，国家可以建设可再生能源基地，比如在西北地区建立以太阳能资源利用为主的西北可再生能源利用基地，在东南沿海建立以海上风电为主的东南沿海可再生能源利用基地等，充分利用我国的地理优势，构建石油与化学工业低碳发展的基石。

2.4 发展碳捕集、利用与封存技术

碳捕集、利用与封存(CCUS)技术是当前多个国家重点研发的温室气体减排技术，也是中国减少碳排放、保障能源安全和实现碳中和的重要手段。在石油与化工行业，可以充分利用生产过程副产高浓度二氧化碳的特点，加大二氧化碳利用与封存技术的前沿性研发，建设二氧化碳捕集、利用与封存的完整工业链条。在二氧化碳捕集环节，要把提高二氧化碳捕集效率及规模，降低捕集成本作为研究的重点，通过吸收法、吸附法、膜分离法等手段，将各类混合气体中的二氧化碳进行富集，为二氧化碳的利用和封存做好准备。在二氧化碳利用阶段，可以把捕集的高浓度CO_2作为基础原料，进一步加工应用于日常生活及石油与化工产品的生产活动中。在日常生活方面，二氧化碳可用于生产碳酸饮料、啤酒以及粮食的保鲜储藏等。比如，华能集团北京高碑店热电厂的碳捕集示范项目，每年可以捕集3000tCO_2，其中，可用于精细生产的食品级CO_2经过加工再利用，能够满足北京碳酸饮料市场的需求。在工业方面，着重在二氧化碳制芳烃、二氧化碳制甲醇、二氧化碳制乙醇、二氧化碳制乙二醇、二氧化碳制成品油、二氧化碳制烯烃等方面开展联合技术攻关，开发世界前瞻技术，为行业探索二氧化碳资源化利用的现实路径，促进资源的循环利用。二氧化碳封存与埋藏技术是实现二氧化碳大规模减排的重要方式。在石油与化工产品的生产流程中，将捕集的不易利用的二氧化碳运输到开采完的枯竭油田、气田、废弃煤矿和地下深部咸水层，利用技术手段将其长时间与大气隔离，不仅可以埋藏和封存二氧化碳，还可以进行驱油和驱气，提高油气的开采率。例如，2021年7月5日，中国石化启动的齐鲁石化-胜利油田百万吨级的碳捕集、利用与封存(CCUS)项目可实现二氧化碳捕集、驱油与封存的一体化应用。预计未来15年，胜利油田将累计向油层中注入二氧化碳1068万t，实现增油227万吨。另外，中国海洋资源丰富，二氧化碳海底封存潜力巨大，我国要高度重视海洋技术的创新发展，突破制约海洋资源利用的科技瓶颈，在渤海、东海、南海等地进行二氧化碳的海洋封存。

参 考 文 献

[1] MASSON-DELMOTTE V, ZHAI P, PIRANI A, et al. IPCC. climate change 2021: the physical science basis. contribution of working group I to the sixth assessment report of the intergovernmental panel on climate change [R]. Cambridge, United Kingdom and New York, USA: Cambridge University Press, 2021.

[2] 黄润秋. 把碳达峰碳中和纳入生态文明建设整体布局[J]. 学习时报, 2021-11-17(01).

[3] 国家统计局. 工业产品产量[EB/OL]. [2021-11-20]. https://data.stats.gov.cn/.

[4] 贾璐，施大鹏. 炼油过程碳排放量化模型构建及汽油质量升级碳排放测算[J]. 石油炼制与化工, 2021, 52(5): 98-102.

[5] LIOBIKIENĖ G, BUTKUS M. The European Union possibilities to achieve targets of Europe 2020 and Paris agreement climate policy[J]. 2017, 106: 298-309.

[6] 邹才能，熊波，薛华庆，等. 新能源在碳中和中的地位与作用[J]. 石油勘探与开发, 2021, 48(2): 411-420.

[7] 中国石化成立碳捕集、利用与封存(CCUS)重点实验室[J]. 油气地质与采收率, 2021, 28(5): 80.

环状碳酸酯合成的多相催化剂研究

谢卓涵　张志智　王馨瑶　孙潇磊　王　陶　侯栓弟

[中国石化(大连)石油化工研究院有限公司]

摘　要　CO_2环加成反应合成环状碳酸酯是一种有效的CO_2利用反应。本文制备了一种新型的多相固体催化剂。该催化剂为氯球固载化的离子液体。在固定床反应器上评价其催化性能，以环氧丙烷为原料，催化合成碳酸丙烯酯，考察了温度、压力、空速反应物的比例对反应的影响。结果表明，该催化剂具有极高的催化活性。当反应温度为120℃、压力为2MPa、空速为$0.2h^{-1}$、CO_2和环氧丙烷进料摩尔比为2.5：1时，环氧丙烷的转化率可达95%以上，碳酸丙烯酯的选择性在98%左右。

关键词　CO_2化工利用；环状碳酸酯；多相催化剂；固定床；碳中和

引言

CO_2化工利用对减轻全球温室效应具有十分重要的意义。碳酸丙烯酯是CO_2化工利用的主要产物。碳酸丙烯酯是性能优良的有机溶剂和重要的有机化工产品，用途广泛，主要在电子工业上用作生产锂电池和电容器电解液，此外还用于合成聚碳酸酯原料、塑料发泡剂、合成润滑油稳定剂、绿色溶剂、有机合成中间体等。近年来，随着电子工业的迅速崛起，环状碳酸酯市场需求量亦随之增大。环状碳酸酯主要采用环加成法进行合成。该反应没有副产物生成，符合绿色化学的要求。然而该反应的催化剂主要集中在均相催化剂，例如碱金属盐，冠醚或季铵盐与碱土金属盐的组合物，季鏻盐与路易斯酸的组合物，离子液体，离子液体与过渡金属盐的组合物，过渡金属络合物，季铵盐或咪唑负载在分子筛、介孔材料、聚合物微球或生物聚合物上。反应在间歇式反应釜或者管式反应器中进行，存在反应温度高、时间长、压力大、分离困难等缺点，开发的多相催化剂也存在诸多问题，活性组分易流失，催化剂粒度小，不适用于固定床反应器。

为解决上述问题，本文研制了一种固载化离子液体催化剂，用于催化CO_2与环氧丙烷制备碳酸丙烯酯。采用固定床反应器对催化剂进行评价，讨论了不同因素影响下的反应性能表现。

2　实验部分

2.1　催化剂制备

按一定比例称N-甲基取咪唑和氯甲基聚苯乙烯微球，置于1000mL反应釜中，再加入250mL干燥过的甲苯，在110℃下回流24h，冷却至室温后过滤，用甲苯和碳酸丙烯酯分别洗涤，最后在80℃下干燥12h，得到固载化甲基咪唑氯球。

2.2　催化剂活性评价及产物分析

评价采用固定床反应器进行，反应流程如图1所示。不锈钢反应管的尺寸为Φ30mm×650mm。将100mL催化剂装入反应管中部，反应管下端装填石英砂，上端装填无活性氯甲基聚苯乙烯微球。

将反应器的压力和温度调整到设定值，使用平流泵将环氧丙烷输送到预混罐中，与CO_2充分混合后通入反应管催化剂床层。CO_2的流量用质量流量计控制，反应后的产物经过冷凝罐冷凝进入气液分离罐，液体留在气液分离罐中取样分析，气体则由背压阀控制排放至尾气收集系统。

反应产物采用安捷伦GC-8890型气相色谱仪进行分析，色谱柱为DB-624毛细管柱，尺寸为30m×0.535mm×3.00μm，采用程序升温，在240℃恒温10min，检测器温度280℃。以面积百分比法进行定量分析，进样量为0.1μL。

催化剂元素分析在ANTEK-9000上进行。氧气流速为360mL/min，氩气流速为155mL/min，炉温1000℃。

3　结果与讨论

3.1　工艺条件的考察

离子液体是近几年研究较多的环加成反应催化剂。对其进行固载化是多相催化剂的重要研究

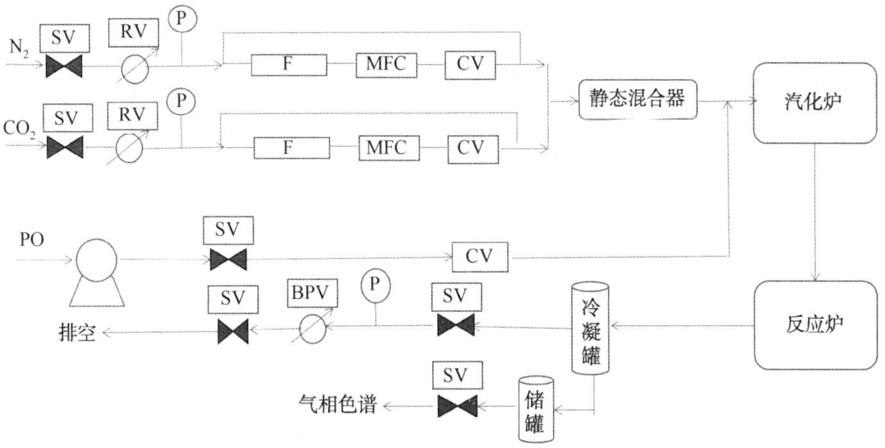

图 1　反应流程图

符号说明：SV—截止阀；RV—减压阀；P—压力表；F—过滤器；MFC—质量流量计；CV—单向阀；BPV—背压阀

方向。反应条件对催化剂的反应性能影响很大，因此考察了工艺条件对反应的影响。该反应是一个微量放热的反应，反应速率较小，因此环氧丙烷的液时空速对反应具有显著的影响，如图 2 所示。在较低空速下，环氧丙烷的转化率可达 97%，碳酸丙烯酯的选择性接近 100%。随着进料液时空速的增加，原料在反应器中的停留时间相应减少，环氧丙烷的转化率随之降低。当空速达到 0.9h^{-1}时，环氧丙烷的转化率低于 90%。环氧丙烷的液时空速对碳酸丙烯酯的选择性没有影响，基本保持在 99%左右。

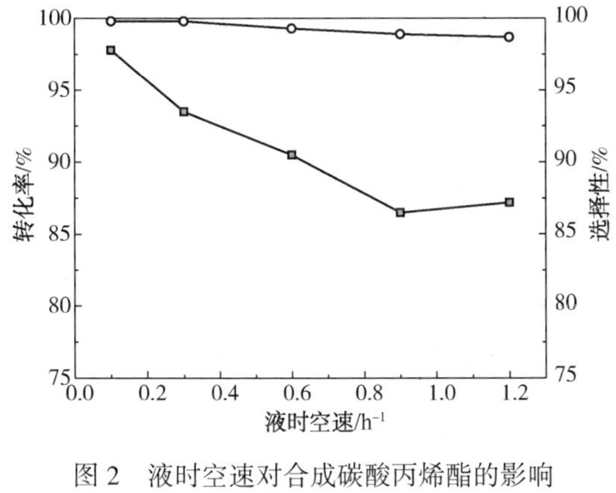

图 2　液时空速对合成碳酸丙烯酯的影响

CO_2与环氧丙烷的进料比(气液比)对反应具有一定的影响，如图 3 所示，当气液比为 1.5∶1 时，环氧丙烷的转化率为 94%，当气液比达到 2.5∶1 时，环氧丙烷的转化率最高，达到 98%，继续增大气液比，环氧丙烷的转化率降低；当气液比达到 3∶1 时，环氧丙烷转化率达到 96%。在液时空速不变的情况下，随着气液比的增加，CO_2流速增大，导致部分环氧丙烷随 CO_2脱离催化剂床层。环氧丙烷与催化剂床层接触时间不足，造成反应的转化率降低。反应的选择性基本保持不变，保持在 99%以上。

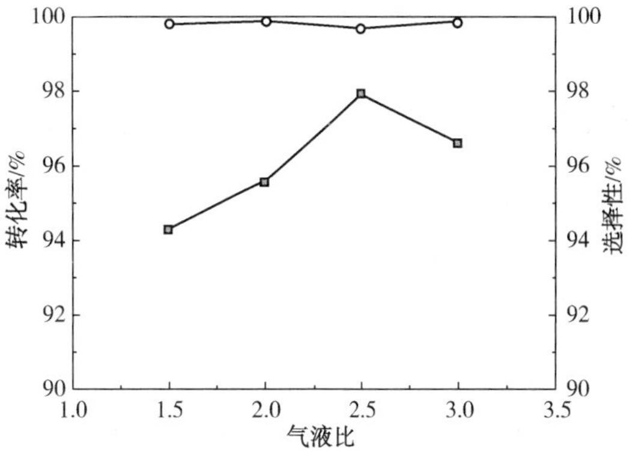

图 3　进料比对合成碳酸丙烯酯的影响

压力对催化反应的影响如图 4 所示。该反应是体积减小的反应，增大压力能使反应向正向进行。在压力低于 1.5MPa 时环氧丙烷的转化率低于 90%，碳酸丙烯酯的选择性为 99%，随着反应压力的增大，环氧丙烷的转化率和碳酸丙烯酯的选择性随之上升，当反应压力达到 2.0MPa 时，环氧丙烷的转化率达到 95%，选择性维持在 99%；当压力继续增大时，环氧丙烷的转化率和碳酸丙烯酯的选择性不再发生变化。综上所述，当压力低于 2.0MPa 时，环氧丙烷的转化率和选择性随着压力的增大和增大；当压力高于 2.0MPa 时，压力对转化率和选择性的影响不大。

反应温度对反应的影响较为显著。该反应是放热反应，提高温度不利于反应的正向进行。但是升高反应温度有利于提高反应速率。相比较而言，反应速率的的提升更明显的影响了反应的转化率(图 5)，在低温下反应的转化率很低。随着温度的升高，环氧丙烷的转化率不断提高，当温度达到 120℃时，环氧丙烷的转化率达到 99%，但是反应选择性略有下降，在考察的温度条件内始终维持在 99%。

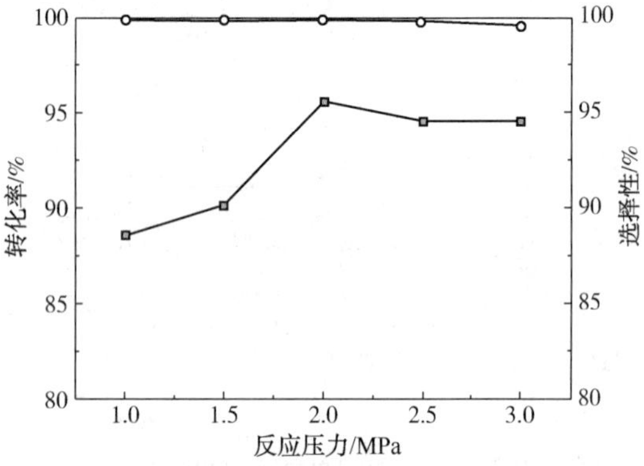

图 4　反应压力对合成碳酸丙烯酯的影响

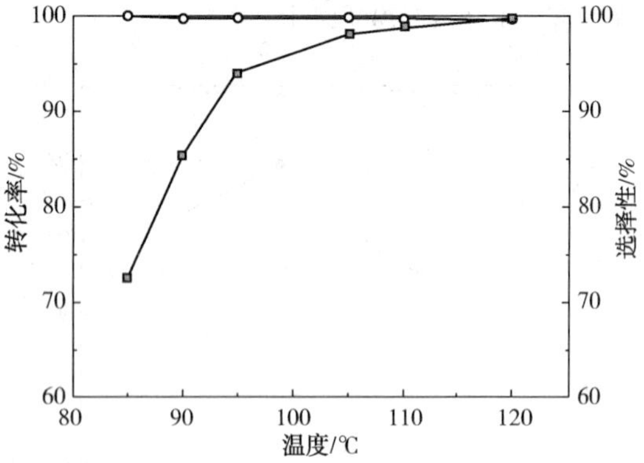

图 5　反应温度对合成碳酸丙烯酯的影响

3.2　催化剂稳定性的考察

在以上各影响因素考察的基础上，确定了较佳的工作条件，在此条件下评价了该催化剂的稳定性，结果如图 6 所示。环氧丙烷的转化率在反应初期有所下降，反应的转化率从 98%下降到 95%。反应后期转化率略有浮动。但总体上，催化剂活性保持平稳，环氧丙烷的转化率保持在 92%以上，碳酸丙烯酯选择性保持在 98%以上，该催化剂稳定性较好。

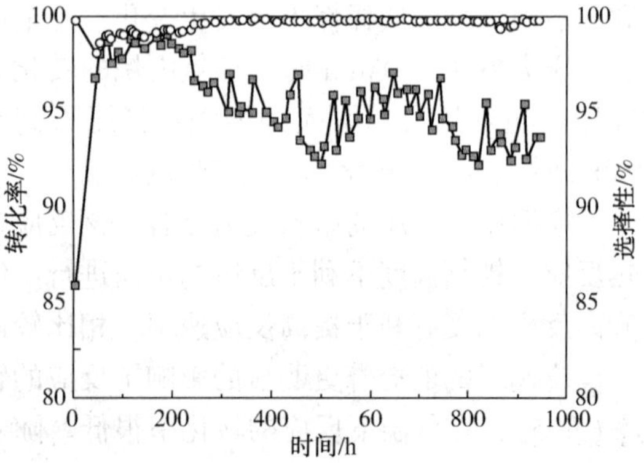

图 6　催化剂寿命的考察

表 1 为催化剂活性组分含量。对比可见，咪唑基团成功负载于载体氯球上，在反应的过程中催化剂中的氮元素含量降低，经过 900h 反应后氮元素含量从 4.22%下降至 2.59%。氮元素含量的降低表明弱连接的咪唑基团正在流失，而通过 C—N 键嫁接在载体上的咪唑基团基本保持稳定。

表 1　催化剂活性组分含量

	氮含量/%
新鲜氯球	0.02
甲基咪唑氯球	4.22
反应后的甲基咪唑氯球	2.59

4　结论

将离子液体通过化学键固载于氯球上制备了一种多相催化剂用于固定床连续合成碳酸丙烯酯。催化反应评价结果表明制备的催化剂具有较高的催化活性。该催化剂的最佳条件如下：反应温度为 120℃，反应压力为 2MPa，环氧丙烷的液时空速为 $0.2h^{-1}$、二氧化碳和环氧丙烷的进料比为 2.5∶1。在此条件下，环氧丙烷的转化率可达 95%以上，选择性可达 98%以上。

参　考　文　献

[1] Peters M, Köhler B, Kuckshinrichs W, et al. Müller TE(2011)ChemSusChem 4: 1216.

[2] TU M, Davis RJ(2001)J Catal 199: 85.

[3] Kossey K, Koseva N, Troev K(2003)J Mol Catal A 194: 29.

[4] Sun J, Wang L, Zhang SJ, et al. Dai WB(2006)J Mol Catal A 256: 295.

[5] Zhong S F, Liang L, Liu M S, et al. Sun JM(2015)J CO_2 Util 9: 58.

[6] Yasuda H, He LN, Takahashi T. Sakakura T(2006) Appl Catal A 298: 177.

[7] Yasuda H, He LN. Sakakura T(2003)Stud Surf Sci Catal 145: 259.

[8] Kawanami H, Sasaki A, Matsui K. Ikushima Y(2003) Chem Commun 7: 896.

[9] Zhang S J, Chen Y H, Li F W, et al. Mori R(2006) Catal Today 115: 61.

[10] Cheng W G, Xiao B N, Sun J, et al. Flora TTN (2015)Tetrahedron Lett 56: 1416.

[11] Dai W L, Chen L, Yin S F, et al. Au CT(2010)Catalysis Lett 137: 74.

[12] Xiao L F, Li F W, Peng J J, et al. (2006) J Mol Catal A 253: 365

[13] Cao J, Song Q W, He L N, et al. Song QC(2012) Tetrahedron 68, 3835.

[14] Paddock R L. Nguyen ST(2001) J. Am. Chem. Soc 123: 11498.

[15] Zhang X, Jia Y B, Lu X B, et al. Sun LC(2008) Tetrahedron Lett 49: 6589.

[16] Lu X B, Zhang Y J, Liang B, et al. Wang H(2004) Mol Catal A 210: 31.

[17] Wang Z Q, Bu Z W, Cao T T, et al. Li WJ(2012) Polyhedron 32: 86.

[18] North M and Villuendas P(2012) ChemCatChem 4: 789.

[19] Chang T, Jing HW, Jin LL, Qiu WY(2007) J Mol Catal A 264: 241.

[20] Cheng WG, Chen X, Sun J, Wang JQ, Zhang SJ (2013) Catal Today 200: 117.

[21] Hwang GY, Roshan R, Ryu HS, Jeong HM, Ravi S, Kim M, Park DW(2015) J CO_2 Util 149: 1.

[22] Wang JQ, Yue XD, Cai F, He LN (2007) Catal Com-mun 8: 167.

[23] Zhao Y, Tian JS, Qi XH, Han ZN, Zhuang YY, He LN(2007) J Mol Catal A 271; 284.

[24] Watile RA, Deshmukh KM, Dhake KP, Bhanage BM (2012) Catal Sei Technol 2: 1051.

[25] Fujita, S, Bhanage BM, Ikushima Y. Shirai M, To-riiK, Arai M(2002) Catal Lett 79: 95.

“碳中和”愿景下掺氢天然气管道风险分析

田　骁

[中国地质大学(北京)工程技术学院]

摘　要　气候变化对自然环境造成了史无前例的恶劣影响。氢能是公认的清洁能源，将氢气掺入天然气管道是大规模输氢的有效途径。氢气的物性与天然气差异大，天然气中掺入氢气后气质会发生改变，且容易引起管材氢脆和渗透。本文综述了当前天然气混氢输送现状，探讨了混氢输送下管线钢的安全问题；根据氢来源的不同，分别从两方面分析氢对管材性能的影响，总结管道氢脆引起的失效后果，为掺氢天然气管道输送关键技术提供指导。

关键词　碳排放；氢能；氢脆；渗透；混氢输送；掺氢天然气

引言

2020年习近平主席向全世界宣布：中国将提高国家自主贡献力度，采取更加有利的政策和措施，二氧化碳排放力争于2030年前达到峰值，努力争取2060年前实现碳中和。达到这一目标有两条途径：一是通过碳捕集减少碳排放量，二是采用替代的清洁能源。截至2050年能源发展趋势如图1所示。届时风能、太阳能、生物能消耗量将显著提升，煤炭和石油使用量将大幅降低，天然气消耗量与现有基本持平。氢因其燃烧产物是水，未来在综合能源系统将拥有广阔空间。从氢的相图(图2)可以看出，在广泛的温度和压力范围内，氢以气态存在，液态氢存在的空间非常有限；又由于氢气密度很小，单位质量的氢能很高，但单位体积的氢能很低，因此氢能利用首先要解决好大规模运输问题。利用已有天然气管网进行少量改造输氢，可节约大量基础设施建设费用。管道输氢主要技术挑战来自于管材适用性，掺氢天然气管道输送在材料选择、设计制造、安全保障等方面与天然气管道输送具有较大差异，需要开展系统研究，以保障掺氢天然气管道输送安全。

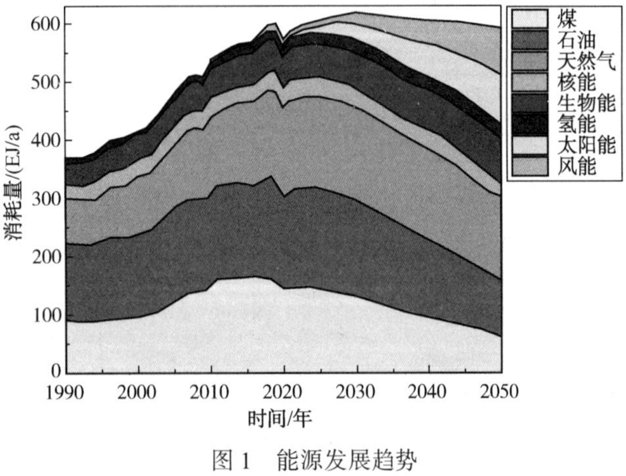

图1　能源发展趋势

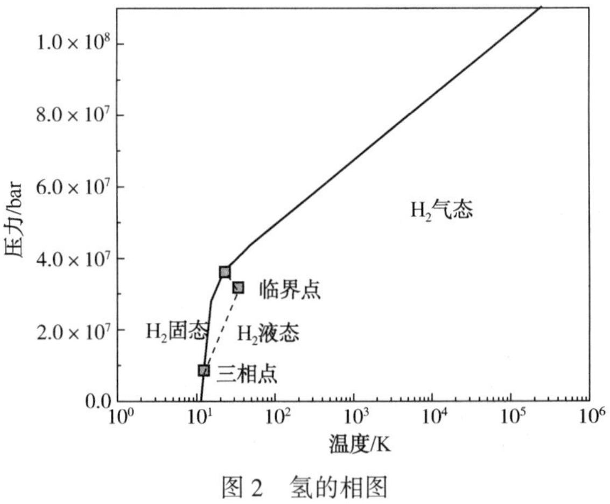

图2　氢的相图

注：$1\text{bar}=10^5\text{Pa}$。

1　掺氢天然气管输现状

迄今为止，美国、欧洲等国家率先开展了多个掺氢天然气管道输送系统应用示范项目。2004年，在欧洲委员会的支持下，国际上首次开展了“NaturalHy”项目，较为系统地研究了天然气管道掺氢对输送、配送及用户终端整体的影响，为后续的掺氢天然气管道输送系统示范应用项目创造了良好的开端。2012年，德国风电制氢-天然气管道掺氢全过程示范项目进行了掺氢天然气管道输送全过程技术链的示范应用。法国于2014年开展了为期五年的混氢天然气应用示范项目"GRHYD"，将氢气以6%~20%的比例注入天然气管网，供健康中心和100户居民生活使用。2016年，美国开展首个掺氢天然气示范项目，将电解槽生产的氢气掺入天然气管道系统。英国"HyDeploy"项目研究表明，燃气式家用灶具掺氢小于23%；天然气汽轮机掺氢小于5%，整改后可提高为5%~10%；其余天然气系统不见都能适应10%掺氢量。2020年，意大利Snam公司正式启动5%天然气掺氢网络实验，向两家工业公司供应H2NG(氢气和天然气混合气体)，将使二氧化碳排放量减少250万t。2020年，澳大利亚"WSGG"项目，利用风/光电来电解水制氢，并将部分氢气注入天然气管网，为当地居民供暖。

国内掺氢天然气管道输送系统的示范应用较少。2019年，国家电力投资集团公司与浙江大学合作，在朝阳开展了首个掺氢天然气管道安全关键技术验证示范项目，进行电解水制氢-天然气掺氢-工业级民用用户供能示范，为未来氢气通过管网运输提供经验。

2　掺氢天然气管道失效后果与风险因素

2.1　掺氢天然气性质

天然气的主要成分是甲烷，表1给出了常温、常压下氢气和甲烷的主要理化性质对比。掺氢天然气与常规天然气的物性、燃爆特性存在一定差异：相同压力变化，氢气体积变化是甲烷的8倍左右；因氢气密度小，运动黏度、质量热值都明显高于甲烷；此外，氢更易点燃，火焰速率远快于天然气。氢在PE管道和铁质管道中的扩散系数是天然气5倍左右，容易造成泄漏；但其在空气中的扩散系数也远大于天然气，不易造成扩散后的聚集，降低了危险性。

表1　氢气和甲烷主要理化性质对比

性　质	氢气	甲烷
相对分子质量	16.04	2.02
临界温度/K	190.65	33.2
临界压力/MPa	4.6	1.3
密度/(kg/m³)	0.659	0.083
压缩因子	0.998	1.001
质量比热容/[kJ/(kg·K)]	2.261	14.185

续表

性　质	氢气	甲烷
定压热容/[J/(mol·K)]	35.5	28.8
比热比 C_p/C_v	1.31	1.4
动力黏度/(μPa·s)	10.76	8.65
运动黏度/(cst)	16.5	105
热导率/[W/(m·K)]	0.0318	0.179
质量低/高热值/(MJ/m³)	48/53	120/142
体积低/高热值/(MJ/m³)	35/39	11/13
最大火焰温度/K	1495	1800
爆炸极限	5.3%~15%	4%~75%
点火温度/℃	540	585
空气中自燃温度/K	813	844
燃烧1m³所需要的空气体积/m³	8.5	2.5
空气中最小点火能/mJ	0.274	0.017
空气中燃烧速度/(cm/s)	34-37	265-325
空气中扩散系数/(cm²/s)	0.16	0.61
100℃铁中扩散系数/(cm²/s)	Nil	2.5×10^{-7}

2.2　氢与钢的交互作用

金属材料由原子形成的晶格构成，管道氢脆是氢原子与钢的交互作用，在金属晶格间隙运动时，遇到夹渣或应力集中，氢原子扩散，导致金属性能的降低，主要表现为氢致开裂、氢鼓泡与机械性能恶化三方面问题。氢致开裂是氢脆最危险的方式，氢可以从金属内部和金属表面引发裂纹。

导致管道发生氢脆的氢来源：管道外部的水溶液环境，管道内部输送的氢气介质。两者引发氢脆的原理不同，前者是由于管道埋在地下，处于土壤或水环境，水得电子发生阴极反应，在金属表面形成氢原子和氢氧根离子，氢原子有可能进入金属；后者是因为内部氢分子与管道表面碰撞，分解成两个氢原子，部分氢原子进入到金属中。但无论是内部氢还是外部氢，都会导致管道氢脆。

氢导致管材断裂韧性降低，同时引起疲劳裂纹扩展速率大幅提高。不同等级钢材在阴极保护条件下的氢脆敏感性对比如图3所示。氢脆敏感性系数在25%以下可以安全使用，一旦超过35%将无法使用。图中可以看出，在-0.9Vvs. SCE阴极保护电位下，X70和X80钢的氢脆敏感性系数仍然在安全范围内，而X90钢已达到临界值；在-1.1Vvs. SCE电位下，X80和X90钢的氢脆敏感性系数大幅升高，分别接近 35% 和 60%。可见氢对高强钢断裂韧性的影响非常显著，在高强钢的使用上要非常谨慎。

对 X80 钢在 8%氢环境下进行断裂韧性和疲劳裂纹扩展实验，结果如表 2 和图 4 所示。结果表明，管材处于氢环境，断裂韧性下降 6 倍以上；裂纹扩展速率增加一个数量级，即氢环境下，管道寿命缩减 10 倍以上。

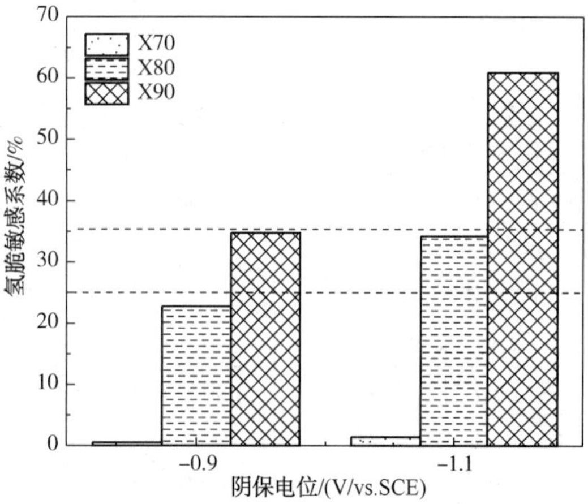

图 3　氢脆敏感性系数对比图

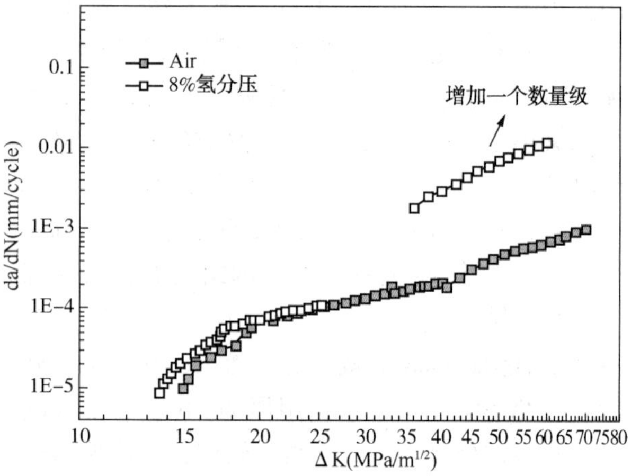

图 4　X80 钢疲劳裂纹扩展曲线

表 2　断裂韧性测试结果

测试内容		测试结果					
		Z-1#	Z-2#	Z-3#	H-1#	H-2#	H-3#
常温常压断裂韧性/(MPa/m$^{1/2}$)	K_{IC}	323			302		
8%含氢环境，30 天条件断裂韧性/(MPa/m$^{1/2}$)	裂纹扩展情况	无扩展	扩展	扩展	无扩展	无扩展	无扩展
	K_{IH}	/	46.67	44.96	/	/	/

H：横向取样(厚度 12mm)；*Z*：纵向取样(厚度 16mm)

2.3　天然气管道掺氢重大失效后果

1. 承压能力降低

管材断裂韧性与临界裂纹尺寸关系如式(1)所示：

$$a_c = \left(\frac{K_{IC}}{Y\sigma_s}\right)^2 \tag{1}$$

式中，K_{IC}为材料断裂韧性；σ_s为材料屈服强度；a_c为临界裂纹尺寸。当断裂韧性降低为原来的 1/6，管道爆破临界尺寸将降低到 1/36。假设含 5mm 裂纹的不含氢管道不会导致爆破，一旦管道含氢，0.15mm 的缺陷就会引起管道爆破。而现有的无损检测手段对于<0.5mm 的裂纹，无法很好地识别，所以管道掺氢以后不仅使管道安全运行压力大大降低，而且风险不可检测和评估。

2. 裂纹的长程扩展

管道起裂后如果没有足够的断裂韧性和冲击韧性，裂纹无法止裂。我国东北管网曾发生过一起裂纹开裂扩展长达 2km 的管道事故。裂纹止裂由管材冲击韧性决定，冲击韧性与断裂韧性的关系如式(2)所示：

$$K_{IC} = 14.6(CVN)^{0.5} \tag{2}$$

式中，*CVN* 为冲击韧性。冲击韧性与断裂韧性的平方成正比。X80 钢在空气中的冲击韧性约为 250J，在氢环境下，冲击韧性将不足 7J。根据 BS 7910 断裂韧性评定的要求，对输气管道的最小冲击功为 20.3J。中俄东线对止裂韧性要求是 38J。这种情况下，管道一旦开裂，很有可能引发长程扩展。

3. 管输分层，氢脆风险提高

混合气体静止后，密度差作用下出现气体分层现象。我国陕京一线高程差达 1487m，管道停输导致氢气在山顶聚集(图 5)，含量可能超过 20%甚至更高，大大增加氢脆爆破风险。

3　总结

氢能是当下备受关注的清洁能源，混氢天然气的使用能够提高氢能在能源中的比例，减少对传统化石燃料的依赖。管道对氢的耐受性及引起

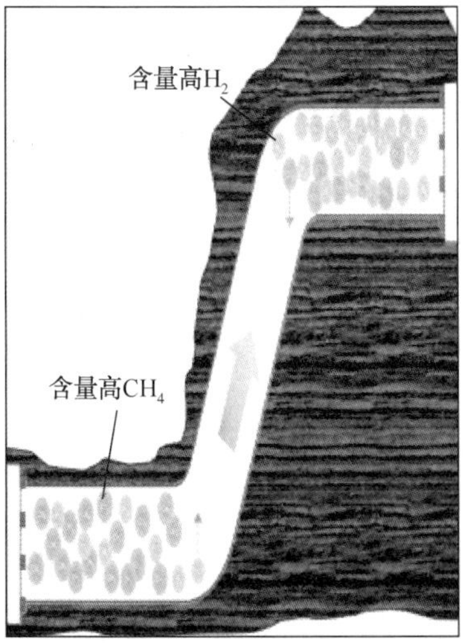

图5　管输分层

的安全考虑是最受关注的问题，氢的掺入引起混合气体物性、爆炸特性发生显著变化，还会引发氢脆，造成管道三方面重大失效后果，无论是纯氢管道还是掺氢天然气管道，都必须对现有管道及相关配件进行全面评估。在保障管道设备设施安全性基础上，在特定区域开展针对不同管道材料、不同掺氢比例的试验性示范项目，积累试验数据，形成标准规范。

参　考　文　献

[1] IEA World Energy Balances https://www.iea.org/data-and-statistics/data-product/world-energy-statistics-and-balances

[2] 谢萍，伍奕，李长俊，等. 混氢天然气管道输送技术研究进展[J]. 油气储运，2021，40(4)：361-370.

[3] 尚娟，鲁仰辉，郑津洋，等. 掺氢天然气管道输送研究进展和挑战[J]. 化工进展，2021，40(10)：5499-5505.

[4] European Union. Using the existing natural gas system for hydrogen [R]. 2009. http://issuu. com/exergia/docs/naturahybrochure? e=1774604/5468248.

[5] The Daily Fusion. Green hydrogen injected into natural gas system for the first time[EB/OL]. http://dailyfusion.net/2013/06/green-hydrogen-injected-into-natural-gas-system-for-the-first-time-11594.

[6] McPhy energy role in French power-to-gas GRHYD programme[J]. Fuel Cells Bulletin, 2014, 2014(2): 9-10.

[7] HDTT Organization Members. Hydrogen delivery technical team roadmap[R]. 2017.

[8] Isaac T. HyDeploy: the UK's first hydrogen blending deployment project[J]. Clean Energy, 2019, 3(2): 114-125.

[9] Snam: per la prima volta in Europa fornitura di idrogeno misto a gas naturale su rete di trasmissione a utenti industriali[R]. 2019.

[10] Jemena. NSW Government gives green light to Jemena's hydrogen project[EB/OL]. https://jemena.com.au/.

[11] 李敬法，苏越，张衡，等. 掺氢天然气管道输送研究进展[J]. 天然气工业，2021，41(4)：137-152.

成品油销售企业在高原环境下的绿色低碳转型思考

郭广海　刘吉松

（中国石油西藏销售分公司）

摘　要　国家"3060"双碳目标的提出，标志着中国经济社会绿色低碳转型的正式开始，标志着我国能源消费结构向绿色低碳转型的步伐日益加快，传统成品油销售企业将面临系列新挑战、新机遇。加强顶层设计，优化能源产品供应结构与经营管理手段转型提升，夯实绿色转型基础，为高原环境下的成品油销售企业绿色转型提供不竭动力。

关键词　3060；双碳；高原；绿色低碳；转型；科技创新

实现碳达峰、碳中和，是以习近平同志为核心的党中央统筹国内国际两个大局做出的重大战略决策，是着力解决资源环境约束突出问题，是实现中华民族永续发展的必然选择，是构建人类命运共同体的庄严承诺。"双碳"战略的实施，正在加速重构国内能源供应与消费结构，传统成品油销售企业将面临更多严峻挑战和现实困难，高原环境下的成品油销售企业亦是如此，如何主动认清形势、积极拥抱变化，顺应形势、加快转型发展，将成为高原环境下成品油企业必须正视面对的课题。

1　"3060"双碳发展背景

2021年3月15日，习近平总书记主持召开中央财经委员会第九次会议，其中一项重要议题，就是研究实现碳达峰、碳中和的基本思路和主要举措。会议明确，我国力争2030年前实现碳达峰，2060年前实现碳中和。当前我国能源结构是以高碳的化石能源为主，化石能源占比约85%。工业、建筑、交通是我国主要终端能耗部门。工业领域要推进绿色制造，建筑领域要提升节能标准，交通领域要加快形成绿色低碳运输方式。绿色出行已成为潮流和趋势，以燃油为主驱动交通动力的时代即将改变和正在改变。

2　青藏高原低碳发展现状与区位优势

西藏高原位于青藏高原的主体区域，西藏自治区作为青藏高原典型代表省份，有其地理位置的特殊性，也有实施绿色低碳转型的区域优势和能源优势。

西藏能源资源主要有水能、太阳能、地热能、风能等可再生能源。西藏是中国太阳辐射能最多的地方，太阳能资源居全国首位，比同纬度的平原地区多1倍或1/3；西藏是中国湖泊最多的地区，湖泊总面积约2.38万km^2，约占全国湖泊总面积的30%，被誉为"中华水塔"，水能资源理论蕴藏量为2亿kW，约占全国的30%，居中国首位；西藏风能丰富，推测年风能储量930亿kW·h，居全国第七位。

西藏自治区积极落实党中央、国务院关于"双碳"目标决策部署任务，推进创建国家生态文明高地，努力做到生态文明建设走在全国前列。"十三五"期间，全区清洁可再生能源发电量共计约360亿kW·h，相当于节约标煤约1100万t，极大地减少了温室气体和其他控制性污染物排放。其中，全区水电装机容量从2015年的229万kW增加至2020年的419万kW，增加190万kW，增长了83%。截至目前，全区清洁电力占比91%以上，极大地满足了西藏经济社会发展对能源的需求，不断增强西藏自我发展能力和动力，有力促进实现"3060"双碳目标。

3　高原成品油销售企业面临的挑战与机遇

高原环境下的成品油销售企业，目前虽然没有感受到较平原地区其他省份成品油销售企业低碳转型压力，但是"双碳"目标是全国性的，一盘棋思想在任何地区和省份没有例外，只是传导和变化早晚而已。

1. 外部形势挑战越发明显

（1）宏观趋势的走向正在逐步重塑成品油市场空间。一是从国家政策方针角度看，国家“3060”战略的提出，为能源结构转型明确了时间表和路线图，新能源和可再生能源占比将逐步扩大，传统化石能源占比将逐步缩小。二是从科技发展角度看，随着电池储充技术的迭代进步，电动车研发量产进程持续加快，给传统燃油车市场份额巩固形成现实压力。三是从环境保护角度看，国家推进大气污染治理，实施新能源汽车购置税减免继续延期，支持扶持新能源车辆推广使用，为消费者绿色出行提供了更多选择。

（2）行业形势的变幻使得成品油市场竞争日趋激烈。一是从行业竞争情况看，目前国内主要形成“三桶油”加之地方民营和外资企业的竞争力量，其中“三桶油”占据了市场主导，总体上看竞争激烈程度日趋激烈，从某一特定区域点位上看，各方力量的价格竞争、客户竞争已形成焦灼状态，特别在山东、河南、河北等地炼较为集中的区域，同时地炼集中区域也在逐步向外扩散，目前地炼成品油产品已经远销至西藏民营加油站，地炼影响力不断加大。二是从替代产品的威胁看，随着CNG、LNG、加氢、电池车辆的量产推广，加之气电氢产供销基础设施的配套建设和推广，给传统加油站业务形成了替代威胁。

无论是CNG、LNG、电能还是氢能等新能源的演进与功能替代，发展并且替代加速已是大势所趋，是国家战略驱动，也是事物发展规律。作为手握成品油重要资源优势的“三桶油”和其他民营成品油销售企业已经无力可挡，唯有顺势而为，迎接能源结构之变，积极采取转型措施，方有赢得经营先机可能。

2. 企业内部短板越发突出

（1）成品油销售企业价值链增值空间有限。以中国石油、中国石化主要成品油销售企业看，其在长期发展中逐步建成了集采购、仓储、运输、营销、服务为一体的供应链。从采购环节看，成品油炼制行业的高壁垒削弱了销售企业的谈判议价能力，运输环节的优化空间因道路条件的限制而变得有限，仓储环节的库存运作因国际油价走势的高度不确定性变得难以操作，营销环节的场景应用不足使得客户黏性难以增加。

（2）成品油销售企业核心竞争优势逐步衰减。一是新能源投资几乎零门槛。目前，除了CNG、LNG燃气仍有危化品管控门槛外，作为绿色低碳转型长远的以技术为导向的电能、氢能新能源发展格局，完全破除了类似成品油销售资本的门槛设置，在国家政策的完全放开和鼓励下，新能源资本可以轻松入市，开源式的新能源投资模式决定了投资者明显的能动式选择，“三桶油”的投资门槛优势愈渐模糊。二是经营管理模式同质化。以主要成品油销售企业为例，由于长期采取传统组织架构模式，管理层级较多，去行政化不够彻底，对市场竞争和客户需求的响应迟缓；在信息化和数字化建设上的规划和投入力度相对滞后，大数据、云计算、物联网在成品油销售企业投入力度不够，经营管理人员应用信息化手段和工具的力度不够，更多凭经验管理，其在对内整合资源、对外获取信息的能力上存在明显短板；过去长期受“坐商”思维影响，营销缺乏主动性，市场开拓存在瓶颈。对中国石油西藏销售公司而言，虽然以接近50%的网络规模占据80%以上的市场份额，但是由于主要竞争对手和社会站的涌入，油品品质同质化、服务同质化、竞争手段多样化、价格竞争白热化，市场占用控制能力逐渐弱化的风险加大。

3. 面对挑战何去何从

在认清外部挑战和自身短板的同时，也要看到机遇和优势。当前，国内特别是西藏高原环境下的能源消费结构转换不可能一蹴而就，新能源技术的量产和推广仍需时日，短期内燃油车出行方式仍将保持较大占比，特别在西藏这一地广人稀、城市间距离较长的特殊环境下，新能源车的推广受到极大限制，这给西藏销售转型发展创造了时间窗口期。

（1）要固牢传统能源市场优势。西藏销售作为西藏地区成品油服务供应的主力军，无论是履行社会责任、政治责任的担当，还是当地百姓心中品牌服务，或者市场份额，都占有一席之地。在继续做好服务、高质量发展的同时，强化能源服务与市场占有的运营控制，以更高质量、更优服务和体验服务地方经济、履行社会责任，擦亮品牌美誉度，继续筑牢传统能源市场优势，为新能源服务转型提供资源基础。

（2）要顺势而为抓住新能源发展机遇。预谋而立、顶层设计，用足国家新能源政策，完善新能源服务规划，复用加油站地理位置资源，开展适合发展的新能源业务，逐步形成油非气电氢综合加能服务站。

（3）要强化合作推进新能源业务布局。以线点面、合作双赢思路布局西藏区域内的新能源业务。联合四川、青海、新疆、云南等兄弟公司在川藏、青藏、新藏、滇藏等进藏沿线及城市间主干道积极布设LNG加气服务，满足物流运输车辆用气需求，充电桩为辅满足旅游车辆充电需求；联合国网等优势电能企业在拉萨、林芝、日喀则、山南等城市城区内布设充电桩，满足日益增长的电动汽车用户需求，借用集团公司加气终端一体化运营划转契机，配以CNG、LNG加气服务，根据终端电动汽车用户需求不断加密充电桩资源。择机增加氢能服务，提供更清洁能源。

4　高原成品油销售企业未来转型发展路径探索

中国石油西藏销售公司作为西藏规模最大的成品油销售企业，履行国企责任和担当，服务和促进"双碳"战略目标已先行一步。"十三五"以来，中国石油西藏销售公司先后投入4亿元建设资金完成了129座加油站防渗改造，并同步完成109座加油站和6座油库油气回收改造，以及后续新建站的防渗、油气回收工程施工；投入大量资金改造加油站传统烟煤取暖方式为空调或电暖方式；此举大大减少了煤烟、油气对大气污染和土壤环境污染的风险。

当今，结合"双碳"目标下成品油销售企业业务规模收缩风险，中国石油西藏销售公司如何实现可持续、高原特色的绿色低碳转型发展，接下来从发展战略、市场定位、营销组合、运营管理、科技创新5个维度，对绿色低碳转型发展路径进行探讨。

1. 要谋化好发展战略

（1）要着眼未来定义自身职责。企业最核心的职责是满足客户对产品和服务的需求、实现利润增长、服务社会需要。在"双碳"战略引导下，未来的绿色出行将逐步成为主流，企业要立足当下新旧动能转换的现实情况和契机，着眼未来的能源绿色化潮流，围绕服务社会需要，精准确定自身的职责使命和经营价值观念，为后续科学制定发展战略提供方向指引。结合西藏新能源发展形势，初步规划思路，一是较大规模发展光伏发电业务；二是协同发展加气业务；三是积极介入充换电业务；四是关注氢能发展，与周边兄弟单位形成联动，适时启动规划及实施。

（2）要着眼市场确立发展战略。交通出行中，燃油驱动不再是唯一途径，电能、CNG、LNG、氢燃料等能源为人们提供了更多的选择。当前，成品油销售市场正在逐步从成熟走向衰退，LNG、CNG市场正稳步走向成熟，充电市场正加速扩张成长，氢燃料行业在政策引导下正在逐步进入市场导入期。其中，根据行业分析师分析研判，CNG业务在当前投资规模下保持稳定运营，原则不再新增投资；LNG投资窗口期为2028年前后，市场窗口期为2035年前后关闭，未来5年是重要开发机遇期。成品油销售企业要锚定未来能源消费的需求变化，结合实际制定多元化经营战略，包括涵盖加油、加气、充电、加氢的水平多元化战略，以及向各类能源业务产业链纵向延伸的垂直多元化战略，努力为未来竞争赢得先机。

2. 要有清晰的市场定位

（1）传统成品油业务要聚焦中高端车辆的用户市场、更加突出品质动力。未来5~10年，燃油车用油需求将进一步放缓甚至衰减，与低端车辆用户对油品价格和车辆使用维护成本的高度敏感不同，中高端车辆用户市场对油品品质和动力性能更为关切，其用油需求相对更为稳定可靠，销售企业应适当缩减低品号油品的经营规模，稳步提升中高品号经营量，在新的细分市场实现成品油的提质扩张和增效。

（2）LNG和CNG业务要聚焦现有运输通勤车辆市场、更加突出价格友好。受自然气候、人口、经济发展及业务量等各方面影响，西藏LNG加气业务发展较为滞后。据统计，藏牌LNG车辆不足100辆，LNG的主要市场集中在进藏干道，主要服务于长途运输车辆；围绕进藏的干道G109、G318、G317、G219和G216，与西藏周边兄弟公司，如青海、四川、新疆等兄弟单位形成服务协同，打通进藏车辆的LNG加注需求。兼顾市场培育周期和效益两方面主要因素，分步有序实施。目前，主流LNG车辆续航能力一般在800km以上，结合进出藏公路特点，未来5年，重点在那曲及京藏高速西藏区域内的相关站点、昌都、林芝、拉萨区域内研究布设LNG站点十余座，满足进出藏清洁LNG能源车主需求。根据上级公司关于天然气业务与加油站终端一体化融合战略，西藏销售公司进一步整合了加油、加气业务能源服务，增强了多元加能服务能力，加强对现有加气客户的全业务链服务能力，如拉萨市公交公司等。

（3）大力度发展光伏发电与充换电业务，更加突出清洁高效。可优先在气候条件相对比较好的拉萨、山南、日喀则开展分布式光伏发电规划实施，计划布设十余座。由于换电站对车辆统一品牌及数量有较高要求，用电市场主要集中在拉萨，服务方式均以充电桩为主。拉萨市当前纯电车辆约 280 辆，集中在网约车和公交车，拉萨市目前已建有充电桩 144 个。由于直流充电桩功率在 160kV · A 以上，涉及变压器增容，考虑投资效益和效率，可与重点龙头企业开展合作。未来 5 年，结合西藏经济发展形势和区域经济特点，计划重点选择拉萨、那曲、昌都、林芝、阿里等地区布设充电配套设施 20 余套，满足日益增长的电力清洁能源用户。

（4）加氢业务要聚焦示范行业用户需求，更加突出绿色清洁。氢燃料是未来交通实现净零排放的重要方向，也是未来能源行业的蓝海市场。销售企业要主动拥抱未来变化，积极响应政府倡导，协同产、学、研机构加快推进氢站建设，合力推动清洁能源产业化应用，全力参与加氢站主导设计和技术标准建设，争当行业引领者，为未来发展厚植优势。

3. 要有强劲的营销组合

（1）要突出定价策略的统筹计划性。油、气、电、氢加注属于油站主营业务，也是经营创效的根基，对此应当重点在稳固老客户、开发新客户、挽回流失客户上做足文章，日常销售价格在政府指导价基础上可灵活采取会员制模式，对于单位和个人会员，结合其用油量分析，精准采取十惠会员日、周末会员日、加满赠等营销惠民模式，持续增强客户获得感。与此同时，配套提供免费洗车等增值服务，推行洗车保养免费、道路救援免费等模式，增强客户进站消费黏性。

（2）要提高促销策略的精准灵活性。坚持以客户为中心，切实转变“坐商”思维，加强线下促销管理，通过主动走访站点商圈半径范围内潜在用油企业和大客户，了解其需求偏好，精准推送优惠菜单，实现客户引流导入。通过加强公共关系建设，特别是站点所在社区或周边发生应急突发事件时，主动设置绿色加注通道，保障用能服务，跟进实施免费供应服务，塑造企业负责任的良好形象，增进社会客户对企业的价值认同。

（3）要增强渠道策略分类适应性。销售企业在推进站点向综合加能业务转型过程中，应当结合不同站点的区位优势及周边客户消费特点，分类推进渠道建设，防止简单同质化。具体而言，位于城市核心区域和高速公路服务区的站点要着力打造旗舰店形象，形成全面综合的服务功能，发挥窗口示范效应；位于非城市核心区域和国省道的站点要着力打造标准店形象，力争形成两种以上加能供应格局，特别是川藏 318 线、青藏线、新藏线和滇藏线等旅游沿线小车与物流车辆，不断完善加油、LNG 加气、充电等多能服务业务，提升品牌延展效应；位于县乡区域的站点要着力打造基准店形象，保障区域用户特定加能需求，彰显品牌保供效应。

4. 要有高效的运营管理

（1）要挖掘存量资产潜能。目前销售企业多数加油站的自有经营场地尚未达到满负荷使用状态，土地空间再利用回旋余地大，为油站原址增设加气加氢充换电业务功能提供了现实可能。销售企业应立足现有网点，盘活土地资源，在依法合规前提下，依托自营场地实现业务多元化的低成本快速拓展。

（2）要抓实质量安全控制。质量是产品的生命线，直接影响企业经济目标的实现，销售企业以质量为中心，以全企业、全过程、全员参与为基础，坚持依法合规治企，持续推进全面 QHSE 体系建设，通过向客户提供质优量足的满意产品，达到市场份额的长期巩固提升。安全生产是危化企业生存的前提、发展的保障，销售企业要切实把“发展决不能以牺牲人的生命为代价”作为一条不可逾越的红线，坚持统筹发展与安全，加强事故预防、做到防患未然，加强应急能力建设、提高处突能力，筑牢保障经营创效的安全屏障。

5. 要有科技创新驱动能力

（1）以生产环节的低碳化，赋能综合加能站净零排放。围绕“3060”目标，主营企业应借助光伏发电技术优势，在光照条件富裕的站点区位，充分应用油站厂房罩棚空间位置，大力建设光伏发电设施，实现日常经营和生活用电自给自足，推动生产环节达成净零排放，打造绿色产业典型示范，塑造绿色经济新优势。推进高原装配式加油站建设，利用智慧化模块化建设解决高原施工周期短人机降效突出难题，助力建设过程绿色降碳。

(2) 以作业环节的自动化，赋能综合加能站洁净安全环保。对于传统油气业务，要普及一次、二次油气回收系统，确保存储加注环节达到零排放，带动实现降耗创效，同时消除对周边环境潜在的安全风险、污染风险。西藏自治区对成品油零售的安全管控非常严格，客户加油时需要实名制登记，以明确油品消费去向；加油站员工需要手不离加油枪向客户提供加油服务，以防止客户或不法分子向空中喷洒油品破坏安全环境；禁止使用加油机上的加油卡装置，以防止客户自助加油。中国石油西藏销售公司结合实际，研发了实名制加油登记系统，大大节约了现场手工实名登记时间，优化现场运行效率，为大数据分析和客户画像提供数据基础，每年可节约纸张、人工费用945万元。研发拨枪断油技术，摆脱当前单人单枪为客户加油服务模式，提升为员工在同一时刻可以实现“一人双枪”或“一人多枪”服务模式。在该模式下，使用员工身份解锁加油枪，将加油枪插入车辆油箱后方可出油，即使在加油过程中客户擅自拔出油枪向空中或他人喷洒油品时，加油枪在“智能提枪识别技术”的支撑下能够自动识别油枪状态，并控制加油机自动停止出油，保护了现场人员和环境安全，防止了油品对环境的污染。拔枪断油技术的研发应用，在有效识别油枪状态、安全控制的前提下，可以启用加油卡装置，使用户加油完毕后直接使用加油卡结算油品费用，减少客户往返营业室结算费用的时间，让客户实现更快捷消费。

(3) 以销售环节的数字化，赋能综合加能站智慧智能。要坚持从客户角度出发，充分运用大数据、云计算、人工智能、物联网等数字化技术手段，着力构建智慧加油、智慧物联、智慧支付、智慧营销应用场景，努力为顾客提供便捷高效安全、科技感十足的消费体验。中国石油西藏销售公司研发并上线高原首台加油机器人，开创了高原环境下的无人加油服务，降低员工劳动强度，提升客户消费体验。将西藏销售公司目前研发应用的手持POS机为客户提供实名制加油登记系统功能升级，由人工移动式为客户现场实名登记改为实名身份登记装置固定在每一台加油机上，员工将客户身份证在加油机上刷卡登记身份信息后自动解锁加油枪加油，加油完毕后，系统根据身份证ID自动调用系统后端该ID对应的结算支付账号自动支付，实现客户不下车加油服务。将拔枪断油技术与该实名制登记系统功能融合建设后，可实现更加智能、便捷的加油服务，即：员工将客户身份证在加油机上刷卡登记实名身份信息，并且用员工身份信息解锁加油枪加注油品，加油完毕系统自动调用客户后端绑定的支付账户信息完成自动支付，客户驶离加油站，全过程客户无需下车，消费体验更加便捷舒适，增强客户黏性。同时，系统后端获得了五维一体的综合性数据，如，该客户(张三)在该油站2#加油机3#加油枪加注了50升95#汽油，提供服务的员工为李四。客户、油品、数量、金额、员工五维一体数据为油站和公司精准大数据分析提供了详细依据，实现“一吨油背后有多少客户消费，每名员工每班次加油劳动量多少”的客户与员工精准画像，为客户营销和员工绩效分配提供数据支持。

(4) 以管理环节的信息化，赋能综合加能站协同高效运作。要大力推进企业价值链信息化，运用信息技术手段，将企业内部的人力、资金、物流、库存、设备、客户等资源统筹整合起来，打通信息孤岛，破除数据烟囱，形成实时交互、动态更新的统一整体，便于决策层精准调配企业资源，保障油站生产经营各项活动高效运转。通过信息化系统搭建公司一体化协同办公平台，呈批、报告、用章、请销假、会议、车辆管理等日常办公业务全部实现数字化、移动办公。未来，要搭建以数据共享为载体的油非进销存、非油账账账实、业财一体化分析平台、库存预警管理平台，解决困扰已久的管理难题。

“双碳”目标之下，传统成品油销售企业唯有积极应对外部挑战、正视自身短板，牢牢抓住能源消费结构转型升级的战略窗口期，主动顺应民众出行方式的转变，从战略战术、市场定位、营销规划、运营管理、科技创新等多点发力，谋划完善企业转型发展路径，才能在变革中实现涅槃重生。

可再生能源系统加油站碳中和研究

王馨瑶　张志智　孙潇磊　王　陶　谢卓涵

[中国石化(大连)石油化工研究院有限公司]

摘　要　碳足迹分析技术是评价碳减排影响的重要手段，选择 PAS2050 作为碳足迹基本计算研究依据，以某安装可再生能源发电系统加油站为研究对象，以加油站地理边界为核算边界，核查报告周期为 2021 年 7 月至 2022 年 6 月。分别计算了不同经营业务的碳排放量及可再生能源发电系统的碳减排量，对其碳中和平旷进行了评价，计算结果表明在该报告周期内，该加油站的净碳排放量为 11.3595tCO_2e/t。通过碳排放分析发现，外购电力及外购热力排放量占比最大。

关键词　碳中和；碳足迹；加油站；光伏发电；风力发电

气候变化是全球面临的共同挑战，关乎人类的生存和发展，温室气体减排是全球各国重要战略，许多欧美国家已经率先制定了碳减排相关规范，并推出碳市场、碳交易等减排举措。我国在国际承诺努力争取在 2030 年实现碳达峰，在 2060 年左右实现碳中和，国家出台了一系列“双碳”相关政策及措施，碳中和也作为国家的发展战略。能源石化行业是碳排放主要来源之一，其在双碳背景下的未来发展方向及绿色低碳路径也是当今研究的重点和难点。碳足迹分析方法是从整个生命周期对碳排放强度进行定量评价，对不同产品和生产活动进行碳排放量计算，对企业减排技术提供参考。碳足迹追踪单一产品从“摇篮”到“坟墓”的生命周期中，加工处理及使用全过程中产生的碳排放量，以便于企业掌握对产品的生产及使用过程中的碳排放情况，为企业的节能减排提供指导。本研究选择某北方加油站作为研究对象，采用英国标准协会的 PAS2050 作为碳足迹计算的基本依据。核算边界为加油站的地理边界，在正常生产运营状况下其拥有且受其控制的所有生产设施产生的温室气体排放量、清除量进行定量计算，不包括第三方服务产生的碳排放量。核算周期为 2021 年 7 月至 2022 年 6 月。

1　计算方法

1.1　直接排放

加油站边界内装有冷媒的设备在使用过程中会发生逸散，冷媒逸散的计算公式如式(1)所示：

$$GE=Q\times EF\times GWP \tag{1}$$

式中：GE 为统计期内，冷媒逸散的温室气体排放量，tCO_2e；Q 为统计期内，冷媒数量，t；EF 为统计期内，冷媒排放系数，%(质量分数)；GWP 为不同冷媒的全球变暖潜值。

核算加油站内存放不同规格的 CO_2 灭火器，使用及存储过程中会产生 CO_2 逸散，排放量计算如式(2)所示：

$$GE=AD\times EF\times GWP \tag{2}$$

式中，GE 为统计期内，CO_2 灭火器的逸散排放量，tCO_2e；AD 为统计期内，根据设备铭牌公布的 CO_2 额定填充量获得，t；EF 为统计期内，CO_2 灭火器逸散系数，%(质量分数)(便携式 CO_2 灭火器逸散系数 4%)；GWP 为全球变暖潜值。

加油站内若无单独化粪池，则无需计算化粪池逸散，若有，则按式(3)计算：

$$GE=Q\times EF\times GWP$$
$$Q=\mathrm{P}\times BOD\times 0.001\times D\times T/24 \tag{3}$$

式中，GE 为统计期内，化粪池逸散的温室气体排放量，单位为吨二氧化碳当量，tCO_2e；Q 为统计期内，化粪池活动数据，t；P 为盘查周期下加油站的人数；BOD 为人均产生量，g/人/天(IPCC 规定亚洲为 40g/人/天)；D 为盘查周期下员工出勤天数，天；T 为盘查周期下员工日均工作时长，时/天；EF 为统计期内，化粪池逸散系数，%(质量分数)；GWP 为甲烷的全球变暖潜值。

在加油站内的化石燃料燃烧产生的排放按式(4)计算：

$$\sum GE=\sum FQ\times EF\times HV\times GWP\times 10^{-6} \tag{4}$$

式中，GE 为燃料产生的温室气体排放量，tCO_2e；

FQ 为燃料的用量，t；EF 为燃料对应的原始排放系数，$kgCO_2/TJ$，$kgCH_4/TJ$，kgN_2O/TJ；HV 为燃料的低位热值，GJ/t 或 GJ/万 Nm^3；GWP 为全球变暖潜值。

1.2 间接排放

加油站在运营过程中外购火电电力产生的排放属于间接排放，排放量按式(5)计算：

$$GE = Q \times F / 1000 \tag{5}$$

式中，GE 为统计期内，外购火电的间接温室气体排放量，tCO_2e；Q 为统计期内，外购火电量，kW·h；F 为外购火电电力排放因子，$tCO_2/MW \cdot h$（排放因子应优先取当地政府部门公布的当地发电企业平均排放因子或发改委最新公布的区域电网排放因子）。

加油站在冬季从当地热力公司外购热力，则也需要计算间接排放，计算公式如式(6)：

$$GE = S \times EF \tag{6}$$

式中，GE 为外购热力产生的温室气体排放量，tCO_2e；S 为加油站热力取暖面积，m^2；EF 为单位取暖面积排放量，tCO_2e/m^2（由当地热力公司提供，缺省值由购入热量和取暖面积换算得出）。

1.3 可再生能源清除量计算

加油站安装的光伏发电及风力发电系统，属于可再生能源，相对应的温室气体清除量计算公式如式(7)：

$$GE = Q \times F / 1000 \tag{7}$$

式中，GE 为可再生能源电力温室气体清除量，tCO_2^e；Q 为可再生能源发电并网电量，MW·h；F 为可再生能源电力排放因子，tCO_2/MWh（其中，可再生能源电力自用部分清除因子等于 0；可再生能源电力并网清除因子等于发改委最新公布的区域电力排放因子）。

2 加油站碳足迹计算

核算的加油站所涉及的经营业务包括加油业务、便利店业务及员工生活区，主要温室气体排放种类包括 CO_2、CH_4及 HFCs。该加油站汽柴油储罐和加油机安装了二级、三级油气回收装置，没有温室气体挥发排放。

加油站安装的可再生能源电力系统设施包括 122.58kW 的光伏发电及 5kW 的风力发电。

2.1 加油站涉及计算基本参数

加油站温室气体核算所涉及的化石燃料为柴油，其燃烧原始排放系数分别为 $74100kgCO_2/TJ$、$3kgCH_4/TJ$、$0.6kgN_2O/TJ$（数据取值来源为《2006 年 IPCC 国家温室气体清单指南》）；柴油低位发热量为 42.652GJ/t（数据来源为《中国能源统计年鉴 2020》。）

加油站温室气体核算所涉及的逸散排放因子包括：CH_4 0.3kg/kg、CO_2 0.04kg/kg、HFCs 0.003kg/kg（数据取值来源为《2006 年 IPCC 国家温室气体清单指南》）。

加油站温室气体核算所涉及温室气体的 100 年全球增温潜势（GWP）值分别为 CO_2为 1、N_2O为 265、CH_4为 28、HFC-134a 为 1300、HFC-23 为 12400。

加油站温室气体核算所涉及的电力排放因子取 2020 年当地区域电网排放因子 0.823；热力排放因子由当地热力公司提供，取 0.054。

2.2 加油站排放种类及温室气体排放量

加油站直接排放量见表 1。

表 1　加油站直接排放量

排放种类	活动量/t	GE（温室气体排放量）/tCO_2e
柴油燃烧	0.512	1.6235
冰箱（HFC-134a）	0.002	0.0078
冰柜（HFC-134a）	0.003	0.0117
空调（HFC-23）	0.001	0.9920
CO_2灭火器逸散	0.055	0.0022
化粪池逸散	0.0394944	0.3539
$\sum GE_{直接排放}$		2.9911

加油站间接排放量见表 2。

表 2　间接排放量

排放种类	外购火电量/kW·h；热力取暖面积/m^2	GE（温室气体排放量）/tCO_2e
外购电力	109846.8959	90.4040
外购热力	445.83	24.0748
$\sum GE_{间接排放}$		114.4788

2.2 可再生能源发电系统清除量

加油站安装了光伏发电系统及风力发电系统，所发电量均上当地电网，对温室气体的清除量见表 3。

表 3　可再生能源发电系统温室气体清除量

可再生能源电力	Q（总发电量）/kW·h	GE（温室气体排放量）/tCO_2e
$\sum GE_{清除}$	128931.23	106.1104

2.3 加油站碳足迹核算结果

对核算周期内该加油站的温室气体排放量进行加和，温室气体清除量进行加和，则该核算周期内加油站温室气体净排放量为排放量减去清除量，$GE_{净排放}=GE_{直接排放}+GE_{间接排放}-GE_{清除}$，即$GE_{净排放量}$为11.3595t$CO_2$e。

3 结论

该加油站净排放量为正值，11.3595tCO_2e，核算周期内没有实现碳中和，可以通过购买碳配额、核证减排量和碳汇进行碳抵消，实现碳中和。

主要温室气体排放量集中在外购电力，其次为外购热力，均为间接排放。考虑使用节能设备降低电力使用，以减少碳排放。

参考文献

[1] 姜睿. 碳减排是企业实现可持续发展的选择[J]. 中国能源，2017，39(5)：41-44.

[2] 韩玉辉. 低碳经济与中国经济发展模式转型研究[J]. 中国高新技术企业，2017，(2)：1-2.

[3] 于椿翔，张倩，王存书. 低碳经济与中国石油石化行业的収展[J]. 化工设计通讯，2016，42(12)：116.

[4] British Standard Institution(BSI). How to carbon footprint your products, identify hotspots and reduce emissions in your supply chain: BIP 2181—2011, The guide to PAS 2050: 2011[S]. London: BSI, 2011.

浅谈电解水制氢技术工业化应用研究

袁国翠　温泽见

（中国石化中原石油工程设计有限公司）

摘　要　氢能作为一种可储、可电、可燃烧的清洁能源，从长远来看，可以在高碳排放的工业和电力等领域替代煤炭、天然气等化石燃料，特别是在交通领域，氢能燃料电池在替代燃料与零排放方面具有无可比拟的优势，是世界能源转型的一个重大战略方向。中原油田地处京津冀大气污染传输通道“2+26”城市范围内，环保形势非常严峻，亟待改善能源结构、降低污染物排放，对绿氢项目的建设，地理位置得天独厚，需求十分迫切。本文在目前制氢技术基础上结合中原油田现状进行电解水制氢技术工业化应用研究。

关键词　中原油田；碳达峰；质子交换膜制氢；碱性电解水制氢

1　制氢工艺技术现状

氢能作为二次能源具有来源多元化、终端零排放等优点，在维护能源安全、保护大气环境、推动产业升级等方面具有重要意义。近几年，国内氢能和燃料电池汽车“热度”不断攀升，各级政府积极制定相关战略规划、技术标准、补贴政策等，推动了氢能产业的稳步发展。

氢气按照生产来源，只有使用可再生能源电解水得到的氢气是零排放的，也被称为“绿氢”或“可再生氢”；以化石能源为原料，通过蒸汽甲烷重整（SMR）或自热重整（ATR）等方法制造的氢气成本较低，但是碳强度较高，被称为“灰氢”或“化石燃料氢”。在甲烷蒸汽重整与自热重整制氢过程中增加碳捕捉和储存环节，以焦炉煤气、氯碱尾气、丙烷脱氢为代表的工业副产物提纯制氢，可以降低碳排放量，但无法消除所有碳排量，这样制出的氢气被称为“蓝氢”。尽管氢气的燃烧本身不产生二氧化碳，但是，纯氢在自然中并不独立存在。根据国际能源署的数据，全球目前的氢气产量中，近 99% 的氢气制造仍然高度依赖天然气和煤等化石燃料，其中来自天然气的氢气产量占到 76%。

我国工业年产氢气量约 4075 万 t，其中煤制氢占 58.9%，焦炭和兰炭副产氢占 20%，天然气和干气制氢占 16.3%，氯碱和其他副产氢占 3.1%，甲醇制氢占 1.7%。不同制氢技术路线的对比见表 1。

表 1　不同制氢技术路线对比

技术路线		优势	劣势	能源效率/%	氢气价格/（元/kg）	二氧化碳排放量/（$kgCO_2/kgH_2$）	备注
化石能源制氢	煤制氢	产量高、成本低、技术成熟	工艺流程复杂、碳排放量高	≤83	6.8~12	25~30	主要来源
	天然气制氢			≤63	7.5~25	10~12	
工业副产气制氢		成本低、来源广、回收过程碳排放低	建设地点受原料供应限制；提纯工艺复杂	60~80	13~15	<5	氯碱工业、焦炉煤气副产氢资源丰富
电解水制氢	常规电力	运行稳定氢气纯度高	能耗高、制氢成本高	45~55	20~38	25~30	
	可再生电力					0	
生物质制氢		环保产量高	技术不成熟，产品纯度低	40~50	9~16	0	
太阳能电解水制氢		无污染零排放	技术不成熟，转化率低	10~14	≤35	0	

2 氢能发展趋势

1. 绿色可持续发展的理念为氢能产业发展指明方向

2020年9月，习近平总书记在第75届联合国大会提出我国2030年前碳达峰、2060年前碳中和目标，同年12月在气候雄心峰会进一步宣布提升国家自主贡献的一系列新举措。

碳排放受经济发展、产业结构、能源使用、技术水平等诸多因素影响，根源是化石能源的大量开发使用。根据多种模型推导，我国国土范围内的植被，每年所能吸纳的二氧化碳只有10亿t。目前我国化石能源一次能源比重为85%，产生的碳排放约为每年98亿t，占全社会碳排放总量的近90%。大力发展"绿氢"是碳中和的战略选择。

我国的碳税方案早已完成设计，经过了数轮讨论、修改和完善，"十四五"期间出台的概率很大。一旦实施，即便每吨二氧化碳征收20元碳税，对排碳企业也会形成较大压力，倒逼企业节能减排，主动开发利用可再生能源。

"十四五"是碳达峰的关键期、窗口期。2021年3月，中央财经委员会第九次会议强调，要构建清洁碳安全高效的能源体系，控制化石能源总量，着力提高利用效能，实施可再生能源替代行动，深化电力体制改革，构建以新能源为主体的新型电力系统。重点行业领域要实施减污降碳行动，工业领域要推进绿色制造，建筑领域要提升节能标准，交通领域要加快形成绿色低碳运输方式。同时，要推动绿色低碳技术实现重大突破，加快推广应用减污降碳技术，完善有利于绿色低碳发展的财税、价格、金融、土地、政府采购等政策。

2. 不论"灰氢"或"蓝氢"，最终将被"绿氢"替代

现有技术水平和产业规模情况下，"绿氢"的生产成本高于灰氢、蓝氢。但"绿氢"有着更大的发展潜力。生产过程中二氧化碳零产生、零排放；能源耦合性，与上游过剩的可再生能源电能直接耦合；生产消费灵活性，能在应用终端直接生产，减少储运、运输成本。基于质子交换膜技术的电解制氢系统能够以高能量密度和运行效率生产高品质氢气，碱性电解液电解制氢已工业化。在技术进步、市场规模化、政策指引和企业社会责任意识的多重推动作用下，"绿氢"制备的固定和非固定成本均有望下降，使"绿氢"能赶超"灰氢"的经济优势。预计到2030年，中国"绿氢"市场规模将增长近30倍。

绿氢可以助力交通、化工、钢铁、石化等多领域深度脱碳，2022年3月国家发改委发布的《氢能产业发展中长期规划(2021—2035年)》提到，氢能正逐步成为全球能源转型发展的载体之一，氢能是未来国家能源体系的重要组成部分，是用能终端实现绿色低碳转型的重要载体，是战略性新兴产业和未来产业终点发展方向，规划明确提到2025年可再生能源制氢量达到10~20万t/a，2035年可再生能源制氢在终端能源消费中的比重明显提升，对能源绿色转型发展起到重要支撑作用。

国内氢能产业尚处于市场导入阶段，除部分气体公司外，市场化供氢渠道有限。结合不同技术路线制氢的产能、经济性以及碳排放情况，不同地区必须依据其资源禀赋进行选择。在氢能市场发展初期，氢气作为燃料增量有限，工业副产制氢因成本较低，且接近消费市场，将成为有效供氢主体，部分地区可探索开展可再生能源电解制氢项目示范。发展中期，煤制氢配合CCS技术，可再生能源电解水制氢将成为有效供氢主体，积极推动生物制氢和太阳能光催化分解水制氢等技术示范，氢气实现长距离大规模输运。发展远期，中国能源结构从传统化石能源为主转向以可再生能源为主的多元格局，可再生能源电解水制氢将成为有效供氢主体，煤制氢配合CCS技术、生物制氢和太阳能光催化分解水制氢等技术成为有效补充，整体氢能供给充裕，并可实现千万吨级绿色氢气出口。

"灰氢不可取，蓝氢可以用，废氢再利用，绿氢是方向。"工业和信息化部原部长、中国工业经济联合会会长李毅中在2021年中国绿色氢能发展大会上，强调了以绿氢为制氢发展方向的重要性。目前绿氢制取技术有水电解制氢、太阳能光解制氢、生物质制氢等方式。生物质制氢以及太阳能光解制氢技术，目前均在研发、试验阶段，并没有大规模应用到实际中。

3 濮阳市氢量市场需求

中原油田地处濮阳市，根据郑汴洛濮氢走廊规划建设工作方案，加氢站数量达到100座以

上。根据濮阳市需氢现状，需氢量为 2900kg/d，到 2025 年，需氢量为 8400kg/d(其余 11 座加氢站按 500kg/d 考虑)，合计为 $3900Nm^3/h$。

中原油田出台《“十四五”新能源发展规划修正及 2022—2024 年三年滚动计划》，计划到“十四五”末，建成总制氢规模为 $7000Nm^3/h$ 的电解水制氢工厂 3 座，其中，天然气重整制氢为 $600Nm^3/h$，“绿氢”制造规模为 $6500Nm^3/h$：已建《兆瓦级可再生电力电解水制氢示范工程》为 $500Nm^3/h$，本次新建电解水制氢为 $3000Nm^3/h$，后期再建电解水制氢装置 $3000Nm^3/h$，建成中国石化豫北地区“绿氢”供应中心。

4　濮阳市制氢技术工业应用研究

4.1　制氢技术路线研究

制氢技术路线目前主要有：化石能源制氢、工业副产气制氢、电解水制氢、生物质制氢与太阳能电解水制氢等。

化石能源制氢称为“灰氢”或“蓝氢”，无法消除碳排量。生物质制氢与太阳能电解水制氢目前技术应用还不成熟，产品纯度低，氢转化率较低。电解水制氢技术是一种应用广泛、技术成熟、工艺简单、制取的氢气和氧气纯度高的制氢技术，已相当成熟，具有工艺流程简单、制氢过程环保、氢气纯度高等特点，因此濮阳市制氢技术路线选择电解水制氢，目前电解水制氢技术主要有碱性、固体氧化物以及质子交换膜三种制氢技术。

4.1.1　质子交换膜电解水制氢技术

1. 技术原理

质子交换膜电解也称聚合物薄膜电解(Proton Exchange Membrane)，它将传统碱性电解槽中的隔膜和电解质替换为全氟磺酸型质子交换膜。PEM 的基本原理示意图如图 1 所示。质子交换膜电解槽主要是由槽体、阴阳极板、电源和质子交换膜组成。质子交换膜的两侧是催化剂构成的多孔电极，它的导电原理是靠氢离子的定向移动来实现的，而氢离子的移动是依靠固定在膜网络上的磺酸根离子来实现的。膜电极组(Membrane Electrode Assembly，MEA)是 PEM 电解槽运行过程中电能转换为化学能的场所，是 PEM 电解池的“心脏”，由质子交换膜以及分布两侧的由催化剂构成的多孔电极组成。

PEM 电解纯水制氢反应遵循如下反应过程：

(1) 水电解和氧气析出：水分子($2H_2O$)在正极发生水解反应，受电场和催化剂的共同作用分裂成质子($4H^+$)、电子($4e^-$)和气态氧(O_2)。

(2) 质子交换：$4H^+$质子被吸入含有磺酸基化合物的 PEM 固体质子交换膜内，在电势差的影响下通过固体质子交换膜到达负极。

(3) 电子传导：正极水解反应产生的 $4e^-$ 电子通过外部电路传导至负极。

(4) 氢气析出：$4H^+$在负极与 $4e^-$发生反应，析出氢气($2H_2$)。

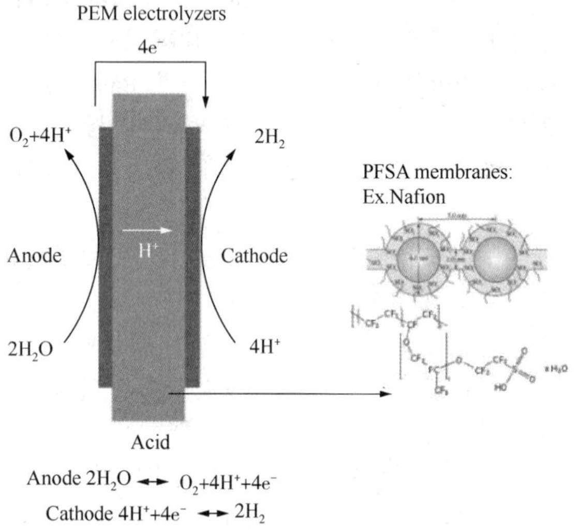

图 1　PEM 基本原理示意图

2. 技术工艺流程

质子交换膜电解工艺流程如图 2 所示。

3. 国内外工业化应用

国内 MW 级制氢应用较少，目前在建项目为中原油田油气加工技术服务中心为 2.5MW PEM 电解水制氢。

三峡集团乌兰察布“源网荷储”技术研发试验基地，远期规划建设 50 万 t/a 绿电制氢。近期为 10 万 t/a 绿电制氢(含 1195MW 风电、850MW 光伏发电、400km 输氢管线)等，将大幅提高清洁能源消纳水平，提升地区电力电网尖峰负荷保障能力，搜索电网侧储能和绿色电力直供等新模式，促进电力系统“源网荷”协调发展。系统设计运行时间为 12h/d，采用 10 个 $50m^3$ 的 3MPa 低压储罐储存，储存时间约 4 天。

加拿大魁北克省 20MW PEM 电解水制氢项目；加拿大贝坎库尔 20MW 项目，液化后供给工业用户，实测直流电耗为 $4.3kW\cdot h/Nm^3H_2$，系统交流总电耗为 $4.8kW\cdot h/Nm^3H_2$，包含水处理、水精制、氢气纯化、冷却水系统、冷冻水、

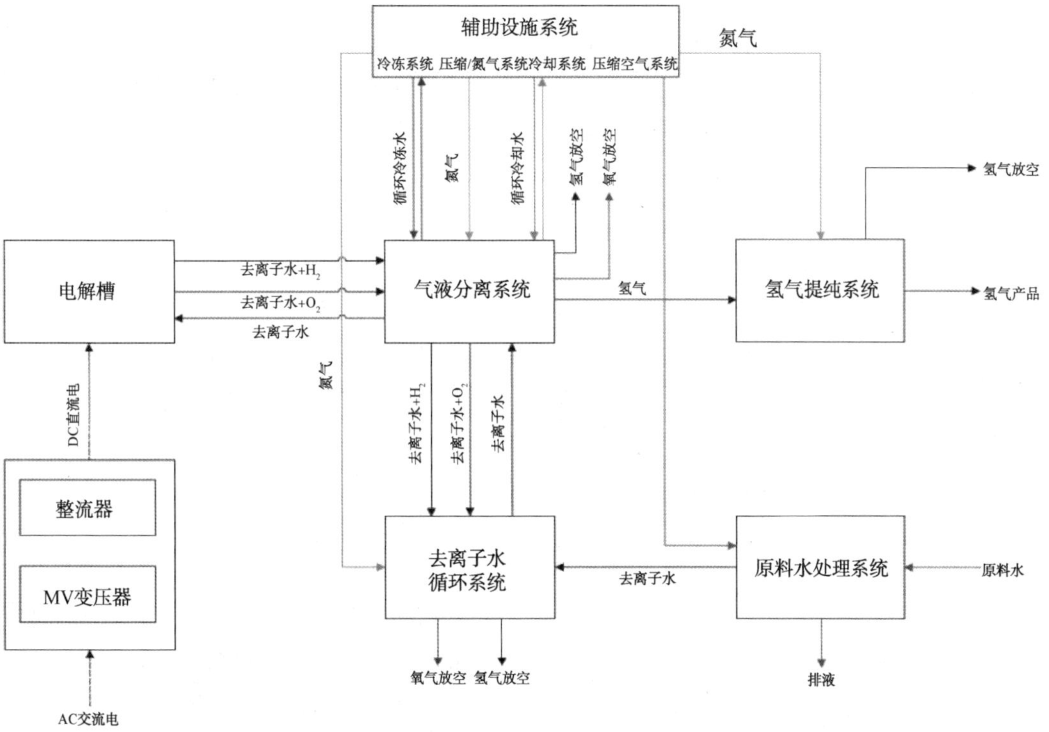

图 2 质子交换膜电解工艺流程

氮气系统及压缩空气系统；该项目采用 24h 连续运行，氢气液化后，根据市场情况，由管束车拉运，站内液氢储存时间为 1～2 天。

欧洲丹麦 HyBalance 1.25MW PEM 电解水制氢项目，用于交通及工业领域，24h 运行，根据下游客户用氢需求，快速进行负载调节，实现柔性生产，现场无人值守，远程控制。采用 20MPa 管束车拉运，50% 通过管道外输，用于工业用户，50% 存储拉运，用于交通领域。

4.1.2 碱性电解水制氢技术

1. 技术原理

碱性电解水技术采用非金属催化剂，以 KOH 溶液为电解液，在外部电流作用下，水分子的氢氧键在阴极被打断，得到 H^+ 和 OH^-，而 H^+ 得到外部电子后生成 H 原子，进而产生 H_2；而 OH^- 离子则迁移至阳极区，每两个 OH^- 离子中有一个 O^{2-} 被外部电路夺走两个电子，生成氧原子和水分子。

电解槽阴、阳两极的反应式分别为：

阴极：$2H_2O+2e^- \longrightarrow H_2+2OH^-$

阳极：$2OH^- \longrightarrow 1/2O_2+H_2O+2e^-$

由于浓度梯度的存在，OH^- 离子的迁移需要额外的能量克服迁移阻力，且由于迁移程的限制，碱性电解水制氢工艺需要较高的过电位。另外，由于电解液电导率的限制，其工作电流密度相对较低。

碱性电解槽通常采用 KOH 溶液（26～30% wt）作为电解液，在电解过程中不消耗碱液，碱液只起到离子转化的作用。碱性电解槽的基本原理示意图如图 3 所示，其主要由电解槽、阴极板、阳极板、隔膜、电解液组成。极板一般采用合金制成，比如 Ni-Cr-Fe 合金，Ni-Co-V 合金等，电解 KOH 溶液，产生氢气和氧气。电解槽的隔膜主要是石棉布，主要作用是分割氢气和氧气。

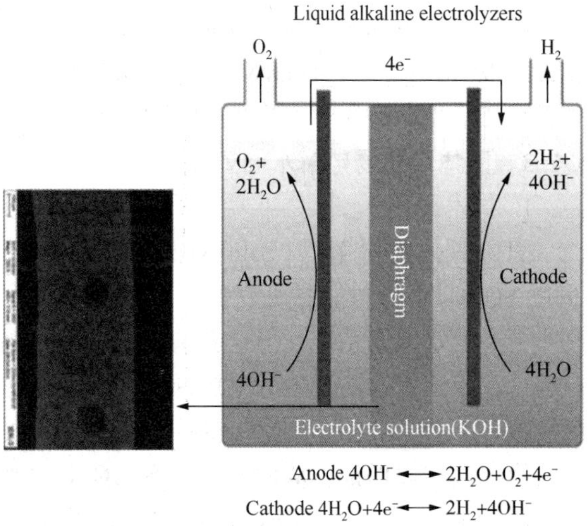

图 3 碱性电解槽的基本原理示意图

碱性电解水采用非贵金属催化剂，工作温度一般为 85~95℃，成本相对较低。自 1789 年被发现后，碱式电解水已经成为最成熟的制氢技术，其装机容量可达兆瓦级，是目前市面上使用最多分布最广的制氢技术。

2. 技术工艺流程

碱性电解水制氢工艺流程图见图 4 所示。

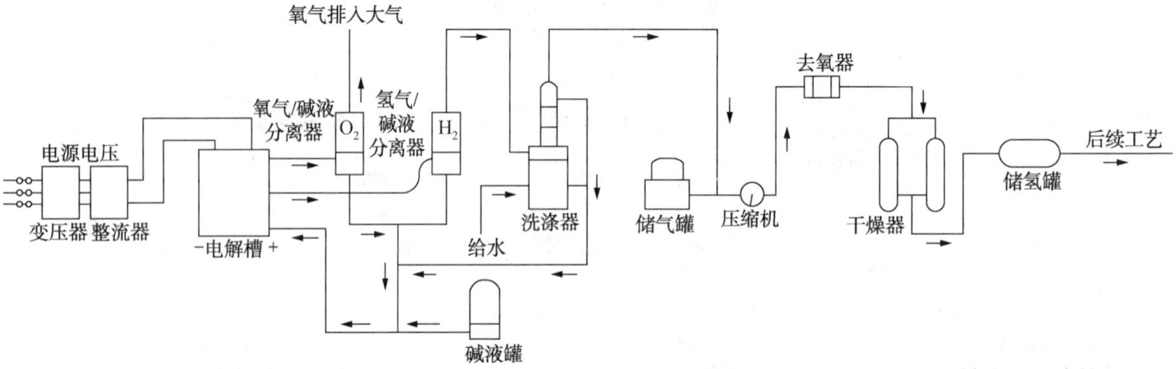

图 4　碱性电解水制氢工艺流程图

3. 工业化应用

目前，国内华能、华电、大唐国际、中电投和国电 5 大电力公司、30 余家电子行业、50 多家石化行业采用碱性电解水技术，碱性电解水技术在国内已得到广泛应用。

（1）宁夏宁东基地国家级太阳能电解水制氢综合示范项目，2019—2022 年建设，新建 30 套 5MW 碱性电解水制氢设备，生产的绿氢加入煤化工生产流程，替代部分煤制氢，用于甲醇的制造。

（2）中国石化新疆库车光伏制绿氢项目，主要建设 1188.5MW 光伏发电、2 万 t/a 电解水制氢，共新建 52 套 5MW 碱性电解水制氢设备，一期为 300MW 光伏发电及 2 万 t/a 电解水制氢及配套系统，生产的绿氢供应塔河炼化，替代原有的天然气制氢模式。

（3）内蒙古鄂尔多斯风电光伏制氢项目，建设 332MW 光伏发电、455MW 陆上风电、3 万 t/a 电解水制氢及输变电、储氢和输氢等配套系统。

4.1.3　固体氧化物电解水制氢技术

1. 技术原理

固体氧化物电解槽（Solid Oxide Electrolyzer Cell，SOEC）是韩国能源研究所开发出来的一套效率更高的水电解系统。但这套系统需要在高温下运行，其运行时所发生的电极/电解质、电极/双极板和双极板/电解质等许多界面反应导致材料的稳定性难以保证，从而制约了 SOEC 电解水技术的商业化进程，目前仍处于实验室研发阶段。

固体氧化物中间（核心）为致密固体氧化物电解质，首选萤石结构的稳定氧化锆 ZrO_2，如 Y_2O_3/ZrO_2（YSZ），高温时具有良好氧离子导电性和高稳定性，价格昂贵。两侧为多孔电极（阳极和阴极），此外还有封装材料。

固体氧化物电解槽操作温度高（YSZ 为 700~1000℃），能加快电极反应速率，显著降低电极极化电压，实现高效率高通量制备 SOEC 全固态结构。气体产物易分离，能避免液态电解质蒸发、腐蚀和电解液流失等问题，电极无需采用 Pt 等贵金属，大幅降低成本。

SOEC 电解水技术的原理仍是使用电流将水分子电解成氢气和氧气并分别收集起来；不同的是，这套电解系统在电解和电解质上构成了固态。这套固体氧化电解水装置需要在高温下运行（700~1000℃），因此整套系统电解效率更高。但是电解槽在较高的温度下工作，电解和电解质的材料和寿命均是较大的考验和挑战，此外该技术目前还在实验室阶段，还未大规模的应用在工程实际中。SOEC 的基本原理示意图如图 5 所示。

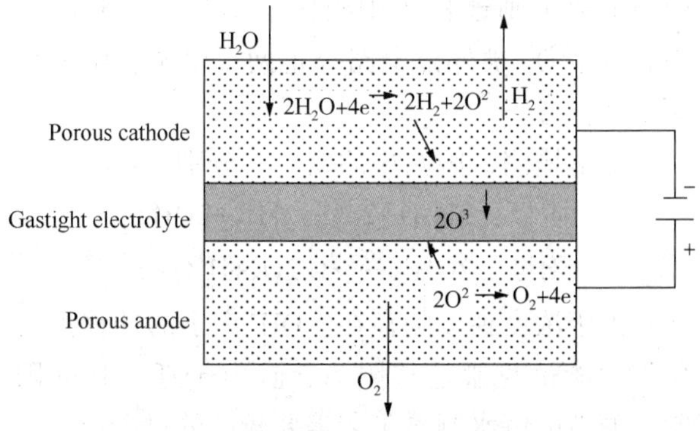

图 5　固体氧化电解槽的基本原理示意图

固体氧化电解槽的阴极和阳极反应分别为：

阴极：$H_2O+2e^- \longrightarrow H_2+O^{2-}$

阳极：$O^{2-} \longrightarrow 2e^- +1/2O_2$

2. 工艺流程

水以蒸汽的形式进入电解槽，在负极被分解为 H^+ 和 O^{2-}，H^+ 得到电子生成 H_2，而 O^{2-} 则通过电解质 ZrO_2 到达外部的阳极，生成 O_2。电解质的主要作用为选择性地使氧离子或质子透过但防止氧气和氢气的透过，因此，一般要求电解质致密且具有高的离子电导率。

3. 工业化应用

固体氧化物电解水技术目前还处于实验室开发阶段，暂无工程实例。

4.1.4　工艺技术对比研究

对三种电解水制氢技术的优缺点进行研究分析如下。

（1）碱性电解水技术是发展时间最长、技术最为成熟的技术，运行寿命可达 20 年。与其他电解水制氢技术相比，具有操作简单、成本低的优点。而因为上述不足，该技术的使用受到较大的限制。

（2）固体氧化电解水技术是一种新型电解水技术，具有较高的电解效率（90% 以上），但尚不成熟。由于使用该技术电解制氢工作温度较高，温度高达 700～1000℃，制造工艺比较复杂，因此降低了高温电解水制氢的综合效率，以及对电解和电解质的材料和寿命均存在较大的考验和挑战，目前仅在实验室和通过小型示范规模发展。

（3）质子交换膜电解水技术被誉为制氢领域极具发展前景的水电解制氢技术之一，它利用纯水作为电解液，在电解过程中不添加任何化学药品，具有较高的电流密度和安全性；磺酸质子交换膜有着较高的离子交换容量和良好的气体阻隔性，用作电解槽的隔膜材料，可以有效地隔离氢气和氧气的混合，使产生的气体纯度提高，氢气纯度可达 99.9995%，且无腐蚀作用；电解效率高，电解槽的使用寿命长，性能稳定，并且电解损耗小，化学稳定性好；但电解水水质要求更高。

进行对比分析研究，制氢技术路线可采用质子交换膜电解水制氢技术。

4.2　制氢技术工业应用

通过对濮阳市氢能的市场需求分析，结合中原油田现状，在中原油田油气加工技术服务中心建设 1 套 3000Nm³/h 质子交换膜电解水制氢工艺。

1. 制氢标准

制氢产生的氢气满足《质子交换膜燃料电池汽车用燃料氢气》（GB/T 37244—2018）中燃料氢气的技术指标，同时满足加氢站用氢要求，因此，氢气质量参数详见表 2。

表 2　制氢工艺技术参数

名称	单位	参数
产气量	Nm^3/h	3000
纯度	%	≥99.99
压力	MPa	1.6

2. 制氢工艺流程

质子交换膜制氢工艺主要包含原料水系统、PEM 电解水制氢系统、储运系统、空氮系统、冷却循环水系统等部分组成，工艺流程如图 6 所示。

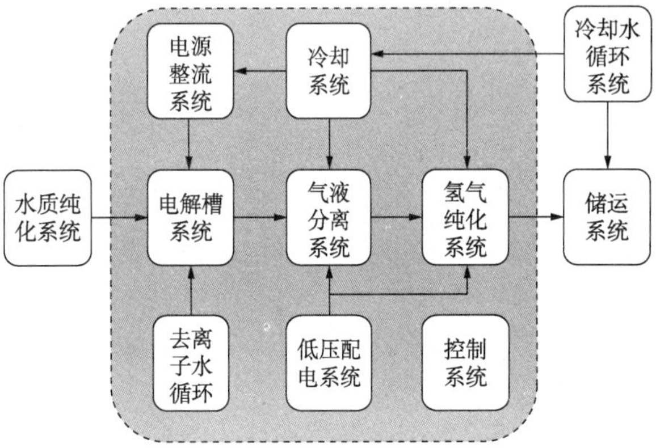

图 6　质子交换膜制氢工艺流程

5　结论及建议

1. 结论

中原油田油气加工技术服务中心 3000Nm³/h 可再生电力电解水制氢扩能项目符合国家碳中和的目标和行业发展的方向，符合中国石化“第一大氢能公司”的愿景目标，符合能源结构改善、降低污染物排放的要求，对于推动氢能源的开发利用以及新能源的技术迭代具有重要意义，建议尽快实施。

2. 建议

（1）在工业化应用时对站场进行统筹考虑，充分利用现有资源，避免减少不必要的重复性，节省工程投资，缩短施工周期，提高经济效益。

（2）可根据工艺组成部分，结合“五化”要求，对质子交换膜制氢进行模块化橇装化设计，缩短施工周期，提高施工质量与效率。

（3）为促使经济效益最大化，建议为质子交换膜制氢工艺用电设施配套风电或光伏发电。

参 考 文 献

[1] 徐进，丁显，等. 电解水制氢厂站经济性分析[J]. 储能科学与技术，2022年11卷第7期：2374-2385.
[2] 俞红梅，邵志刚，等. 电解水制氢技术研究进展与发展建议[J]. 中国工程科学，2021年23卷第2期：146-152.
[3] 丁显，冯涛，等. 风电光伏波动性电源对电解水制氢电解槽影响的研究进展[J]. 储能科学与技术，2022年11卷第10期：3275-3284.

一种新型碳纤维复合材料浮顶罐浮盘的研发

倪平平

（中国石化中原石油工程设计有限公司）

摘　要　在石油领域，内外浮顶油罐由于具备隔离油气、抑制油气挥发等优点而得到普遍应用。钢制浮盘因维温加热而消耗掉的能源非常巨大，研发一种新型材料，既可以替代钢制浮盘的优良性能，又有较低的导热性，对于减少碳排放的意义非常大。本项目基于国内外浮顶罐浮盘的研究基础，进行了新型碳纤维浮盘的材料筛选技术研究，设计、施工技术研究，并进行了1000m^{3}储罐的研制，进行了浮盘整体抗沉浮试验和耐火测试，均达到相关标准要求。

关键词　浮盘；树脂；碳纤维；夹芯板；漂浮试验；耐火测试

碳排放是关于温室气体排放的一个总称或简称。全球变暖的主要原因是人类在近一个世纪以来大量使用矿物燃料（如煤、石油等），排放出大量的CO_2等多种温室气体。由于这些温室气体对来自太阳辐射的可见光具有高度的透过性，而对地球反射出来的长波辐射具有高度的吸收性，也就是常说的"温室效应"，导致全球气候变暖。全球变暖的后果，会使全球降水量重新分配，冰川和冻土消融，海平面上升等，既危害自然生态系统的平衡，更威胁人类的食物供应和居住环境。

与其他污染物不同，CO_2的减排存在很大的技术难度。目前主要有3种技术方向和选择。一是采取化石能源的替代技术，主要包括清洁能源替代技术、可再生能源技术、新能源技术；二是提高能效，进而通过减少能耗实现削减CO_2排放；三是碳埋存及生物碳汇技术。

在石油领域，钢制浮顶储罐是储罐石油、成品油的常用设备。内外浮盘油罐由于具备隔离油气、抑制油气挥发、火灾危害性小、操作方便等优点而得到普遍应用。但是钢制浮盘导热性优良，尤其是北方冬天，因维温加热而消耗掉的能源非常巨大，研发一种新型材料，既可以替代钢制浮盘的优良性能，又有较低的导热性，对于减少碳排放的意义非常大。

2003—2004年中国石油天然气第一建设公司为石化公司建造的5座10万m^{3}的玻璃钢内浮顶。浮盘采用轻质玻璃钢结构代替常规钢制或铝制浮盘，采用这种复合材料一方面增大了储罐的有限容积，较少了储罐占地面积和建造成本；另一方面彻底消除了因浮盘泄漏造成的浮盘偏移和沉盘的可能。相比于传统的钢质浮顶而言，碳纤维具有高比强度、高比模量、耐高温、耐腐蚀、耐疲劳、热膨胀系数小、抗蠕变、传热和导电等一系列的优异性能。刚性好，密度远远小于油品密度，因此不必另外增加空腔式结构就能漂浮在油品表面，同时也能满足浮盘设计基本载荷要求。

碳纤维材料的低密度和易成形特性使其在罐内浮盘中的优势越来越明显，它可以解决金属浮顶在使用中的腐蚀、变形、能耗高、维修、污染等问题，保障储罐安全高效运行。但碳纤维材料的排水系统结构设计、转动浮梯与浮盘连接结构设计、浮顶支柱结构设计、浮盘附件结构设计等均与钢制构件不同，没有成熟附件产品且主体无法进行焊接。因此考虑到碳纤维复合材料浮顶与传统钢质浮顶的巨大差异性，对碳纤维复合材料浮顶进行结构技术研究是十分必要的。

1　新型碳纤维浮盘材料结构组成

新型复合材料浮盘是一种非金属、无缝、复合材料制作的三明治结构的新型浮盘。设计范围基于客户要求而定，根据不同的介质，采用不同的化学配方模式，具体取决于存储产品，化学抗性，抽运率以及其他附属设备等。通过调研，国外碳纤维浮盘目前采用图1的结构型式，因为技术封锁，无法了解到每一层的化学成分和具体参数。

第一层：临时基模层；用模板搭建临时基模平台。

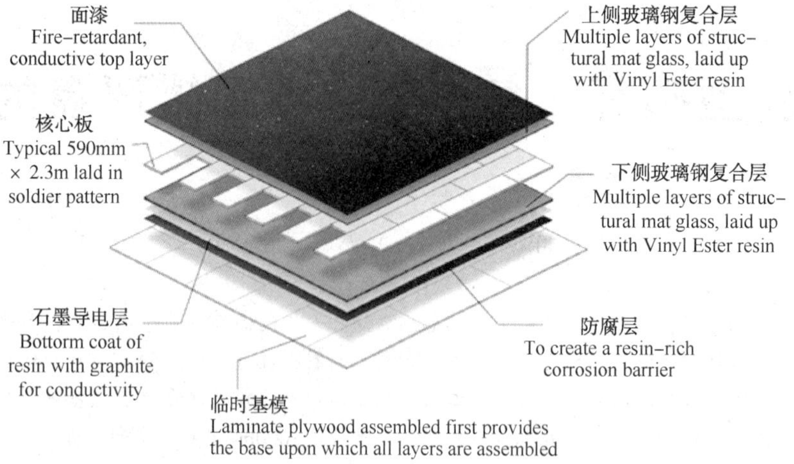

图 1　新型复合材料浮盘结构组成

第二层：优质乙烯酯树脂与石墨混合，获得抗静电的第一层。

第三层：树脂丰富的化学阻挡层，防腐层。

第四层：下层新型复合材料结构性涂层，由不同的碎玻璃纤维层嵌入乙烯酯矩阵形成。

第五层：新材料核心板层；核心材料是聚丙烯蜂窝板，带独立封闭的舱室(液密性)。蜂窝和新材料将局部载荷和压力分散到更广大的面积上。

第六层：上层新型复合材料结构性涂层。

第七层：面漆层；高级阻火乙烯基酯树脂与石墨混合，具有抗静电和阻火性能的最后保护层。

为了解决这一难题，项目组进行了集体材料筛选研究、板材拼接方式研究，并对成品板材进行了浮力设计计算、漂浮力试验和耐火性试验，验证了新材料浮顶的可用性。

2　碳纤维浮顶基体材料筛选

常用的树脂基体分为环氧乙烯基酯树脂、环氧树脂、间苯树脂三大类。

(1) 环氧乙烯基酯树脂是由环氧树脂与甲基丙烯酸通过开环加成化学反应而制得，通常被称为乙烯基酯树脂，属于热固性树脂。它既保留了环氧树脂的基本链段，且有不饱和聚酯树脂的良好工艺性能，从而使乙烯基酯树脂秉承了环氧树脂的高强度、高韧性、耐碱性等的优良特性，同时使固化性和成型性等方面更为出色，可以溶解于苯乙烯以及丙烯酸系单体。

(2) 环氧树脂是一种高分子聚合物，固化后的环氧树脂具有良好的物理、化学性能，它对金属和非金属材料的表面具有优异的粘接强度，介电性能良好，变定收缩率小，制品尺寸稳定性好，硬度高，柔韧性较好，对碱及大部分溶剂稳定，因而广泛应用于国防、国民经济各部门，用作浇注、浸渍、层压料、粘接剂、涂料等用途。

(3) 间苯树脂是指官能团是在苯环上相隔的树脂。间苯二甲酸特殊的化学结构决定了以它为饱和二元酸组分的不饱和聚酯树脂具有优异的化学物理性能。他们强度高、韧性好、耐水、耐候、抗腐蚀，是复合材料常用树脂之一，采用这类不饱和聚酯树脂制造的玻璃钢在船舶、汽车、化工管道、储罐、卫生洁具、城市供水设施和污水处理方面得到了基本的应用。

我们选取了这三种比较有代表性的树脂进行研究。

2.1　基体树脂试验

根据试验测试及调研情况初步筛选出环氧乙烯基、环氧、间苯三种型号树脂，并进行以下项目的测试，得到见表 1 的结果。

通过 T_g 值、力学性能、耐腐蚀、工艺等性能测试、分析，进一步选出环氧乙烯基酯树脂作为碳纤维复合材料浮顶基体树脂。

2.2　夹芯板材研究

通过调研发现，常用的夹芯板材有 PP 蜂窝夹芯板、玻璃钢聚氨酯泡沫夹芯板、铝蜂窝夹芯板。对三种夹芯板材进行了平压强度、导热系数和滚筒剥离强度测试，具体数据见表 2 和如图 2 所示。

通过测试数据可以看出，PP 蜂窝夹芯板具有强度高，导热系数小，滚筒剥离强度的特点，适合作为浮顶使用。

表 1　蜂窝板测试数据

序号	检测项目	25℃黏度/(mPa·s)	T_g 值/℃	复合材料拉伸强度/MPa	复合材料弯曲强/MPa	成型条件	耐腐蚀
1	环氧乙烯基酯树脂	400~500	126	248	314	常温固化，纤维浸透树脂	90℃、28天浸泡试验，试样无变化
2	环氧树脂	8000~11000	101	336	443	加温降低黏度，纤维浸透树脂加温(80℃)固化	90℃、28天浸泡试验，试样无变化
3	间苯树脂(聚酯树脂)	400~500	85	227	280	常温固化，纤维浸透树脂	90℃、28天浸泡试验，质量增加

表 2　蜂窝板测试数据

序号	名称	平压强度/MPa	导热系数/W/(m·K)	滚筒剥离强度/(N/mm)
1	PP 蜂窝夹芯板	3.2	0.021~0.026	120
2	玻璃钢聚氨酯泡沫夹芯板	1.8	0.022~0.033	40
3	铝蜂窝夹芯板	3.8	2.5~2.7	102

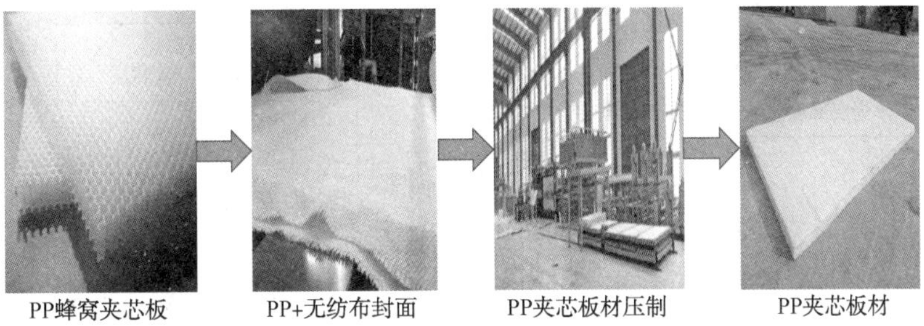

图 2　PP 蜂窝板制作过程

通过上述平压强度、导热系数、滚筒剥离强度测试结果，优选 PP 蜂窝夹芯板材为浮顶夹芯增强材料。

2.3　夹芯板材拼接方式研究

因新型碳纤维浮顶板材浮顶的施工属于国内首次，无施工和拼接技术参考，因此对平齐方式拼接和错缝方式拼接的 PP 蜂窝板进行了力学测试，试验结论见表 3 及如图 3、图 4 所示。

采用两种拼接方式对 PP 蜂窝板进行拼接，然后用接触成型工艺处理形成整体，通过测试两块板材的平压、剥离、悬垂度等性能，推荐 PP 蜂窝板采用错缝拼接方式进行铺层。

2.4　浮盘结构

通过对复合材料浮顶的调研、国内外使用浮顶的论证以及材料的筛选，最终确定了碳纤维复合材料浮顶的结构及每层材料的具体组成，浮顶结构如图 5 所示。

表 3　蜂窝板拼接方式测试数据

序号	方案	平压强度/MPa	剥离强度/MPa	悬垂度
1	采用平齐方式拼接组装 PP 蜂窝板	220	12	0.3%
2	采用错缝方式拼接组装 PP 蜂窝板	265	13	0.1%

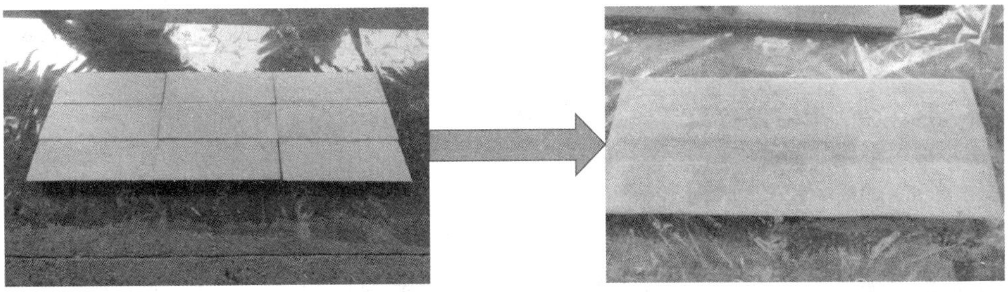

图 3　齐缝拼接

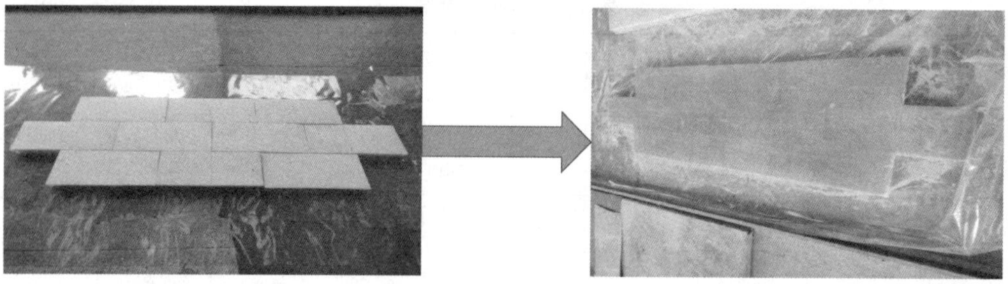

图 4　错缝拼接

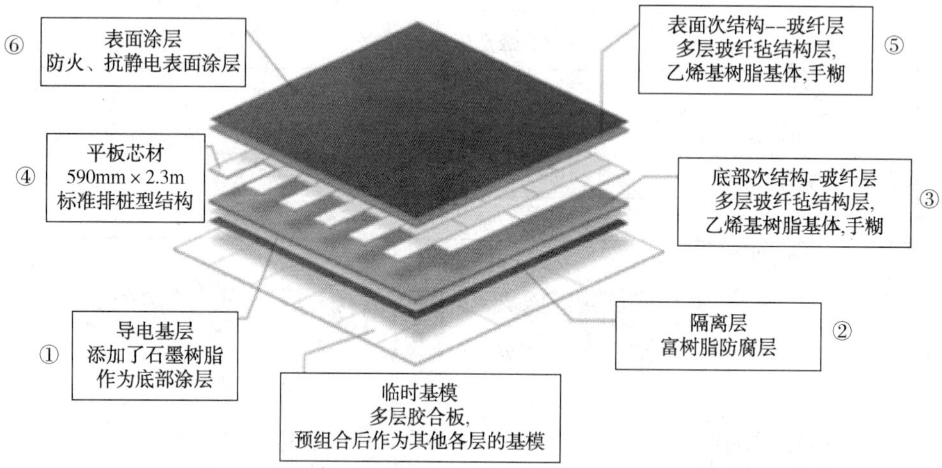

图 5　碳纤维复合材料浮顶结构

（1）第一层：临时基模层，由多层胶合板组成，预组合后作为其他各层的基模。

（2）第二层：导电基层，添加了石墨树脂作为底部涂层。

（3）第三层：隔离层，采用树脂丰富的防腐层。这一层用短切毡层来加强。

（4）第四层：底部次结构——玻纤层，由不同的碎玻璃纤维层嵌入乙烯酯矩阵形成。

（5）第五层：新材料核心板层，核心材料是聚丙烯蜂窝板，带独立封闭的舱室。蜂窝和新材料将局部载荷和压力分散到更广大的面积上。

（6）第六层：上层新型复合材料结构性涂层，包含不同的碎玻璃纤维层嵌入乙烯酯矩阵。

（7）第七层：表面涂层，主要是防火+抗静电表面涂层。

3　碳纤维浮盘的设计

参考 GB 50341 和《化工设备设计全书大型储罐设计》第五章第二节浮顶盖—1986 版进行双盘式浮顶的设计计算，以 5 万 m^3 浮顶油罐为例进行抗漂浮的计算。

3.1　浮顶质量及沉没深度计算

5 万 m^3 浮顶油罐，直径 60m，罐壁高 19.33m，浮顶直径 59.5m，图 6 为浮顶截面尺寸，沉没深度 T，应使它在最大载荷时仍能浮于液面不沉没

$$T=\frac{4(Q+G)}{\pi D_1^2\rho}$$

式中，Q 为浮顶质量，160000kg；G 为顶板上雨或雪的质量，取 250mm 深的水重，695000kg；D_1 为浮顶直径，59.5m；ρ 为按 GB50341 规定，计算时 ρ 取 700kg/m^3；T 为浮顶深入储液的深度，mm。

所以 $T=\frac{4(Q+G)}{\pi D_1^2\rho}=0.515\text{m}0.44\text{m}$

考虑倾角及安全系数，$T=1.3\times0.44=0.572\text{m}=572\text{mm}$，本罐外边缘板高度 $b=600\text{mm}>572\text{mm}$，符合规范规定。

3.2　核算浮力和浮盘质量关系

浮顶自重 160000kg　阻力 192000kg×9.8（约为钢制浮顶质量）；

材料密度按照 800kg/m^3；

浮船体积 V：1222m^3；

沉没 440mm；

自重比 = 700×9.8×1222/（160000+192000）×9.8 = 2.43。

因此只要浮顶边缘板高度按照设计值 600mm

进行制造，浮顶的漂浮力就能计算通过。

4　碳纤维复合材料浮顶的施工及测试

4.1　碳纤维浮盘的施工

在项目现场进行了 *DN*9900 浮顶试制，用于浮顶工艺、性能、试验等项目验证。工艺流程为：施工准备—支撑立杆搭设—搭建模板—浮盘施工—立边施工—密封施工—附件安装—试水检测—同比例复制进行耐火测试。

4.2　碳纤维浮盘的漂浮测试

首先我们对复合材料浮盘进行整体测试，通过画定最初的基础刻度数据，然后通过最终升起的刻度进行计量，并进行时间计量，通过上下浮漂一周的测试，查看浮盘破损及泄漏情况。具体操作步骤如下；

（1）充水试验采用洁净淡水，水温不低于 5℃，且水中的氯离子含量不得超过 25mg/L。

（2）进水管速度初始以 1m/s 为限，当内浮顶升起后，其速度可逐渐提高。

（3）充水试验时浮盘必须从最低位置上升到设计最高操作位置，并在升降过程中，观察其升降是否平稳、密封和导向防转部分及自动通气阀等有无卡涩现象、浮盘及其附件是否与安装在罐体上的附件相碰。

通过漂浮试验，浮盘升降过程平稳，一、二次密封平顺，不卡涩。浮盘漂浮试验满足标准要求。

4.3　碳纤维复合材料浮顶的耐火测试

1. 耐火测试

根据 *DN*9900mm 的试验盘进行缩小为 *DN*3600mm，送至天津消防所进行耐火、漂浮、承压测试。为在原油库、石化领域推广销售全接液玻璃钢浮盘提供技术支撑。试验的相关过程如图 7～图 10。

2. 测试过程

测试时间：2022. 6. 17 日 0 点——2022. 6. 17 日 10 点；

测试项目：浮盘 2h 耐火燃烧、0. 1m^2 受力静载测试、燃烧后浮盘漂浮。

（1）测试准备（图 7）。

（2）浮盘 2h 燃烧测试（图 8）。

（3）静载测试（图 9）

（4）漂浮测试（图 10）。

图 6　复合材料浮盘的漂浮测试

图 7　测试准备

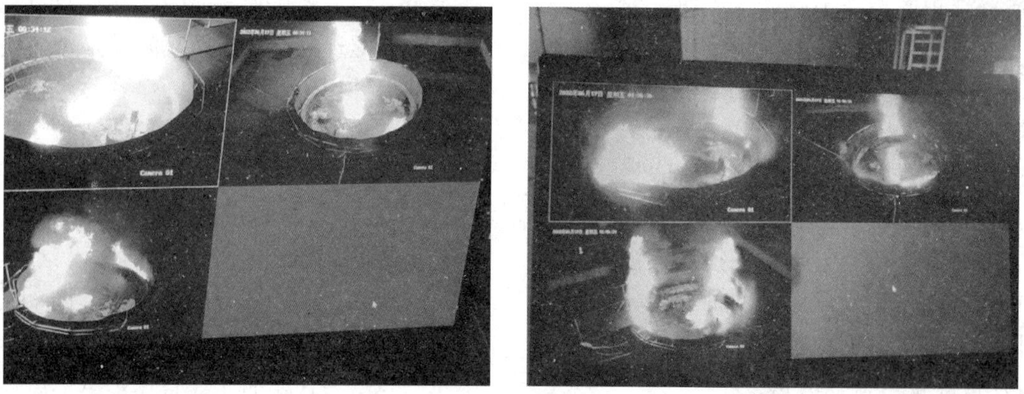

图 8　燃烧测试

图 9　30min 0.1m^2 静载测试

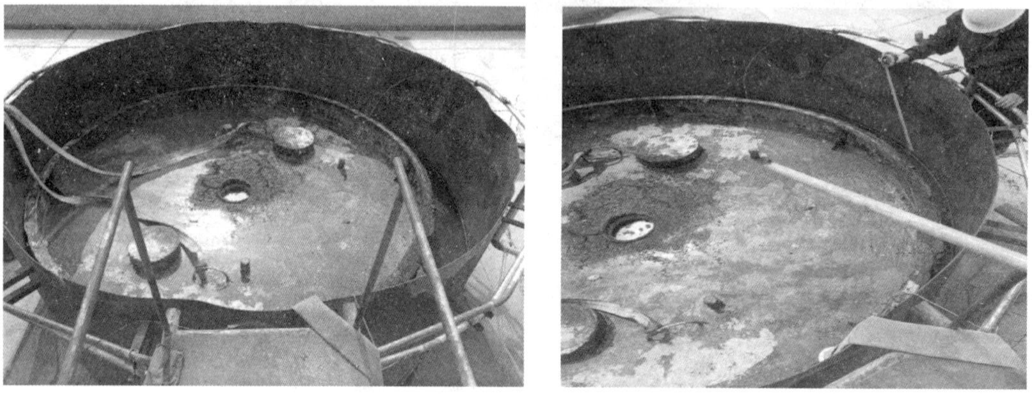

图 10　1h 燃烧后漂浮测试

3. 测试结果

浮盘 2h 耐火燃烧、0.1m^2 受力静载、燃烧后浮盘漂浮测试结果满足标准要求，浮盘耐火测试报告如图 11 所示。

5　结论

本项目基于国内外内外浮盘的研究基础，依据国内外标准 API 650，GB 50341 及其他相关规范，进行了新型碳纤维浮盘的材料筛选技术研究、设计技术研究、施工技术研究，并在厂家进行了 1000m^3 储罐的研制，进行了浮盘整体抗沉浮实验和耐火测试，均达到标准要求。

(1) 结合新型材料，对储罐浮盘进行了结构优化和设计计算，并对储罐附件和浮盘的连接进行了技术研究，研究结果满足标准和相关参考文献的要求。

(2) 结合新型材料，进行 *DN*9900mm 浮顶试制，用于浮顶工艺、性能、试验等项目验证。重点研究了搭建模板施工、浮盘施工、密封施工和试水检测等。

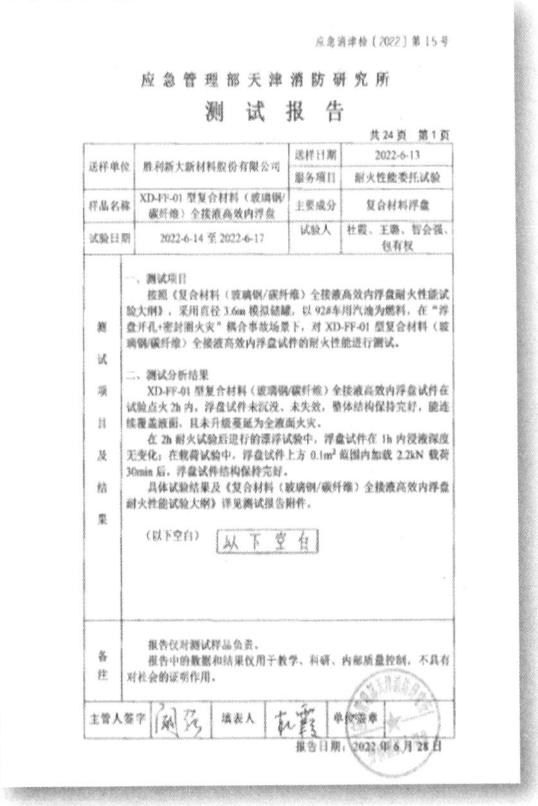

应急消津检〔2022〕第15号

应急管理部天津消防研究所

测试报告

共24页　第1页

送样单位	胜利新大新材料股份有限公司	送样日期	2022-6-13
		服务项目	耐火性能委托试验
样品名称	XD-FF-01型复合材料（玻璃钢/碳纤维）全接液高效内浮盘	主要成分	复合材料浮盘
试验日期	2022-6-14至2022-6-17	试验人	杜霞、王璐、智会强、包有权

测试项目及结果：

一、测试项目

按照《复合材料（玻璃钢/碳纤维）全接液高效内浮盘耐火性能试验大纲》，采用直径3.6m模拟储罐，以92#车用汽油为燃料，在"浮盘开孔+密封圈火灾"耦合事故场景下，对XD-FF-01型复合材料（玻璃钢/碳纤维）全接液高效内浮盘试件的耐火性能进行测试。

二、测试分析结果

XD-FF-01型复合材料（玻璃钢/碳纤维）全接液高效内浮盘试件在试验点火2h内，浮盘试件未沉没、未失效，整体结构保持完好，能连续覆盖液面，且未升级蔓延为全液面火灾。

在2h耐火试验后进行的漂浮试验中，浮盘试件在1h内浸液深度无变化；在载荷试验中，浮盘试件上方0.1m²范围内加载2.2kN载荷30min后，浮盘试件结构保持完好。

具体试验结果及《复合材料（玻璃钢/碳纤维）全接液高效内浮盘耐火性能试验大纲》详见测试报告附件。

（以下空白）　从下空白

备注：

报告仅对测试样品负责。

报告中的数据和结果仅用于教学、科研、内部质量控制，不具有对社会的证明作用。

主管人签字　填表人　单位盖章

报告日期：2022年6月28日

图11　浮盘耐火测试报告

（3）对复合材料浮盘进行整体测试，通过画定最初的基础刻度数据，然后通过最终升起的刻度进行计量，并进行时间计量，通过上下浮漂一周的测试，查看浮盘破损及泄漏情况。浮盘在抗沉浮实验中，运行稳定不卡涩，密封也满足相关标准要求，抗浮沉实验通过。

（4）对复合材料浮盘进行耐火测试：根据*DN*9900mm的试验盘进行缩小为*DN*3600mm，送至天津消防所进行耐火、漂浮、承压测试。耐火实验均顺利通过，达到浮盘耐火实验标准要求。为在原油库、石化领域推广销售全接液玻璃钢浮盘提供技术支撑。

（5）钢制浮顶导热系数大、散热快，每年冬季运行原油加热保温投入高。

例：以一台5×万 m^3 浮顶储油罐（*DN*60000×21000）为例：

冬季运行时间：当年10月——次年4月；

依据罐顶散热公式：

$$Q_g = K_g F_g (t_{cp} - t_k)$$

式中，Q_g 为罐顶散热量，kJ/h；F_g 为罐顶表面积，F_g = 2826m^2；K_g 为罐顶传热系数，K_g = 18.778kJ/m^2·h·℃；t_{cp} 为罐顶内表面原油温度，45℃；t_k 为罐顶外大气温度，20℃（冬季昼夜平均）。

带入数据计算：Q_g = 1326665kJ/h；

冬季运行金属浮顶散热 $Q_g = Q = 6.68 \times 10^9$ kJ；

折算成标煤：$G_{标煤}$ = 228t。

因此采用碳纤维浮盘，一台5万 m^3 浮顶储油罐一个冬季可以节约不少于228t标煤。如果该材料广泛应用，对减少碳排放的贡献将非常大。

参考文献

[1] 付沙威，沈慧娟. 碳纤维材料综述[J]. 通化师范学院学报，2012，33(12)：21-22. DOI：10.3969/j.issn.1008-7974.2012.12.010.

[2] 石鑫，张永春. 碳纤维材料及应用[J]. 新材料新装饰，2014(11)：1-1.

[3] 中国石油天然气集团公司. GB 50341—2014 立式圆筒形钢制焊接油罐设计规范[s]. 北京：中国计划出版社. 2014.

[4] 卫建良. 新型玻璃钢内浮盘结构与施工[J]. 石油工程建设，2005，31(5)：15-17. DOI:10.3969/j.issn.1001-2206.2005.05.005.

[5] 史倬轮. 内浮顶罐技术及发展[J]. 石化技术. 1996，(1). 16-20，43.

氢气及天然气液化预冷工艺及流程优化分析

陈　宇　沈全锋

（中国石油工程建设有限公司）

摘　要　在氢气及天然气液化流程中，预冷工艺对整个流程能耗影响很大。氢气液化预冷工艺目前比较成熟的是氮气预冷循环。氨预冷循环、LNG预冷循环、混合制冷剂预冷循环等研究还处于发展阶段。天然气液化工艺研究比较成熟，混合制冷剂预冷循环液化天然气流程具备机组设备少、流程简单、管理方便等优点，丙烷预冷混合冷剂液化流程结合了级联式液化流程和混合制冷剂液化流程的特点，且具有高效、简单的优点。本文针对目前不同预冷氢液化流程，比较这些流程的单位能耗、㶲效率和性能系数。同时模拟了丙烷预冷混合冷剂液化工艺流程，优化丙烷预冷系统循环和混合冷剂制冷循环参数。

关键词　预冷工艺；混合冷剂；氢气液化；天然气液化；流程优化

天然气以其清洁安全、热值高的优点，成为二十一世纪备受关注的绿色清洁能源。氢能是高效、洁净的二次能源，将成为未来主要的能源利用形式。天然气液化和氢气液化是天然气、氢气储运的关键。通过对天然气及氢气液化流程的优化研究，可以减少液化工厂的投入成本，提高生产效率。

不同的天然气液化装置，根据实际情况选择不同的流程。天然气液化装置分为基本负荷型液化装置和调峰型液化装置两种。其中基本负荷型天然气液化装置是供当地使用或者向外输送的液化装置，而调峰型液化装置是为调节使用高峰的负荷或者弥补冬季燃料供应不足的天然气液化装置。调峰型液化装置属于小流量液化装置，生产规模较小，非常年运行；基本负荷型液化装置一般为大型液化装置，常年连续运行，由庞大且复杂的系统组成。目前世界上现有的基本负荷型天然气液化装置中，有80%以上都是采用了丙烷预冷混合冷剂液化流程。丙烷预冷混合冷剂液化流程是在混合冷剂液化流程基础上改进的液化流程。该流程的主要优点是既高效又简单，结合了级联式液化流程和混合冷剂液化流程的优点。

氢气利用处于起步阶段，全球液氢装置不多。按制冷方式，氢液化循环主要有：氮预冷循环、氨预冷循环、LNG预冷循环、混合冷剂预冷循环等。

针对目前不同预冷氢液化流程，本文将比较这些流程的单位能耗、㶲效率和性能系数。同时模拟了丙烷预冷混合冷剂液化工艺流程，优化丙烷预冷系统循环和混合冷剂制冷循环参数。

1　氢气液化预冷工艺

1.1　氮预冷循环

C. Baker等提出一种液氮预冷的双压Claude氢液化流程。该工艺每天可产生250t液态氢，单位能耗和㶲效率分别为10.85kW·h/kg_{LH2}和0.36。M. Bracha等介绍了曾经德国最大的氢气液化系统，位于Ingolstadt的Linde大型氮预冷Claude工厂的液化能力为每天4.4t，单位能耗为13.58kW·h/kg_{LH2}。

唐璐等提出一种基于液氮预冷和氦制冷的氢液化流程，该流程的液化能力为50t/d。作者自行开发了MATLAB应用程序来模拟，该设计流程并对于末级膨胀分别考虑了节流膨胀和液体膨胀机两种方式。结果表明，末级膨胀用J-T节流阀和膨胀机的㶲效率分别为38.52%和40.17%。

1.2　氨预冷循环

M. Shimko等开发了一种氨预冷的液化量为50t/d的氢气液化循环。研究表明，该过程的单位能耗为8.73kW·h/kg_{LH_2}，㶲效率为0.446。W. L. Staats等提出并分析了一种氨预冷的超临界氢气液化循环，液氢产量为50t/d。利用MATLAB编写了仿真程序，以研究改变组件效率和各系统参数对系统效率的影响。结果发现在两级、三级和四级氦膨胀循环中四级膨胀的㶲效率最高，为0.356，若在四级膨胀的基础上再增加一级膨胀循环，㶲效率不会显著提高反而投资成本将随之增加。

1.3 LNG 预冷循环

相较于常规的氮气预冷 L-H 系统，曹学文等提出的新型液化系统使用 LNG 作为新型预冷剂，并在深冷段加入两级膨胀装置，以采用膨胀制冷与换热冷却相结合的方式来对氢气深冷。氢液化系统的工艺流程如图 1 所示，系统由两部分组成：氢气循环部分以及 LNG 预冷部分。

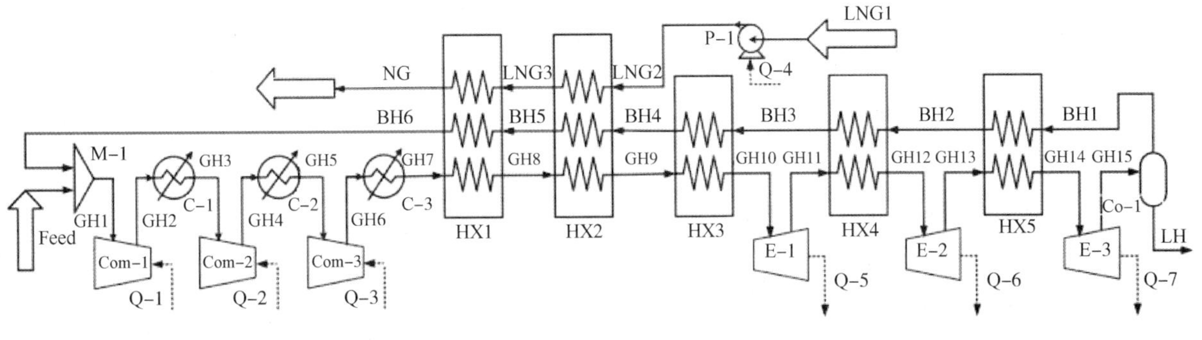

图 1　新型双压 L-H 氢液化工艺流程

通过回收利用 LNG 的冷能提高了系统的性能与经济效益，通过采用多流换热器与膨胀机相间布置的方法对氢气深冷增强了换热器的换热效率，通过应用两相膨胀机代替节流阀提高了氢气膨胀后的液化率。借助 HYSYS 软件对所建的流程进行了模拟计算与关键参数的灵敏度分析。新型双压 L-H 氢液化系统的比能耗为 9.802kW · h/kg_{H2}，㶲效率为 41.4%，总㶲损失为 1373.3kW，其中优化后的换热设备仍是系统㶲损失的主要来源。系统中氢气的预压缩压力在 2~4MPa 范围内变化对系统比能耗和氢气液化率影响较大，而 LNG 的加压压力对系统影响较小，可以适当提高氢气预压缩压力以降低系统的能耗。所提出的新型氢液化工艺相较常规 L-H 液化系统显著提高了液化性能，且具有流程简单、投资成本低等优势，在未来中小型氢液化厂的建设中优势明显。

A. Kuendig 等分析了一个与液化天然气(LNG)预冷装置相结合的液化能力为 50t/d 的大型氢液化流程。在环境压力下饱和 LNG 被泵压缩，温度升至-148℃，然后氢气在换热器中被 LNG 预冷至-138℃，最后通过氮气和氢气制冷回路逐步对液态氢进行进一步冷却。G. J. Kramer 等认为该过程的单位能耗可以降至 4kW · h/kg_{LH2}。

1.4 混合制冷剂预冷循环

Sadaghiani 提出的大型液氢生产装置产能为 300t/d，是目前理论能耗最低的一种氢液化循环新流程，能耗为 4.41kW · h/kg_{LH2}，㶲效率为 55.47%。该系统采用两级混合制冷剂的制冷循环，第一级将氢气从 25℃降低至-195℃，能耗为 1.102kW · h/kg_{LH2}，㶲效率为 67.53%。第二级将氢气冷却至-253℃，能耗为 3.258kW · h/kg_{LH2}，㶲效率为 52.24%。该氢液化循环的另一个创新点是制冷剂的组成，第一级制冷循环制冷剂由九种工质(摩尔分数分别为 17%的甲烷、7%的乙烷、2%的正丁烷、1%的氢气、16%的氮气、18%的丙烷、15%的正戊烷、8%的 R-14 以及 16%的乙烯)组成，第二级由三种工质(摩尔分数为 10%的氖、6.5%的氢气以及 83.5%的氦气)组成。

S. Krasae-in 等使用混合制冷剂预冷，四级氢气 J-B 串联制冷的液化氢流程。在 AspenHYSYS 中模拟了该液化量为 100t/d 的液化氢流程。由 10 种组分组成的混合制冷剂以较高的效率将原料氢气从 25℃预冷至-193℃。对于-193~-253℃的氢气采用提出的四级氢气 J-B 串联制冷循环。整个流程的单位能耗为 5.35kW · h/kg_{LH2}，㶲效率为 54%。指出对于该流程其换热器、压缩机电机和曲轴箱压缩机的尺寸较小。S. Krasae-in 基于之前的研究对更实际的大规模液化氢流程进行了改进，提出一种由 5 种组分(4%氢气、18%氮气、24%甲烷、28%乙烷和 26%丁烷)构成的混合制冷剂预冷和优化的四级氢气 J-B 串联制冷的液化氢流程。初步研究了变量和约束以及调整最佳稳态运行的方法，通过反复实验来模拟和优化氢气液化过程。优化过程包含 23 个变量和 26 个约束。优化的结果是该流程的单位能耗和㶲效率分别为 5.91kW · h/kg_{LH2}和 48.9%。

目前几乎所有的大型氢液化装置都采用了改进型带预冷的 Claude 系统，而预冷主要采用氮气预冷，也有采用LNG预冷。其他的循环方式停留在实验室或者理论计算阶段。通过简单比较，混合制冷剂预冷循环单位能耗具有一定优势。但没有通过大型装置验证，具有一定局限性。从工艺模拟结果上看，氢液化预冷方式将向混合工质和磁致冷方向发展。

2　丙烷预冷混合冷剂液化流程优化

2.1　丙烷预冷混合冷剂液化流程

丙烷预冷混合冷剂循环液化工艺流程如图2所示。该流程由深冷混合冷剂循环、丙烷预冷循环以及天然气液化回路。

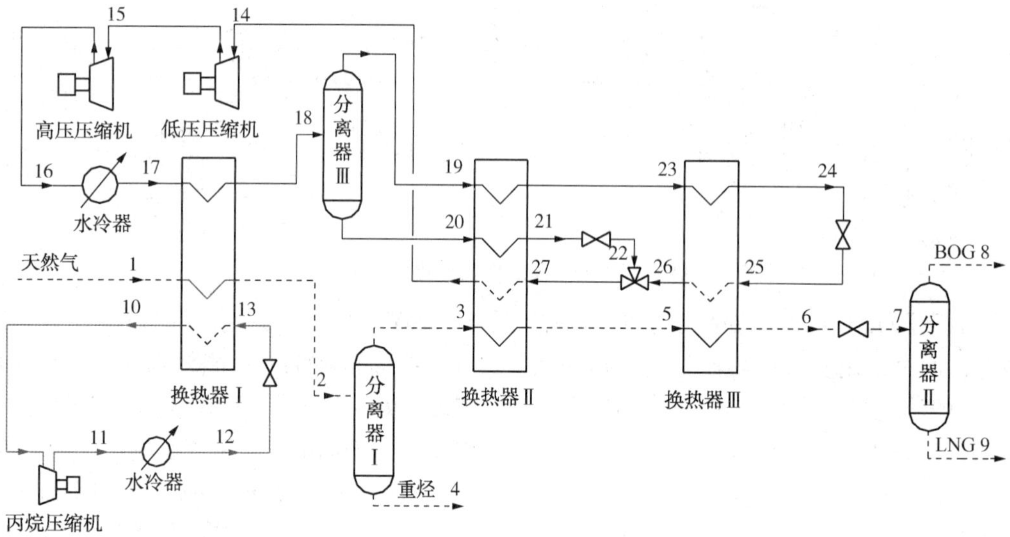

图2　丙烷预冷混合冷剂液化工艺流程图

丙烷预冷循环：丙烷经压缩机压缩至高压，经水冷器冷却后节流阀节流降温为天然气和混合冷剂的预冷提供冷量。升温后的丙烷返回丙烷压缩机，完成丙烷预冷循环。

深冷混合冷剂循环：混合冷剂经低压、高压压缩机压缩至高压，经水冷器带走一部分热量，然后通过丙烷预冷循环预冷。预冷后的混合冷剂进入分离器Ⅲ分离。其中，液相经换热器Ⅰ冷却后节流、降温，与返流的混合冷剂混合后，为换热器Ⅰ提供冷量。气相经换热器Ⅱ、换热器Ⅲ冷却后节流、降温，为换热器Ⅲ、换热器Ⅱ提供冷量。升温后的混合冷剂返回压缩机，完成混合冷剂循环。

天然气液化回路：净化后的天然气经丙烷预冷循环后进入分离器Ⅰ进行重烃分离。其中，液相去重烃处理装置，气相经换热器Ⅱ冷却、换热器Ⅲ液化并过冷，然后经节流阀节流降压至储存压力，最后进入分离器Ⅱ进行气液分离，液相为LNG产品进低温储罐。

2.2　丙烷预冷混合冷剂循环优化理论

1. 目标函数

$$W=(W_y+W_c)\min \quad (1)$$

式中，W为丙烷混合冷剂液化流程总压缩能耗，kW；W_y为丙烷系统压缩机能耗，kW；W_c为混合冷剂压缩机能耗，kW。

（1）压缩机采用离心式压缩机。压缩机能耗为离心式压缩机的输入功率(即轴功率)。

（2）优化目标函数，丙烷预冷混合冷剂液化流程总压缩能耗最小。而此流程中，涉及丙烷预冷系统压缩机和混合冷剂压缩机，因此，优化过程中需要对丙烷预冷系统循环和混合冷剂制冷循环分别优化其各自的参数。

2. 丙烷预冷系统优化

目标函数：

$$W=W_y(\min) \quad (2)$$

式中，W为丙烷预冷混合冷剂液化流程总压缩能耗，kW；W_y为丙烷压缩机能耗，kW。

丙烷压缩机能耗不仅与丙烷预冷循环中丙烷的循环量有关系，同时与丙烷循环中的压缩机的进口压力、出口压力有关；同时，丙烷预冷循环中冷凝器的温度通过影响丙烷循环量来影响丙烷压缩机的功耗。

因此，在追求丙烷压缩机能耗最小时，必须进行压缩机进出口压力、冷凝器冷凝温度参数优化。

3. 混合冷剂循环参数优化

目标函数：

$$W = W_c(\min) \tag{3}$$

式中，W 为混合冷剂液化流程总压缩能耗，kW；W_c 为混合冷剂压缩机能耗，kW。

双混合冷剂液化流程中寻求流程总压缩功耗最小，需优化的参数有：混合冷剂循环冷凝温度、混合冷剂组成、高压制冷剂压力、低压制冷剂压力。

（1）约束条件：

① 混合冷剂各组分摩尔分数之和为 1；

② 气液分离器中混合制冷剂处于两相区；

③ 压缩机入口的混合制冷剂为气相；

④ 各换热器中，冷热流体最小温度逼近值不低于 3℃，且控制在 3℃附近。

（2）关键参数：预冷换热器、主冷换热器、过冷换热器出口温度。

（3）优化策略

以混合冷剂压缩机输入功率为目标函数，其中工艺流程的模拟采用 HYSYS 进行，物性包选用“Peng-Robinson”；优化的策略如下。

第一步：优化确定混合冷剂冷凝温度，从而确定冷凝器的类型；

第二步：优化低压混合冷剂温度对压缩机功耗的影响，从而作为确定混合冷剂组成的约束条件；

第三步：优化混合冷剂组成及配比；

第四步：优化高压制冷剂压力；

第五步：优化低压制冷剂压力；

第六步：各换热器性能分析；

第七步：混合冷剂循环量计算；双混合冷剂液化流程各性能参数、混合冷剂组成确定后，混合冷剂循环量的计算采用 HYSYS 优化器计算。

第八步：讨论混合冷剂压缩机级数。

2.3 丙烷预冷混合冷剂循环优化参数对流程性能的影响

1. 预冷系统

通过资料调研，从节能方面考虑，丙烷预冷系统设定参数如下：

压缩机进口压力：120kPa；

压缩机出口压力：1300kPa。

2. 丙烷预冷温度

丙烷预冷循环中，丙烷冷凝器、丙烷蒸发器的压降设为 70kPa、10kPa。丙烷预冷系统在此参数下，丙烷冷凝器出口参数：1230kPa、35.34℃，丙烷通过节流阀降压到 130kPa 时，温度降低到-36.34℃。

为保证换热器的传热动力，冷端面冷热流温差不应太小，但又考虑温度太大会造成较大㶲损失。故设计过程中，换热器冷端面冷热流温差控制在 3℃附近，且不低于 3℃，而丙烷预冷器热端面冷流的进口温度为-36.34℃，所以丙烷预冷温度应为-33℃左右。

因此，丙烷预冷混合冷剂循环中，丙烷预冷温度建议为-33℃。

3. 混合冷剂循环

（1）混合冷剂配比。混合冷剂制冷温区为-33～-160℃，因此，混合冷剂由 C_1～C_3 和 N_2 组成。

丙烷预冷混合冷剂循环中，混合冷剂 N_2、CH_4、C_2H_6、C_3H_8 对流程性能的影响趋势。由图 3、图 4 可知，随着 N_2、CH_4、C_2H_6 含量的增加，混合冷剂循环中压缩功耗呈上升变化；而随着 C_3H_8 含量的增加，压缩功耗呈下降趋势。因此，添加少量的丙烷可起到降低功耗的作用。

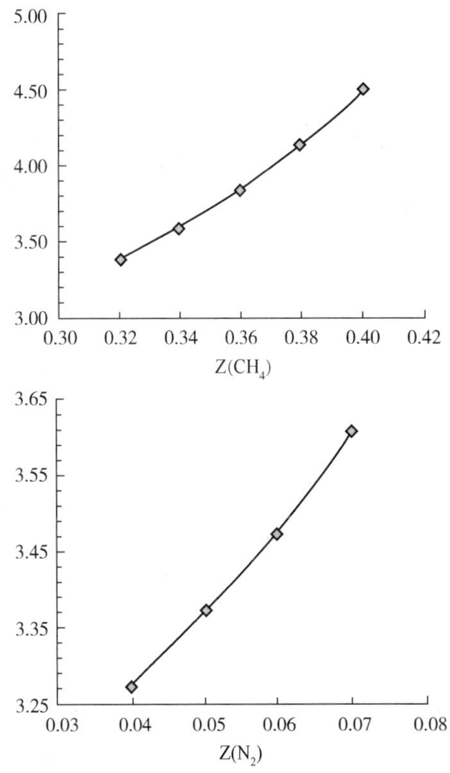

图 3 混合冷剂中甲烷(左)、氮气(右)对流程性能的影响

通过模拟发现，N_2、CH_4、C_2H_6 含量较少的情况下，流程功耗降低，但压缩机入口会出现气液两相，不符合约束条件。因此，N_2、CH_4、C_2H_6 含量的确定应保证压缩机入口为气相的情况下，功耗最小所对应的含量(丙烷归一化)。

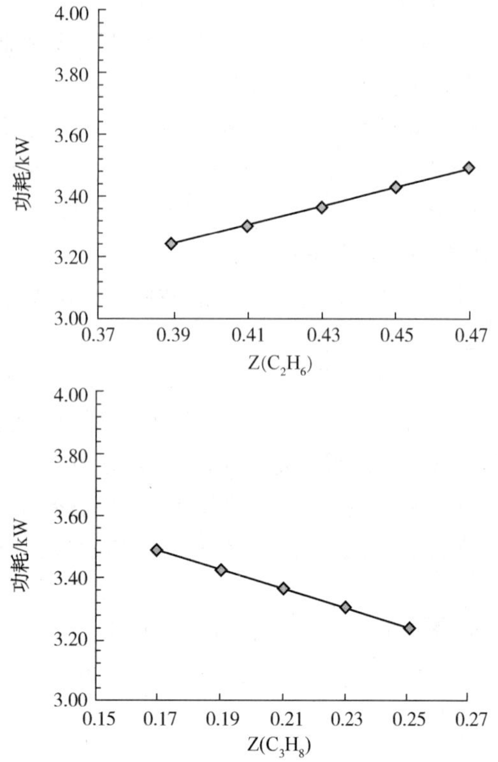

图 4　混合制冷剂中乙烷(左)、
丙烷(右)对流程性能的影响

(2) 混合冷剂高压压力。丙烷预冷混合冷剂液化流程中，高压制冷剂压力对混合冷剂循环性能的影响(图 5)。

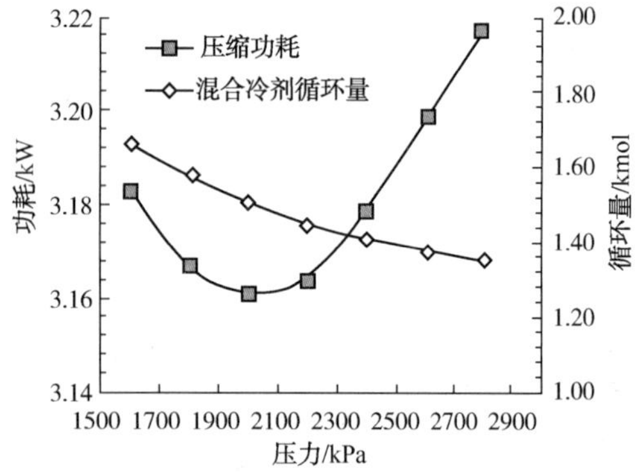

图 5　混合冷剂高压压力对混合冷剂循环系统的影响

由图 5 可得：在保证压缩机入口处混合冷剂为气相的条件下，随着制冷剂高压压力的升高，液化单位量天然气所需要的混合冷剂循环量呈下降趋势，而混合冷剂压缩机功耗呈先下降后上升的变化，存在一个压缩功耗最小所对应的压力。

3　结论

(1) 从工艺模拟结果上看，混合冷剂预冷循环单位能耗具有一定优势。

(2) 氢液化预冷方式将向混合冷剂和磁致冷方向发展。

(3) 丙烷预冷混合冷剂液化流程中，混合冷剂最佳配比的确定应保证压缩机入口为气相的情况下，功耗最小所对应的含量(丙烷归一化)。

(4) 丙烷预冷混合冷剂液化流程中，混合冷剂循环的高、低压力及混合冷剂冷凝温度应选择流程功耗影响曲线的极小值点。

参　考　文　献

[1] BAKER C, SHANER R. A study of the efficiency of hydrogen liquefaction[J]. International Journal of Hydrogen Energy, 1978, 3: 321-334.

[2] KRASAE-IN S, STANG J H, NEKSA P. Simulation on apropsed large-scale liquid hydrogen plant using a multicomponent refrigerant refrigeration system[J]. International Journal of Hydrogen Energy, 2010, 35: 12531-12544.

[3] KRASAE-IN S. Optimal operation of a large-scale liquidhydrogen plant utilizing mixed fluid refrigeration system [J]. International Journal of Hydrogen Energy, 2014, 39: 7015-7029..

[4] 曹学文，杨健，边江，等. 新型双压 Linde-Hampson 氢液化工艺设计与分析[J]. 化工进展 https://doi.org/10.16085/j.issn.1000-6613.2021-0060.

[5] 陈双涛，周楷淼，赖天伟，等. 大规模氢液化方法与装置真空与低温 2020 年 6 月 173-177.

[6] 沈晓谋，马维新. 关于混合制冷剂循环液化天然气工艺的研究[J]. 现代制造技术与装备，2019(10): 183-184.

[7] 夏丹，郑云萍，李剑峰，等. 丙烷预冷混合制冷剂液化流程用能优化方案[J]. 油气储运，2015，34(3): 267-270.

[8] 高旭，姚培芬，陈雨辞. 双循环混合冷剂天然气液化流程的模拟与优化[D]. 西安：西安石油大学，2019.

[9] 肖荣鸽，高旭，靳文博. 双循环混合制冷剂天然气液化流程的优化模拟[J]. 化学工程，2019，47(03): 62-67.

[10] 黄立凤，夏星星，常玉春. 关于混合制冷剂循环液化天然气流程的优化探析[J]. 当代化工研究，2018(09): 157-158.

双碳目标下油气建设行业绿色转型建议

顾华军

（中国石油工程建设有限公司）

摘　要　全球已有127个国家和地区做出了到本世纪中叶实现碳中和的承诺，其碳排放量占全球2020年碳排放总量的65%。我国是全球气候治理的重要参与者，并已将碳达峰、碳中和纳入国家总体发展战略。本文在比较国内外油气行业在双碳目标要求下的各项措施后，对国内油气建设行业绿色转型提出一系列建议。

关键词　碳达峰；碳中和；油气行业；绿色

越来越多的证据和研究表明，自工业革命以来全球平均温度上升速度正在加快，这将导致全球性的气候变化，以及更加频发的灾害性极端天气。2015年12月12日，《巴黎协定》在联合国气候大会上通过，设定了"把全球平均气温升幅控制在工业化前水平以上低于2℃之内，并努力将气温升幅限制在工业化前水平以上1.5℃之内"的长期目标，并提出碳达峰、碳中和的路径，即为了实现长期气温目标，"缔约方旨在尽快达到温室气体排放的全球峰值"，并且"在本世纪下半叶实现温室气体源的人为排放与汇的清除之间的平衡"。《巴黎协定》已于2016年11月4日生效，目前全球已有190个缔约方批准了《巴黎协定》，覆盖绝大多数的国家和地区。到2021年第一季度末，已有80个国家和地区向联合国提交了更新的国家自主贡献目标（NDC）。另外，根据联合国环境规划署发布的最新研究报告，全球已有127个国家和地区做出了到本世纪中叶实现碳中和的承诺，其碳排放量占全球2020年碳排放总量的65%。而且，做出碳中和承诺的国家数量还在加速增加，如图1所示。由此可见，全球已经就加强应对气候变化达成广泛共识，碳达峰、碳中和为实现这一目标的主要手段。

1　碳达峰、碳中和已纳入国家总体发展战略

我国是全球气候治理的重要参与者，并已将碳达峰碳中和纳入国家总体发展战略。2020年9月，习近平总书记在第75届联合国大会中提出，

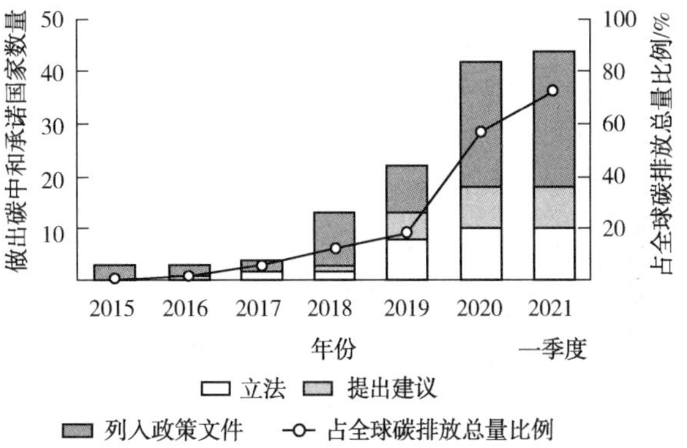

图1　碳达峰碳中和已纳入国家总体发展战略

中国将力争于2030年前实现二氧化碳排放达峰，并努力争取于2060年前实现碳中和。中国目前碳排放量占全球近三成，针对中国提出的"双碳"目标，国际社会广泛给予了高度评价，认为这展示了我国作为负责任大国的担当，对全球实现《巴黎协定》设定的全球温升控制目标具有重大的积极影响。在中国提出碳中和目标后，日本、韩国和加拿大等国也都陆续提出了本国的碳中和目标。自首次提出以来，习近平总书记在多个重要的国际场合重申了我国的"双碳"目标和决心，承诺将碳达峰、碳中和纳入生态文明建设整体布局，全面推行绿色低碳循环经济发展，并明确指出，我国作为发展中大国，承诺实现从碳达峰到碳中和的时间远远短于发达国家；按照此目标，我国将完成全球最大的碳排放强度降幅，并用全球历史上的最短时间实现从碳达峰到碳中和的跨越（图2）。中国的"双碳"目标，是全面考虑我国的实际情况，出于对全人类负责任的态度做出的郑重承诺。

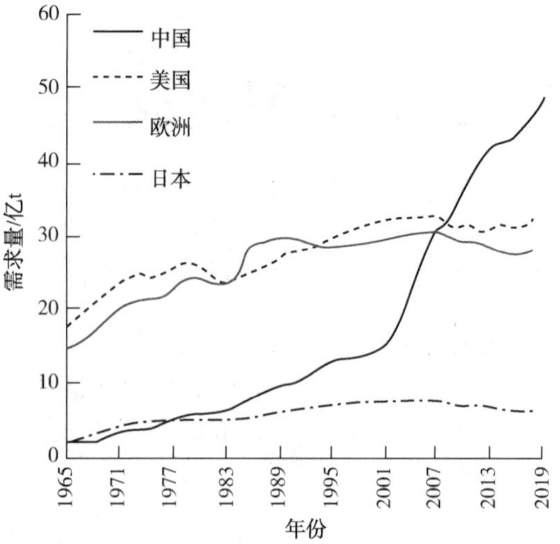

(a)各地区一次能源需求量(换算成标准煤)

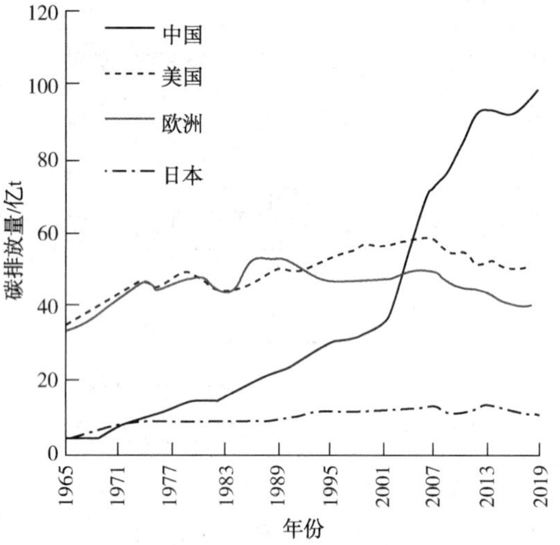

(b)各地区碳排放量

图 2　我国与发达国家能源需求及碳达峰时间对比

在国内，习近平总书记多次在重要会议上强调“双碳”目标。在 2021 年 3 月的中央财经委员会第九次会议上，习近平总书记提出“我国力争 2030 年前实现碳达峰，2060 年前实现碳中和，是党中央经过深思熟虑做出的重大战略决策，事关中华民族永续发展和构建人类命运共同体”，要求相关部门积极部署和协调推进目标的落实。近期，中央成立了由政治局常委、国务院副总理韩正牵头，成员涵盖发改委、工业和信息化部、自然资源部、生态环境部、财政部、科技部等多个部门的工作领导小组，即碳达峰、碳中和工作领导小组。2021 年 5 月，该领导小组在第一次全体会议上强调，“双碳”目标是我国实现可持续、高质量发展的内在要求，也是推动构建人类命运共同体的必然选择。“双碳”工作将是未来中长期我国坚定不移的努力方向。

2021 年 10 月 12 日，在《生物多样性公约》第十五次缔约方大会领导人峰会上，习近平总书记指出，中国将陆续发布重点领域和行业碳达峰实施方案和一系列支撑保障措施，构建起碳达峰、碳中和“1＋N”政策体系。“1＋N”体系中的“1”是 2021 年 9 月 22 日，中共中央、国务院发布《关于完整准确全面贯彻新发展理念做好碳达峰碳中和工作的意见》和 10 月 24 日，国务院发布《2030 年前碳达峰行动方案》；政策体系中的“N”主要有两部分构成：一是重点领域和行业实施方案。该《意见》提出，要制定能源、钢铁、有色金属、石化化工、建材、交通、建筑等行业和领域碳达峰实施方案。接下来围绕这些碳排放较高行业的减碳方案会陆续推出。二是双碳保障方案。这主要包括科技支撑、能源保障、财政金融价格政策等。

《方案》和《意见》的制定标志着碳达峰、碳中和“1+N”政策体系中最为核心的部分已经完成，主要特点如下：

1.1　构建绿色低碳循环发展经济体系

到 2025 年，产业结构、能源结构、运输结构明显优化，绿色产业比重显著提升，基础设施绿色化水平不断提高，清洁生产水平持续提高，生产生活方式绿色转型成效显著，能源资源配置更加合理，利用效率大幅提高，主要污染物排放总量持续减少，碳排放强度明显降低，生态环境持续改善，市场导向的绿色技术创新体系更加完善，法律法规政策体系更加有效，绿色低碳循环发展的生产体系、流通体系、消费体系初步形成。

1.2　提升能源利用效率

优化能源结构，控制和减少煤炭等化石能源；推动产业和工业优化升级；推进节能低碳建筑和低碳设施；构建绿色低碳交通运输体系；发展循环经济，提高资源利用效率；推动绿色低碳技术创新；发展绿色金融。

1.3　提高非化石能源消费比重

在实现碳达峰、碳中和战略目标的要求下，需要大力发展低碳可再生能源产业的开发和利用，以提高非化石能源消费，推动能源产业可持续发展，必须推动能源生产和消费革命。低碳能源中比较代表性的就是风能、太阳能、海洋能、地热能、生物质能、核能、氢能、可燃冰和页岩气等。

在实施碳达峰、碳中和战略的背景下，推动能源革命既要立足眼前，满足现阶段的能源安全需求、配合抵达能源消费峰值，又要放眼长远，积极开启指向碳中和目标的机制创新、技术探索，探索从规模发展向技术进步转型的能源治理体系，以治理体系转型带动能源低碳转型。

1.4　降低二氧化碳排放水平

想要降低二氧化碳的排放水平，从源头上讲主要从两方面着手，一是减少碳的排放，二是增加碳的吸收。前者就是在人类生产活动中减少会产生温室气体的行为，比如少烧煤或者提高煤的利用效率，多用绿色能源，比如太阳能、风能、水能、核能等。后者就是多植树造林打造绿色生态环境，众所周知植物在光合作用时会吸收二氧化碳释放氧气，总体达到降低碳排放的作用。

2022 年 1 月 24 日，习近平总书记主持中共中央政治局第三十六次集体学习时指出：实现碳达峰、碳中和，是贯彻新发展理念、构建新发展格局、推动高质量发展的内在要求，是党中央统筹国内国际两个大局做出的重大战略决策。要立足我国能源资源禀赋，坚持先立后破、通盘谋划，传统能源逐步退出必须建立在新能源安全可靠有替代的基础上。要坚决控制化石能源消费，尤其是严格合理控制煤炭消费增长，有序减量替代，大力推动煤电节能降碳改造、灵活性改造、供热改造三改联动。要夯实国内能源生产基础，保障煤炭供应安全，保持原油、天然气产能稳定增长，加强煤气油储备能力建设，推进先进储能技术规模化应用。

要把促进新能源和清洁能源发展放在更加突出的位置，积极有序发展光能源、硅能源、氢能源、可再生能源。要推动能源技术与现代信息、新材料和先进制造技术深度融合，探索能源生产和消费新模式。要加快发展有规模有效益的风能、太阳能、生物质能、地热能、海洋能、氢能等新能源，统筹水电开发和生态保护，积极安全有序发展核电。

2　“双碳”目标将是引领全球经济社会变革的催化剂

推进碳达峰和碳中和是一场广泛而深刻的经济社会系统性变革，也将是促进我国全面转型升级、实现长期可持续发展的催化剂。随着《巴黎协定》生效和主要经济体陆续做出碳中和承诺，全球绿色低碳转型发展的方向已经确定，各经济体都开始从技术、产业、政策等全方面积极推进，这将促使全球政府行为、企业行为和个人行为发生重大转变，并导致发展观念重塑、资产价值重估和产业形态重构。只有努力掌握低碳技术、抢占低碳市场，才能在未来占领全球科技、产业和经济发展的制高点，进入广阔的低碳蓝海。我国恰逢其时地提出“双碳”目标，既是顺应全球低碳转型大势主动而为，也是希望通过低碳目标形成倒逼机制，催化和引领我国经济、社会各领域进行全方位系统性变革，这与我国实现 2035 年远景目标，以及实现“两个一百年”奋斗目标在方向和内涵上是完全一致的。“双碳”目标将促使我国进一步加快步伐，确保我国在全球经济社会低碳转型发展的历史性变革中牢牢把握住发展的主动权，为我国长期可持续发展注入新的动力。双碳目标的重点行业，国内外油气行业出台了多项重要措施。

2.1　国外油气行业面对“双碳”目标采取的主要措施

国际油气行业减排主要措施在二氧化碳减排方面，大部分能源公司均已制定碳达峰与碳中和时间点，并通过发展新能源及规模化碳捕集，利用与封存技术落实碳减排量。例如，欧洲的英国石油公司(BP)、道达尔公司(Total Energy)、皇家壳牌公司(Shell)、挪威国家石油公司(Equinor)均采取了抛售现有油气资产，并加大对风电、储能、生物燃料、氢能、太阳能等领域的规模化投资，其中道达尔公司、皇家壳牌公司在新能源领域的投资力度最大，成为国际能源公司中新能源业务营业收入排名前二的企业；美国能源公司如埃克森美孚(Exxon Mobile)、雪佛龙(Chevron)等，受益于美国 45Q 法案对碳捕集、利用与封存的减税补贴政策，均完成了规模化的碳捕集封存工程，仅埃克森美孚公司一家就拥有了全球约 20%的碳捕集封存产能。

2.2　国内油气行业面对“双碳”目标采取的主要措施

2021 年 1 月 15 日，中国石油等 17 家石油和化工企业以及中国石油和化学工业联合会，联合签署并共同发布了《中国石油和化学工业碳达峰与碳中和宣言》，宣告将开展能源结构清洁低碳化转型，大力提高能效，提高高端石化产品供给水平，加快部署二氧化碳捕集驱油和封存项目、二氧化碳作原料的化工产品生产项目，加大科技研发以及绿色低碳投资强度，推动行业落实“双碳”目标。2021 年 5 月 18 日，由中国石油、中国石化、中国海油 3 家石油公司及国家管网公司、北京燃气等城市燃气企业共同发起成立了中国油气企业甲烷控排联盟，承诺力争 2025 年成员企业天然气生产过程甲烷平均排放强度降到 0.25%以下，接近世界先进水平，并努力于 2035 年达到世界一流水平。

中国石油积极参与全球气候变化治理，加入油气行业气候倡议组织（OGCI），深度参与碳减排实践，在吉林油田实施二氧化碳捕集驱油工业试验，在 2019 年发布的《绿色发展行动计划》中明确了甲烷管控目标。近年来，中国石油在油气勘探开发过程中实行整体勘探、整体开发，实施了常规火炬熄灭计划，持续推进油田伴生气回收和利用等工作，2019 年，中国石油甲烷排放强度相比 2017 年下降了 12.3%。中国石化、中国海油也在百万吨级碳捕集封存，海上碳捕集、利用与封存等方面开展了工程示范，并积极推进油气混输、套管气回收利用、密闭集输、浮式天然气液化等甲烷减排工作。能源行业油气生产污染逐步由单一污染向复合多相态污染转变，污染物和温室气体的产生、排放与转化路径趋同。

3 工程公司在零碳和低碳技术方面的主要成果

经过这么多年的发展，中国石油工程建设有限公司在零碳和低碳很多领域已经有了自身特点和技术能力，主要涉及地热、CCUS 以及天然气提氦技术等。

（1）地热。近年来承担了中国石油多项地热技术攻关课题，主参编《地热供热站设计规范》等 6 项地热行业标准，打造了具有油田特色的油-热-电联产、地热-余热综合利用等多种开创性地热利用模式。整体技术水平在集团公司处于领先水平，国内行业处于先进水平、部分领先水平。

（2）风光电融合。公司风光电气融合主要包括风力发电、光伏发电、燃气电站、基于分布式能源的多能互补系统等领域。参与了格尔木 300MW 级燃气电站改造，在项目偏远无电地区的井站阀室全面推行光伏电源系统、风电互补方案，太阳能供电系统总计应用达到千余套，承担了《贵州百灵天然气分布式能源站》等数十项分布式能源工程项目，利用天然气发电作为主力电源，并融合光伏、市电，形成多种能源相互补充的多能互补系统。玉门油田 200MW 光伏项目给了工程公司在新能源方面发展得极大信心。

（3）CCUS。公司在 CCUS 领域形成了 CO_2 捕集、回收、集输、CO_2 回注、循环系列技术，自主开发新型脱碳溶剂，形成了脱碳工艺包，研制了国内首套现场 CO_2 腐蚀模拟试验装置。CCUS 目前最具有前景的领域为 CCS-EOR，该领域是集团公司重点部署领域。为响应国家号召，打造绿色低碳能源战略接续性产业示范区，中国石油集团公司“十四五”期间拟在国内部署多个提高采收率示范区。公司在 CCUS 地面工程领域具有先发技术优势，技术水平处于先进水平。

（4）天然气提氦。“十三五”期间，开展了“低含氦天然气氦气回收技术”和“天然气低温加工联产氦气工艺技术”等专项研究，成功开发了适应我国天然气含氦量特点的，具有自主知识产权的贫氦天然气提取成套技术。整体技术水平处于国内领先水平。公司作为我国最早从事天然气深冷提氦技术研究的工程设计单位，打破了国外垄断及制约。形成了自主知识产权的“低含氦天然气高效提取成套技术”，可用于大型天然气提氦项目建设，在国内氦气工程建设领域拥有独特技术和业绩优势。

（5）煤炭地下气化（UCG）。公司牵头集团公司重大科技专项《煤炭地下气化关键技术研究与先导试验》课题五《地面集输处理分离工艺研究与应用》研发工作，通过近两年的技术攻关，粗煤气动态集输理论及技术、集输系统材料选择及腐蚀控制技术、粗煤气变工况复合机理净化提纯分离工艺技术等研究取得阶段性成果，形成现场试验地面工程方案，能够支撑现场试验实施。公司煤炭地下气化地面工程技术水平在国内具有先发优势，有望成为技术引领者。公司作为集团公司地面工程建设主导单位，在气体净化提纯工艺、水处理工艺、装备研发等方面拥有技术优势。

（6）氢能。氢能产业链涵盖氢气制取、储运、加氢站技术、燃料电池及其他应用五大应用领域。公司在氢能储运方面具有技术领先优势。公司在含氢输气管道系统关键技术研究中，属于中国石油内部先发布局企业，已经在氢气管道输送、氢气分离技术、氢气储存技术、固体氧化物电池等领域完成了一定的技术积累，进行了先期的技术布局。在天然气输送及天然气加工领域处于主导领先地位。

4 能源建设行业绿色转型建议

在当前"双碳"目标下的能源结构预测情景中，至2060年，我国原油占比将达9%～11%，天然气占比将达12%左右，维持我国现有油气生产水平，将为降低我国油气对外依存度和保障国家能源安全起到保障作用。按照中长期"稳油增气"的变化趋势，油气生产将向致密油气、页岩油气等非常规领域拓展，深层—超深层、深水—超深水油气藏将成为重要的能储产量保障。

国内石油行业工程公司大多拥有自身优势领域，各自发展路径也不完全一样，本文将主要以国内最大的油气工程公司中国石油工程建设有限公司为例参照2021年4月，科技部在《科技支撑碳达峰碳中和行动方案》编写专家组会议上指出，要抓紧落实的七点内容：一是要加强前沿颠覆性技术研发，围绕重点方向开展长期攻关；二是要大力推动低碳、零碳、负碳技术研发；三是要加强现有绿色低碳技术推广应用，支撑长野绿色化转型；四是要推动新型低碳产业发展；五是加强温室气体排放评估、核算等基础性研究；六要加强创新能力和示范体系建设；七要加强科普。提出以下几方面建议。

4.1 加快零碳和低碳解决方案和技术的部署和推广力度

能源建设行业的各企业或多或少的都对零碳和低碳技术做了储备和研究，在"双碳"要求的新前提下，各单位如何加快零碳和低碳技术进行整合并加大整合力度，如何利用好以及具备的资源将现有具备的技术用于项目之中，是各企业需要认真面对和探讨的问题。

工程公司以玉门油田200MW光伏项目为契机，不断承揽光伏等低碳项目，1月18日，公司北京分公司承揽了"燃煤锅炉烟气CO_2捕集与资源化综合利用示范项目"EPC总承包合同，本项目是国内印染行业首个碳捕集利用与封存（CCUS）项目，也标志着公司在技术推广方面迈上了新的台阶。

4.2 创造有利于绿色低碳转型的政策环境

对于一个传统油气工程建设行业，外部环境刺激下的被动转型以及自身发展的主动转型，都需要依赖政策导向。已经做到行业领头的企业如果做到华丽转身，他们有得天独厚的优势，但是不可否认的是他们也有根生蒂固的缺陷。优势是行业领头的资源及管理经验，缺陷自然是转型带来的增长缓慢甚至是倒退以及身处优势环境下的发展动力减退。

工程公司和大多数为了更好的在这个行业发展的企业一样，一直致力于改革，主要涉及公司各个领域包括施工转型、数字化转型等。建议下一步应针对绿色低碳转型这个一个专题进行具体政策研讨，用政策这杆旗帜引领各单位参与绿色低碳转型；加大奖励鼓励各单位参与绿色低碳项目；公司资源应偏向绿色转型期中的各单位。给各单位绿色低碳转型创造一个有利的政策环境。

研究重点领域和行业碳达峰、碳中和实施方案，通过融合行业发展、中国石油集团公司政策以及公司现状，编制公司中长期低碳发展规划。油气行业正面临百年未有之大变局，作为油气行业工程总承包商要通过对大环境的研判后作出转型规划，为未来公司发展奠定基础。

4.3 通过技术进步推动能源低碳转型

工程公司技术部门必须加快在地热、风光电融合、CCUS、天然气提氦、氢能、UCG和可燃冰等领域的技术研发工作，通过技术的进步不断推动公司在能源低碳的转型。各领域研究方向：

（1）地热。建议从地热开发利用技术推广应用及干热岩开发地面工程技术等放方向入手进行技术研发。

（2）风光电融合。建议从油田孤网电力系统智能化研究及油田新能源电力系统智能化技术研究等方向进行研究。

（3）CCUS。建议从油田内部复杂碳源捕集及资源化利用技术研究、CO_2输送管道关键技术研究及低成本注采系统配套工艺优化研究等方向。

（4）氢能。建议从光热电耦合制氢及氢能储运关键技术研究、大型中高压储氢装置关键技术研究及大规模高效氢气液化关键技术与装备国产化研究等方向。

（5）天然气提氦。建议从天然气综合提氦冷能链高效利用技术研究、基于膜分离和吸附的氦气富集技术装备研制、氦气粗提和精制工艺研究及装备研制、提氦示范装置及万瓦级氦液化器研制及大规模氢气储运装备研制等方向。

（6）煤炭地下气化（UCG）。建议从煤炭地下气化粗煤气烃类、焦油回收利用技术、煤炭地下气化数字化、无人值守站场技术研究、煤炭地下气化地面工程适应性研究等方向。

4.4 产研结合促进技术提升

石化企业我国确定的减排八大行业之一，CO_2排放规模较大，因此被纳入首批碳排放交易体系。随着双碳路径逐步清晰和CO_2相关环评、核算、评价标准的相继出台，石化企业CCUS技术的实施迫在眉睫，潜在市场巨大。但石化企业碳源组成复杂，CO_2核算、捕集、输送、利用和封存技术链与油气上游CCUS技术有较大区别。根据《中国化工生产企业温室气体排放核算方法与报告指南》（试行）核算，广东石化项目CO_2排放量总计约1700万t/a，包括生产过程最终外排CO_2总量388.3万t，化石燃料燃烧产生CO_2量1037.8万t，外购电力引起的CO_2量286.8万t，各部分CO_2含量有较大差别，其中国石油焦制氢单元CO_2含量大于98%。因此对CO_2捕集、处理和利用技术要求较高。项目所处区域包括陆地及海域共有6个沉积盆地可供CO_2封存，包括陆上的三水盆地和茂名盆地，以及离岸的珠江口盆地、北部湾盆地、琼东南盆地和莺歌海盆地，潜在的CO_2封存能力约为5640亿t。

公司工程技术研发中心通过将广东石化作为研究目标进行炼化企业生产工段CO_2的排放特点研究，建立多源烟气的捕集集成技术；针对含杂质CO_2的捕集输运对管线技术的需求，建立管道完整性管理与输运动力学的工程技术等；建立源汇匹配与生态环境评价方法；建立针对性的碳资产管理方法来推动广东石化的能源低碳转型。如上成果都将通过研究科研项目《广东石化CO_2封存与储能集成技术研究》来实现。

鉴于目前很多领域都有卡脖子技术，科技研发，不管是对外合作还是自身研究都将是最有效推动解决公司能源低碳转型的办法。

5 结语

围绕国家构建“清洁低碳、安全高效的能源体系”的总体要求之下，石油石化行业按照“低碳转型、零碳发展、负碳支撑”的原则，严格控制二氧化碳和甲烷的过程排放，将CCUS等负碳技术作为战略接替产业，最快速度、最大限度地减少石油石化行业的碳排放。作为油气建设行业更应该在这样一个大环境之下通过加大自身低碳技术的推广，对卡脖子低碳技术进行科技研发以及制定政策来进行绿色低碳转型，只有这样才能紧跟国家双碳目标得发展步伐。

参考文献

[1] 薛明，卢明霞，张晓飞，等. 碳达峰、碳中和目标下油气行业　绿色低碳发展建议[J]环境保护. 中国环境科学出版社 2021，30-32.

[2] 沈全峰，顾华军. 集团新能源新业务规划与公司业务发展分析[J]. 工程建设有限公司党委学习组学习材料；2021.

[3] 高虎. “双碳”目标下中国能源转型路径思考[J]国际石油经济　中国石油集团经济技术研究院；2021；1-6.

[4] 2022年碳中和路线该怎么走？7部委布置双碳工作重点　环境生态网　2022.

[5] 李政，张东杰，等. “双碳”目标下我国能源低碳转型路径及建议[J]动力工程学报，2021，41：（11）.

[6] 何少佳. 碳中和技术发展全局观亿欧智库[J]. 环境生态网，2022.

[7] 杨建初. 碳达峰、碳中和知识解读中信出版集团[J]. 环境生态网，2022.

推进光伏发电，助力“双碳”行动

赵　杭　潘　涛　彭胜强　代继红　李红雷

（中国石化中原石油工程有限公司）

摘　要　“十四五”时期，在国家提出“双碳”目标的大环境下，我国已进入减污降碳增效的阶段，经济结构也将实现由“量”向“质”转变的高质量发展。发展绿色能源经济作为重要载体，新能源、可再生能源成为重要的增量主体产业。大规模利用可再生能源，实现能源多样化，已成为世界各国可持续发展的重要战略方针。管具公司结合光伏发电投资成本较低、发电相对稳定、节能低碳环保等特点，积极推进“分布式光伏车棚发电项目”绿色能源试点工程，为实现绿色低碳企业发挥示范引领作用。

关键词　光伏发电；碳达峰；碳中和；节能降碳；降本增效

管具公司隶属中国石化中原石油工程有限公司，是为石油、天然气勘探开发提供物资装备保障和技术服务的专业化公司，位于河南省濮阳市清丰县马庄桥镇，东经 115.5°、北纬 35.89°，年日照总数为 2200～3000h，太阳能年辐射年为 5016～5852MJ/m^2，属太阳能资源较丰富区，位于全省前列，由于交通运输等条件较好，并网接入条件优越，适宜建设太阳能分布式光伏发电站，开展可再生能源大规模利用，实现能源多样化。

1　光伏发电项目实施背景

1.1　环保意识的觉醒

众所周知，当前世界面临人口、资源、环境的种种挑战，能源短缺问题变得越来越突出。在能源利用总体剧增的情况下，人类所依赖的石化能源逐渐枯竭；而环境的污染恶化，气温的持续上升，也给人类带来不可磨灭的灾难。2020 年 9 月 22 日，习近平主席在联合国大会发言，提出中国要在 2030 年前实现 CO_2 排放达峰，2060 年之前碳中和；2020 年 10 月 6 日，欧盟宣布 2030 年减排目标从 40%提高到 60%（2020 年 5 月提议为 55%）；2020 年 10 月 26 日，日本公布 2050 年碳中和目标。

1.2　国家的政策导向

习近平在中共中央政治局第三十六次集体学习时强调深入分析推进碳达峰、碳中和工作面临的形势任务，扎扎实实把党中央决策部署落到实处，实现碳达峰、碳中和，是贯彻新发展理念、构建新发展格局、推动高质量发展的内在要求，是党中央统筹国内国际两个大局做出的重大战略决策。

1.3　“双碳”目标的实现

我国已进入新发展阶段，推进“双碳”工作是破解资源环境约束突出问题、实现可持续发展的迫切需要，是顺应技术进步趋势、推动经济结构转型升级的迫切需要，是满足人民群众日益增长的优美生态环境需求，促进人与自然和谐共生的迫切需要，是主动担当大国责任、推动构建人类命运共同体的迫切需要。

1.4　集团公司的担当

完成碳达峰、碳中和目标是中国石化作为国有特大型企业的政治担当，是维护党和国家利益的根本体现，也是引领传统能源行业转型升级的有效途径。集团公司战略布局调整、产业结构优化需要每个企业落实到行动上，而不是停留在口号上。管具公司全面践行习近平生态文明思想，贯彻落实集团公司绿色洁净发展战略，发挥油气田企业特有优势，推进化石能源洁净化、洁净能源规模化、生产过程低碳化，强化脱碳技术研发和产业化发展，推动“能效提升”计划和绿色企业行动计划实施，努力争取尽早完成碳达峰、碳中和目标，彰显国有企业责任担当。

2　光伏发电项目实施方案

光伏发电主要是利用天然洁净的太阳能转换为电能用于社会生产、生活。管具公司厂区固定、面积较大、地势开阔、光照充足、用电量大，有利于太阳能大面积接收、转化、利用。管具公司结合企业自身优势及光伏发电投资成本较低、发电相对稳定、节能低碳环保等特点，制定“分布式光伏车棚发电项目”实施方案。该项目利用厂区原有混凝土场地，新建光伏车棚4座，每座组件朝正南方向横向布置，排列行间距0.02m，列间距0.02m，发电系统光伏组件组串数量为18，并联数量为5。光伏组件选用单晶硅组件，单块组件容量不低于540Wp，参考尺寸为2278mm×41134mm×35mm（长×宽×厚）。

2.1　项目能源分析与评价

太阳能作为一种清洁、可再生的新能源，是取之不尽、用之不竭的绿色环保资源，也是目前应用比较广泛的清洁能源之一。光伏发电是利用半导体界面的光生伏特效应，把太阳光所转化的热能储存起来，在需要时再转化成电能的一种技术，可以根据不同的需求改变自己的利用形式。

河南省，简称豫，界于北纬31.23°～36.22°，东经110.21°～116.39°之间，东接安徽、山东，北界河北、山西，西连陕西，南临湖北，总面积16.7万km^2。素有九州腹地、十省通衢之称，是中国重要的综合交通枢纽和人流物流信息流中心。其地势呈望北向南、承东启西之势，地势西高东低，由平原和盆地、山地、丘陵、水面构成；地跨海河、黄河、淮河、长江四大水系。大部分地处暖温带，南部跨亚热带，属北亚热带向暖温带过渡的大陆性季风气候；河南地处沿海开放地区与中西部地区的结合部，是中国经济由东向西梯次推进发展的中间地带。

如图1所示，河南省濮阳市为太阳能资源中等地区，年日照数为2200～3000h，年辐射总量达到5016～5852MJ/m^2，相当于日辐射量3.8～4.5kW·h/m^2，太阳能资源较丰富，位于全省前列，属北温带大陆季风气候区，由于北部蒙古高原的干燥冷空气经常侵入，形成了半干旱半湿润易旱地区。主要气候特点为四季分明，雨热同季，日照充足，日温差较大，降水偏少。春季少雨多旱风，夏季炎热雨集中，秋季晴朗日照足，冬季寒冷降雪稀。

管具公司位于濮阳市清丰县马庄桥镇，东经115.5°、北纬35.89°，年平均气温13.3℃，极端高气温42.5℃（1996年7月19日），极端低气温-20.2℃（1993年11月21日），年日照总数为2300～2500h，太阳能年辐射年为5016～5852MJ/m^2，有丰富的日照资源，属于三类光伏发电区域。由于交通运输等条件较好，并网接入条件优越，可以建设太阳能分布式光伏发电站。

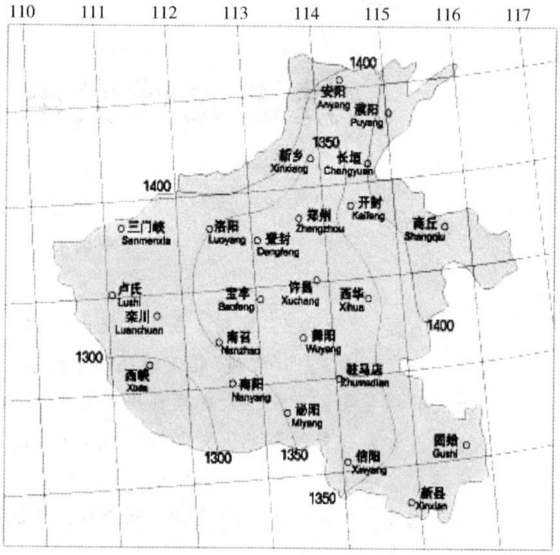

图1　河南省太阳能分布图

2.2　项目规模与架构

该项目符合国家新能源产业政策，消纳方式自发自用余电上网。

管具公司北停车场约2000m^2，用于安装光伏组件并网发电（图2），年发电量约236kW·h，本项目计划总投资约76万元，本项目采用“分块发电、低压并网”方案：设置1个低压380V并网点，共配置540Wp单晶硅电池组件360块，采用平铺的安装方式，经过逆变器逆变后经交流汇流箱后接入光伏并网柜，总安装容量194.4kW，4台40kW并网逆变器，4台并网柜；系统就地逆变至380V并网。以保障安全、优化结构、节能减排、促进和谐为重点，努力构建安全、绿色、和谐的现代电力工业体系。

该发电系统包含光伏组件、支架、直流线缆、逆变器、交流线缆、汇流箱、GGD配电柜等。设计使用年限25年，结构安全等级为二级，结构重要性系数为1.0，地基基础设计等级为丙级，主体结构基础形式为筏板基础，抗震设防烈度为7度，设计基本地震加速度值为0.15g，设计地震分组为第二组；场地土类别为Ⅲ类，地面粗糙度类别为B类；屋面设计恒荷载（仅含组件自重）0.15kN/m^2，风荷载（50年一遇）0.45kN/m^2，雪荷载（100年一遇）0.45kN/m^2。

2.3　项目电力负荷

项目建成后，每年可提供清洁电能24万kW·h。投运后每年可节约标准煤约94.4t，每年可减少CO_2排放量约235t、SO_2排放量约7t、氮氧化物排放量约3.5t。此外，每年可减少大量

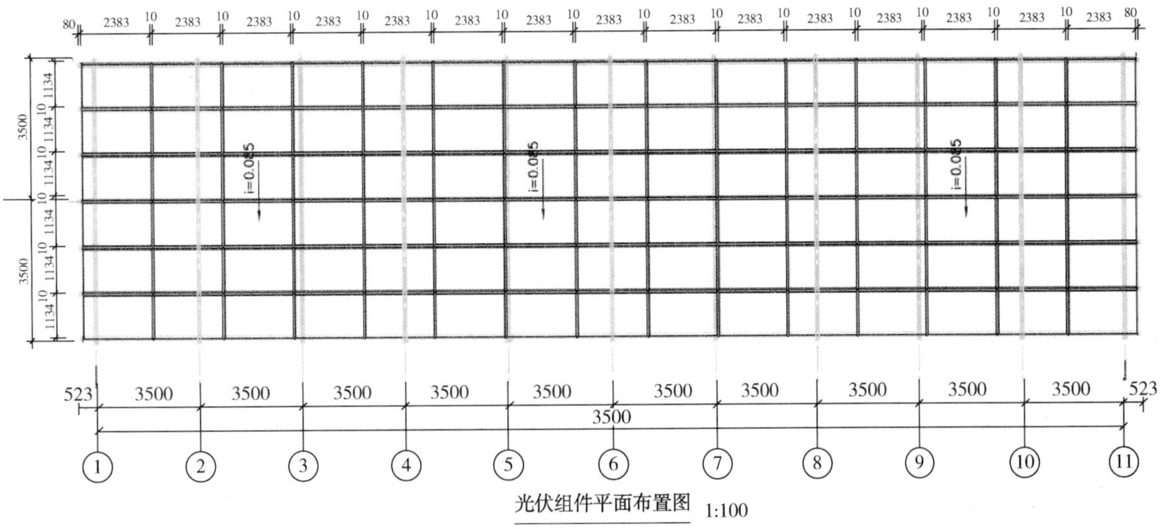

图2　光伏组件平面布置图

的灰渣及烟尘排放，节约用水，并减少相应的废水排放，节能减排效益显著。因此，建设本光伏电站可以减少化石资源的消耗，有利于缓解环境保护压力，实现经济与环境的协调发展，项目节能和环保效益显著。

本光伏电站工程的建设符合可持续发展的原则，是国家能源战略的重要体现。

2.4　项目施工选址

此次“分布式光伏车棚发电项目”选址在管具公司现有停车场，在开发利用太阳能资源的同时，节省土地资源。根据光伏电站的区域面积、太阳能资源特征、安装条件、交通运输条件、地形条件，结合濮阳市气象站的相关资料等，同时考虑光伏电站的经济性、可行性，初步规划出分布式光伏发电项目。

该项目建设地点完全按照国家有关规定规划建设，经实际考察，无遮挡现象，具有以下特点：

(1) 富集的太阳光照资源，保证很高的发电量。

(2) 靠近主干电网，以减少新增输电线路的投资。

(3) 主干电网的线径具有足够的承载能力，在基本不改造的情况下有能力输送光伏电站的电力。

(4) 离用电负荷近，以减少输电损失。

(5) 便利的交通、运输条件和生活条件。

(6) 能产生附加的经济、生态效益，有助于抵消部分电价成本。

(7) 良好的示范性，国家电网启动分布式光伏发电支持政策。

2.5　发电系统设计

2.5.1　光伏组件选择标准与规范

(1)《光伏发电站设计规范》GB/T 50797—2012。

(2)《并网光伏发电系统验收技术规范》CNCA/CTS0004—2010。

(3)《光伏建筑一体化系统运行与维护规范》JGJ/T 264—2012。

(4)《光伏发电工程验收规范》GB/T 50796—2012。

(5)《建筑电气工程施工质量验收规范》GB 50303—2002。

(6)《建筑节能工程施工质量验收规范》GB 50411—2007。

(7)《太阳能光伏能源系统术语》GB 2297。

(8)《光伏电站技术条件》DB37/T 729。

(9)《太阳能电池型号命名方法》GB 2296。

(10)《地面用太阳能电池标定的一般规定》GB 6497。

(11)《地面用晶体硅太阳能电池组件设计鉴定和定型》GB/T 9535。

(12)《晶体硅光伏器件的 I-V 实测特性的温度和辐照度修正方法》GB/T 6495.4。

(13)《地面用光伏(PV)发电系统概述和导则》GB/T 18479。

(14)《晶体硅光伏(PV)方阵 I-V 特性的现场测量》GB/T 18210。

(15)《建筑结构可靠性设计统一标准》GB 50068。

(16)《建筑结构载荷规范》GB 50009。

（17）《光伏发电站接入电力系统技术规定》GB/T 19964。

（18）《光伏系统并网技术要求》GB/T 19939。

（19）《光伏（PV）系统电网接口特征（IEC 61727：2004，MOD）》GB/T 20046。

（20）《电能质量公用电网谐波》GB/T 14549—2008。

（21）《电能质量电压波动和闪边》GB/T 12326—2008。

（22）《电能质量三相电压允许不平衡度》GB/T 15543—2008。

（23）《电能质量电力系统供电电压允许偏差》GB 12325—2008。

（24）《晶体硅太阳能电池组件设计鉴定和定型》IEC 61215。

（25）《太阳能电池组件的安全性构造要求》IEC 61730.1。

（26）《太阳能电池组件安全性测试要求》IEC 61730.2。

（27）《电能计量装置技术管理规程》DL/T 448。

（28）《建筑物防雷设计规范》GB 50057—2010。

（29）《安全标志及其使用导则》GB 2894—2008。

（30）《电气装置安装工程电力变压器、油浸电抗器、互感器施工及验收规范》GB 50148—2010。

（31）《电气装置安装工程盘、柜及二次回路结线施工及验收规范》GB 50171。

（32）《电气装置安装工程电缆线路施工及验收规范》GB 50168。

（33）《综合布线系统工程验收规范》GB 50148—2010。

（34）《民用建筑太阳能光伏系统应用技术规范》JGJ203—2010。

上述标准、规范及规程仅是该项目的最基本依据，并未包括实施中所涉及到的所有标准、规范和规程，并且所用标准和技术规范均应为合同签订之日为止时的最新版本。

2.5.2　光伏组件性能

光伏组件为室外安装发电设备，是光伏电站的核心设备，要求具有非常好的耐侯性，能在室外严酷的环境下长期稳定可靠地运行，同时具有高的转换效率。该项目采用540Wp组件。

（1）光伏组件正常条件下的使用寿命不低于25年，组件功率标准严格按照TUV IEC61215、IEC61730中相关要求。在25年使用期限内输出功率不低于80%的标准功率。

（2）提供的晶硅组件单件功率不能低于280W，同时光伏组件应具有高面积比的功率，功率与面积比不小于170W/m^2。功率与质量比大于15W/kg，填充因子FF大于0.70，功率温度系数不高于-0.39%，温度范围在-45～85℃，接线盒类型为防水密封型。

（3）组件采用A级标准电池片封装（EL成像无缺陷），组件的电池上表面颜色均匀一致，无机械损伤，焊点无氧化斑。

（4）组件的每片电池与互连条应该排列整齐，组件的框架应整洁无腐蚀斑点。

（5）组件的封装层中不允许气泡或脱层在某一片电池与组件边缘形成一个通路，气泡或脱层的几何尺寸和个数应符合相应的产品详细规范规定。

（6）组件在正常条件下绝缘电阻不能低于200MΩ。

（7）光伏电池受光面应有较好的自洁能力；表面抗腐蚀、抗磨损能力应满足相应的国标要求。

（8）采用EVA、玻璃等层压封装的组件，EVA的交联度应80%～95%，EVA与玻璃的剥离强度大于50N/cm。EVA与组件背板剥离强度大于40N/cm。

（9）承包方提供光伏组件测试数据，TUV标定的标准件校准测试设备，测试标准STC（T=25℃，1000W/m^2，AM1.5）。

2.5.3　光伏组件运行方式

该项目铺设光伏发电系统光伏组件经串联后接入组串逆变器，然后通过交流电缆接入配电柜后接入配电房变压器低压0.4kV侧。选用单晶硅540Wp光伏组件，总装机容量194.4kWp。

每个发电单元光伏组件通三相并网逆变器直接并入三相低压交流电网（AC380V，50Hz），通过交流配电线路给当地负荷供电，最后以6kV电压等级就近接入，实现并网。由于分布式电源容量不超过上一级变压器供电区域内最大负荷的25%，所有光伏发电自发自用。

为减少光伏阵列到逆变器之间的连接线及方

便日后维护，配置光伏阵列汇流箱，该汇流箱可直接安装在电池支架上，汇流箱的输出经直流线缆接至配电房内直流配电柜，经直流配电后接至并网逆变器，逆变器的交流输出经交流配电柜接至防逆流控制柜，输出 0.4kV、50Hz 三相交流电源，实现用户侧并网发电功能。

2.6 逆变器的选型与作用

该项目采用 380V“自发自用，余电上网”模式，以停车场结合的分布式并网光伏发电系统方式进行建设。根据接入容量本项目推荐使用 10kW 组串式逆变器进行设计(表 1)。

表 1　40kW 组串式逆变器性能参数

效率	
最大效率/%	98.70
中国效率/%	98.10
输入	
最大输入电压/V	1100
每路 MPPT 最大输入电流/A	30(核实组件工作电流)
每路 MPPT 最大短路电流/A	45
最低启动电压/V	200
MPPT 电压范围/V	200~950
额定输入电压/V	600
每路最大输入路数	2
MPPT 数量	4
输出	
额定输出功率/kW	10
最大视在功率/kVA	110
额定输出电压	400，3L/N/PE
输出电压频率/Hz	50
最大输出电流/A	167
功率因数	0.8 超前…0.8 滞后可调
最大总谐波失真/%	<3
保护	
输入直流开关	支持
防孤岛保护	支持
输出过流保护	支持
输入反接保护	支持
组串故障检测	支持
直流浪涌保护	二级(一级可选)
交流浪涌保护	二级(一级可选)
绝缘阻抗检测	支持
RCD 检测	支持
显示与通信	
显示	LED 指示灯

续表

显示与通信	
RS485	支持
GPRS	支持
PLC	支持
常规参数	
尺寸(宽×高×厚)/mm×mm×mm	520×660×220
质量/kg	55
工作温度/℃	-25~60
冷却方式	智能风冷
相对湿度/%	0~100
防护等级	IP66
夜间自耗电/W	<2
拓扑结构	无变压器

在光伏并网系统中，逆变控制部分担负着系统的 DC/AC 转换，并准确控制转换电压、频率、相位、谐波含量等重要指标，同时，负责光伏并网发电系统各部分与公共电网的协调运行，并对系统可能发生的各种异常状态进行保护，它是光伏并网系统的关键设备。合理的逆变器配置方案和电气一次主接线对于提高太阳能光伏系统发电效率，减少运行损耗，降低光伏并网电站运营费用以及缩短电站建设周期和经济成本的回收期具有重要的意义。

2.7 光伏组件布置方式

根据选定的光伏组件和逆变器形式与参数，结合逐时太阳能辐射量与风速、气温等数据，确定晶硅光伏组件组串数为：20，汇流形式为：4 进 1 出。

2.8 光伏组件支架设计

该项目光伏组件直接安装在支架上。支架基础设计结合场址工程地质条件及光伏发电站的特点，在保障安全要求的前提下，尽量减少建筑材料耗量，节约资源，保护环境。

支架基础荷载主要有：支架及光伏组件自重、风荷载、雪荷载、温度荷载及地震荷载。其中起控制作用的主要是风荷载，设计时保证风荷载作用下的稳定。支架杆件间的连接可采用焊接或螺栓连接。螺栓连接对结构变形有较强的适应能力，施工安装速度快、便捷；焊接连接施工安装速度较慢，焊机进场需要较长距离施工供电，而且现场施焊受天气影响较大，所以本工程采用螺栓连接(图 3)。

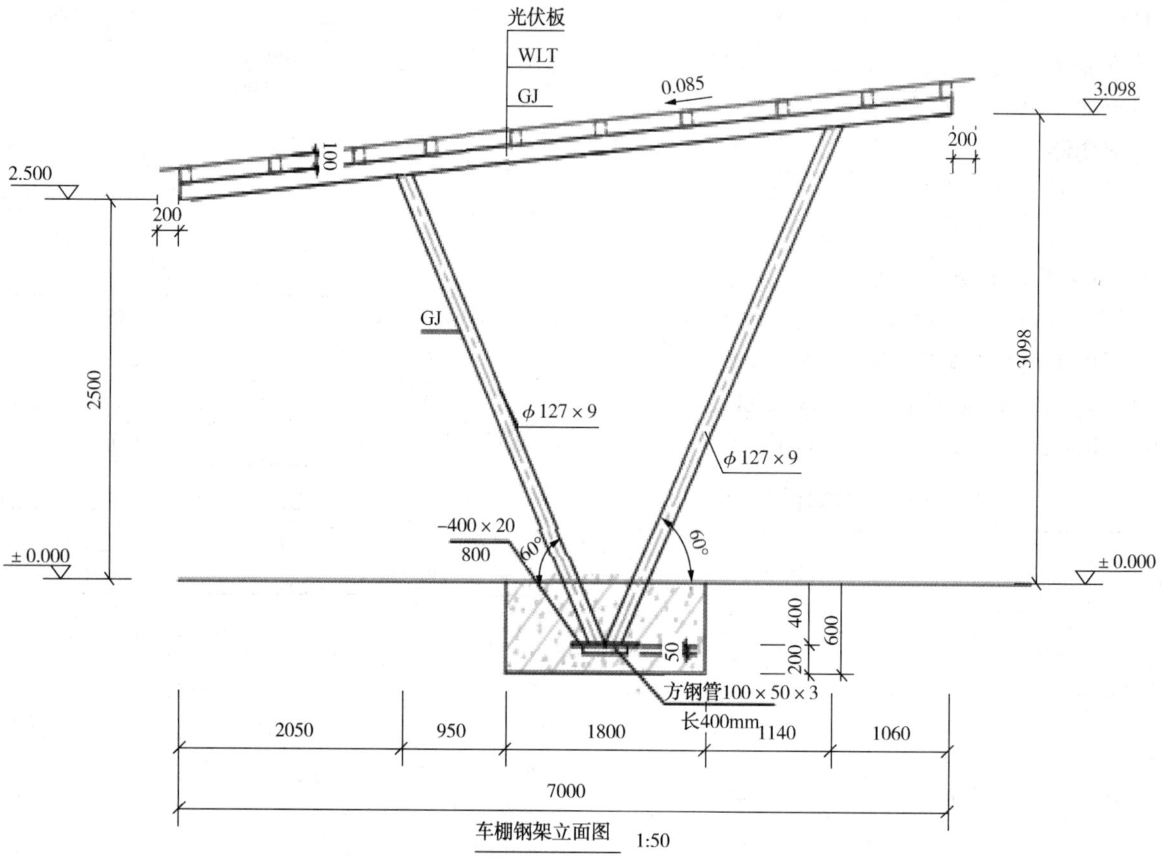

图 3　车棚钢架立面图

2.9　电气设计

2.9.1　设计依据

《供配电系统设计规范》GB 50052—2009。

《低压配电设计规范》GB 50054—2011。

《光伏发电站设计规范》GB 50797—2012。

《光伏发电系统接入配电网技术规定》GB/T 29319—2012。

《光伏并网逆变器技术规范》NB/T 32004—2018。

《交流电气装置的接地设计规范》GB/T 50065—2011。

《电力工程电缆设计标准》GB 50217—2018。

《光伏发电站防雷技术要求》GB/T 32512—2016。

《光伏系统并网技术要求》GB/T 19939—2005。

《电能质量三相电压不平衡》GB/T 15543—2008。

2.9.2　接入电网方式及特点

（1）就近低压并网，降低损耗，提高效率。

（2）局部故障检修时不影响整个系统的运行。

（3）用电高峰时提供大量电力，有助于城市电网调峰。

（4）便于电网的投切和调度。

（5）方便运行维护。

国家电网在《分布式电源接入电网技术规定》中指出：“分布式电源总容量原则上不宜超过上一级变压器供电区域内最大负荷的 25%”（图 4）。

3　项目作用与意义

3.1　环境效益

生态环境是人类赖以生存的物质基础，随着全球经济发展，生态环境的污染和破坏也越来越严重。解决环境问题，促进经济、社会与环境协调发展和实施可持续发展战略，是政府面临的重要而又艰巨的任务。随着经济的发展，提高能效，开发利用清洁、可持续的新能源，势在必行。

光伏发电是一种清洁的能源，既不直接消耗资源，同时又不排放污染物、废料，也不产生温室气体破坏大气环境，也没有废渣的堆放、废水排放等问题，该项目为太阳能光伏并网发电工

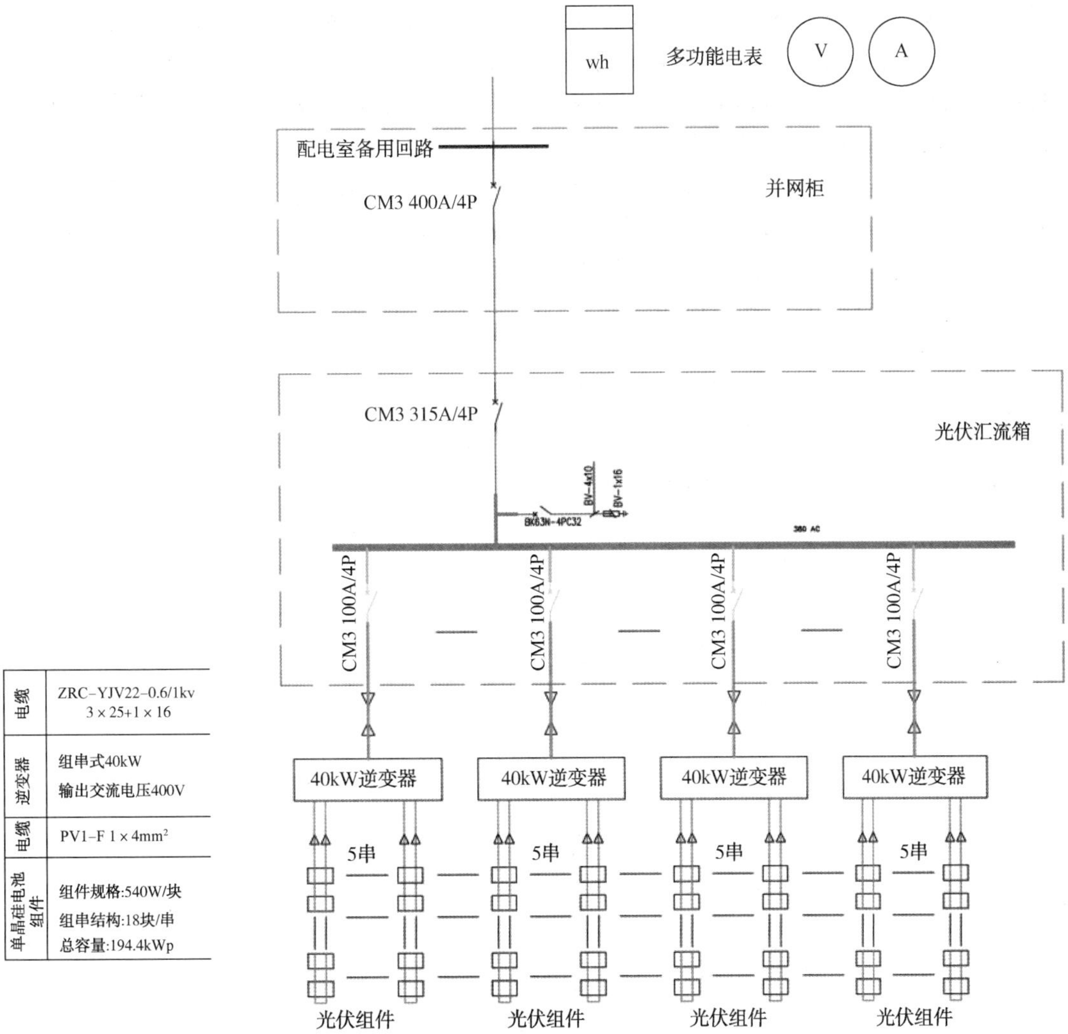

图4　光伏发电系统接线图

程，采用清洁可再生的太阳能作为能源，太阳能板采用晶体硅光伏构件，利用“光伏效应”将太阳光辐射能直接转换为电能并输送进电网。有利于保护周围环境，是一种绿色可再生能源。

3.2　节能降耗

光伏发电是采用清洁的可再生的太阳能作为能源，运行期间无任何污染物产生，没有大气和水污染等问题，也不存在废渣的堆放问题，有利于周围环境的保护。项目本期装机容量为194.4kWp，平均每年发电量为236kW·h(表2)。

表2　光伏发电平均每年节能减排效益分析表

单位节能减排量	数值	节能减排量	数值
减少单位消耗标准煤/(kg/kW·h)	0.4	节约标准煤/(t/a)	94.4
减排单位碳粉尘排放量/(kg/kW·h)	0.272	减排烟尘/(t/a)	64
减排单位 CO_2 排放量/(kg/kW·h)	0.997	减排 CO_2/(t/a)	235

续表

单位节能减排量	数值	节能减排量	数值
减排单位 SO_2 排放量/(kg/kW·h)	0.03	减排 SO_2/(t/a)	7
减排单位 NO_x 排放量/(kg/kW·h)	0.015	减排 NO_x/(t/a)	3.5

本项目预计25年发电总量为468万kW·h，由此可见，光伏发电明显的环境效益。

3.3　经济效益

光伏发电项目充分利用厂区的闲置空间，在节能环保、空间规划、厂区能源的供应、利用方面，起到了重大作用。该项目完工后，年发电量达15~20万kW·h，该项目按25年寿命设计，总计可节约标准煤约1971t，减排二氧化碳5458t，相当于种植树木1.2万棵。节约电费近10万元/年。

3.4　社会效益

随着石油和煤炭的大量开发，不可再生能源

保有储量越来越少，终有枯竭的一天，因而新能源的开发已经提到了国家战略高度。光能是清洁的、可再生的能源，既不直接消耗资源，同时又不释放污染物、废料，也不产生温室气体破坏大气环境，也不会有废渣的堆放、废水排放等问题，有利于保护周围环境。开发光能符合国家环保、节能政策，光伏电场的开发建设可有效减少常规能源尤其是煤炭资源的消耗，保护生态环境，营造出山川秀美的旅游胜地。

4 结束语

该项目能够促进公司绿色能源的发展，缓解社会环境和能源压力，有效降低能源消耗及二氧化碳、氮氧化物、二氧化碳粉尘排放，把促进新能源和清洁能源发展放在更加突出的位置，为社会经济绿色发展做出积极贡献。

管具公司以此次光伏发电项目建设为契机，在全公司开展碳达峰、碳中和相关文件学习及开展系列讲座，增强全员节约意识、环保意识、生态意识，倡导简约适度、绿色低碳、文明健康的生活方式，把绿色理念转化为广大干部员工的自觉行动，为实现“3060”碳达峰、前碳中和目标积极贡献力量。

质子交换膜水电解制氢应用分析

梅 欢

（中国石油工程建设有限公司）

摘 要 开发清洁高效的可再生能源是未来能源转型的必然趋势。氢气具有质量轻、热值高、燃烧产物清洁等优点，被认为是理想的能源载体。在众多制氢技术中，利用可再生能源发电，通过电解水制备高纯度氢气是最具潜力的制氢路线之一，可实现氢能与电能的高效转化，有望作为风力、光伏发电的重要调节手段。中国石油各大油田目前在加快布局太阳能发电和风力发电等新能源领域，可采用这些再生能源进行电解水制氢。质子交换膜(PEM)水电解制氢设备具有电解效率高，工作电流密度大，电解槽体积小，工作介质为纯水，无腐蚀性，对环境无污染，系统简单和易于操作维护等优点，在油田新能源发电制氢领域应用前景可期。

关键词 制氢；质子交换膜；水电解；清洁能源

引言

根据电解质种类的不同，水电解制氢技术主要分为碱性水电解制氢(Alkaline Water electrolysis, AWE)、质子交换膜水电解制氢(Proton Exchange Membrane, PEM)和固体氧化物水电解制氢(Solid Oxide Electrolysis Cell, SOEC)三种。碱性水电解制氢是最早发展起来、发展最成熟且成本最为低廉的电解水制氢工艺，操作简便，已经实现了大规模商业化运用。固体氧化物水电解制氢工作温度高达600~1000℃，利用热量进行电氢转换。这种技术具有能量转化效率高，且不需要使用贵金属催化剂，但是其制氢所需温度较高，限制了材料的选择，且不安全因素较多。为改善上述状况，以高分子聚合物作为电解质的PEM水电解制氢得以发展，其工作电流密度高(最高可达10000~30000A/m^2)，体积小，目前被认为是发展前景最为广阔的电解水制氢技术。同时，间歇性和随机性是太阳能和风力发电系统的两大特点，PEM制氢技术可快速启停，能匹配可再生能源发电的波动性，提高电力系统灵活性，正逐渐成为可再生能源发展和应用的重要方向，可广泛应用于油田新能源水电解制氢领域(表1)。

表1 电解水制氢技术对比

项目	碱性水电解	质子交换膜水电解	固体氧化物水电解
电解质/隔膜	30%KOH溶液/石棉膜	纯水/质子交换膜	固体氧化物
电流密度/(A/cm^2)	0.2~0.4	1~2	1~10
电解槽能耗/(kW·h/m^3)	4.5~5.5	3.8~5.0	2.6~3.6
系统效率/%	60~75	67~82	85~89
运行温度/℃	70~90	50~80	700~1000
氢气纯度(φ)/%	≥99.8	≥99.99	
设备体积	1	1/3	
单机规模/(m^{-3}/h)	0.5~1000	0.01~500	
启停速度	较快	快	不便
系统寿命/年	10~20	10~20	
系统运维	有腐蚀液体，后期运维复杂，成本高	无腐蚀液体，运维简单，成本低	暂不明确
污染情况	存在污染	无污染	无污染
产业化程度	技术成熟	商业化阶段	试验阶段

1 电解水制氢成本分析

一般制氢成本分为固定成本和可变成本，固定成本包括设备折旧、人工、运维等，可变成本包括制氢过程的电耗和水耗等。水电解制氢成本可按下式计算：制氢成本=电价×单位电耗+(每年折旧+每年运维)/每年制氢总量+单位水耗×水价。

碱性水电解制氢一般需要降低电压增大电流

以提高转化效率。其成本与制氢能力有关，制氢能力越大，成本越高。目前国内市场在售的碱性电解槽单台设备制氢能力从几十到 $1000Nm^3/h$，价格从 100 万~1000 万元以上不等。根据表 2 中所示，现有条件下碱性水电解制氢成本接近 30 元/kg，远远高于天然气制氢或煤制氢 10~15 元/kg 制氢成本，毫无竞争优势。从成本构成分析，电耗成本最高，占到 74%；其次为折旧成本，占到 18%，这两项占到总成本的 90% 以上。由于人工运维和原料属于刚性支出，所以降低其制氢成本还需要从降低电耗和降低折旧这两方面入手。通过降低电解槽采购成本和提升电解槽效率的办法来实现。由于碱性电解槽工艺技术已经十分成熟，很难通过技术革新降低成本，根据预测，未来 10 年通过技术改进和规模扩张，可以降本 40%，$1000Nm^3/h$ 电解槽成本会降至 500 万元，届时制氢成本将下降 5%~10%。此外，通过开发先进性能的电极和隔膜材料，进一步优化槽体结构，可以进一步提高其转化效率，降低成本和能耗。

质子交换膜水电解制氢商业化时间不长，质子交换膜和铂电极催化剂等关键组件成本较高，导致电解槽制造成本较高，为相同规模碱性电解槽的 3~5 倍。其设备折旧成本占到总成本的 44%，电耗成本占到 50%。相比于碱性电解槽，质子交换膜水电解槽由于设备成本过高，制氢成本相对较高，但随着氢能行业的发展，氢气需求的增加，以及技术的进步，会带来电解槽成本的下降，叠加可再生能源电力成本的下降和产氢数量的增加，最终质子交换膜水电解槽制氢成本会低于碱性电解槽。如果考虑用地面积，即土地成本，质子交换膜水电解槽更加紧凑，同等规模下其占地面积几乎为碱性装置的一半，在土地昂贵的地区质子交换膜水电解槽优势更加明显，结合其效率高、能耗少、响应快、负载高等优势，质子交换膜水电解槽将是未来电解制氢的主流方向。

固体氧化物水电解制氢目前还处在试验阶段，还未商业化，暂不考虑成本分析。

表 2　电解水制氢成本分析

项目	碱性水电解	质子交换膜水电解
折旧成本/(元/Nm^3)	0.46	1.55
原料成本/(元/Nm^3)	0.01	0.01
人工运维成本/(元/Nm^3)	0.20	0.20
电耗成本/(元/Nm^3)	2.00	1.80
单位体积氢气成本/(元/Nm^3)	2.67	3.56
单位质量氢气成本/(元/kg)	29.9	39.87

2　PEM 技术原理

PEM 技术的核心部件是电解槽，电解槽小室由膜电极和质子交换膜等组成。膜电极是水电解反应的场所，由质子交换膜和黏合在质子交换膜上的阴阳极催化剂组成，决定了电解池的性能。双极板将多片膜电极串联在一起，且彼此隔开，双极板两侧的阳极和阴极流道起到物质输运的作用。膜电极及其喷涂在其表面的催化剂作为 PEM 电解槽的核心部件，很大程度上决定了电解槽及整个制氢设备的性能。PEM 水电解制氢设备的电解槽采用的高分子聚合物质子交换膜，只能通过氢离子，使得产品氢气的纯度较高。当 PEM 水电解制氢设备运行时，电解质纯水在电解小室的阳极经催化反应被分解为氧气、电子和氢离子。氢离子以水合氢离子的形式通过质子交换膜，并在电解小室的阴极处获得电子发生还原反应生成氢气(图 1)。

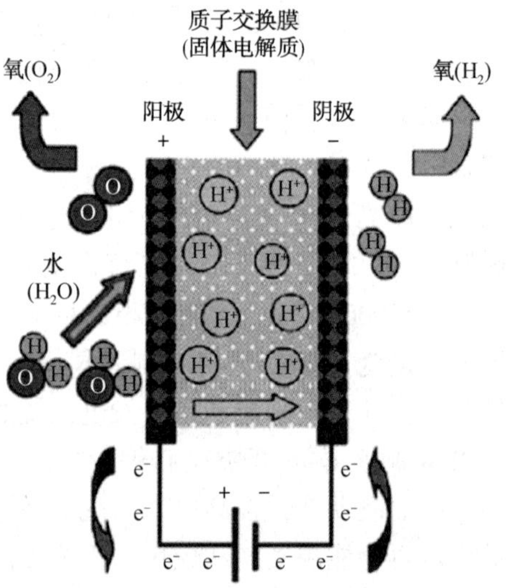

图 1　PEM 水电解制氢原理图

PEM 水电解制氢具有以下优点：①PEM 采用的固体聚合物电解质膜可保证膜两侧承受较大的压差，且只对氢离子有单向传导作用，能够直接将氢气和氧气隔离开，避免串气，保证了安全性和产物纯度；②PEM 电解质膜厚度可小于

200μm，电极间距小，能够降低工作电压和能耗，而且使得电解槽的结构更加紧凑；③纯水作为 PEM 电解池的电解液，对槽体几乎无腐蚀，且电解反应产物不含碱雾。

3　PEM 研究进展

美国作为最早进行 PEM 技术研究的国家，其 PEM 技术代表着国际最高水平。1982 年，美国通用电气公司(GE)为美国海军研制了电解水制氧装置原型机，近年来研制的 PEM 水电解制氧装置应用于航天领域，以满足航天员的耗氧需求。在民用方面，欧美国家致力于消纳可再生能源 PEM 水电解制氢技术的研究，代表性企业为美国的 Proton Onsite、英国的 ITMpower、加拿大的 Hydrogenics、德国 Siemens 等。过去 10 年全球加速推进可再生能源 PEM 水电解制氢示范项目建设，示范项目数量和单体规模呈现逐年扩大的趋势。目前 PEM 水电解制氢已迈入 10MW 级别示范应用阶段，100MW 级别的 PEM 电解槽正在开发，NEL-Proton、SIEMENS、ITM Power 等公司在技术与装备制造方面处于领先。2011—2020 年全球 MW 级 PEM 水电解制氢项目概况如图 2 所示。

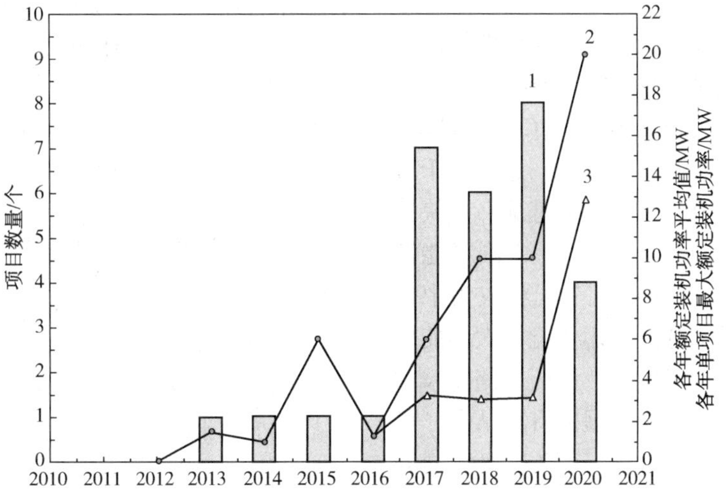

图 2　2011—2020 年全球 MW 级 PEM 水电解制氢项目概况

2015 年 SIEMENS、Linde Group 等公司在德国美因茨能源园区投资建设全球首套 MW 级风电 PEM 水电解制氢示范项目，氢气供应当地加氢站、工业企业，富余氢气直接注入天然气管网。当可再生电力价格低于 3 欧分/kW · h，项目启动 PEM 水电解制氢设备，上网发电。炼油、化工、钢铁等碳密集型行业也是 PEM 水电解制氢的重要应用场景。2019 年 Shell 和 ITM Power 合作，在德国 Rheinland 炼油厂建设 10MW 可再生能源 PEM 水电解氢工厂，每年可为炼油厂提供 1300t 绿氢。海上风电更大规模发展，走向深远海将是大趋势，但实施中面临电网建设难度大、成本高的瓶颈。海上风电制氢将是实现深远海风资源经济有效开发的潜在路径。目前 Shell、SIEMENS、TenneT 等公司正推动欧盟海上风电制氢从概念设计走向示范应用，这将是未来 PEM 水电解制氢技术的又一重要应用领域。

近年来，国内多家单位正在开展 PEM 水电解技术研究，如中国航天员中心、中船重工第 718 所、航天科技集团 811 所、中科院大连化物所等。2012 年，航天员中心研制的 PEM 电解制氧试验装置随"天宫 1 号"发射入轨，并在轨稳定运行。近日，大连化物所燃料电池系统科学与工程研究中心研制的 MW 级质子交换膜水电解制氢系统，在国网安徽公司氢综合利用站实现满功率运行。经专家现场测试，该系统额定产氢 $220m^3/h$(标准)，峰值产氢达到 $275m^3/h$，这是 PEM 水电解制氢系统首次突破 MW 级。随着技术进步，成本进一步下降，PEM 水电解制氢将与碱性水电解制氢成为主要制氢技术。业内分析认为，国产大型 PEM 水电解制氢装置取得重大突破，将进一步为大规模可再生能源制氢示范奠定技术基础。2021 年年底，燕山石化曾与石科院等科研院所合作，建成一套 PEM 水电解制氢中试装置。2022 年 3 月 9 日，北京燕山石化 MW 级 PEM 水电解制氢技术研发项目正式立项备案，中国石化自有 MW 级别电解槽项目启动。

目前，对于 PEM 水电解制氢的主要研究方向在阴阳极端板、阴阳极扩散层、质子交换膜和阴阳极催化剂。端板可通过材料选择、优化工艺等方式提高传质效率并降低成本。水电解制氢所用质子交换膜多为全氟磺酸膜，制备工艺复杂，长期被美国和日本企业垄断，如科慕 Nafion 系列膜、陶氏 XUS-B204 膜、旭硝子 Flemion 膜、旭化成 Aciplex-S 膜等。其中科慕 Nafion 系列膜具有低电子阻抗、高质子传导性、良好的化学稳定性、机械稳定性、防气体渗透性等优点，是目前电解制氢选用最多的质子交换膜。

4 PEM 应用展望

中国石油工程建设有限公司在新能源市场已开疆拓土，中标玉门油田 200MW 光伏并网发电项目，率先闯入集团公司新能源 EPC 规模市场。酒泉利用丰富的风能、太阳能资源，建成了千万千瓦级风电基地和百万千瓦级光电基地，加快培育氢能产业，打造绿氢产业基地。《中国氢能源及燃料电池产业白皮书》中提到氢能将成为中国能源体系的重要组成部分。利用风能、太阳能所产生的绿氢可广泛应用于冶金、医药、储能、食品等行业。氢能作为新能源发展的有机结合，可以有效解决新能源发电储能、运输和调峰的问题。太阳能和风力发电有着间歇性和随机性，要求制氢系统在不稳定供电条件下具有安全、可靠和高效制氢的能力，具有良好的宽功率波动适用性。目前成熟的碱性水电解制氢工艺综合成本低，但存在碱液流失、腐蚀、能耗高等问题，适应波动性较差，与风光结合时需要配备储能。与之相比，PEM 水电解制氢技术的运行电流密度高、能耗低、产氢压力高，适应可再生能源发电的波动性特征，易于与可再生能源消纳相结合。PEM 水电解制氢技术还可以快速启停，能匹配可再生能源发电的波动性，提高电力系统灵活性，正逐渐成为可再生能源发展和应用的重要方向。随着 PEM 水电解技术的不断突破，与可再生能源发电技术进行深度耦合，可使其成为电网调峰的理想能量存储转换装置，发展前景广阔。

参 考 文 献

[1] 齐子东，白松，张晓辉. 水电解制氢技术发展前景[J]. 舰船防化，2014(2)：48-54.

[2] 王培灿，万磊，徐子昂，等. 碱性膜电解水制氢技术现状与展望[J]. 化工学报，2021，72(12)：6161-6175.

[3] 杨勤，刘建国，张晨佳，等. 高温固体氧化物电解水制氢系统效率分析[J]. 电力电子技术，2020，54(12)：28-36.

[4] 吕泽伟，韩敏芳. 光伏、光热联合 SOC 制氢、发电系统设计[J]. 储能科学与技术，2017，6(2)：276-281.

[5] 陈俊良，余军，张梦莎. 聚合物电解质膜水电解器用质子交换膜的研究进展[J]. 化工进展，2017(10)：3743-3750.

[6] 苗军，郭卫军. 氢能的生产工艺及经济性分析[J]. 能源化工，2020，41(6)：6-10.

[7] 孙邦兴，杨华，骈松. PEM 型电解水制氢设备在电厂的应用[J]. 山东化工，2020，49：182-184.

[8] 纪钦洪，徐庆虎，于航，等. 详解质子交换膜(PEM)水电解制氢，现代化工，2021.

[9] 国产大型水电解制氢装置取得重大突破[J]，全国能源信息平台，2021.

[10] 田江南，罗扬. 风电耦合电解水制氢技术研究[J]. 新能源，2021，2：63-67.

[11] 李建林，李光辉，梁丹曦，等. “双碳目标”下可再生能源制氢技术综述及前景展望[J]. 分布式能源，2021，6(5)：1-9.

[12] 张轩，王凯，樊昕晔，等. 电解水制氢成本分析[J]. 现代化工，2021，41(12)：7-11.

[13] 杨阳，张胜中，王红涛. 碱性电解水制氢关键材料研究进展[J]. 现代化工，2021，41(5)：78-82.

[14] 郭秀盈，李先明，许壮，等. 可再生能源电解制氢成本分析[J]. 储能科学与技术，2020，9(3)：688-695.

氨能的应用场景与产业链分析

沈全锋

（中国石油工程建设有限公司）

摘　要　氨作为一种新型可持续能源，其空燃比低，制备成本低，未来发展潜力巨大。而中国的氨产量占据全球的半壁江山，运输体系和分布网络完善。氢氨相结合是国际清洁能源的前瞻性、颠覆性和战略性技术发展方向，是解决氢能发展重大瓶颈的有效途径，也是实现高温零碳燃料的重要技术路线。氨燃料在具体应用层面仍存在技术挑战，氨氢的大规模转换和储运，需要进一步研究大容量储运设备和催化剂。中国石油集团和工程建设公司宜利用属地化优势及在氢/氨的制取、储运的优势，在氨能产业链开展技术攻关，促进制氢、制氨、燃料电池及液氢/氨储运技术的创新应用与发展。

关键词　氨能；氢能；氨氢转换；氨能源产业链

引言

众所周知，氢能源拥有诸多优点，但难以储存和运输，成本高昂。氢是元素周期表上最轻的元素，很容易泄漏，对储存容器要求高，并且氢气非常活泼，与空气混合后很容易发生燃烧和爆炸。如果远距离运输氢，需要将其液化，在常压状态下，需要将其温度降低到-235℃以下，能耗较高。如果以管道运输，则需要克服纯氢以及掺氢的气体给管道带来的安全隐患，攻克氢气管道的材料难题。

在氢能源高昂的成本下，氨气走入人们的视野，氨由一个氮原子和三个氢原子组成，所含氢元素的质量分数达 17.6%，完全燃烧只产生氮气和水。在 25℃、1.03MPa 或-33℃常压条件下能将氨液化，密度可达 630kg/m^3，能量密度高（高热值计：12.71MJ/L），而相同压力温度下氢的能量密度远不及液氨，因此氨是天然的储氢介质；在常压状态下，温度降低到-33℃，就能够液化，便于安全运输。同时氨还具有清洁并可再生、热值较高、易储存运输、辛烷值高、防爆特性好等优势。

目前全球八成以上的氨用于生产化肥，并且氨有完备的贸易和运输体系。氨可由水中的氢和空气中的氮合成，并在氨燃料电池或氨内燃机或氧化燃烧时还原为水和空气。氢和氮的获得成本低，可以说，氨是除氢以外最宜生产的可再生燃料。

氨燃料的生产和利用，不仅可实现零污染，更无需占用耕地或减少永久性植被，且能帮助减少大气中已存在的“温室效应气体”。这是可再生醇类碳氢化合燃料所办不到的，在双碳背景下极具意义。另外，氨在消除内燃机氧化氮类（NO_x）“光雾气体”的排放中所起的关键作用，也是难以替代的。

氨是有毒的，但是只有当它的浓度达到可被觉察到的浓度 1000 倍时才会致命；氨具有强烈的刺激性气味，一旦发生泄漏很容易被发现，并及时补救。氨的燃烧范围并不大，只有当在空气中质量分数达到 15%～34%才会发生爆炸；而氨比空气轻，泄漏后扩散快，不会积聚。泄漏在大气中的氨还可以参与自然循环随雨雪移动，和其他物质反应或被植物吸收。因此氨作为燃料还是安全的，对环境也是友好的。

因此，理论上来说，我们可以用可再生能源生产氢，再将氢转换为氨，运输到目的地，就能够极大地解决氢能的运输瓶颈，从而降低用能成本。

在此理论基础的支撑下，原本将氢能作为“王牌”的日本政府，正引入氨能，希望将发电厂和船舶的燃料替换成氨，凭借燃烧技术突破，以更低的成本实现碳中和。2021 年 10 月，日本政府发布第六版能源战略计划，首次引入氨能，其中提出，到 2030 年，利用氢和氨所生产出的电能将占日本能源消耗的 1%，2050 年氢和氨所生产出的电能进一步达到 10%（图 1）。

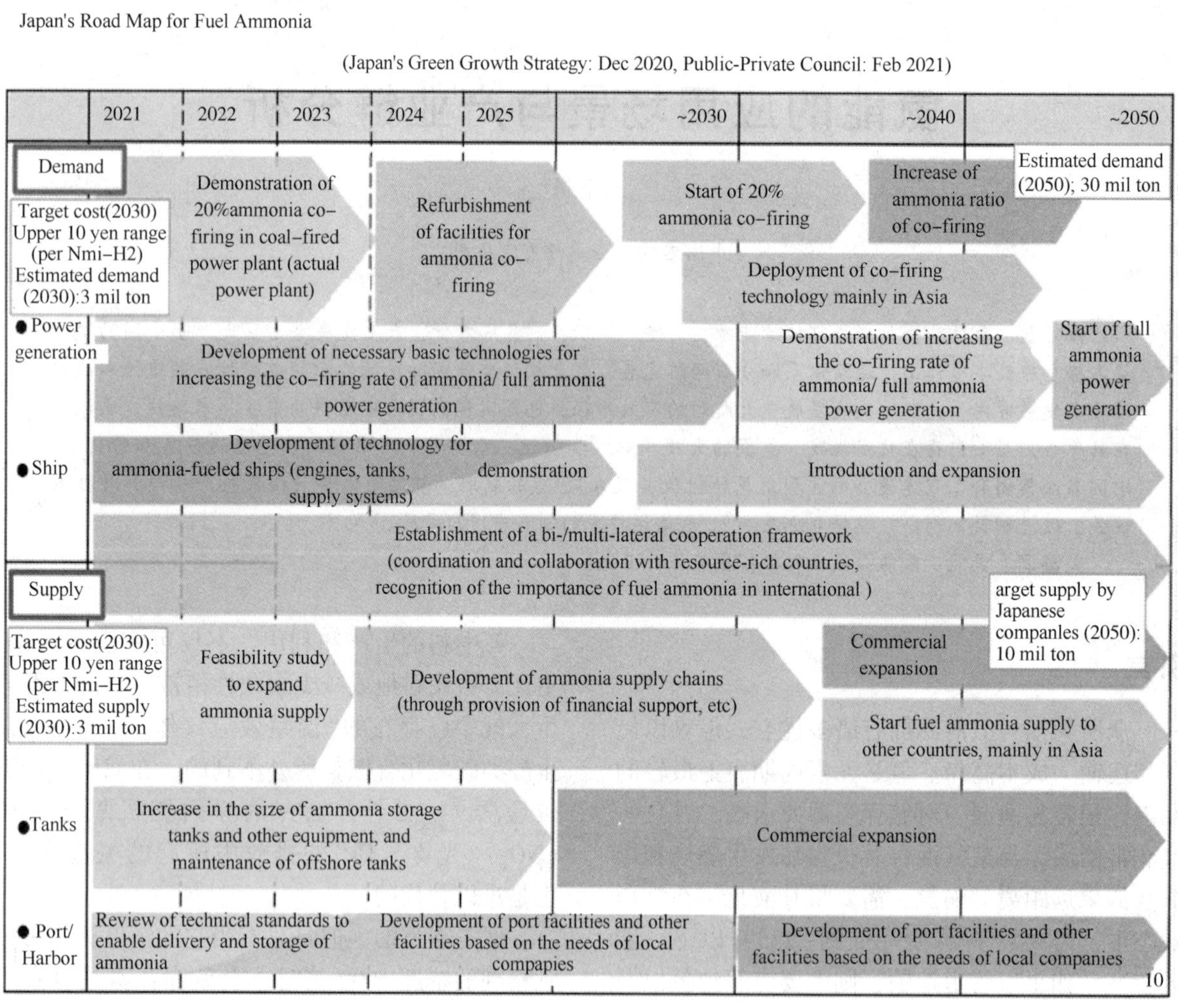

图 1　日本氨能源发展路线图

韩政府宣布将 2022 年作为氢气氨气发电元年，并制定发展计划和路线图，力求打造全球第一大氢气和氨气发电国。会议宣布，政府明年共将投入 400 亿韩元用于有关设备基础设施建设，并于 2023 年前制定“氢气和氨气发电指南”，推广有关技术在 LNG 发电站使用。

但是氨燃料在具体应用层面仍存在技术挑战。首先，氨的燃烧速度和热值较低，远低于氢，不利于高效的工业应用。其次，氨不易点燃，实现稳定燃烧。此外，要实现氨氢的大规模转换和储运，需要进一步研究大容量储运设备和催化剂的技术问题。

1　氨氢融合具备推动脱碳的潜力

1.1　氨的能量密度使其能高效运输氢

全球氢贸易面临的最大技术挑战是其在正常温度和压力下的绝对体积。这个问题可以通过压缩氢气(通常高于 200bar)并通过管道或罐装船运来解决。或者，也可以通过将温度降低到-253℃使氢气液化，在正常条件下将其体积缩小到 1/800。

而在相对较低的压力下以液体形式使用氨等能量载体来运输氢则具有显著优势——能量密度可达到压缩氢的 3 倍、液化氢的 1.5 倍。因此，使用氨来进行氢的远距离出口，运输同等能量所需的船舶数量要少得多。

1.2　成熟的氨气合成技术和供应链

氨的合成、储存和运输是一个成熟的产业。现有的氨市场约为每年 1.8 亿 t(Mtpa)，主要是与衍生物(如尿素)或化肥(如硝酸铵)的生产相结合。目前，氨的海运贸易量约为 2000 万 t/a，一个世界级的氨工厂产量约为每年 200 万 t。相比之下，运输压缩氢气的船舶尚未实现商业化。

液态有机氢载体(LOHC)，例如用于加氢/脱氢工艺的甲苯/甲基环己烷系统也已试行，但该技术目前还不够先进。甲醇是另一种潜在的氢衍生物，可用作载体以及清洁燃料，碳含量较高，也有碳排放问题。各种氢载体技术仍将继续发展，但大规模的氨供应链已经存在。

1.3 氨本身的脱碳潜力

低碳氨本身也被视为脱碳的潜在燃料，它可以取代现有行业中的灰氨或其他化石燃料，并在新的领域实现潜在增长。

日本和德国等反核国家特别热衷于在发电过程中使用氨，而韩国则宣布了将氨应用到热电厂中，取代 20% 的煤炭使用量的计划。在供暖领域，氨的作用也在不断增长，包括用作热泵中的清洁热交换器。

氨也可能在运输业中发挥作用。在船舶燃油加注领域尤其如此，发动机制造商正在开发可供船舶使用双燃料（包括氨）运行的内燃机，以满足国际海事组织的脱碳目标。

在高温下使用固体氧化物电解槽的氨燃料电池可以实现类似氢气的性能。由于储氢站点稀缺，氨可能成为氢能储存的一种商业介质。

1.4 氨是否会被用作氢能贸易的首选载体？

氨的应用并非没有挑战。其能量密度可能高于液态氢，但它是 LNG 和汽油的一小部分，因此生产和运输成本高昂。作为有毒化学品，氨在传统行业的生产和处理受到管制，氨气释放或溢出的风险将限制其在新型用途的需求。

虽然氨是氢的潜在载体，可以通过裂解或逆转合成反应来解锁，但大规模推进却面临着技术和商业挑战。氨不太可能在所有领域取代氢作为燃料，市场上可能会出现其他大规模商业远距离运输氢气的方法。因此，氨用作氢的载体不太可能成为氢气贸易的终局。

低碳氨在全球脱碳中发挥重要作用，可以轻松利用现有的技术和供应链来实现远距离的高效运输。但是，氨运输到目的地后，仍然面临至少两个挑战：

第一，如果将氨转换为氢，其转换过程会造成能量损耗，另外，也需要开发专门的大容量设备、纯化技术等。

第二，如果直接将氨作为燃料，则需要克服氨不容易燃烧的缺陷。氨燃烧的产物是水和氮，不造成碳排放，但是氨的燃烧速度低于氢，发热量也低于氢和天然气，将其点燃并持续稳定燃烧比较困难。

日本在氨直接燃烧方面已取得显著进展。日本政府在 2014 年启动了日本重振战略，拨付了 500 亿日元的研发经费（约 25 亿元人民币），设立了 10 个多部门联动的战略性创新研究项目，其中能源载体项目下的氨直接燃烧课题已形成许多成果。发电领域、工业领域是碳排放的主要来源，如果氨能源能够替代化石能源，成为新型燃料，将大大有助于日本实现 2050 年碳中和的目标。

2018 年，此课题组展示了可以抑制一氧化氮产生的新型氨气燃烧技术，核心工艺是将氨气与空气搅浑，形成旋涡状燃烧。实现了 20% 氨气和 80% 天然气在 2000kW 级燃气轮机中的稳定混烧。2019 年，课题组开发了一种将液态氨直接喷到燃烧器上以实现稳定燃烧的技术，从而降低了成本。

2021 年 3 月，课题组成功实现了 70% 的液氨在 2000kW 级燃气轮机中的稳定燃烧，并能同时抑制产生氮氧化物。参与此课题的 IHI 公司表示，有信心在 2025 年之前实现氨燃气轮机商业化，2021 年 10 月启动的 JERA 氨能发电示范项目，就是 IHI 公司与 JERA 合作而来；

三菱重工则正开发 4 万 kW 级的 100% 氨专烧燃气轮机，计划在 2025 年以后实现商业化，引入发电站。

2 氨燃料在中国的现状与发展趋势

中国的能源结构和世界趋势并不相同，而中国的氨产量已达 6000 万 t/a 以上，占世界总产量的 1/3 左右。合成氨厂遍布全国，同时氨的运输体系和分布网络在世界上可以说是最完善的。

从 20 世纪六十年代开始，氨燃料从军用到民用，正在逐渐地市场化。我国合成氨行业的迅猛发展，促进了新一轮的合成氨技术的革新。目前，合成氨技术具有较高的利用率、氨净值高、较低的费用和应用方便等诸多优点。纵观整体状况，合成氨发展的整体趋势是环保化、自动化和集中化，与我国政策的基本需求相符合，可促进环保领域的可持续发展。

我国的合成氨行业是以煤为主要原料，形成了世界第一的规模。当今合成氨行业在我国的发展有较好的前景，然而，科学地对产能过剩的现象进行控制、有效的避免市场的风险等也是一个十分重要的问题。与此同时，合成氨行业在发展的过程中要十分关注环保。在进行生产的过程中，应最大可能的减少能耗，最大程度地防止对周围环境产生污染，做到资源的可持续发展及循环利用，做好节能减排的工作，促进节能减排效率的提高，加强技术革新，确保我国的合成氨行业能够稳定持续的发展(图2)。

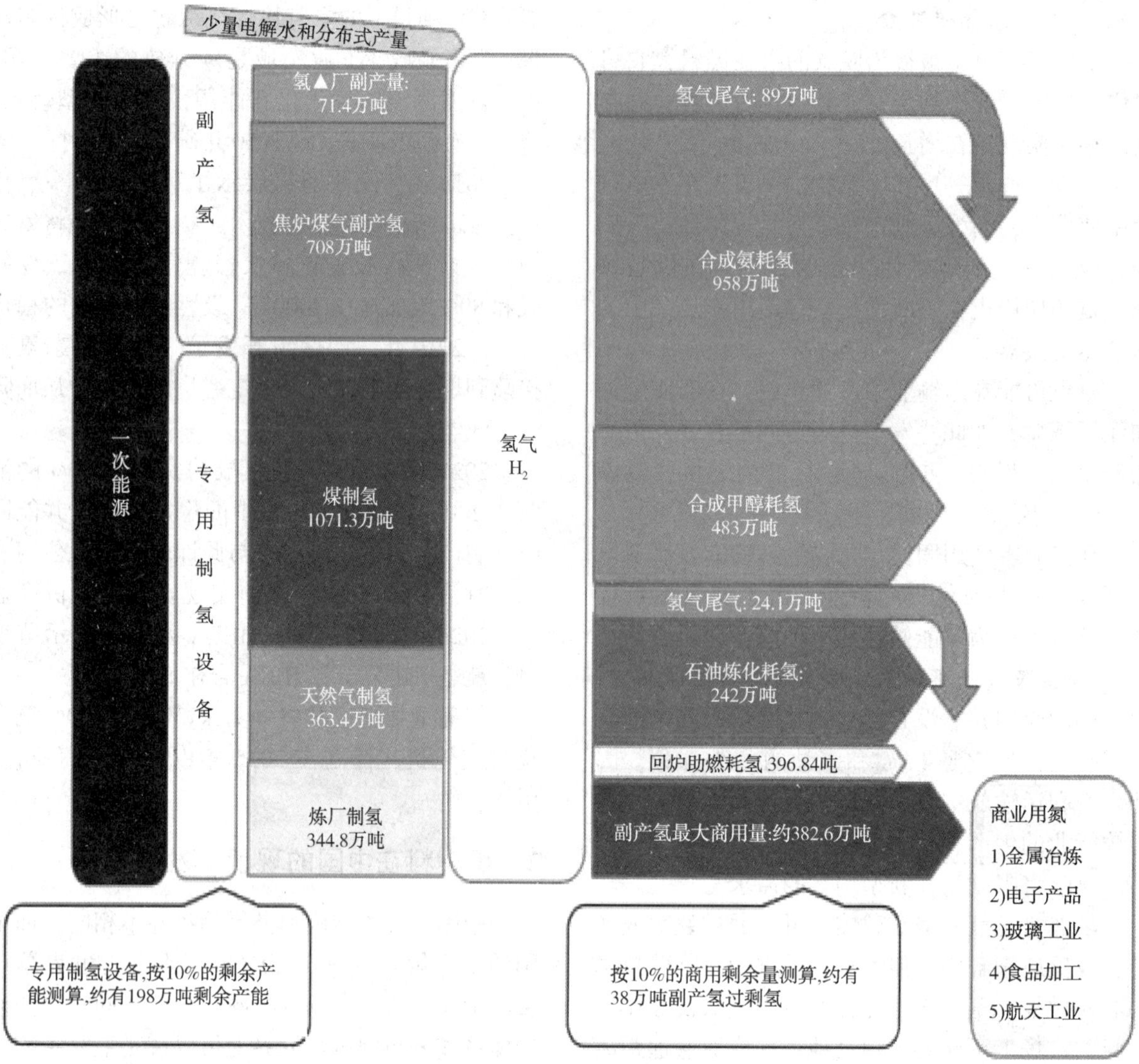

图2　能源转化过程氢耗

2022年1月24日，世界首个“燃煤锅炉混氨燃烧技术”应用在烟台成功投运，并顺利通过中国电机工程学会和中国石油和化工联合会组织的评审。该技术首次实现40MW等级燃煤锅炉氨混比例为35%的中试验证。该混氨燃烧技术实现了40MW燃煤锅炉燃烧35%比例混氨燃料，锅炉运行平稳，效率高于同等负荷下的纯燃煤工况，锅炉尾部 NO_x 浓度低于纯燃煤工况，NH_3 燃尽率达到99.99%。与纯煤燃料相比，氨煤混燃碳减排幅度超过35%，实现了火电行业低碳燃烧技术的突破。根据测算，我们煤电装机容量11亿kW，如果这些机组都实施35%混氨燃烧技术，那么每年减排二氧化碳9.5亿t。

根据目前合成氨工业发展的状态可以预测到，其技术发展将会以调整产业结构、降低能耗、发展清洁生产、提高经济利益为主要目标。包括以下几个方面：

（1）调整和优化产业结构。促使整个产业向集体化、规模化方向发展；淘汰那些能耗高、环保技术落后的企业；优化原料结构，拓宽可用资源范围。

（2）发展低能耗技术。优化工艺流程，合理利用能源，研制性能较好的催化剂，开发出新的原料气体的净化方法，降低燃料消耗，合理利用次级热能。推进设备的集中化、自动化、大型化为中心，能源的消耗才会降到最低。

（3）重视清洁生产。实施环境友好型生产是未来合成氨工业的必然选择，努力做到在生产过程中使用洁净能源，减少不必要的废物、废水、废气的排放，将清洁生产做到最好。

(4) 提高设备生产率，与其他产品联合生产。合成氨生产过程中产生的大量二氧化碳等，既可以用于生产冷冻剂、碳酸饮料，也可以生产纯碱和碳酸氢铵等重要化学原料，对效益的提高有明显作用。

3 可再生氨合成技术

3.1 第1代合成氨技术(Gen 1)

与蒸汽烃重整相结合的Haber-Bosch工艺是工业合成氨的主要方法。Gen 1技术涉及使用碳封存或补偿，以使氨生产的净碳影响降至零，有时将其称为“蓝色氨”。显然，在现有的H-B技术基础上，蓝氨生产的固碳方面增加了成本和工厂复杂性。因此，它可能仅代表过渡解决方案，有助于建立化肥和化学工业以外的氨市场。

3.2 第2代合成氨技术(Gen 2)

除了常规HB工厂，还需要水电解设备。PEM技术因其固有的更高的电流密度(>1A/cm^{-2})而受到业界的青睐，为显着降低成本提供了几种选择。这可以通过开发更便宜的双极流场板，膜和催化剂以及增加细胞面积来实现。具有高达75%的更高热值效率的两位数兆瓦级PEM水电解槽已经在市场上销售，将这项技术带到可持续生产NH_3的制氢技术的最前沿。

替代方法是高温固体氧化物电解(SOE)，可利用H-B工厂的废热，预计氨生产的总体能源效率将超过70%。能以接近100%的效率产生H_2外，SOE还可用于从中产生纯净的N_2。然而SOE技术尚未成熟，关键的电解槽组件在700~900℃的长期运行期间的稳定性还有待证明。该技术提供了快速启动和关闭功能，并且与中断的运行状态高度兼容。

3.3 第3代合成氨技术(Gen 3)

Gen 3是指通过直接或中介方式将N_2电还原为氨。不再需要H-B过程，通过电化学还原来驱动的，而氢源最终是水。目前正研究此过程的几种模式：①电化学氮还原反应(eNRR)，其中电催化剂可将电子和质子直接添加到N_2分子中；②间接或中介的机理，eNRR电池的物理设置与水分解技术有很多共同之处，因此将使用类似的设计和构造原理。

对于Gen 3氨合成，在美国能源部的REFUEL项目中已经定义了实际的性能目标，电流密度为300mA/cm^{-2}，NH_3电流效率(也称为法拉第效率)和60%的能量效率。第3代方法的显著特征包括：①对间歇性的弹性更大；②与HB催化剂相比，HB催化剂在N_2进料供应中仅受到少量ppm的O_2或H_2O损坏，因此对N_2进料纯度的敏感性可能较低；③eNRR流程原则上具有比第二代流程更高的能源效率运行的潜力。

3.4 第三代合成氨技术面临的挑战

电催化还原方法的巨大挑战仍处于需要清晰概念验证的阶段，即在水基电解质存在下，高选择性地将N_2还原为NH_3。通过采用非水介质限制H_2O或其他氢源的可用性可以提供更高的选择性。在高温下使用熔融的氢氧化物电解质或在非质子惰性电解质中，在环境温度下都可以实现非水方法，每种途径都面临着自己的特殊挑战。

总之，引入对能量要求较低的氧化还原介体被认为是改进介导的eNRR方法的最紧迫方向。寻找介体，催化剂和电解质成分的理想组合以优化选择性和产率，同时降低能源成本，是该领域研究的主要目标，最终可能为实用的Gen 3技术提供了出路。

4 氨能源产业链分析

氨能源的产业链主要分为氨气的制备、运输保存、应用三个方面。

(1) 上游氨气制取方面

目前行业内较为常见的制氨法大致有三种，分别是天然气制氨(程序复杂，效率较低)、重质油制氨(粉尘多、噪声大、碱液污染)以及煤炭制氨(污染气体排放大)，而在我国的氨气制造方式是煤(焦炭)制氨，在制造过程中会有大量的污染气体排放(二氧化硫、一氧化氮等)，且烧煤维持制取过程中会产生粉尘、二氧化碳等，对于环境破坏加大，制备效率较低，使得氨气作为工业气体或燃料的性价比较低。

近期，以电炉代替传统煤炉的分解炉取得技术突破，在风电、光伏等新发电方式下，电产能上升，国内光伏发电产能过剩的大环境下，合理运用电能制氨将会是电转化为其他燃料的大趋势，新方法在制氨过程中效率大大提升，气体粉尘污染降低，作为一种价值高、风险低的燃料，后续需求将会上升。

（2）中游储运方面

相较于氢气保存运输成本较高来说，低密度气体运输所需压力大，对于压强稳定性要求极高，极易在移动运输中发生爆炸风险，而液氨的移动运输保存安全系数较高，20℃、891kPa 下即可液化，对于压强的敏感度低于氢气，只需罐体做好无氧封箱措施，人员注意合规安全运输即可。移动运输液氨工艺十分成熟，全球已有 120 多个港口可处理氨气进出口，还有大量氨气存储设施。这些基础设施为船用氨气燃料的供应打下了良好基础(图 3)。

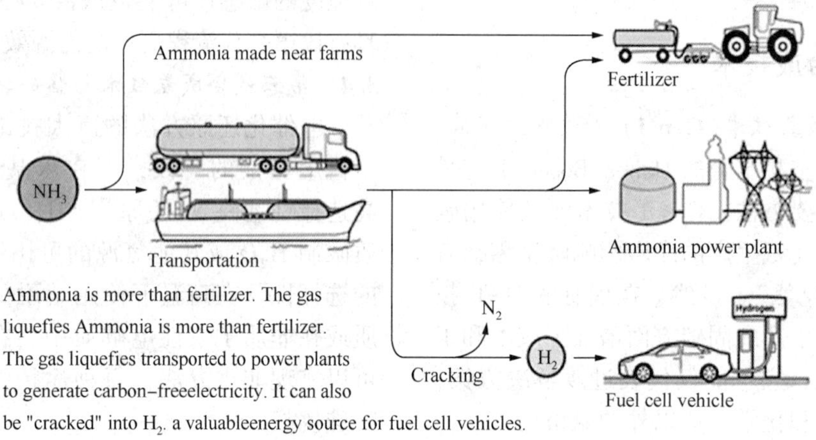

图 3　氨能储运利用示意图

（3）下游的应用方面

氨气的主要应用场景大致分为三类。首先，是以燃料形式作为能源供给(船舶燃料)，目前重燃油的使用在船舶运输最为普遍，航运业若想实现气候目标，就必须逐步淘汰重燃油，日本近期规划到 2025 年，日本船舶将有超三分之一将会以氨作为燃料。

其次，是作为新能源车电池替代相关的氨基电池领域，目前新能源汽车以三元锂电池为主，在后期的电池污染回收将是未来所需要面临的大问题，使用绿色气体燃料电池作为替代能源已在行业取得一定共识，因此推广应用替代燃料非常有必要。

最后氨作为制氢的手段之一，在制备过程中，对比传统电解水制氢而言，所需要的能耗低，成本优势明显，且制成氢的纯度优势巨大，且较容易储存，可作为制氢的主要原材料(图 4)。

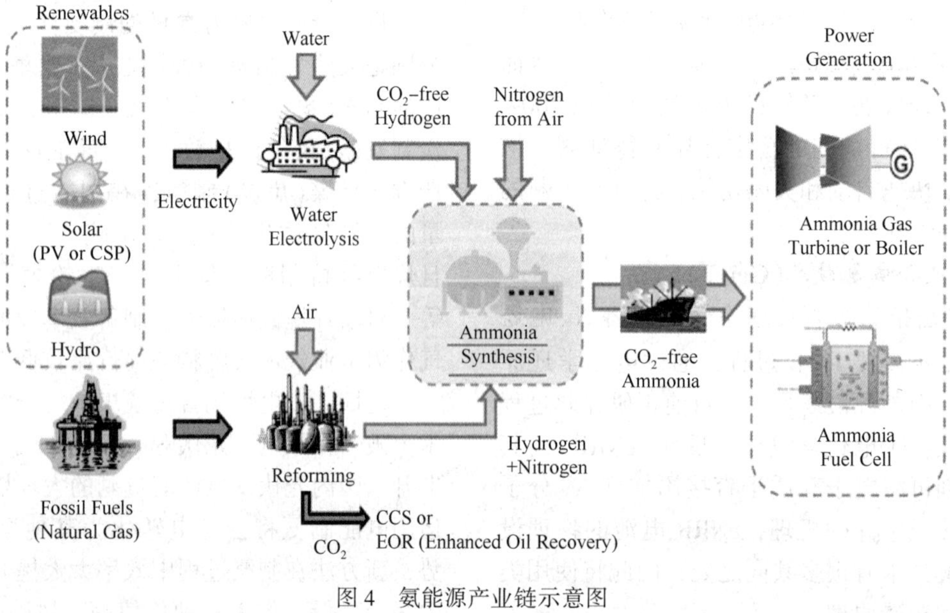

图 4　氨能源产业链示意图

4.1 车辆发动机

韩国的研究人员对装有改装的火花点火发动机的客车进行了路试，该发动机使用70%氨、30%汽油的混合燃料运行。对基于氨燃料的车辆的双燃料和混合动力发动机设计进行研究和评估。催化转化器的控制解决方案，可以很容易地转移到以氨为燃料的发动机上。

4.2 船用发动机

氨作为海洋燃料的应用已引起了航运/物流业的关注，这是对国际海事组织最近有关降低燃料中硫含量以及到2050年实现航运最终脱碳的要求的响应。在发电和 NO_x 排放方面，就整体生态毒性和海洋酸化而言，使用氨作为燃料对环境的影响较小。

4.3 发电机

在许多偏远社区和离网情况下，柴油发电机是当前的首选电源，以太阳能和风能为补充，并且在一定的输送距离下，通常燃料成本较高。在这种情况下，在本地生产和储存的氨用于中小型发电机成为一种竞争理念。对发电机中使用氨作为燃料的方面进行了评估，正在进行许多小型发动机的实验。一台3.5kW的发电机已改成以双燃料模式运行，氨含量高达80%。

4.4 燃气轮机

燃气轮机是另一种可以使用氨气运行的最终用途。可以燃烧动力学和燃烧化学的只是克服 NO_x 排放等挑战。对多种燃料进行比较评估，氨代表了一种改进的优于喷气A-1的燃料。

4.5 燃料电池

作为燃料电池富氢燃料的氨燃料电池系统要做到结构简单、高效价廉和使用方便，关键在于燃料的供应系统与燃料电池合理配合。氨与碱性燃料电池是一种完美的组合。将氨重整分解成氢气和氮气也相对容易，特别是重整后的含氢气体不必净化处理就可直接供给碱性燃料电池使用，而碱性燃料电池又是一种高效价廉的低温型燃料电池。

（1）直接供氨燃料电池（DAFC）作为氨燃料动力源是一种有吸引力的替代方法。氨被直接输送到燃料电池的阳极，并在催化剂作用下氧化：$4NH_3+3O_2+2N_2+6H_2O$；当反应生成液态水时，所产生的电压为1.172V，气态时电压为1.128V，略低于纯氢1.228V和1.184V。

（2）间接供氨式燃料电池（IAFC）系统中，氨首先经过重整装置被分解为氮气和氢气，再供给燃料电池。

（3）固体氧化物燃料电池（SOFC）无需任何外部重整器/裂解器反应器。NH_3 燃料的SOFC通常在高温（600~800℃）下运行，这会促使 NH_3 快速分解为 N_2 和 H_2，因此活性物质实际上是氢气。这种由 NH_3 燃料的SOFC已公认为是将氨能直接转化为电能的重要高效技术。

5 结论与建议

氨作为一种新型可持续能源，其空燃比低，燃烧损失小，制备成本低，未来发展潜力巨大。而中国的氨产量占据全球的半壁江山，氨的运输体系和分布网络在世界上是最完善的。因此，氨在解决国内能源依存问题、降低碳排放等诉求上将发挥越来越重要作用。

氢氨相结合是国际清洁能源的前瞻性、颠覆性和战略性技术发展方向，是解决氢能发展重大瓶颈的有效途径，也是实现高温零碳燃料的重要技术路线。

中国石油和工程建设公司宜利用属地化优势及在氢/氨的制取、储运、应用装备的优势和能力，联合科研机构制取氢/氨关键技术开发能力和优势，促进制氢、制氨、燃料电池及液氢/氨储运技术的创新应用与发展。

（1）积极推进油田风电光伏制可再生氢/氨及其储运技术与装备的研发及产业化。

（2）在氨制取环节，工程建设公司承担了集团公司煤炭地下气化科研攻关课题，未来注入富氧煤炭地下气化出来的粗煤气（CH_4、H_2、CO_2、N_2、CO）首先进入CO变换单元，然后对粗煤气脱硫脱碳，再脱甲烷，尾气（H_2、N_2）进入合成氨反应单元。最终产品为氨、甲烷、二氧化碳，该技术路线将丰富煤炭地下气化产品种类，解决目前氢气储运的难题。

（3）在氨储运环节，工程建设公司承担的中油工程氢能储运课题中，氢能载体氨的管输工艺技术、油气管道利旧技术、氨储运安全技术就是研究利用液氨解决氢储运的难题。

（4）在氨应用环节，固体燃料电池是氨的应用未来发展方向，工程建设公司已经梳理了固体燃料电池在油气行业的应用场景，积极开发甲烷、氨等不同类型固体燃料电池，拟联合广东石化公司开展固体氧化物电解电池还原二氧化碳技术研究。

参 考 文 献

[1] 王月姑，吴崇君，郑淞生，等．氨燃料缓解能源安全及替代天然气的可行性分析[J]．可再生能源．2019(07).

[2] 徐也茗，郑传明，张韫宏．氨能源作为清洁能源的应用前景[J]．化学通报，2019(03).

[3] 罗承先．氨氢燃料电池研究开发现状[J]．中外能源．2018(06).

中原油田“余热+光伏”多能互补技术在中转站的应用

孔令锁　吴小邦　吕吉强　康　慧

（中国石化中原油田分公司）

摘　要　中原油田首先在濮城采油厂开展“余热+光伏”综合利用项目，该项目是中原油田首个余热利用项目，采用“余热+光伏”多能互补模式，主要利用濮城采油厂濮三中转站站内滤前、滤后采出水余热，通过热泵及板换设备进行提热换热，加热原油和热水站用水，替代原油加热炉和燃气热水炉。同时利用濮三中转站内闲置场地和可利用建筑物屋顶面积 13645m^2 实施太阳能光伏发电，设计安装容量 1.2366MW，年均输电量 137 万 kW·h，推动油田绿色低碳发展。

关键词　油田；余热；光伏；中转站；多能互补；绿色低碳

引言

中原油田为响应中国石化《集团公司上游企业新能源业务发展 2020 年工作方案》（工单计〔2020〕18 号）要求，充分依托中原油田区域的自然资源，深入贯彻落实集团公司绿色低碳战略部署，积极践行绿色企业行动计划，编制了“十四五”发展规划新能源分报告，提出了油田余热利用和分布式太阳能发电新能源业务的发展目标和方向。同时余热利用和分布式太阳能新能源业务的开展，为油田的可持续发展，提供新的经济增长点，提供油田绿色低碳发展新动能，实现经济效益和社会效益双丰收。

1　资源概况

1.1　能耗情况

濮城采油厂 1980 年投入开发，产能规模按照 500 万 t 设计，目前产能 28.6 万~29.7 万 t/a，地面系统高耗低效严重。截至 2019 年年底，综合含水 95.87%，油田进入“高含水、高采出”开发中后期。

濮城采油厂濮三中转站，现用 3 台相变加热炉，濮三热水站现用 4 台高架热水炉。2019 年加热炉、热水炉总用气量为 228.5 万 m^3/a。余热利用项目可以取代已有原油外输加热炉，节约加热炉的耗气量 99.2 万 m^3/a，由于从低温污水中吸热、把热量传入高温物体的直燃型吸收式热泵也需要消耗天然气，吸收式热泵直燃机耗气 88.2 万 m^3/a，抵消后，每年节约天然气 41.1 万 m^3/a。

1.2　采出水余热资源

濮城采油厂共有中转站 3 座，目前年处理液量 729 万 t，年处理油量约 49.33 万 t，原油外输含水 0.5%左右，年耗气量 151.4 万 m^3。濮三污水站产出水处理量约为 13500m^3/d，处理后回注前温度 28~38℃。按照经济利用温差 10℃测算，年可利用污水余热资源量为 20.63 万 GJ/a。濮城采油厂总用热需求为 5.01 万 GJ/a，余热资源完全可满足。

1.3　太阳能资源

该地区地处中纬度地带，属黄河冲积平原，地势平坦，四季分明，属暖温带半湿润季风型大陆性气候，年平均日照时数为 2454.5h，属于 C 类太阳能资源较丰富地区，光照资源丰富，适合建设分布式并网光伏电站。

进入开发后期，中转站原设计能力远高于现在的实际处理能力，产生了部分区域和设备闲置，还有防爆区外的屋面、水面等可利用的空间没有充分利用。经统计中转站闲置场地有 2.5239 万 m^2，可利用的屋面（防爆区外）有 0.7654 万 m^2，合计可利用的空间面积为 3.2593 万 m^2，闲置区域面积大。充分利用闲置场地及屋面实施光伏发电，开发清洁能源，改善能源结构，可为油田可持续发展提供新的经济增长点。

2　方案设计

通过对濮城采油厂产出水资源和太阳能光伏

发电潜力的现场调研和数据收集，按照“先易后难、先高效后低效”原则，优先开发经济高效的新能源项目的原则，本项目选取濮三中转站的产出水余热资源作为利用对象，选取濮一中转站、濮二中转站及濮三中转站的屋面、闲置场地等可利用空间设置太阳能光伏发电板，实现光伏发电系统自发自用，就地消纳，余电上网，形成“余热+光伏”多能互补综合利用。

2.1　余热利用设计方案

2.1.1　基础数据

（1）集输加热系统

濮三中转站原油外输加热初始温度按照脱水后温度考虑，初始温度：冬季：34℃，夏季：38℃，春秋季：35℃；原油外输加热最终温度按照原油外输温度考虑，最终温度：冬季：72℃，夏季：65℃，春秋季：70℃；原油外输流量720t/d，含水率按照原油集中稳定要求的1%考虑。

（2）热水站加热系统

濮三热水站现有4台高架燃气热水炉，为濮城采油厂油井作业及洗井等加热热水，每天洗井作业车拉用热水量280t；4台热水炉均使用，每台热水炉自带40m^{3}热水箱，去除水箱内波纹炉胆和烟管，实际储水30m^3。热水炉间断运行，水箱内水温低于90℃时，热水炉自动启用加热，加热水源来自黄河水。每天供应热水量按280t考虑，热水通过管道输送考虑2℃温降，供应热水温度为92℃。

（3）产出水组分与产出水可利用温度

濮三污水组分：濮三污水处理系统过滤出水水质：含油≤0.51mg/L，悬浮物≤0.7mg/L，pH值为7.88。

濮三污水可利用温度：供暖季以新星公司采暖利用后的污水尾水温度作为余热利用给水温度，2020年供暖季地热尾水温度为28～31℃，可研按最苛刻条件下选取污水进水温度28℃。非供暖季以濮三污水过滤罐出水水温作为余热利用给水温度。夏季余热利用给水温度为45～49℃。

2.1.2　设计思路

根据濮三联各用热单元负荷及供热热源温位不同的特点，考虑以加热炉作热源的用热负荷较大，且被加热介质终温在65~72℃，优先考虑顶替现有燃气加热炉，利用热泵技术提取采油产出水余热，通过优选高效换热设备，将低品位热能转化为高品位热能，满足以加热炉作热源的供热需求。

2.1.3　设计方案

利用电压缩式热泵从产出水中提取热量，替换站内现有燃气加热炉及热水炉。由于目前可用产出水温度较低，而原油及热水加热需求温度高，结合热泵的作用机理和性能要求，采用电动压缩式热泵+直燃型吸收式热泵进行余热利用。

2.2　太阳能光伏发电设计方案

利用濮城采油厂濮三中转站内闲置场地和可利用的建筑物屋顶，新建太阳能光伏发电系统，用以补偿热泵电耗，提高项目整体效益。

2.2.1　场地调研情况

经现场勘查，濮三中转站内生产装置区、闲置场地及可利用的建筑物现状情况见表1：

表1　置场地和可利用的建筑物情况汇总表

序号	站场名称	站场面积/m^2	可利用建筑物屋顶面积/m^2	闲置场地面积/m^2	可利用面积合计/m^2	本方案拟利用面积/m^2	利用率/%
1	濮三中转站	141000	4170	9475	13645	13645	100

2.2.2　太阳能光伏发电系统设计

根据各站场实际情况及用户需求，本工程太阳能光伏发电系统采用分布式太阳能光伏发电系统。分布式光伏发电特指在用户场地附近建设，运行方式以用户侧自发自用、多余电量上网，且在配电系统平衡调节为特征的光伏发电设施。分布式光伏发电遵循因地制宜、清洁高效、分散布局、就近利用的原则，充分利用当地太阳能资源，替代和减少化石能源消费。

按照辐照强度1000W/m^2、冬季白天最低组件工作温度-15℃、最高温度为38.8℃，核算太阳能光伏方阵太阳能电池组件允许的最大串联数（S_{max}）及最小串联数（S_{min}）分别为：

$$S_{max}=U_{dcmax}/V_{oc}=800/49.3\approx16(块)$$

$$S_{min}=U_{dcmin}/V_{e}=480/41.5\approx11(块)$$

综合考虑逆变器参数要求（最大输入功率33800W、满载MPP电压范围480~800V），以及站场内太阳能光伏方阵较分散的实际情况，设计太阳能光伏方阵单列组件串联个数为16个组件，单列串联功率为：16×450Wp=7200Wp；对应于所选33kW逆变器的额定功率计算，至多可以并联的路数=33800/7200路=4.69路。考虑逆变器效率及系统损失后，确定每个33kW逆变器所配多晶硅太阳能电池组串并联路数为4路。

太阳能光伏发电系统由太阳能电池组件、组串式逆变器、交流汇流箱、光伏配电箱、站内现有配电系统构成，光伏阵列发电单元经组串式逆变器逆变后输出380V交流电，通过交流汇流箱进行汇集，经光伏配电箱计量后接入站内现有0.4kV配电系统。

2.2.3 继电保护和安全自动装置

本工程并网光伏配电箱内安装具有过流、速断功能保护装置和防孤岛保护装置，以实现因电网和光伏发电系统故障而发生“孤岛运行”、电压波动和电压偏差问题时对电网系统的保护。

2.3 投资估算及效果预测

项目总投资1380万元，光伏年平均输电为137万kW·h。项目实施后，年节约天然气160万m^3，节约标煤1942.9t，减排二氧化碳3497.6t。项目税后财务内部收益率为15.67%。投资回收期6.58年。

3 生产运行情况

项目余热利用供热系统工艺将“电热泵加热原油、直燃型吸收式热泵加热自来水”的工艺流程，优化为“电热泵和直燃型吸收式热泵耦合运行”的模式，同时采用光伏发电互补，运行模式更加经济环保。

3.1 余热利用供热系统工艺流程

根据站内用热具体需求，充分利用采出水余热，对中转站内三相分离器后的滤前采出水、进注水罐前的滤后采出水分别取热利用，充分提热、换热、加热原油和热水后回原采出水系统，同时根据采出水不同季节水温、原油不同季节运行加热需求，考虑春秋、夏、冬三种运行工况，以春秋工况为主描述工艺流程。

3.1.1 滤后采出水换热系统

滤后采出水取自注水罐前管道，春秋季温度43℃，取水量142m^3/h，采出水一部分通过电压缩式热泵前置板换换热后，制取供回水为40℃/35℃的低温中介水供应电压缩式热泵作为热源水，一部分用于清水加热一级板换，对热水站取水8℃进行一级预热至25℃，流量15m^3/h。电热泵通过对热源水进行利用和提温后，输出供回水为70℃/60℃的高温中介水通过原油换热板换，加热原油从35~65℃，电热泵根据原油加热季节负荷变化，选用大小负荷(制热量340kW和550kW)2台，春秋季两台运行，冬季、夏季各运行一台。

3.1.2 滤前采出水换热系统

滤前采出水取自三相分离器后管道，温度45℃，取水量120m^3/h。一部分通过吸收式热泵前置板换换热后，制取供回水为40℃/35℃的低温中介水供应吸收式热泵作为热源水；一部分用于清水加热二级板换，对一级预热后的25℃水进行二级预热至40℃。吸收式热泵通过对热源水进行利用和提温后，输出供回水为95℃/55℃的高温中介水通过清水加热三级板换，对热水进行三级加热至93℃，制取高温水供应热水站使用。冬季时，高温中介水作为原油加热板换热源补充进行调节，使原油换热处高温中介水达到82℃。

3.1.3 热水站供热系统

清水加热三级板换出口水温93℃，流量15m^3/h，供应至热水站新建的100m^3蓄热水箱中，通过热水站加压泵供至原燃气热水炉的4座30m^3热水箱中储存，供应拉水车拉水。热水站保留原燃气加热炉工艺管线，于热水温度不足或热水用量大时进行热源补充。

3.1.4 原油加热系统

由原油进加热炉管道处引接原油管道，进入原油换热板换，加热原油至春秋65℃，夏60℃，冬72℃后，接回原油进加热炉管道处，通过原管路系统外输。保障了与原加热系统的连接，同时防止原系统管道内原油凝结。

电压缩式热泵加热原油+直燃型吸收式热泵加热自来水余热利用供热系统工艺流程如图1所示：

3.2 余热利用运行情况

2022年3月1日，余热利用项目联合试运由新能源项目部、濮阳中油工程管理有限公司濮城管理分部，中原油建、富尔达、双良配合实施。

新能源项目部、监理实位、施工单位和各设备厂家共同编制完成《试运行投产方案》，确认了试运行领导小组人员、试运单位的总体协调、试运行时间、试运方案及联合试运应急处置预案等。试运前，对站房、设备、自控系统、水源、电源等进行了检查调试，确认合格。连续 72h 运行无问题，实现了一次试运成功。

稳定生产一个月后，根据现场生产情况：目前环境温度 5～20℃，三相分离器出口滤前采出水温度 49～50.5℃，压力 0.18～0.22MPa；注水罐前滤后采出水温度 42.2～43℃，压力 0.14～0.44MPa。原油外输量 732t/d，原油外输温度>72℃，热水站拉水 258m^3/d，热水温度 90℃，目前运行 342kW 电压缩式热泵和直燃型吸收式热泵机组。

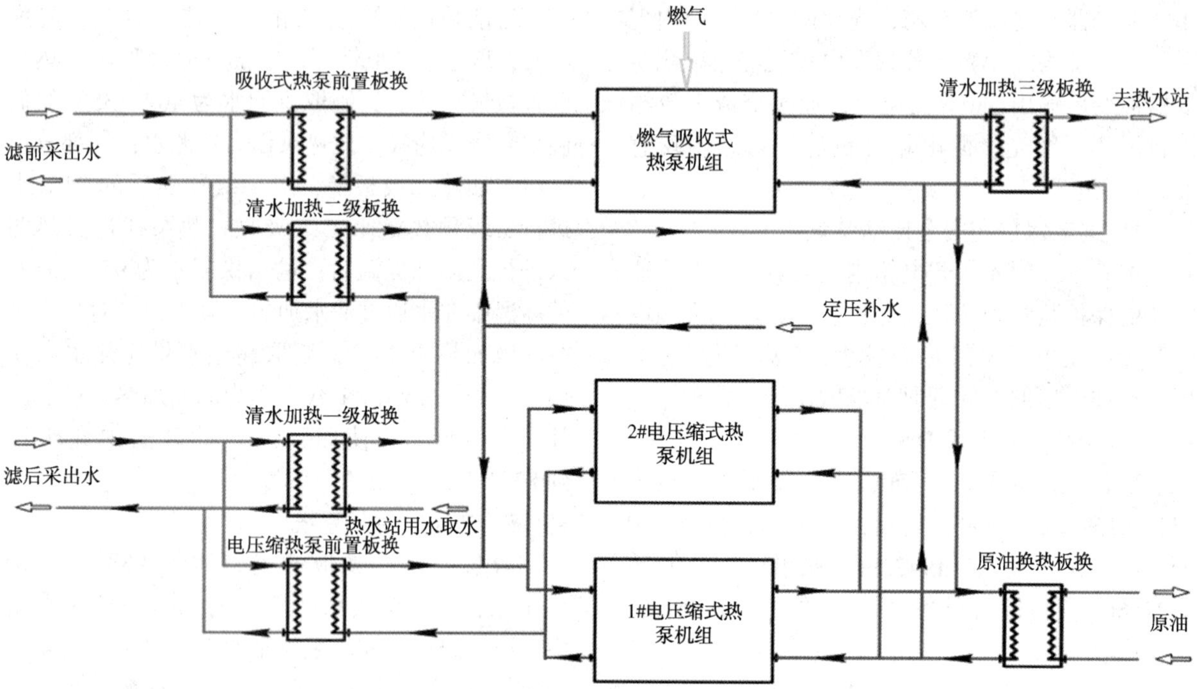

图 1　余热利用供热系统工艺流程示意图

3.3　太阳能光伏运行情况

3.3.1　光伏发电系统工艺技术及流程

太阳能光伏发电系统由太阳能电池组件、组串式逆变器、交流汇流箱、光伏配电箱、站内现有配电系统构成，光伏阵列发电单元经组串式逆变器逆变后输出 380V 交流电，通过交流汇流箱进行汇集，经光伏配电箱计量后接入站内现有 0.4kV 配电系统。并网光伏配电箱内安装具有过流、速断功能保护装置和防孤岛保护装置，以实现因电网和光伏发电系统故障而发生“孤岛运行”、电压波动和电压偏差问题时对电网系统的保护。太阳能光伏发电系统示意图如图 2 所示。

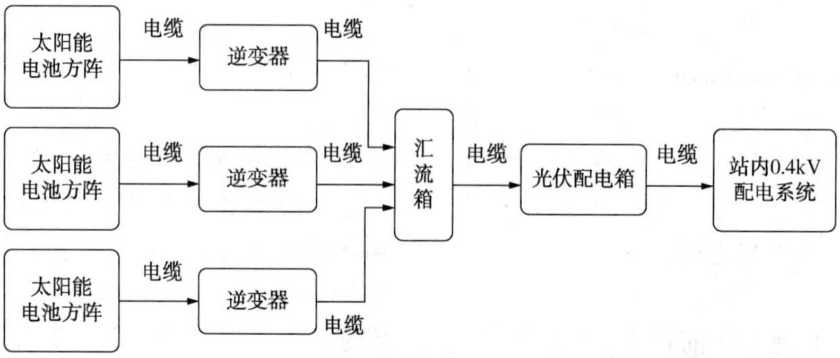

图 2　太阳能光伏发电系统示意图

3.3.2　投产前的准备工作

光伏投产前对组件、线缆、逆变器、配电柜及光伏系统接地进行逐项检查，确保各部位合格，逐个并网发电。

检查光伏组件是否清洁。检测光伏组件的外观，是否有明显破损、变形；检查每串光伏组件的连接状况是否良好；检查组件支架，是否腐蚀、生锈，是否牢固。

光伏组串开路电压的测量。采用万用表插入每串组件的正负极直接测出当时的电压值。检查直流线缆套在明铺的导管中，确保没有暴露在外面的部分；检查交流线缆导体部分未外露。检查逆变器的外观、名称，开关状态是否正常。

确认配电柜内部的接线是否规范，检测配电柜里的设备开关分合闸是否灵活可靠；检测防雷浪涌保护器是否失效。

光伏系统的接地包括支架(组件)接地、逆变器外壳接地、输出端PE接地、交流侧防雷接地和配电柜金属外壳可靠接地。接地电阻测量，接地电阻要在合理区间内，一般要求直流侧接地电阻要<4Ω，交流侧的接地电阻要<10Ω。

3.3.3 太阳能光伏运行情况

光伏发电部分2022年1月10日逐个并网发电，1月26日全部完成并网。共安装电池组件1876块，单件容量540Wp，总容量1013.04kWp。根据统计数据，日均上网电量3860kW·h。

3.4 整体运行评价

根据总体运行情况，认为余热利用供热系统根据季节温度变化情况，选用电压缩式热泵+直燃型吸收式热泵机组供热，泵组合符合现场生产实际，泵运行正常。光伏发电生产正常，日均上网电量3860kW·h。

4 技术适应性评价

4.1 余热利用系统技术适应性评价

余热利用项目采用“电动压缩式热泵+直燃型吸收式热泵+板式换热器”吸热换热技术耦合运行，从滤前产出水及滤后产出水中分别提取热量，替换站内现有燃气加热炉及热水炉，可有效利用余热资源。这是在中国石化系统首次应用滤前高温污水取热技术。

余热利用供热系统选用设备直燃型吸收式热泵机组供热量1690kW，能效≥1.7，选用设备电压缩式热泵制热量分别为342kW、551kW，能效分别为4.79、4.9，符合标准要求。

4.2 太阳能光伏系统技术适应性评价

光伏发电工艺技术与可研一致，光伏组件选用较先进的晶澳单晶硅半片双面双玻太阳能组件，光伏发电系统设备运行正常。根据测试结果，供配电系统光伏投入前后测试结果基本一致，电压综合谐波畸变率均在1.3%左右，符合标准要求。

5 效果评价

5.1 余热利用系统效果评价

采出水余热利用部分2022年4月6日调试正常后，采集了2022年4月9日—4月19日数据进行核算，详细数据见表2。

表2 余热利用项目现场采集数据表

日期	热水炉拉水量/m^3	进口温度/℃	出口温度/℃	濮三联耗气/m^3	热力公司耗气/m^3	原油外输量/t	进口温度/℃	出口温度/℃	濮三联耗气/m^3	热力公司耗电/(kW·h)
4月9日	330	14	90	0	1111	749.60	43	74	64	1309.6
4月10日	150	13	90	0	813	744.09	44	76	32	1210.4
4月11日	315	14	90	0	1569	750.31	43	75	0	1223.7
4月12日	270	14	90	0	994	721.86	43	75	52	1050.4
4月13日	345	13	90	765	1410	738.14	43	75	113	1562.9
4月14日	255	13	90	0	1259	730.79	43	75	0	1133.9
4月15日	480	14	90	169	1537	669.39	43	75	0	1654.1
4月16日	210	14	90	173	1144	752.79	43	75	0	2121.6
4月17日	195	14	90	355	980	719.61	43	75	0	1635.2
4月18日	135	14	90	127	1044	700.05	43	75	0	1475.2
4月19日	270	14	90	261	792	747.05	43	75	0	1229.6

根据《SY/T 6767—2016 石油企业余热资源量测试与计算规范》《GB/T 28750—2012 节能量测量和验证技术通则》《GB/T 13234—2018 用能单位节能量计算方法》《GB/T 32045—2015 节能量测量和验证实施指南》，选用2021年度濮三联能耗数据，剔除异常月份，利用“基准能耗-影响因素”模型法，通过回归分析建立基期能耗与其影响因素的相关性模型公式：

$$E_b=f(x_1, x_2, \cdots, x_i)$$

式中，E_b 为基期能耗；x_i 为基期能耗影响因素的值。

节能量计算公式：

$$E_s=E_r-E_a$$

式中，E_s 为节能量；

E_r 为统计报告期能耗；

E_a 为校准能耗。

根据上述公式，计算余热利用项目改造后节能量见表3。

表3　余热利用项目改造后节能量情况预测表

月份	改造前校准耗气量/m^3	改造前耗电量/(kW·h)	改造前校准能耗/t	改造后预测耗气量/m^3	改造后预测耗电量/(kW·h)	改造后预测能耗/t	节能量/t
1	175699	—	213.35	46987	49669	63.16	-150.19
2	156991	—	190.63	41970	44366	56.42	-134.22
3	165086	—	200.46	44132	46652	59.32	-141.14
4	149577	—	181.63	39920	42199	53.66	-127.97
5	146628	—	178.05	39099	41331	52.56	-125.49
6	136221	—	165.41	36324	38397	48.83	-116.59
7	126442	—	153.54	33589	35507	45.15	-108.39
8	133651	—	162.29	35576	37607	47.82	-114.47
9	132909	—	161.39	35411	37433	47.60	-113.79
10	150893	—	183.23	40291	42591	54.16	-129.07
11	163789	—	198.89	43785	46284	58.86	-140.03
12	177593	—	215.65	47508	50221	63.86	-151.79
合计	1815481	105000	2217.44	484591	512257	651.40	-1566.05

根据目前生产现状，在热水站拉水量280m^3，原油外输量720t不变的条件下，原油外输加热炉进口温度40~46℃，比可研34~38℃高6~8℃，年耗热量比可研减少2191GJ。测算全年能耗，年消耗天然气48.46万m^3，年消耗电量51.23万kW·h，年节约天然气133.09万m^3，年节约电量87.77万kW·h(光伏年平均输电为139万kW·h，冲减耗电量51.23万kW·h后剩余)，节约标煤1723.9t/a，二氧化碳减排3418.9tCO_2e/a(表4)。

表4　项目改造前后效果对比表

项目名称	单位	可研设计效果预测			按生产现状测算			可研条件下效果预测		
		改造前	改造后	对比	改造前	改造后	对比	改造前	改造后	对比
热水量	m^3	280			280			280		
外输量	t	720(进口温度34~38℃)			720(进口温度40~46℃)			720(进口温度34~38℃)		
年供热量	GJ	52309			50118			52309		
年耗气量	万m^3	196.7	36.7	160	181.55	48.46	-133.09	196.7	50.58	-146.12
耗电量	万kW·h	10.5	173	全部冲减	10.5	51.23	40.73	10.5	53.47	42.97
综合能耗	t	1942.9			1723.9			1879.4		
碳排放	tCO_2e	3497.6			3418.9			3691.1		

5.1.1 环保效果

采用热泵充分利用污水余热，满足原油生产工艺要求，替代原油外输加热炉及热水加热炉，对中转站内燃气加热系统进行全替代，杜绝了站内明火，消除了中转站加热系统安全环保隐患。污水余热利用实施后，每年可节约标煤 2367t，每年可减排二氧化碳 3497.6t，减排效果显著。

5.2 太阳能光伏发电项目效果评价

光伏发电项目 2022 年 1 月 10 日逐个并网发电，1 月 26 日全部完成并网。根据统计数据，截至 4 月 23 日，共累计上网电量 35.13 万 kW·h，日均 3860kW·h。根据 1~4 月份监测数据及 GB/T 37526—2019《太阳能资源评估方法》、GB 50797—2012《光伏发电站设计规范》6.6 光伏发电站发电量计算方法，以及 Solargis 数据库中查询的濮阳水平面总辐射量/照度(GHI)值，测算年发电量 169 万 kW·h，年输电为 139 万 kW·h。光伏发电量具体情况见表 5。

表 5 光伏发电量统计表

月份	上网电量/(kW·h)	日均电量/(kW·h)	备注
1 月 10~31 日	22803.7	2520	1 月 10 日逐个并网发电，1 月 26 日全部完成
2	99673.8	3560	
3	108508.6	3500	
4 月 1~23 日	120299.4	5230	
总计	351285.5	3860	

6 结论与认识

6.1 积极引进四新技术，降低项目投资及运行风险

换热器的效率、耐堵性及耐腐蚀能力是油田余热利用的主要技术瓶颈。为克服难题，积极与专业技术公司合作，在热泵系统中，选用了与原油物性匹配合理的钛板换热器。建立各个中转站原油的物性参数库，根据不同的物性参数定制换热器，使换热器传热系数、抗腐蚀、抗结垢能力热效率的衰减情况，符合系统连续平稳运行的要求。

6.2 认真开展先导试验，在中国石化系统首次应用滤前高温污水取热技术

污水处理工艺滤前取热可降低热泵运行能耗，取热点由滤后水温 38℃ 前移至三相分离器后滤前 48℃ 的污水出口处，温度提升了 10℃。油田率先组织在濮三中转站做了滤前取热先导性试验。与相关机构合作开发了含油污水专用宽流道大长宽比纯钛耐腐蚀热力机组。设计并制造了具备不停机反冲洗和热洗功能的换热试验装置，按照多能互补梯级利用的思路对原油和清水加热工艺进行了系统优化。优化后的可研投资由 2180 万元降至 1380 万元，可研投资收益率由 10%提升至 15%。

6.3 开展工艺技术创新，实现“余热+光伏+燃气”多能互补与耦合

热泵系统需要消耗部分电能，中转站内可利用空隙场地较多，光伏并网发电系统成熟、稳定、效率高、寿命长，且光伏设备设施建设成本随着产业的快速发展而不断下降。在站内符合安全环保区块内铺设光伏，通过低压侧并网发电，实现最大效率利用绿色可再生能源。余热利用工艺方案将电热泵加热原油、直燃型吸收式热泵加热热水工艺流程，优化为电热泵和直燃型吸收式热泵耦合运行，根据经济运行模式调整电热泵和直燃型吸收式热泵运行工况，同时提高了项目运营的经济性。

6.4 实现新能源项目自营建设，为油田新能源开发利用培养了专业人才

油田“四供一业”移交后，富余了大量热能、电力等专业的人才，通过新能源项目自营的建设，盘活了人才队伍，发挥油田自身人力优势、技术优势，掌握了新能源核心技术，主动降本增效，提高项目效益，为油田企业的转型发展提供新经济增长点。

干热岩压裂中的关键问题探究

李景营

（中国石化集团胜利石油管理局有限公司新能源开发中心）

摘　要　增强型地热系统是开发干热岩资源的重要手段。通过储层改造等形式形成压裂裂缝，构建主要换热通道，直接影响系统的取热效率。本文针对含裂隙干热岩压裂过程中的剪切滑移、干热岩压裂中的热应力致裂、压裂液选择以及压裂裂缝形态与产能预测的研究进展进行了探讨，进而指出该领域需重点关注的干热岩压裂中剪切裂缝与张拉裂缝的耦合作用机制、干热岩低温诱导热应力致裂技术、干热岩压裂裂缝形态与产能预测技术的科学与技术问题。

关键词　干热岩；剪切滑移；裂缝形态预测；产能预测；低温压裂

引言

地热能较油气等化石能源具有绿色、稳定、资源丰富、可再生等优点。位于地球深部的干热岩具有丰富的高温热能，但其埋深较大、低渗透性的特点使得其中的高温资源难以被有效提取至地面供人类使用。增强型地热系统(EGS)是干热岩资源高效开发的关键技术，是指利用压裂技术在地下热储层中制造人工裂缝或改善原有裂缝使其具有足够渗透率，通过注入冷水在高温岩层中循环实现地热提取，从而有效提高采热量，推迟热突破，满足地热发电和综合利用。

可见，干热岩压裂裂缝作为携热流体的主要换热通道，其有效形成对干热岩取热具有重要意义。对于干热岩压裂，由于其储层特性(高温、通常含有天然裂缝、孔隙内几乎不存在流体)以及压裂目标(联通注采井形成主要换热通道)与常规储层存在差异，因此有必要探究干热岩压裂与常规储层压裂差异导致的关键问题，进而为增强型地热系统的开发方案设计及产能预测提供可靠的理论支撑和技术支持。

1　含裂隙干热岩压裂过程的剪切滑移问题

干热岩虽极为致密，但仍存在大量天然裂缝，能否有效激活天然裂缝、剪切滑移成网以及提高储层连通性是干热岩获得良好改造效果的关键，同时干热岩中天然裂缝在缝内水压、地应力、热应力等多因素作用下发生剪切滑移，其滑移特征与影响机制更为复杂。此外，干热岩压裂中形成的剪切裂缝不同于压裂形成的张拉裂缝，其发生剪切滑移后形成的自支撑裂缝无需采用支撑剂。因此有必要进一步开展干热岩压裂裂缝剪切滑移室内试验，构建温度-渗流-应力损伤耦合模型，以数值刻画干热岩压裂裂缝滑移过程，探究干热岩压裂裂缝剪切滑移影响因素及规律。Bauer 等针对含贯穿裂缝的高温花岗岩(175℃)进行了冷水注入响应实验，实验中监测到了间歇的裂缝滑移，推测导致该现象的机理是由于冷水注入产生了裂缝法向热应力，或由于岩石膨胀或收缩减少了裂缝面的实际接触面积。滑移后裂缝面有效正应力增加，缝面摩擦阻力的增加导致了滑移停止。Dempsey 等针对 Desert Peak 热储开展数值模拟，结果表明井口压力为 3.7MPa 时压裂效果最佳。Riahi 等数值模拟了 EGS 水力压裂剪切产生的缝网特性，结果表明：注入排量高于临界值时将产生张拉裂缝，注入排量低于临界值时，注入排量增加剪切体积增大，天然裂缝走向与主应力方向对剪切缝网和裂缝渗透性大小起关键作用。Nadimi 等采用离散裂缝模型构建了增强型地热系统的几何模型，随后开展了压裂数值模拟研究，临界应力分析表明，通过泵送流体增加天然裂缝内部的孔隙压力会导致剪切。这种剪切机制在很大程度上依赖于天然裂隙顺序性、地应力场、裂隙表面粗糙度等岩体性质。同时，该研究通过优化泵注方案为 FORGE 热储三期的注采井连通提供了支撑。Nadimi 开展了 DFIT 测试的 XSite 模拟，模型中只有一条天然裂缝，走向为 60°，倾角为 80°，结果表明裂缝扩展开始于天然裂缝的膨胀，并向最小主应力方向弯曲扩展。剪切和拉伸裂缝面积分别为 36.7ft^2 和 59.5ft^2。压裂过程中裂缝面的相对剪切位移为 0.0433in，开度为 0.0255in。Sheng 等通过裂缝剪切滑移距离随时间变化规律研究，认为干热岩剪切滑移分为四个阶段，裂缝起裂阶段、加速滑动阶段、稳定滑动阶段、减速滑动阶段，热应力对降低有效应力的贡献可达 40%。可见，干热岩压裂中天然裂缝的剪切滑移与在完整岩体中形成的张拉裂缝共同构成了增强型地热系统中的渗流通道，在下一步研究中需要着重探索干热岩压裂中剪切裂缝与张拉裂缝的耦合作用机制，为干热岩压裂改造与防震减灾提供技术支持(图 1)。

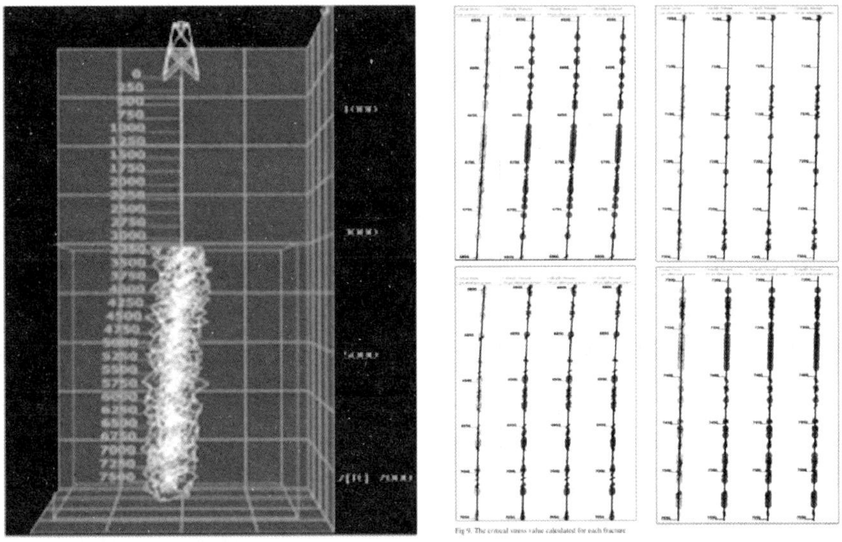

图 1　采用离散裂缝网络表征的干热岩储层及压裂过程中的裂缝临界应力状态

2　干热岩压裂中的热应力致裂问题

对于干热岩储层改造而言，干热岩处于高温环境之中，当注入压裂流体时流体温度与高温岩石存在温度差进而导致形成了低温诱导热应力。Zhao 等认为高温热储水力压裂裂缝的起裂扩展实际上是注入水压力与高温岩石遇冷水破裂共同作用下形成的复合裂缝，其裂缝扩展方向受岩体热破裂裂缝扩展规律的影响很大。此外，冷水或其他低温工作液在高温地热系统中提取地热能的过程也伴随着热破裂的发生；Fakcharoenphol 等应用 TOUGH2 开发模拟器求解了 EGS 开发中一注一采的 THM 耦合问题，结果表明：注入井附近热应力比水压力引起的应力变化更明显，热应力会导致产生新裂缝或张开天然裂缝；Tomac 等应用离散元的方法分析了 EGS 造缝和裂缝扩展的 THM 耦合问题，认为由于热应力的作用，沿水力裂缝产生了大量垂直于主裂缝面的微裂缝，它的存在使得压裂液可进入裂缝面上的高温岩体中导致微裂缝的进一步生成；Garcia 等针对 Geysers 地热田中地温梯度 18.2℃/100m、热储温度为 400℃的干热岩进行了增强型地热系统的相关研究。地震监测表明将地面低温流体注入高温干热岩中制造出了几立方千米的高渗透区。Rutqvist 等应用 THM 耦合模型对高温干热岩(280~400℃)进行研究，结果表明复杂的地质情况导致了剪切裂缝网络的形成，在注入低温流体的冷冲击作用、注入流体的压力作用及热储中原有裂缝的重新开启共同导致了大范围裂缝网络的形成。郭亮亮针对大尺寸高温岩块开展了压裂物模实验，结果表明：与常温压裂相比，加热岩块压裂的破裂强度、延伸压力和裂缝流动阻抗均较高，但仅开展了一组对比实验且采用声发射装置进行检测，并未系统研究多因素对热应力致裂效果的影响程度及规律。Zhou 等采用取自山东平邑的 ϕ200mm×400mm 圆柱状花岗岩开展了高温条件下水力压裂实验，实验过程中对岩样加载 25MPa 围压与轴向压力。此外，文中建立了瞬态模拟的热应力作用模型并分析了高温岩石压裂过程中的岩石应力场演化。结果表明：高温水力压裂过程中井眼周围受到两种类型的冲击，一种是弹性冲击，另一种是热冲击；温度对水力压裂裂缝起裂与裂缝形态的影响与岩石的力学性能随温度的变化无关，而是受到流体温度与基岩温差导致的热应力冲击的影响。

Zhang 等采用花岗岩岩样开展了高温岩石压裂实验，并基于细观损伤力学开展了温度-渗流-应力-损伤耦合模拟，分析了压裂过程中热应力的作用机理。结果表明：基岩温度升高通过水力压裂改造沿垂直于最小主应力方向形成了裂缝网络。此外，还针对基岩渗透率、基岩导热系数等岩石物性参数对高温岩石压裂裂缝扩展形态的影响开展了研究，所构建多场耦合模型的主控方程如下：

线弹性体在考虑孔隙流体压力和温度变化时由位移、变温表示的静力平衡方程为：

$$Gu_{i,jj}+\frac{G}{1-2\nu}u_{j,ji}-\alpha p_{,i}-K'\alpha_T T_{,i}+F_i=0 \quad (1)$$

考虑应力作用和温度作用的渗流场控制方程为：

$$-c_1\frac{\partial \varepsilon_v}{\partial t}-c_2\frac{\partial T}{\partial t}+c_3\frac{\partial p}{\partial t}=\nabla\cdot\left[\frac{k}{\mu}(\nabla p+\rho_l g\nabla z)\right] \quad (2)$$

考虑热对流和力学能量的温度场控制方程为：

$$(\rho C)_M\frac{\partial T}{\partial t}+(T_0+T)K'\alpha_T\frac{\partial \varepsilon_T}{\partial t}+\rho_l C_l(T_0+T)\frac{k}{\mu}\nabla p=\lambda_M\nabla^2 T \quad (3)$$

可见对于高温岩石压裂低温诱导热应力致裂对于高效致裂具有促进作用，那么干热岩压裂中的热应力致裂机理以及如何将热应力作用嵌入矿场尺度干热岩压裂裂缝形态预测中仍需进一步研究。

3　干热岩压裂的压裂液选择

在已意识到热应力作用对高温岩石压裂的重要意义后，对于采用低温压裂液致裂干热岩的研究逐渐兴起。常见的低温压裂液包括液氮、低温液态 CO_2 以及液态甲烷等。Cha 等通过室内实验研究证明了通过向岩石中注入液氮在温差下可形成张拉裂缝的可行性。研究表明：当岩石所受拉应力超过材料抗拉强度时形成裂缝；增加液氮注入次数可使现存裂缝缝宽增加并产生新的裂缝；通过对弱胶结混凝土块和砂岩岩块进行液氮致裂实验，表明裂缝的形成与岩块性质有关；冷却速度越快越容易获得较高的温度差；当低温液氮与岩石接触时，储层表面遇冷收缩，当达到应力破坏条件时产生裂缝，因此形成的裂缝正交于液氮与岩石接触面；氮气的液气膨胀比为 1∶694，因此液氮气化生成的高压气体将导致这些裂缝进一步扩展。Li 等通过对现有压裂技术的调研，受岩浆岩遇到海水后分裂成碎片和冬季地表遇冷开裂的启发，提出了液氮气化压裂技术。该技术包括两个阶段：①由于注入液氮的温度低于储层温度，井筒附近的岩体遇冷收缩脆性增强。在联合作用下生成许多微裂缝并使得天然裂缝加深扩展；②随着液氮不断注入，当达到液氮气化温度后，一部分液氮将转化为气体，气体的膨胀和扩散将导致裂缝的延伸。液氮气化压裂的致裂因素包括以下四点：液氮压力致裂、岩石收缩致裂、岩石脆化致裂、氮气膨胀致裂。Cai 等通过数值模拟和实验研究提出了液氮喷射压裂技术，该技术利用液氮注入压力、冷冲击作用、储层中液体遇冷冻结以及液氮气化所释放的能量共同对地层产生作用，该技术可控制裂缝起裂方向并能够在井眼处形成多条裂缝。黄中伟等探究了液氮与高温岩石壁面接触液氮沸腾对岩石换热的影响，进而分析了岩石壁面粗糙度对沸腾传热换热规律的影响。此外，为进一步提升干热岩液氮压裂效果。黄中伟等提出采用液氮磨料射流进行花岗岩高效破岩，通过理论分析和数值模拟研究，结果表明液氮低温作用对岩石造成损伤，而热应力、磨料冲击载荷和流体水楔作用在损伤岩石基础上主要以剪切和拉伸两种方式破碎岩石。对于 CO_2-EGS 的研究，目前主要集中于 CO_2 在含裂缝网络增强型地热系统中的采热数值模拟研究，然而对于采用 CO_2 压裂流体致裂干热岩的裂缝扩展规律研究仍仅有少量报道。Zhang 等考虑 CO_2 的变物性特征采用温度-渗流-应力-损伤耦合模型开展了超临界 CO_2 压裂干热岩数值模拟研究，结果表明采用超临界 CO_2 压裂干热岩可有效降低裂缝起裂压力，同时由于其黏度优势可使低温范围快速扩散增强近井附近低温诱导热应力作用，如图 2 所示。此外，对于超临界 CO_2 压裂干热岩室内试验以及液态 CO_2 干热岩压裂的相关研究仍值得探索。特别是对于孔内几乎不含流体的干热岩，其压裂过程中不同压裂流体在其中的滤失规律也值得探索。

4　干热岩压裂裂缝形态与产能预测

干热岩压裂的目的为形成含裂缝网络的增强型地热系统，因此在干热岩开发设计阶段基于储层地质建模的压裂裂缝形态预测，以及基于压裂裂缝形态的产能模拟对干热岩选址与高效开发意义重大。在压裂裂缝扩展模拟中目前通常采用温度-渗流-应力-损伤耦合的方法，发展趋势主要为向矿场尺度模型发展。在增强型地热系统的产能预测研究中，目前主要采用等效渗透率或离散裂缝网络的形式对压裂储层进行刻画，随后开展考虑温度-渗流-化学-应力耦合的产能预测模拟。Bujakowski 等人应用 TOUGH2 软件进行了热储层采热评价，认为人工压裂改造区域的体积和渗透率对 EGS 的开发效果影响显著；Wu 等基于 Desert Peak 地热田的开发数据对单条垂直裂缝增强型地热系统开展了数值模拟研究，结果表明裂缝导流能力与产出液速率对能量产出速率有重要影响；Zhao 等人建立了 THM 耦合模型模拟干热岩开发效果，结果表明：经过 9 年的运行，裂缝开度变为初始状态的 3 倍，渗透率系数提高 9 倍，降低 EGS 中的流动阻力可提高热提取效率，热提取量随运行时间逐渐降低；Li 等开展了采用油气开发中产出热流体进行发电的相关数值模拟研究，结果表明注水流速与注入温度对油气生产和流体窜流均有影响；Qu 等基于 COMSOL 对不同裂缝形态下 EGS 采热性能开展了数值模拟研究，随后就携热介质的选择进行了探讨；Sun 等基于离散裂缝网络建立了 THM 耦合模型对增强型地热系统采热性能进行了模拟。EGS 中裂缝网络通过随机生成的裂缝构建；王晓星等总结了国内外 EGS 数值模拟软件的优缺点，讨论了 THMC 耦合中任意两场之间的相互作用，并对三场耦合以及四场耦合应该考虑的问题做了详细表述；Zhang、Hofmann 等针对致密热储层常规压裂、天然裂缝发育热储层清水压裂以及水平井压裂技术进行了热储层开发特征研究；Jiang 等针对水循环 EGS 和超临界二氧化碳 EGS 的长期采热性能进行了数值模拟研究，结果表明水作为工作介质时开发寿命期更长，超临界二氧化碳作为工作介质时采热速率更高，但就长周期开发而言两者的累积采热量接近。通过以上研究，我们认识到干热岩储层改造形成的裂缝形态以及压裂裂缝的渗透特性对干热岩采热效率具有重要影响。基于以上认识本团队开展了干热岩压裂裂缝渗透率演化规律研究，如图 3 所示，结果表明：向高温岩石注入低温压裂流体，裂缝壁面发生热应力致裂，短时间内裂缝渗透率提升，致裂导致的岩石碎屑随注入流体发生运移堵塞，随后裂缝渗透率降低；在干热岩开发过程中注入流速增加，热应力致裂加剧，裂缝内堵塞概率增加。同时具有诱发地震的风险，因此注入流速需控制在一定范围。

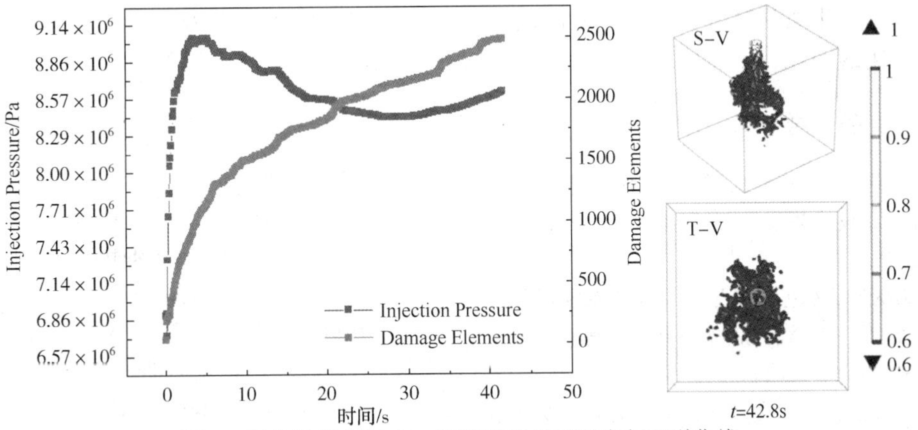

图 2　干热岩超临界 CO_2 压裂裂缝扩展形态与压裂曲线

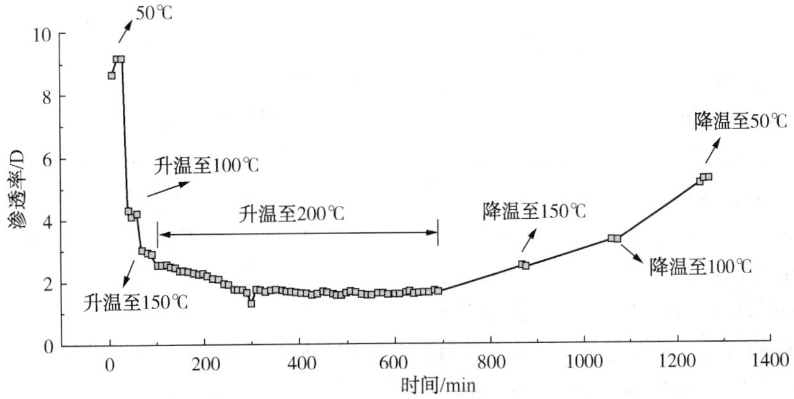

图 3　干热岩裂隙渗透率长期测试演化规律

5 结论

本文针对含裂隙干热岩压裂过程中的剪切滑移、干热岩压裂中的热应力致裂、压裂液选择以及压裂裂缝形态与产能预测的研究进展进行探讨，获得以下结论：

（1）干热岩压裂中天然裂缝的剪切滑移与在完整岩体中形成的张拉裂缝共同构成了增强型地热系统中的渗流通道，在下一步研究中需要着重探索干热岩压裂中剪切裂缝与张拉裂缝的耦合作用机制，为干热岩压裂改造与防震减灾提供技术支持。

（2）高温岩石压裂低温诱导热应力致裂对于高效致裂具有促进作用，那么干热岩压裂中的热应力致裂机理以及如何将热应力作用嵌入矿场尺度干热岩压裂裂缝形态预测中仍需进一步研究。

（3）干热岩压裂中低温压裂液的耦合作用机制以及压裂液的优选仍需进一步探索。

（4）增强型地热系统中裂缝形态与裂缝渗透率的演化对其采热效率具有重要意义。向高温岩石注入低温压裂流体，裂缝壁面发生热应力致裂，短时间内裂缝渗透率提升，致裂导致的岩石碎屑随注入流体发生运移堵塞，随后裂缝渗透率降低。注入流速的变化将影响裂缝渗透率演化。

参考文献

[1] 许天福，张延军，曾昭发，等．增强型地热系统(干热岩)开发技术进展[J]．科技导报，2012，30(32)：42-45.

[2] 廖志杰，万天丰，张振国．增强型地热系统：潜力大、开发难[J]．地学前缘(中国地质大学(北京)；北京大学)，2015，22(1)：335-344.

[3] 刘均荣，于伟强，李荣强．油田地热资源开发利用技术探讨[J]．中国石油勘探，2013，18(5)：68-73.

[4] 李德威，王焰新．干热岩地热能研究与开发的若干重大问题[J]．地球科学—中国地质大学学报，2015，40(11)：1858-1869.

[5] César R. Chamorro，José L. García-Cuesta，María E. Mondéjar，et al. Enhanced geothermal systems in Europe：An estimation and comparison of the technical and sustainable potentials. Energy，2014，65：250-263.

[6] Xin S L，Liang H B，Hu B，et al. A 400kW geothermal power generator using co－produced fluids from Huabei oilfield[J]. Geothermal Resources Council Transactions，2012，36：219-223.

[7] Zeng YuChao，Wu NengYou，Su Zheng，et al. Numerical simulation of heat production potential from hot dry rock by water circulating through a novel single vertical fracture at Desert Peak geothermal field [J]. Energy，63(2013)268-282.

[8] Hannes Hofmann，Simon Weides，Tayfun Babadagli，et al. Potential for enhanced geothermal systems in Alberta，Canada[J]. Energy，2014，69：578-591.

[9] Bauer S. Laboratory Evaluation of EGS Shear Stimulation. Egs Lab Simulation [J]. 2014.

[10] Dempsey D，Kelkar S，Lewis K，et al. Modeling Shear Stimulation Of The Desert Peak Egs Well 27-15 Using A Coupled Thermal－Hydrological－Mechanical Simulator [C] 2013.

[11] Riahi A，Damjanac B. Numerical Study Of Hydro－Shearing In Geothermal Reservoirs With A Pre－Existing Discrete Fracture Network [J]. PROCEEDINGS，2013，1-13.

[12] Nadimi S，Forbes B. Hydraulic Fracture/Shear Stimulation in an EGS Reservoir：Utah FORGE Program [J]. ARMA，18-843.

[13] Nadimi S，Forbes B，Moore J，et al. Effect of natural fractures on determining closure pressure[J]. Journal of Petroleum Exploration and Production Technology，2020，10：711-728

[14] Mao Sheng，Pu Li，Xiaoying Zhuang，et al. Influence of cyclic normal stress on shear friction of EGS granite fractures[J]. Engineering Fracture Mechanics，2020，238：107268.

[15] ZhaoYangsheng，Feng Zijun，Zhao Yu，et al. Experimental investigation on thermal cracking，permeability under HTHP and application for geothermal mining of HDR [J]. Energy，2017，32：305-314.

[16] Perapon Fakcharoenphol，Wu Yushu. A Coupled Flow－Geomechanics Model for Fluid and Heat Flow for Enhanced Geothermal Reservoirs. ARMA 11－213，2011.

[17] Tomac I，Gutierrez M. Micro－mechanics of hydro－thermo－mechanical fracture propagation in granite. ARMA 14-7148，2014.

[18] Julio Garcia，Craig Hartline，Mark Walters，etal. The Northwest Geysers EGS Demonstration Project，California Part1：Characterization and reservoir response to injection[J]. Geothermics，2016，63：97-119.

[19] Jonny Rutqvist，Pierre Jeanne，Patrick F. Dobson，et al. The Northwest Geysers EGS Demonstration Project，California-Part2：Modeling and interpretation[J]. Geo-

thermic, 2016, 63: 120-138.

[20] 郭亮亮. 增强型地热系统水力压裂和储层损伤演化的试验及模型研究[D]. 吉林大学, 2016.

[21] ZhouChangbing, Wan Zhijun, Zhang Yuan, et al. Experimental study on hydraulic fracturing of granite under thermal shock [J]. Geothermics, 2018, 71: 146-155.

[22] Zhang Wei, Guo Tiankui, Qu Zhanqing, et al. Research of fracture initiation and propagation in HDR fracturing under thermal stress from meso-damage perspective[J]. Energy, 2019(178): 508-521.

[23] ChaMinsu, Yin Xiaolong, Timothy Kneafsey, et al. Cryogenic fracturing for reservoir stimulation - Laboratory studies. Journal of Petroleum Science and Engineering, 2014, 124: 436-450.

[24] LiZifeng, Xu Hongfang, Zhang Chaoyue. Liquid nitrogen gasification fracturing technology for shale gas development[J]. Journal of Petroleum Science and Engineering, 2016, 138: 253-256.

[25] Cai Chengzheng, Huang Zhongwei, Li Gensheng, et al. Feasibility of reservoir fracturing stimulation with liquid nitrogen jet[J]. Journal of Petroleum Science and Engineering, 2016, 144: 59-65.

[26] 黄中伟, 张世昆, 李根生, 等. 液氮磨料射流破碎高温花岗岩机理[J]. 石油学报, 2020, 41(5): 604-614.

[27] Zhang Wei, Wang Chunguang, Guo Tiankui, et al. Study on the cracking mechanism of hydraulic and supercritical CO_2 fracturing in hot dry rock under thermal stress[J]. Energy, 2021, 221: 119886.

[28] Bujakowski W, Barbacki A, Miecznik M, et al. Modeling geothermal and operating parameters of EGS installations in the lower Triassic sedimentary formations of the central Poland area [J]. Renewable Energy, 2015, 80(2): 441-453.

[29] Zeng Y C, Su Z, Wu N Y. Numerical simulation of heat production potential from hot dry rock by water circulating through a novel single vertical fracture at Desert Peak geothermal field [J], Energy, 2013, 56: 92-107.

[30] Zhao Y, Feng Z, Feng Z, et al. THM (Thermo-hydro-mechanical) coupled mathematical model of fractured media and numerical simulation of a 3D enhanced geothermal system at 573K and buried depth 6000-7000M [J]. Energy, 2015, 82: 193-205.

[31] Gong B, Liang H B, Xin S L, et al. Numerical studies on power generation from co-produced geothermal resources in oil fields and change in reservoir temperature [J]. Renewable Energy, 2013, 50: 722-731.

[32] Qu Z Q, Zhang W, Guo T K. Influence of different fracture morphology on heat mining performance of enhanced geothermal systems based on COMSOL [J]. International Journal of Hydrogen Energy, 2017, 42: 18263-18278.

[33] Sun Z X, Zhang X, Xu Y, et al. Numerical simulation of the heat extraction in EGS with thermal-hydraulic - mechanical coupling method based on discrete fractures model [J]. Energy, 2017, 120: 20-33.

[34] 王晓星, 吴能友, 张可霓, 等. 增强型地热系统开发过程中的多场耦合问题[J]. 水文地质工程地质, 2012, 39(2): 126-130.

[35] Zhang Y J, Guo L L, Li Z W, et al. Electricity generation and heating potential from enhanced geothermal system in Songliao Basin, China: Different reservoir stimulation strategies for tight rock and naturally fractured formations [J]. Energy, 2015, 93: 1860-1885.

[36] Hofmann H, Weides S, Babadagli T, et al. Potential for enhanced geothermal systems in Alberta, Canada [J]. Energy, 2014, 69: 578-591.

[37] Cao W J, Huang W B, Jiang F M. Numericalstudy on variable thermophysical properties of heat transfer fluid affecting EGS heat extraction [J]. International Journal of Heat and Mass Transfer, 2016, 92: 1205-1217.

南堡凹陷地热系统地质特征及成因机理

马　乾　王建伟　孟令箭　马光华　王　琦　任　路

（中国石油冀东油田公司）

摘　要　南堡凹陷地热田蕴藏着丰富的地热资源，新近系孔隙型中低温传导型热储层以其高地温梯度、稳定产水量、低矿化度、易于回灌的特性，已得到规模开发和利用。在对南堡凹陷新近系馆陶组、明化镇组热储埋深、厚度、水化学类型、水量、水温等地质特征研究基础上，开展地热系统成因分析，明确了地热系统的热、水、通、储、盖特征，阐述了地热田边界条件以及地热地质特征。结合地热田的埋藏条件、补、径、排条件、地温场、水文地球化学特征及回灌能力，建立了地热田成因机理概念模型，为地热资源的合理开发利用提供了重要依据。

关键词　地热系统；地热田；地热地质特征；地热成因机理

引言

南堡凹陷地热田地处渤海湾盆地北部层状热储地热区，具有统一热源和流体循环体系，发育优质地热资源，储量丰富、开采条件好，以往勘探程度相对较高。新近系砂岩孔隙型热储地热资源已经得到规模开发和利用，在河北唐山曹妃甸开发区实现地热供暖面积 230 亿 m^2，已安全平稳运行 4 个供暖季，热量同比年节约标准煤 5.4 万 t，社会效益和经济效益显著。

本文针对地热田边界条件，地热成因机理等对开发利用地热资源具有较大影响的相关科学问题，结合以往勘探资料以及近年来取得的成果，对地热田边界进行了划分，从温度场、化学场、地热流体动态特征及同位素等方面分析了地热田成因机理，以期为沉积盆地地热资源的综合评价及对勘探开发提供有效支撑。

1　地热系统与地热田

目前，学术界对地热系统尚未形成统一概念，一般认为地热系统是一个在热量和流体循环上相对独立且地热能聚集到可以利用程度的地质单元。大型沉积盆地中，地热系统的水源补给区来自周边凸起，热源来自上地幔热，沉积盖层放射性元素衰变以及构造变形转化热能，地热系统是开展地热成因研究的基本单元。地热田是目前经济和技术条件下有开采价值的地热聚集区（一般按照地温梯度＞3℃/100m 或者温度＞25℃ 划分），因此地热田是地热系统中流体与热量的富集区。地热储是地热田的组成部分，一个地热田可以发育多套地热储，沉积盆地中常见有基岩裂隙-岩溶型，沉积盖层孔隙型。

南堡凹陷为一中新生代裂谷型断陷盆地，在构造上属华北地台燕山分区的东南分区。凹陷总体形态为一北陡南缓的箕状凹陷，根据南堡凹陷构造特征及主控断裂展布特征，将南堡凹陷内部划分为 8 个二级构造带和 3 个次凹（图 1）。南堡凹陷的发展演化历史先后经历了燕山期和喜马拉雅期的 4 幕裂谷作用和 1 幕构造再活化作用。活跃的构造运动和多期火山喷发，为凹陷内部沉积盖层提供了丰富热源，地温梯度一般＞3℃/100m。目前已发现新近系地热储、古近系地热储以及下古生界地热储（图 2）。

按照三级、四级大地构造单元，凸起、凹陷的界线、构造断裂带、地热异常带，对南堡凹陷地热系统和地热田进行划分。南堡凹陷地热系统构造条件为华北板块、黄骅坳陷的南堡凹陷，地热系统北部以西南庄断层为边，东部以柏各庄断层为界，南以沙北断裂与沙垒田凸起相邻，西以涧东断层与北塘凹陷相接。

按照地温梯度>3.0℃/100m，结合二级构造单元特征，将南堡凹陷主要分为老爷庙-高尚堡-柳南、南堡 1 号—4 号两个地热田（图 3），受地层发育、储层、埋深、地温梯度等多方面影响，具有不同的地质特征。

1.1　老爷庙-高尚堡-柳南地热田

位于南堡凹陷北部西南庄及高柳断层下降盘，地热田面积约为 290km^2，主要包括新近系明化镇组、馆陶组两套浅层地热储，受埋深影响热储温度相对较高，为水热型地热资源。新近系明化镇组地热储层主要为砂岩，底界埋深在1700~2200m，厚度为200~260m，热储温度约为60~95℃，水型为$NaHCO_3$型，矿化度为1.0~3.0g/L。在自然产能条件下，日产水量能达到120m^3/m。新近系馆陶组地热储层主要为砂岩、砂砾岩，底界埋深在2100~2700m，厚度为120~300m，热储温度约为70~110℃，水型主要为$NaHCO_3$型，矿化度变化较大，一般在1.0~8.0g/L。自然产能条件下，日产水量能达到100m^3/m以上。

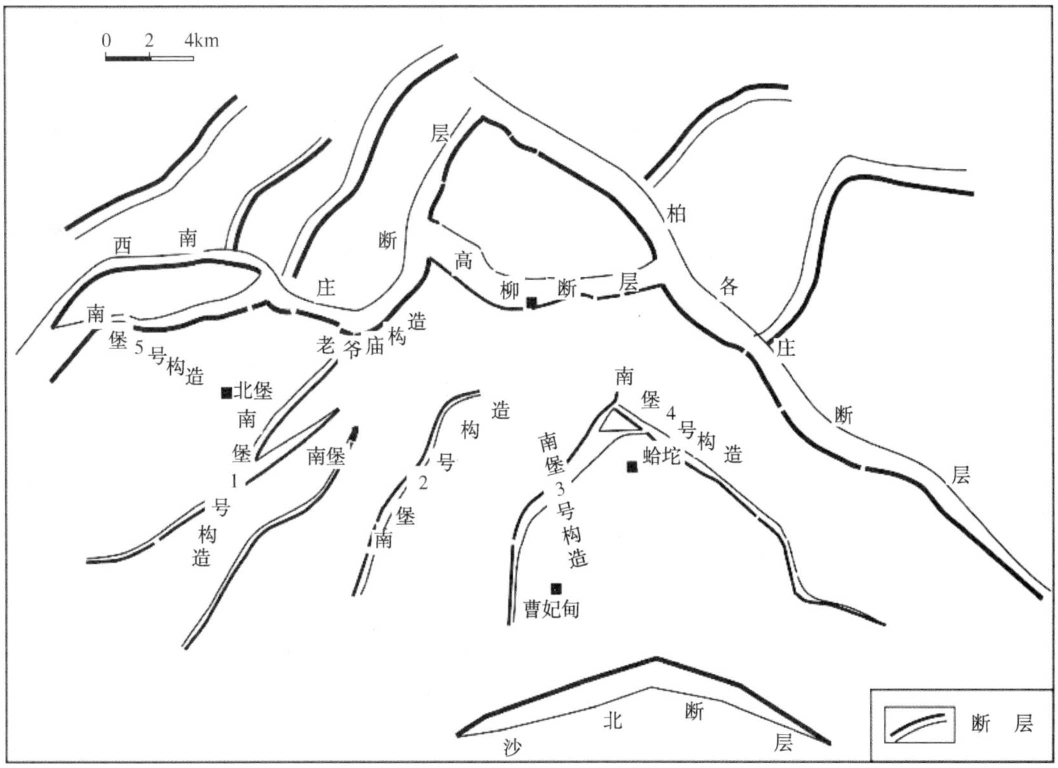

图1　南堡凹陷构造纲要图

1.2　南堡1号-4号地热田

位于南堡凹陷南部，整体走向近东西向，是由4个具有潜山背景的构造带组成，地热田面积近700km^2。该地热田主要包括新近系明化镇组、馆陶组和下古生界三套地热系统，为水热型地热资源。新近系明化镇组地热储层主要为砂岩，底界埋深在1600~2400m，厚度为200~300m，热储温度约为65~75℃，水型主要为$NaHCO_3$型，矿化度较低，一般在1.0~2.0g/L。受埋深影响，在自然产能条件下，日产水量相对较低，一般在10m^3/m。新近系馆陶组地热储层主要为砂岩、砂砾岩，底界埋深在2400~3300m，厚度为150~400m，热储温度约为65~95℃，水型主要为$NaHCO_3$型和$MgCl_2$型，矿化度变化较大，最高达到10.0g/L以上，整体自然产能低。下古生界包括三个下古生界潜山地热田，其中南堡1号和南堡2号地热储层为奥陶系和寒武系的碳酸盐岩；南堡3号地热储层为寒武系的碳酸盐岩。热储顶界埋深一般超过4000m，热储厚度在100~200m，温度约为150~200℃，水型主要为$CaCl_2$型和$MgCl_2$型。在自然产能条件下，寒武系热储物性要优于奥陶系。

2　地热储地质特征

南堡凹陷发育新近系、古近系以及下古生界三套地热储。

2.1　新近系地热储

新近系地热储主要包括明化镇和馆陶两套含水系统，储层岩性为砂岩，受沉积控制，储层物性好，产水量大。

2.1.1　明化镇组

明化镇组含水系统整体埋藏较浅，根据已有试油成果分析，明化镇组热储温度一般为47~99℃，周边凸起除马头营凸起外热储温度相对较低。采出水矿化度一般在 0.512～3.0g/L，凸起区矿化度较低，一般小于 1g/L，凹陷内部矿化度相对较高。明化镇组热水系统的化学类型以 $NaHCO_3$ 为主(表 1)。

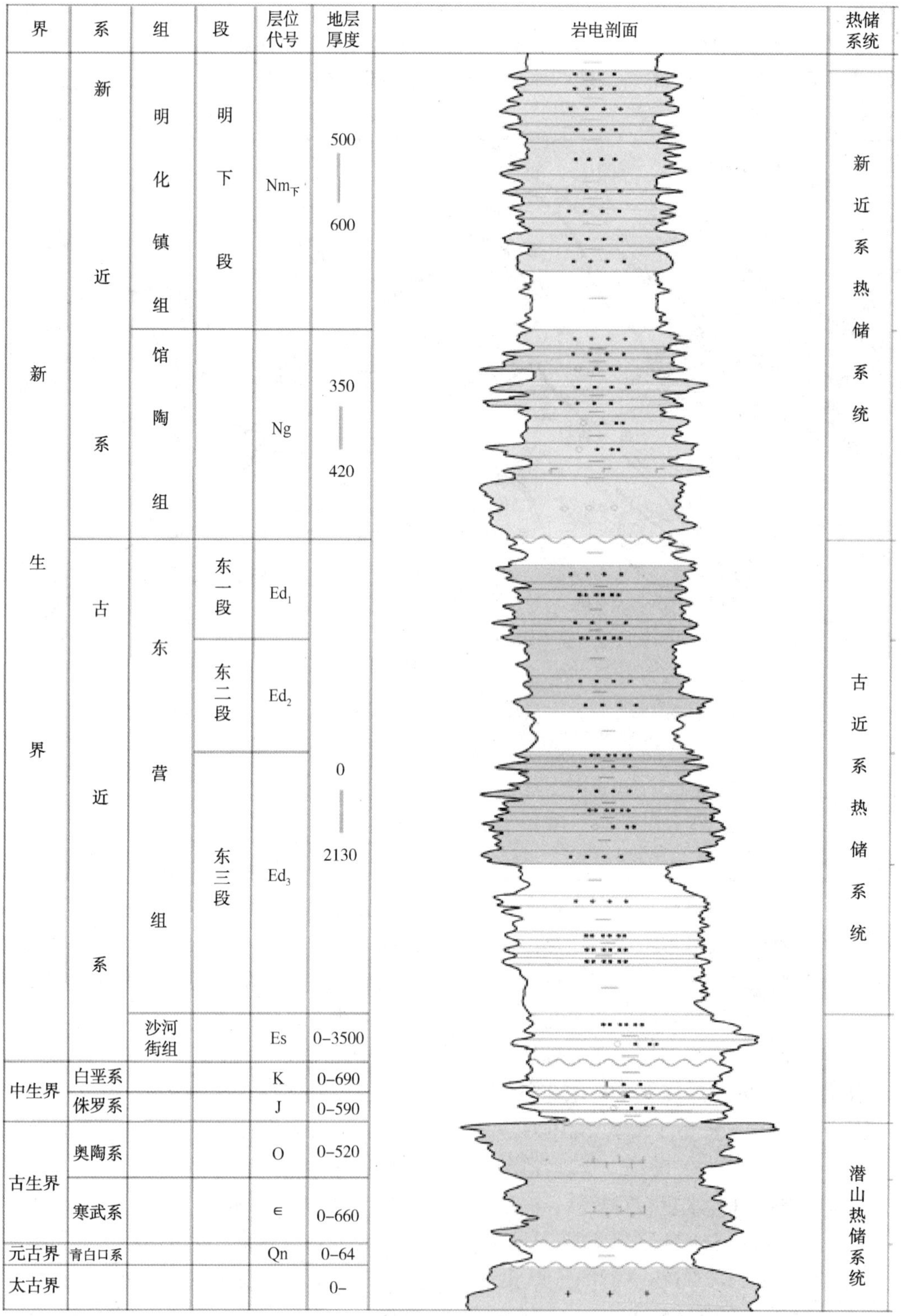

图 2　南堡凹陷热储柱状图

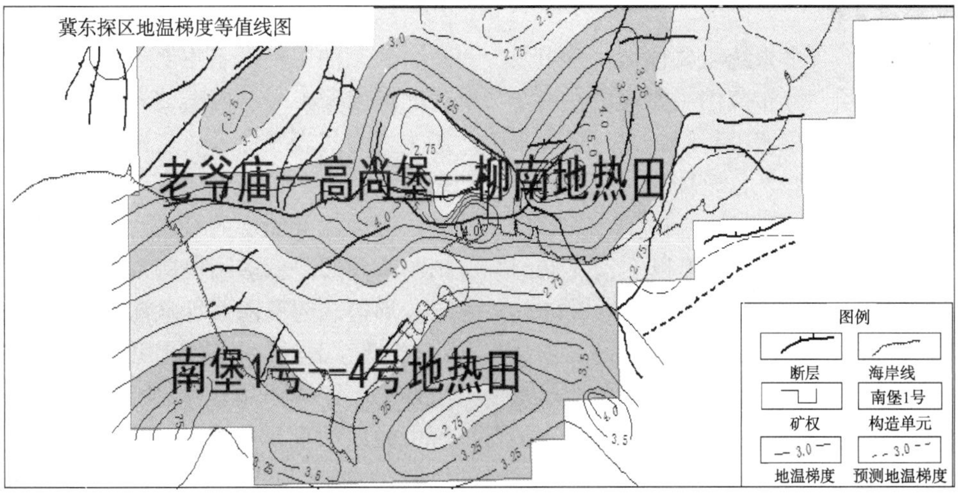

图 3　南堡凹陷地热田分布图

表 1　南堡凹陷明化镇组采出水参数表

层位	地区	井号	产水井段/m	温度/℃	水量/(m^3/d)	矿化度/(g/L)	水型
Nm	周边凸起	南 A	1102.5~1120.0	47.4	566	0.512	$NaHCO_3$
	高尚堡-柳赞	高 A	1812~1822	65	156	1.1	$NaHCO_3$
		柳 A	1794~1807.6	96	44.8	3	$NaHCO_3$
	老爷庙	庙 A	2092.5~2095	71	9.2	1.33	$NaHCO_3$
	南堡	南堡 A	1896.4~1900	71	112.2	1.578	$NaHCO_3$
		老 A	2456.0~2471	81	43.2	1.306	$NaHCO_3$
		南堡 B	1955.8~1964	73.3	83.52	1.233	$NaHCO_3$

2.1.2　馆陶组

冀东油田馆陶组含水系统具有埋藏适中、水温高、热水产量大等特点，是油田地热资源应用的重点层系。根据已有试油成果分析，馆陶组热储温度一般为50~110℃，周边凸起除马头营凸起外，热储温度相对较低，一般为50~70℃；凹陷内部受埋深影响，温度一般较高，整体为70~90℃。馆陶组热水储层整体物性较好，每米产量最高在20m^3/d以上。馆陶组采出水矿化度受储层开启性影响，区域上变化较大，但一般在1.0g/L以上。馆陶组热水系统的化学类型以$NaHCO_3$为主(表2)。

表 2　南堡凹陷馆陶组采出水参数表

层位	地区	井号	产水井段/m	温度/℃	水量/(m^3/d)	矿化度/(g/L)	水型
Ng	周边凸起	南 B	1869.0~1893.5	79	2.5	2.617	$NaHCO_3$
		唐 A	2381.4~2387.4	86.7	52.84	4.026	$NaHCO_3$
		南 C	1362~1377	109	14.4	5.64	$CaCl_2$
	高尚堡-柳赞	高 B	2261.0~2276.0	95	1.64	2.259	$NaHCO_3$
		柳 A	1828.6~1871.2	82	5.25	4.1	$NaHCO_3$
		柳 B	1944~1947	77	12	1.2	$NaHCO_3$
	老爷庙	庙 A	2126~2140.4	81	2.19	3.72	$NaHCO_3$
		庙 B	1907.4~1937.3	76	1.8	8.38	Na_2SO_4
		庙 C	2456.2~2462.4	89	35.4	5.11	$NaHCO_3$
	南堡	南堡 C	2745.6~2802.6	79.16	22.57	1.564	$NaHCO_3$
		南堡 D	2266.0~2309.0	92	82.65	1.396	$NaHCO_3$
		南堡 E	2829.4~2834.0	85.174	66	3.688	$NaHCO_3$
		南堡 F	2136.4~2145	78	17.28	3.845	$CaCl_2$

2.2 古近系含水系统

冀东油田古近系含水系统主要包括东营组及沙河街组的砂岩储层，分布范围主要集中在南堡凹陷内部。受埋深及沉积相带控制，古近系含水系统除局部储层物性较好外，整体相对较差，产量较低。古近系热储温度较高，东营组一般在90℃以上，沙河街组一般在110℃以上，热储封闭性较好，地层矿化度均较高，一般在2.0g/L以上，最高能达到30g/L。古近系目前是冀东油田油气勘探开发的主要层系，但受埋深及地热水产量影响，未作为地热研究的主要含水层系。

2.3 下古生界含水系统

下古生界含水系统主要包括奥陶系和寒武系两套含水系统，储层岩性为碳酸盐岩，受沉积、岩溶及构造控制，储层非均质性较强，富水性不均一。

2.3.1 奥陶系

冀东油田奥陶系主要分布在周边凸起以及南堡凹陷南堡1号、南堡2号和南堡5号潜山，储层主要为灰岩及白云质灰岩，储集空间主要包括裂缝及孔洞。

受埋深及储层的开启性影响，周边凸起高潜山与南堡凹陷低潜山奥陶系含水系统存在较大差异。周边凸起奥陶系埋藏深度较浅，热储温度相对较低，地层水矿化度低，水型主要为$NaHCO_3$。南堡凹陷内奥陶系储层埋深较大，低潜山的顶面埋深一般在3500m以下，热储温度一般在120℃以上；南堡1号奥陶系潜山地层水水型主要为$CaCl_2$，南堡2号奥陶系地层水矿化度比南堡1号奥陶系地层水矿化度低，水型主要为$NaHCO_3$(表3)。

表3　南堡凹陷下古生界采出水参数表

层位	地区	井号	产水井段/m	温度/℃	水量/(m^3/d)	矿化度/(g/L)	水型
O	周边凸起	南D	1548.77~1580.35	60.0	98.2	2.105	$NaHCO_3$
		唐B	2338.66~2438	87.6	16.6	70.56	$CaCl_2$
		南E	1816.54~1854.81	76	44.8	3.824	$NaHCO_3$
	南堡	南堡G	4072.6~4128.0	145	6.88	74.1	$CaCl_2$
		南堡H	4811.03~4862.00	160.6	25.4	8.825	$NaHCO_3$
		南堡I	4802.60~5100.00	129.96	184	14.402	$CaCl_2$
∈	周边凸起	南F	1337.07~1370	62	249.1	1.434	$NaHCO_3$
		唐C	2215.75~2231.74	81.1	4.05	6.368	$NaHCO_3$
		庄A	2321.7~2370	60	47.1	6.478	Na_2SO_4
	南堡	南堡J	3730.0~3792.0	133.51	326.4	43.575	$NaHCO_3$
		南堡K	5677.0~5740.0	204	—	—	—
		南堡L	5850~5940	—	26.7	16.602	$NaHCO_3$

2.3.2 寒武系

冀东油田寒武系主要分布在周边凸起以及南堡凹陷南堡1号、南堡2号、南堡3号和南堡5号潜山，其中南堡3号寒武系地为低潜山，上覆古近系，目前已有多口钻井钻遇；南堡1号、南堡2号和南堡5号构造寒武系为潜山内幕，上覆奥陶系，钻遇钻井较少。

周边凸起寒武系顶面埋深一般在1300~2800m，热储温度一般为60~70℃，地层水矿化度一般在10g/L以下，水型主要为$NaHCO_3$。南堡凹陷内寒武系低潜山顶面埋深一般在3700m以下，热储温度一般较高。南堡凹陷内寒武系地层水资料较少，南堡1号矿化度较高，水型$NaHCO_3$，南堡3号寒武系地层水矿化度较低，水型为$NaHCO_3$(表3)。

3 热储层成因机理

南堡凹陷是一个中-新生代断陷盆地，形成演化过程与岩石圈减薄决定了该地区区域热背景。平均大地热流值为60~70mW/m^2，高于中国大陆平均热流值60mW/m^2。凸凹相间的构造格局下，因基岩热导率高于沉积盖层，凹陷内潜山低隆起及凸起区呈现地热高异常。姜各庄、老爷庙-高尚堡-柳南以及南堡1号—南堡4号等五个区带，地温梯度一般在3.0~4.0℃/100m，其中马头营凸起地温梯度最高达到8.0℃/100m；

而林雀、拾场、曹妃甸等次洼包括南堡5号构造的部分区域为低地温梯度区，地温梯度一般为2.7~3.0℃/100m(图3)。地热系统成因主要基于5个主要因素，包括源(热和水)、盖层、储层和通道5个因素方面。

3.1 热源

南堡凹陷属于山前张扭型沉积盆地，构造活动强烈，火山活动频繁。热源主要来自上地幔热传导、岩石放射性生热及局部火山活动3个方面，地温梯度为3.0~4.0℃/100m。

上地幔通过传导、对流和辐射三种形式向上覆岩层传导热量。在岩石圈内主要以热传导为主，岩石导热率大小与岩石埋深(层位)无关，而与岩石矿物组成、化学成分及岩石的致密程度有关。通常情况下，低热导率岩层埋深越浅，地幔热量传导至热储层的过程中损耗就越小，储层温度相对较高，低热导率岩层的埋深对热源有较大控制作用。南堡凹陷古近系沙一段、东二段，新近系明化镇组广泛分布三套区域性低热导率泥岩盖层(图2)，能够有效阻止深部热能向上传导，同时碳酸盐等高热导率岩层埋深一般>4000m，利于形成地热异常带。同时，沉积盖层中放射性衰变生热也是南堡凹陷形成局部异常高温的重要因素(表4)，研究表明，用于地热应用的热量约40%来源于地核早期形成时的余热，剩余60%的热量来源于长寿命放射性同位素。

表4　南堡凹陷沉积盖层放射性元素含量表　　μg/g

井号	深度/m	B	Li	Be	V	Cr	Co	Ni	Cu	Zn	Ga	Rb	Sr	Mo
A	3960	242	105	3.75	79.9	73	13	29.5	20.5	47	24.5	146	217	1.37
	3983	77.6	45.5	1.12	61.7	33.2	10.2	20.7	26	61.4	8.45	49.2	2871	30.4
	4035	104	58.6	1.4	64.7	87.1	10.1	33.2	20.5	22.4	11.6	69.7	1227	15.5
	4180	113	58.1	1.85	62.9	62.7	10.9	22.8	14.9	35.5	13.4	87.9	1364	3.24
	4305	43	31.9	0.871	26.1	104	6.69	29	24.2	41	6.07	34.9	2890	3.19
	4670	58	36.1	1.71	70.1	60.9	6.99	19.1	7.74	36	12.4	74.8	1500	2.7
	5015	62.6	34.4	1.61	46.4	63.6	8.5	27.5	10.9	38.7	12.8	67.8	1881	1.85
B	3439	38.7	19.7	1.12	57.4	72.3	9.89	26.1	15.7	14.7	9.43	48	1003	9.31
	3457	57.4	30.9	1.48	66.9	44.2	12.2	20.6	22.6	27.3	12.6	72.7	1482	17.2
	3471	93.9	45	2.37	78.3	82.1	16.8	34.7	26.6	61.2	17.2	102	1081	12.3
	3496	113	58.1	1.85	62.9	62.7	10.9	22.8	14.9	35.5	13.4	87.9	1364	3.24
	3509	43	31.9	0.871	26.1	104	6.69	29	24.2	41	6.07	34.9	2890	3.19
	3523	77.6	45.5	1.12	61.7	33.2	10.2	20.7	26	61.4	8.45	49.2	2871	30.4
	3540	104	58.6	1.4	64.7	87.1	10.1	33.2	20.5	22.4	11.6	69.7	1227	15.5

南堡凹陷岩浆活动比较频繁和普遍，主要可以分为前蓟县纪、中生代和新生代三期。强烈的火山作用提升围岩热量并与围岩发生水-岩相互作用，同位素组成、水化学成分发生改变，形成较高温度的热水。也是重要的热源之一。南堡凹陷新生代的火山活动分布范围最为广泛(图4)，岩性以中基性岩浆喷发和溢出为主，主要分布在本区南堡凹陷馆陶组地层中。馆陶组中下部是玄武岩的集中发育段，平面上主要分布在北堡、老爷庙、高尚堡以及南堡1-2号构造，向东、向北逐渐减薄至消失。除此之外，古近系沙河街组沙一段及东营组东二段、东三段也发育局部的火山活动。

3.2 水源

南堡凹陷地热系统的地下水源补给来自北部燕山褶皱带基岩出露区，大气降水以侧向和垂直运移的方式进入凹陷及各二级构造单元，并沿储层和断裂系统进入各新老储层中。地下水主要以软水和极软水为主(表5)。南堡凹陷地下水矿化度纵向上的变化较大，从淡水到卤水均有分布。地下水矿化度总体向受埋深及储层封闭性影响，地层越老，埋藏深度越大，其矿化度越高。随着地下水在储层中的运移，受水的溶蚀作用影响，远离水源地的地区矿化度要高于近水源地的地区。以新近系馆陶组为例，矿化度的整体趋势为由靠近水源区的周边凸至南堡凹陷内部逐渐升高，相对较高的矿化度出现在南堡1号-4号构造。

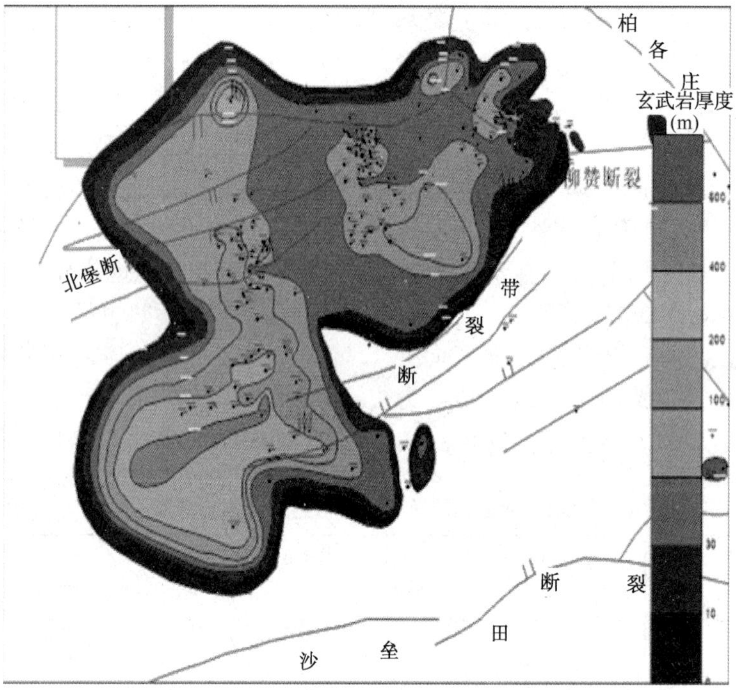

图4　南堡凹陷东一段-馆陶组火山岩分布范围及等厚图

表5　南堡凹陷地下水硬度划分参数表

地区	井号	层位	深度/m	Ca^{2+}		Mg^{2+}		$Ca^{2+}+Mg^{2+}$	德国度	水型
				离子数/(mg/L)	毫克当量数	离子数/(mg/L)	毫克当量数	毫克当量数		
南堡凹陷	北A	Ng	1916	5	0.2	12	1	1.2	3.4	极软水
	北B	Nm	1550	0	0	15	1.2	1.2	3.4	极软水
	北C	Ng	2064	9	0.4	3	0.2	0.6	1.7	极软水
	庙D	Nm	971	10	0.5	6	0.5	1	2.8	极软水
	庙E	Ng	2084	76	3.8	12	1	4.8	13.4	微硬水
	高C	Ng	2548	8	0.4	10	0.8	1.2	3.4	极软水
	高D	Ng	1882	18	0.9	16	1.3	2.2	6.2	软水
	柳C	Ng	1946	24	1.2	39	3.2	4.4	12.3	微硬水
	柳D	Nm	1739	8	0.4	5	0.4	0.8	2.2	极软水
	柳南A	Ng	2075	44	2.2	3	0.2	2.4	6.7	软水

地下水离子含量在矿化度增加时变化趋势差异较大。氯离子(Cl^-)地下水含量较高。碳酸氢根离子变化的趋势比较稳定，随着矿化度的增加其离子含量稳定升高。硫酸根离子含量较低。钾钠离子含量随着矿化度的增加呈直线升高。钙离子为低含量离子，其含量随矿化度增加的变化不明显。镁离子和钙离子一样，为本区低含量离子，其含量的变化与矿化度的变化无明显的关系。

3.3　盖层

南堡凹陷地热系统发育新生界第四系堆积和新近系明化镇组泥岩、砂泥岩为盖层，盖层厚度在1800~2200m(图1)。主要由松散堆积物、泥岩、砂泥岩、页岩、板岩构成，岩石导热率低，能够有效阻止深部热能逸散。阻止深部热源逸散的保护层，对于地热异常带的形成有着明显控制作用。

3.4　储层

储层条件是决定项目是否具有商业开发价值的重要影响因素。不同岩石的导热率差异较大，其中，花岗岩和灰岩的导热率最高，砂岩略低，泥岩最低。适合经济开发的储层，应具备下覆地层导热率高、上覆地层导热率低两个条件。下覆地层导热率高，能够有效将上地幔热源传导至储层内，上覆地层导热率低，能够有效阻止热能逸散。南堡凹陷地热系统储层自上而下为新生界新近系明化镇组、馆陶组，古近系东营组，古生界奥陶系(图2)。目前主力开发层系为新近系馆陶组，可采热储资源量547.1×10^{16}J，可采热水资源量120.1亿m^3。储层砂地比为45%~65%，孔隙度为30%~33%，渗透率为(497~1176)×$10^{-3}$$\mu m^2$，储层埋深为2200~2600m，储层厚度在120~220m，产水量为100~120m^3/h。

3.5　通道

断层是是南堡凹陷热和水的疏导通道，断层作为热和水的双向通道，起到疏导和传递的作用。南堡凹陷边界的柏各庄断层、柏各庄断层直接影响地热地质背景条件，控制地热资源分布，凹陷内部次级断层高柳断层，南堡1号、南堡2号、南堡3号、南堡4号断层的活动性——断距大小，控制了地热资源的富集。南堡凹陷地层水来源以大气降水为主，水流运移至深部经加热后沿断层向上运移。断层深度大，可以更好地沟通热源和水源，有利于形成温度更高的水热型地热系统。断层宽度大，可以形成更大体积的水热对流通道和热储层，有利于形成规模更大的地热系统。张性断层和张扭性断层对地热系统的形成有利，尤其是断层交汇区，有利于大规模热储的沉积。

4　区域储热概念模型

在南堡凹陷地热系统控制因素分析基础上，建立区域储热概念模型。在正常的大地增温叠加放射性元素生热以及火山岩烘烤的共同作用下，地下深部的热量向上传导，加热热水的储集层围岩，大气降水经过深循环吸取围岩的热量并与围岩发生水岩相互作用，同位素、水化学成分发生改变，形成较高温度的热水；西南庄断层、柏各庄断层以及高柳断裂带均为地下水运移通道，最后形成高温热储(图5)。基于储热概念模型，热场模拟高柳地热田开采方案。采用间歇模式，回灌温度>30℃、回灌率100%，流量<120m^3/h，井距450m，可开采30年内；流量<80m^3/h，其他条件一致，可开采50年(图5)。

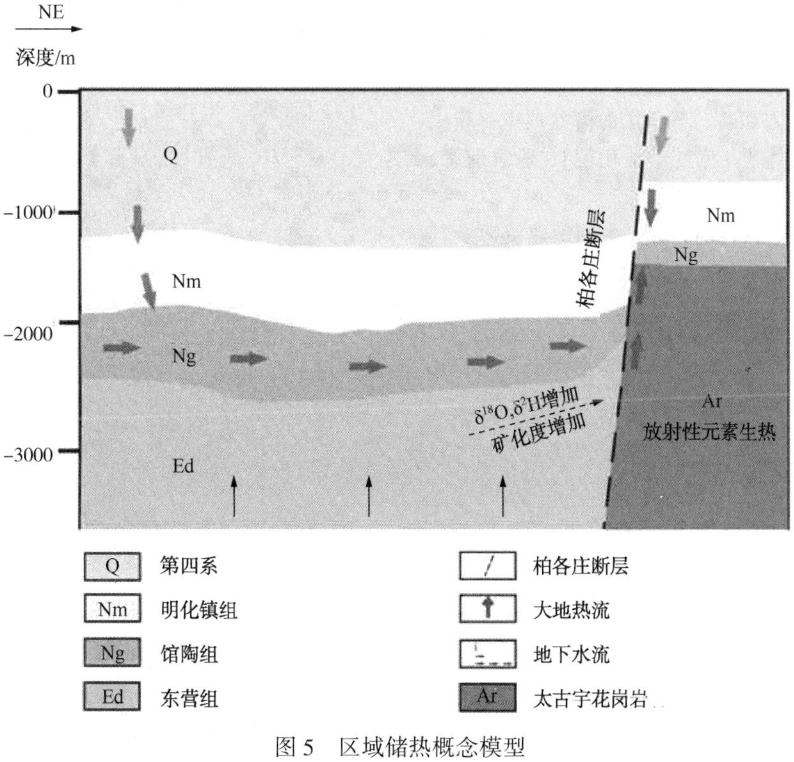

图5　区域储热概念模型

5　结论

(1)南堡凹陷为一个在热量和流体循环上相对独立且地热能聚集到可以利用程度的地质单元，为一个独立地热系统。按照地温梯度>3.0℃/100m，结合二级构造单元特征，主要分为老爷庙-高尚堡-柳南、南堡1号—南堡4号两个地热田。

（2）南堡凹陷发育新近系、古近系以及下古生界三套地热储，其中馆陶组含水系统具有埋藏适中、水温高、热水产量大等特点，是油田地热资源应用的重点层系。

（3）南堡凹陷地热系统热源除上地幔热传导、岩石放射性生热外，火山活动也是形成优质地热资源重要因素。

（4）南堡凹陷部二级断裂活动性强，断层深度大，是形成温度高、规模大水热型地热系统重要因素。

（5）南堡凹陷地热田地下热水主要是由周边山区大气降水入渗补给形成，为碎屑岩类裂隙孔隙承压水；地下热水阳离子均以 Na^+ 占绝对优势，阴离子以 Cl^- 含量最高，为弱碱性水，属 Cl-Na 型水。热流体矿化度较低，一般为 1~4g/L。富含有特殊的微量元素，具有一定的医疗保健价值。

（6）基于地热成因分析建立储热概念模型，模拟开采方案，可直接指导地热资源的合理开发和利用。

参　考　文　献

[1] 汪集旸，庞忠和．地热学及其应用[M]．北京：科学出版社，2015：258-260.
[2] 邱楠生，许威，左银辉，等．渤海湾盆地中—新生代岩石圈热结构与热-流变学演化[J]．地学前缘，2017，24(3)：13-26.
[3] 蔺文静，刘志明，王婉丽，等．中国地热资源及其潜力评估[J]．中国地质，2013，40(1)：312-321.
[4] 毛小平，汪新伟，李克文，等．地热田热量来源及形成主控因素[J]．地球科学，2018，43(11)：4256-4266.
[5] 鲁锴，鲍志东，季汉成，等．雄安新区蓟县系雾迷山组岩溶热储特征、主控因素及有利区预测[J]．古地理学报，2019，21(6)：885-900.
[6] 曹瑛倬，鲍志东，鲁锴，等．冀中坳陷雄县地热田主控因素及成因模式[J]．沉积学报，2021，39(4)：863-872.
[7] 周念沪．地热资源开发利用实务全书[M]．北京：中国地质科学出版社，2005.
[8] 龚育龄．中国东部渤海湾盆地热结构和热演化[D]．南京：南京大学，2003.
[9] 王良书，施央申．油气盆地地热研究[M]．南京：南京大学出版社，1989：127.
[10] 邱楠生．不同类型沉积盆地热演化成因模式探讨[J]．石油勘探与开发，2000，27(2)：15-17.
[11] 王社教，闫家泓，李峰，等．地热能：第二版[M]．北京：石油工业出版社，2017.
[12] 庞忠和，罗霁，程远志，等．中国深层地热能开采的地质条件评价[J]．地学前缘，2020，271(127)：134-151.
[13] 陈墨香，汪集旸，汪缉安，等．华北断陷盆地热场特征及其形成机制[J]．地质学报，1990(1)：80-91.
[14] 何治亮，冯建赟，张英，等．试论中国地热单元分级分类评价体系[J]．地学前缘，2017，24(3)：168-179.

国外石油公司新能源发展现状及对我国石化行业的启示

武明辉　梁海军　李　颖

（中国石化集团新星石油有限责任公司）

摘　要　石化行业由于其行业性质的基础性、特殊性，在全球碳达峰、碳中和的宏观演进过程中担负着重要角色。石化行业即是高排放行业也是减排潜力较大的行业，同时也是参与全行业减碳发展的基础行业，使得石化行业自身碳中和更具有特殊的意义。本文通过分析国外石油公司在探索发展新能源，迈向碳中和道路上的历程与选择，提出对我国石化行业碳中和的发展建议，对国内石化行业的低碳发展具有借鉴意义。

关键词　石油公司；石化行业；新能源；碳中和；启示

1　全球石化行业碳中和愿景下发生深刻变革

作为资源和能源密集型行业，石化行业碳排放量在全球工业领域居于前列，占工业排放的15%左右。石化行业的二氧化碳排放主要来自产品生命周期中化石燃料的使用，以及生产这些产品过程中产生的工艺排放。数据统计显示，全球化学品和石化行业温室气体排放占总排放量的5.8%，其中3.6%来自能源使用，2.2%来自工业生产过程(图1)。

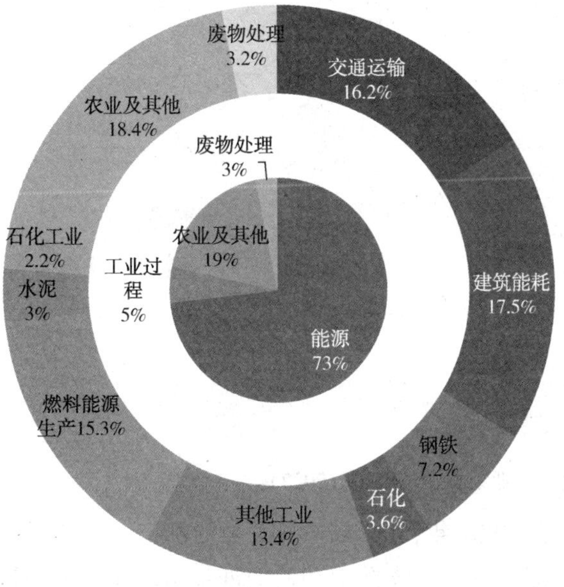

图1　温室气体排放行业占比(数据引自[1])

石化行业包括炼油和化工两部分，近年来，一方面随着新能源对汽油、柴油替代比例越来越高，一方面社会发展对化工产品的需求仍在增长，石化行业减油增化的发展趋势越来越显著，因此，行业普遍预期炼油业务将先于化工业务达峰。

在全球碳减排的趋势下，新能源对传统石化能源的替代与被替代关系，导致两者协调发展面临着挑战。这种传统石化业务与新能源业务的不一致性，使得行业内对于石化行业与新能源发展存在不同观点。新能源对石油的替代始于20世纪70年代末期的石油危机，石油公司为了摆脱对石油产品的依赖，抢占未来能源制高点，开始加大对新能源开发技术的投入。20世纪90年代中期全球对石油工业发展带来的环境问题越来越重视，首次以法规的形式限制温室气体排放的《京都议定书》的签署，进一步促进石油公司向新能源的转型发展。各大石油公司依据自身资源、技术优势制定了不同的发展战略，其中，BP、壳牌等较早进入新能源领域具有一定技术积累的欧洲公司规划了以实现新能源为主的新型综合能源公司根本转变的目标，埃克森美孚、雪佛龙等美国公司凭借在石油石化领域的技术积累与对石油行业的控制力，选择了仍然坚持以油气为主的发展方向。道达尔、艾尼等欧洲石油公司则选择了力求油气业务与新能源转型协同发展的路径。虽然以太阳能、风能、地热能为代表的新能源在近20年取得了飞速发展，总装机容量2018年已经超过1TW，目前仍在加速发展(图2)，但是这一发展趋势并不是一帆风顺，在石油公司表现为发展新能源的方向选择也并不是一成不变的，在仍以油气工业为主导的当今世界，油气价格的大幅波动、气候变化的驱动以及世界对全球气候治理目标的进展都影响着石油公司对发展新能源的态度和力度(图 3)。

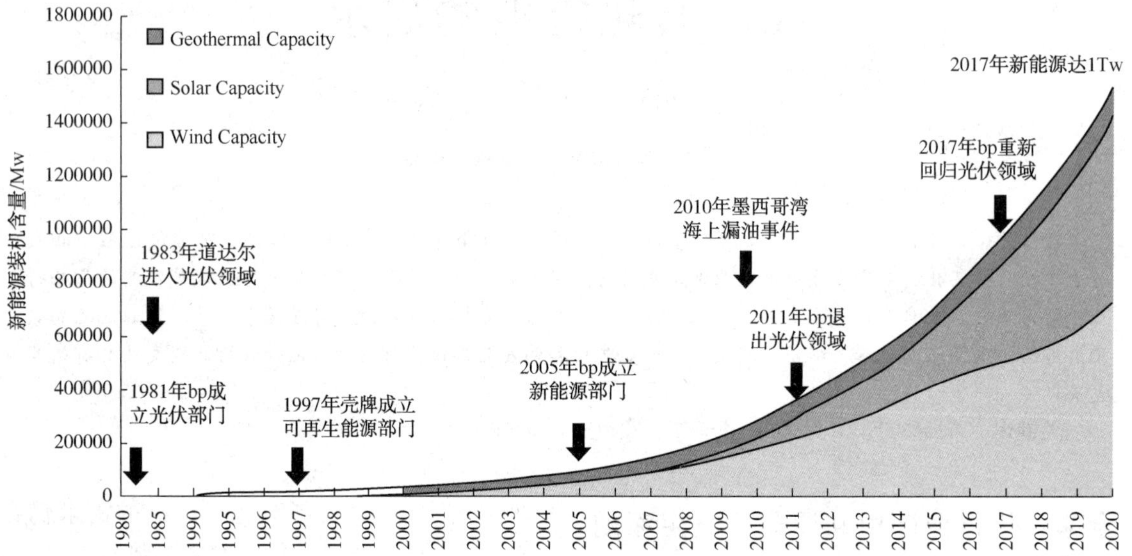

图 2　全球新能源装机容量图(数据引自[2])

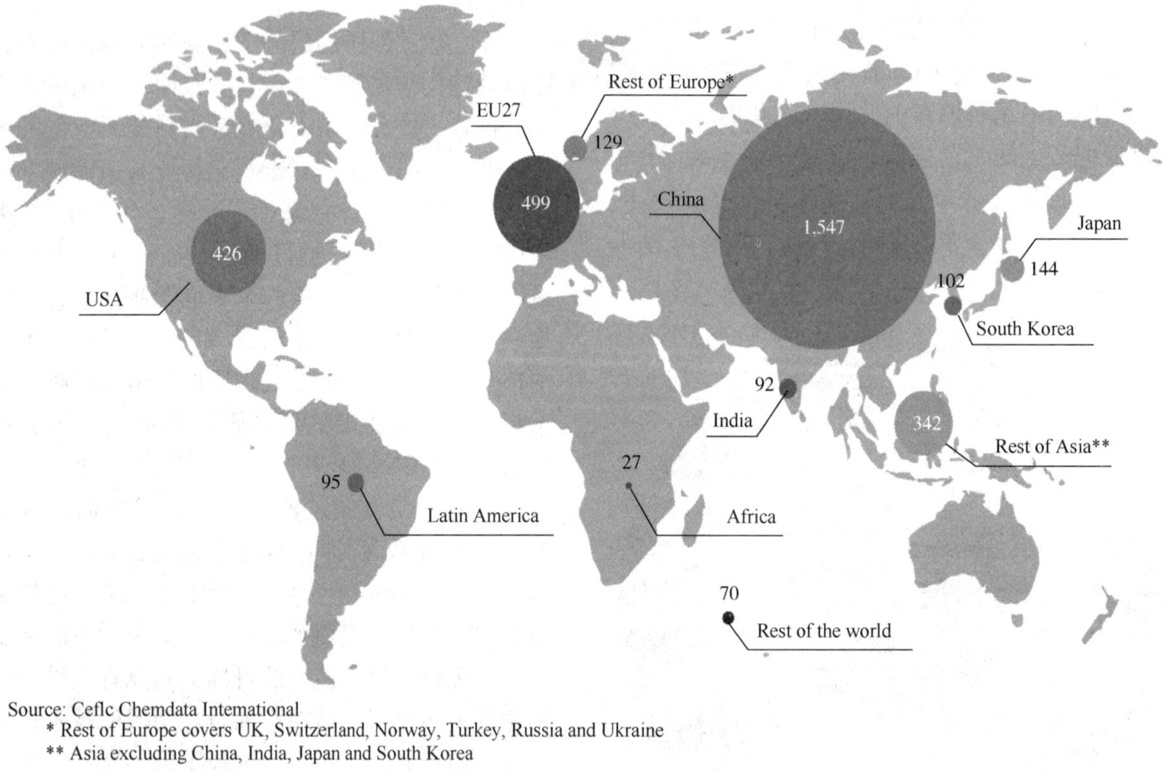

图 3　全球石化产品销售额(欧洲化学工业委员会 CEFIC，2022)

2　国外石油公司新能源发展历程与现状

2.1　以 bp 和壳牌为代表的主动激进型公司

bp 公司是最早进入太阳能光伏领域的国际石油公司，并经历了由太阳能向生物质能的转变。1981 年，bp 成立了太阳能部门，并通过收购 Lucas 能源系统公司开始涉足太阳能发电系统的研发。1998 年，通过并购阿莫科公司获得了美国最早的太阳能光伏公司之一 Solarex 的 50% 股份，并与 bp 原太阳能光伏业务整合成新的 bp

Solar，随后全资控股 Solarex。bp 公司在 2000 年时任总裁约翰布朗提出“超越石油”（Beyond Petroleum）战略构想，重新定义的 bp 的内涵。2002 年，bp Solar 成为全球第二大太阳能光伏公司，仅次于当时日本的 Sharp 公司，并计划在未来 10 年跃居世界第一位。

bp 在 2005 年在太阳能部门的基础上扩大组建新能源业务部门，并计划 10 年内在太阳能、风能、氢能和联合循环发电技术方面投资 80 亿美元，逐步发展成为全球最大的太阳能企业之一，太阳能业务的市场份额一度占到全球的 10%左右。但随着中国光伏产业的快速发展，bp 在太阳能光伏制造领域的盈利能力显著下降，在 2007—2009 年世界金融危机后陆续关闭了其太阳能工厂，同时由于 2010 年墨西哥湾海上漏油事件影响，bp 由于面临较大资金压力，2011 年宣布退出经营长达 40 年的太阳能领域。2013 年宣布出售部分美国风电业务，同期把新能源发展重点转向具有精炼技术优势的生物燃料领域，先后收购了巴西热带生物能源公司、美国生物燃料技术公司 VereniumCorp、巴西燃料乙醇生产企业 Companhia Nacionalde Acucare Alcoo（CNAA）、巴西乙醇生产企业 Cerradinho 集团等公司全部或部分股权，并投资 5 亿美元在加利福尼亚建立生物燃料开发中心，还与杜邦公司成立生物燃料合资公司 Butamax，该公司开发出第一个插入式生物燃料（丁醇）汽油，解决了车辆和基础设施的生物燃料兼容性的关键问题。

2017 年 12 月，退出太阳能领域 6 年后 bp 选择重新回归光伏领域，斥资 2 亿美元收购欧洲最大的太阳能开发商 Lightsource 的 43%股份，并将该公司更名为 Lightsource bp，2020 年，bp 购买 Lightsource bp 增发股份，使其成为一家 50/50 的合资企业。两者的结合达到了互利共赢的效果，2017 年以来，Lightsource bp 业务实现快速扩张，作业区域已由原先的 5 个国家拓展至印度、巴西、埃及等 14 个国家，光伏开发项目超 12 吉瓦。bp 在 2020 年提出了净零目标，并持续推进向综合能源公司的转型。2021 年 9 月，Lightsource bp 获得 18 亿美元的新循环信贷和贸易融资贷款，计划到 2025 年在全球范围内开发 25GW 的太阳能项目。bp 对该领域的判断是，太阳能是全球能源结构的重要组成部分，目前该领域发展已趋于成熟，业务模式已从太阳能板的制造转向太阳能电站的开发，预计未来 20 年将占全球电力需求的约 10%，年增长率约为 15%。

壳牌能源转型发展较快但发展路程同样曲折。壳牌于 1997 年成立了可再生能源部门。在 1988 年《温室效应》报告中，提出化石燃料燃烧是大气二氧化碳含量不断增加的主要原因，在分析其对整个能源行业和壳牌可能带来的挑战和不利影响后，进一步促进了壳牌向新能源的转变。1999 年首次投资风电后，其风能年发电量曾超过 500MW，在 2008 年全球风力发电企业排行榜中名列第五位。2001 年与西门子合资成立“西门子·壳牌太阳能股份有限公司”，成为全球第四大太阳能公司。公司研发的 CIS 薄膜电池在太阳能领域一度占据全球约 17%的市场份额。

壳牌在 2006 年将太阳能晶硅电池业务全部出售给 SolarWorld 公司，2007 年出售了大部分太阳能业务。2006—2010 年随着国际油价的大幅上涨，壳牌大规模剥离了可再生能源，至 2009 年，陆续退出了光伏、风电、水电等可再生能源业务，仅把生物燃料作为其可再生能源关注的重点，将更多的精力专注于传统油气业务上。壳牌研发利用生物质废料生产燃油的二代生物燃料技术，未来有望实现规模化商业生产。

2021 年壳牌公司被荷兰法院强制提高碳减排目标，提出壳牌应于 2030 年碳排放量相比 2019 年降低 45%，远高于公司设定的降低 20%目标。壳牌公司内部对发展新能源的态度并不统一，壳牌首席执行官范伯登 2021 年 5 月表示，预计未来 10 年，清洁能源将占到该公司能源组合的 50%。但壳牌公司新能源团队认为，公司战略转型路径不明晰、转型节奏过慢，导致公司内部存在严重分歧。

2.2 被动保守型

埃克森美孚和雪佛龙公司凭借对油气资源较强的控制力选择了固守传统油气业务，对新能源发展态度较为保守。在低碳转型方面，埃克森美孚仍将油气业务作为未来一段时期的主业，对能源转型的投入较小，以传统油气业务“去碳化”为主，注重发展自身具有优势的 CCS 技术，以及具有长期发展基础的生物燃料和氢等低碳业务，以应对化石燃料业务面临的挑战。其中以原油直接制取烯烃工艺为代表的传统油气去碳化，因省略了炼油过程，缩短了炼制流程，不仅降低了炼化成本，也大大降低了过程中的能耗和碳排放。

2020年12月，公司发布的《能源和碳排放摘要》报告中确定了2025年的碳减排目标：上游排放强度下降15%～20%，甲烷排放强度下降40%～50%，燃烧排放强度下降35%～45%，减排计划涵盖范围1和范围2；到2035年，实现行业领先的温室气体排放水平，但并未提出零碳目标和计划。2021年宣布，到2050年实现净零碳排放，埃克森美孚表示将在2022年底之前发布一系列清晰的“路线图”，以展示其将如何减少每个主要业务的排放。

雪佛龙从20世纪60年代开始，雪佛龙公司便涉足地热发电产业，凭借菲律宾Tiwi和Makiling-BanahawfMak-Ban1两大地热项目、以及印尼Salak(330MW)和Darajat(125MW)地热项目，雪佛龙公司成为全球地热发电领域的领先者。雪佛龙在2005年将公司宣传口号改为“为世界寻找、供应新能源”，并在2010年宣传计划中称，“石油公司是支持新能源发展的时候了”。

2021年雪佛龙公布了一揽子加大低碳能源业务投资规模的计划，至2028年，预计投入超过100亿美元，其中包括20亿美元降低现有业务中的碳密度，其他用于生物燃料、氢生产、碳捕捉等技术。2030年目标，年度碳捕获二氧化碳2500万t。将生物柴油、航空煤油产能10万bbl/d，氢年产量15万t。

2.3 双轨稳妥型

道达尔和埃尼公司面对能源转型，选择了传统油气业务与能源转型协同发展，在保留化石能源业务的同时，逐渐加大对海上风电、光伏等可再生能源领域投资。

1983年，道达尔开始投资光伏业务，在该领域经过二十余年的技术积累，2009年开始加速发展光伏产业，2020年进一步决定进军海上风电市场，2021年道达尔更名为TotalEnergies。目前道达尔可再生能源发电总容量达到近10GW，在国际石油石化公司中处于领先地位，计划到2025年将可再生能源总发电能力提高到35GW，2030年达到100GW，到2050年可再生能源占销售额比重40%，阶段目标的设定体现了公司能源转型，并在2050年实现碳中和的雄心。

埃尼公司(Ente Nazionale Idrocarburi，简称ENI)是欧洲石油公司中向低碳转型最早的公司之一，但与bp、壳牌采取的相对激进的转型道路不同，埃尼在结合自身传统上游优势的基础上，选择了“双轨制”的转型之路，即在不减少勘探生产的同时，大力发展新能源业务，以实现到2050年完全碳中和。埃尼公司2021年可再生能源装机容量达1.1GW，并提出到2024年、2030年和2050年分别实现可再生能源装机容量达到4GW、15GW和60GW。2024年使生物质炼厂的产能翻番，达到200万t/a，2050年增加5倍的规模。埃尼提出到2030年建成储存能力达700万t/a的CCUS项目，2050年碳储存能力达5000万t/a。在减排目标上，到2035年较2018年水平降低15%(范围123)，2050年碳强度较2018年水平降低55%，到2050年减少80%的温室气体排放计划，完全的碳中和。

3 我国石化行业低碳发展现状

我国石化行业近来在世界石化产业中的地位越来越重要，据欧洲化学工业委员会统计数据显示，2020年，全球化工品市场为3.47万亿欧元，我国化工品市场份额占全球44.5%，欧洲占18.1%。今年俄乌冲突之后，欧洲面临能源危机，油气价格大幅上涨，导致相关化工产品生产成本明显提升。可以预期我国石化产品在全球中的比重会越来越重要，我国石化行业低碳发展的压力也越来越大。

3.1 石化行业能耗特征

石化工艺流程复杂、产业链长，能源消耗总量大、品种多。2019年，我国石化产业消耗能源约1.7亿t(标煤)，占全社会终端总能耗的4.9%，主要包括煤炭、石油焦、燃料油、天然气、炼厂干气、电力和热力等。其中煤炭和天然气既存在用于燃烧的能源用途，也存在用于制氢等的原料用途。

3.2 我国石化企业发展新能源的现状

新能源因可持续性与低排放性的特点是传统化石能源替代的发展趋势。我国以三桶油为代表的石油石化企业近年来加大了对新能源的投入。中国石化制定了以氢能为新能源核心业务，坚持新能源多元化发展的目标，力争到2025年新能源供给能力达到千万吨标煤。中国石油从战略高度推进新能源业务的布局规划加速推进以“六大基地、五大工程”为核心的绿色产业布局。完善“油气热电氢”五大能源平台。规划了三部走的阶段目标，其中到2025年，新能源利用量达

2300 万 t(标煤)，占比达到能源总量的 7%左右；2035 年，新能源、油、气三分天下；2050 年，新能源占能源总量的半壁江山。中国海油利用海洋资源优势积极发展海上风电和天然气水合物，加快海上风电业务布局，打造风电全产业链，适时进军海外市场。“十四五”期间，中海油可再生能源投资达 5%～10%，2025 年，新能源新产业收入占比达到 10%，到 2050 年至少 50%的利润将来自新能源。

4　石化行业低碳转型发展政策建议

我国石化行业处于低碳发展的瓶颈期，传统节能减排路径效果有限，新技术、新方法需要巨大的投入研发与设备改造建设，因此结合国外石油公司发展新能源的经验与教训建议如下：

(1) 在行业历史碳排放的基础上，由国家统筹宏观规划石化行业碳达峰、碳中和的阶段发展目标，在行业有序发展，保障国家能源安全的基础上同时防止冒进与过度保守。

(2) 加强企业与高校的联合研究，集中部分研发优势力量针对可行性较强的石化行业短流程制造等对行业具有颠覆性技术进行科技攻关，争取在分子炼油、分子化工上取得技术突破，抢占技术上的优势地位。

(3) 加强石化行业原料的可再生化研究，国外石化公司越来越多的炼厂将业务重点集中到以可再生的生物质为基础的生物柴油、生物航煤以及聚合物和化工原料的生产，国内石化企业这方面的比例还不高，应加大生物质作为化工原料的研究与应用。

(4) 对石化企业发展新能源给予政策支持，鼓励石化企业加快布局光伏、风电等新能源业务，进行以自身行业需求为基础的清洁能源替代发展，对石化企业清洁能源替代按阶段给与政策优惠，促进石化生产过程的多能耦合与能源清洁化。

参　考　文　献

[1] 德勤，中国石化石油化工科学研究院[J]. 石化行业低碳发展白皮书：迈向 2060 碳中和 . 2022. 4.

[2] bp. bp 世界统计年鉴 . 2022.

[3] shell. shell annual report 2021. 2021. 12.

[4] TotalEnergy. Sustainability & Climate2022 Progress Report. 2022. 3.

[5] Eni. nnual-Report-2021.

构建国家地热能数据平台 数智赋能引领地热产业未来

李瑞霞[1,2]　杨建文[1,2]　董佳丽[1,2]　李丽芳[1,2]

（1. 国家地热能源开发利用研究及应用技术推广中心；2. 中国石化集团新星石油有限责任公司新能源研究院）

摘　要　大力开发利用地热能，符合国家“双碳”发展战略。数据已成为数字时代重要战略资源，构建国家地热能数据平台，着力用数字技术赋能能源革命，形成以云端数据库为支点，一朵云多张网，重点数据集中存储，地方数据云端访问的数据架构。为地热能数据输入制定标准，使得全国的地热能数据有一个统一的格式，使得后续的数据查询和检索更加便捷。打造具有数智能源特色的地热能数据平台、数据算力体系，引领地热产业未来。

关键词　地热能；大数据；数据安全；数据服务；数据治理

1　建设地热能数字底座，夯实国家地热能数据基础

地热能是一种储量丰富、分布较广、稳定可靠的可再生能源。大力开发利用地热能，对落实碳达峰、碳中和目标具有重要意义。近年来，我国地热能开发利用方面取得显著成绩，为推动地热能开发利用的持续高质量发展，使其在能源生产和消费革命中发挥更加重要的作用，必须推进地热产业数字化转型，全面加快数字技术对地热产业发展的引领赋能。数字经济本身就是新动能，又能为产业升级赋能，前景无限广阔。地热产业在向数字化转型的过程中，积累了海量的数据，而且还在爆发式的增长。数据很多，但真正能产生价值的数据却很少。数据普遍存在分散、孤立的问题，缺乏统一的定义和架构，找到想要的、能用的数据越来越难。

数字化转型要坚持业务和技术的双轮驱动，而连接双轮的“轴”就是数据。只有建立统一、清洁、智能的数据底座，才能支撑地热产业不断发展。对此，通过建设国家地热数据底座，将用热企业、供热企业、地热项目、地热政策的数据汇聚在一起，对数据进行重新组织和连接，让地热数据有清晰的定义和统一的结构，并在保障数据安全与隐私的前提下，让数据更易获取，最终打破数据孤岛和垄断。

数据已成为数字时代重要战略资源，数据时代是以数据的深度挖掘和融合应用为特征的智能化时代。特别是传感网络无处不在的现实及广泛应用，使数据量急剧增长。数据不断的产生、计算、分析、应用、迭代构成了一个真正意义上的网络，我们已经深入到网络空间中，成为自海、陆、空、天之后人类的第五大生存空间。而在这个第五大生存空间中，数据扮演了重要的角色，成为网络空间源源不断地流淌的血液，成为了知识经济的原材料，更成为继物质、能源之后又一种重要的生产要素和战略资源。数据要素已成为重要的发展驱动，地热产业拥抱数字时代，真正释放出数据要素的价值，引领地热产业未来。

1.1　设计四级数据架构，满足全方位记录地热产业发展

地热能数据以数据仓库为主要载体，数据仓库是构建数字底座的重要组成部分，按照“顶层设计、分层分级、总体联通”原则，设计和建设国家、省、市和县四级数据仓库。各省可按地热业务开展的程度、项目的多少、实际数据的量等因素，选择不同层级的数据仓库，即直接选择国家级、或省建数据仓等。形成上下贯通，条块结合，协同高效的地热能数据上报工作机制，管理好点多面广的海量数据，形成以云端数据库为支点，一朵云多张网，重点数据集中存储，地方数据云端访问的数据架构(图 1)。为所有数据输入制定标准，使得全国的数据有一个统一的格式，使得后续的数据查询和检索更加便捷，适应复杂的数据统计分析、大数据分析。

建立数据上报机制，数据逐级上报传输过程

中，形成逐层审核、智能检校的内容安全机制，经过省级审核筛选的数据，将传至国家数据库，从地方同步到国家数据库的数据，都必须满足统一制定的格式标准，统一标准的数据接口。应对全国各地的数据录入，数据传输的需求，严格审核，最大限度的避免差错和问题，县、市、省、国家四级数据的录入，有层次、有特色、有价值，工匠精神磨练的火眼金睛和人工智能赋能的机器慧眼，织成一张横向到边，纵向到底的数据安全网，为国家地热能数据质量、数据安全打下坚实地基。

图 1　四级数据架构设计

1.2　标准化建设国家地热能数字底座，撬动地热数据资产

1.2.1　建设标准统一的国家地热能数字底座

国家地热能数据四级底座（图 2），分别由四级数据仓、数据主题连接两层组成，将地热企业、地热项目数据、地热产业政府监管数据汇聚到一起，并对数据进行重新的组织和连接，为报告报表、业务可视化、分析、决策等提供数据服务，让地热数据成为能给业务带来价值的数据资产。

国家地热数据仓是逻辑上各种原始数据的集合，除了“原始”这一特征外，还具有“海量”和“多样”（包括结构化、非结构化数据）的特征。数据仓保留数据的原格式，原则上不对数据进行清洗、加工，但对于数据资产多源异构的场景需要整合处理，并进行数据资产注册。数据入仓必须要遵循 6 项标准，共同满足数据连接和用户数据消费应用需求。

数据主题连接是对数据仓的数据按主题域/主题、业务流/事件、对象/主体进行连接和规则计算等处理，形成面向数据消费应用的专题数据，具有多角度、多层次、多粒度等特征，支撑业务分析、决策与执行。基于不同的数据消费应用诉求，主要有多维模型、图模型、指标、标签、算法模型五种数据连接方式。

通过数据汇聚、连接与分析数据，进行描述、诊断和预测，最终指导业务改进。在实现策略上，一方面要充分利用现有 IT 系统的存量数据资产，另一方面要构建一条直接感知、采集、汇聚数据到数字仓的通道，不断驱动业务对象、过程与规则的数字化。利用数字技术来优化地热业务运作或创建新的业务模式，以提升地热产业竞争力，围绕三大价值点开展数字化转型，以支撑企业主营业务发展为目标，提升体验与效率，进而通过模式创新实现新的增长。

1.2.2　实现各层级数据，互联互通

政府固定投资支持的地热项目，原则上必须安装在线监控监测系统，将监测数据传输到政府监管服务平台。监测范围为申报市政府固定投资补助的已建地热热泵项目和新建地热热泵项目。所以首先把政府监测的项目数据，自动按汇总逻辑、计算规则生成县、市、省各级的地热数据，

其次把未接入政府监测系统的项目，通过地热能信息管理平台提供的数据导入、输入功能，人工进行数据的采集上报，统一上传至国家地热能数据仓。各层级遵循统一的格式标准、统一的数据接口，实现数据逻辑的上下贯通，数据的互联互通(图3)。

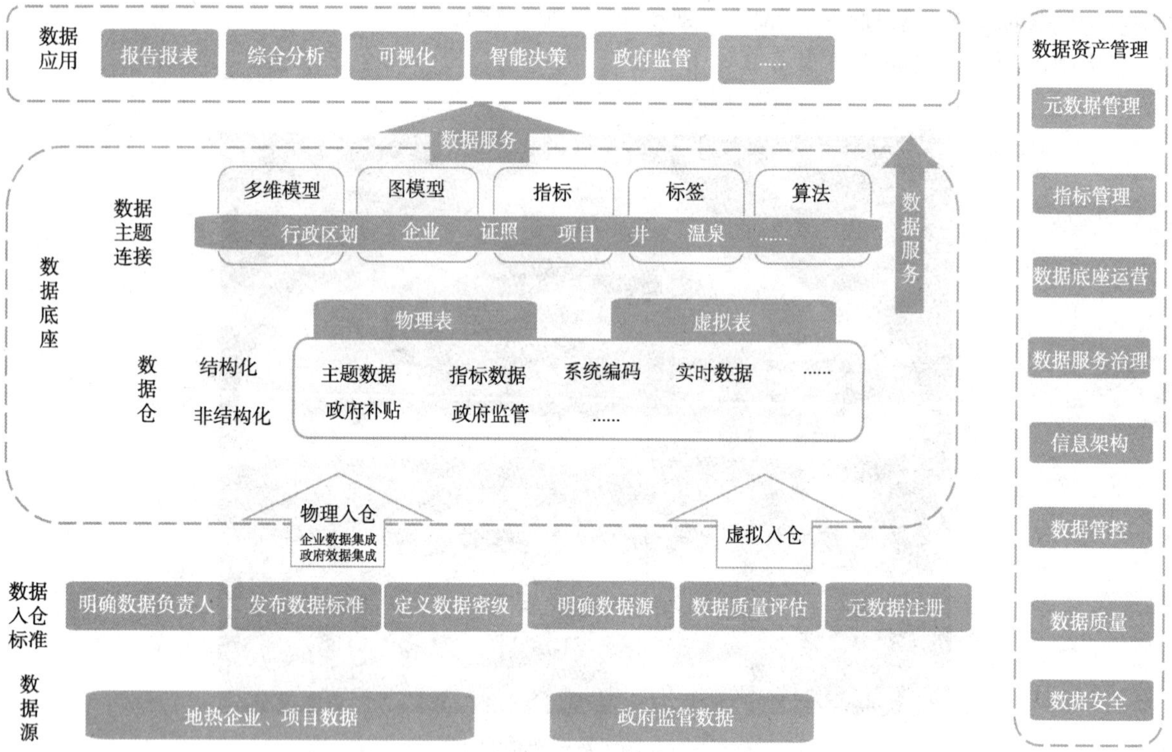

图2 标准统一的国家地热能数据底座

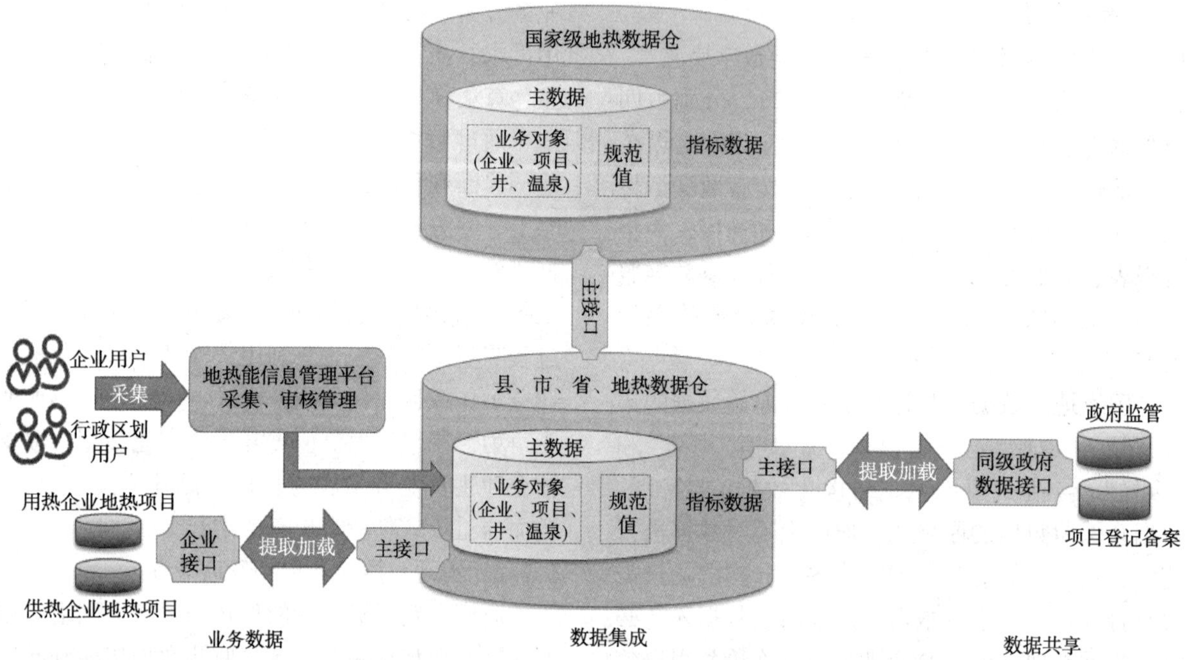

图3 县、市、省、国家四级地热能数据互联互通

县、市、省、国家四级地热能数据仓的设计是一个宽泛的、可伸缩的设计，实际数据应用时，各省要按本省自身情况选择执行。下面介绍国家地热能中心、北京发改委环保节能中心、国家可再生能源信息管理中心地热能数据互联互通的实践实例(图4)。

（1）北京市选择省、国家二级数据仓模式，北京市固定投资支持的地热项目，监测数据传输到北京可再生能源数据平台，非政府投资的地热项目，人工通过地热能信息管理平台采集，两个渠道采集的数据最终集成到北京地热能数据仓。

（2）北京地热能数据仓的数据通过标准统一的数据接口，与国家地热能数据仓互联互通。

（3）国家地热能中心数据库与国家地热能数据仓数据互联互通。

（4）国家地热能数据仓数据与国家可再生能源数据库互联互通。

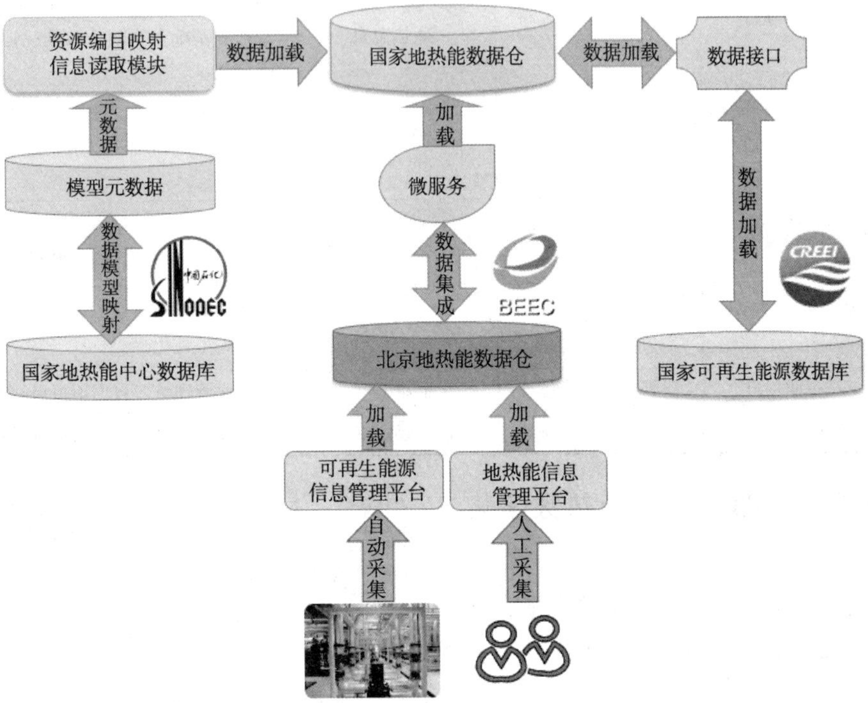

图4　地热能数据互联互通实践

1.2.3　划分地热能数据仓主题和主题域

建设国家地热能数字底座的主要任务之一是建设搭建地热能数据仓，地热能数据以数据仓库为主要载体，数据仓建设是遵循纵向分层开发，横向划分主题域设计。

1. 业务调研

数据仓开发侧是承上对接业务研发侧，承下对接数据分析侧，在数据仓建设前期要了解和熟知业务过程和数据分析指标体系，然后拉齐沟通数据口径和数据仓搭建。首先要做好主题域与主题划分、业务过程分析。

地热能数据源头在企业、在项目，全面梳理企业业务流程，业务需求是主题域、主题识别划分、标准制定的基础。也是各供热、用热企业消除各业务板块"数据孤岛"，确保各企业在统一的数据基础上开展决策的有力保障。业务过程要梳理项目数据流向为核心的业务流程。

主要业务过程包括：地热能供暖(制冷)项目备案/登记信息，项目的运行状况，地下热水温度、流量等动态物理信息的综合监测，取水和回灌在线计量数据及计量数据实时传输，地下热水及回灌水质监测，重点数据指标逐级上报等。

2. 业务主题、主题域

主题域通常是联系较为紧密数据主题的集合，根据地热业务的关注点，将这些数据主题划分到不同的主题域。主题的划分和设计是对主题域进一步的分解，细化的过程。主题域下面可以有多个主题，主题还可以划分成更多的子主题，主题和主题之间的建设可能会有交叉现象，而实体则是不可划分的最小单位。

地热主题域划分采用了按地热业务系统划分方法，把主题域划分为：地热数据上报、地热数据分析、参与人，边界较为清晰。根据各个系统中的业务过程抽象整合出主题(表1)。

（1）地热数据上报主题域：地热企业主题、地热项目主题、行政区划主题。业务过程为填写、审核、发布。

（2）地热数据分析主题域：报表主题、图形主题，业务过程为汇总、生成。

（3）参与人主题域：企业用户主题、行政区划用户主题，业务过程为注册、审核、登录。

表1　地热业务主题、主题域

主题域	主题	业务过程	实体	覆盖内容
地热数据上报	地热企业	填写、审核、发布	地热企业、企业证照	地热企业信息、企业证照信息
	地热项目	填写、审核、发布	地热项目、地热井、地热温泉	地热项目基础信息、地热井基础信息、地热温泉基础信息、地热项目基础生产运行数据、地热井基础生产运行数据、地热温泉基础生产运行数据
	行政区划	填写、审核、发布	县、市、省、国家	县辖地热企业、市辖地热企业、省辖地热企业，县辖地热项目、市辖地热项目、省辖地热项目
地热数据分析	报表	汇总、生成		行政区划地热能开发利用情况统计表、地热项目行政区划地热能开发利用情况统计表
	图形	汇总、生成		热储类型可视化、地热用途可视化、地热开采方式可视化
参与人	企业用户	注册、审核、登录	企业用户	企业管理员、数据填报员、数据审核员
	行政区划用户	注册、审核、登录	行政区划用户	行政区划管理员、数据填报员、数据审核员

2　加强地热数据治理，筑牢地热数字化安全

在数字时代这个大风暴中，数据的安全隐私管理无异于风暴之眼。当大量的数据汇集在一个几个数据仓中，如何在内外部合规的基础上，确保业务能够迅速获得所需数据并做到可控共享，这是国家地热产业在数字化转型过程中面临的共同问题。所谓“绝对安全”是个伪命题。对国家地热产业而言，更重要的是不断引入新的理念，优化提升数据安全防护能力，在发挥数据价值、达成业务目标的同时降低安全威胁。

数据安全的核心价值是“让数据使用更安全”，因此，要兼顾数据安全与数据共享。一方面，数据安全是生死线，数据应用和消费必须以安全为前提。此外，随着数字化进程的推进和各个企业的数字化转型，数据流动性越来越高，越来越需要大范围、海量、全场景的数据共享，一旦发生数据安全问题，所造成的风险也远远大于传统单体IT应用系统时代。因此，数据安全是发挥数据价值的前提，所有数据必须在安全、合规的基础上进行共享；另一方面，完全杜绝消费的数据安全是没有意义的。数据安全要以更好地支撑数据共享为目的，因此只要在合理授权、合法合规的前提下就应该允许数据共享，这就需要不断探索新的数据安全防护思路与方法。以数据安全防护能力提升为前提，打消业务部门对于数据共享风险的担心，扩大数据共享的广度和深度，更好地实现数据价值。

参考业界先进理论、技术，结合国家地热业务自身需要，提升数据安全防护能力，一是将数据安全与元数据管理相结合。以往的安全防护主要是基于某个单体IT应用或系统。随着数据流转范围的大幅增加、数据交互密度的急速提高，地热产业需要构筑基于元数据的安全防护框架。不论某个数据在任何地方被读取、加工、处理、消费，都需要提供相应的安全防护与隐私保护（图5）。基于元数据管理，可以更好地对数据资产进行差异化的数据安全防护，减少过度防护带来的成本压力和管理僵化。二是地热业务部门要对数据全生命周期的安全负责。随着地热产业数字化转型，地热数据不再是IT的一部分，而是具有高价值、可独立存在的地热产业战略资产。因此，围绕地热数据的管理也不再局限于IT管理流程，而应与地热业务流程活动紧密地结合在一起。当执行某个业务活动时需要外部数据，就应该嵌入外部数据获取和使用合规管理要求。三是数据供应到消费应用链时采用最小化原则。沿着数据供应链路对各种业务过程进行适当的解耦，有助于减少数据安全风险，对于大多数据消费应用者而言，需求往往是数据处理分析后的结

论，而并非海量的明细数据。因此，完全可以通过数据服务等方式，让大量明细数据“不搬家”也可使用，消费应用者在完成分析处理的同时，支撑分析的明细数据也自动“释放”。

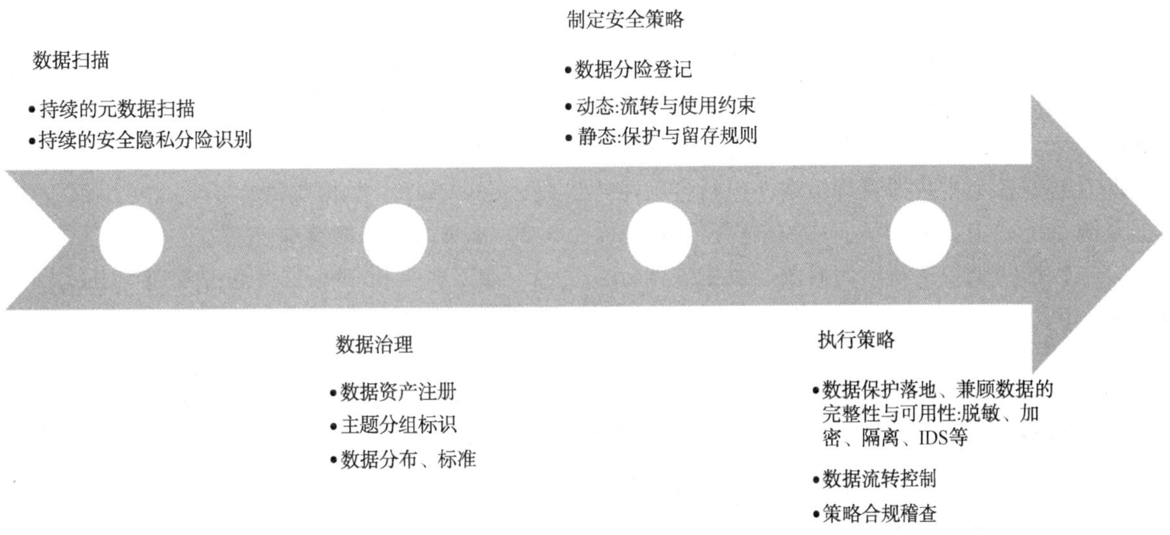

图 5　元数据对安全隐私保护的作用

3　构建标准体系，形成数据上报管理机制

主要包括：数据标准体系、数据上报管理机制建设。数据能否按时按点上报，建立有效的管理机制是关键。

3.1　标准体系

国家地热能信息管理标准体系建设，包括应用标准、数据标准、技术标准(图 6)。

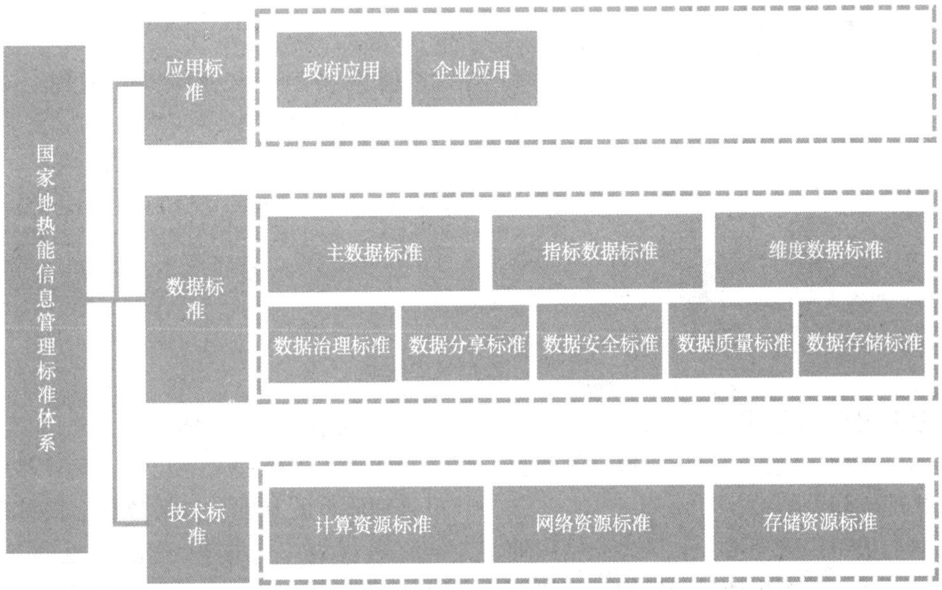

图 6　国家地热能信息管理标准体系

数据标准，包括主数据标准与指标标准、维度标准。各项标准的制定有效保证了数据规则统一、数据口径一致、数据质量可信，数据融合贯通，为后续新建信息系统、提升数据质量、搭建多维分析模型、开展敏捷高效的数据应用提供数据标准与规范。

3.1.1　主数据标准制定

结合主数据的特征及各项主数据在各业务系统的创建、维护与使用情况，明确企业、证照、项目、井、温泉、行政区划 6 个主数据。制定主数据模型梳理模板，通过对主数据的系统前台维护页面、业务填单表样、系统数据库表中涉及的属性字段进行逐一分析、筛选，并与各领域业务人员进行讨论确认，最终确定各项主数据模型。在此基础上，进一步明确各项主数据的属性字段、定义、标准与填写规范，形成各项主数据标准规范文档，为主数据模型创建、管理与维护提供依据。制定各项主数据管理策略，包括各项主数据来源系统、主数据采集、主数据模型新增与修改、主数据明细数据新增与修改、及主数据分发机制。

3.1.2　指标标准制定

设计包括业务属性、技术属性和管理属性在内的指标标准模板。依据指标标准模板，按企业、项目、井(温泉)3大对象，梳理指标305个，并对各项指标的名称、定义、口径、计算公式、指标类别、计量单位、分析维度、数据来源、业务源系统、更新频率、数据类型、所属对象等各项要素进行梳理、讨论与确认，形成公开、统一的指标库，实现各企业对各项指标的理解和需求保持一致，为敏捷、高效的数据分析奠定基础。

(1) 基础信息：指标编码、主题、指标分类、指标名称。

(2) 业务属性：指标定义、指标口径、计算公式、指标类别、计量单位、示例数据、汇总统计、分析维度。

(3) 技术属性：数据来源、数据源表、表字段、更新频率、数据类型。

3.2　数据上报机制建设

数据上报机制，主要包括数据上报组织管理、数据上报流程、数据逐级自动汇总机制等内容。

3.2.1　数据上报组织管理机制建设

理顺数据上报组织管理流程，建立与地热能数据管理和应用工作相适应的组织管理机制，明确各层级管理权责，保持内部沟通顺畅高效，确保数据上报组织管理工作的实施与落地。按照“地市统筹、区县组织、企业填报、省直查询”的管理模式，通过联通各层级数据仓，完成各层级数据上报，数据粒度由细到粗，实现政府、企业齐发力，推动地热能信息化管理(图7)。

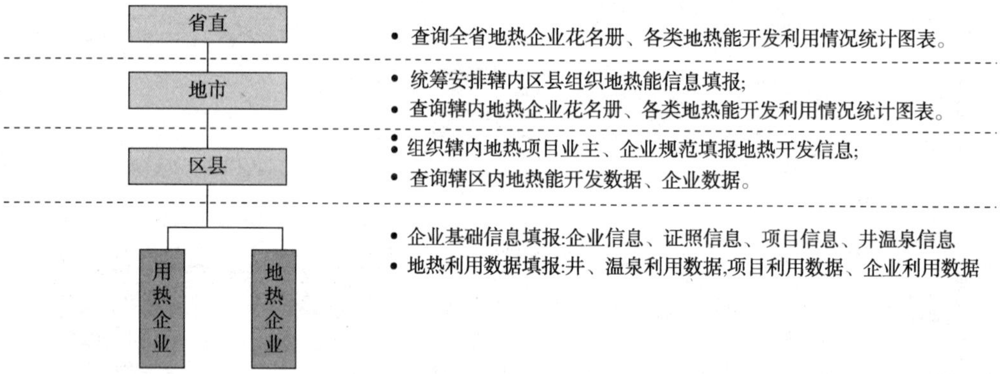

图7　主数据管理细则

(1) 数据上报统筹协调层：地市统筹安排辖内区县组织地热能信息填报，定期听取县区对数据上报组织管理工作的汇报。

(2) 数据上报组织管理层：县区组织辖内地热项目业主、企业规范填报地热开发信息；协调并推进企业数据上报相关工作并监督落实等。

(3) 数据上报执行层：按照县区对地热项目、企业数据上报的要求，企业负责企业基础信息填报：企业信息、证照信息、项目信息、井温泉信息；地热利用数据填报：井、温泉利用数据。

3.2.2　数据上报流程建立

数据上报流程，是建立、完善和落实数据上报管理体系的基础。包括数据上报管理策略、数据流向规划、数据模型管理流程、各项数据“增、删、改、查、审”的管理流程设计等，以数据上报管理的手段明确数据上报管理的“责权利”，保障数据上报管理各项工作的有序开展与长效运行。

企业填报分两部分：基本信息填报(一次)、利用数据填报(按月)，首先要按如下流程从基本信息填报开始，再填报利用数据(图8)。

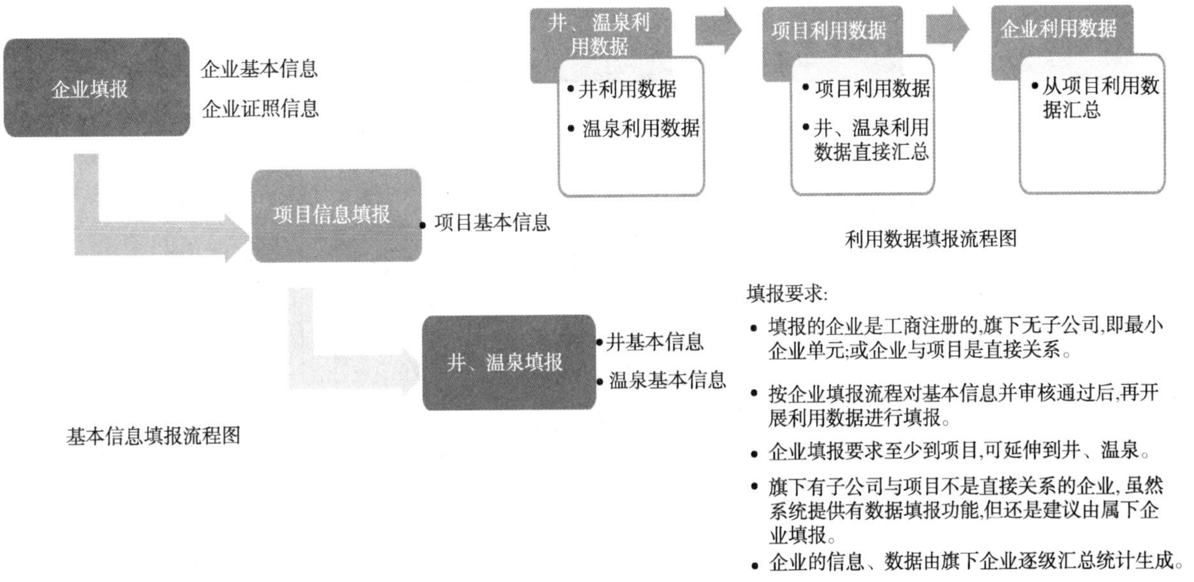

图 8　企业填报流程图

3.2.3　数据逐级自动汇总机制建立

聚焦打造“采、存、管、用、算”五位一体的数据资源体系，四级数据仓架构。企业填报的企业、项目、井、温泉的基本信息和以月为时间维度的利用数据，系统会按照行政区划区县、地市、省逐级自动汇总，满足各级政府数据汇总统计、查询的需要(图 9)。

图 9　数据逐级自动汇总机制

4　搭建国家地热能信息管理平台，为政府和企业提供地热数据服务

构建地热能信息管理平台目的是服务和支撑各级政府相关部门准确掌握地热能发展状况、科学研判地热能发展趋势，为制定规划政策、协调各地均衡发展提供数据支撑，推动地热行业整体高质量发展。平台可满足数据全覆盖、业务横向协同、监管纵向贯通、数据共享的需要，为政府和企业提供数据和服务(图 10)。

国家地热能信息管理平台，承接数据标准、管理策略与流程等建设成果，分两条数据填报路线即企业和行政区划，企业数据填报优先；分两条数据汇总路线即企业和行政区划，数据逐级汇总统计(图 11)。

以图 12～图 14 所示的信息对地热能信息管理平台的功能做简单介绍。

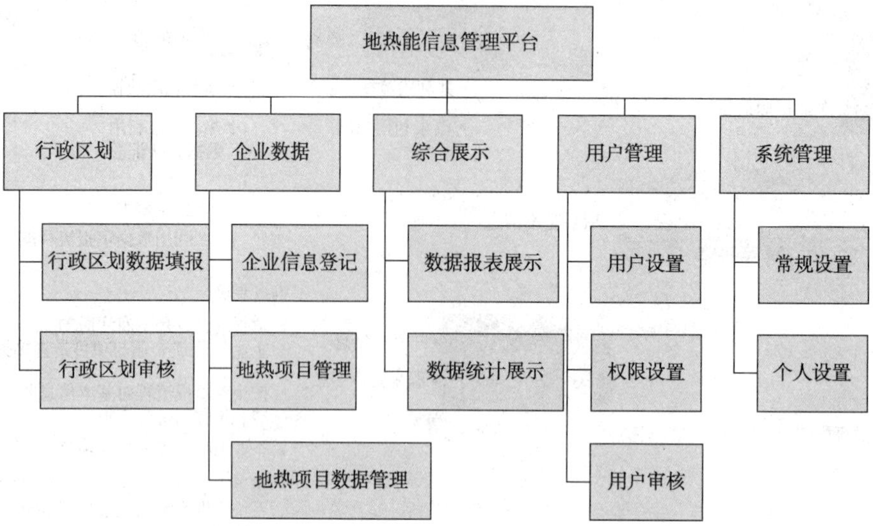

图 10　地热能信息管理平台功能图

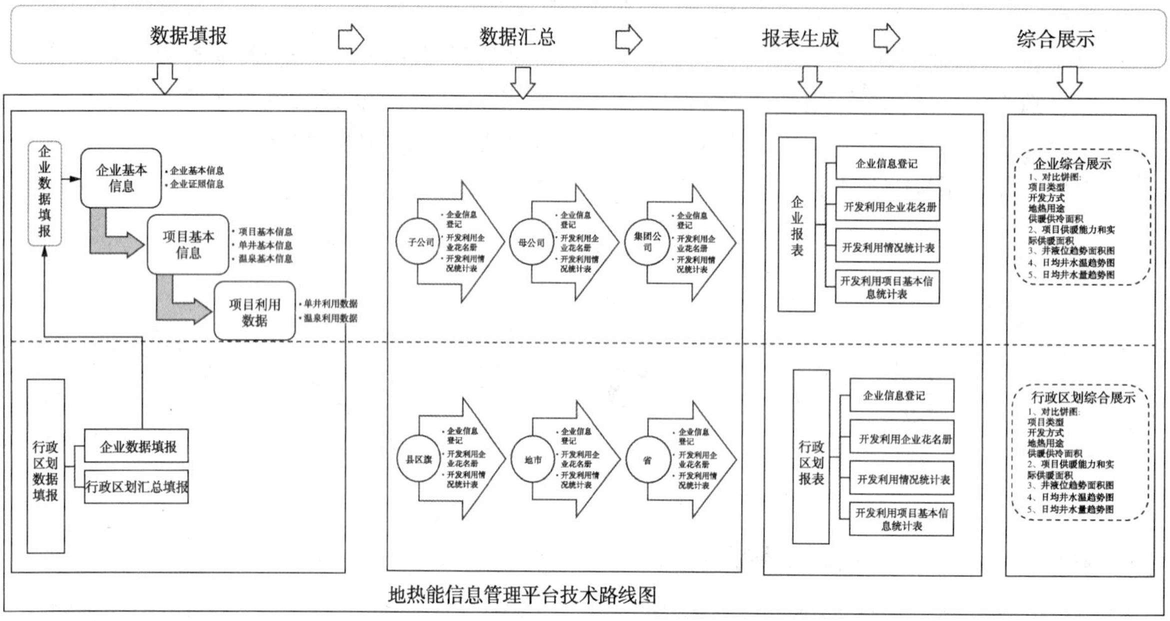

图 11　地热能信息管理平台技术路线图

图 12　企业数据填报

图 13　县区数据填报

图 14　可视化展示

5　推广应用价值

国家地热能信息管理平台的推广应用，实现了国家地热能数据的县、市、省、国家四级统一上报和管理机制，形成国家地热能数据统计分析的统一口径，为国家地热产业发展奠定了良好的基础。数据上报将变成一种常态化的管理机制长期运行，并不断优化与改进，夯实国家地热能数据底座，帮助国家管理数据、管好数据，数智赋能引领地热产业未来。

平台满足国家、省、市、县各级政府能源主管部门建立地热能开发利用项目的管理和运行监测工作机制，督促有关方面做好地热能供暖项目的运行安全和供热保障相关工作；自然资源主管部门监管地热资源调查评价和矿权办理情况；水行政主管部门监管取水许可审批和取用水证照办理情况，以及地下水抽取和回灌情况的监管；生态环境主管部门对环境影响评价审查审批和水质监测的监督工作；城市供热主管部门指导城镇供热工作；统计部门将企业地热能开发利用情况纳入国家能源统计体系中（图 15）。

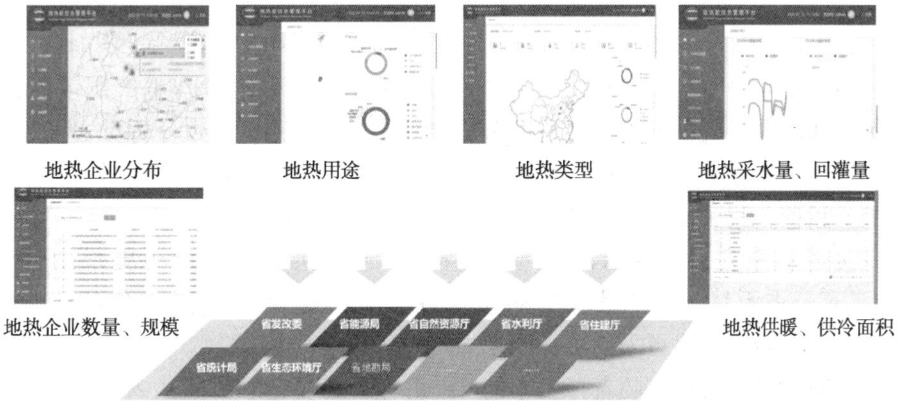

图 15　统筹数据资源，助力政府各主管部门有效管控

参　考　文　献

[1] 旷健，祁士华，蒋恕，等．大数据时代的地热学研究思考及展望[J/OL]．地球科学：1-16[2022-08-15]．http：//h－p. kns. cnki. net. zzulib. vpn358. com/kcms/detail/42. 1874. P. 20211025. 1510. 004. html.

[2] 杨亚军，丁桂伶，徐巍，等．基于示踪试验及动态数据的北京小汤山地区地热资源量评价[J]．水文地质工程地质，2020，47（05）：196－200. DOI：10. 16030/j. cnki. issn. 1000-3665. 201808029.

[3] 王军，赵刚，何案华，等．地热前兆观测数据录入软件的设计与应用[J]．地壳构造与地壳应力文集，2008(00)：137-143.

[4] 李郡．河北省地热资源信息数据系统设计与功能介绍[J]．地球，2017(12)：100-101.

[5] 解丽婷，韩春福，向衡．地热生产大数据的精细化管理[J]．化工管理，2017(06)：53.

[6] 毛海峰．我国应加快发展地热资源[N]．科技日报，2006－12－03（007）．DOI：10. 28502/n. cnki. nkjrb. 2006. 005880.

[7] 赵丰年，马春红，向烨．加快地热行业标准体系建设乃当务之急[J]．中国石化，2015(07)：62-63.

[8] 能源局将多管齐下促地热产业发展[J]．能源与环境，2019(02)：111.

[9] 朱岩．地热资源的开发利用与保护探讨[J]．居舍，2018(21)：239.

[10] 刘杰，胡燕，康楠．天津市地热资源安全保障和管理信息系统建设浅探[J]．地下水，2012，34(03)：64-66.

[11] 赵丰年，马春红，向烨．加快地热行业标准体系建设乃当务之急[J]．中国石化，2015(07)：62-63.

[12] 赵丰年，马春红，向烨．地热能开发技术标准体系研究进展[J]．当代石油石化，2015，23(05)：27-31.

威远地区龙马溪组页岩生产气碳同位素特征与生产递减预测

——以 W202H7-2 井为例

郭晖　杨　光　沈柏坪　秦凤强　刘敢强

（中国石油长城钻探工程有限公司）

摘　要　系统采集生产井天然气样品，分析碳同位素丰度，建立研究区页岩气产量预测模型，动态监测页岩气产能，可以有效指导页岩气合理开发。通过记录不同生产制度下单井日产量，建立生产气碳同位素丰度与产量变化关系，细致分析页岩气井生产历史数据，产量递减特征。基于 DCA 方法建立调和递减模型和双曲递减模型，对页岩气产量进行预测。研究表明：生产气碳同位素变化与吸附气采出和扩散效应有关，根据预测结果差异认为双曲递减模型对产量预测更为准确。

关键词　碳同位素；天然气组分；努森效应；产能预测

引言

过去的十年，我国页岩气勘探取得了举世瞩目的成就，成为继美国和加拿大之后的全球第三大页岩气生产国。目前，我国已在四川盆地建成涪陵、长宁、威远等一系列页岩气田，2018 年产量突破 100 亿 m^3，占天然气总产量的 6.8%。相比 21.8 万亿 m^3 的页岩气技术可采储量，未来我国页岩气工业还有长足的发展。随着探明率的进一步提升，勘探开发技术的配套成熟，页岩气产量将会大幅攀升。

近年来，碳同位素分析技术的进步，使得井场实时监测天然气碳同位素组成成为现实，现场实时获得的碳同位素组成数据不仅为判断油气成因与类型、储层连通性和油气运移分析提供新的解释工具，而且在致密储层含油/气量评估、“甜点”快速评价等方面具有无与伦比的优势。通过连续实时监测生产井碳同位素变化，结合生产递减曲线分析，能够准确预测页岩气井产能递减特征。本文通过对威远地区龙马溪组页岩气井开展同位素监测，探讨产能与同位素协同变化特征。

1　样品与方法

1.1　研究样品

本文选取四川盆地威远地区威页 202H7-2 井三口龙马溪组页岩气生产井作为研究对象，生产层位为龙一 1 小层，投产时间为 2018 年 5 月 11 日，通过日产量与生产制度的记录和井场碳同位素值检测，细致分析页岩气井生产递减特征与生产气碳同位素变化特征。

1.2　生产历史记录

单井页岩气生产历史采用日产量数据（万 m^3/d）体现，同时生产制度的调整也得到详细记录，用于分析对日产量的影响。威页 202H7-2 井生产历史记录时间从 2018 年 5 月 12 日至 2019 年 11 月 15 日，期间主要采用 10mm 油嘴和针阀两种工作制度。当采用排水工艺时，每日生产时间限定在几个小时，以后期间均采用 24h 连续生产，因此不对日产量数据做归一化处理。另外，关井的日产量数据不作统计绘图使用。

1.3　生产气碳同位素检测

为了能够及时检测生产气甲烷碳同位素值，从 2018 年 8 月至 2019 年 9 月之间选用 IsoTube 取样器不定期采集井口生产气样品，使用同位素比值红外光谱仪测定样品甲烷碳同位素值，每个生产气样品重复测试 4 次，每一次测试与上一次间隔 5 天，取 4 次测值的算术平均值作为每个样品的碳同位素值。

与传统同位素比值质谱仪相比，红外光谱仪依赖先进的红外激光技术和空心波导技术，解决了质谱仪无法适应复杂环境应用的难题，实现了井场环境碳同位素值的实时分析。

与气相色谱联用，生产气样品被分离为甲烷、乙烷、丙烷等烃类组分(图 1B)，再由氧化池燃烧转化为二氧化碳。检测通过充注了二氧化碳的空心波导管的红外激光(图 1A)，形成吸附光谱(图 1C)，精确定量$^{13}C/^{12}C$比值，计算碳同位素值。红外光谱仪的分析精度可达到 0.4‰，甲烷碳同位素值的测试时间仅为 2min，满足高密度测试需求。

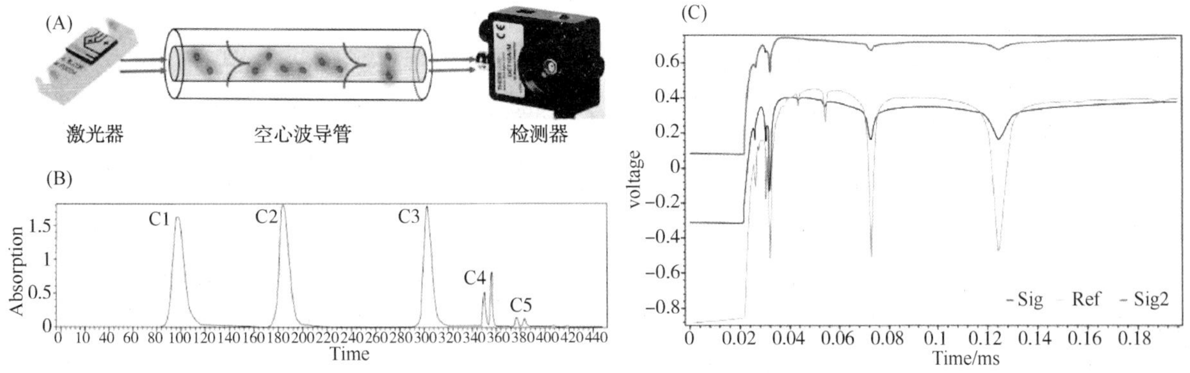

图 1　气相色谱-红外光谱仪联用测定碳同位素值

1.4　同位素分馏模型

甲烷同位素分子的质量差异造成其所受到的作用力不同，引起甲烷分子在空间中的差异分布，形成同位素分馏。页岩纳米孔隙中，吸附效应和分子扩散是形成甲烷同位素分馏的主要原因。页岩中的有机质对甲烷分子具有强烈的吸附作用，$^{13}CH_4$和$^{12}CH_4$在有机质表面具有竞争吸附效应。另外，页岩纳米孔隙尺寸与分子平均自由程相当，在孔隙表面存在显著的滑脱效应。因此，同时考虑吸附和滑脱效应的质量守恒方程可表示为公式(1)：

$$\begin{cases} V\frac{\partial}{\partial t}\left[\rho_g\phi+\rho_r\rho_{std}V_L\frac{bp}{1+bp+b^*p^*}\right]=\iiint_V\rho_g\frac{D}{\mu}\mathrm{d}V \\ V\frac{\partial}{\partial t}\left[\rho_g^*\phi+\rho_r\rho_{std}^*V_L\frac{b^*p^*}{1+bp+b^*p^*}\right]=\iiint_V\rho_g^*\frac{D^*}{\mu^*}\mathrm{d}V \end{cases} \tag{1}$$

式中，V表示页岩体积；ϕ表示页岩孔隙度；ρ_r表示页岩密度；V_L表示页岩的最大吸附量；ρ_g表示甲烷气体密度；ρ_{std}表示标况下甲烷气体密度；b表示 Langmuir 系数；μ表示气体黏度；D表示气体扩散系数；p表示气体压力；其中带*的参数表示$^{13}CH_4$。

吸附作用引起的同位素分馏系数$\alpha=b^*/b$，α和b的计算参照文献。气体扩散作用引起的同位素分馏系数$\beta=D^*/D$，扩散系数D同时考虑孔隙中的连续流和努森扩散，其表达式为公式(2)：

$$D=\frac{\phi}{\tau}\left(\frac{r^2}{8}+\frac{2r\mu}{3p}\sqrt{\frac{8RT}{\pi M}}\right) \tag{2}$$

式中，τ表示孔隙迂曲度；r表示孔隙半径；M表示分子摩尔质量；R为气体常数；T为温度。从公式中可以发现，气体分子摩尔质量的差异是造成扩散系数存在不同的主要原因。

在给定初始孔隙压力和储层边界压力条件下，公式(1)可以采用数学方法计算确定气体压力p和p^*随时间变化的剖面，也就是含气量随时间变化的剖面。气体流出过程中的瞬时同位素值可通过$^{13}CH_4$和$^{12}CH_4$脱气速率计算，即：

$$\delta_{ins}(t)=\left[\frac{q^*(t)/q(t)}{(^{13}C/^{12}C)_{PDB}}-1\right]\times1000 \tag{3}$$

2　结果与讨论

2.1　单井生产历史

生产初期产量递减快，中后期产量低，生产周期长，是页岩气井的主要生产特征。美国页岩气井通常采用不限产的生产方式，不利于页岩气井的平稳开发及稳定的气源补给。我国页岩气井一般采用限产方式生产，如焦石坝页岩气井多采用早期定产或油嘴限产的生产方式。限产生产方式有效控制了储层压降，有利于气源的及时补充，能够延长单井生产周期。

威页 202H7-2 井初期 113 天采用 10mm 油嘴连续生产制度，最大产量约 21 万 m^3/d，但递减迅速。接着采用针阀连续生产制度，产量递减快速，井筒积液较多，生产至第 178 天采用起泡剂和气举排水工艺，日产量恢复至 4 万 m^3，但快速下降。第 264 天至第 454 天限制每日生产时间，平均为 6h，平均产量为 5700m³/d。从 455 天开始采用增压开采方式以 24h 连续开采，日产量从 2 万 m³ 快速增加到 5 万~6 万 m³，且产量平稳（图 2）。截至 2019 年 11 月 15 日，该井累计产量为 2487 万 m³。总体来看，页岩气井早期产量递减快，晚期产量低稳产时间长，页岩低渗是低产的主要因素，吸附气含量可能是长稳产时间的关键因素。

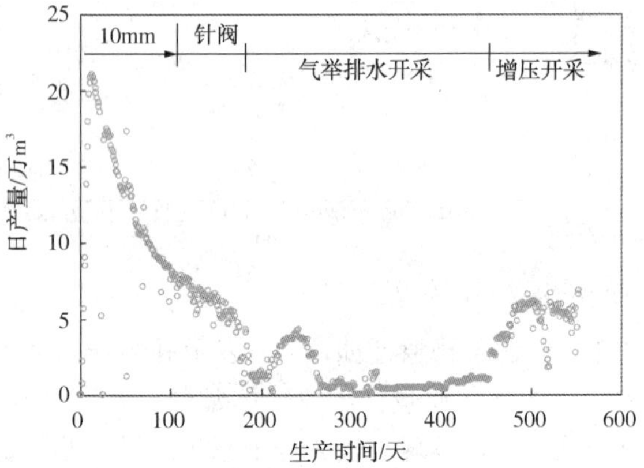

图 2　威页 202H7-2 井生产剖面

日产量与生产时间的双对数关系显示斜率-0.5 向-1 转变（图 3），说明威远地区龙马溪组页岩气井生产由早期瞬态流向晚期边界控制流转变。瞬态流持续时间不超过半年，普遍小于北美页岩气井。四川盆地龙马溪组页岩地层压裂难度大于北美页岩地层，压裂影响半径相应较小，储层改造体积较小，形成裂缝网络的复杂程度也较低，导致井底气体流动在较短时间内达到控制边界。气举排水和增压开采工艺对日产量的扰动导致数据点分散在斜率-1 两侧（图 3），消除增产工艺的影响，威页 202H7-2 井生产后期基本符合边界控制流。

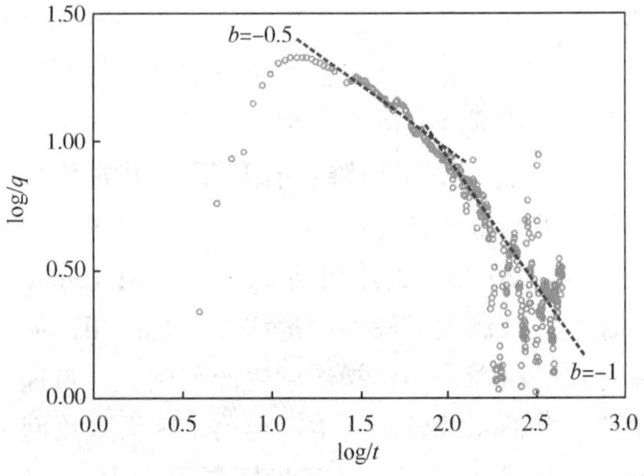

图 3　log(q)-log(t) 图

2.2　碳同位素变化特征

W202H7-2 井生产气同位素监测时间从 2018 年 8 月 28 日开始，在 2018 年 11 月至 2019 年 1 月存在约 3 个月的空窗期，从 2019 年 2 月至 9 月恢复同位素连续监测（图 4）。由于缺乏生产气碳同位素井场监测经验，加上井场作业影响，同位素监测未严格按照每周一次执行。监测期间，共计获得 27 个同位素数据点，假设空窗期内同位素变化符合连续变轻特征，那么从 2018 年 8 月至 2019 年 9 月期间，W202H7-2 井生产气同位素经历了持续缓慢变轻再较快变重的过程。对比页岩气运移模拟实验结果，早期裂缝内高压游离气膨胀，同位素值与气源接近，且 W202H7-2 井第一个生产井同位素值取自第 109 天，处于瞬态流尾端（图 3），基本反映了气源同位素值，因此在 2018 年 8 月之前生产气同位素可能与第一个生产气同位素数据相同且平稳不变。

W202H7-2 井在监测期间生产气碳同位素从-34.61‰下降至-37.41‰（偏轻 2.8‰），然后上升为-34.02‰。对照生产剖面，虽然气举排水工艺导致日产量剧烈波动，但生产气同位素值保持稳定的变化趋势，而增压开采导致日产量从 1 万 m³ 增大到 6 万 m³。根据页岩气运移模拟实验结果，$^{12}CH_4$ 吸附气优先脱附补给游离气，导致生产气碳同位素偏轻，增压开采可能采出更多的 $^{13}CH_4$ 吸附气，且生产气主要以吸附气为主，导致碳同位素快速变重。当然，生产气同位素开始变重与增压开采的耦合关系也可能只是巧合而已，需要获得更多生产实践的佐证。

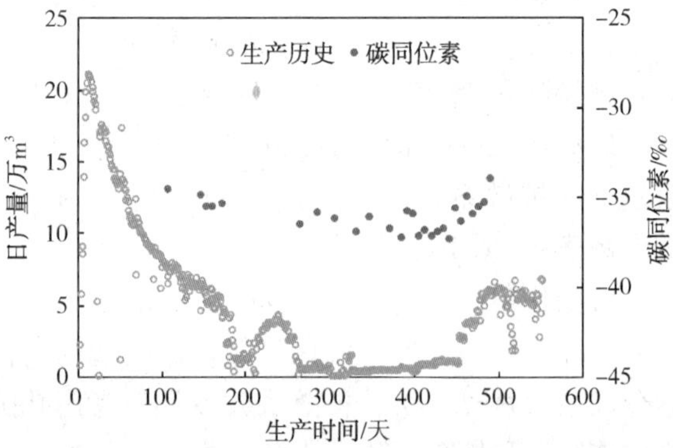

图 4　威页 202H7-2 井生产气甲烷碳同位素变化

2.3 生产递减曲线

北美页岩气井产量递减特征一般采用调和递减或双曲递减模型拟合分析，递减指数介于 0.9~1.6。日产量与生产时间的双对数关系说明威远地区龙马溪组页岩气井产量递减与北美页岩气井具有相似特征（图 5），分别采用调和递减和双曲递减模型拟合初期产量递减趋势。W202H7-2 井选用初期 10mm 油嘴日产量数据预测递减趋势，DCA 分析所选用数据见图 5 中红色标记数据点。

从图 5 中可知，调和递减曲线或是双曲递减曲线与早期实际生产数据匹配较一致，由于助采工艺的实施使得后期生产数据偏离递减曲线，同时后期双曲递减预测低于调和递减预测。截至 2019 年 11 月 15 日，调和递减模型预测该井累计生产页岩气 2946 万 m^3，双曲递减模型预测该井累计生产页岩气 2721 万 m^3，双曲模型预测值低于调和模型预测值，但两者均大于实际累计产量 2487 万 m^3，双曲模型预测值更接近实际生产值。

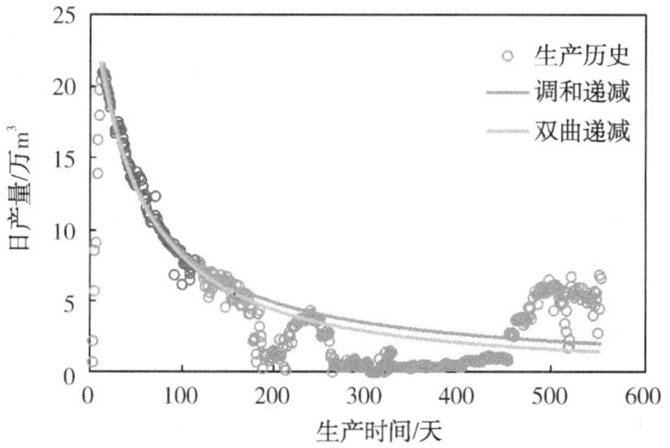

图 5 W202H7-2 井龙马溪组页岩气井生产递减分析结果

2.4 生产递减曲线预测

Gao 等提出根据生产气同位素演化预测生产递减曲线，其关键在于确定同位素演化最低值对应的采收率，再结合生产数据确定单井总储量。根据总储量等于生产递减曲线的积分确定递减模型的参数，预测生产井最终可采储量。根据这一思路，采用 1.4 中同位素分馏模型计算 W202H7-2 井第 400~430 天之间的同位素最低点，确定其对应采收率约为 17.6%。

生产递减曲线分为两段，第一段服从双曲递减，第二段服从指数递减，两段递减曲线衔接点为 t，对双曲递减曲线从 $0-t$ 积分，对指数递减从 $t-\infty$ 积分，两者之和等于总储量。W202H7-2 井两段递减曲线衔接点为第 548 天，生产递减方程为：

$$\begin{cases} q=\dfrac{48}{(1+1.36t2)^{\frac{1}{0.7397}}},\quad t<548 \\ q=2.658\,e^{1.66t},\quad t\geq 548 \end{cases} \tag{4}$$

3 结论

（1）四川盆地龙马溪组页岩地层压裂难度大于北美页岩地层，压裂影响半径相应较小，形成裂缝网络的复杂程度相应较低，导致井底瞬态流持续时间远远小于北美页岩气井。

（2）W202H7-2 井生产气碳同位素前期可能持续稳定变轻，直到增压措施的实施，生产气碳同位素开始变重，当达到增压开采最大日产量时，碳同位素值达到最大，之后开始变轻。碳同位素的变重与变轻分别与吸附气采出和扩散效应加剧有关。

（3）调和递减和双曲递减均能较好地拟合威远地区龙马溪组页岩气井生产递减特征，但是双曲递减预测结果更加接近实际累积产量。

参 考 文 献

[1] Baihly J, Altman R, Malpani R, et al. 2010. Shale gas production decline trend comparison over time and basins [J]. SPE 135555 presented at SPE Annual Technical Conference and Exhibition, 19 - 22 September, Florence, Italy.

[2] 李文镖，卢双舫，李俊乾，等. 2020. 页岩气运移过程中的碳同位素分馏：机理、表征及意义[J]. 中国科学：地球科学，50，doi：10.1360/N072019-0156.

[3] 牛强，瞿煜扬，慈兴华，等. 碳同位素录井技术发展现状及展望[J]. 录井工程，2019，3：8-15.

[4] 慈兴华，张焕旭，牛强，等. 碳同位素现场检测技术分析致密油气充注特征——以渤海湾盆地民丰洼陷北斜坡为例[J]. 天然气工业，2019，11：10-17.

[5] 张家政，朱地，慈兴华，等. 湖北宜昌地区鄂阳页 2 井牛蹄塘组和陡山沱组页岩气随钻碳同位素特征及勘探意义[J]. 石油学报，2019，11：1346-1357.

[6] Ellis L, Brown A, Schoell M, et al. Mud gas isotope logging (MGIL) assists in oil and gas drilling operations [J]. Oil & Gas Journal, May 26, 2003, 8 pages.

[7] Gao L, Wu S, Deev A, et al. The gas isotope interpretation tool: A novel method to better predict production decline. AAPG Bulletin, 2017, 101(8): 1263-1275.

[8] Faber E, Schmidt M, Feyzullayev A A. Geochemical

hydrocarbon exploration—Insights from stable isotope models [J]. Oil Gas European Magazine, 2015, 41: 93-98.

[9] Tang Y, Xia D. Predicting original gas in place and optimizing productivity by isotope geochemistry of shale gas [J]. Recovery-CSPG CSEG CWLS Convention, 2011, 4 pages.

[10] Cao G, Zhang H, Jiang W, et al. A new gas-content-evaluation method for organic-rich shale using the fractionation of carbon isotopes of methane [J]. SPE Journal, 2019, 2574-2589.

[11] Xia X, Tang Y. Isotope fractionation of methane during natural gas flow with coupled diffusion and adsorption/desorption [J]. Geochimica et Cosmochimica Acta, 2012, 77, 489-503.

炼化企业氢气提纯技术改进研究

姚晋松

（中国石化燕山石化公司）

摘　要　传统炼化企业初步制氢纯度通常不满足氢燃料电池汽车使用标准。针对该标准，近些年行业内新建了多套氢气提纯装置，新建装置同时会面临各项生产运行问题，而生产技术改进研究将会有效解决此类问题。本文结合国内某石化企业氢气装置实际生产情况，分析了装置的生产运行问题，并针对问题提出降低产品分析合格时间、降低管束车置换合格时间及提高装置氢气收率等改进措施，装置运行效率得到有效改善，为实现石油和化工行业节能降碳、绿色高质量发展提供有力保障。

关键词　氢气；产品分析；管束车置换；收率

引言

传统炼化企业在炼油及烯烃化工方面均会产生大量的工业副产氢气，由于传统炼化所需氢气纯度偏低，因此该类氢气通常不能作为氢燃料电池汽车使用。随着近年来碳达峰和碳中和概念的提出，在绿电供应不丰富的地区往往不能有效发展电解水制氢技术。为利用现有条件推进传统能源企业的有效转型，国内炼化企业近年来新建多套氢气提纯装置。新建装置就意味着会面临各项生产运行问题，而生产技术改进研究将会有效解决此类问题。本文选取国内某炼化企业氢气装置的运行瓶颈进行分析，旨在提高装置的运行效率，为同类型装置提供技术参考。

国内某炼化企业氢气装置2020年3月份试车成功，2021年起稳定向周边市场供应氢气。氢气装置的主要生产工艺是采用变压吸附提纯技术（PSA），原料气在设计1.9～2.1MPa、20～40℃下进入7塔变压吸附提纯氢气系统，从吸附器顶部获得符合燃料电池使用标准的产品氢气。作为一套新建装置，从生产运行到产品出厂的各个环节均面临着不同程度的问题，因此优化氢气装置运行，提高氢气产品出厂效率将势在必行。

1　流程综述

该氢气装置工艺流程可分为氢气纯化单元与氢气装车单元两部分，工艺物料流程如图1所示。

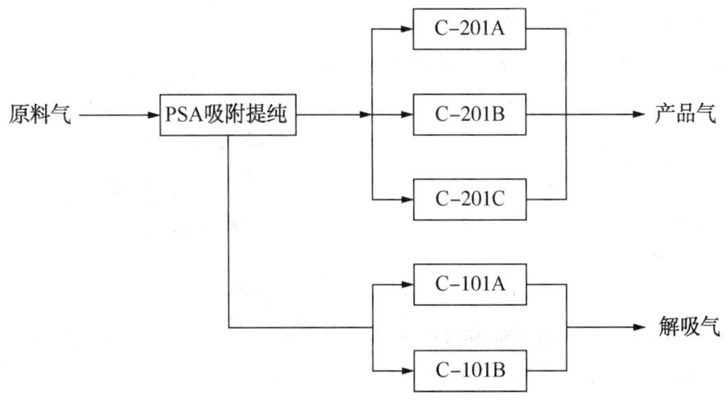

图1　氢气装置流程简图

来自界外的原料气在设计压力1.9～2.1MPa，温度约40℃的条件下进入本界区，经流量计计量后进入由7组吸附器及一系列程控阀组成的变压吸附提氢系统。

变压吸附提纯系统采用7组塔操作，一组塔吸附、多级均压、顺放冲洗解吸的操作工艺。原料气自下而上进入正处于吸附状态的吸附器中，由其内部的吸附剂进行选择性的吸附，原料气中的氮气、甲烷、一氧化碳、二氧化碳等杂质组分被吸附，而未被吸附的氢气在吸附压力下从吸附器顶部流出，获得产品氢气。通过减压和冲洗使被吸附的杂质组分从吸附剂上脱附，即得到解吸气，同时使吸附剂得到再生。

提纯后的合格氢气经管道输送到3台隔膜式压缩机(C-201A/B/C)，经提压至17～22MPa送至装车栈台，然后通过装车设施加注到氢气管束车中外运出厂。

2　运行问题分析

2.1　产品分析

由于该装置为新建装置，产品为公司新增产品，因此针对氢气产品是否满足氢燃料电池汽车使用标准的检验成为一项重要工作。装置每次负荷调整后均需立即对氢气产品重新分析检验，由于之前该企业化工产品未涉及燃料电池汽车用燃料氢气产品，因此氢气产品的检测分析合格时间成为一项限制氢气产品出厂的关键因素。

根据数据统计，2021年2月底至3月初氢气产品分析合格时间统计见表1。

表1　2021年2月底至3月初氢气分析合格时间统计表

序号	分析时间	分析合格所需时间/h
1	2.26　8：00-2.26　17：30	9.5
2	3.2　11：00-3.3　10：00	23
3	3.4　11：20-3.4　16：20	5
4	3.6　8：30-3.6　22：30	14

由表1数据可知2021年2月底至3月初，装置共分析4次，其中3次氢气产品分析合格时间均>9h，均值为11.4h，只有1次分析合格时间<9h，很大程度影响了装置的氢气产品及时出厂。

2.2　管束车置换

燃料电池汽车用燃料氢气产品纯度较高且压缩压力较大，因此运输过程中使用专用的管束车。氢气管束车首次使用或内部检测后承载着氮气环境，因此需要对管束全面置换至氮气含量5ppm($1ppm=10^{-6}$)以下方可投入使用。由于系统内没有成熟置换经验可参考，因此管束车置换问题也成为一个限制氢气产品出厂的重要因素。

2021年1月，装置分别采取管束车充压至1.0MPa、2.0MPa、5MPa等不同等级压力的置换方法，置换合格时间统计见表2。

表2　2021年1月管束车置换合格情况统计表

压力等级/MPa	置换次数	每次消耗时间/h	置换合格时间/h
1.0	16	2	32
2.0	12	2.5	30
5.0	8	1.5	12

由表2可知，在充压至1.0MPa时管束车置换合格时间为32h，充压至2.0MPa时管束车置换合格次数较1.0MPa有所降低，但总置换合格时间变化不大。在使用氢气压缩机升压后进行管束车充压至5.0MPa，管束车置换合格时间和次数均明显降低，但仍然需要消耗12h左右，一定程度上在装置运行初期影响了氢气产品的顺利出厂。

2.3　氢气产品收率

氢气装置作为新建装置，初期使用的控制参数均为厂家提供的设计参数，与装置实际运行情况稍有不符，其中影响装置生产水平验收的重要因素即为装置氢气产品收率。

装置正常运行后吸附时间控制90s，其产品收率统计见表3。

表3　氢气产品收率统计表

原料气/%	产品气/%	解吸气/%	吸附时间/s	氢气进料量/(Nm^3/h)	氢气产品量/(Nm^3/h)	收率/%
99.9	99.998	99.348	90	2340	1800	76.99

由表3可知，在吸附时间为90s时，氢气进料量为$2340Nm^3/h$，而氢气产品量为$1800Nm^3/h$，计算出装置氢气产品收率为76.99%，未达到先进水平要求的收率80%，需要进一步进行优化调整。

3　优化调整及效果

3.1　优化产品分析

氢气装置制定规范化的提降负荷操作法，安排经验丰富的操作人员进行提降负荷操作，保证装置提高进料负荷至$2500Nm^3/h$后能尽快稳定运行，同时在提负荷前就联系好分析检验人员做好取样准备，降低采样分析消耗时间。

此外氢气装置新增在线分析小屋于2021年9月份开始施工，10月底现场安装调试，11月投入运行，分析项目为：总硫H_2S含量、氮气含量、总烃(甲烷)含量、一氧化碳含量、二氧化碳含量、水含量、氧气含量七项。分析小屋外貌及内部分析显示如图2所示。

图 2　氢气装置新增在线分析小屋

2022 年氢气装置提负荷后离线样品分析时间统计见表 4，DCS 在线实时监测如图 3 所示。

表 4　2022 年 4 月氢气分析合格时间统计表

序号	分析时间	分析合格所需时间/h
1	4.2　7：00-10：00	3
2	4.8　7：30-10：00	2.5
3	4.13 8：00-9：50	1.8
4	4.15 11：40-13：40	2
4	4.20 7：30-9：30	2

由表 4 可知氢气装置提负荷后离线分析时间均值为 2.26h，较优化之前的最快 9h 节省约 74.88%的时间。

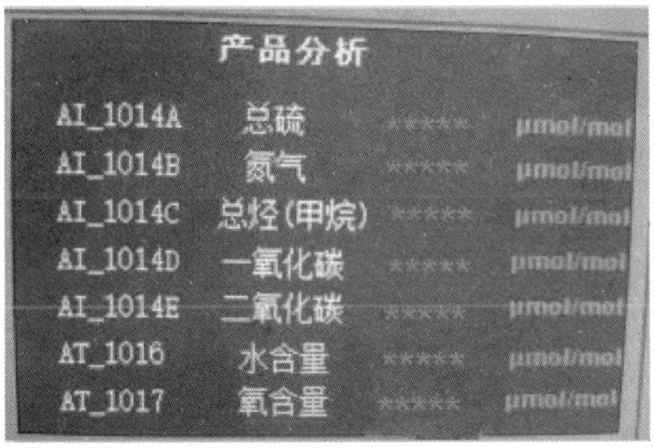

图 3　氢气装置氢气产品在线分析

通过氢气产品的在线分析及离线分析进行对比，保证氢气产品合格，且分析合格时间明显降低，为氢气产品顺利出厂提供保障。

3.2　优化管束车置换操作

2022 年装置有 4 台管束车因安装紧急切断装置需要重新置换车内氮气环境，装置岗位人员根据前期不同压力等级置换操作经验，提高管束车充压等级至 6MPa 和 8MPa，置换合格时间统计见表 5。

表 5　2022 年管束车置换合格情况统计表

压力等级/MPa	置换次数	每次消耗时间/h	置换合格时间/h
6	8	1.2	9.6
8	6	1.5	9
6	6	1.2	7.2
6	5	1.2	检测不合格

装置通过不断摸索管束车置换操作条件，确定出置换压力等级 6MPa、置换 6 次的合理置换方案，管束车置换合格时间可由之前的 12h 降低至 7.2h，节省约 40%时间。

针对管束车置换操作，行业内可查阅到部分装置设置真空系统，待管束车需要置换时启动真空系统，将车体内残余气体充分抽出，可大大降低管束车置换次数，进而提高置换效率，在该技术的运行过程中需加强相应安全措施的管理，保证抽真空作业安全可控。

3.3　提高氢气产品收率

变压吸附技术（PSA）的主要控制指标为吸附时间，吸附时间直接影响装置产气的质量与产量。因此在实际生产过程中需要根据各套装置的情况进行条件摸索，在保证氢气产品质量的同时适当提高吸附时间，进而达到提高装置氢气产品收率的目的。2021 年 9 月氢气装置在做好氢气产品质量监控的前提下将 PSA 吸附时间由设计值 90s 逐步提高至 103s，其中在吸附时间提高至 100s 及 103s 后氢气产品质量检测结果显示接近标准界限，其余调试结果见表 6。

表 6　2022 年 9 月氢气产品收率统计表

序号	吸附时间/s	氢气进料量/（Nm^3/h）	氢气产品量/（Nm^3/h）	收率/%
1	90	2340	1800	76.99
2	92	2560	2048	80.07
3	95	2420	1900	78.58
4	95	2300	1803	78.46
5	97	2542	2100	82.69
6	97	2467	2045	82.97

由表 3 数据可知，在不断调整 PSA 吸附时间后氢气产品收率有所提升，但氢气产品质量也同时有所下降，通过试验发现目前最佳吸附时间为 97s 左右，产品收率可达 82%以上，满足同类型先进生产标准。

4　结论

氢气装置作为新建装置存在较多运行问题，通过问题讨论与分析确定主要影响氢气装置运行的三个因素即为产品分析合格时间、管束车置换合格时间及氢气产品收率，针对这三个因素装置新增在线分析系统、摸索管束车最佳置换操作及试验最佳吸附时间，氢气产品出厂效率大大提高，也实现了氢气装置的运行优化调整目的。

本文通过对国内某石化企业氢气装置的运行瓶颈进行了逐项分析，也利用该装置现有的条件提出了相应的改进措施。炼化企业在新建同类型装置时可广泛参考行业内现有氢气提纯装置实际运行情况，针对已发现的不足在设计阶段就进行校正，例如目前可知的部分新建装置缺少管束车置换真空系统、缺少装车栈台自动切换系统、缺少在线分析系统等。相信随着技术的不断成熟，经验的不断积累，氢气提纯装置将会更加完善，成为碳达峰和碳中和过程中不可或缺的一环。

参　考　文　献

[1] 氢气装置工艺技术规程.

滨里海盆地东南缘T区块石炭系海相碳酸盐岩特征及勘探潜力评价

张胜斌[1] 金树堂[2] 范乐元[1] 盛善波[2] 付海波[1]

(1. 中国石油长城钻探工程公司国际测井公司；2. 中油国际阿克纠宾油气股份公司)

摘　要　滨里海盆地是世界上特大型含油气盆地，盐下碳酸盐岩是主要的储集体。通过对盆地东南缘塔克尔和T区块盐下碳酸盐岩发育特征的研究，并通过成藏条件的分析认为，圈闭和储层是盆地东南部油气成藏的主控因素，大型构造与渗透性储层连片大规模发育配套，是盆地油气富集形成大型油田的关键；东部成藏带盐下碳酸盐岩地层厚度大，储层较为发育，与北特鲁瓦属于同一类型的碳酸盐台地，且构造位置相对有利，断层输导体系完善，成藏条件匹配良好，具备油气成藏潜力，为了本地区的油气成藏有利勘探区带。

关键词　滨里海盆地；石炭系；碳酸盐岩；东部成藏带；勘探潜力

滨里海盆地是世界上特大型含油气盆地之一，盆地面积50余万km^2，盆地主体(大约85%的面积)在哈萨克斯坦境内，15%的面积在俄罗斯联邦境内。盆地自晚元古代-早古生代以来至今经历了沉降为主的地壳运动，堆积了巨厚的沉积物，盆地中心沉积物最大厚度达22km(马克西莫夫，1988)，生油岩厚度达上千米，油气资源十分丰富。滨里海盆地目前已发现200多个油气田，绝大多数沿盆地周缘分布，以全盆地范围分布的孔谷阶厚盐层为界，将盆地沉积地层可以划分为盐上、盐岩和盐下三套地层组合，目前已探明的油气储量90%分布在盐下层系中。滨里海盆地预测远景可采储量为130亿t，目前已发现的油田仅仅是该盆地油气资源量中的一小部分，而大量的油气资源量尚处于待发现阶段，勘探潜力巨大，前景十分广阔。多年来，众多中外专家学者对滨里海盆地构造演化、岩相古地理、成藏潜力等进行了大量的研究，提出了很多有建设性的观点。

阿斯特拉罕-阿克纠宾斯克隆起带将盆地分为中央坳陷带和东南部坳陷带，整个盆地可分为北部及西北部断阶带、中央坳陷带、阿斯特拉罕—阿克纠宾斯克隆起带和东南部坳陷带四个次级构造单元，每个单元又包括若干个隆起和坳陷(图1)。滨里海盆地东南部系指阿斯特拉罕—阿克纠宾斯克隆起带和南恩巴隆起之间的区域。在盆地形成和发展过程中，它以独特的油气构造环境，构成了多层系、丰富多彩的油气成藏类型，成为滨里海地区最重要的油气富集区带之一。2006年滨里海盆地北特鲁瓦油田勘探发现是中国石油海外少有的几个碳酸盐岩油藏勘探最成功的案例，阿克纠宾公司通过自主勘探，在滨里海盆地东缘发现2亿t级特鲁瓦大油田，最近几年通过地质认识不断深化，在中部成藏带发现塔克含油构造、在东部成藏带AK-1、AK-2、T13井获得勘探突破。东部成藏带继中部成藏带之后展现出良好的勘探前景，东部成藏带将成为滨里海盆地东缘有利勘探区带。

1　构造演化特征

滨里海盆地构造上位于东欧地台的东南边缘，为克拉通边缘前陆盆地。滨里海盆地形成之后经历了复杂的构造运动，综合前人研究成果，盆地东缘-南乌拉尔造山带的演化可分为四个阶段：①裂谷-被动陆缘期(里菲纪～志留纪)；②聚敛期(D1-C1)；③隆升造山期(C2末-T)；④坳陷期(J-今)

研究区石炭纪整体属于残留洋盆沉积，杜内阶到维宪阶在沙克玛勒断层发育海相复理石沉积，维宪阶上部至晚石炭世格热尔阶(C_3g)在沙克玛勒断层东部发育复理石碳酸盐岩-碎屑岩沉积，西部则以浅海碳酸盐岩与碎屑岩陆棚交替沉积，反映了前陆盆地发育前期的沉积过程。早二叠世盆地东缘受乌拉尔造山带隆升导致的构造反转，整体进入周缘前陆盆地阶段，在东部沉积了海相灰色磨拉石建造，至晚二叠世发育陆相红色磨拉石建造，反映了该地区前陆盆地的持续发展过程。

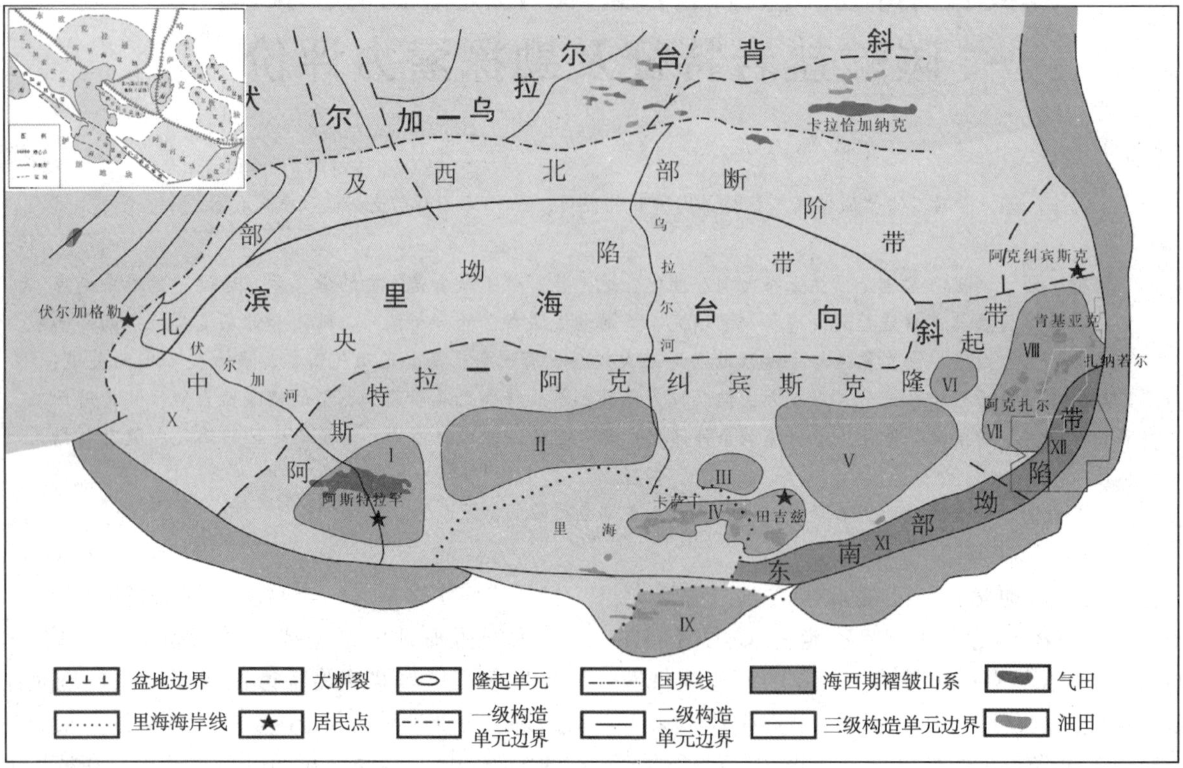

图 1　盆地构造单元划分

2　沉积岩相特征

在泥盆纪—早二叠世，滨里海盆地周缘广大地区普遍发育碳酸盐沉积。在许多古隆起上还发育生物礁体，反映这一时期盆地的滨、浅海地带具有浅、清、暖且陆源碎屑供应较少的沉积环境。上泥盆统陆棚碳酸盐岩的分布范围很广，几乎遍布整个阿斯特拉罕—阿克纠宾斯克隆起带(图 2)。

KT-I 和 KT-II 是盐下两个主要的碳酸盐层序，中间被陆源层 MKT 隔开(图 3)。KT-II 碳酸盐层序涵盖了很长的地质时期，从下石炭统上维宪阶(C1v3)-谢尔普霍夫阶(C1s)-中石炭统巴什基尔阶(C2b)-下莫斯科阶(C2m1)。由于石炭世海侵规模扩大，古陆棚区趋于萎缩，盆地东部和南部均形成较平坦的半岛型“碳酸盐岩台地”，KT-II 分布范围较泥盆纪碳酸盐岩范围大幅减少，目前残留的地层仅呈南北条带分布在盆地东部边缘狭窄地带，东西宽在塔克尔地区最大约为 55km，在 T 区块宽度为 25～43km，西部受早期石炭纪构造活动抬升剥蚀，和晚期二叠纪构造反转挤压抬升的影响，西部和东部被剥蚀形成东西两个边界(图 4)。根据塔克尔和 T 区块钻井结果表明，KT-II 地层岩性主要为浅灰色至白色生屑灰岩和藻灰岩，富含有孔虫、生物碎屑和藻类，生物成因明显，泥质含量普遍较低，只有在最东部，才会出现少量钙质泥岩和粉砂岩层，以及白云石化和重结晶。

KT-I 涵盖从中石炭统上莫斯科阶(C2m2)到上石炭统格热尔阶(C3g)地层。分布范围较 KT-II 进一步萎缩，东西宽在塔克尔地区为 30km 左右，到 T 区块进一步收窄，最小处宽度为 10km 左右。有分析资料表明，KT-I 在平面上分布不连续，中间可能存在一个剥蚀条带，石炭纪构造运动造成 KT-I 地层在局部剥蚀。同 KT-II 地层一样，西部和东部被剥蚀形成东西两个边界(图 5)。根据塔克尔地区岩石薄片分析数据，KT-I 主要岩石类型为生屑灰岩、砂屑灰岩、藻屑灰岩和鲕粒灰岩，白云石的含量较 KT-II 明显增加，局部现白云岩，富含生物碎屑，表明浅海陆棚碳酸盐台地沉积环境。

至早二叠世，盆地东缘构造回返，哈萨克板

块和东欧地台碰撞，周缘褶皱造山带形成，乌拉尔地区风化剥蚀严重，构成了丰富的碎屑岩物源区，该物源区给滨里海盆地提供了大量的陆源碎屑物质，海相碳酸盐沉积和陆源沉积交替发育（图6）。

3　成藏带的划分

区带划分的根本目的是通过区带划分，确定探区不同部位的勘探目的层，进行有利区带评价和目标优选。

根据钻井和地震资料揭示，滨里海东南缘西部有2条地层缺失线边界，分别是KT-I西部剥蚀边界和KT-II西部剥蚀边界。依据KT-I、KT-II地层西部缺失线、P1sa坡折（坡折断层）和乌拉尔褶皱带边界断层（CK）为界将盆地东南缘划分为3个成藏带：西部成藏带、中部成藏带和东部成藏带（图7）。

3个构造成藏带呈近南北向展布。所划分出的区带是该区构造运动和沉积环境变化的综合反映，每个区带具有不同的构造特征、沉积环境等，因此形成不同的含油气组合。

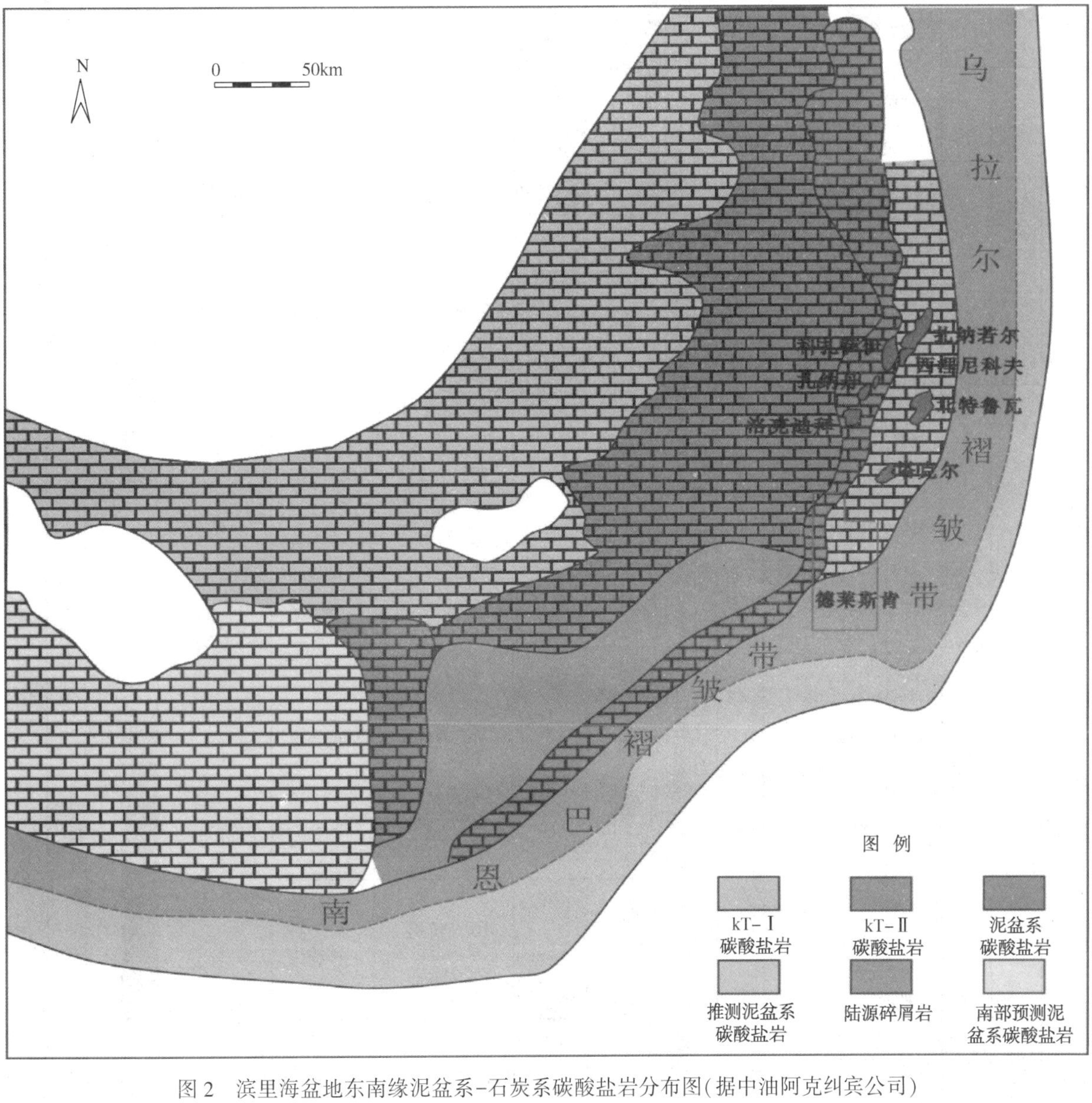

图2　滨里海盆地东南缘泥盆系-石炭系碳酸盐岩分布图（据中油阿克纠宾公司）

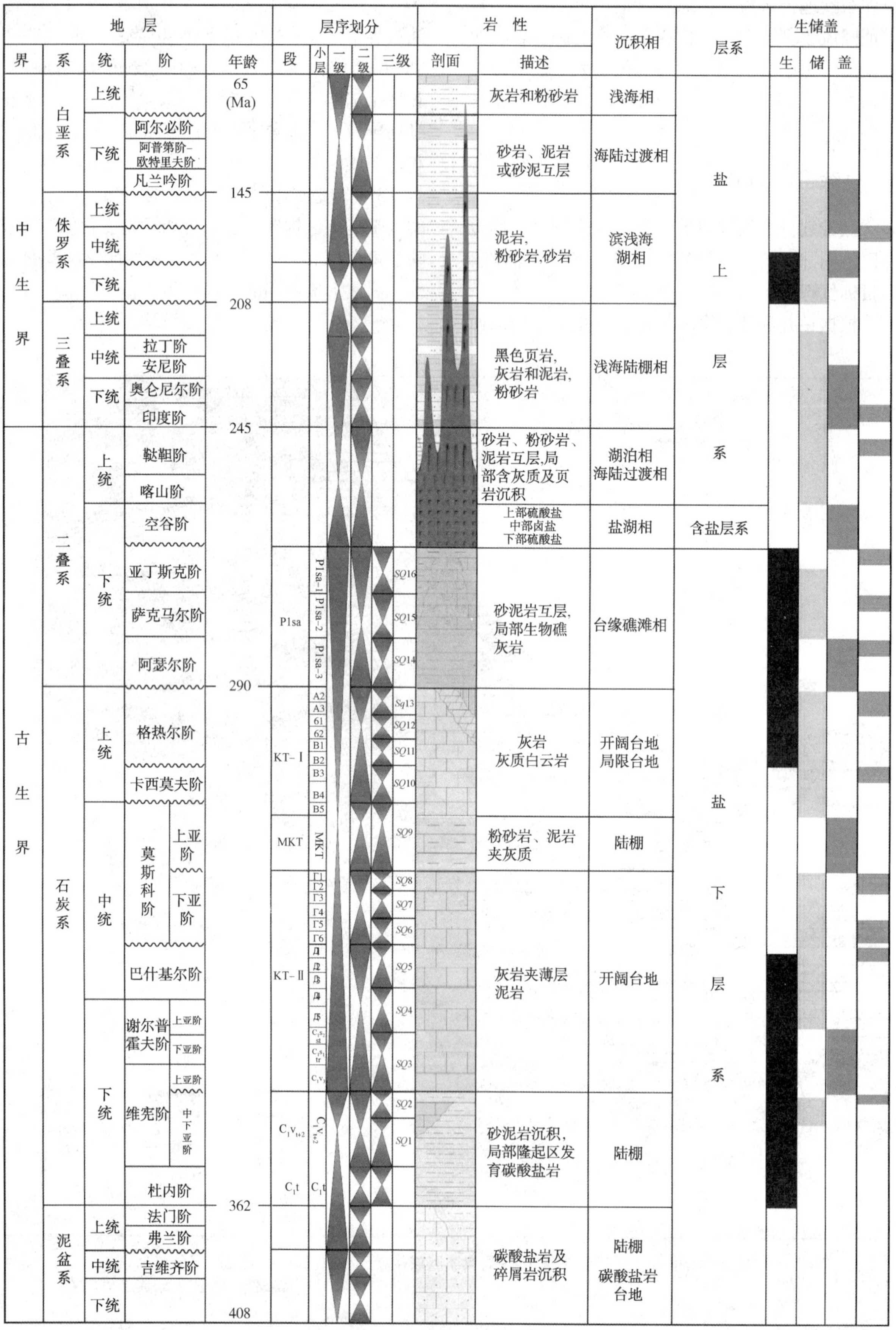

图3　滨里海盆地东南缘综合柱状图

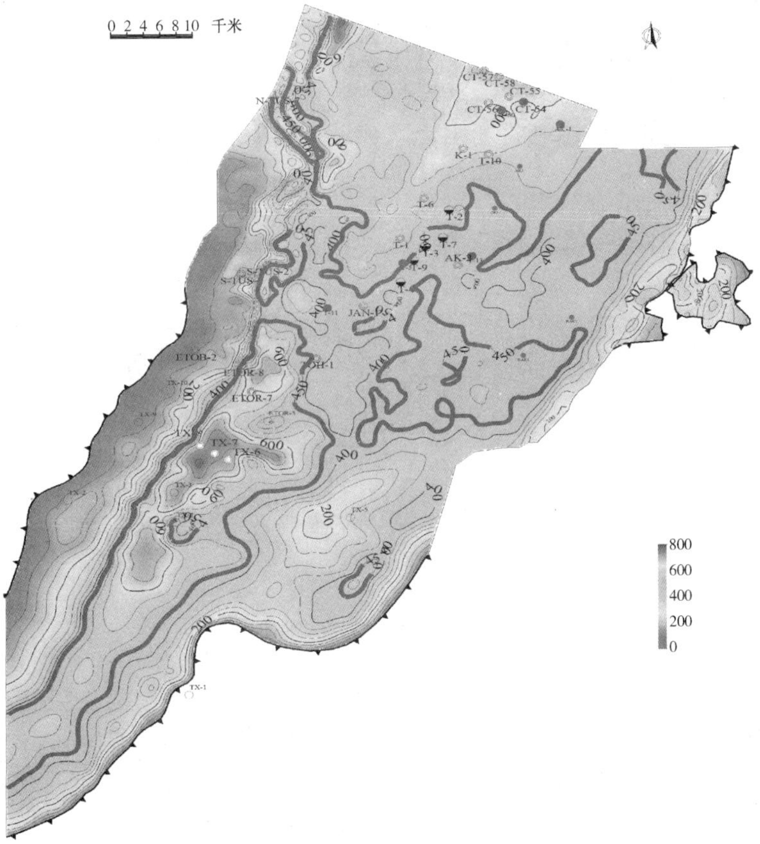

图4　东南缘 KT-II 地层厚度分布图

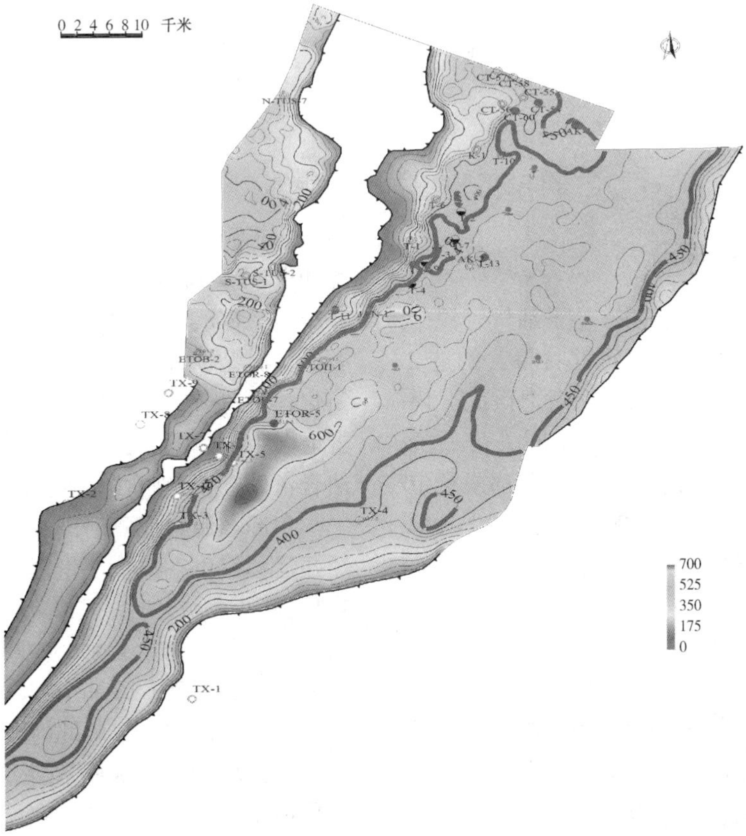

图5　东南缘 KT-I 地层厚度分布图

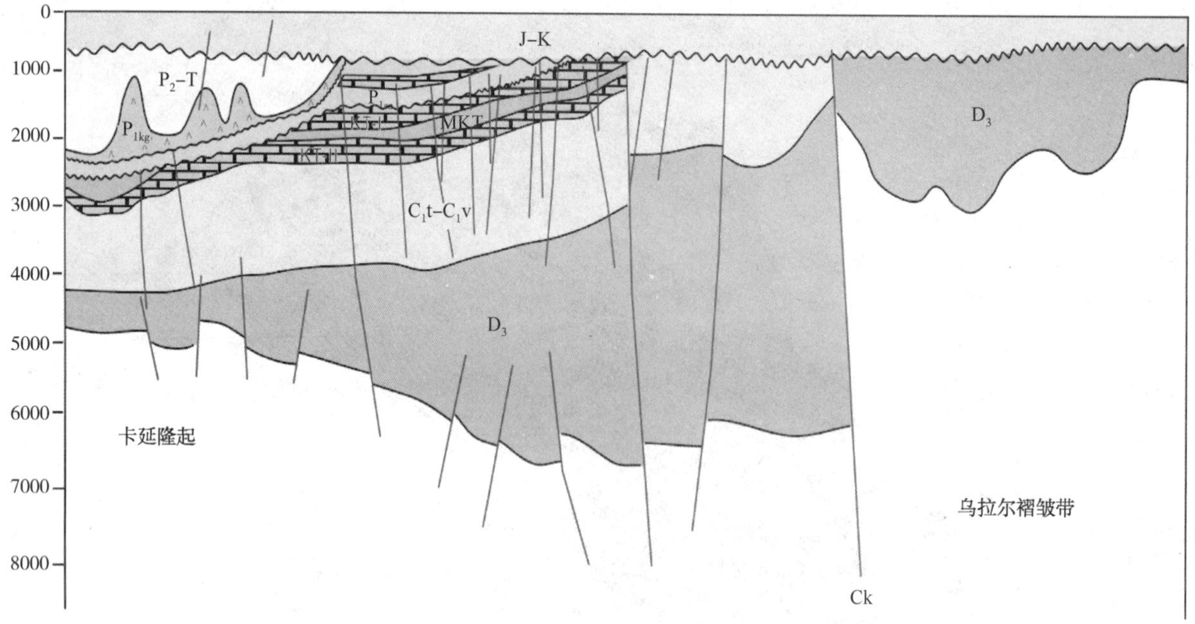

图 6　滨里海盆地塔克尔地质剖面

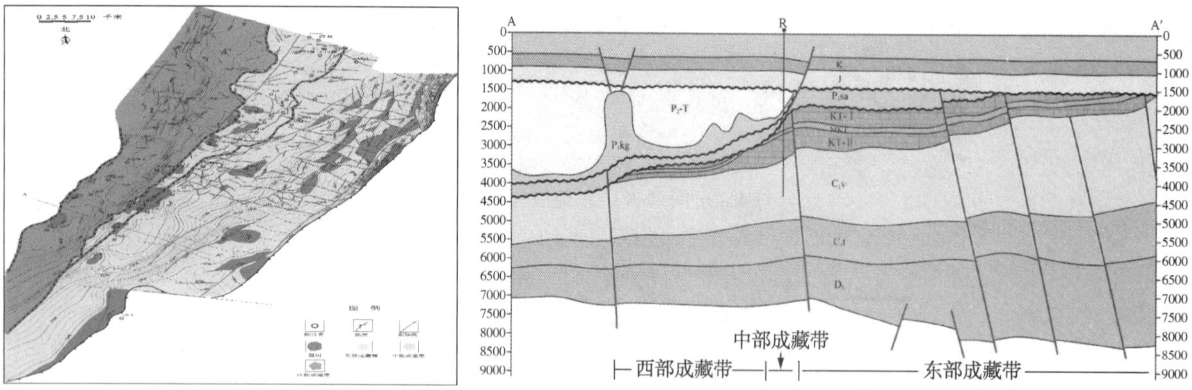

(a)　(b)

图 7　滨里海盆地东南缘成藏带划分

4　盐下层系油气勘探潜力

滨里海盆地勘探实践表明，盐下油气资源丰富，近年来，在盆地东缘又发现北特鲁瓦构造 2 亿 t 大油田，预示盆地东南缘勘探潜力巨大，塔克尔构造和 T 区块与北特鲁瓦属于同一类型的碳酸盐台地，地质条件相似，特别是东部成藏带向乌拉尔褶皱带滚动钻探的 AK-1、AK-2、T13 井在盐下均获得油气发现，更加证实了本地区的勘探潜力。

4.1　烃源岩特征

滨里海盆地盐下具有良好的生油气条件。中央凹陷带和东南凹陷带在泥盆纪和石炭纪沉积了巨厚海相泥页岩和碳酸盐岩为油气提供了丰富的物质基础，研究表明，滨里海东南缘紧邻东南坳陷，油源丰富，具有中央坳陷和东南坳陷“双源供油”的特征。盆地东南缘生油岩主要为中泥盆统和下石炭统盆地相黑色页岩，有机碳含量 0.1%~7.8%，平均 0.75%（Tverdova 等，1992）。有机质类型以Ⅱ型和Ⅲ型为主。生油岩有机质热演化程度适中石炭系的 Ro 为 0.65%~1.16%，古地温 125~200℃，反映出该区盐下石炭系的生油岩正处于成熟阶段。

东部烃源岩成熟时间在二叠纪之后，大量生烃并运移发生在早侏罗世之后。

4.2　储层条件

盐下层系储集层主要集中在下二叠统（P1sa）、石炭系（KT-I 和 KT-II），以石炭系灰岩为主。与让纳诺尔和北特鲁瓦油田相比，塔克尔和 T 区块盐下碳酸盐岩储层有 4 个显著特点：一是物性普遍较低；二是储层薄；三是储层横向连续性差；四是白云岩储层不发育。KT-I 和

KT-II 单层储层厚度普遍较薄，大部分<5m，平均单层厚度在 2.2~3.3m；根据 T 区块测井解释结果，KT-I 储层总厚度最大 28.6m，KT-II 储层总厚度最大 68.2m。根据塔克尔地区 9 口取心井 343 块样品统计，储层孔隙度整体低于 15%，储层孔隙度变化范围 4.1%~24%，平均 5.85%；渗透率整体低于 $10\times10^{-3}\mu m^2$，渗透率变化范围 $(0.0002\sim47.72)\times10^{-3}\mu m^2$，平均 $1.2\times10^{-3}\mu m^2$。岩心可见整段发育的溶蚀孔洞（>2mm）及高角度-垂直缝与近水平缝为主的多种有效裂缝，裂缝发育程度差异大，局部井段裂缝比较发育，储集空间以铸模孔、粒内孔和晶间（溶）孔等连通性差的孔隙为主，其次为粒间（溶）孔和微裂缝，储层类型为孔洞缝复合型或者孔隙-裂缝型储层。根据 11 口井 645 个样品 SEM 样品分析结果，其中不含白云石样品 495 个，占全部样品 76.7%；100 个样品白云石含量 0~20%，占全部样品的 15.5%；白云石含量>20% 只有 50 个样品，占全部样品 7.7%。而北特鲁瓦 KT-I 白云岩储层占到 KT-I 全部储层的一半，占比 47.53%，扎纳诺尔 KT-I 白云岩储层同样发育。

从 T 区块储层预测的结果来看，盐下三套主要储集层 P1sa、KT-I 和 KT-II 有利储层分布主要集中在中-东部成藏带（图 8）。

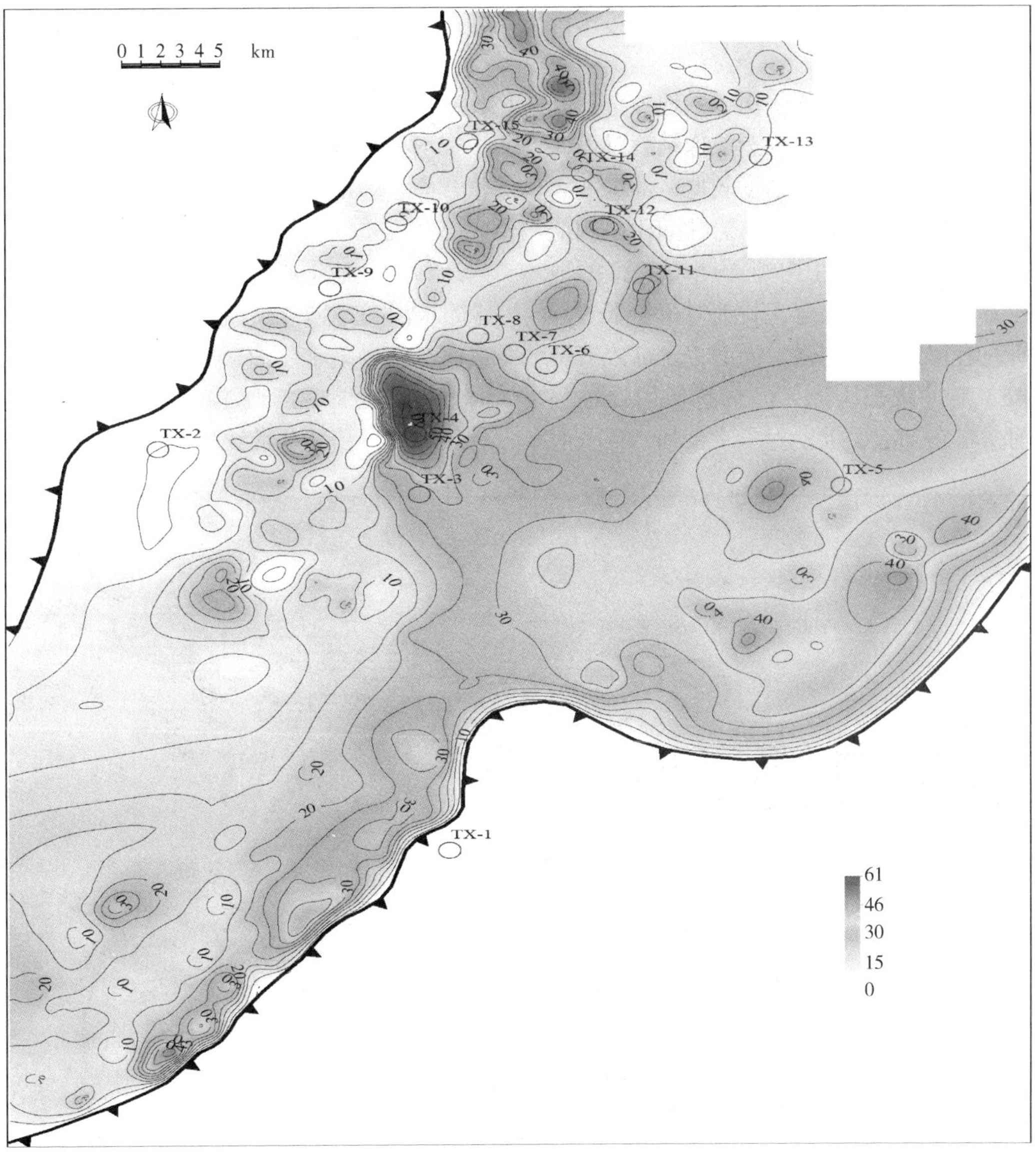

图 8　T 区块 KT-II 有利储层厚度预测图

4.3　圈闭条件

滨里海盆地盐下油气藏圈闭类型主要为生物礁建造和背斜。盐下大型油田的发现均与这两类圈闭有关。但从目前地震资料识别的圈闭结果来看，KT-I 和 KT-II 圈闭规模普遍较小，以小型和微幅构造为主(图 7a)，P1sa 构造圈闭总体不发育，但岩性圈闭相对发育。圈闭类型以背斜圈闭为主，其次是断鼻圈闭和断块圈闭，断块圈闭主要发育在塔克尔以东 T 区块 II 区(图 7a)，受地震资料所限，T 区块 I 区东部成藏带圈闭落实程度低，推测 T 区块 I 区也发育这类圈闭。圈闭面积从 2.8～47km^2 不等，大部分圈闭面积在 10km^2 左右，闭合幅度 20～50m，少数圈闭幅度能达到上百米，圈闭高点埋深在 -2500～-1500m。总体上，断块圈闭幅度普遍比背斜圈闭大。北特鲁瓦盐下 KT-I 和 KT-II 碳酸盐岩圈闭面积 150km^2 左右，幅度 150m 左右，高点埋深-2030～-2780m，规模明显比塔克尔和 T 区块更大，圈闭条件更好。

值得指出的是，小型圈闭由于受地震资料品质和孔谷阶盐岩层的影响，构造成像精度难以保证，落实难度比较大，可靠程度较低，油气资源量较小，难以有大规模的发现。岩性圈闭与构造圈闭往往具有互补性，在构造圈闭不发育的地区，往往岩性圈闭比较发育，目前对于盐下岩性圈闭的研究有待进一步加强。同时，东部成藏带靠近乌拉尔逆冲推覆构造带，构造作用比较强烈，目前，在东部成藏带发现了一系列的近东西向走滑断层，这些断层和岩溶体储层可以组合形成油气富集的断溶体圈闭，断溶体在东部成藏带的发育情况有待进一步研究。

4.4 盖层条件

众所周知，滨里海盆地大型油气田的发现与全盆地普遍发育的巨厚下二叠统孔谷阶盐岩有关。东南缘盖层条件优越，盐下共发育 3 套主要盖层(图 3)，孔谷阶盐岩在中部成藏带和西部成藏带广泛发育，是优质的区域性盖层。下二叠统阿丁斯克阶页岩和中石炭统页岩(MKT)为局部盖层。这些盖层一般厚度较大，有较好的封盖能力，但其厚度分布不一，封闭性有异，加上受局部地区较强构造应力的影响，如孔谷阶盐层较薄的地区发生断裂，油气将再次运移并重新分布，或进入盐上地层中。

4.5 输导条件

滨里海东南缘盐下油气的主要输导通道是不整合面、断层和孔洞缝发育的碳酸盐岩渗透层形成的三维空间输导网络系统。油气沿不整合面侧向运移，盆地中心坳陷主生油区油气向边缘隆起带不断补充流动；沿断层、裂缝和储层垂向运移，东南坳陷带生油区中泥盆纪和下石炭纪油气向上运移至 KT-II、KT-I 和 P1sa 有利部位聚集成藏(图 9)，甚至继续运移至盐上圈闭。

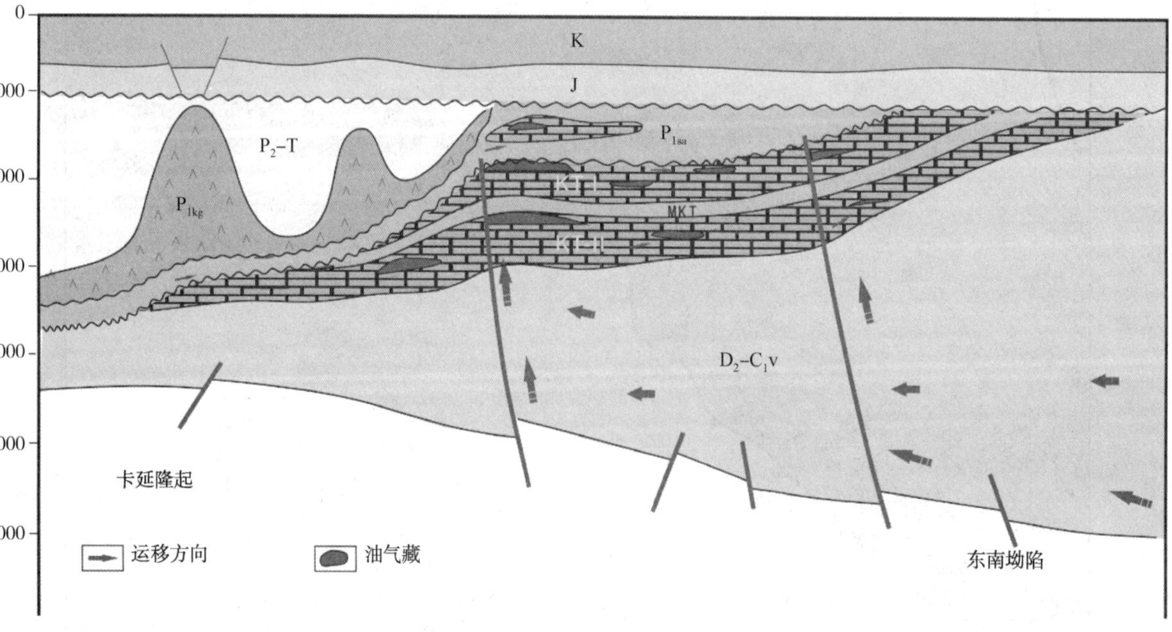

图 9　盆地东南缘油气输导模式图

5 勘探方向

综合分析认为，圈闭和储层是盆地东南部油气成藏的主控因素，大型构造与渗透性储层连片大规模发育配套，是盆地油气富集形成大型油田的关键。

中部成藏带在盆地东缘大型构造圈闭发育，储层条件好，成规模连片发育，近年来发现的北特鲁瓦、塔克尔等含油构造就处于中部成藏带上，油气比较富集。但向南逐步演变为狭窄条带，在塔克尔地区东西宽度为仅10km左右，在T区块中部成藏带的宽度仅为3km左右，再加之目前钻井比较集中，滚动和甩开的空间有限。

东部成藏带勘探面积大，目前钻井少，处于碳酸盐岩台地的主体区，KT-I和KT-II碳酸盐岩地层发育全，厚度大，储层条件较好，发育一系列背斜以及和走滑断层相关的断块圈闭以及断溶体，地层埋深较浅，深断裂发育，石炭纪和泥盆纪烃源岩生成的油气，可直接通过断层输导进入盐下储集层，成藏输导条件有利，因此，东部成藏带油气勘探潜力较大，是滨里海盆地东南缘有利勘探区带。

参考文献

[1] 钱桂华．哈萨克斯坦滨里海盆地油气地质特征及勘探方向[J]．中国石油勘探，2005(05)：68-74.

[2] Кирюхин Л. Г.，Обрядчиков О. С.，Константинов А. А. Строение и перспективы нефтегазоносности подсолевых карбонатных отложений восточной прибортовой зоны Прикаспийской впадины [J]. Геология Нефти и Газа，1981(11)：16-21.

[3] Х. Б. Абилхасимов. Особенности формирования природных резервуаров палеозойских отложений прикаспийской впадины и оценка перспектив их нефтегазоносности [M].

[4] Ж. Жолтаев，Г. Е. Кулумбетова. Характеристика карбонатных и терригенных подсолевых отложений востока прикаспийской впадины [J]. Недра Поволжья и Прикаспия，2019(98)：65-76.

[5] Yu A. Volozh，M. P. Antipov，M. -F. Brunet，I. A. Garagash，L. I. Lobkovskii，J. - P. Cadet. Pre - Mesozoic geodynamics of the Precaspian Basin (Kazakhstan) [J]. Sedimentary Geology，2003，156(1)：35-38.

[6] Ines Görz，Peggy Hielscher. An explicit plate kinematic model for the orogeny in the southern Uralides [J]. Tectonophysics，2010，493(1)：1-26.

[7] 徐可强．滨里海盆地东缘中区块油气成藏特征和勘探实践[M]．北京：石油工业出版社，2011.

[8] 金树堂，郑俊章，于炳松．滨里海盆地东缘晚古生代层序地层与沉积相[M]．北京：石油工业出版社，2016.

[9] 梁爽，王燕琨，金树堂，等．滨里海盆地构造演化对油气的控制作用[J]．石油实验地质，2013，35(02)：174-178.

[10] 金之钧，王骏，张生根，等．滨里海盆地盐下油气成藏主控因素及勘探方向[J]．石油实验地质，2007(02)：111-115.

[11] 张家青．哈萨克斯坦滨里海盆地东南部油气地质特征及勘探方向[J]．海洋地质前沿，2011，27(07)：50-56.

低油价下新能源综合勘探找矿实践及工作启示

魏学斌　赵为永　杨　梅　王　铎

（中国石油青海油田分公司勘探开发研究院）

摘　要　2020年，面对新冠疫情防控和低油价的双重"大考"，勘探成为各大石油公司的"失血点"，均面临巨大压力。怎样应对低油价考验，提质增效，稳步推进石油、天然气勘探的同时，是否高标准、高水平推进新能源综合勘探，是当前油企未雨绸缪、奠定未来胜局的关键。思维创新是实现找矿突破的前提，青海油田作为世界海拔最高、国内陆上自然条件最艰苦的油气田，自20世纪中叶，拉开柴达木盆地石油勘探序幕以来，几代青海石油人扎根高原，油气主业稳健发展、经济效益持续攀升，油田迈入高质量发展新阶段。面对当前低油价，是舍弃新能源勘探发展保油气主业，还是实现多元化的发展？青海油田则勇于选择后者，迎难而上，正在引发一场多矿种兼探的勘查革命，其中油钾兼探、油铀兼探均见较好成效，发展前景十分光明，将为中国石油集团公司建设世界一流综合性国际能源公司做出更大新贡献。

关键词　柴达木盆地；综合勘探；油钾兼探；油铀兼探

柴达木盆地矿产资源十分丰富，除常规油气以外，非常规油气及其他矿产资源也颇为可观。随着国家能源供需矛盾日益突出，油价持续低迷，可供勘探的常规油气领域逐渐减少，非常规油气资源、相关伴生资源及其他矿产资源勘探领域地位和作用突显，这些资源的勘探、开发和综合利用势在必行。为此，面对低油价，青海油田迎难而上，正在带动油钾兼探、油铀兼探等多矿种综合勘查，达到储备资源，实现效益勘探。

1　油钾兼探

1.1　概况

"油钾兼探"是一种在含盐油气盆地中寻找石油、天然气和钾盐等多种矿产的综合勘查手段。柴达木盆地钾盐根据分布特征，可以划分为地表钾盐和地下钾盐两种类型。地表钾盐主要分布于卤水盐湖和上更新统、全新统盐滩中，地下钾盐主要分布于含油气构造的深层卤水中。油气和深层卤水都是沉积盆地形成演化过程中形成的流体产物，它们成因上密切联系，深层卤水大多为沉积岩成岩演化过程中形成的成岩水，并可作为油气运移的动力；它们在空间上相互伴生，深层卤水与油气存在于同一构造或圈闭中，与油气田平面上重叠，垂向上相互发育。柴达木盆地钾盐资源丰富，估算钾总资源量在10亿t以上。

1.2　钾盐找矿成效

近年来，青海油田已经具备了开展油钾兼探的基础和优势，在油气勘探过程中，积极与地质调查部门合作，借助地勘资金，挖掘油气井资料，捕捉油气伴生矿产信息，开展了多种资源的勘查工作，在油钾兼探方面取得了显著成效。

1.2.1　明确了干旱与咸化是深层卤水成矿的主控因素

根据大量分析的岩样、水样结果，对柴达木盆地古近系-第四系岩相、古生物、元素地球化学等特征进行综合研究，古气候整体干旱，由炎热到寒冷，导致湖盆持续咸化，各时期古盐度均在15‰以上，纵向上由老到新盐度逐渐增大，主要发育古近纪和第四纪两个主要成盐时期，控制了深层卤水的形成、分布和成矿元素的富集(图1)。

古盐度分析表明，盆地边缘和水下古隆起区古盐度相对较低，凹陷中心最高。古盐度大小决定了地层水中成矿元素的富集程度。通过研究证实，古盐度与钾、锂、硼等成矿元素含量具有明显的正相关关系。

平面上，各沉积时期古盐度呈环带状分布，湖盆的迁移和演化控制了高盐度地层的展布。高盐度地层中富含的地层水为深层卤水的形成提供了物质来源。

1.2.2　落实了深层卤水勘探的有利区

通过油气井水样常规分析，发现柴达木盆地各区块地层水矿化度普遍高于50000mg/L，达到了卤水的标准；其中柴西南、柴西北和三湖地区矿化度最高，达100000～320000mg/L。

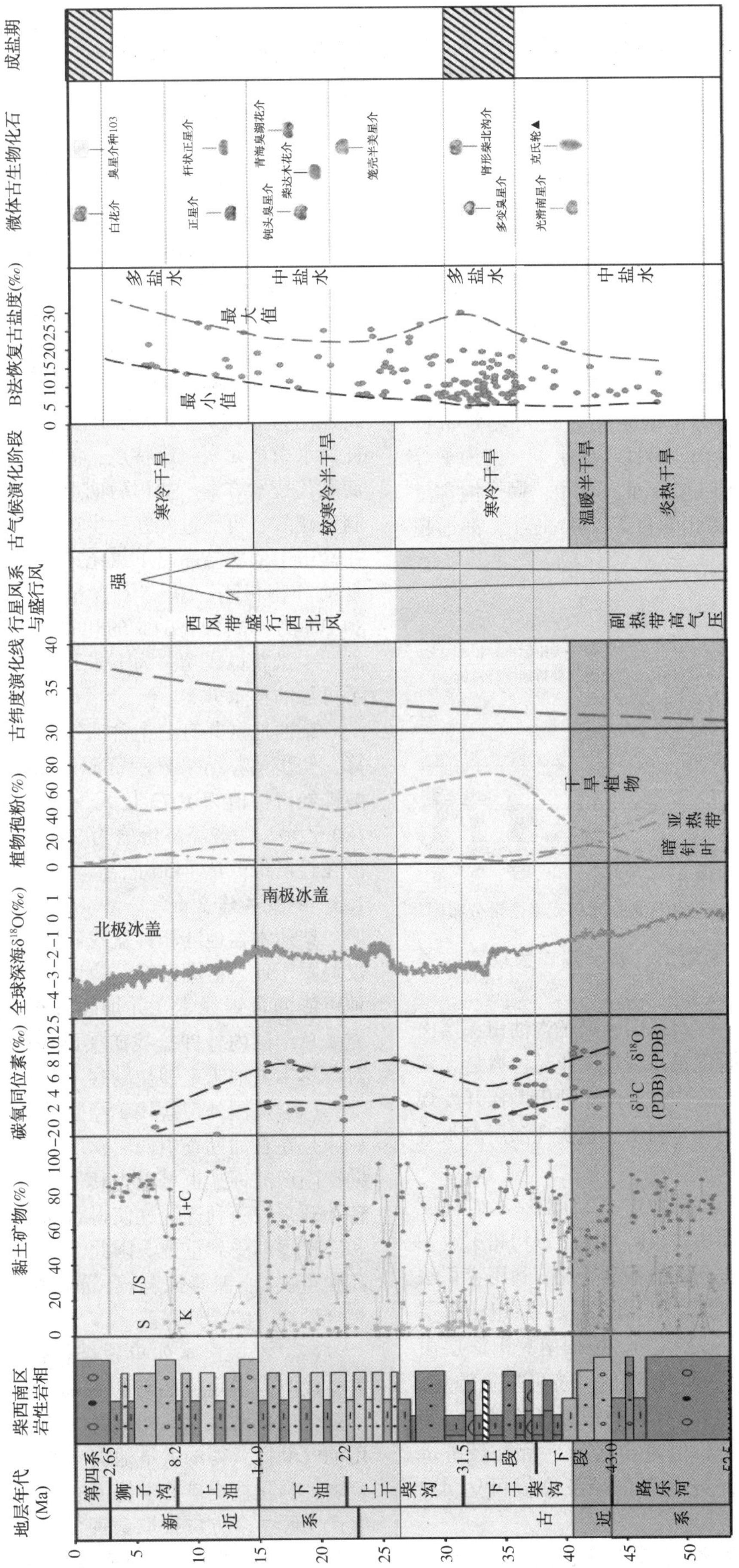

图1　柴达木盆地西部地区古气候、古盐度演化综合柱状图

“十三五”以来，青海油田科技工作者对柴达木盆地进行了更大面积筛查：据资料程度、勘查及认识程度，认为油气区内最具利用价值的深层卤水资源集中分布于柴西地区狮子沟、南翼山构造带。柴西地区深层卤水钾元素分布特征：狮子沟、南翼山、油泉子、咸水泉四个区块含量达到工业标准以上。其中，狮子沟含量最高，为15870mg/L；南翼山为7830mg/L，远高于一类标准(图2)。锂元素分布特征：狮子沟、南翼山、尖顶山、油泉子、开特米里克五个区块含量达到工业标准。其中，狮子沟含量最高，为693mg/L，是一类指标的9倍；南翼山含量为261mg/L，是一类标准的4倍。硼元素分布特征：狮子沟、南翼山、砂西、咸水泉、红沟子等八个区块含量达到工业标准。其中，狮子沟含量为5770mg/L，南翼山含量为3503mg/L，都远超过一类指标。

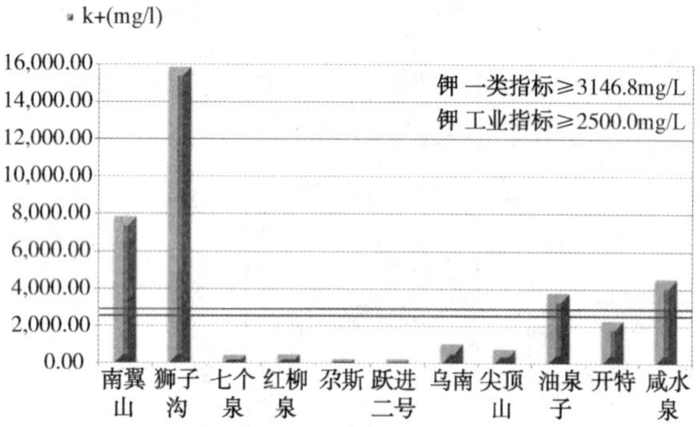

图2　柴西北区各构造/地区地层水钾元素含量分布图

1.2.3　优选南翼山、狮子沟作为现实效益开发区

通过水样分析，南翼山、狮子沟油田深层卤水是柴西地区矿化度最高、达工业品位微量元素种类最全的两个地区。目前两个油田勘探开发现状最有利于资源的综合利用，是实现深层卤水效益勘探的现实地区。

南翼山古-新近系(E31-N22)地层水矿化度较高，锂、钾、硼主要成矿元素含量均超工业一类标准，具备效益开发的基本条件。利用容积法估算南翼山地区N21、N1、E32三个层组的深层卤水资源储量为74.37亿t。根据南翼山深层卤水中碳酸锂、氯化钾、硼酸的经济可采资源量，以2018年3月均价估算碳酸锂经济价值为324亿元、氯化钾经济价值为61亿元、硼酸经济价值为68亿元，各类资源总经济价值可达453亿元。

狮子沟深层卤水产层数量少，但单层产水量大。狮子沟深层(E32)碳酸盐岩储层缝洞发育，具有高压、高产的特点。狮211井最高日产水1440m^3，稳产10天不降。产出水中锂、钾、硼元素含量均为盆地最高。目前，狮子沟深层正开始大规模开发，产液量将大幅上升。综合利用采出水，是提高效益、减轻环保压力的最佳途径。初步估算狮子沟卤水资源储量达20亿t。预计碳酸锂、氯化钾、硼酸的经济价值达126亿元。

1.2.4　掌握了中试实验的深层卤水开发工艺

从2012—2015年，与中国地质科学院郑绵平院士团队合作，针对南翼山深层卤水锂含量高、低镁锂比的特征(锂离子含量为179mg/L，镁锂比为7：1)，开展了开发工艺中试实验。根据卤水微量元素组成特点，制定了盐田法蒸发沉淀工艺技术方案。盐田后期形成的尾卤经酸化后制备硼酸，再经过除镁后生产碳酸锂。中试实验在盐田中依次结晶出了氯化钠、钾石盐、光卤石复盐和南极石，获得了含量15.1%的氯化钾、80.3%的碳酸锂、64%的粗硼酸原料级工业产品，中试获得成功，为下步开展工业化生产提供了可靠的技术方案。

柴西地区共有七个含油气构造参与资源量估算，初步估算结果显示资源量234亿t，估算碳酸锂经济价值为1073亿元、氯化钾经济价值为180亿元、硼酸经济价值为203亿元，各类资源潜在经济价值达1456亿元。

1.3　钾盐工作启示

柴达木盆地陆相钾盐找矿要取得突破，不能仅局限于地表盐湖勘探，应该注意采集和分析各种可能的含钾线索，并加强油田水综合利用研究。总结国内外钾盐找矿实践中的经验及规律，对柴达木盆地未来钾盐勘察工作将会有所启示。

(1)从国外钾盐找矿经验可知，大多数钾盐矿床是在石油勘查中偶然发现的。他们发现油气勘探副产品钾盐也可以为其带来经济回报或通过转让开采权获利等，这使得石油以外资源的发现和勘探逐渐受到重视。因此，国内的石油企业应高度重视“油钾兼探”，各部门协同一致，实行综合勘探，综合开采。

(2)深层卤水如单独进行投资勘探，风险大、成本高，且可能与油气勘探开发产生冲突，不符合效益勘探和共同发展的要求。应该充分利用油气勘探获得的大量地震、测井、流体分析等资料，强化盐类矿物学特征的学习，结合油田水生产实际，多方位提取含钾信息，建立“立体找矿”模式与方法，快速有效地查明研究地区的钾盐资源潜力。

(3) 应积极建设和稳定一支短小精悍的综合勘探科研队伍，进行长期钾盐地质科技攻关，开展相关基础地质、应用基础、新技术方法、综合成矿与找矿研究，开展“油钾兼探”，同时兼顾调查与钾盐共生的油气、相关金属矿产等资源，这样可以大大提高找矿效率，节省经费，为国家提供更多紧缺矿产资源。

(4) 从柴达木盆地狮子沟地区 E32 油气勘探中发现巨厚盐类沉积，具有较好的成钾条件。通过水样分析，也证明了该区 E32 地层深层卤水具有优良品质，因此，在后期的深层卤水勘探中，对任何在其他地质工作中发现的石盐和石膏层，都应加以重视，在已有线索及寻找新线索基础上，开展成钾条件研究，才能使钾盐找矿取得根本性的突破。

2　油铀兼探

2.1　概况

铀矿为国家战略性矿产资源，是国防军工和核电发展的重要物质基础，其社会效益、政治效益、军事效益远大于经济效益。伴随着中国工业化过程的“能源生产与消费革命”的艰巨任务和“消除雾霾”的紧迫形势，带来了举世瞩目的核电发展，铀资源有巨大的需求，铀供应也面临空前的挑战。为确保国防军工建设和国家经济社会发展对铀资源的迫切需求，科学合理地部署柴达木盆地砂岩型铀矿地质勘查工作，青海油田创新实施了“油铀兼探”的找矿方法，加快了铀矿勘探进程，提高了勘探成效，在柴达木盆地取得了三个“首次”：首次发现了砂岩型铀矿，填补了柴达木盆地无砂岩型铀矿的空白；首次在第四系七个泉组中发现砂岩型铀矿，拓展了砂岩型铀矿的找矿层位及找矿空间；首次提交柴达木盆地有资源量的砂岩型铀矿预查报告，实现了铀矿勘查的实质性突破。

2.2　铀矿找矿成效

20 世纪 50 年代起，原二机部及核工业多支地勘队伍在柴达木盆地多个地区开展了铀矿踏勘、区调、普查及揭露评价工作，从所获取的资料及研究成果看，柴达木盆地无论从构造、沉积、岩性组合、水文地质，还是铀源、古气候演化及氧化还原条件等方面，都具有得天独厚的砂岩型铀矿成矿条件。尤其是青海油田分公司利用“油铀兼探”技术，开展了“青海省柴达木盆地砂岩型铀矿调查评价”及“柴达木盆地西北缘铀矿地质调查”等项目，通过对油气钻孔进行放射性异常筛查，发现了近千口潜在铀矿孔和潜在矿化孔，主要分布于柴西南和柴北缘，含铀层位集中分布在新-古近系、侏罗系，以浅层异常为主，埋深 800m 以浅。

根据异常极值、矿层单层厚度、埋藏深度等综合评价，对筛查出的铀矿异常区排队优选，实施验证钻孔，工业见矿孔率>60%，在多个靶区钻遇工业铀矿孔，初步显示了柴达木盆地具有形成大型地浸砂岩型铀矿的广阔前景。

其中柴北缘地区侏罗纪含矿层砂岩渗透性好，连续性强，厚度大，且具有泥砂互层的结构，砂岩、砾状砂岩、砾岩为含水层，泥岩为隔水层，有利于形成层间氧化带；铀矿物与黄铁矿和有机质紧密共生，处于较强的还原环境下，具有较高的还原容量；河流沼泽相沉积环境，矿层砂岩中大量黑云母发生绿泥石化，对铀具有较强的吸附作用，有利于铀矿体的形成，具有中型矿床潜力规模。

柴西地区依据综合研究成果，优选目标实施验证钻孔，发现多个工业矿点。铀矿层赋矿岩性为含砾粗砂岩、细砂岩及中砂岩，透水性好，顶、底板岩性为绿灰色泥岩、粉砂质泥岩，为“泥-砂-泥”结构，透水性弱，拥有很好的隔水层，地下水丰富，动力条件好，拥有完善的“补-径-排”系统，具备形成层间氧化带砂岩型铀矿的地质条件。依据资料研究认为矿体总体偏铀，为低钍低钾单铀矿化，具备良好的铀成矿地质条件，找矿潜力大。

2.3　铀矿工作启示

由于青海油田调查区现有的铀矿勘查和研究程度很低，整体上尚处于地质调查的起步阶段，与该区砂岩型铀矿广阔的找矿前景和巨大的资源潜力形成显著反差。砂岩型铀矿成矿原理简单，但其成矿条件与油气相比，却极为苛刻。经验、方法可以借鉴，但无法复制。

(1) 铀矿勘查是一项系统工程，涵盖地质、物探、水文、测量、钻探及最终储量评审备案等多个技术环节，涉及多项技术规范，而青海油田严重缺乏铀矿勘查相关技术人才，必须通过具体实践实现对人才的培养、队伍的建设，建议通过点的解剖去带动面的突破。

(2) 积极推广“油铀兼探”的创新型找矿思路，实施“平台+”的创新工作理念，搭建平台、强强联合、控制资源、掌握技术，积极引入外部资金，开展科研、钻探等相关工作，发挥多行业协作的技术优势，在更大的范围内整合油气和核工业地质资料，多种能源矿产协同勘查，提高勘查效率，降低成本。

3　综合勘探模式带来的诸多思考

（1）找矿要回归地质规律。矿产资源的分布原本是三维立体的，经常是多矿种共伴生或层叠存在，但由于行业分割等多种原因，现行的矿产勘查目标往往是单一的，“油铀兼探、油钾兼探”是从单一目标找矿向多目标找矿的重要尝试，也是经济和环境效益双丰收的思维创新。

（2）矿产勘查也要走集约化的道路。“油钾兼探”印证了矿产勘查过程中存在集约的可能性和可行性。从前期以油气为主要勘查目标，油田水废物排放，到后期“油钾兼探”油田水变废为宝，环境效益和社会效益突出。在勘查技术方面，就应该实施兼顾多个找矿目标的优化组合，实施“多矿种兼探”的集约勘查。

（3）现行的矿权管理模式下，以单一找矿为目标，形成矿产，则无论其上覆地层还是下伏地层中，所赋存的其他任何矿体都将成为压覆矿产，真实的矿产资源潜力将大大缩水。而通过多矿种兼探的思维找矿，扩大矿权适用范围，组织不同部门的地勘单位共同参战，既节省了大量找矿投资，又将释放出大量的找矿空间和资源。

（4）为了把青海油田的多矿种兼探做大做强，上级组织应加强政策指导和支持，对涉及矿权管理、规划部署、利益调整等方面的问题，要制定相关配套政策加以规定和引导，确保综合勘查工作顺利开展。

新能源综合勘探的发展非一日之功，却是长久之计，是未来发展的必然趋势。谁能抓住机遇，谁就能取得先机，在未来的能源竞争中占据优势。油田新能源综合勘探正处于爬坡过坎阶段，因此，不能因为短期内可能见不到显著经济效益而忽视新能源的投入、开发和利用。当前重点工作是开展潜力评价，发现资源储量，掌握关键技术，落实勘查基地。不难预料，新能源综合勘探将会启发和激活一批具有经济和社会价值的产业链，其勘探成果将会不同程度地转化为新的生产力，而随着综合勘探模式的逐步推广和相关政策的配套到位，一定会在找矿突破战略行动中铸就更高的辉煌。旱则资舟，水则资车。越是别人不在意之时，也许就越是我们弯道超车，赢取未来的机会。

参考文献

[1] 穆延宗，乜贞，等．我国油(气)田水钾资源研究进展[J]．地球科学进展，2016，31(2)：147-159.
[2] 郑绵平．论中国盐湖[J]．矿床地质，2001，20(2)：181-189.
[3] 商雯君，张永生．“油钾兼探”是行之有效的找钾方法[J]．中国矿业报，20180615：01-02.
[4] 李钟模．油钾兼探乃当前找钾工作的上策[J]．化工论坛，1998，01(1)：29.
[5] 谭红兵，曹成东，樊启顺，等．柴达木盆地西部古近系和新近系油田水化学特征及化学演化[J]．古地理学报，2007，9(3)：313-320.
[6] 姜旭，周保华，乜贞，等．中国盐湖卤水蒸发实验研究进展[J]．无机盐工业，2013，45(6)：29-32.
[7] 樊启顺，马海州，谭红兵，等．柴达木盆地西部卤水水化学特征与找钾研究[J]．地球学报，2007，28(5)：446-455.
[8] 肖荣阁，蔡克勤，等．硼及硼同位素地球化学在地质研究中的应用[J]．地球前缘 Earth Science Frontiers，1999，6(2)：361-368.
[9] 张彭熹，张保珍，Lowenstein T. K. 等．试论古代异常钾盐蒸发岩的成因-来自柴达木盆地的佐证[J]．地球化学，1991，2：134-143.
[10] 谭红兵，成东，等．柴达木盆地西部古近系和新近系油田卤水资源水化学特征及化学演化[J]．地球科学-中国地质大学学报，2018，27(6)：676-682.
[11] 魏学斌，马建海，等．英东油田流体类型测井识别研究[J]．石油天然气学报，2012，34(10)：64-69.
[12] 张森，石蕾，鞠楠，等．“油铀兼探”的找矿思路在松辽盆地的应用——以中央拗陷区南部为例[J]．地质与资源，2018，27(3)：258-262.
[13] 洪涛．三塘湖盆地层间氧化带砂岩型铀矿成矿条件[J]．四川地质学报，2018，38(3)：441-444.
[14] 杨安林，王太平．铀矿水文地球化学找矿方法在找矿中的应用[J]．地下水，2018，40(5)：149-150.
[15] 康露．基于当前铀矿地质工作的几点思考[J]．广东化工，2018，45(15)：160-164.
[16] 中华人民共和国核行业标准，EJ/T831-94. 地面伽玛总量测量规范[S]．中国核工业总公司，1994.
[17] 张龙，刘池洋，赵中平，等．鄂尔多斯盆地杭锦旗地区砂岩型铀矿流体作用与成矿[J]．地学前缘，2015，22(03)：368-381.
[18] 巫建华，解开瑞，吴仁贵，等．中国东部中生代流纹岩—粗面岩组合与热液型铀矿研究新进展[J]．地球科学进展，2014，29(12)：1372-1382.